U0361008

机组资源管理

CREW RESOURCE MANAGEMENT
Third Edition

【美】芭芭拉·坎奇（Barbara G. Kanki）

【澳】何塞·安卡（José Anca）　　　　　编

【美】托马斯·奇德斯特（Thomas R. Chidester）

王文萍　冯　军　译　　邓友明　唐长红　审

上海交通大学出版社
SHANGHAI JIAO TONG UNIVERSITY PRESS

内容提要

本书系统地介绍了机组资源管理基本原理的最新研究、最新发展及应用;内容具体包括机组资源管理培训的设计、实施、评估、发展规划和其在医学、海事、铁路运输、消防等非航空领域的应用拓展情况;还从监管机构、事故调查、文化等不同视角阐述了机组资源管理的理论和发展应用;最后,根据航空器的技术发展趋势和航空运行体系的发展前景,指出了未来需要持续研究的方向。本书为未来的研究与应用提供了一套流程与方法,为航空安全和复杂、高风险的非航空环境中的各种"机组人员"提供通用指导,并融入更高层次的安全和风险管理目标。本书可以作为航空、人为因素等相关专业的学生和从业人员的参考资料。

This edition of Crew Resource Management by Barbara G. Kanki, Jose Anca and Thomas R. Chidester is published by arrangement with ELSEVIER INC. of Suite 800, 230 Park Avenue, NEW YORK, NY 10169, USA.

Chinese edition @ Elsevier Inc. and Shanghai Jiao Tong University Press.

上海市版权局著作权合同登记号:图字:09 - 2021 - 273

图书在版编目(CIP)数据

机组资源管理/(美)芭芭拉·坎奇
(Barbara G. Kanki),(澳)何塞·安卡,(美)托马斯
·奇德斯特(Thomas R. Chidester)编;王文萍,冯军
译. 一上海:上海交通大学出版社,2023.9
书名原文:Crew Resource Management
(Third Edition)
大飞机出版工程
ISBN 978 - 7 - 313 - 29031 - 1

Ⅰ.①机… Ⅱ.①芭… ②何… ③托… ④王… ⑤冯
… Ⅲ.①航空运输管理−交通运输企业管理−研究 Ⅳ.
①F560.6

中国国家版本馆 CIP 数据核字(2023)第 128744 号

机组资源管理

JIZU ZIYUAN GUANLI

编　者:[美]芭芭拉·坎奇(Barbara G. Kanki)　[澳]何塞·安卡(José Anca)	
[美]托马斯·奇德斯特(Thomas R. Chidester)　　译　者:王文萍　冯　军	

出版发行:上海交通大学出版社　　　　　　　　地　址:上海市番禺路 951 号
邮政编码:200030　　　　　　　　　　　　　　电　话:021 - 64071208
印　制:上海颛辉印刷厂有限公司　　　　　　　经　销:全国新华书店
开　本:710 mm×1000 mm　1/16　　　　　　　印　张:36
字　数:623 千字
版　次:2023 年 9 月第 1 版　　　　　　　　　印　次:2023 年 9 月第 1 次印刷
书　号:ISBN 978 - 7 - 313 - 29031 - 1
定　价:278.00 元

译 者 序

老话说,"三个臭皮匠,顶得上一个诸葛亮",但日常中见到的多是"三个和尚没水吃",这就引出了一个话头:怎么样才能让三个臭皮匠顶得上一个诸葛亮? 从这个话头出发,能够牵引出一系列的概念和方法来。

在对安全和风险高度重视的航空界,"机组资源管理"概念就是这样一个典型。在过去的一百多年里,航空器的性能不断提升,航空运营安全性得到了显著改善,这其中就包括"机组资源管理"概念的不断发展进步和越来越多的航线实践的贡献。

机组资源管理主要研究组织和团队中复杂的人的行为,其目的是通过设计、培训与实践,优化人的行为并减少人为差错,减缓风险,提升安全性。它是人为因素在航空系统中的应用,属典型的多学科交叉领域,涉及行为和认知科学、工程学和生理学等领域的理论、方法和原则。机组资源管理不仅包括优化人机界面和获取及时、适当的信息,还包括人际关系活动,例如领导能力、有效的团队组建和维护、解决问题、决策和维护大局意识等,其落脚点在整个机组层面的培训和运行上。

本书为《机组资源管理(Crew Resource Management)》第 3 版,20 世纪90 年代第 1 版出版时名称为《驾驶舱资源管理》,2010 年出版第 2 版时更改为《机组资源管理》。由"驾驶舱资源管理"逐步扩展到"机组资源管理"的范畴,体现了在"人-机-环境"界面中强调飞行机组与客舱乘务员、空管人员、维修人员及其他相关方面的协同和发展过程。随着科学技术的进步,飞机的自动化、智能化程度越来越高,控制方式转变为以"监视-决策-控制"为主,更加强调在复杂系统的工作环境中人类角色的作用,从而对机组资源管理能力提出了更高的要求。需要利用现有的最佳方法,充分发挥机组能力,实现保证安全和降低风险的最终目标。

本书系统地介绍了机组资源管理基本原理的最新研究、最新发展及应用;具体内容包括机组资源管理培训的设计、实施、评估、发展规划和其在医学、海事、铁路运输、消防等非航空领域的拓展应用情况;还从监管机构、事故调查、文化等不同视角阐述了机组资源管理的理论和发展应用;最后,根据航空器的技术发展趋势和航空运行体系的发展前景,指出了未来需要持续研究的方向。本书为未来的研究与应用提供了一套流程与方法,为航空安全和复杂、高风险的非航空环境中的各种"机组人员"提供通用指导,并融入更高层次的安全和风险管理目标。

实现良好的机组资源管理,需要监管机构、研究人员、研制者、承运人、运营人和培训机构等方方面面的共同努力。从装备研制一开始,就要考虑运行安全与自动化策略,实现相关要求,使装备具备满足实现良好的机组资源管理的硬件条件以及软件能力;一直到规章要求与监管,承运机构的体系建设、运行、维修、培训与评估等各个方面,都需要开展大量细致、严谨的研究和推广工作。毕竟,安全大于天,值得所有相关者为之不懈努力,持续提高。

芭芭拉·G. 坎奇、何塞·安卡和托马斯·R. 奇德斯特是机组资源管理领域的专家,连续负责了三个版本图书的编撰工作。他们通过编撰和组织对业界具有高影响力的系列文章,给读者呈现完整的视角,使本书具有较强的系统性、完整性、实用性和技术前瞻性,这也是译者选择翻译此书的原因。

本书的翻译出版由航空工业第一飞机设计研究院策划组织,在选题和具体翻译过程中,得到了宫继宏、郭兆电、史永强、任冀宾、周卫国、王玉成、许云峰等的大力支持和帮助,在此谨表谢忱!也向参与此项工作的每一位人员表示感谢!衷心希望中译版的面世能够助力机组资源管理在航空及非航空领域的推广和实践,为航空装备的研制运营大安全体系建设尽一份绵薄之力。

本书可以作为航空及非航空领域民用/军用监管机构、科研机构、运营机构、调查机构、培训从业者、管理者、企业决策者等相关机构和人员的参考资料,也可以作为高等院校相关专业教师和学生的参考用书。

译 者

2023 年 6 月

序

我曾有幸为 1993 年《驾驶舱资源管理》第 1 版撰写了前言,后来又为本书的第 2 版(更名为《机组资源管理》)撰写了前言。现在,我很荣幸能为本书的第 3 版撰写前言。我很高兴能为本书的内容奠定基调,它介绍了机组资源管理基本原理的最新研究、最新发展及应用。更重要的是它为未来的研究人员、开发人员和从业人员描绘了一幅图景,他们可以借助这一系列方法和流程来研究、塑造组织和团队环境中复杂的人的行为。

尽管有人认为,我们即将迎来人工智能的革命性发展,这将从根本上改变人类和机器的角色定位,但我相信,本书中的资料仍然非常重要,甚至比一些人认为标志着人类发展终结的"奇点理论"更加重要。这些预言家可能是对的,但同时,我们的飞机要飞行,轮船要航行,火车要开动,核电站要运行,有火灾要扑灭,有外科手术要进行。显然,为了实现所有人的最终利益,我们需要利用现有的最佳方法来努力使飞行员、船员、火车司机、核电站控制室操作员、消防员、外科医生和护士(以及其他许多人),无论是作为专业的个人,还是作为各自团队中的一员都能发挥最大作用。这就是这本书的根本所在。

在前两版当中,我举了几个重大空难的例子,目的都是为了说明当训练有素、技术娴熟的人员不能在整个团队中有效工作时会发生什么(1972 年,美国东方航空公司的 401 号航班在沼泽地坠毁),以及当他们能够有效工作时又会发生什么(1989 年,美国联合航空公司的 232 号航班在艾奥瓦州苏城发生的事故)。我还引用了一些相关的统计数据,如全球定期航空运输业务的飞机坠毁事故率从 1993 年的每百万次航班 1.9 下降到 2010 年的每百万次航班略低于 1.0;在这几年中,这一比率又下降了一半。我们已经达到这样一个点,我们中的一些人(尽管有些犹豫)认为这类业务的事故率"近乎为零"。而且,有许多变革帮助推动了这一比率的不断下降,其中一个确定的变革是全球范围内的航空公司运营普遍采用和应用了机组资源管理原则。我也有机会看到海事界,包括民用和军用机构,如何把机组资源管理原则整合到甲板和机舱船员培训之中,我还亲身经历了外科团队培训中的类似发展。通过互联网搜索,可以轻松找到其他领域应用的例子。

1993 年,我曾说过,"机组资源管理像大多数好的概念一样,并不新鲜,"并且讨论了这个术语的来源,它来自多家航空公司的集体努力,以及美国国家航空航天局(NASA)的艾姆斯研究中心和其他研究机构的研究结果。这些机构认识到,论述领导能力、跟从能力、决策能力、监控能力、分神管理能力、沟通能力以及团队行为其他因素的概念非常重要。顺便说一句,自我十年前退休以来,我有机会重温了一些文学名著,当看到荷马在《伊利亚特》中的描述时,我很惊讶和高兴地发现,早在 2 700 多年前人们就认识到了机组资源管理的重要性。罗伯特·菲茨杰拉德(Robert Fitzgerald)在 1974 年译本的第 10 卷第 230 页中讲到:与特洛伊人血战的前一晚,在希腊人营帐内,阿伽门农统帅(Lord Agamemnon)正在与军官们商讨接下来的战略战术。涅斯托耳(Nestor)提议,他们当中谁能成功侦察敌人的营地,并带回有用的情报,谁就会得到极大的赞赏。狄俄墨得斯(Diomedes)自荐道:"涅斯托耳,骄傲和兴奋驱使着我去闯一闯近在咫尺的敌营,如果有其他人愿意跟我一起去,那就更好了,行动会更有动力。两个人可以组成一个小队,当有机会取得成功时,一个人可能比另一个人更敏捷,并且两个人时眼睛和脑子转得更快。"我觉得,罗伯特·L. 海姆里奇一定会喜欢这段话。

1993 年,我曾总结说:"机组资源管理是一件激励人心的事情,能带来极大的个人满足感,没有什么事业比挽救生命的工作更具有价值。"在这些年里,这件激励人心的事情及其带来的利益推动着机组资源管理原则广泛应用于数千种环境当中,这是众多专心致志的研究人员和从业者在概念和实践方面不断发展和演变的直接结果。这些数据和其他数据令人信服地表明,本书所记载的这些人的共同努力,挽救了无数的生命。我很自豪能够成为其中的一员,参与书写这一伟大的篇章。

约翰·K. 劳伯(John K. Lauber)　美国华盛顿州沃恩

前　　言

1993 年，驾驶舱资源管理（cockpit resource management，CRM）被誉为飞行员培训的概念、态度和实用方法的聚集和融合。同样重要的是学术界、航空监管机构、运输运营商和飞行员组织的对接和热情支持。同时，机组资源管理培训也正在实施当中，并将持续发展。

人们常说，如果机组资源管理获得成功，它就不再是单独的一项培训内容，而是完全整合到航空公司的培训计划当中。早在 1990 年，美国联邦航空管理局（FAA）就提供了一种实现方法，只不过采用的是高级资格认证计划（AQP）的形式，机组资源管理在其他多个方向也得以发展。持续多年后，机组资源管理的概念经久不衰，不仅融入了培训架构，而且拓展了团队概念，融入更高层次的安全和风险管理目标，并激发培训创新。

即使是在 1993 年，机组资源管理的应用也显然超出了驾驶舱的范围，我们承认"CRM"更适合表示为"机组资源管理（crew resource management）"。虽然我们继续专注于驾驶舱内的机组资源管理，但我们也强调，这些概念和应用为更广泛的航空系统和复杂、高风险的非航空环境中的各种"机组人员"提供了通用指导。

在 20 世纪 70 年代末，当我们已故的同事 H. 帕特里克·拉夫尔·史密斯（H. Patrick Ruffell Smith）在波音 747 模拟器上开始对飞行机组人员行为的经典研究时，他不可能预料到这个项目会给他带来什么启发，该实验原本是研究飞行员的警惕性、工作负荷和应激反应的。这是早期研究的证明，我们继续有效利用模拟器来研究警惕性（情景意识）、工作负荷管理和应激反应以及受不断发展的飞机和空域系统影响的许多其他人为因素。史密斯对模拟器的使用,为研究人为因素、观察机组人员行为及教员和评估员的可靠性的实用方法打开了一扇大门。

就像所有针对成熟、传统企业的新方法一样,机组资源管理培训在最初几年并没有得到普遍认可。许多航空公司的经理迟迟不肯开展这项培训,他们说他们在做培训,只不过不是以机组资源管理的名义。而且,谁有证据表明新的培训是有效的呢?尽管美国国家运输安全委员会(NTSB)提出了一系列建议,要求美国航空公司进行机组资源管理培训,但FAA最初对该方法也持一定的怀疑态度。

在1993年的第1版《驾驶舱资源管理》中,很明显,不仅在美国商业航空领域,而且在军队和国外都正在形成这种培训势头。虽然高级资格认证计划(AQP)仍在开发当中,但美国和国际运营商、飞行员组织、调查机构、监管机构、研究人员以及业内的其他人员逐渐形成了一个活跃的机组资源管理社区,对培训概念开展实验并分享实验结果。本着成功合作的精神,2010年的第2版《机组资源管理》包括了美国和美国以外的商业和军事领域、研究人员、培训组织和监管机构的相关介绍。我们的作者清楚地回忆着机组资源管理的开端,并且支持和发展机组资源管理培训的新应用方向,培训工作仍在继续蓬勃发展,我们试图在后续章节中讲述这一发展进程。

与之前的版本一样,第3版《机组资源管理》也包含三大部分:① 机组资源管理的本质;② 机组资源管理培训的应用;③ 机组资源管理的视角。在第2版当中,我们提到了机组资源管理在航空领域以外激动人心的崭新应用。其中一些新领域,尤其是医学领域,已经通过研究、会议和领域专属出版物建立自己的实践社区。因此,我们减少了对航空业以外的关注,专注于航空业内部机组资源管理的发展。除此之外,第3版主要由第2版的大部分作者进行更新,也很高兴引入一些新的作者,介绍新的主题。我们努力在美国和美国以外的应用方面保持平衡,并保留军事行动、监管机构和事故调查机构的独特视角。以下是第3版各个部分的简要描述。

第一部分:机组资源管理的本质

第1章从第1版和第2版的历史叙述开始,阐述了人为因素培训的实证和理论基础。第2章至第5章对我们所熟悉的机组资源管理概念和能力做了更新:团队合作能力、领导能力、沟通能力和决策能力。这些章节保留了很多原始研究和早期方案的内容,无论是从理论的角度来看,还是从它们如何成为有效的技能,在运行中不断作为培训内容并使用的角度来看,这些概念的发展都是令人欣慰的。第6章从欧洲的观点出发,重新定义机组资源管理(非技术)能力,并包括相关的指导更新。第一部分最后有两个新增章节:第7章和第8章。第7章讲述的是虽然机组资源管理能力以团队概念为基础,但与个人抗压能力有着至关重要的关系。第8章讲述的是资源管理与风险管理之间的联系,包括概念上的联系以及与安全管理体系方面的联系。

　　第二部分:机组资源管理培训的应用

　　第二部分阐述了在将机组资源管理概念转化为实践的过程中发展出来的许多创新。多年来,机组资源管理培训在实施过程中取得了重大改进并积累了一些经验教训。第9章广泛论述了机组资源管理培训的设计、实施和评估,并给出了确保培训有效的实用指南。第10章和第11章侧重于模拟器中的机组资源管理培训,为机组资源管理场景和评估策略开发人员提供指导和工具。第12章论述了航线运行中使用的审计工具。第13章、第14章和第15章讨论了机组资源管理在飞机驾驶舱以外的应用。第13章和第14章论述了航空组织内部的培训应用,即运营业务中的维修资源管理以及面向飞行员和客舱机组人员的联合机组资源管理培训。第15章是第二部分的最后一章,论述了机组资源管理向航空领域以外的应用拓展(例如海事、医疗、铁路)。

　　第三部分:机组资源管理的视角

　　商业和军事运输业务中的飞行部门培训讲师是机组资源管理培训的最早从业者,但机组资源管理还影响着机组人员以外的其他组织。例如,机组资源管理影响了监管机构和调查机构认知、评估和分析人的行为的方式。第16章、第17章和第18章对此做出了论述。第三部分还有一些章节阐述了组织和国家文化对机组资源管理实施的影响。第19章介绍了军事行动中的机组资源管理培训(例如美国海军、空军、陆军和海岸警卫队)。除了传统的有人驾驶飞行之外,该章还考虑了无人系统(UAS)的机组资源管理。第20章讨论了国家文化对机组资源管理的多种影响方式。尽管机组资源管理的概念和培训方法已经广泛地扩展到美国以外的国家及地区,但机组资源管理培训设计和实施的许多关键领域都需要进行文化适应。第三部分的最后两章以展望未来挑战的视角,评论了机组资源管理培训的当前状况。第21章从飞行员的角度出发,描述了现在践行机组资源管理的运行环境。由于许多培训挑战涉及自动化水平越来越高的飞机,因此讨论了制造商的角色。最后,第22章指出了影响机组资源管理效果的三大关键领域:① 与研究和运行相符的全面指导材料;② 融入安全管理体系并为之提供信息;③ 跟上飞机和空域系统的技术进步步伐的机组资源管理培训发展。

　　概括来说,我们尽量为全球读者,包括培训从业者、管理者、企业决策者、监管机构、调查机构和研究人员,介绍不同广度和深度的机组资源管理主题、应用和视角。此外,我们希望所有航空工作小组以及非航空业团队,都能找到适合自己工作环境的机组资源管理项目开发课题。我们相信机组资源管理是一个成功的典范,因为它已经超越其培训根基,走上了一条适应与发展的道路,以期实现更大的安全管理目标。虽然存在文化障碍、经济阻碍和官僚主义的复杂性,但这一模式已成为航空领域一个家喻户晓的名词。

　　感谢各位作者出色的工作,感谢他们帮助我们留存有关机组资源管理的历史、知识和有效建议的这一宝贵文件资料。还要感谢爱思唯尔的工作人员非常专业的帮助和鼓励。最后,我们要向全世界的航空机组人员表达崇高的敬意,正是他们的参与和经验才确保了机组资源管理的成功得以延续。

芭芭拉·G. 坎奇(Barbara G. Kanki)、何塞·安卡(José Anca)、

托马斯·R. 奇德斯特(Thomas R. Chidester)

目　　录

第一部分　机组资源管理的本质

第三部分　从不同角度探究机组资源管理

第一部分
机组资源管理的本质

1 为什么要开展机组资源管理？人为因素培训的实证与理论基础

罗伯特·L. 海姆里奇(Robert L. Helmreich)和
H. 克莱顿·弗西(H. Clayton Foushee)
美国，华盛顿特区，联邦航空管理局审核与评估办公室

1.1 机组资源管理的演变与发展

在过去的十年中，航空安全领域最令人瞩目的发展之一是旨在提高机组协调与驾驶舱管理效率的培训计划得到了绝对认可和广泛实施。民用和军事组织都制订了针对航班运行团队和管理工作的计划，用于补充传统的重视飞行技术、侧重"杆/舵操纵"方面的培训。该培训最初的通用名称是"驾驶舱资源管理"，但人们逐渐认识到，该方法还适用于航空领域的其他人员，包括客舱机组人员、签派员和维修人员，所以开始普遍使用"机组资源管理(CRM)"一词。

正如机组资源管理的适用范围在短时间内由"驾驶舱"演变为"机组"一样，人为因素领域的适用范围也发生了类似的变化。当代人为因素已经从最初的工程学与心理学结合，以及对"旋钮加表盘"的关注，发展为一个多学科交叉领域，借鉴行为和社会科学、工程学和生理学的方法和原则来优化人的行为并减少人为差错(National Research Council，1989)。从这个更广阔的角度来看，人为因素可以看作是人与设备协同工作的应用科学。正如系统性能和安全性会因为硬件或软件设计不合理或操作人员培训不足而降低一样，系统有效性也会因为机组层面的任务和组织的设计及管理错误而降低。因此，机组资源管理是人为因素在航空系统中的应用。美国国家运输安全委员会(NTSB)的心理学家约翰·K. 劳伯(Lauber，1984)将机组资源管理定义为"利用一切可用资源——信息、设备和人员，实现安全高效的航班运行"。机组资源管理不仅包括优化人机界面和获取及时、适当的信息，还包括人际关系活动，例如领导能力、有效地组建和维

护团队、解决问题、决策和维护大局意识。因此,机组资源管理培训包括宣传与航空相关的人为因素概念的基本知识,并提供实际应用这些概念的必要工具,重点是机组层面(而不是个人层面)的培训和运行。

本章标题提出的问题是为什么一个行业会接受对已产生最安全的运输方式,并培养了一代又一代非常称职的飞行员的方法进行变革?在寻找答案的过程中,我们研究了航空历史上的单一飞行员传统,以及我们所知道的系统中出现差错和事故的原因。这些思考将我们引向了根植于社会心理学的概念框架,包括群体行为和团队表现。在这个背景下,我们可以研究能够通过培训改善机组协调与行为的活动。最后,我们讨论了哪些研究说明了这些行动是有效的,哪些问题仍未得到解答。

1. 2 航空领域的单一飞行员传统

在飞行的历史背景下,必须考虑机组人员因素的演变。早年,飞行员的形象是一名体格健壮的人,围着白色围巾,在敞篷驾驶舱里冒险飞行。这种刻板印象包含了许多个性特质,如独立、大男子主义、勇敢、临危不惧,这些特质主要与个人活动有关,与团队工作关系不大。与许多刻板印象一样,这种刻板印象也可能有事实依据,因为具备这些特征的人可能会不成比例地被吸引到航空事业中,航空组织可能倾向于选择符合这一标准的人员。

随着飞机的复杂程度越来越高,飞行员的局限性和易错性更加凸显,因此配备了一名副驾驶来辅助飞行员,以减少工作负荷,降低出现人为差错的可能性。然而,这些新增的机组成员最初被认为是备份冗余人员,而不是团队工作的参与者。欧内斯特·K. 甘恩(Gann, 1961)和航空运输领域的其他先驱都记录了副驾驶在早期航线运行中发挥的辅助作用。

飞行员的训练和评估传统同样重视飞行员的个人能力和技术能力(Hackman and Helmreich, 1987)。从最初的选拔和训练开始,历来都是使用针对单一飞行员制定的能力和行为标准。事实上,在飞行员的职业生涯中,首要的就是单独飞行。即使在多飞行员操作中,重点仍然是评估机组成员的个人能力。关于飞行员资格和认证的法规强化了这些做法,甚至可能会导致负面培训。例如,在告诫机组成员不要向正在接受评估的飞行员提供帮助时,实际上是在强化个人行为而不是团队行为标准。事实上,1952 年,一家大型航空公司的熟练检查指南明确指出:副驾驶不应该纠正机长的错误(Foushee and Helmreich, 1988)。关键的一点是,航空界的运行假设为机组人员均具备良好能力和受过良好训练，能够并且将会在复杂的环境中安全、有效地驾驶复杂的飞机。

1.3　飞行操作中的人为差错

在 20 世纪 50 年代，可靠的涡轮喷气式飞机的引入大幅减少了航空运输事故的发生。随着机体和发动机问题的减少，人们把注意力转向了发现和消除飞行安全故障的其他原因。图 1.1 给出了 1959 年至 1989 年的事故原因统计，表明在全球超过 70 ％涉及飞机损坏超出经济修复范围的事故中，机组人员都曾做出随意行为。认识到人的行为这一问题，推动了认识"飞行员差错"一词的内涵以及减少差错措施的一系列研究。

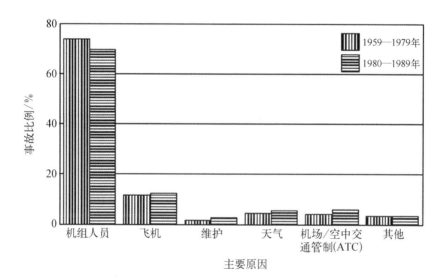

图 1.1　1959—1989 年飞机失事的主要原因分析（不包括军事事故和蓄意破坏）：
　　　　全球商业喷气式飞机机群

（资料来源：波音飞机公司）

飞机事故调查的正式记录（如美国国家运输安全委员会的调查记录），提供的资料令人不寒而栗，机组人员在关键时刻协调失败的例子比比皆是：

（1）一名机组人员因起落架指示灯故障而分心，没有注意到自动驾驶断开，导致飞机坠入沼泽。

（2）飞机在暴风雪中起飞，副驾驶未正确设置起飞推力，机长也没有注意到，这一问题导致飞机失速并坠入波托马克河。

（3）一名机组人员没有查看仪表着陆图和他们相对于机场的导航位置，而且无视近地告警系统的多次警告，最终导致飞机下降到最低下降高度以下后撞山。

（4）一名机组人员因为通信设备不能正常使用而分心，未能完成检查单上的所有检查事项，起飞时因襟翼未放下而坠毁。

（5）机长、副驾驶与空中交通管制之间发生燃油状态交流失误，飞机在燃油耗尽后坠毁。

（6）一名机组人员询问了除冰设施，但飞机在起飞时仍因机翼结冰而坠毁。在该起事故中，机组乘务员未能传达乘客（乘客为一名经验丰富的飞行员）对需要除冰的切实关切。

这些事故的诱因都是人际沟通失败导致的人为差错。其实，在这些事故发生时，航空领域人为差错的正式研究已经开展了很长一段时间（Davis，1948；Fitts and Jones，1947）。但是，研究工作的重点主要围绕操作人员与设备相互作用的传统人为因素问题。这种类型的调查似乎并未发现导致喷气式飞机事故的许多因素，因此研究人员开始拓宽他们的调查范围。

在美国，NASA艾姆斯研究中心的一支研究团队开始探索飞行操作中更广泛的人为因素问题。查尔斯·比林斯、约翰·劳伯和乔治·库珀开发了一份结构化的访谈草案，用来向航空公司的飞行员收集机组操作和"飞行员差错"事故中有关人为因素的第一手信息。同时，库珀和莫里斯·怀特分析了1968年至1976年发生的喷气式飞机失事的原因（Cooper，White，and Lauber，1980）。在此期间，迈尔斯·墨菲也对NASA航空安全报告系统秘密地收到的事故做了类似分析（Murphy，1980）。从这些调查中得出的结论是所记录事故和事件中的"飞行员差错"更多的是团队沟通和协调失误，而不是"杆/舵操纵"不熟练。调查发现了一些具体领域的问题，包括工作负荷管理和任务委派、情景意识、领导能力、现有资源（包括其他机组人员）的使用、手册、空中交通管制、人际沟通（包括初级机组人员不愿在危急情况下发言），以及在驾驶舱内建立和保持高效团队关系的过程。

在欧洲，埃尔温·爱德华兹（Edwards，1972）借鉴了事故调查记录，开发了系统设计和运行中的人为因素SHEL模型。缩写中的"S"代表软件，通常是管理操作的文件；"H"代表硬件，即可用的物理资源；"E"代表环境，即系统运行的外部环境；"L"代表人，即机组人员。Edwards（1975）定义了一个新概念——驾驶舱职权梯度（TAG）。驾驶舱职权梯度是指机长必须与其他机组成员建立一种最佳的工作关系，机长的角色和职权不能被过分高估或低估。

在20世纪70年代初，太平洋地区发生了几起"飞行员差错"事故之后，泛美世界航空公司(以下简称"泛美航空")管理层开始关心机组人员培训问题。1974
年,FAA退休的副局长戴维·托马斯牵头成立了一个航班运行审查小组,对飞
行人员培训进行了全面审查,并提出了一些重要建议。其中最重要的建议是利
用"机组概念进行培训"。在该方法中,模拟器训练和检查不是按照单个飞行员
的情况开展的,而是按照全体机组人员配合开展活动的情况来开展。同时,泛美
航空的手册也做了修订,纳入了"机组人员"的概念,并更全面地解释了团队活动
和沟通的责任。这些行动代表了操作环境的根本变化,并为更有效的机组协调
提供了一个组织框架。虽然当时的培训重点是机组人员的活动,但交接班工作
并没有正式的沟通与协调指示方案。机组人员被要求以高效团队的形式运作,
但在没有正式指导和指示的情况下,他们只能自己制订实现这一目标的方法。

在认识到飞行操作安全决定因素的过程中,确定了机组人员层面的问题是
很大比例事故和事件的核心,这是一项重大成就。然而,要想制订成功策略来提
高机组人员的工作表现,则需要了解群体行为的决定因素及其影响因素。在下
一节中,我们将介绍群体过程和行为模型,以及它对培训和组织行动的影响。

1.4 航空环境下的群体过程和行为模型

对群体行为的研究历来是社会心理学的范畴,它为我们在前面讨论机组人
员的互动和行为时提出的群体行为决定三要素模型提供了概念基础(Foushee
and Helmreich, 1988; McGrath, 1964)。后续研究使我们能够扩展和完善这个
模型,我们把它作为一个框架来讨论与机组资源管理培训相关的问题。该模型
确定了群体行为的三个因素:① 输入因素,包括个人、群体、组织和运行环境的
特征;② 群体过程因素,包括群体成员之间的互动性质和质量;③ 结果因素,包
括运行安全和效率等主要结果以及成员满意度、动机、态度等次要结果。该模型
的基本假设是输入因素既提供了框架,又决定了反过来导致各种结果的群体过
程的性质。图1.2给出了这三个因素及其相互关系。该模型的一个核心特征是
各因素之间的反馈循环。结果(正结果或负结果)可能会改变输入因素(例如态
度和规范)的组成,而且可能会改变随后的群体过程(中间)和结果。理论上,结
果也可能会影响群体过程,而不直接由输入因素促成。决定群体行为的因素的
迭代性质使得其研究既复杂又具有挑战性。

1.4.1 结果因素

主要结果因素容易识别,而且相对容易量化。在航班运行中,安全最为重

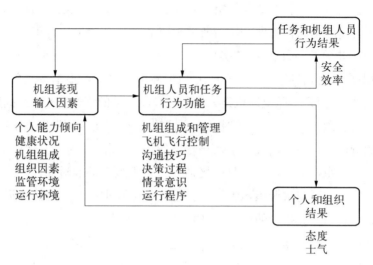

图 1.2　机组人员行为模型

要,但高效完成任务并遵守组织与监管要求也很重要。涉及驾驶舱管理的经验和培训都可以改变机组人员的态度和规范。群体过程的质量受组织、群体、法规和环境因素的影响程度,决定着机组人员对运行的满意度以及他们对未来运行的积极性。

结果因素构成了衡量培训或组织政策变化等干预措施影响的标准。虽然在航空业衡量效率最有力的方法是统计事故下降率,但令人高兴的是,这种事故已经很少发生,因此只有通过很长时间的汇总数据才能得到可靠的统计证据,需要从替代措施当中得到群体表现的标准,例如操作错误记录、专家对机组效率的评分以及态度和工作满意度衡量措施。

1.4.2　输入因素

多个不同性质的变量构成了群体过程的输入。这些输入因素有多个组成部分,单独或共同影响团队的互动方式。图 1.3 扩展了图 1.2 中模型的输入因素部分,纳入了对群体过程和结果有明显影响的低阶变量。

1) 个体因素

考虑到机组人员在当今空中的工作情况,就会想到一些背景或输入因素,这些因素甚至会在发动机开车之前影响到机组活动的有效性。团队是由个体组成的,他们会把自己的知识、技能、性格、动机、身体和情感状态带到驾驶舱里。经确定,每一项特征都曾引起过一起或多起航空事故。

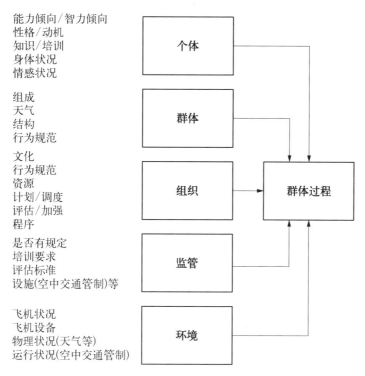

能力倾向/智力倾向
性格/动机
知识/培训
身体状况
情感状况

组成
天气
结构
行为规范

文化
行为规范
资源
计划/调度
评估/加强
程序

是否有规定
培训要求
评估标准
设施(空中交通管制)等

飞机状况
飞机设备
物理状况(天气等)
运行状况(空中交通管制)

个体

群体

组织

监管

环境

群体过程

图 1.3　机组人员行为模型：经扩展的输入因素

　　身体状况包括疲劳，疲劳可能会使一名有知识和有积极性的飞行员的警惕性降低。情感状况是由生活中的各种压力决定的(例如婚姻不和睦或担心航空公司的财务状况和生存能力)，这些压力会跟随机组人员，而且会在无意中使其降低工作效率。长期以来，能力倾向(包括智力和精神运动技能)被认为是飞行员成功的关键，而人员选拔也强调了这些特质。相关研究也已经证实，人格因素是个人和团队行为的重要决定因素。在 NASA 艾姆斯研究中心的波音 727 模拟器上，对三人小组的志愿者机组人员进行了一项全任务模拟研究。该研究探讨了领导者的人格因素对机组行为的影响(Chidester et al.，1990)。对参与这项研究的机组成员进行了人格测验，已经证实人格测验可以预测机组人员的行为(Chidester et al.，1991)。按照机长的性格类别，把他们分成三个实验小组。其中第一个小组由目标导向高和人际交往能力强的机长领导；第二个小组的机长目标导向高，但人际交往能力相对较弱；第三个小组由目标导向低和人际交往能力弱的机长领导。

　　各机组人员在 2 天内完成了 5 个航段的飞行。其中有 2 个航段发生了机械故障,而目的地机场的恶劣天气条件又加剧了这一问题。专家对机组人员的行为进行观察评分,计算机记录和飞行录像显示出现了技术错误。数据显示,由于领导者的性格不同,因此各组之间的行为存在显著差异。目标导向高和人际交往能力强的机长领导的机组人员,在所有航段中的行为一直良好。相反,这两项都很弱的机长领导的机组人员,在所有航段的工作效率都很低。第二组机长领导的机组成员最初的行为评分较差,但到了第 5 个航段时,评分有了显著提高。对这一观察结果的一个解释是,这种条件下的机组人员慢慢学会了如何适应这个难以相处但有进取心的领导者。与该讨论有关的一点是在受控的研究环境下,可以把单一输入因素(性格)分离出来,作为对一个训练有素的合格机组的影响因素。

此外,态度指导行为也是机组人员带入驾驶舱的一个输入因素。驾驶舱管理态度量表(CMAQ)(Helmreich,1984;Helmreich et al.,1988)是一个 25 项李克特量表,可以量化机组人员在疲劳和压力条件下对于机组协调、驾驶舱管理和个人能力的态度。驾驶舱管理态度量表所衡量的态度已被证实是结果因素的预测因素,专家对机组人员在航线运行中的行为进行评分(Helmreich et al.,1986),从而表明输入因素和结果因素之间的联系。驾驶舱管理态度量表等衡量方法既可以用于评估组织中的输入因素,也可以用于衡量结果,以确定机组资源管理等计划是否能够改变机组人员的态度。

2)群体因素

机组人员由具有上述特征的个人组成。他们可能是具有凝聚力的高效机组,也可能是分化、充满恶意的低效机组,具体情况取决于个人组合以及他们在任意给定时间内的相处状况。一个群体的氛围是由个体成员的特征、组织的正式和非正式规范所规定的结构以及当前的领导素质和风格共同决定的。由于许多明确的个体因素和群体因素,使得关于这些问题及其影响的研究非常困难而且费时费力。因此,在系统性改变多个个体和群体层面的变量的结果效应方面,特别是在航空环境中,尚无大量的文献资料。

3)组织因素

组织文化是一个关键输入因素。如果一个组织重视个人行为而不是团队协作,那么过程和结果都可能与重视团队行为和责任的组织有很大不同。对机组人员的培训水平和正式评估类型也会受到影响。手册和正式程序以及组织所拥有并提供给机组人员使用的资源(包括机组计划安排、维护支持、飞行计划、调度等)也是运行环境的一部分。

NASA 的另一项模拟研究考察了若干个体和群体层面因素对行为的影响。佛西等人（Foushee et al.，1986）研究了有经验的双人喷气式飞机机组在波音737 模拟器中飞行时的真实情景下的互动和行为。美国国会指挥 NASA 研究飞行员疲劳对飞行任务的意义，飞行员疲劳是受组织和监管做法影响的一个个体因素。实验设计反映了这一问题，并将机组人员分为 2 组，执勤前期（定义为至少休息 2 天后的飞行情景，就像 3 天飞行的第一航段）和执勤后期（3 天飞行的最后一个航段）。该情景的特点是天气条件恶劣，必须进行意外复飞，液压系统故障使情况变得更加复杂。在出现液压故障后，机组人员面临着高工作负荷的情况，需要选择一个备降目的地，同时还要应对一些问题，如需要手动放下起落架和襟翼，并以高于正常速度的速度进近。

与研究设计预期的一样，机组人员在执勤后期的睡眠比模拟前少，报告的疲劳程度明显更高。然而，一个令人惊讶的发现是相比休息后的执勤前期的机组人员，处于疲劳状态的机组人员评分显著更高，而且出现的严重操作错误更少。这一发现是违反直觉的，但对团队组建和经历的重要性有重大影响。根据航班运行调度的性质，大多数执勤后期的机组人员刚刚完成了 3 天的团队飞行任务，而执勤前期的机组人员最近均没有与其他机组成员合作的经验。当根据机组人员最近是否有过一起飞行重新分析这些数据时，这种行为的区别更加明显。研究结果表明，机组计划安排导致持续的群体重新组合，而且经常需要组建新团队，对任务有重大影响。例如，美国最近发生了 3 起起飞事故：一起是在结冰条件下失速，一起是飞机超速冲入水中导致起飞失败，一起是机组在浓雾中迷失方向后发生跑道碰撞，相关机组人员都是首次结对。[①] 机组人员结对的影响将由哈克曼在相关章节中进一步讨论。

4）监管因素

监管做法也会影响机组互动和行为的性质。例如，美国的"静默驾驶舱"规定在飞行高度低于 10 000 英尺（英尺为长度单位，1 英尺≈0.304 8 米）时禁止进行与飞行无关的通信。如前文所述，该规定的重点在于个人培训和评估，与组织政策相呼应（回想一下禁止副驾驶在熟练检查期间纠正机长错误的规定）。规定具有歧义也会影响机组的决策和行动。如果某操作的管理规定不明确，那么责任转移到指挥操作来满足运行目标的组织以及机长身上，他们必须对有关飞行

---

① 其中第一起事故是一架 DC-9 飞机在暴风雪中从丹佛机场起飞；第二起事故是一架波音 737 飞机在纽约拉瓜迪亚机场起飞失败；第三起事故是一架 DC-9 飞机错误进入跑道，与一架正在起飞的波音727 飞机相撞。

安全的决定负最终责任。

5）环境因素

天气条件是飞行机组人员无法控制的环境输入因素。组织和政府提供准确、及时的天气信息的能力是控制群体过程和结果的一个因素。飞机的物理状况（包括失效设备等）也决定了机组人员必须应对的部分问题，例如助航设备的可用性和质量。

1.4.3　案例研究：坠机事件中多种输入因素的相互作用

一架福克 F-28 飞机在加拿大起飞时坠毁。有关人为因素调查显示，在监管、组织、环境和个人层面，多个输入因素相互作用。在该事故中，我们可以看到所有这些因素如何相互交织，从而生成了一个无法为防止飞行员差错提供必要保障的操作环境（Helmreich，1992；Moshansky，1992）。在一个下雪的冬日下午，安大略航空公司 1363 号航班的机组人员试图从安大略省德莱顿（Dryden）机场起飞，机翼上翼面已积冰。由于飞机无法获得足够的升力，因此未能越过跑道尽头的树木而坠毁。在这起空难及引发的火灾中，包括 2 名飞行员在内，共有 29 名乘客和机组成员遇难。在试图了解一个在安大略省北部严冬天气条件下有多年飞行经验的机组如何会犯下如此严重的飞行错误时，我们发现了一些输入因素，这些因素协同作用，为一个悲惨的错误决定埋下了伏笔。

在环境层面，天气情况很差，而且越来越恶劣，迫使机组人员必须选择遥远的备降点，并携带额外燃料。由于天气恶劣，该航班晚点一个多小时，而且是满员，必须以最大起飞重量飞行。飞机本身有一些机械故障，其中最严重的是一台辅助动力装置（APU）失效。此时飞机在不具备地面启动能力的机场降落时，必须保持发动机运转，而德莱顿机场没有此类设施。

在监管层面，加拿大的除冰规定禁止"机翼、操纵面或飞机螺旋桨上的霜、雪或冰的量可能会对飞行安全造成不利影响"的飞机开始飞行（Moshansky，1989）。① 根据现行规定，机组人员面临的问题是，在时间压力和飞行压力下，如何确定哪些污染条件会对飞行安全造成"不利影响"？根据书面规定，起飞由机长自行决定，同时没有提供保障措施，以防止在个人和组织压力下不惜一切代价完成任务。

监管机构对该航空公司的监督并没有重视新兴的喷气式飞机业务。虽然监

---

① 为响应调查委员会对坠机事件的建议，该条例被修改为"禁止在升力面有任何污染的情况下操作"。

管机构在前一年就已经完成对该航空公司的运行审核，但审核内容并不包括 F - 28 飞机的运行。如下文所述，如果进行更全面的检查，则可能会发现 F - 28 飞机的运行在程序和组织上的不符之处。

　　一些组织因素会增加机组人员的压力水平。该航空公司刚开始运行喷气式飞机，没有这类设备的操作经验。在开始运行该飞机之前，机组人员曾在美国两家不同的航空公司接受过培训。该航空公司未编制自己的运行手册，一部分机组人员使用的是一家航空公司的手册，另一部分机组人员使用的是另一家航空公司的手册。该组织尚未制订批准的最低设备清单（MEL），具体说明在正常营运业务中允许哪些设备失效。调度员只接受过这类飞机的最低限度培训，并且仅具有小型螺旋桨飞机方面的经验。事故发生当天的航班放行出现了一些错误。总的来说，机组人员是在没有高水平的组织支持和资源保证的情况下飞行的。

　　这家航空公司本身是由两家运营文化迥异的地方航空公司合并而来的。其中一家航空公司在加拿大北部地区运营，采用的运营方式通常被称为"野蛮"运营。另一家航空公司在安大略省南部运营，是一家较为传统的航空公司。福克机队的首席飞行员来自北方，他本人有过两次机翼结冰起飞的严重事故记录，由于这些经历，他被戏称为"冰人"。这些做法表明，可能存在在机翼污染的情况下飞行的行为规范和压力，模棱两可的规定（见后文）没有针对这种可能性提供任何安全保障。

　　作为个体，2 名机组人员都有丰富的在加拿大飞行的经验。机长的飞行时长超过 2.4 万小时，副驾驶的飞行时长超过 1 万小时。然而，2 人都没有太多的喷气式飞机飞行经验，机长驾驶 F - 28 的累计时长只有 81 小时，而副驾驶只有 65 小时。这位机长曾经担任过首席飞行员和教员，因为严格遵守程序而声名远扬。这位副驾驶曾经是一名机长，据说性格有些鲁莽。他在完成杆/舵机动等一些操作时曾经遇到困难，经过额外督导和培训才取得驾驶新飞机的资格。

　　机组人员作为一个群体，仅共同飞行 2 天时间。机组人员彼此之间不熟悉，也不熟悉对飞机的操作，再加上 2 人都曾经当过机长，可能影响了他们的执飞过程。此外，机长来自组织结构更完善的南方航空公司，而副驾驶的飞行经验来自不太正式的北方航空公司。

　　当飞机在德莱顿机场着陆，迎接乘客登机时，机组人员面临着复杂、紧张的情况：天气条件变得更加恶劣，而且下起了大雪；起飞前需要加油，但由于 APU 失效，需要保持发动机运转；客舱手册禁止在乘客登机和发动机运转的情况下加油,但驾驶舱手册完全没有提到这个问题;空乘人员没有接到要在发动机运转的情况下加油的通知;制造商手册禁止在发动机运转时除冰,因为可能会有液体进入动力装置;该航班比预定起飞时间延迟了很多,如果再因为除冰延误,许多乘客可能会错过转机时间。

面对这些突发状况,机组人员选择在乘客已经登机而且发动机保持运转的情况下加油。据了解,机长考虑过除冰,因为他询问了除冰设备是否可用,并且被告知可以提供。然而,最后机组人员选择在不除冰的情况下起飞。在做出这个决定后,又出现了一个环境干扰因素,一架在目视飞行规则(VFR)条件下飞行的小型飞机紧急着陆,造成了该航班更进一步的延误,直到跑道清理完毕。

在客舱的乘客中,有几名经验丰富的飞行员,其中包括两位航空公司的机长。他们得以幸存下来,并且证实他们意识到了除冰的必要性和结冰带来的安全威胁。其中一名机长曾向空乘领班表达了他对结冰的担忧,但被(不实地)告知飞机有自动除冰设备。空乘人员并未将这些值得相信的担忧告知机组人员。考虑到组织规范中客舱-驾驶舱涉及安全问题沟通的内容,这种沟通不到位的情况是可以理解的。一名空乘人员培训经理证明,空乘人员接受的培训是不质疑飞行机组人员在安全问题上的判断。

由于驾驶舱话音记录器在坠机后的火灾中被毁,因此不能重现做出不除冰就离开德莱顿机场的决定的互动过程。虽然这一决定无疑是人为差错,但如果停留在这一结论上,就会忽略输入因素对结果可能造成影响的程度。

1.4.4　群体过程因素

群体过程因素历来是团队行为中研究最少、了解最少的方面。许多已经完成的研究,特别是在飞行环境中的研究,都着眼于输入因素和结果因素,而把干预过程作为一个黑盒处理(Foushee and Helmreich, 1988; Foushee, 1984; Hackman and Morris, 1975)。输入因素表现为个人和机器一起在复杂环境中执行复杂任务时发生的互动类型。在研究中,很大程度上忽视了过程变量,这并不表明研究人员没有意识到其重要性。相反,这反映了很难对其进行概念化和量化。关于机组人员的群体过程,有许多重要的、在理论上有趣的问题:① 个人如何由陌生人走到一起,在短暂的相识之后,形成一个能够有效运作的有凝聚力的团队? ② 如何管理和分配团队工作负荷? ③ 用什么方法来整合模糊和不完整的数据,以做出最佳决策? ④ 因疲劳、突发事件和个人经验引起的压力如何影响团队的沟通和运作方式? ⑤ 机组人员中间的有效领导和无效领导的本质是什么？

群体过程主要是通过语言交流表现出来的，我们可以利用这些交流记录来了解团队在航班运行中是如何工作的。所幸关于机组人员群体过程的实证研究越来越多，其中大部分来自实验飞行模拟。正如佛西（Foushee，1984）所指出，现代飞行模拟器为研究人员提供了非常有用的研究环境。模拟器提供了实验高真实性，包括视觉、动作和听觉线索；可以重现航班运行的许多主要因素，包括机械问题、天气、空对地通信以及客舱与驾驶舱之间的互动。实验可以生成飞行计划，模拟真实机场之间的正常和非正常运行；可以安排有经验的机组人员使用正常程序和手册"飞行"熟悉的设备，进一步提高了模拟结果的外部有效性和通用性。模拟实验的参与者报告说，真实性很高，与普通航线运行中的激励相差不大。由于模拟器可以编程，能够为每一位机组人员提供相同的飞行环境，因此可以使多名机组人员暴露在相同条件下进行实验，获得统计数据。为了分离出因果因素，可以根据不同的参与者小组改变实验的运行因素，例如，最近的为解决疲劳问题的模拟操作经验。模拟器的计算机记录了机组人员控制飞机的实际操作，而视频和话音记录则捕捉了飞行中的人际关系。前文所述的模拟已经获得有关输入因素影响的重要数据，例如机组人员的飞行经验和性格，还可以量化所涉及的过程。

在 NASA 的赞助下，帕特里克·吕费尔·史密斯（Ruffell Smith，1979）开展了一项实验模拟，虽然它并不是为了研究群体过程而设计的，但可以有力地证明机组人员互动对航班运行的重要意义。18 名机组人员在波音 747 模拟器上进行了 2 段飞行。其中一段飞行是从华盛顿特区到纽约肯尼迪机场的短途飞行，另一段飞行是从纽约到伦敦。从纽约出发后，机组人员遇到了燃油压力问题，被迫关闭了一台发动机，从而因发动机失效无法继续完成飞行，因此机组人员必须决定着陆地点。液压系统进一步出现故障，可能着陆地点的天气状况不断恶化，空中交通管制发出复杂指令，一名机组人员在高工作负荷下多次请求其他机组成员提供信息和帮助，使得这一决定变得更加复杂。研究表明，不同机组人员处理这种情况的效率存在很大差异。一些机组人员很好地处理了问题，另一些机组人员则出现了大量的严重操作错误，包括在放油时出现了计算错误，错误值超过 10 万磅（磅为质量单位，1 磅 ≈ 0.453 592 千克）。研究得出的主要结论是大多数问题和错误的产生原因是机组人员之间协调不到位，并非技术知识和技能不足。例如，当个人在执行任务时被其他机组成员的要求打断或超负荷工作，要执行多项需要立即采取行动的任务，就会发生许多错误。另外，还有明显的领导力缺乏问题，导致未能及时交换关键信息。

随后，佛西和马诺斯（Foushee and Manos，1981）分析了该研究的驾驶舱话音数据，以量化与群体行为变化相关的过程。他们的方法源于对群体内信息流的社会心理学研究（Bales，1950），并将每种语言行为按类型进行分类（即飞行状态观察、信息询问查询等）。研究结果非常清晰：总体上沟通较多的机组人员往往表现得更好，特别是在飞行状态方面交换信息较多的机组人员，在发动机、液压系统和燃油系统操纵以及仪表读数和设置方面出错较少。

随后，由 NASA 艾姆斯研究中心的芭芭拉·G. 坎奇和她的同事对此方法进行了改进，并应用于其他模拟实验的通信记录研究。坎奇等人（Kanki，Lozito，and Foushee，1989；Kanki and Foushee，1989）在前文所述的疲劳模拟中研究了机组人员之间的沟通方式（Foushee et al.，1986）。例如，在坎奇等人的研究中，按照发起人、目标和内容对一系列沟通进行了分类。发起沟通可以分类为命令、询问、观察结果和语言障碍（例如语句不符合语法或不完整）；而响应则可以分类为回复（响应的范围大于简单的确认）、确认或零响应。除了典型的（和规定的）命令-确认顺序之外，该研究发现，构成活动的"命令"以及验证行动的"确认"中传达的信息越多，机组人员的行为效率越高。

对比研究出现大量操作错误与极少错误的机组人员的沟通顺序。虽然一些特定的沟通方式（如上文提到的）值得特别注意，但该研究的主要发现是低差错机组人员具有相同的特征。这可以理解为应采用一种更标准、更可预测的沟通方式。比较发现，出错率高的机组人员使用的语言模式有很大的差异。坎奇在第 4 章进一步讨论了与机组人员沟通有关的研究现状。

奥勒沙努（Orasanu，1991）在该模拟中对机组人员的决策做了额外分析，明确了支持决策过程以及区分高效和低效机组人员的四个组成要素。该决策策略包括态势评估、构成行动计划的元认知过程、基于机组人员内部态势评估和计划的共享心智模型，以及包含任务优先级和具体职责授权的资源管理。奥勒沙努的阐述符合机组资源管理的基本原则，可以转化为规范性培训。一些航空公司已将这些研究结果和概念纳入机组资源管理培训。该研究以及越来越多的实证和理论文献对传统的决策理论提出了质疑，传统理论基于"理性"但片面的贝叶斯决策者假设。特别是该方法强调了专家在高风险和时间紧迫的自然环境中所做的决策，与朴素受试者在决策研究中常用的受约束的实验室环境中的决策过程之间的差异。奥勒沙努在她编著的章节中总结了这一领域的知识状况。

对奇德斯特等人（Chidester et al.，1990）涉及人格因素的模拟数据进行编码和分析，从而将决策过程与机组人员处理多个飞行非正常状况的过程分开，例如安定面卡死以及其中一台发动机的油压过低（Mosier，1991）。研究发现，大多数机组人员使用的策略与索尔森和克莱因（Thordsen and Klein，1989）的团队决策模型一致。在整个决策过程中，继续对资料进行抽样并反复核实情景评估的准确性。许多机组人员在认为自己掌握了足够多的有关问题的关键数据后，就做出了初步、可撤销的决定。这一研究发现意味着，虽然全面态势评估至关重要，但机组人员是在没有获得所有相关信息的情况下做出决策的。事实上，表现最好的机组人员在做出最终决策后继续收集与态势评估相关的信息，作为确认决策的一种手段。相比之下，出错率高的机组人员采用了多种不同的互动方式。

在对航空公司的三人机组人员的群体组成和互动过程的实地调查中，金内特（Ginnett，1987）从他们在地面组成机组但尚未执行多天飞行任务的首次飞行时，在驾驶舱中对他们进行各个航段的观察研究。他发现，首次简令工作到位的机组人员在整个行程中的表现更好。高效机组的机长会在第一次见面时就传达团队的概念，阐述或确认所组成的组织结构（称为"组织外壳"）（Hackman，1987）的规则、规范和任务的界限。低效机组的领导则会表现出多种互动方式。因此，在这两项研究中，被评为表现良好的机组人员之间存在一致性，而低效机组人员之间则存在多样性。金内特将在他所编著的章节中讨论这些团队问题。

1.4.5 群体过程因素分析

基于对机组人员以及有关机组行为的群体过程中介体理论概念的研究，我们应该能够用更完整的影响结果的过程描述来填补未知。海姆里奇等人（Helmreich et al.，1991）开发了一套评估系统，用于系统化地观察航线运行和模拟器中的机组人员。该方法源于小群组研究以及对事故和事件的调查结果。在航班运行期间的群体过程可分为两大类。第一类是人际关系和认知功能；第二类是人机界面任务，体现了机组人员的技术熟练程度。如果机组人员不能将最佳团队互动和决策与安全飞行所需操作和程序的技术执行结合起来，那么最佳团队的互动和决策就没有什么价值，这是一个必然的事实。前文提到的事故回顾中也有充分的证据表明，仅胜任人机界面任务并不能保证飞行安全。

图 1.4 给出了流入结果因素时的扩展群体过程模型。在理论上，包含人为因素和技术因素的两类群体过程必须在运作上整合起来才能产生高效的整体行为。请注意，图 1.4 中的最后一个方框注明了"整合机组资源管理和技术功能"，

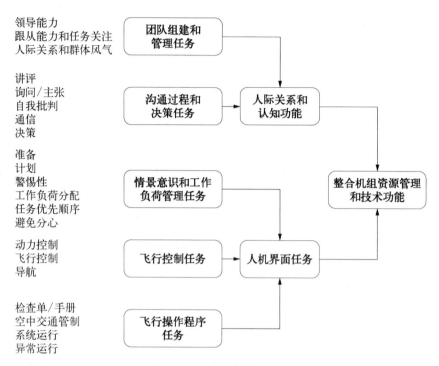

图 1.4　机组人员行为模型：扩展的群体过程因素

以强调这两个组成要素需要在群体过程阶段结合在一起，然后再产生安全、高效完成任务的理想结果。

进一步细分从属类别，人际关系和认知功能可以分为三大组可观察行为：团队组建和管理任务、沟通过程和决策任务以及情景意识和工作负荷管理任务。人机界面任务分为两组，即飞行控制任务（手动控制或通过计算机飞行管理系统进行控制）和遵守既定的飞行操作程序任务。

1）团队组建和管理任务

第一组任务是将机组人员组成一个飞行团队，包括客舱和驾驶舱人员。金内特（Ginnett，1987）的研究证明有一个团队组建过程，在组建过程中确定了沟通和互动方式。一旦确定之后，过程就会持续下来，使得团队行为维持在高效（或低效）的群体互动方式。团队组建和持续过程可以分成两大方面：领导能力、跟从能力和任务关注，以及人际关系和群体风气。

机组人员是一个团队，有指定的领导以及明确的权力和责任界限。毫无疑问，机长作为领导，可以也应该为整个团队定调。高效的领导会利用自己的权力，但不会在没有其他团队成员参与的情况下运作。奇德斯特等人（Chidester et al.，1990）的模拟研究证明，机长的性格等特征对于决定群体过程和结果起着重要作用。在事故调查中，发现了两种消极的领导模式：一种是强大、专制的领导，他会压制下属的意见，在飞行时，仿佛驾驶舱是一架单座战斗机。佛西和海姆里奇（Foushee and Helmrich，1988）讨论的"大男子气概飞行员"传统是这种领导风格的原型。佛西（Foushee，1982）报告了一个典型事件，一名副驾驶试图与空中交通管制人员沟通速度限制，却被要求"你只需要看着窗外就行"。另一种消极的领导会推卸责任，不控制驾驶舱内的活动。达拉斯沃斯堡国际机场一架波音 727 客机坠毁就是这种领导方式酿成惨剧的一个例子，由于机组人员分心，未能确认飞机起飞前襟翼是否放下（NTSB，1989）。在该案例中，飞机滑行时，副驾驶与一名空乘人员进行了漫长的社交闲聊。虽然并未大量参与聊天，但机长未能控制群体过程，而且未确定工作的优先顺序或者对飞行职责表现出关注。

一个可观测的群体过程组成要素是人际关系质量和由此产生的群体风气。高效的机组人员会保持一种鼓励参与和信息交流的群体风气。群体风气并未反映出机组人员对高效完成规定任务的关切，但不言而喻，在其他条件相同的情况下，在积极环境中工作的机组人员将更有积极性，会更充分地参与团队活动。

2）沟通过程和决策任务

模拟实验的数据表明信息传递和决策过程是机组人员行为的决定性因素，沟通水平越高，操作错误就越少。该过程的关键因素包括简令以及建立和实行自由、开放沟通的情况。简令需要解决团队组建问题以及运行期间预计可能遇到的技术问题。虽然简令被归为通信类，但已被证实是组建高效团队和创建积极群体风气的有效方法。

询问、倡导和主张明确的行为是为了确保得到必要的信息，并适时完成所需的沟通（例如，开始并完成检查单，提醒他人注意正在出现的问题）。在事故文献中，机组成员未询问他人所采取行动的例子比比皆是。若机组人员不清楚当前的运行状况或原计划时，应要求澄清，这对安全和团队行动都至关重要。除了需要获取运行数据之外，机组成员也需要倡导他们认为对安全和高效运行特别重要的有效行动方案，比如佛罗里达航空公司在华盛顿特区的坠机事件（NTSB，1982），话音记录器的录音显示，一名机组人员对飞机起飞感到不安，但没有强烈表达他的担忧，也没有提出另一种行动策略。充分自信地沟通，说明对行动的担忧和建议，以确保别人意识到它们的重要性，这是必需的。值得注意的是，

NTSB在调查一起因燃油耗尽但指示灯并未燃亮而造成的坠机事故后,第一次以建议的方式呼吁,在机组资源管理中对级别较低的机组成员开展"自信培训"(NTSB,1979)。在这次事故中,第二副驾驶多次报告燃料状况危急,却没有足够的自信敦促机长采取行动。即使可能与他人产生分歧,也要倡导机组成员提出他们认为的最好的行动方案,这才是一个高效团队的基本属性。当机组成员对正确行动方案有不同的意见时,以及提倡各自偏好的行动方案时,可能会引发人际冲突。分歧导致的可观察行为是解决冲突的手段。冲突可能会导致慎重考虑替代方案,或者导致立场的两极化和消极的团体氛围。有效解决冲突的方式是坚持什么是对的,而不是谁是对的。

应鼓励机组成员积极参与决策过程,包括质疑各种行动和决定。在做出决定时,需要和他们进行清晰地沟通和确认。机组人员自我批判是高效群体过程的另一个重要因素。团队需要回顾自己的决策和行动,目的是优化未来的团队活动。有效的批判包括结果或后果、过程和相关人员。在活动完成期间和完成之后都可以并且应该进行批判。批判与批评不同。事实上,有效的团队行为审查是一种强有力的强化手段。

3) 情景意识和工作负荷管理任务

机组效率的第三组指标是情景意识和工作负荷管理任务。机组人员对运行状况和意外情况的认识,通常称为"情景意识",在很多事件和事故中都与之具有因果关系。然而,情景意识是一种结果,不是一组特定的任务管理行为,其中明确的具体因素有准备、计划和警惕性、工作负荷分配以及避免分心。

准备、计划和警惕性行为反映了机组人员对意外情况以及采取所需行动的预期情况。优秀的机组总能未雨绸缪,而糟糕的团队总是亡羊补牢。警惕的机组会适当关注规定的任务,并对新信息立即做出反应。然而,在低工作负荷期间,如果飞行任务得以正常执行,运行环境处于监控状态之下,那么沉浸在社交闲谈中并不代表机组人员缺乏警惕性。机组人员可以利用这段时间来组建和维护团队。

吕费尔·史密斯(Ruffell Smith,1979)的研究清楚地表明,当飞行中出现非正常情况时,个别机组成员可能会因为多项任务而超负荷工作或者会在主要职责上分心。群体过程的一个观察指标是机组人员如何有效地分配任务,避免个人超负荷工作。确定活动的优先顺序可以让团队避免在重要活动上分心,比如机组人员专注于一个烧坏的灯泡而没有注意到自动驾驶仪已经断开,飞机在正确的飞行轨迹之下下降(NTSB,1972)。

4) 人机界面任务

飞行控制任务和飞行操作程序任务是群体过程中人机界面任务的一部分，代表了传统的飞行培训和评估模型。这里提出的模型包含人际关系和认知过程两方面，绝不能低估这些活动的持续重要性。相反，它反映了两者对于安全和高效运行必不可少这一事实。

如果提出的模型确实反映了飞行机组行为的主要输入和过程决定因素，则它应该为培训计划中如何提升航班的群体过程提供意见。在下一节中，我们将讨论使机组资源管理影响最大化的理论方法。

1.5　机组资源管理培训的理论利用

模型表明在输入因素和群体过程因素中，机组有效性的决定因素有很多。从理论上说，当组织将尽可能多的输入因素和群体过程因素进行处理和优化时，应该会对机组行为产生最大的影响。在本节中，我们将考虑如何设计计划，以实现影响最大化。这一讨论涉及技术和人为因素相结合的培训方法。

1.5.1　优化输入因素

1) 个体因素

我们在之前关于机组人员互动和行为的章节中提出，选拔更倾向于团队活动和更具有机组协调概念的个人是实现更有效机组人员行为的一种手段（Foushee and Helmreich，1988）。后续研究支持这一观点，因为人格因素关系到模拟实验中的机组人员行为（Chidester et al.，1990）、接受机组资源管理培训和对驾驶舱管理态度的改变（Chidester et al.，1991；Helmreich and Wilhelm，1989，1991；Helmreich，Wilhelm，and Jones，1991）以及短途和长途飞行中的疲劳和健康问题（Chidester，1990）。哈克曼和奇德斯特在有关章节讨论了这一领域的创新需求。人员选拔是一种长期策略，应得到认真对待。但在短期内，应集中精力加强对现有工作人员的培训。

所有的有效培训计划都有一个信息基础。在机组资源管理培训中，目标是传达关于有效团队行为的新知识，同时改变或强化对恰当驾驶舱管理的态度。反过来，态度的改变应反映在群体过程的改进上，最终应实现更好的机组人员行为。

2) 组织因素

组织可以解决很多问题，从理论上讲，这些问题应该可以提高机组的效率。当然，最重要的是致力于开发和实施最高质量的培训。然而，除非培训中提出的概念与组织文化和行为一致，否则它们不太可能产生重大影响。组织需要采取一些措施来确保其文化和规范与机组资源管理原则相一致。其中一项措施是强调开展全体机组人员培训而不是个人培训。另一项措施是编制与机组人员概念一致的检查单和其他驾驶舱文件（泛美航空公司在20世纪70年代早期采取了这项措施，避免了多起因机组人员导致的事故）。还有一项措施是解决飞行机组人员与其他运行部门之间的沟通问题，包括调度员、客舱机组人员和维修人员。驾驶舱与这些部门之间的交流是群体过程的一个重要组成部分，可能会支持，也可能会妨碍有效的团队行为。

为了使组织文化和规范与机组资源管理概念一致，一个重要的方法是树立行为榜样并加以强化。在大多数组织中，检查飞行员、教员和首席飞行员都是备受尊敬、经验丰富的飞行员，他们被视为组织规范和规定的榜样（Helmreich，1991a，1991b；Helmreich et al.，1991）。这些职位的人员选拔应将人际关系和专业技术评估同等看待。对群体过程的评估和讲评方面的专门培训，可以帮助他们制订并维持支持良好机组资源管理实践的规范。

3）监管因素

1986年，发生了一起因机组人员未完成起飞前检查单也未放下襟翼导致的飞机坠毁，随后，美国联邦航空管理局局长 T·艾伦·麦卡托（T. Allen McArtor）召开了航空公司经理会议，讨论实施人为因素培训。会上成立了一个新的政府部门——行业工作小组，该小组起草了一份关于驾驶舱资源管理的咨询通告（AC）（FAA，1989，1993）。咨询通告定义了这一概念，提出了课程主题，并且认识到初级机组资源管理培训只提供了对机组资源管理问题的基本认识。它还指出，在认识之后必须有一个实践和反馈阶段，还要有一个持续的强化阶段。强烈推荐将全任务模拟训练（面向航线飞行训练，LOFT）作为最有效的持续强化手段。咨询通告的内容与普遍接受的学习和强化原则以及本文讨论的机组人员行为的理论模型相一致。虽然机组资源管理尚未被强制要求纳入航空公司的规定，但咨询通告显然鼓励美国航空公司开发此类的培训项目。政府正在采取进一步的努力，来强制所有航空公司开展机组资源管理培训。

在政府与行业合作的基础上，1990年颁布了一项特别的联邦航空条例——高级资格认证计划（FAA SFAR 58，AQP）。比恩巴赫和朗里奇在相关章节中详细介绍了高级资格认证计划，这是一项针对航空公司的自愿性规定，允许在培训方面有更大的灵活性和创新性。为了换取开展培训的灵活性，参与的航空公司必须提供机组资源管理培训和面向航线飞行训练，并对机组人员和个人能力开展正式评估。在高级资格认证计划下运行的组织应找到支持机组资源管理培训工作的监管环境。

1.5.2　强化群体过程因素

理论上，对机组人员行为影响最大的应该是群体过程本身，这应该通过全任务模拟训练（面向航线飞行训练）有效地完成。在该训练中，机组人员有机会尝试新的互动策略并获得反馈和强化。美国联邦航空管理局支持这一做法，并发布了一份咨询通告（FAA，1978），为开展面向航线飞行训练制定了指南。1981年，美国国家航空航天局举行了一场关于面向航线飞行训练的行业会议，形成了两卷会议记录，概述了开展面向航线飞行训练的方法和正式指南（Lauber and Foushee，1981）。所倡导的原则包括建立高度真实的环境、执行正常的航班、生成紧急和非正常情况，以及教员不干预群体过程、决策和行动。机组资源管理面向航线飞行训练被定义为培训而不是正式评估，目标是在不影响机组人员专业认证的情况下使他们探索新行为的影响。

当场景设计成需要通过团队决策和协调行动来解决飞行中遇到的各种情况时，面向航线飞行训练能够对后续行为产生最强烈的影响。面向航线飞行训练的讲评也是实现影响的一个重要组成要素。有经验的教员应引导机组人员自我实现，而不是对发现的缺陷进行说教。应大力强化有效团队行为的例子。使用模拟实验录像带可以给机组人员提供以观察者的超然视角审视自己行为的机会（Helmreich，1987）。

除了后续面向航线飞行训练提供的实践和强化之外，最初的机组资源管理培训（通常以研讨会的形式进行）应让参与者观察和实验行为策略，并接受个人和团体反馈。与向听众讲解观点的被动讲座相比，让参与者体验过程的教学更有意义。机组资源管理入门培训提供概念性框架，其内容是稍后的面向航线飞行训练过程中所需要的。

在正常航线运行和培训环境中，还必须明确和强化有效的群体过程。我们在前文中把检查飞行员确定为主要代表和行为榜样。为了帮助将概念从培训转化到航线中，检查飞行员在对航线运行中的机组人员行为进行定期评估（航线检查）时，不仅要解决技术性问题，还要解决人际关系和认知问题。

正如我们在图 1.4 的介绍中指出在团队履行职责时，需要整合人际关系和人机界面组成要素中的过程因素。由此得出的推论是最有效的培训应该把所教的每项操作的技术因素和人为因素结合起来，这样机组成员才能意识到每一次技术活动都有团队层面的组成要素，这对成功完成技术活动非常重要。例如，V_1 决断[①]是一项需要机组人员展示熟练飞行技术的动作，它包括当无法中断起飞时失去部分动力，机组人员需要起飞爬升，重新配置飞机，与塔台沟通，然后返回降落。虽然这通常主要会被视为一项技术演示，但事实上，它需要全体机组人员的一致行动，还需要驾驶舱内部、驾驶舱与客舱之间以及驾驶舱和地面之间快速、准确的信息传递。如果基本飞行训练既强调技术因素，也强调人为因素，那么应该会增加机组人员展示出有效、完整群体过程的可能性。

同样，所传达和强化的概念的特殊性，决定着它们应该受到认可和接受。从原则上讲，个人可能会接受开放和完整的沟通、团队组建、情景意识和工作负荷管理等抽象概念，但可能会发现很难把它们转化为驾驶舱内的具体行为。从理论上讲，理解有效机组协调的概念基础及其具体行为表现的人，应该能够随时把它们付诸实践，并能够评估他们是否成功完成了任务。

在评估机组资源管理培训影响以及培训观察员判断机组效率的研究工作中，海姆里奇等人（Helmreich et al.，1991）尝试确定三组人际关系和认知任务的行为指标，这些可观测行为反映了机组资源培训的核心概念。已经分离出 40 个离散行为指标，用于观察航线运行和面向航线飞行训练（Clothier，1991a）。数据表明这些行为能够被可靠地测量。图 1.5 给出了与情景意识/工作负荷分配有关的 10 个行为指标。可以认为，与采用抽象概念的计划相比，利用具体行为实例的计划应该对机组人员的过程和结果产生更大的影响。

（1）避免"视野狭窄"，意识到压力等因素会降低警惕性
（2）积极监测天气、飞机系统、仪表和空中交通管制，并共享相关信息
（3）"未雨绸缪"，为预期或意外情况做好准备
（4）用语言确保驾驶舱和客舱机组人员了解计划
（5）清楚地沟通并确认工作负荷分配
（6）确保是按优先顺序排序次要操作任务
（7）发现自己和他人的负荷工作过高时，能够及时报告
（8）在各项操作之前，计划足够的时间进行自动化编程
（9）确保所有机组成员都了解自动化的状态和变化
（10）认识到自动化可能产生的麻痹松懈，并采取适当的预防措施

图 1.5　情景意识/工作负荷分配的行为指标

[①]　V_1 是起飞决断速度。当飞机速度达到 V_1 时，机组人员必须起飞。它是跑道长度和状况、飞机重量、温度等的函数。感谢凯文·史密斯机长对操纵期间所需采取行动的分析。

在本节中,我们试图找出机组资源管理培训的方法。在理论上,培训应该对机组人员的行为具有最大的影响力。这一分析表明如果要对行为和态度的影响最大,计划需要同时覆盖多个领域。在下一节中,我们将讨论为实现这些目标所做的努力,并介绍机组资源管理培训在过去十年中的一些重大发展。

1.6 机组资源管理培训的发展

到 20 世纪 70 年代,机组操作相关的人为因素正式培训已经开始扎根。例如,已故的弗兰克·霍金斯(Frank Hawkins,1984)根据爱德华兹(Edwards, 1972,1975)的 SHEL 模型和驾驶舱职权梯度,在荷兰皇家航空公司(KLM, Royal Dutch Airlines)发起了一项人为因素培训计划。在 1979 年举行的美国国家航空航天局/行业研讨会上,在理论和实际操作上都共同关注飞行中的人为因素。在这次会议上,世界各地的航空管理人员与人的行为有关的学术界和政府研究界成员一起,回顾了事故中人为因素方面的研究(Cooper et al.,1980),以及鲁弗尔·史密斯(Ruffell Smith,1979)研究的重要发现,许多与会者在离开时承诺要开展机组协调方面的正式培训。

在 20 世纪 80 年代初,开始出现一些不同的机组资源管理课程。大多数早期培训的重点是输入因素,特别是知识和态度方面的输入因素。主要重点是回顾事故中的人为因素,目的是改变人们对恰当的驾驶舱管理的态度。许多课程是以讲课的形式呈现的,有些只有视频录像带播放。源自管理发展计划的其他培训包括旨在提供自我意识并展示群体过程一般概念的试验和演习。在早期培训工作中,没有重视组织问题和机组人员的群体过程,包括没有强化有效的过程行为训练。许多早期的机组资源管理课程都面临着来自机组人员的巨大阻力,他们对培训动机和可能的结果表示担忧。一些人认为这是毫无根据的心理干预,将培训等同于临床心理学或心理治疗。另一些人则担心,机长的权威会被戴尔·卡耐基(Dale Carnegie)魅力派和谐人际关系发展方法所侵蚀,而不考虑操作有效性。

继美国国家航空航天局研讨会之后,美国联合航空公司第一个整合了面向航线飞行训练的机组资源管理课程。该课程名称为"指挥、领导和资源管理",由美国联合航空公司的飞行培训人员、美国民航飞行员协会会员以及罗伯特·布莱克(Robert Blake)和简·莫顿(Jane Mouton)共同合作开发。布莱克和莫顿是社会心理学家,他们为一些大公司制订了旨在提高管理效率的培训方案。他们培训方法的核心是让学员了解他们的个人管理风格(个人输入因素),使用管理方格(Blake and Mouton，1964)作为一种分类手段，按照任务和人际关系取向的独立维度对管理者进行分类。随后出现的多日培训项目是密集的、交互式的，要求参与者评估自己和同事的行为。在培训中强调的运行概念包括过程因素，如询问、搜集相关操作信息，倡导、沟通拟议的行动，以及冲突解决、决策和批判，回顾所采取的行动和所做出的决定。美国联合航空公司方法的独特之处在于，在最初的培训之后，会定期回顾机组资源管理概念。该计划还通过召开年度机组资源管理面向航线飞行训练会议，展示对群体过程因素的主要承诺，从而可以让机组人员践行研讨会和定期培训中的人为因素概念。美国联合航空公司的面向航线飞行训练的一个主要创新是在模拟器中使用摄像机来记录机组人员的互动。通过重播他们面向航线飞行训练的录像，机组人员可以在面向航线飞行训练教员的指导下，回顾自己的行为和决定，并深刻理解自己的行为。[①] 该计划是首次开展的多输入因素与群体过程因素的综合，仍需要继续实践和强化。

1986 年 5 月，美国国家航空航天局和美国空军军事空运司令部联合主办了一场机组资源管理培训发展研讨会(Orlady and Foushee，1987)。该会议表明，自 1979 年第一届研讨会以来，机组资源管理培训在全世界范围内迅速普及。会上，美国联合航空公司(Carroll and Taggart，1987)、泛美世界航空公司(Butler，1987)、人民快线航空公司(Bruce and Jensen，1987)、大陆航空公司(Christian and Morgan，1987)、日本航空公司(Yamamori，Orlady，and Foushee，1987)、泛澳大利亚航空公司(Davidson，1987)、军事空运司令部部队(Cavanagh and Williams，1987；Halliday，Biegelski，and Inzana，1987)以及区域运营公司(Mudge，1987；Schwartz，1987；Yocum and Monan，1987)都做了机组资源管理课程落实情况的报告。

20 世纪 80 年代末，美国开始出现第二代机组资源管理培训。泛美世界航空公司和达美航空公司都开设了机组资源管理课程，包括定期课堂培训和面向航线飞行训练。此外，这些计划通过为检查飞行员和教员提供额外培训来探讨组织输入因素，目的是通过强化面向航线飞行训练和航线运行中的有效行为来加强对群体过程因素的影响。

尽管机组资源管理课程已经大量增加，但机组资源管理/面向航线飞行训练的应用实践和强化并未得到相应的发展。在本书编著时，美国虽然只有美国联合航空公司、地平线航空公司、达美航空公司、大陆航空公司和军用航空企业拥

---

① 录像会在面向航线飞行训练讲评完成后擦除，从而对培训和观察到的行为保密。

有综合机组资源管理/面向航线飞行训练计划，但是包括西北航空公司、美国航空公司和康姆航空公司在内的其他多家组织正在开展实施这类计划。由于多种原因，迟迟没有出现更全面的计划，原因之一当然是经济原因。正如奇德斯特（Chidester）在相应章节中所指出，在航空业面临巨大财务困难的时期，没有正式法规规定的创新和相对昂贵的项目必须与其他业务需求竞争稀缺资源。事实上，美国的法规倾向于反对采用面向航线飞行训练，因为每年都必须要达到许多正式的技术要求，而且要求机长每半年接受一次定期培训，副驾驶和飞行工程师每年接受一次定期培训，因此很难安排全部机组人员参加面向航线飞行训练。①前文提到的高级资格认证计划既消除了全面机组资源管理/面向航线飞行训练的一些监管障碍，又为它们的采用提供了激励机制。培训变革的其他阻力还可能来自以下认识和事实，即与所有其他形式的交通工具相比，航空系统的安全记录良好；另外，直到最近才有经验性证据证实了机组资源管理培训提高了飞行安全性。

目前，机组资源管理培训正发展进入第三代。该方法不仅延续了机组资源管理与面向航线飞行训练相融合的做法，而且在组织文化因素、群体因素和个体因素等多个输入因素中引入了系统论方法。航线运行评价和强化也是该方法的基础。此外，新的计划重点更加明确，而且界定并直接阐述了最佳行为（例如行为指标）。一些组织正在努力（在一定程度上是受高级资格认证计划要求的刺激）消除技术培训和评估与机组资源管理间的差异，其目标是践行一个培训理念，即飞行员资格培训涉及这两方面所有的内容。

项目不断发展的另一个特征是机组资源管理培训从驾驶舱延伸到了其他运行区。美国西部航空公司已经开始对客舱和驾驶舱机组人员开展联合培训，其他一些航空公司也正在制订相关计划。美国航空公司正在将调度员纳入机组资源管理培训，从而使他们认识到共同关注的问题和责任，以及进行有效、开放沟通的必要性。泛美航空公司制订了针对维修人员的机组资源管理计划，随后，大陆航空公司也制订了类似计划。美国联邦航空管理局也在努力对空中交通管制人员开展类似的培训，他们同样在团队环境下工作，但从来没有受过或只受过很少的与工作相关的人为因素方面问题的正式指导。

纵观机组资源管理培训的发展和演变，令人惊讶的是迥然不同的组织居然

---

① 美国联合航空公司、泛美世界航空公司和达美航空公司可以豁免某些培训要求，以促进每年对全体机组人员进行培训，作为交换，他们需要实施机组资源管理/面向航线飞行训练的综合计划。

愿意欣然接受一种与业内许多传统相悖的培训概念。在下一节中,我们将思考可能促成这种接受的因素。

1.7 机组资源管理与传统管理发展培训

从观察者的角度来看,机组资源管理理念和实用基础与管理发展培训几十年来一直使用的计划是一致的。关注自我评估、管理风格、人际沟通和组织对行为的影响,这在社会、行业、临床心理学、社会学和商业学等方面一直都具有学术基础。将有关群体的经验和理论知识转化为实际的培训计划已经在许多行业和政府部门得到不同程度的认可。事实上,许多最初的机组资源管理计划,例如美国联合航空公司的计划,都是根据现有的管理培训课程改编的。机组资源管理的惊人之处在于它的普及速度之快和接受热情之高。在这一背景下,它的实施有什么独特之处呢?有什么能说服财务保守的管理者投入稀缺的资源和经验丰富的机组成员来重新评估他们对高度结构化任务的培训方法?

部分原因在于飞行环境的性质。驾驶一架配备多名机组人员的飞机是一项有组织、有约束的工作,有明确的权力和责任界限。将飞机从一个地方驾驶飞往另一个地方所涉及的固有活动在世界各地的组织中都是相似的。尽管飞机在设计、复杂程度和操作所需的机组人员数量上各不相同,但基本任务都是相通的。这意味着,在一个组织或机组人员中发现的各类驾驶舱管理问题很有可能在其他组织中也同样存在。由于机组人员原因所造成事故的调查结果会容易被认为是通用的,而不认为是独特组织文化和运行环境中的独特情况。因此可以推断尽管各组织中人员的文化、历史和健康状况不同,但在整个行业中,应采用类似方法来提高机组人员的效率。

在航空领域,飞行机组群体过程崩溃的后果是巨大的,风险是高度可见的,并提供了一个明确的结果标准。相比之下,利润或生产率等行业的结果标准相对分散,并受特定行业和特定组织因素的限制。提供一个总体行为标准,它代表着共同的、期望的输出,这样一类的方法能够得到认可和接受是可以理解的。

同样,与航空业以外的多样性相比,飞行机组所面临的决策和行为范围是有限的,可以纳入一个相对简单的模型中。由于这种行为的特殊性,可能比通常针对普通管理人员开发的课程能够更加突出培训重点。这种对问题和过程的更清晰定义,应造成更广泛的参与者接受度,并产生更具体、更积极的结果。

此外,航空环境的一个显著特征是能够使用高度逼真的模拟器来开展行为训练,并接受反馈和强化。不同于一般管理培训中的很多训练,面向航线飞行训练提供了一个能够对实际任务环境的有效描述，以及可测量的输出结果。从而可以让机组人员从头到尾观察到群体过程中各个单独的因素。面向航线飞行训练为培训概念的有效性提供了令人信服的证据。

　　当然，最终的问题是培训在多大程度上实现了既定目标。在下一节中，我们将会回顾对部分组织的机组资源管理课程的初步评估结果。

1.8　研究成果

　　虽然研究过程必然是缓慢的，渐进的，但有关机组资源管理计划的效果，已经形成一些一致性的研究成果。我们的目标是对研究所展示的机组资源管理的影响进行简要介绍，并指出现有知识中存在的空白之处。需要注意的是待讨论的机组资源管理培训效果研究来自面向航线飞行训练整合的强化课程评估，而不是来自可能包含在机组培训中的机组资源管理简短讲座或讨论会。海姆里奇（Helmreich，1991b）进一步讨论了机组资源管理相关行为和概念的研究策略。

　　（1）机组成员发现机组资源管理和面向航线的飞行训练都是非常有效的培训计划。来自美国等国外民用和军事组织的 2 万多名机组人员的调查数据表明绝大多数机组人员都接受了培训。绝大多数机组人员认为培训既有意义又具有实用性（Helmreich and Wilhelm，1991）。图 1.6 给出了五家航空公司针对培训效果的调查问卷分值分布情况。对面向航线飞行训练价值的评价也显示了类似的认可情况。威廉（Wilhelm，1991）分析了四家机构超过 8 000 名学员对面向航线飞行训练培训的反应。绝大多数机组成员都认为这是一项重要并且有用的培

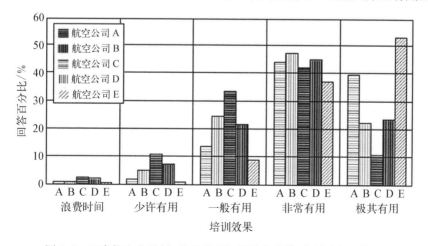

图 1.6　五家航空公司（A、B、C、D、E）对"总的来说，您认为机组资源
管理培训有用吗？"这一问题的回答统计

训,它不仅具有技术价值,而且具有人为因素价值。图1.7给出了四家航空公司
按照机组人员职务细分的面向航线飞行训练的有用性平均评分分布。显然,接
受培训是衡量培训效果的必要指标,但不是充分指标。一方面,如果机组人员并
不认为培训有用,那么它就不太可能引起行为上的改变;另一方面,培训可能会
认为是有用的,但由于没有提供行为工具来帮助学员应用这些概念,结果可能是
提高了学员对机组资源管理概念的认识,但在可观察行为方面改变不大。

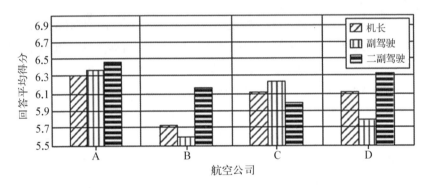

图 1.7 四家航空公司(A、B、C、D)对"总的来说,面向航线飞行训练是一项
极其有用的培训方法"这个项目的回答平均得分

注:得分:1—强烈反对;4—中立;7—非常认可。

(2) 在引入机组资源管理和面向航线飞行训练之后,机组人员的态度和行
为发生了可衡量的、积极的变化。可以使用驾驶舱管理态度量表(Helmreich,
1984)测量到的驾驶舱管理态度变化来衡量培训的影响。通常,在驾驶舱管理态
度量表的三个量表上,都会表现出关于态度的显著、积极的变化,即沟通与协调、
指挥责任和压力源认知(Helmreich and Wilhelm,1991)。如图 1.8 所示,在六
家航空公司的沟通与协调量表中,尽管不同公司之间的变化幅度(以及基线态
度)有所不同,但积极的反应在持续增加。驾驶舱管理态度量表的分析结果表
明,学员确实将所学的概念与有关航班运行的具体态度联系了起来。

因为态度与行为之间的联系并不完美(Abelson,1972),因此驾驶舱内机组
成员行为上能够观察到的变化对于检验机组资源管理培训的有效性非常重要。
这些数据是由接受过专门观察方法培训的独立观察员以及检查飞行员和教员收
集的(Clothier,1991b)。收集的长期数据表明行为在朝着预期的方向变化。例
如,图 1.9 给出了一家大型航空公司在引入机组资源管理和面向航线飞行训练
之后的 3 年时间里,在 14 个过程行为观察类别上观察到的航线运行行为上的变

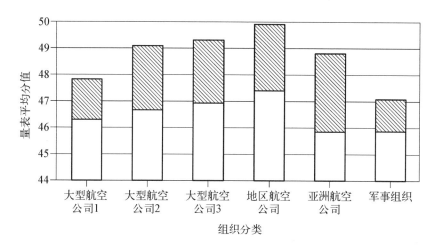

图 1.8 驾驶舱管理态度量表的沟通与协调量表中，培训前/后（阴影）有关态度的分值图示，所有机构的差异都很显著（$P<0.01$）：分数范围，11～55

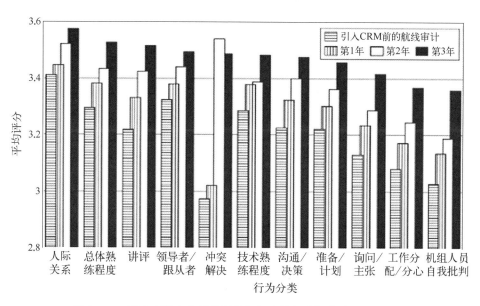

图 1.9 一家大型航空公司的平均机组人员行为评分随时间的变化

注：得分 1—差；5—极好。

化。所有平均得分差异在统计学上都很显著。可以看出，行为影响会随着时间继续增大。对这种趋势的一个合理解释是随着组织更广泛地接受这一概念，组织规范会发生变化，并且会对机组人员施加压力，要求他们遵守新的行为标准。

在汇总和对比机组人员在驾驶舱自动化方面的行为时，也发现了显著差异

(Butler，1991；Clothier，1991a)。观察发现在面向航线飞行训练的多个人为因素方面，先进技术飞机的机组人员比传统飞机的机组人员行为更加高效。这些差异的原因和程度仍有待进一步研究来澄清。威纳在相关章节中讨论了驾驶舱自动化、机组协调和面向航线飞行训练等问题。

正如我们前面所提到的，参加过正式机组资源管理培训和面向航线飞行训练的机组人员涉及的事故数量太小，无法从统计学上推论这些经验是否能够帮助机组人员应对重大紧急情况。然而，有越来越多的坊间报道说该培训确实为面临重大飞行中紧急情况的机组人员提供了宝贵的资源。最近的两起事故牵涉美国联合航空公司具有机组资源管理和面向航线飞行训练经验的机组人员。在其中一起事故中，811 号航班（一架波音 747 客机）飞行中一扇货舱门失落，造成了严重的结构损坏，两台发动机失效。在另一起事故中，232 号航班（麦克唐纳·道格拉斯 DC - 10 客机）的中间发动机发生了灾难性故障，导致液压系统和飞行控制系统全部失效。两起事故中的机组人员都能够通过有效地应对问题，将生命损失降至最低，并且他们都承认机组资源管理的作用，使他们能够应对新发生的紧急情况。史蒂文·普雷德莫(Steven Predmore，1991)对从驾驶舱音频记录仪中获取的机组沟通内容和频率进行了编码和分析，编码系统根据机组资源管理概念对这些沟通进行分类，包括询问、命令和倡导、回复和确认以及观察（沟通运行信息）。这两组机组人员在紧急情况下都保持了高水平的沟通和信息核实。图 1.10 给出了这两起事故中沟通方式随时间变化的情况。

(3) 管理层、检查飞行员和教员在确定机组资源管理培训的有效性方面发挥着关键作用。哈克曼(Hackman，1987)将"组织外壳"描述为机组资源管理培训成功的一个关键决定因素，这已被运行经验和研究结果予以证实。高级管理人员通过强化和反复培训，证明组织是真正致力于推进机组资源管理概念，并认识到安全和机组人员效率的重要性，这样的组织比那些仅开展概念简介的组织得到了更多的认可。事实上，有些组织的航班运行管理部门持续努力地宣传机组资源管理培训的本质和组织的奉献精神，我们注意到驾驶舱管理态度甚至在正式培训开始之前就有了重大改善。检查飞行员和教员作为主要行为榜样和强化代表的轴心地位也得到了越来越多的认可(Helmreich，1987；Helmreich et al.，1991)。与理论模型一致，这些关键个人在培训和检查环境中对机组资源管理概念的认可、实践和重视程度，似乎在很大程度上决定了计划的接受程度。

(4) 如果不加以强化，机组资源管理培训的影响就会减弱。数据表明，即使

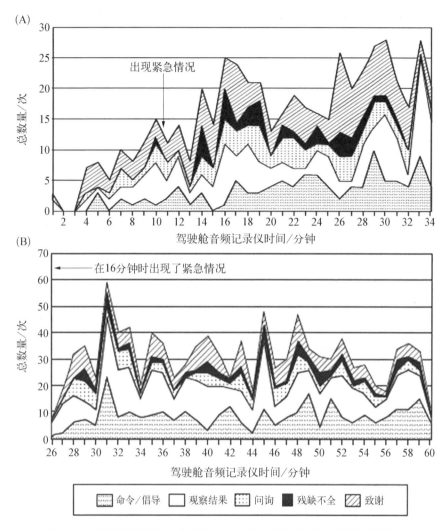

图 1.10 在美国联合航空公司的两次飞行中紧急情况下，按类别划分的机组人员沟通情况

(A) 811 号航班 (B) 232 号航班

是强化的初始机组资源管理培训，也只是一个概念认识和介绍阶段，持续强化对人为因素实践产生长期变化至关重要。一些最有说服力的证据表明，需要持续重视机组资源管理，这些证据来自对一些组织的回访，这些组织并没有做出继续开展深受欢迎的初始机组资源管理培训的承诺（Helmreich，1991a）。一家组织在完成初始培训一年多之后，重新进行了驾驶舱管理态度量表调查，结果表明态度已经恢复接近机组资源管理培训前的基线水平。该组织的调查对象写下了许

多开放式评论,表达了他们的担忧,有些直言不讳反对机组资源管理概念的人继续奉行着与良好人为因素做法相对立的管理风格。另一家组织经常提供机组资源管理和面向航线飞行训练,但管理层支持薄弱,培训和检查人员流动率高,对新检查飞行员和教员没有进行正式的人为因素培训,修改和更新面向航线飞行训练场景的努力有限。两年多之后,对机组资源管理培训和面向航线飞行训练的价值进行评估时,他们的态度明显不如第一年时积极。这些纵向研究结果具有重要的现实意义,因为它们强化了这样一个概念,即希望保持初始机组资源管理培训所提供的势头的组织必须做出正式承诺,提供持续培训和强化所必要的资源。

(5)一小部分学员"反向"或拒绝接受机组资源管理培训,虽然比例不大但却影响很大。虽然上文讨论的自我报告反应和态度改变研究,展示了初始机组资源管理培训总体上产生的积极影响,但有些学员没有看到它的价值,甚至还有一些学员的态度发生了与预期完全相反的改变,这些个人被称为表现出了"反向效应"(Helmreich and Wilhelm, 1989)。同样,观察发现一些机组人员在接受初始机组资源管理研讨会之后并未实践培训中所信奉的概念。对机组资源管理的反应并非都是积极的,这一事实并不能否定培训的价值,但这种不希望出现的结果引起了一些担忧。研究表明反向效应有多个决定因素(Helmreich and Wilhelm, 1989)。一些人抵制培训,根本原因在于个人的性格特征。缺乏成就动机和人际交往能力的机组成员一开始会更倾向于拒绝接受机组资源管理概念。此外,某些研讨会的群体动力似乎也会影响反应,魅力型学员公开拒绝接受培训会影响其他机组成员的接受度,而且会对开展培训的人员构成重大挑战。

1.9　有待研究的问题

有许多悬而未决的问题需要持续的研究努力,以帮助机组资源管理培训发挥充分潜力。其中一个问题是研究分析培训对机组人员行为和系统安全的长期影响。评估机组人员行为和态度的多项措施仍然在持续发展中,需要通过研究加以改进提升。部分衡量工作的目的是为航空事件和事故的人为因素方面制订一致的分类策略。这些工作可以生成极其重要的研究数据库,因此非常需要通过调查来支持此项工作。此类数据应有助于不断完善计划,并考虑航空系统本身的变化(例如,在飞机和空中交通管制之间建立更多的数字数据链接)。

另一个迫切需要研究的问题是搞清楚如何最大限度地发挥面向航线飞行训练在加强和拓展人为因素培训方面的作用。最新数据表明,不同场景的感知价值及其实现质量之间存在着巨大的差异(Wilhelm, 1991)。

要想将一些重要课题转化为基本的机组资源管理培训内容，还需要开展大量的深入研究。人际沟通基本方面的研究，例如卡拉（Kanki）在相关章节中所述的内容，可以为机组资源管理计划制订者提供许多帮助，但知识基础仍然相对不完善。此外，关键领域是决策。正如奥勒沙努（Orasanu）在相关章节中所指出对自然情况下进行决策的研究认识方面已经取得重大进展，但在取得充分的运行效益之前仍需要开展大量的工作。特别是应高度优先开展对高压条件下（例如高时间压力、疲劳、生活压力和威胁生命的紧急情况）个人和群体决策的深入研究。的确，在研究界，心理压力及其行为影响方面的课题研究已经整体上停滞不前，需要重新予以关注。只有在研究基础扩大后，我们才能制订有效的压力管理计划，并评估其实施影响。①

鉴于缺乏关于系统自动化对机组人员协调能力影响的实验数据，也很难具体说明如何以最好的方式培训机组人员与"电子机组人员"进行最有效的互动。显然，这项工作需要通过进一步的研究得到加强。

我们还需要知道机组资源管理带来的反向效应是短暂的还是持久的。在第一次接触时，质疑新的陌生概念是人的天性。一些人在第一次接触机组资源管理时，最初可能会对这些概念表现出抵触情绪，但后来经过一段时间，迫于同事的压力，可能会成为机组资源管理概念的热情倡导者。只有重新回顾和重新评估个人反应随时间变化的纵向研究策略，才能确定"反向"群体的长期反应。相关问题是，是否需要不同的培训策略或干预措施来获得这部分个体的认可。

人为因素概念和培训需要与传统技术培训进一步整合。在很大程度上，机组资源管理的发展已经超越传统技术熟练度培训和评估的界限。随着机组资源管理的成熟和成为组织文化的一部分，人们越来越认识到飞行训练的各个方面都包含重要的人为因素概念。正如理论模型所指出的，当教员强调飞行各个方面的人为因素时，机组资源管理和技术培训的有效性就会得到加强。只有通过基础研究和运行评估才能优化这些行动，同样，这类研究应为将人为因素培训纳入飞行员初始培训和有经验机组人员培训提供指导。

1.10 结论

人为因素在决定技术熟练的飞行人员在正常和紧急情况下的有效性方面起

---

① 一个相关的问题是需要对培训施加多大程度的压力，以最大限度地提高人为因素概念推广到紧急操作情况的可能性。

着关键作用,航空界接受了机组资源管理培训的概念。机组资源管理计划的普及速度超过了其影响运行的知识积累速度,反映人们意识到了这些问题的重要性。最新的研究结果表明这种信念并没有错位。机组人员重视培训的价值,而且现有数据表明培训确实对机组人员的行为有积极影响,由此推断,培训对航空系统的安全也有积极影响。

机组人员群体过程的理论模型表明最有效的机组资源管理课程将同时探讨多输入和群体过程因素,并将在开发过程中意识到这些因素所内蕴的独特文化。如果不是强迫学员从抽象概念到正常工作环境进行泛化认识培训,而是让他们接受训练,通过分享日常经验和明确定义的行为来传达心理学概念,那么影响应该会得到加强。成功的计划似乎不仅提供了基本的心理学概念,而且将它们转化为可操作的术语。

看来,如果人为因素训练过程中,持续开展实施研究和影响评估,未来的课程将会不断发展,当前的成就看起来就像二战时期的 Link Trainer 飞行模拟器一样过时,围绕机组资源管理培训开展的公开信息交流为快速发展提供了有利环境。

1.11 机组资源管理的复苏(2010)

重温 15 年前写下的文章对我来说是一次磨炼。虽然机组资源管理培训的首要目标——安全和高效飞行这仍然相同,但培训范围和做法已经发生巨大的变化。美国联邦航空管理局的最新咨询通告(120.51)提供了机组资源管理培训的发展情况和实施指南(FAA,2004)。航空界也经历了巨大的动荡,经济衰退导致了破产和合并,航空公司的机队规模缩小,业务转向了由二人机组驾驶的效率更高的高度自动化飞机。例如,还开通了从休斯敦直飞东京的超长途航班。在超长途飞行中,需要一个完整的接替飞行机组(机长和副驾驶),在飞行中出现紧急情况时,会带来指挥和领导问题。

我们在 1993 年没有认识到的一个因素是民族文化对飞行机组成员的行为具有强大影响,而且在不同文化中实现和接受机组资源管理计划需要不同的方法(Helmreich and Merritt,1998;Merritt and Helmreich,1996c)。另一个日益清晰的认识是机组资源管理并不仅仅针对驾驶舱。我必须承认在第 1 版准备出版时,编辑们就书名应该用《机组资源管理》还是《驾驶舱资源管理》展开过激烈的争论。最后,我和厄尔·维纳还有芭芭拉·G. 坎奇三人都认为书名应该用《机组资源管理》。

1.11.1 文化

我在机组座椅上观察到了各种各样的驾驶舱行为(尽管航空公司的管理人员和检查飞行员保证他们公司飞行员的行为是高度标准化的)。为了研究这一惊人的发现,我设计并实施了一项飞行员态度调查,即驾驶舱管理态度量表(Helmreich,1984)。多个国家的飞行员填写了驾驶舱管理态度量表,调查询问他们对驾驶舱内适当领导和驾驶舱管理的看法。在分析数据时,我惊讶地发现不同飞机机队职能、背景,尤其是不同民族文化的飞行员,答案有着非常显著的差异。我以前的学生和同事阿什利·梅里特(Ashleigh Merritt)在驾驶舱管理态度量表的基础上开发了一个新的调查,即飞行管理态度量表(FMAQ)(Helmreich and Merritt,1998)。飞行管理态度量表借鉴了荷兰心理学家吉尔特·霍夫斯泰德(Geert Hofstede)提出的多维度文化概念(Hofstede,2001)。已有30多个国家的飞行机组成员使用飞行管理态度量表,对跨国数据的研究表明霍夫斯泰德的维度中最具诊断意义的是权力距离(PD)。在高权力距离文化中,人们普遍接受并期望领导者的专制行为方式,不接受副驾驶和其他低级机组成员质疑机长的决定和行为(Helmreich et al.,2001)。亚洲和拉丁美洲文化的权力距离往往很高,澳大利亚的权力距离非常小,美国则处于中间位置。一名来自高权力距离文化的副驾驶对我说:"我宁愿死,也不会质疑机长的行为。"可悲的是这句话在一次事故中应验了(Helmreich,1994)。

一家奉行极高权力距离文化的航空公司对飞行员开展了飞行管理态度量表调查,事后,我通过翻译在高级管理人员和首席飞行员会议上公布了调查结果。像往常一样,我强调了副驾驶在情况恶化、飞机面临危险时敢于发言的重要性。后来,会上一位懂两种语言的外籍飞行员告诉我,当我在讲话时,一位高级管理人员向在场的所有人员宣布,他们应该无视我说的一切。

然而,在最平等的文化中,也普遍存在地位不平等现象。在一家权力距离文化水平很低的航空公司中,组织规则规定,在过夜时,机长房间的楼层必须比其他机组人员房间的楼层高。

即使没有管理上的刻意阻碍,接受与文化背道而驰的机组资源管理概念也是一项艰巨的任务,特别是在下级不应质疑或反驳上级的文化中。当我听到一位亚洲航空公司的一名高级机长、机组资源管理计划负责人,如何传达机组资源管理信息时,我感到又惊又喜。他告诫初级飞行员:"把自己当成传统家庭里的长子。你的任务是保护你的父亲不受伤害。因此,如果他的行为会导致飞行危险,你必须大声说出来并且要警告他。"

我和克莱·弗西在第 1 版相应章节中将机组资源管理称为第三代。在随后的 15 年里,机组资源管理又发展出了另外三代(Helmreich, Merritt, and Wilhelm, 1999)。第四代强调制订程序,包括体现有效驾驶舱资源管理的行为。第五代,即差错管理,存在时间短而且不受欢迎。正如一位机长对我说的那样:"我觉得被贴上'差错管理者'的标签是一种侮辱,这意味着我的工作就是把事情搞砸,然后再来纠正我的错误。"

在大陆航空公司机长布鲁斯·特斯默(Bruce Tesmer)和唐·冈瑟(Don Gunther)的领导下,第六代机组资源管理应运而生,即威胁与差错管理(TEM)。美国联邦航空管理局航线运行安全审计(LOSA)咨询通告 120.70 给出了威胁与差错管理的定义和描述。威胁与差错管理立即得到了飞行员、管理人员和监管机构的认可(Helmreich, 1997)。威胁与差错管理准确描述了机组人员的职责,即驾驶和操纵飞机从 A 地飞到 B 地,同时应对系统安全威胁并且管理驾驶舱内的差错。外部威胁包括空中交通管制员差错、恶劣天气、地形和其他一系列威胁。威胁与差错管理的概念可以应用于组织的所有组成程序,即维修、签派放行、停机坪运行等。在空难调查中,威胁与差错管理被证明是分析机组资源管理相关行为的一个重要框架(Helmreich, 1994)。

考虑到开发并向希望通过参与培训获得回报的高薪员工提供培训的成本,航空公司面临的一个关键问题是机组资源管理是否会改变飞行员的行为并提高系统的安全性。在经历了一系列尴尬事件(包括降落在错误的机场以及在一台发动机发生故障后关闭了另一台正常运行的发动机)后,达美航空公司为所有飞行员开发并开展了一场为期 3 天的机组资源管理强化课程。该课程使飞行员对机组资源管理的态度发生了显著的积极变化,但达美航空公司的管理层想要知道的是培训是否改变了飞行员在日常运行中的行为。德州大学人为因素研究项目受邀确定机组人员在正常航线飞行期间践行机组资源管理的情况。我和同事约翰·威廉、泛美世界航空公司退休机长罗伊·巴特勒(Roy Butler)以及一个训练有素的观察员小组一起收集了定期航班上的机组人员行为数据。为了对观察结果进行编码,我们采用了系统的观察方法,我在海底实验室项目中用这种方法研究了生活在海底居住舱的海底工作人员的行为和表现(Radloff and Helmreich, 1968),而且我和约翰·威廉在玻陨石项目中也用这种方法观察了生活在加勒比海底的海底工作人员的行为(Helmreich, 1972, 1973)。我们观察了达美航空公司的 291 个国内和国际航班。结果非常令人欣慰:达美航空公司的机组人员在正常飞行中践行机组资源管理，他们有效地利用良好的机组资源管理的行为指标就是证明。

在一名项目毕业生兼航线运行安全审计协作负责人詹姆斯·克林科特博士的指导下，我们采用的观察方法演变成了航线运行安全审计（LOSA）。机组资源管理是航线运行安全审计的重要组成部分。航线运行安全审计的优势在于专家观察员坐在机组座椅上，在完全保密的情况下，不仅能捕捉到实时行为（包括机组人员的任务执行情况和机组资源管理做法），还能捕捉到行为背景和结果（差错或差错管理以及威胁管理或管理不当）。国际民用航空组织（ICAO）已经要求全球所有的航空公司强制执行航线运行安全审计和机组资源管理（ICAO，1998，2002）。

2001 年世界贸易中心遭受恐怖袭击，美国的航线运行安全审计差点遭到破坏。此后，美国联邦航空管理局的一项法令规定，在飞行期间只有机组成员可以进入驾驶舱。为了应对这项规定，大陆航空公司给我办了一张穿着机长制服的身份证件，但他们很聪明，没让我驾驶他们的飞机。

机组资源管理迅速渗透到了航空系统的其他组成部分，很快，我们就发展出了签派资源管理和维修资源管理来解决团队内部和团队之间的各种问题。还发展出了针对空中交通管制员的机组资源管理培训。

在美国西南航空公司完成了对飞行员的初步机组资源管理培训之后，我把结果（观察结果和态度变化）提交给了公司管理层。美国西南航空公司总裁赫伯·凯勒尔（Herb Kelleher）出席了会议，并在我和机组资源管理计划经理和教员报告完毕后作了发言。赫伯说让飞行员成为这种培训的唯一受益者是不公平的，因此西南航空公司诞生了"管理资源管理"部门。

1.11.2 获取和使用安全数据

任何旨在改善机组资源管理态度和行为的成功计划都需要基于有效的数据。正如我们在前文中指出的，驾驶舱管理态度量表和后来的飞行管理态度量表提供了关于认知接受机组资源管理的可靠基线信息。在保证被观察者匿名的情况下，航线运行安全审计可以实时抓拍实际行为。此外，秘密的事件报告系统还以独特的方式洞察了组织做法和机组资源管理。虽然美国国家航空航天局管理的航空安全报告系统（ASRS）已有 30 多年的历史，积累了一个庞大的国家事件数据库，但航空安全报告系统缺乏组织特性，不能给航空公司提供关于他们自己组织内部情况的有用信息。美国航空公司在托马斯·R. 奇德斯特（Thomas R.

Chidester)博士(当时就职于美国航空公司,现就职于美国联邦航空管理局)的领导帮助下成立了一个地方报告系统,即航空安全行动计划(ASAP)AC 120 - 66 (FAA,2002),保护向自己的组织报告安全威胁和差错的人免受纪律处分。这些报告是在组织级别处理的,提供对组织内部问题的有用见解。航空安全行动计划委员会以及管理层和飞行员协会成员审查每份报告,并制定策略来处理报告中所提出的问题。在航空安全行动计划报告中,很大比例的问题是机组资源管理问题。这些来源的数据与数据驱动的机组资源管理培训相结合,可以促进组织安全管理体系和安全文化的发展(Helmreich and Merritt,2000)。

1.11.3 机组资源管理扩展到新领域

1) 医疗领域

1994 年,我遇到了瑞士巴塞尔大学医院的麻醉师汉斯-格哈德·谢弗。他听说过机组资源管理,认为它也许正是提高巴塞尔大学医院手术室团队协作能力的关键。于是,汉斯去了奥斯汀,在我们德州大学实验室待了一年。他在德州期间,观察了航空团队合作和团队培训的方方面面。在他回到瑞士后,邀请我在巴塞尔大学做了一年的客座教授,在我德州大学的学生布莱恩·塞克斯顿的帮助下,我们在手术室里观察了医生和工作人员在外科手术中的行为。我们还参与开发了一个危急事件报告系统(CIRS),让专业人员能够分享安全相关问题的信息,特别是围绕外科医生、麻醉师和护士之间相互影响的机组资源管理问题。

几年后,美国医学研究所(IOM)发布了一份极具影响力的报告,记录了可预防医疗差错的范围。美国医学研究所的报告认为在美国每年有超过 9 万人可能死于原本可预防的医疗失误(Institute of Medicine,1999)。对比医疗和航空领域,我发现这两个行业有很多相似之处。一些医疗组织被这些数据所震惊,开始意识到他们可能会从航空安全方法的应用中受益(Helmreich,1997)。最著名的医学出版物之一《英国医学杂志》(*British Medical Journal*)用一架坠毁的飞机作为杂志封面,那一期杂志收录了我和其他人关于将航空安全方法应用于医疗行业的文章(Helmreich,2000)。对比这两个行业的失误所造成的死亡率,显然,医生比飞行员更有可能杀死你。数据还表明采用包括机组资源管理在内的航空安全策略可能会带来明显的改善(Helmreich and Sexton,2004a,2004b;Thomas and Helmreich,2002)。

随着年龄的增长,我逐渐成了医疗系统的消费者(也是潜在受害者),我开始更多地参与患者安全问题研究，并为医疗专业人员设计相应的机组资源管理培训。在美国，优化医疗领域机组资源管理所需有效信息交流的障碍之一是报告和承认错误的人不能免于受到处罚或医疗事故诉讼，这一点与航空业不同。事实上，德州现在仍是这样，如果护士出了差错，甚至是因为药房的差错而用错了药，都有可能会被吊销执照。由于对披露失误的人缺乏保护，变通方式是仅限于向威胁与差错数据库提交未对患者造成不利影响的幸免事件报告。我认为这不是什么严重问题，因为幸免事件数据通常与不幸结果事件信息具有同样的诊断价值。在没有更一致医疗系统的情况下，这些数据的用途到底有多大，医疗机组资源管理培训是否能显著提高安全性，仍有待观察。

2）消防领域

在美国的所有行业中，消防行业的因公死亡人数居第二高（仅次于采矿业），2008 年死亡人数为 114 人。针对消防员开展了机组资源管理培训，以帮助他们从个体和团队两方面来应对复杂、危险和多变的环境，这些环境中信息通常是不完整的。我曾有幸与国际消防长官协会合作，他们开发并实施了一个全国性的、基于互联网的近距离呼叫报告系统（www. firefight-ernearmiss. com）。他们的消防员报告系统要求调查对象确定多重促成因素和因果因素，并提供描述相关事件的叙述，报告中的促成因素和因果因素深刻洞见了团队协调问题和决策过程。在大型火灾现场，经常会有来自不同消防站的多个部门，这种情况需要有效的领导以及团队之间和团队内部的有效协调。

1.11.4　未来展望

对于机组资源管理在极其多样化行业中的普及，我感到既惊讶又高兴。机组资源管理的基本概念明确阐述了重要安全问题。库克和杜尔索（Cooke and Durso，2007）在失败与成功评估中将心理学应用到不同环境中，例如矿场、手术室和老年司机的行为。我相信，凭借其威胁与差错管理特征，机组资源管理将继续在一些领域的专业人员培训方面发挥重要作用，因为在这些领域，团队必须要成功地进行互动，才能安全和高效地完成任务。

致谢（1993）

第一作者罗伯特·L. 海姆里奇的研究获得了美国国家航空航天局艾姆斯研究中心合作协议（NCC2 - 286）的支持，并且获得了美国联邦航空管理局合同

(DTFA - 90 - C - 00054)的支持。在美国和世界各地多家航空公司和众多飞行机组人员的大力合作下,本章的研究才得以顺利开展。特别感谢约翰·K. 劳伯,他激励我们进入这个研究领域,并担任了我们多年的导师。人民快线航空公司前任总裁唐·伯尔(Don Burr)为研究机组人员行为的决定因素而开放组织,提供了巨大的帮助。泛美航空公司前任机长罗伊·巴特勒协助设计和开展机组资源管理和面向航线飞行训练的影响研究,他后来成了我的同事。达美航空公司的机长鲁本·布莱克(Reuben Black)在机组资源管理/面向航线飞行训练的综合实施以及过程评估数据收集中也发挥了重要作用。西南航空公司的机长米尔特·佩因特(Milt Painter)和机组资源管理团队投入了大量的时间和精力开发了校正评估人员的面向航线飞行训练视频。约翰·威廉多年来一直是我的密切合作伙伴,并掌握着大量的数据,而约翰·R. 塔格特(William R. Taggart)在设计和实施评估机组人员行为的培训方面提供了宝贵的建议和帮助。最后,德州大学的应届和往届研究生在项目的各个阶段都发挥了重要作用,包括凯茜·克洛蒂尔、托马斯·R. 奇德斯特、史蒂文·格雷戈里奇、谢丽尔·欧文(Cheryl Irwin)、莎朗·琼斯(Sharon Jones)、伦道夫·劳(Randolph Law)、特里·麦克法登(Terry McFadden)、阿什利·梅里特、史蒂文·普雷德莫尔和保罗·谢尔曼。

参考文献

Abelson, R. (1972). Are attitudes necessary? In B. T. King, & E. McGinnies (Eds.), *Attitudes, conflict, and social change*. New York: Academic Press.

Bales, R. F. (1950). *Interaction process analysis: Theory, research, and application*. Reading, MA: Addison-Wesley.

Blake, R. R., & Mouton, J. S. (1964). *The managerial grid*. Houston: Gulf Press.

Bruce, K. D., & Jensen, D. (1987). Cockpit resource management training at people express: An overview and summary. In H. W. Orlady, & H. C. Foushee (Eds.), *Cockpit resource management training: Proceedings of the NASA/MAC workshop* (*NASA CP - 2455*) (pp. 50 - 55). Moffett Field, CA: NASA-Ames Research Center.

Butler, R. E. (1991). *Lessons from cross-fleet/cross airline observations: Evaluating the impact of CRM/LOS training. Proceedings of the Sixth International Symposium on Aviation Psychology* (pp. 326 - 331). Columbus: Ohio State University.

Butler, R. E. (1987). Pan Am flight training — A new direction: Flight operations resource management. In H. W. Orlady, & H. C. Foushee (Eds.), *Cockpit resource management training: Proceedings of the NASA/MAC workshop* (*NASA CP - 2455*) (pp. 61 - 67). Moffett Field, CA: NASA-Ames Research Center.

Carroll, J. E., & Taggart, W. R. (1987). Cockpit resource management: A tool for improved flight safety (United Airlines CRM training). In H. W. Orlady, & H. C. Foushee (Eds.), *Cockpit resource management training: Proceedings of the NASA/MAC workshop* (*NASA CP - 2455*) (pp. 40 - 46). Moffett Field, CA: NASA-Ames Research Center.

Cavanagh, D. E., & Williams, K. R. (1987). The application of CRM to military operations. In H. W. Orlady, & H. C. Foushee (Eds.), *Cockpit resource management training: Proceedings of the NASA/MAC workshop* (*NASA CP - 2455*) (pp. 135 - 144). Moffett Field, CA: NASA-Ames Research Center.

Chidester, T. R. (1990). Trends and individual differences in response to short-haul flight operations. *Aviation, Space, and Environmental Medicine*, 61, 132 - 138.

Chidester, T. R., Helmreich, R. L., Gregorich, S., & Geis, C. (1991). Pilot personality and crew coordination: Implications for training and selection. *International Journal of Aviation Psychology*, 1, 23 - 42.

Chidester, T. R., Kanki, B. G., Foushee, H. C., Dickinson, C. L., & Bowles, S. V. (1990). *Personality factors inflight operations: Vol. 1. Leader characteristics and crew performance in full-mission air transport simulation* (*NASA Technical Memorandum 102259*). Moffett Field, CA: NASA-Ames Research Center.

Christian, D., & Morgan, A. (1987). Crew coordination concepts: Continental Airlines CRM training. In H. W. Orlady, & H. C. Foushee (Eds.), *Cockpit resource management training: Proceedings of the NASA/MAC workshop* (*NASA CP - 2455*) (pp. 68 - 74). Moffett Field, CA: NASA-Ames Research Center.

Clothier, C. (1991a). Behavioral interactions in various aircraft types: Results of systematic observation of line operations and simulations. Unpublished Master's thesis, The University of Texas at Austin.

Clothier, C. (1991b). *Behavioral interactions across various aircraft types: Results of systematic observations of line operations and simulations. Proceedings of the Sixth International Symposium on Aviation Psychology* (pp. 332 - 337). Columbus: Ohio State University.

Cooke, N. J., & Durso, F. (2007). *Stories of modern technology failures and cognitive engineering successes*. New York: CRC Press.

Cooper, G. E., White, M. D., & Lauber, J. K. (Eds.), (1980). *Resource management on the flight-deck: Proceedings of a NASA/Industry workshop* (*NASA CP - 2120*). Moffett Field, CA: NASA-Ames Research Center.

Davidson, J. (1987). Introduction to Trans Australia Airlines CRM training. In H. W. Orlady, & H. C. Foushee (Eds.), *Cockpit resource management training: Proceedings of the NASA/MAC workshop* (*NASA CP - 2455*) (pp. 88 - 89). Moffett Field, CA: NASA-Ames Research Center.

Davis, D. R. (1948). *Pilot error: Some laboratory experiments*. London: His Majesty's Stationery Office.

Edwards, E. (1972). *Man and machine: Systems for safety. Proceedings of British Airline Pilots Association Technical Symposium* (pp. 21 - 36). London: British Airline Pilots Association.

Edwards, E. (1975). Stress and the airline pilot. Paper presented at British Airline Pilots Association Medical Symposium: London.

Federal Aviation Administration. (1978). *Federal Aviation Administration. Line Oriented Flight Training (Advisory Circular AC - 120 - 35A)*. Washington, DC: Author.

Federal Aviation Administration. (1989). *Federal Aviation Administration. Cockpit Resource Management (Advisory Circular 120 - 51)*. Washington, DC: Author.

Federal Aviation Administration. (1993). Crew Resource Management (Advisory Circular 120 - 51A). Author, Washington, DC.

Federal Aviation Administration. (2002). Aviation Safety Action Program (Advisory Circular 120 - 66). Author: Washington, DC.

Federal Aviation Administration. (2004). Cockpit Resource Management (Advisory Circular 120 - 51E). Author: Washington, DC.

Federal Aviation Administration. (2006). Line Operations Safety Audits (Advisory Circular 120 - 70). Author: Washington, DC.

Fitts, P. M., & Jones, R. E. (1947). *Analysis of 270 "pilot error" experiences in reading and interpreting aircraft instruments (Report TSEAA - 694 - 12A)*. Wright-Patterson Air Force Base, OH: Aeromedical Laboratory.

Foushee, H., & Manos, K. L. (1981). Information transfer within die cockpit: Problems in intracockpit communications. In C. E. Billings, & E. S. Cheaney (Eds.), *Information transfer problems in the aviation system (NASA TP - 1875)*. Moffett Field, CA: NASA-Ames Research Center.

Foushee, H. C. (1982). The role of communications, socio-psychological, and personality factors in the maintenance of crew coordination. *Aviation, Space, and Environmental Medicine, 53*, 1062 - 1066.

Foushee, H. C. (1984). Dyads and triads at 35,000 feet: Factors affecting group process and aircrew performance. *American Psychologist, 39*, 886 - 893.

Foushee, H. C., & Helmreich, R. L. (1988). Group interaction and flight crew performance. In E. L. Wiener, & D. C. Nagel (Eds.), *Human factors in aviation* (pp. 189 - 227). San Diego, CA: Academic Press.

Foushee, H. C., Lauber, J. K., Baetge, M. M., & Acomb, D. B. (1986). *Crew performance as a function of exposure to high density, short-haul duty cycles (NASA Technical Memorandum 88322)*. Moffett Field, CA: NASA-Ames Research Center.

Gann, E. K. (1961). *Fate is the hunter*. New York: Simon and Shuster.

Ginnett, R. G. (1987). *First encounters of the close kind: The first meetings of airline flight crews. Unpublished doctoral dissertation*. New Haven, CT: Yale University.

Hackman, J. R., & Helmreich, R. L. (1987). Assessing the behavior and performance of teams in organizations: The case of air transport crews. In D. R. Peterson, & D. B. Fishman (Eds.), *Assessment for Decision* (pp. 283 - 316). New Brunswick, N. J:

Rutgers University Press.

Hackman, J. R., & Morris, G. (1975). Group tasks, group interaction process, and group performance effectiveness: A review and proposed integration. In I. Berkowitz (Ed.), *Advances in Experimental Social Psychology* (Vol. 8, pp. 45 – 99). New York: Academic Press.

Hackman, J. R. (1987). Organizational influences. In H. W. Orlady, & H. C. Foushee (Eds.), *Cockpit resource management training: Proceedings of the NASA/MAC workshop* (*NASA CP -2455*) (pp. 23 – 39). Moffett Field, CA: NASA-Ames Research Center.

Halliday, J. T., Biegelski, C. S., & Inzana, A. (1987). CRM training in the 249th military airlift wing. In H. W. InOrlady, & H. C. Foushee (Eds.), *Cockpit resource management training: Proceedings of the NASA/MAC workshop* (*NASA CP – 2455*) (pp. 148 – 157). Moffett Field, CA: NASA-Ames Research Center.

Hawkins, F. H. (1984). *Human factors of flight. Aldershot.* England: Gower Publishing Co.

Helmreich, R. L. (1973). Psychological research in TEKTITE 2. *Man Environment Systems*, 3, 125 – 127.

Helmreich, R. L. (1984). Cockpit management attitudes. *Human Factors*, 26, 583 – 589.

Helmreich, R. L. (1987). Exploring flight crew behaviour. *Social Behaviour*, 21, 63 – 72.

Helmreich, R. L. (1991a). *Strategies for the study of flightcrew behavior. Proceedings of the Sixth International Symposium on Aviation Psychology* (pp. 338 – 343). Columbus: Ohio State University.

Helmreich, R. L. (1991b). The long and short term impact of crew resource management training. In: Proceedings of the AIAA/NASA/FAA/HFS conference, Challenges in aviation human factors. The national plan: Vienna, VA. January 1991.

Helmreich, R. L. (1994). Anatomy of a system accident: The crash of Avianca Flight 052. *International Journal of Aviation Psychology*, 4(3), 265 – 284.

Helmreich, R. L. (1997). Managing human error in aviation. *Scientific American*, 62 – 67, May.

Helmreich, R. L. (2000). On error management: Lessons from aviation. *British Medical Journal*, 320, 781 – 785.

Helmreich, R. L., Foushee, H. C., Benson, R., & Russini, W. (1986). Cockpit management attitudes: Exploring the attitude-performance linkage. *Aviation, Space, and Environmental Medicine*, 57, 1198 – 1200.

Helmreich, R. L., & Merritt, A. C. (1998). *Culture at work in aviation and medicine: National, organizational, and professional influences.* Aldershot, UK: Ashgate.

Helmreich, R. L., & Merritt, A. C. (2000). Safety and error management: The role of Crew Resource Management. In B. J. Hayward, & A. R. Lowe (Eds.), *Aviation Human Factors* (pp. 107 – 119). Aldershot, UK: Ashgate.

Helmreich, R. L., Merritt, A. C., & Wilhelm, J. A. (1999). The evolution of Crew Resource Management in commercial aviation. *International Journal of Aviation*

Psychology, 9(1), 19 – 32.

Helmreich, R. L. (1972). The TEKTITE 2 human behavior program. In J. W. Miller, J. Vanderwalker, & R. Waller (Eds.), *The TEKTITE 2 Project*. Washington: Government Printing Office.

Helmreich, R. L. (1992). Human factors aspects of the Air Ontario crash at Dryden, Ontario: Analysis and recommendations. (Commissioner) In V. P. Moshansky (Ed.), *Commission of Inquiry into the Air Ontario Accident at Dryden, Ontario: Final report. Technical appendices*. Ottawa, ON: Minister of Supply and Services, Canada.

Helmreich, R. L., & Sexton, J. B. (2004a). Group interaction under threat and high work load. In R. Dietrich, & T. M. Childress (Eds.), *Group interaction in high risk environments* (pp. 9 – 23). Aldershot, UK: Ashgate.

Helmreich, R. L., & Sexton, J. B. (2004b). Managing threat and error to increase safety in medicine. In R. Dietrich, & K. Jochum (Eds.), *Teaming up: Components of safety under high risk* (pp. 117 – 132). Aldershot, UK: Ashgate.

Helmreich, R. L., & Wilhelm, J. A. (1989). *When training boomerangs: Negative outcomes associated with cockpit resource management programs. Proceedings of the Sixth International Symposium on Aviation Psychology* (pp. 92 – 97). Columbus: Ohio State University.

Helmreich, R. L., & Wilhelm, J. A. (1991). Outcomes of crew resource management training. *International Journal of Aviation Psychology*, 1, 287 – 300.

Helmreich, R. L., Wilhelm, J. A., Gregorich, S. E. (1988). Revised versions of the cockpit management attitudes questionnaire (CMAQ) and CRM seminar evaluation form. NASA/The University of Texas Technical Report 88 – 3 – revised 1991. Austin.

Helmreich, R. L., Wilhelm, J. A., & Jones, S. G. (1991). *An evaluation of determinants of CRM outcomes in Europe*. Austin: NASA/University of Texas Technical Report, 91 – 91.

Helmreich, R. L., Wilhelm, J. A., Kello, J. E., Taggart, W. R., & Butler, R. E. (1991). *Reinforcing and evaluating crew resource management: Evaluator/LOS instructor reference manual* (pp. 90 – 92). Austin: NASA/University of Texas Technical Manual.

Helmreich, R. L., Wilhelm, J. A., Klinect, J. R., & Merritt, A. C. (2001). Culture, error and Crew Resource Management. In E. Salas, C. A. Bowers, & E. Edens (Eds.), *Improving teamwork in organizations: Applications of resource management training* (pp. 305 – 331). Hillsdale, NJ: Erlbaum.

Hofstede, G. (2001). *Culture's consequences, comparing values, behaviors, institutions, and organizations across nations*. Thousand Oaks, CA: Sage Publications.

International Civil Aviation Organization (ICAO). (1998). Human Factors Training Manual. Canada: Montreal.

International Civil Aviation Organization (ICAO). (2002). Line Operations Safety Audit (LOSA). ICAO Document 9803. Canada: Montreal.

Institute of Medicine. (1999). To Err is Human: Building a Safer Healthcare System.

Canada: Washington, DC. Montreal.

Kanki, B. G., & Foushee, H. C. (1989). Communication as group process mediator of aircrew performance. *Aviation, Space, and Environmental Medicine*, 60, 402 – 410.

Kanki, B. G., Lozito, S., & Foushee, H. C. (1989). Communication indices of crew coordination. *Aviation, Space, and Environmental Medicine*, 60, 56 – 60.

Lauber, J. K. (1984). Resource management in the cockpit. *Air Line Pilot*, 53, 20 – 23.

Lauber, J. K., & Foushee, H. C. (1981). *Guidelines for line-oriented flight training (Volume 1, NASA CP – 2184)*. Moffett Field, CA: NASA-Ames Research Center.

McGrath, J. E. (1964). *Social psychology: A brief introduction*. New York: Holt, Rinehart, and Winston.

Merritt, A. C., & Helmreich, R. L. (1996c). Human factors on the flightdeck: The influences of national culture. *Journal of Cross-Cultural Psychology*, 27(1), 5 – 24.

Moshansky, V. P. (1989). *Commission of Inquiry into the Air Ontario Accident at Dryden, Ontario: Interim report*. Ottawa, ON: Minister of Supply and Services, Canada.

Moshansky, V. P. (1992). *Commission of Inquiry into the Air Ontario Accident at Dryden, Ontario: Final report (Volumes 1 – 4)*. Ottawa, ON: Minister of Supply and Services, Canada.

Mosier, K. (1991). *Expert decision making strategies. Proceedings of the Sixth International Symposium on Aviation Psychology* (pp. 266 – 271). Columbus: Ohio State University.

Mudge, R. W. (1987). Cockpit management and SBO's. In H. W. Orlady, & H. C. Foushee (Eds.), *Cockpit resource management training: Proceedings of the NASA/MAC workshop (NASA CP – 2455)*. Moffett Field, CA: NASA-Ames Research Center.

Murphy, M. (1980). Review of aircraft incidents. Cited in Cooper et al.

National Research Council. (1989). *Human factors research and nuclear safety*. Washington, DC: National Academy Press.

National Transportation Safety Board. (1972). Aircraft Accident Report: Eastern Airlines, Inc., Lockheed L – 1011, N310EA, Miami, Florida, December 29, 1972. Author: Washington, DC. (Report No. NTSB – AAR – 73 – 14).

National Transportation Safety Board. (1979). Aircraft Accident Report: United Airlines, Inc., McDonnell Douglas DC – 8 – 61, N8082U, Portland, Oregon, December 28, 1978 (Report No. NTSB – AAR – 79 – 2). Author: Washington, DC.

National Transportation Safety Board. (1982). Aircraft Accident Report: Air Florida, Inc., Boeing B – 737 – 222, N62AF, Collision with 14th Street Bridge, Near Washington National Airport, Washington, D. C., January 13, 1982 (Report No. NTSB – AAR – 82 – 8). Author: Washington, DC.

National Transportation Safety Board. (1989). Aircraft Accident Report: Delta Air Lines, Inc., Boeing 727 – 232, N473DA, Dallas-Fort Worth International Airport, Texas, August 31, 1988 (Report No. NTSB – AAR – 89 – 04). Author: Washington, DC.

Orasanu, J. (1991). *Information transfer and shared mental models of decision making.*

Proceedings of the Sixth International Symposium on Aviation Psychology (pp. 272 – 277). Columbus: Ohio State University.

Orlady, H. W., & Foushee, H. C. (1987). *Cockpit Resource Management training* (*NASA CP 2455*). Moffett Field, CA: NASA-Ames Research Center.

Predmore, S. C. (1991). *Microcoding of communications in accident analyses: Crew coordination in United 811 and United 232. Proceedings of the Sixth International Symposium on Aviation Psychology* (pp. 350 – 355). Columbus: Ohio State University.

Radloff, R., & Helmreich, R. L. (1968). *Groups under stress: Psychological research in SEALAB II.* New York: Appleton-Century Crofts.

Ruffell Smith, H. P. (1979). *A simulator study of the interaction of pilot workload with errors, vigilance, and decisions* (*NASA Technical Memorandum 78482*). Moffett Field, CA: NASA- Ames Research Center.

Schwartz, D. (1987). CRM training for FAR Parts 91 and 135 operators. In H. W. Orlady, & H. C. Foushee (Eds.), *Cockpit resource management training: Proceedings of the NASA/MAC work-shop* (*NASA CP – 2455*). Moffett Field, CA: NASA-Ames Research Center.

Thomas, E. J., & Helmreich, R. L. (2002). Will airline safety models work in medicine? In M. M. Rosenthal, & K. M. Sutcliffe (Eds.), *Medical error: What do we know? what do we do?* (pp. 217 – 234). San Francisco: Jossey-Bass.

Thordsen, M. L. & Klein, G. A. (1989). Cognitive processes of the team mind. 1989 IEEE International Conference on Systems, Man, and Cybernetics Proceedings 1, 46 – 49.

Wilhelm, J. A. (1991). *Crewmember and instructor evaluations of Line Oriented Flight Training. Proceedings of the Sixth International Symposium on Aviation Psychology* (pp. 362 – 367). Columbus: Ohio State University.

Yamamori. (1987). Optimum culture in the cockpit. In H. W. Orlady, & H. C. Foushee (Eds.), *Cockpit resource management training: Proceedings of the NASA/MAC workshop* (*NASA CP -2455*) (pp. 75 – 87). Moffett Field, CA: NASA-Ames Research Center.

Yocum, M., & Monan, W. (1987). CRM training in corporate/regional airline operations: Working group V Report. In H. W. Orlady, & H. C. Foushee (Eds.), *Cockpit resource management training: Proceedings of the NASA/MAC workshop* (*NASA CP -2455*) (pp. 238 – 240). Moffett Field, CA: NASA-Ames Research Center.

延伸阅读

Merritt, A. C., & Helmreich, R. L. (1996a). Creating and sustaining a safety culture: Some practical strategies. In B. Hayward, & A. Lowe (Eds.), *Applied aviation psychology: Achievement, change and challenge* (pp. 20 – 26). Sydney: Avebury Aviation.

Merritt, A. C. , & Helmreich, R. L. (1996b). CRM in 1995: Where to from here? In B. Hayward, & A. Lowe (Eds.), *Applied aviation psychology: Achievement, change and challenge* (pp. 111 – 126). Sydney: Avebury Aviation, where to from here.

Sexton, J. B. , Grommes, P. , Zala-Mezo, E. , Grote, G. , Helmreich, R. L. , & Hausler, R. (2004). Leadership co-ordination. In R. Dietrich, & T. M. Childress (Eds.), *Group interaction in high risk environments* (pp. 166 – 184). Aldershot, UK: Ashgate.

2　团队合作与组织因素

弗兰克·J. 图罗(Frank J. Tullo)

美国,佛罗里达州,代托纳比奇,安柏–瑞德航空航天大学

没有任何一个词比本章标题中的第一个词"团队合作"更能准确表达"机组资源管理(CRM)"的含义！这个合成词(团队＋合作)传达了一个简单的概念,正如你看到的组合一样。本章中的观察结果是实地研究结果,是飞行员和航班运行经理在航空业长期工作中所积累的经验。我通过参与众多行业理事会、委员会和特别工作组的工作,形成了自己的观点。它们是我过去半个世纪在行业工作中得到的许多团队合作机会的成果结晶。

在过去的50年里,商业航空领域发生了巨大的变化,特别是在飞机驾驶舱里,人们使用系统的变化已经彻底改变这个行业,同时,对影响该环境中工作人员的人为因素的认识也发生了同样的变化。在这一时期,团队合作的概念已经从驾驶舱向外扩展。虽然我们行业从一开始就注重通过机长、副驾驶和飞行工程师(现在是通过国际官员,如果长途飞行需要)的关键行动来确保驾驶舱机组人员组织有序,但我们很快就意识到其他一线员工工作组的重要性,以及相互之间的关系。从空乘人员那里可以获得驾驶舱内无法获得的信息。在飞行关键阶段,机修工、签派员、加油员、装载员、登机口工作人员和地勤人员必须与驾驶舱有效合作。许多差错的前兆和可能的纠正措施都发生在这些团队以及相互之间的联系过程当中。本章介绍了团队合作概念的进一步扩展。

我首先讨论了驾驶舱内团队合作的演变,以机组资源管理的出现为例,阐述了这个词在过去几十年中被赋予的几种含义。我提出了机组资源管理的新定义,以消除歧义,明确其含义和重点。这场讨论可以让人们认识到一个优秀领导者的特质,认识并接受差错在航空业中无处不在。此外,本章还将讨论标准操作程序(SOP)的重要性以及它们在组织安全文化中所发挥的作用。

这50年以来,世界航空业的安全记录有了大幅提高,其中提高最显著的是

美国。这一记录往往归功于我们行业"安全文化"的改善。航空行业的企业和行政管理层面通过组织学习和不同亚文化的经验积累,才取得了这些变化。最后,我谈到了领导者层面,因为真正的安全文化只有从高层开始才能实现,除非得到组织领导者的书面支持和拥护,否则不会渗透到整个组织中。

2.1 对机组资源管理定义的更新

在美国大多数大型航空公司接受机组资源管理之前,飞行员培训和评估强调的是飞行员的个人技术水平,以及飞行员经过培训可以实现无差错飞行的概念。这种零缺陷方法是由 20 世纪 60 年代使用的军事模式继承而来的。就在 20 世纪 80 年代,几乎完全根据飞行员的驾驶能力、掌握规则的情况和行为数据,以及处理突发事件的能力对飞行员进行评级。培训和评估的主要目标是培养飞行员,至少能够在检查飞行时,实现无差错行为。很少强调在团队层面来预测和避免差错。机组人员是否能够通过培训和评估取决于其个人行为。令人震惊的是在操纵飞行员个人行为评估期间,会强调非操纵机组成员不要给予帮助。检查飞行员(及其航班运行上级)的主要任务是"淘汰"不具备"必要品质"的个人[使用作者汤姆·沃尔夫(Tom Wolfe)于 1979 年提出的著名术语]。培训的底线是尽可能地消除驾驶舱内的所有人为差错。

如今,40 多年过去了,航空业用"机组资源管理"来评估驾驶舱的团队行为或团队合作。概括来说,这一新标准可以用美国联邦航空管理局前任局长唐纳德·恩根的话进行解释,即"造成事故的不是飞行员,而是机组人员"。这句话背后隐含的概念是部门经理需要考虑个人行为之外的因素,并判断此人作为团队成员的能力。

当然,我们不能完全忽视个人行为。然而,最好在开始人员雇佣以及/或者在新岗位或新设备培训期间解决这个问题。在这一方面,航空培训依然是过于重视个人行为。在新的机组资源管理模式中,在飞行员必须经历的大量培训/检查活动[航线检查、熟练度检查/经常性培训、航线运行评估(LOE)或者面向航线飞行训练(LOFT)等]中,重点不应该放在个人行为上。相反,而是应该把重点放在个人的团队行为上。一旦某人成功获得了机组人员岗位,那么重点就应该是他或她如何通过威胁分析来预测或预防差错,发现机组人员不可避免的差错,并在造成负面结果之前纠正这些差错。"团队合作"或"机组资源管理"的真正定义是它重视的是对安全威胁的正确反应和对机组人员差错的正确管理。

重视威胁与差错管理(TEM)并不意味着降低行为标准。虽然我们承认差错是不可避免的,但我们必须坚持行为标准。差错管理要求我们把个人鲁莽行为或无视标准操作程序与完全由人的局限性造成的错误区分开。机组资源管理要求我们不仅要对个人进行评估,还要对负责飞行安全的整个团队进行评估。

2.2　一线团队

在这儿,我们需要清楚机组资源管理中"团队"的组成。广义上讲,参与将航班从 A 地转移到 B 地的每一个人都是团队中的一员,包括管理人员、地勤人员,甚至还包括空中交通管制(ATC)人员。但在我们的讨论中,团队的关键成员是在飞机上操纵控制装置、管理飞机系统以及在飞机上服务客舱乘客和管理其他货物的人员。换句话说,团队组成包括驾驶舱机组人员和空中乘务员。

此外,飞机上还有另一个团队成员,即所安装的设备,旨在减少工作负荷,以及与飞行机组人员协调以提高安全性。通常会使用简单化和误导性的"自动化"一词来描述这一"成员",它被认为是"尽职尽责的哑巴"。由于机组人员规模的缩小和机上自动化系统的日益复杂,它在机组资源管理中变得越来越重要。在当今的飞机上,在驾驶舱内完成大量工作的这名沉默的团队成员将尽职尽责地完成所有赋予的任务,无论任务是否合理(如果系统输入了无法执行的功能,它也可以简单地断开连接,将问题交给你,并提供一系列的故障信息,如法国航空公司 447 号航班)。自引入自动化以来,未能认知到这个飞行团队成员并将其纳入飞行团队中,已经产生许多痛苦的教训,因此需要将这一驾驶舱资源纳入飞行管理中。

从最开始,机组资源管理的重点就是飞行员个人的态度、行为和表现。它的目标是消除飞行员身上的"错误行为",并通过确保良好的团队行为的技能来取代错误。良好机组资源管理的定义是机长应该创造一种氛围,让机组成员可以畅所欲言,发表意见,提出问题,并在必要时提出质疑。事实上,机长应该坚持这种行为,并在出现这种行为时给予表扬,不仅要说到,而且要做到。机长应尽可能在飞行早期,寻找其他机组成员信息输入的情况,并以此为例来表扬该机组成员,感谢他或她的团队合作精神。这对团队建设有积极的影响,它对于从未一起飞行过的机组人员来说非常重要,即使是对于相互熟悉的机组人员也是必要的。在这种模式中,机长负责强化良好行为,并帮助其他机组成员改善对威胁的反应并提高对差错的认识。

不管机长创造的氛围如何,其他机组成员都要负责发言。有时这可能需要机组成员摆出一副咄咄逼人的姿态,直面对良好机组资源管理的普遍误解,良好的机组资源管理绝非"在驾驶舱里和睦相处",而是认识和明确威胁,尽可能避免差错,捕捉那些无法避免的差错,并尽可能通过阻止手段和解决办法减轻已发生差错的后果。

图2.1所示的威胁与差错管理模型说明了该过程的流程。唯一需要解释的两个术语是"阻止手段(resist)"和"解决办法(resolve)"。"阻止手段"一词代表了驾驶舱、空中交通管制控制套件和地面上的航空安全系统,它们会抵制差错。"阻止手段"包括增强型近地告警系统(EGWPS)、飞机和地面上的风切变告警系统以及空中交通防撞系统(TCAS)等,还包括控制塔中用于警告有危险的低空高度的最低安全高度告警

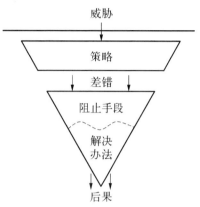

图2.1 威胁与差错管理模型

系统(MSAWS)等,以上只是其中几个例子。由于这些系统的成功应用,可控飞行撞地(CFIT)已不再是航空业的头号杀手。在现代飞行管理中越来越重要的是将自动化系统设计成可以"阻止"多种威胁(高度偏差、冲突飞机、恶劣天气等),避免它们变成不可控威胁。

一方面,"解决办法"则是人类给予航空安全的因素,例如熟练度、经验、有效监控和沟通等;另一方面,阻止手段和解决办法共同作用,过滤掉可能无法避免的差错,并防止了负面后果。

虽然可控飞行撞地不再是主要威胁(因为先进的地形感知和告警系统在20世纪90年代末增加了当前位置与地形数据库比较功能,在潜在冲突之前很长时间就会发出警告或显示有威胁的地形),但现在"失控"成为我们航空业事故的主要原因。这表明机组成员不能成功识别并恢复(解决)自动化或人为管理不当原因而导致飞机陷入的状况。因此,必须提出以下问题,自动化的使用是否导致了基本飞行技能的退步?对自动化的依赖是否削弱了当自动化失效时接管飞机所需的熟练度?监管机构和业内培训机构是否认识到除了正确使用自动化之外,飞行员还需要证明具备充分的手动飞行能力?

在图2.1中所示的模型中,顶层的"策略"可以认为是通过识别威胁和提前创建差错阻止策略来"管理我们的未来"。如果"策略"没有识别到威胁,或者发生了差错,那么随后的级别("阻止手段"和"解决办法")则可以认为是通过捕捉差错或减轻负面后果来"管理我们的过去"。这些差错管理级别看似低级,但实

际上，在产生良好结果方面与"战略"级别至少同样有效。

航空业已经开始认识到并且承认，在复杂多变的航空系统中，差错无处不在。我希望，航空业现在正朝着一个稳健的差错管理系统发展，一个训练有素、工作专注的机组可以非常有效地实现安全、经济和高效的飞行。

在航空业早期的几十年里，驾驶舱的"强弱排序"模式认为，机长就像19世纪的船长，像君主一样掌管着他的小王国。副驾驶是非操纵飞行员（PNF），有时，机长会给副驾驶分配一些小任务，比如操纵起落架、襟翼、通信装置等。到了21世纪，在大多数情况下，现在航空业已经更喜欢用监控飞行员（PM）来代替非操纵飞行员，用来表示非主操纵机组成员。这一术语变化的含义是，事实上，监控飞行员是机组运行的一个积极参与者，并且与操纵飞行员（PF）一样，对飞行安全负有重要责任。

现在是改变团队重心的好时机，需要重新重视他们对差错的阻止手段。从个人成就文化转向真正的团队成就文化的确是一项非常艰巨的任务，因为它不仅深深植根于我们的国家、行业和组织文化中，而且是我们人类基本文化构成的组成部分。这种个人主义取向始于飞行员职业生涯之初，并在熟练度检查、在新飞机岗位晋升或在换岗到新飞机的过程中不断得到强化。飞行员更喜欢被别人称为"优秀驾驶杆"，而不是优秀的团体成员。这使得组建一个良好的差错觉察团队变得更加困难。

2.3　优秀驾驶舱团队的特质

一个好的领导者和一个好的跟从者在特征或特质上有区别吗？经验告诉我们，他们的特征或特质几乎相同。虽然世界上没有绝对的事情，但历史深刻地说明，一个好的跟从者会成为一个好的领导者；反过来，一个好的领导者也会成为一个好的跟从者。在我们的行业中，有很多这样的例子，在飞行过程中，领导者和跟从者的角色会在机组成员之间来回切换。毋庸置疑，机长是团队的领导者，将会做出最终决定，但有时，他或她也会，而且应该充当跟从者的角色。既然如此，就让我们一起分析一下优秀团队成员、领导者和跟从者的一些特质。

毫无争议，一个有效团队的标志是熟练。以往的结论是每一个团队成员都要精通分配给他们的任务。这是航班运行主管的责任，他负责确定团队内部人员岗位分配时个人应具有的熟练度和能力。在这一点上，航空公司做得非常好。大型航空公司的培训部门在充分准备的机组成员培养方面非常有效，为小型航空公司提供大量培训的认证培训机构也在这方面也做得很好。美国联邦航空管理局(FAA)规定了驾驶舱内岗位的最低标准要求,进一步保证了这一点。

熟练度包括必须承诺遵守标准操作程序。这看似不是一个严重的问题,但波音公司自 1959 年以来的统计数据表明,在全世界所有的机体损毁和死亡事故中,三分之一以上都是由于偏离标准操作程序造成的。这种偏离可能是以不作为的形式,例如没有做应该做的事情(执行检查单),也可能是以作为的形式,例如不正确地完成某个操作或做了不应该做的事情(例如,根据记忆执行检查单,下降到最低高度以下)。所产生的滑坡效应是指当每次偏离标准操作程序的行为成功时,就会强化侥幸行为。这可能导致"偏离常态化"(Vaughn,1997),在这种情况下,机组人员甚至不承认它是一种偏离,因为这种情况已经屡见不鲜,而且有时很多人都在这么做。偏离标准操作程序是我们航空业中一直存在的问题,航空组织和机构绝不能容忍。

有效的沟通与熟练度同样重要。当然,沟通包括团队成员之间以及团队与外部环境的其他人之间的沟通能力。航空业的自动化增加了团队成员之间有效沟通的需求。我们将在后文中讨论,自动化完成了大量的飞机操作,因此机组人员以语言表达、核实和监控任何自动化指令或指令更改变得极为重要。

美国国家航空航天局管理的航空安全报告系统(ASRS)中提到的首要问题是飞行员与控制员之间的沟通失误。沟通不清楚有可能特别危险,被认为是许多重大事故的原因。最糟糕的团队合作案例都有一个特点,即团队成员之间以及机组人员与驾驶舱外部人员之间的沟通不畅。相反,艾奥瓦州苏城联合航空的 DC-10 客机事故就是一个最佳的沟通顺畅的案例。机组人员,包括坐在后排的一名公司飞行员,在驾驶舱内外的沟通方面都做得非常出色,在如此糟糕的情况下,使飞行达到了最好的可能结果。德州大学的罗伯特·L. 海姆里奇研究了驾驶舱音频记录仪的数据,据他判断,在紧急情况下,机组人员需要处理的信息多达每秒一项,考虑到机组人员承受的工作压力,这是一个了不起的成就。

可以采取多种形式进行有效沟通,包括语言形式和非语言形式。最有效的语言沟通方式是向全体机组人员进行简令和讲评。随着航空业复杂性的不断增长,飞行前简令变得越来越重要。整个团队在飞行前集合时,以飞行前简令的形式在公司(签派员)与机组成员之间以及团队内部进行简令。考虑到现代飞机上一些机组人员的规模越来越大,这可能是一项艰巨的任务,但却更加重要。简令对于澄清机组人员的任务职责和飞行环境非常必要,这样将会确保整个机组团队都具有相同的心态。讲评也是沟通中非常重要的一部分。可以借助这一最佳时机,强调和表扬良好的团队合作,同时指出需要改进的地方。在汇报负面事件时，最重要的是强调"错在哪里"，而不是"错在哪位"，以及如何防止再次发生这种情况。

有效监控也是有效团队的理想特征之一。正如前文提到的，航空业已经接受监控飞行员而不是非操纵飞行员的概念。这是一个细微的变化，但影响很大。监控飞行员在支持操纵飞行员的过程中需要完成许多任务，但监控飞行员的主要工作是观察飞行的进展和操纵飞行员的行为，以发现任何可能导致负面后果的威胁或差错。如果发现了威胁或差错，该机组成员的工作就变成了一项挑战，要果断地确定威胁，确保不会发生差错；或者果断地确定差错，确保不会发生负面后面。

一项研究指出，由于型号飞行时间不足的副驾驶所导致的未能监控和提出质疑的情况特别普遍（Flight Safety Foundation，1994）。这究竟是因为缺乏经验的飞行员没有监控到差错，还是因为没有安全感的飞行员看到了差错却没有提出质疑，我们永远都不知道。该研究最近得到了类似结果的支持（Dismukes，Berman，and Loukopoulos，2007）。这两项研究都强调了培训和评估监控能力的必要性。

有效监控能力必须经过培训、实践和评估。目前为止，培训计划均未强调这一点，但它对成功完成威胁与差错管理非常重要。激励飞行员成为优秀监督员的最有效方法之一是始终评估他们作为机组人员的能力，让他们在培训中对这项能力负责。面向航线飞行训练和航线运行评估讲习会是实现这一方法的理想途径。然而，在观察机组人员时，应随时对监控能力进行评估。在任何培训讲习会中都可以轻松地强调对良好监督能力的需要。当操纵飞行员出现差错时，教员应该询问监控飞行员为什么会让差错发生。这是机组成员培训方式的一个重大转变，它实现了两件事：一是明确了监控飞行员的主要职责，二是减少对个人行为的关注，转而关注团队以及每个团队成员的职责。

监控能力包括警惕性，更重要的是知道什么时候应该保持警觉。机组人员不能也不需要时刻保持警觉。知道什么时候保持警觉，什么时候稍微放松很重要，特别是在今天的环境中，飞机具有长途飞行（包括超长飞行）的能力。

此外，优秀团队的一个重要特质是示范。对于领导者或跟从者而言，可以通过这种绝佳方式以身作则遵守所有标准操作程序。示范是一种给予积极反馈或分享知识的方法，不会让人觉得是在批评或给别人上"飞行课"。阿尔伯特·爱因斯坦曾经说过"以身作则不是影响他人的主要手段而是唯一手段"。相反，在航空业中，最糟糕的事情就是树立一个坏榜样。当一个行为榜样或领导者不遵守标准操作程序时，会造成不可估量的伤害。如果一个身居高位的人说"照我说的做，而不是照我做的做"，这种行为所产生的负面影响远远超过所观察到的事件本身。它还可以增加前面提到的航空运输中的危险问题，即"偏离常态化"（Vaughn，1997）。即使一个人持有这种态度，也会造成很大的伤害。树立威严的榜样以及遵守符合标准的行为是一个非常强大的工具，领导者和跟从者都可以而且应该使用。

预想能力是飞行员在他们的第一次飞行中听到的"提前料想飞机可能遇到的各种状况"的另一种说法。这项能力是针对整个机组制订和共享一份计划，是良好情景意识（SA）的绝对必要条件。它可以为手头任务提供意义和方向，与良好的简令一起来明确操作，并设定工作负荷管理参数。我在航空界听到过一句很有意义的话："永远不要把飞机驾驶到你在5分钟之前还没想过的地方。"这是预想的本质。

领导者和跟从者还必须具备适应能力。适应变化的能力是航空运输业务中的绝对必要条件。多年来，"决策偏差和计划延续"被认为是多起飞行事故的原因。抗拒变化是所有人的本能。适应飞行中的变化并且愿意制订和分享新的计划是优秀飞行员的标志。飞行环境是不断变化的，目前需要重视的问题很快就会轻易地发生变化。团队合作应该在所有人都需要的结构与识别环境变化并在必要时灵活调整的能力之间取得平衡。

当一名机组成员重视其他成员的想法、担忧或问题时，这个人就表现出了接受能力。这种能力与适应能力和改变意愿是驾驶舱安全的关键要素。听取建议并在适当时采纳建议是非常有力的团队建设工具，即使有人不同意这个建议，它也是机组成员团队建设的重要组成部分。接受人说出对输入的承认和赞赏，将会增强机组的凝聚力。在飞行过程中，有时会出现不适当的建议或担忧，但重要的是即使最终结果是"同意保留不同意见"，也要承认别人的建议或担忧。驾驶舱不是一个民主场所。机长具有最终权威，并且将会做出最终决定。

领导者/跟从者可以运用逻辑和智力来影响他人，并获得对想法或行动的承诺。在面对不同来源的不完整或相互冲突的信息时，或者在需要评估新情况并制订适当的解决方案时，这是一项特别重要的特质。这种情况需要使用所有可用的资源，可能包括一名足够自信的初级机组成员说服一名资深机组成员采取期望的行动。

最后，当一名机组成员在没有指挥的情况下，开始采取职责范围之内的适当行动时，这个人就表现出了主动性。当开始采取行动来纠正操作中的不足时，领导者或跟从者的这项特质特别重要。这表现为当另一名飞行员作出一些不符合标准的行为时,这名飞行员会委婉地纠正他,或者采取一种行动,找到更有效的方法来完成某件事情,同样是在职责范围之内。

2.4　差错及其解决差错的支持团队和过程

差错是飞行中不可避免的事情。长期以来,航空业一直在努力消除尽可能多的差错,而且做得相当不错。然而,事实是差错无处不在,差错的发生有一定的概率性,永远不可能完全消除。飞机和空中交通管制套件中安装的新系统(威胁与差错管理模型中的阻止手段)在保护飞行员和避免空管人员发生差错方面已经取得很大的进步,在过去的几十年里,我们航空业一直保持着出色的安全记录,这证明了这一观点。然而,事实上像航空运输这样复杂且多变的行业,依然永远不可能消除所有的差错。

这个行业是在一种追责社会或文化中运作的。当有负面事件发生时,这一点就会表现得极为明显,立即开始追查与负面事件有关的"坏人"。反过来,正面事件也会以类似的方式来表彰英雄。很多时候人们的态度如下:机组人员造成了事故,因为他们的差错是导致事故发生的主要原因。我们似乎认为,在一个原本安全的系统中,人为差错是导致故障的原因,而事实上,传统理论认为,人为差错并非原因,而是症候。它是努力工作的机组成员在一个资源受限、不确定、不完善的系统中努力追求成功的结果,这是差错管理的基本假设。任何时候用人来操作设备,无论选拔得多么认真,培训得多么充分,使用得多么适宜,人都会有一定的局限性。人的行为就包括人为差错。

1952 年,航空安全领域的领军人物杰罗姆·莱德尔(Jerome Lederer)在皇家航空学会(Royal Aeronautical Society)的讲话中说道:

　　……普通人只有一个头、两只眼睛、两只手、两只脚,他对各种需求的回应不可能保证在正负 5 ％误差以内;他的体温变化不能超过几度;他的心脏只能以恒定的速度和压力工作;他的压力容器,无论是液压容器还是气压容器,容量都有限;他的控制能力会受到疲劳、疾病、粗心、愤怒、疏忽、高兴、自满和急躁等的影响。这种身体机制的最初设计是为了适应石器时代的工作,从那以后,这种机制一直没有改善。问题在于如何让这个设计在狭窄误差范围内运作的古老机制在工作条件范围非常广泛的陌生环境中控制其命运。

　　认识到了这些局限性,在对我们的机组成员进行培训和评估时,必须做出改变。评估一个团队的行为,不应该基于工作是否有差错,而是要重视威胁识别、发现差错,并尽可能管理差错的后果。传统的飞行教员的培训方式都是奖励无差错行为。出现差错对飞行员而言总是不利的,结果往往会导致这些飞行员的评分较低,需要接受进一步培训,还要讲评。即使是在演变成严重问题之前发现了差错,也往往如此。在传统的培训和评估方法中,发生差错的事实会成为关注的焦点。如果由于所有工作环境中都存在的一些威胁,导致差错不可避免,而且纠正差错对生存至关重要,那么教员应该把重点放在哪里?建议是识别威胁以及缓解威胁,并且纠正产生的任何差错。

　　　　人们对出现差错并且管理差错的机组人员的了解超过对没有出现
过差错的机组人员的了解。

　　这里的核心是尽可能地消除教学和评估中的错误。如果航空业中发生的差错数量有限,那么尽可能通过培训机组成员来消除。然而,历史告诉我们,差错的数量是无限的。墨菲定律在我们的行业中依然存在,如果某件事有可能发生,它就一定会发生。我们面临的挑战是建立一个差错管理系统,让机组成员识别可能导致差错的威胁,防范不可避免会发生的差错,并在它们产生任何负面后果之前纠正差错。人们对出现差错并且处理差错的机组人员的认知,超过对没有出现过差错的机组人员的认知。

　　教员开展培训和评估的方式极为重要。教员必须摒弃"责备和训练"的培训方法,重点培养机组人员合作识别威胁、发现和管理差错的能力。教员仍然必须要发现机组人员的差错,并在最后指出差错。然而,当机组成员发现并迅速解决差错时,实际上可以当作差错并未发生,这正是我们航空业所希望的行为,必须得到认可和奖励。在优秀的差错管理培训中,实际上机组人员可以出现差错,发现并解决差错,并在这一特定培训项目或整个培训期间取得较高的分数。

　　正如前文所述,机组成员的有效监控是差错管理的一个重要因素。在培训中,监控飞行员应负责监控操纵飞行员的行为,并保持对飞行进程的情景意识。这意味着,要制订一个评分系统,据此对监控行为进行评分。

2.5　通过标准操作程序建立团队合作

　　航空公司管理层必须明确机组成员的日常工作职责,而且必须在航班运行政策手册中详细明确地说明这些任务及其执行方式。对于良好的、经过深思熟虑的标准操作程序,怎么强调它的重要性都不为过。经验表明这些程序的遵守情况通常是衡量航空公司质量的一个很好的标准,也是衡量航空公司教员、检查飞行员和管理飞行员素质的一个很好的标准,还是衡量航空公司机长素质的一个指标。如果发现初级飞行师不遵守标准操作程序,那就有力地表明与他们一起飞行的机长允许这些偏离,而且并未采取措施来阻止这种行为,或者更糟糕的是他们自己也在偏离。差错管理的一个基本公理是不纠正行为就是纵容行为。

如果机组成员没有收到如何执行任务的明确指示,他们往往会"自行其是",这可能会带来可怕的后果。即使是明确规定的任务,也会有机组成员偏离标准程序。很久以前,心理学家就发现,当一个情况的模糊性越大,个性差异就越明显(Dismukes et al.,2007)。

标准操作程序确保以前从未一起飞行过的机组成员一起工作时,能够知道将按规定进行飞行,并清楚地知道对彼此的期望。航班运行中规定的程序应该是经过时间检验的方法,能够保证飞行的安全和高效。只有当飞行员认为程序有意义,而且他们认为自己与程序的形成有关系时,才能做到遵守程序。为了得到机组人员的支持,定期审查这些程序并听取一线飞行员的意见是极其重要的。反馈流应该从一线飞行员向上反馈到管理层,每一条建议都应该认真考虑。同时,组织的管理层有责任检查和评估所有机组成员对标准操作程序的遵守情况。不能姑息违反标准操作程序的行为,应该当场处理。在某些情况下,可能需要采取惩戒措施。

当然,有些时候,机组人员必须使用任何他们认为必要的手段安全地完成飞行。美国联邦航空管理局在联邦法规中授予了机长紧急权力。有时,机组人员必须运用他们的领导能力来解决某种模棱两可或独特的情况。管理层可以通过提供明确和具有挑战性的期望目标状况指示来帮助机组成员,以确保高效、及时的行为和客户满意度。在这种情况下,人的能力远远超过了计算机。人在处理这类困难局面以及在从未遇到过的新情况下快速做出决定方面的创造力和创新能力就是机组人员"最宝贵的特质"。这方面最著名的一个例子就是"哈德孙河上的奇迹",当时,全美航空公司一架空客 A320 飞机的机组人员成功实现了现代喷气式飞机的水上迫降,这在以前是极少做到的。这次非同寻常的紧急迫降成功完成,没有造成人员伤亡,是一项惊人的壮举,说明我们的飞行员和空乘人员非常专业。

2.6 航空公司及其文化

人们坚信,每个组织都有自己独特的文化,然而,经验表明一个组织中可能有多种亚文化。人们希望，一个组织会体现出领导者的风格，有好有坏。总的来说，航空业的确如此，但在大型组织中，有许多中层管理人员，他们会创建多种亚文化，同样有好有坏。一个组织如何认识和处理这些亚文化是衡量该组织及其安全文化是否健康的一个标准。本章后面的大量讨论明确定义了安全文化。但首先重要的是讨论标准操作程序的制订与完善，这是创建安全文化的第一步。

2.7 制订标准操作程序

任何航空组织的飞行管理部门都有责任制订一套清晰的航班运行指南。它与组织的"愿景"和"使命"宣言是分开的，尽管这些文件仍将在飞行部门的运作中发挥作用。它可以通过图2.2所示的四个步骤完成，这种做法遵守成熟的人为因素范式，即"4P"原则（Degani and Wiener，1994）。

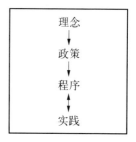

图2.2 "4P"模型

第一步是由航班运行部门的最高层管理人员，通常是大型航空公司的航班运行副总监创造一种理念。它应该是一个总体陈述，概述该部门应该如何进行安全、有效的运作，以确保即遵守规定又让客户满意。它还可能包含关于自动化应用的通用指导。事实上，正是由于引入了高度自动化的飞机，才产生了对自动化理念的需求，这个理念定义了不同级别的自动化，以及它们在不同情况下的使用。当然，这是整个理念中必不可少的一部分。

第二步是由下一级管理人员，通常是董事利用概要的理念陈述来制订政策，进一步确定预期目标，并聚焦于实现预期结果的方法。这一级别的管理人员更贴近组织的日常运作，因此，适合制订政策。上级管理层应把这项工作交给董事，而不应微观管理着政策的实现，这样的微观管理是给飞行部门制造问题的最快和最明确的方法。

第三步是由管理人员、主管和飞行教员创建程序，以补充董事制订的政策。最重要的是航线上的机组成员在创建这些程序的过程中应该发挥其作用。此外，必须持续进行程序审查，并在必要时做出修订。模型应该到此结束，但实际经验表明，程序与下一步和第四步（做法）之间经常有脱节。这种脱节又叫作不遵守程序，这种现象在任何不努力减少脱节的组织中都普遍存在。实践的一个定义是使普通机组成员接受并遵守程序情况的措施。实践的另一个定义是"这里实际上是怎么做的"或者"常态"。常态是指"绝大多数人接受或容忍的做法"，很难改变。常态可能是普遍存在的，以至于机组成员不知道自己发生了偏离，它们可能存在了很多年而未被察觉,直到一些事情的发生凸显了它们的存在。詹姆斯·瑞森将其称为"潜在性失效"或危险(Reason,1993)。一旦存在某种常态,就很难从组织中消除。

图 2.2 中的一个重要特征是程序与实践之间的箭头是双向的。这是一个重要的信息流,有助于最大限度减少程序偏离。管理人员和主管应该不断地关注不遵守程序的情况并找出原因。有可能机组成员想出了完成这项任务的更好方法,那么就应该把这种方法变为一项程序,这是一种双赢局面。当然,也有可能机组成员找到了更方便、更快捷但未必更安全的任务完成方式。偏离程序是很难发现的,而且在正常检查中(如熟练度检查或每年的航线检查)很少出现,因为机组成员在这些情况下都表现得很好。最有效的一种方法是在审计期间进行检查,例如航线运行安全审计(LOSA),世界上许多航空公司都采用这种免责审计方法进行检查。航线运行安全审计的具体内容将在下一节安全文化中进行讨论。

2.8 与安全相关的组织文化

组织文化有一条非常重要的规则,它由组织的高层创建,并渗透到整个组织中。然而,却总是在开展工作的底层对它进行检验。这一事实指出了安全文化的一个重要方面,最高管理层必须全身心投入,带头成为安全文化及其所有要素最响亮和最强有力的倡导者。《航空周刊与空间技术》最近的一篇文章指出:

> 投入时间和金钱找到问题的根源,需要公司或组织最高层的全身心投入。在大多数组织环境中,传播者很早就知道坏消息会对他们的领导产生怎样的影响。如果消息受到重视,传播者得到保护,那么消息确实有可能并且经常会向上传达,以便及时采取适当的行动。

这里有一个不言而喻的词语,就是信任!公司人员必须要感受到自己受到保护,这种保护应该是来自组织最高层的书面保证。这类保护最好的例子就是免责计划。这并不意味着将会容忍故意违规或危险的和鲁莽的行为;这类行为应受到严厉、快速的处理。然而,这些计划确实能够认识到人为差错是如何发生的,以及是在何处、何时发生的,这比责难重要得多,并可以有效防止差错的再次发生。

如前文所述,我们生活在一个追责的社会中。这意味着每当有负面事件发生时,人们总是急于找到"坏人"。这种追责的需要妨碍了防止事件再次发生的最终目标。公司领导层和中层管理人员必须认识到,这种信息的价值远远超过了从追责和惩罚中获得的小小满足。

目前,多家大型航空公司都在使用这种类型的计划,其中最有效的是航空安全行动计划(FAA,2002),这是一项免责的航空安全行动伙伴关系,鼓励特定企业自愿进行安全报告。管理层和工会在这些计划中发挥着至关重要的作用,他们应该予以全力支持。强大的工会是组织的一项资产,组织要有能力利用这一重要资源,以及充分利用他们的才能、智慧。在一个组织中,没有比得到管理层和工会人员共同支持更为强大的计划。工会通常有负责安全、培训和专业标准的委员会,这些团体可以在操作有效性方面发挥关键作用。管理层应充分利用这一人力和智力资源。

此外,一个很好的倡导者是美国航空运输协会(A4A),国际航空公司对应的是国际航空运输协会(IATA)。这些组织及其理事会、委员会和工作组都是航空公司的宝贵资源。在过去几十年里,他们在许多安全措施方面都起到了带头作用,比如风切变预警系统、空中交通防撞系统和地面防撞系统,并且成功地说服了政府部门支持对航空行业有利的计划。

多年来,企业文化一直是一个广泛讨论的话题,我们的行业出现了一些特别令人吃惊的例子,有好的也有坏的。在 1997 年举行的"企业文化与运输安全研讨会"上,美国国家运输安全委员会前任主席吉姆·霍尔(Jim Hall)对此发表了如下评论:

> 通过 30 年的事故调查,我们发现有时最常见的关联是企业领导层对安全的态度。最安全的航空公司更有效地致力于控制可能由机械或组织失效、环境条件和人为差错造成的风险。

2.9　安全文化

安全文化被称为个人和群体价值观、态度、能力和行为方式的产物,决定了一个组织对健康和安全计划的承诺、风格和专业程度。詹姆斯·瑞森对创建安全文化所需的各个部分进行了分解,对安全文化做出了更深刻的阐述。瑞森博士说,有效的安全文化包括四个部分:知情文化、报告文化、公正文化以及学习文化(Reason,1993)。下面我们来分别讨论安全文化的各个组成部分。

知情文化是指组织收集和分析正确的数据,以便随时了解组织的安全和健康状况。可以通过多种方法来收集数据,最简单的方法之一是分析来自培训部门的数据,按照飞行检验过程中的满意行为和不满意行为进行分类。根据组织的评级系统,熟练度检查、定期培训和面向航线飞行训练等的行为可能会提供宝贵的数据,从而确定是否需要开展重点培训。例如,在飞行检查中,如果一些项目比其他项目更容易出现评分差或不满意的情况,有可能表明需要重视这些特殊项目,对之加强培训。

另一个很好的数据来源是美国联邦航空管理局的飞行品质监控(FOQA)计划,该计划对飞行参数记录仪中某些飞行参数的偏离数据进行标记。如果收集和分析得当,数据会显示出一些趋势,如襟翼速度超限,在1万英尺以下超速、不稳定进近等。如果发现了某种趋势,组织可以在这个时机选择如何扭转这种趋势。这不一定总是机组人员的问题,可以通过通报和培训的方式进行解决。经验告诉我们,有时,一个特定的目的地出现大量的襟翼速度超限可能表明到达状况不佳。工会委员会和美国航空运输协会可以在这方面发挥巨大的作用。共享数据并与业内遇到同样问题的其他组织合作,在解决此类问题方面非常成功。

一个拥有健全知情文化的组织可以创建一个安全信息系统,收集、分析和传递有关事故和幸免事件以及主动安全检查的信息。这句话的关键词是"传递"。除非是通过适当的渠道发送给适当的人,才能保证采取行动,否则这类信息没有任何价值。

报告文化鼓励员工报告安全问题。报告文化中最重要的组成要素是信任。他们必须相信,他们不会因为报告而受到惩罚或责骂(打击报告人)。如果有本讨论前文中提到的由最高管理层签署的书面免责政策,就能最好地实现这种信任,设想会进行保密,或者对数据进行反识别化。最后,他们必须相信,如果是有意义的信息,就会根据信息采取行动。

如果员工意识到他们会受到公平对待,那么就有公正文化。由于认识到差错是无处不在的,所以只要是非故意性差错,组织就不会惩罚出错或做出不安全行为的人。然而,一定要非常清楚地指出,将会惩罚鲁莽行事或故意冒不合理风险的人。绝不容忍故意违规和鲁莽操作,必要时将迅速采取严厉的打击行动。

有效安全文化的最后一个组成部分是学习文化。简单地说,组织能够从之前的误导或错误中学习并做出改变。这看起来似乎很简单,但研究管理的人知道这种改变有多么困难,人的天性是抗拒变化,任何组织的敌人都是"一切照旧"。即使在发现问题并采取纠正措施之后,日常运作慢慢滑回老一套的做法也并不稀奇。疯狂的一个定义是重复做一件事并期望有不同的结果,虽然我们看到组织还是持续这样做。纠正出错操作的能力确实是一项充满忧虑和焦虑的技能,这需要一个强大的领导,清楚地知道自己的目标,甚至更进一步,知道如何实现这个目标,以及如何实现真正持久的改变。

经验表明,尽管组织在总体上有健康的安全文化,但公司内部各部门可能存在很大差异。例如,当一个组织引进一种新的机型时,新的机队经理通常会在技术熟练和人为因素技能培训中融入最新概念。这是一个积极的进步,因为培训和操作的方方面面都将得到仔细审查和优化。使用已经在运营该机型的其他机队的经验教训,也可能有利于新机队创建尽可能好的程序。

然而,老式的机队不一定能从这种优化中受益,他们可能会拒绝改变以往的行事方式。这是一个组织内部文化渐行渐远的一种最简单的途径。随着越来越多的现代飞机加入机队,老式飞机在操作方式上越来越落后,这种变化非常缓慢和隐蔽,很难发现。有时,直到某个事件或事故凸显了这个问题,才会暴露出来,解决办法是被动的。

克服这一问题的最成功方法之一是借助强大的趋势分析和审计系统。航线运行安全审计无疑是主动完成这项任务的最有效方法之一,它提供了一种独特而深刻的运行视角。航线运行安全审计将在第 12 章"机组资源管理与航线运行安全审计"中进行深入讨论。

2.10　结论

我认为机组成员和组织能够有效地管理自己的差错,这是团队合作的主要作用。差错管理并不是一个新的概念,它在机组资源管理的早期就已经存在。在 20 世纪 80 年代早期,克莱·弗西(然后是美国国家航空航天局艾姆斯研究中心)在机组资源管理首次会议上谈到面向航线飞行训练时使用了这个术语。遗憾的是当时我们航空业太过于重视飞行员的"错误行为",并未意识到他讲话的关联性。

希望本章能够帮助我们更好地看待差错。我们需要说服行业内监管、管理、培训和评估机组成员的人员,导致事故和事件的差错实际上是不完善的人操作不完善系统的症候。如果能确定这一点,我们就能最大化最新版本机组资源管理——威胁与差错管理的效果。这包括一个概念,即使是最优秀的机组人员也会犯错,在差错发生时,如果他们能发现和纠正这些差错,就应该对他们的行为做出奖励。

本章虽然没有详尽讨论,但也强调了机组成员的最佳特质和特征,组织需要不断地审核和评估他们的行为,现在有许多可以用来分析行业趋势和进行系统修正的方法。也许，本章会激发人们对如何激励、培训和评估机组成员的思维和行动。我们行业中无数杰出的人员将会创造并实施新生代的人为因素培训，肯定会出现许多优秀的想法和概念。

参考文献

Degani, A. , & Wiener, E. L. (1994). Philosophy, policies, procedures, and practices: The Four "P"s of flight deck operations. In N. Johnston, N. McDonald, & R. Fuller (Eds.), *Aviation psychology in practice* (pp. 44 - 67). Hants, UK: Avebury Technical.

Dismukes, R. K. , Berman, B. A. , & Loukopoulos, L. D. (2007). *The limits of expertise*. Burlington, VT: Ashgate Publishing.

Federal Aviation Administration. (2002). Aviation Safety Action Program (ASAP). Advisory Circular 120 - 66B. Washington, DC. Retrieved from: https://www. faa. gov/ regulations_poli-cies/advisory_circulars/index. cfm/go/document. information/documentID/ 23207.

Flight Safety Foundation. (1994). Flight Safety Foundation. A review of flightcrew-involved major accidents of U. S. air carriers 1978 through 1990. (1994) Flight Safety Digest: Alexandria, VA, 12(4).

Reason, J. (1993). *Review. Vol. I management overview*. London: British Railways Board.

Vaughn, D. (1997). *The challenger launch decision: Risky technology, culture, and deviance at NASA*. Chicago: University of Chicago Press.

Wolfe, T. (1979). *The right stuff*. New York: Farrar, Straus, and Giroux.

延伸阅读

Billings, C. E. (1997). *The search for a human-centered approach*. Mahwah, NJ: Lawrence Erlbaum Associates.

Dekker, S. (2006). *The field guide to understanding human error*. Burlington, VT: Ashgate Publishing.

Dyer, W. G. (1977). *Team building issues and alternatives*. Reading, MA: Addison-Wesley Publishing Co.

Foushee, H. C. (1984). Dyads and triads at 35,000 feet: Factors affecting group process and aircrew performance. *American Psychologist*, *39*, 885 - 893.

Maurino, D. E. , Reason, J. , Johnston, N. , & Lee, R. B. (1995). *Beyond aviation. Human factors*. Burlington, VT: Ashgate Publishing.

Orlady, H. W. , & Orlady, L. M. (1999). *Human factors in multi-crew flight operations*.

Brookfield, VT: Ashgate Publishing.

Tullo, F. J. (2001). Viewpoint: Responses to mistakes reveal more than perfect rides. *Aviation Week and Space Technology*, *21*, 106, May.

Tullo, F. J., & Dismukes, K. (2000). Aerospace forum: Rethinking crew error. *Aviation Week and Space Technology*, *17*, 63, July.

Wiener, E. L., & Nagel, D. C. (1988). *Human factors in aviation*. San Diego, CA: Academic Press.

3　机组人员群体：构成及其领导能力

罗伯特·C. 吉纳特(Robert C. Ginnett)

美国,科罗拉多州,科泉市,美国空军学院,已退休

3.1　个人取向与机组取向

2009 年 1 月 15 日,发生了"哈德孙河上的奇迹"事件。全美航空公司 1549 号航班从纽约拉瓜迪亚机场起飞后不久就撞上了一群鸟,随后发生了不可思议的事情,空客 A320 的两台发动机均失效。在指挥上,机长切斯利·萨利·萨伦伯格(Chesley "Sully" Sullenberger)快速断定,他无法按照纽约终端雷达进场控制系统的指定进入泰特伯勒机场的 1 号跑道,最好的选择是在哈德孙河中迫降。萨伦伯格机长在领导一架商用喷气式飞机在水面上安全降落的过程中所表现出的个人飞行技术是毋庸置疑的,也是真正了不起的。个人飞行技术永远必不可少,特别是在紧急情况下,但就连萨伦伯格机长也指出,机上 155 人全部得以生还是全体机组人员的成就,这一概念是本章的要点。

本章的目的是改变机组成员的关注点,从一些有能力的个人聚集在一起工作的观点,转变为承认机组、群体或团队具有某些不能在个体层面上解释的独特特征的观点。此外,这些团队概念对行为至关重要,任何考虑领导一个团队的人都应该理解和利用这些概念。

在这一点上,谨慎的做法是澄清我们所说的机组人员、群体和团队的意思。我想,对于决定阅读《机组资源管理》这本书的读者来说,自然知道机组人员的意思。群体和团队的意思可能没有那么明显,我们将在后文进行讨论。在这些术语中,通用范围最广的是群体。在本章中,群体的定义是两个或两个以上人员一起完成共同的任务或目标,不同的人员有不同的角色,他们相互依赖。首先,我们只讨论任务群体。这并不意味着本章讨论的因素不适用于社会群体或身份群体;这些因素可能适用于这些群体,但本作者未做过相关研究。其次,群体成员

必须具有不同的角色。因此，整个办公室的所有会计都是相同角色的参与者，就不符合群体的条件。一支高中橄榄球队有前锋、接球手、弃踢手和四分卫，符合群体的条件。最后，群体成员必须相互依赖，才能完成任务。比如，在公交车站一起等公交车的人不属于一个群体，因为他们没有不同的角色，也没有最基本的相互依赖关系。航空公司的机组人员包括一名机长、一名副驾驶和多名空乘人员，符合群体的条件。

什么是团队？同样，在本章中，团队是具有上述相同特征，但更加高度专业化的群体。一个任务群体和一个团队之间没有明显的区别，只有程度上的不同。在本章中，尽管很多例子都来自机组人员，但机组、群体和团队这些词语之间可以互换使用。但重要的是要让读者明白"个人工作"与"机组、群体或团队工作"之间巨大的、明显的区别。

为了实现这个目标，我们会先分析一些失败机组的例子，然后再介绍一些重要的群体相关概念。其中最重要的是群体动力和领导能力（是的，领导能力是一个群体的概念，而不是个体概念）。然后，我会简要回顾我主持的一个研究项目，该项目由美国国家航空航天局资助，研究领导能力在机组组成过程中的重要性。其次，会讨论该研究的一些意想不到的结果。再次，介绍组织外壳的概念，以帮助解释这些出人意料的研究结果。最后，将讨论对有效机组领导能力的影响。

机组是一个群体，可能是机组资源管理中最为重要的资源。如果我们要改进在机组环境中驾驶飞机的人员的工作结果，首要和根本的问题是要改进机组。但它远不止机组人员在飞机上的工作这么简单。我们发现，在美国的许多行业环境中，从个人工作过渡到群体工作是很困难的一件事。在这一点上，本章当然适用于机组，但可以说，本章中的概念比本书的任何其他章节都更适用于任务群体。无论是航空机组、手术团队、海豹突击队还是高中橄榄球队，从群体的角度来看并无区别，因为它们都与任务无关，而与团队有关。

我们不倾向于用群体概念进行思考，这本身就是一个群体问题。我们是一种个人主义文化（Triandis，1995）。从我们的子女出生到读大学，我们都在培养和夸赞他们的个人成就。无论是学术还是体育，神话还是历史，我们都重视并强化个人成就。这并不是说群体导向的活动会被轻视，而是说，我们对群体成就的重视程度不如个人成就。成为全国大学体育协会（NCAA）冠军足球队的一名球员固然是值得庆祝的，但我们更倾向于记住 5 年前的全国冠军球队还是 5 年前的海斯曼奖杯得主呢？成为国家大学辩论队的一名辩手是一件值得骄傲的事情，但在我们的文化中，成为罗德奖学金获得者更令人敬仰。

甚至我们的教育系统也是建立在个人竞争而不是团体合作的基础之上。在美国空军学院,我和一群同事开始相信,从小学到本科的整个飞行员培训体系,都在以个人行为为依据进行评估和奖励。同时,我们开始认识到并且承认,一旦我们的飞行员完成学习生涯中正式的"培训"部分,接下来要做的"工作"很大程度上取决于团队合作的能力。内利斯空军基地的F-16飞行员要求我们提供关于机组行为的研究成果时,这种观点得到了极度强化。正如他们所指出的,F-16飞行员的工作环境是"双舱"或"四舱",即使他们在单人驾驶舱内时,也需要进行群体或团队合作,才能更高效。

我们在航空界引进并强化了这种个人主义取向。从早期的飞行训练开始,目标就是"单飞"。我几乎想不出比"单飞"更具有个人主义色彩的词语了。在过去,航空业及其监管责任人的主要兴趣点都在个人的资质和行为方面,即使此人被安排到拥有机组人员的驾驶舱内。习惯上,航空公司会从军队雇佣许多飞行员,这保证了他们在驾驶现代飞机方面有一些合理的最低培训标准和经验。大型航空公司雇佣的其他飞行员必须证明具备同等资格水平。同样,联邦航空管理局(FAA)也会对飞行员个人的飞机驾驶(机长和副驾驶)或飞机系统管理(飞行工程师)技术技能进行认证。例如,要求飞行员在模拟器训练程序中反复证明有能力处理困难情况和不常见情况,如大坡度转弯、多发动机故障、从起飞时因风切变而失速中恢复,以及在能见度低于最低能见度的天气条件下复飞。大多数大型航空公司的调度都是由多项个人因素决定的,主要考虑各个职位上的个人资历。直到最近几十年,我们才开始在培训商用飞机驾驶团队时考虑机组人员及群体的问题(这和我们的文化很不一样)。

为了避免有人认为本章是"反个人的"之前,我先把这些顾虑打消掉。正如开篇简要描述萨伦伯格机长驾驶飞机滑翔所表现出的出色的水上着陆技巧时所指出的那样,本章中没有任何内容表明,如果要提高机组人员的行为,所需要的个人能力会减少。正如我们将在后文中看到的一样,个人技能对于其在航空业的表现至关重要,应该继续发展和奖励。然而,我们已经处于航空史上的一个转折点(可以说也是美国商业的一个转折点),我们需要采取下一步行动,超越对个人主义的重视。下一步,我们需要了解群体。

有时,我们会听到这样的说法:"群体不过是组成群体的个人的集合。"这种说法忽视了研究文献和航空事故年鉴中越来越多的证据。我不想引用这两个来源的证据,只是想举一个非常简单的例子来说明群体工作与个人工作有多么不同,对于没有群体工作经验的人来说,甚至是违反直觉的(Langfred,2000)。这个例子还是来自体育界。

体育文化建立在重视个人行为的基础之上,我们有时提供的个人建议未必会产生好的团队成果。例如,教练经常会告诉队员,如果要想球队表现出色,他们所有人都需要做到最好(至少我的教练不止一次这样告诉过我)。但我们从系统论中得知,一个团队要想做得好,有时组成团队的个人不能拼尽全力,这一概念称为"子系统非最优",对于许多团队成员或他们的教练来说,并不直观。但设想一支高中橄榄球队有一名跑动速度极快的跑卫和若干名技术很强但跑动速度稍慢的拦截前锋。如果我们的跑卫尽他最大的努力横扫前锋,他会尽可能快地跑,这样,他就会把拦截的前锋甩在身后。在这样的比赛中,球队不太可能取得长足的进步,而已经尽了个人最大努力的跑卫,很可能学到关于团队合作的重要经验教训。如果教练在跑卫和前锋之间制订一个综合协调计划,球队会取得更好的成绩。在这种情况下,跑得快的跑卫需要放慢速度(即不发挥最大努力),给跑动速度较慢但技术出色的拦截前锋提供一个发挥作用的机会。在拦截前锋有机会对比赛做出贡献后,跑卫就会有更大的机会来发挥个人能力,整个团队才更有可能发挥最佳状态。优秀的团队合作有时会与优秀的个人工作处于不同的层面(没有双关含义)。

很遗憾,我们发现,一再有证据表明,机组工作不力导致了航空界的各种差错、事故和事件。三个更广为人知的例子足以说明这个问题。第一个例子来自国家运输安全委员会的一项调查(NTSB, 1979)。它既说明了机长的权力无处不在,也说明了未要求将群体的注意力集中在飞行的一个关键方面:

> 173 号航班的机组人员在将四发 DC-8 客机飞入俄勒冈州波特兰的起落航线时,情况正常。然而,在最后进近阶段,他们放下起落架准备着陆时,似乎听到主起落架区域传来一声沉闷的撞击声。机长决定放弃着陆,并进入等待航线,直到他们能够确定是否有问题以及是否需要采取进一步紧急预防措施。

> 当机长指挥机组人员试图确定噪声的可能原因时,飞机在一条巨大的等待航线中继续飞行。在机长的坚持下,在该航线上持续飞行了大约一小时。在这段时间内,副驾驶和随机工程师四次提醒机长,他们的燃油即将耗尽,需要做出着陆决定。尽管一再提醒,机长还是坚持继续盘旋。最后,在第一台发动机停车后,机长命令飞机飞向机场,同时要求随机工程师解释发动机停车的原因。这时,所有油箱都已经耗尽,

其他发动机开始依次停车,DC-8客机向下俯冲撞向地面。

大约在太平洋标准时间18:15,173号航班坠入一个人口密集的树林,造成8名乘客和2名机组成员死亡,21名乘客和另外2名机组成员重伤。美国国家运输委员会认定,事故的可能原因是机长未正确监测到飞机的燃油状态,未正确响应低燃油状态和机组成员关于燃油状态的警告。最终导致所有发动机的燃油全部耗尽。造成事故的原因之一是另外两名飞行机组成员未充分认识到燃油状态的危急程度,或者未成功地向机长传达他们的担忧。

安全委员会认为,这次事故反映了一个反复出现的问题,在涉及飞行中飞机系统故障的情况下,驾驶舱管理和团队合作崩溃。为了解决这个问题,在解决故障的过程中,必须划分机组成员之间的责任。

诚然,机长的地位和他的管理风格可能会对他的机组人员施加微妙的压力,使他们遵从他的思维方式。它可能会妨碍互动和充分监督,并迫使其他机组成员放弃表达意见的权利。

第二个例子来自向美国国家航空航天局/美国联邦航空管理局航空安全报告系统(ASRS)提交的一份机密报告(Foushee,1984),报告中描述了一位更加明目张胆、专横和令人生畏的机长。以下是副驾驶的报告:

我是飞往芝加哥奥黑尔机场的一架航班的副驾驶。机长正在驾驶飞机,我们在接近4R的时候得到了雷达导引,并以250节的速度前进。我们在进近时,进近控制中心让我们减速到180节。我做了确认,并且等待机长减速。他并未减速,所以我想他是没听到指令。于是我又重复了一遍:"进近要求减速到180。"他的回答大概是:"我想怎么样就怎么样。"我至少又告诉了他两次,都得到了同样的回答。进近控制中心询问我们为什么还没有减速。我告诉他们我们已经尽力,他们的回答是:"你们差点撞上另一架飞机。"然后他们让我们向东转弯。我告诉他们,由于天气原因,我们不想向东转弯,然后他们给了我们当前航向,并让我们保持3 000英尺的高度。机长下降到3 000英尺高度,然后又继续下降到2 500英尺高度。即使我告诉他,我们的高度应该是3 000英尺,他却回答我说:"你只需要看着窗外就行。"

最后一个例子说明了一个极端的机长引发的悲剧后果,即需要做决定时不做决定(Burrows,1982;Foushee,1984;NTSB,1982)。

"跑道上有融雪。你需要我做什么特殊的处理吗，还是直接过去?"佛罗里达航空公司 90 号航班的副驾驶凝视着华盛顿国家机场的暴风雪问道……

"除非你有什么想做的。"34 岁的机长打趣道。在刹车松开后不久，副驾驶就对发动机仪表读数或油门设置表示担心。在起飞过程中，他说了四次有什么"不对劲"，但机长没有采取任何停止起飞的行动(佛罗里达航空公司的操作程序规定，只有机长才有权做出停止起飞的决定)。

过了几秒钟，90 号航班就坠落了，撞向第 14 街大桥，然后坠入冰封的波托马克河，造成机上 74 人和桥上 4 名司机死亡。

美国国家运输安全委员会裁定，机长没有对副驾驶在起飞时反复发出的一切都不正常的微妙建议作出反应。此外，委员会建议飞行员培训应包括"考量指挥决策、资源管理、角色表现和自信"，暗示副驾驶缺乏自信(可能是由驾驶舱固有的角色结构引起的)可能是造成事故的一个原因。(NTSB，1982)

很明显，一些工作人员的工作并没有做到位。然而，在我们对机组人员的研究过程中，我们发现有证据表明机组人员的行为远远超出了职责要求，比他们每个人的技能加起来更好。要了解一名领导和机组人员"驾驶一架无法飞行的飞机"的真正描述，读者应该回顾美国国家运输安全委员会对美国联合航空公司232 号航班机长艾尔·海恩斯(Al Haynes)的记录，本章稍后将对此进行简要描述。如果想要了解机组人员的有效行为，我们就必须把注意力从个人转移到更广的层面上。如果我们要优化驾驶舱资源，就必须开始高度重视机组人员这个群体。

3.2 机组、群体和团队

出于多种原因，群体驾驶机组人员服务的飞机"由于个体的局限性和缺陷，多飞行员飞机驾驶舱的设计是为了确保必要的冗余"(Foushee，1984)。此外，联邦航空条例(FAR 第 135.99 节)规定，如果飞机的设计载客量超过 10 人，则至少需要一名副驾驶。那么，商业航班的驾驶舱内至少有一个双人机组(最小规模的团体)。我们在研究中观察到的另一种极端情况是一家军用 C-5"银河"飞机上有 25 名机组人员。无论是双人机组、三人机组还是 25 人机组，都是群体，都具有群体固有的潜在优势和不足。

　　正如前文所述,群体不仅仅是组成群体的个体的集合。有些群体没有特别优秀的个体,但表现非常出色。有些群体几乎全是特别优秀的个体,但团体表现并不出色。回顾一些美国奥运代表队的表现,可以很好地说明这一现象。在1988年奥运会上,如果说美国篮球队给观众留下了什么印象,那就是没有赢得金牌。然而这支球队的球员个个都很出色,许多球员后来都加入了美国国家篮球协会,教练也备受尊敬。许多人要问,怎么会这样呢?比赛解说员和前教练阿尔·麦圭尔(Al McGuire)认为问题在于他们只是一群出色的球员,并不是一个"团队"。在麦圭尔的回忆中,美国在组建篮球队的过程中,一直在挑选最优秀的球员,但很少培养或协调团队合作。在以往的奥运会上,我们的球员个人水平远远超过世界上的其他球员,尽管我们缺乏真正的团队合作,我们依然能赢。但随着世界上其他球员水平,特别是团队整体球员水平的进步,球员个人的能力不再那么重要了。麦圭尔有一句名言,他说:"你们要记住,球队中没有'我'。"他还指出,如果我们想赢,我们就必须放弃打造"全明星球队",而是要组建一支球队。在2008年北京奥运会上,迈克·沙舍夫斯基(Mike Krzyzewski)教练带领的美国篮球队非常重视"球队"的概念。

　　或许,一个更极端的例子是1980年美国著名的奥运曲棍球队,它"实现了不可能实现的梦想",打败了苏联队,给观众留下了深刻的印象。这支球队没有特别出色的球员,但却是一个非常出色的球队。他们球队参加了100多场比赛。他们不仅仅是因为球员个人进球、助攻、扑救等得分,而是因为他们的表现(一起上场的五人小组)和整个团队的表现而得分。他们学会了团队合作,并且发现团队可以弥补个人的不足、缺点和错误。

　　虽然这些都是很好的团队合作(或缺乏团队合作)的例子,但人们并不一定要去观看激烈的奥运会比赛,才能看到同样的现象。为了帮助群体理解团队合作的价值,一种有效的方法是用于展示协同作用的课堂练习。在这种练习中,向个人提供一个假设场景,使他们处于一种特殊环境中,并要求他们对其最终生存至关重要的有限数量的物品进行排序。虽然具体任务可以千差万别(从"迷失在月球"到"沙漠求生"),但程序是相同的。在每个人都完成自己的排序后,把他们与这种独特环境中的其他幸存者安排在一个群体中。这个群体的任务是对同一组重要物品达成一致的排序。在完成排序后,将个人和团体排序与这种特定环境下的专家(如沙漠生存专家)排序进行比较。无论特定环境的具体性质如何,结果几乎总是一样的(Kerr and Tindale, 2004)。最常见的结果是群体的整体表现将超过群体中任何个人的表现。

从这次练习中学到的经验教训与从多起飞机事故中学到的经验教训之间有相似之处，这并不仅仅是偶然。出现这种可预测结果的原因是课堂任务的特点对学员具有高度模糊性。我们任何人都没有在月球上迷失过，月球是一个非常独特的环境，我们在地球上的经历并不是特别有用。只有我们把各种不同的经历结合起来，才有可能得到高质量的解决方案。同样，当我们确切地知道问题所在以及如何处理问题时，我们就很少会发生坠机。即使在飞行的关键时期出现了重大问题(比如在 V_r 时单发失效)，我们也接受过处理这些问题的培训。在当今复杂系统和环境中的许多事故中，我们通常会发现，环境或情况的某个方面造成了模糊性，从定义上来说，排除了结构化解决方案。毕竟，如果不知道问题所在，就不可能知道要采取什么解决方案！但是，如果能让两三个独立的批判性思考者参与进来，将有更好的机会排除个人偏见，并将会找到更有效的解决方案。重要的是要认识到，即使在这些假设的例子中，必须有时间开展有效的群体工作。我在后面的章节中将会提到，时间紧迫的紧急情况会催生不同的策略。

为了更好地理解群体行为以及群体对个体的影响，就需要熟悉只与群体本身有关的条件。这些特征的定义要么只与群体有关，要么是与群体环境中的个体有关。

3.2.1 界限

一个群体的界限就像一块土地周围的篱笆。无论我们是否是群体的一员，群体界限都可以让我们知道谁在群体中，谁不在群体中。它从生理和心理的角度明确了群体成员在自己的群体界限内可能依赖的人，从而指出何时可能需要向群体以外的人员寻求帮助或资源。驾驶舱机组人员的数量是由飞机设计所决定的，波音 757 飞机有两个驾驶舱机组成员座位，因此该飞机的机组人员预计最多有两名。[①] 社会心理界限也可能会决定群体成员容许偏差的范围。例如，从来没有完全明确所有类型的社会可接受和不可接受的行为，也很少有记录。因此，如果某个群体可以明确一名边界维护者(通常是接近可接受行为边缘的人)，他们就会有方法来衡量自己的行为是否可接受。

---

① 有时，技术会超越原始设计。例如，在 C-141 飞机上有一个领航员座位和工作站。但是，惯性导航系统和 GPS 的增加已经消除了对领航员位置的要求。有趣的是正如社会技术系统理论所预测的那样，这种机组人员结构调整也改变了机组人员的社会动力学，但这是另一章中要讨论的内容。

3.2.2　角色

角色是与群体或团队中的特定职位(而非人)相关的一系列预期行为。随着时间的推移,任何群体都会出现多种不同的角色。一些人会承担专注于完成任务的角色,而一些人则会做出与维持群体关系相关的行为。还有一些人可能会扮演适得其反的角色,甚至做出有损群体利益的行为。表 3.1 中列出了已经明确的一些群体角色的例子。

表 3.1　普遍认定的群体角色

任 务 角 色	维 护 角 色	阻 碍 角 色
发起者　贡献者	协调者	支配者
信息寻求者	鼓励者	阻碍者
信息提供者	守门人	攻击者
评估者	妥协者	破坏者
总结者		

在大多数情况下,航空公司的机组人员都有明确的角色。机长是机组的领导者,其次是副驾驶和二副驾驶。乘务员领班在空乘人员中担任类似的领导职务。角色在某些方面是由法律规定的。联邦航空条例第 91.3 节规定:"飞机的机长(即需要多名飞行员的商用飞机的机长)直接负责该飞机的运行,并且是该飞机的最终授权人。"其他的角色期望是由组织,甚至是由机组人员自己确定的。

如果角色明确而且独立,那么至少从角色的角度来看,这个群体会表现得很好。然而,如果出现角色问题,可能会给参与的个体带来压力,尤其是会降低群体的表现。最常见的角色问题有两种。

1) 角色冲突

当个体得到与其行为矛盾的信息或期望时,他/她就正在经历角色冲突。这些冲突可能来自几个不同的方面。也许最常见的一种情况是一个人收到了关于某个特定角色期望的两种不同信号。我们可以根据信号的发送者给这类冲突贴上标签。如果此人发出冲突信息,我们称为"内部角色冲突"("我需要你在两分钟之内高质量完成一项细致的工作")。如果两个不同的人对你的角色有不同的期望,则称为"发送者角色冲突"。有时,在同一个人所扮演的两个不同角色之间可能会发生冲突。例如,一名新晋副驾驶,他的父亲角色和少年棒球联盟教练角色可能与目前依据低级别飞行员制订的飞行计划有冲突,这称为"角色间的冲突"。最后一种情况是角色期望与角色承担者的个人期望或价值观相违背，这就是所谓的"个人/角色冲突"。在期望角色与初始期望有变化时，也会发生"个人/角色冲突"。一个极端的例子可能是某人被情报机构招募来进行分析，经过一系列意想不到的变化，被要求参与秘密行动。

2）角色模糊

在角色冲突中，人们会收到明确的期望信息，但这些信息并不都是一致的。在角色模糊的情况下，问题在于人们根本无法确定期望的内容。要么缺乏角色信息，要么传达不清晰。与传统的驾驶舱机组人员角色相比，管理职位更容易出现角色模糊。

3.2.3 行为规范

行为规范是群体用来管理群体成员行为的非正式规则。虽然这些行为规范很少以书面形式存在或被公开讨论，但它们通常对群体成员的行为具有强大和一致的影响（Hackman，1976）。有人可能会提出一个合理的问题："如果行为规范很强大（所以我需要了解它们），但它们没有形成书面形式，也没有进行讨论，我怎么能弄明白它们呢？"所幸，我们大多数人都很善于解读社会线索，这些线索可以告知我们现有的行为规范。当我们第一次进入工作环境时，即使没有着装规定，我们也会非常机敏地认为"这里的每个人都着正装。"我们也很容易注意到违反行为规范的情况，即使我们可能无法在有明显违反行为规范的行为之前，明确地表达行为规范，例如其他人都穿正装，只有某个人穿的是牛仔裤。

行为规范另一个侥幸的方面是它们并不约束所有行为，而只约束群体认为重要的行为。费尔德曼（Feldman，1984）列出了行为规范可能会得到执行的四个原因。他认为，如果行为规范具有以下特点，则更容易执行：① 有利于群体生存；② 简化群体成员的行为或使其更具有可预测性；③ 帮助群体避免尴尬的人际关系问题；④ 表达群体的核心价值观，阐明群体身份的独特性。

由于以下几个原因，外部人员通常比内部人员更了解行为规范。首先，自己不一定要遵守这些行为规范的外部人员更容易注意到行为规范。事实上，观察者越"陌生"，就越有可能认识到这些行为规范。如果一个人已经习惯打领带上班，那么他就不太可能注意到另一家公司也打领带上班，但更有可能会注意到第三家公司通常在办公室穿毛衣和运动衫。其次，外部人员通过观察其他群体的行为规范可以学到的教训是与他/她自己群体的行为规范有关的内容。在最近的一个咨询项目中，我们的研究团队受到了打击，客户公司未与我们共享信息，不是专有信息,而是影响我们与他们合作能力的信息。在反思这个问题的时候,我们意识到我们的工作群体的行为规范与他们的很不一样。我们团队的行为规范鼓励相互公开共享信息,但在看到另一个群体与我们完全不同的行为规范之前,我们没有人能够描述我们公开共享信息的行为规范。

3.2.4　地位

地位是个体在群体中的相对排名。在航空公司的驾驶舱机组中,地位通常与机长、副驾驶以及(如适用)二副驾驶等角色有关。在这些情况下,地位伴随着职位而来。地位像角色一样,决定了所有群体成员的适当行为。通常,地位高的人更有权力和影响力,因此群体中地位低的成员往往会服从地位高的成员。同样,跨文化让我们对地位的影响得到了有趣的见解。在欧洲文化中,年龄代表着地位,年轻人要给老年人鞠躬。由于西方文化缺乏种姓制度或明确的地位界限,有时很难弄清楚谁的地位最高。地位悬殊会给个体带来压力,导致工作结果不尽如人意。汤姆·沃尔夫在《太空英雄》(1979 年)中描述了航空军医(他们认为自己是载人航天计划中最重要的人物,毕竟,他们可以轻易地拒绝一个不合适的"对象")与将来会成员宇航员的试飞员(他们认为自己是载人航天计划存在的根本原因)之间的悬殊地位。

3.2.5　权威

从技术上讲,权威是指使用权力和影响力的权利。在群体中,人们从组织赋予他们的合法权力中获得权威。机长有权要求醉酒或有辱骂行为的乘客下飞机,或者拒绝飞行他/她认为不安全的航班。也可以根据公认的专门知识或专家权力授予权威。同样,当不同来源的权威发生冲突时,群体可能会陷入困境。有无数因为驾驶舱内权威动态混乱而导致事故的报告。例如,在军事驾驶舱中发生过几起事故,当时一名级别(地位)较高的军官被指派为一名低级别机组成员的检查飞行员,然后在实际的紧急情况下参与了指挥。权威动态混乱是造成这类事故的直接原因。

权威动态根植于我们从一出生就形成的依赖关系。作为孩子,我们依赖父母,并且认可他们的权威。随着我们长大,我们变得更加独立,我们必须应对不断变化的权威关系。即使是现在,我们仍然都在某些时候依赖他人。商用飞机上的乘客要依赖机组人员。一名拥有 10 000 飞行小时经验的"越级提拔"副驾驶仍然要依赖驾驶舱内的机组人员。除非是依赖程度与具体情况不符合,否则依赖没有好坏之分。一名乘客决定接管飞机就是不当地篡位夺权。此外,一个极端的例子是过度依赖机长来做决策的副驾驶也不太可能帮助机组人员。然而，权威动态只会导致这些情况。哈珀等人（Harper, Kidera, and Cullen, 1971）对一家大型航空公司开展了调查，在恶劣天气和能见度的模拟试验中，在最后进近阶段，机长假装在预定时间点不能飞行。在这项研究中，约有 25 %的模拟飞行“坠机”，因为出于某种原因，即使副驾驶知道飞机远低于下滑道，也没有采取控制措施。我们可以从本研究和其他研究（见下文）中假设，围绕机长角色的权威动态必须非常强大。图 3.1 展示了一家商业航空公司运营室机组人员公告栏上张贴的标志，在某种程度上有些滑稽。

商业航空的两条规则

规则 1 机长永远是对的。
规则 2 请参照规则 1。

图 3.1 航空公司运营室机组人员公告栏上张贴的标志

3.2.6 群体动力学

显然，本节中有关群体的所有话题都可以归入群体动力学的大标题之下，因为他们都具有只在群体环境下才会出现的动态特征。我们认识到群体本质上具有易混淆性，尤其是在我们的文化中，有些群体动力学话题最好分别进行讨论。当然，还有很多群体话题，不在本节的讨论范围之内。然而，最后我们应该注意另外两个群体动力学。

社会影响是群体活动的副产物。可惜的是社会影响有积极的一面，也有消极的一面。从积极的一面来看，社会影响具有“社会促进”效应。通常，这方面的影响是指当人们知道他人在评价自己时，会被他人的存在所激发，更有动力表现出色。从消极的一面来看，社会影响具有拉特纳等人（Latane, Williams, and Harkins, 1979）所称的“社会惰化”效应。当群体成员与他人一起工作时，会觉得工作压力更小。研究人员认为，当群体中的个人只承担一部分工作量而且没有人知道谁在偷懒时，就会出现这种情况。

此外，詹尼斯（Janis, 1982）发现，群体思维是高凝聚力群体的一个缺点。他发现当人们深深融入一个高度团结的群体中时，他们往往更关心争取一致意见，而不是实际评估不同的行动方案。当领导推行他或她喜欢的方案时，以及当群体不接受群体外部的专家意见时，将会加剧这种情况。詹尼斯认为，群体思维导致了许多历史性的失败，包括美国对即将袭击珍珠港的警告置若罔闻，导致猪湾事件失败的决策过程，以及掩盖水门事件。

3.3 群体过程和影响力

我们前面已经简要论述有关群体、团队和机组的一些特征，现在我们开始考虑提高它们输出的一种模型。只不过，提到"输出"这个词，就会让我们开始用系统理论的语言和模型来思考"输入-过程-输出"这个熟悉的术语。虽然这个概念对于思考群体工作有帮助，但对于基于系统理论的干预或纠正措施并无作用。在系统理论中，输入通常是"已知的"，输出是"期望的"。如果输出不符合预期，通常会在系统的"过程"阶段中进行纠正和干预。自20世纪70年代以来，我们的大多数群体倾向的纠正和干预措施都是通过尝试在群体工作的过程阶段进行干预来采取这一行动(Schein，1969)。毕竟，这就是最主要的问题，为什么不在发现问题的地方就地解决呢？遗憾的是多年来的证据并不支持这一概念(Kaplan，1979)。这并不意味着，过程干预没有帮助，但也不应该期望它们能解决任何群体遇到的所有问题。如果有人买了一辆非常便宜的汽车，修理师做再多的工作也不可能让它的性能和驾乘体验变得像一辆奔驰车一样。一些东西在设计(输入)阶段解决比在维护(过程)阶段解决更有用。

哈克曼(Hackman，1987)和吉纳特(Hughes，Ginnett，and Curphy，2015)提出了一些设计群体输出效率的模型。他们的模型表明，应该成立组织来支持群体工作，而且群体设计应该实现输出目标。在这些模型中，应该注意两点。首先，输出不是单一维度的，它并不是只专注于满足组织或客户的需求。当然，这是一个重要的考虑因素。其次，哈克曼和吉纳特也都指出，群体必须能够在未来继续表现出色，而且组成群体的个体从群体工作中获得的满足感至少与不满足感一样多。例如，如果驾驶舱机组人员在某次航行中完成了"安全和高效"的一段飞行，就符合第一条标准。但是，如果在航行过程中，机组人员之间的人际关系非常紧张，让他们觉得无法继续一起飞完后面的航段，那么就不能认为群体的输出是有效的。

大多数组织(包括航空公司)都不能等到群体解散或不能成功执行规定的任务之后才采取纠正措施。这就是过程标准可能有用的地方，不是作为干预要点，而是作为诊断要点。通过关注群体的工作进展情况，我们可以推断他们的最终行为是否会出现问题。但是，与其先在过程层面干预，不如利用输入层面的影响力更有意义。吉纳特的模型讨论了组织层面、团队层面、群体层面和个人层面支持群体层面工作的因素。我们将会重点关注团队或群体层面的影响力。

3.4　领导能力

上一节的重点是群体设计,本节的重点是"领导能力",即使不会引起注意,也可能会引出一些问题。其中有两个问题:① 我们可以对群体设计做些什么呢,难道驾驶舱机组不是根据驾驶舱的设计确定的吗? ② 领导能力与群体有什么关系,我原本以为领导能力说的就是领导者?

我们先来讨论第二个问题。领导能力是与领导者有关,但它并非是指没有环境限定的领导,而是指在特定环境下与跟从者有关的领导者。能不能脱离跟从者来谈论领导能力呢? 既然我们同意任意两个人可以组成一个群体,如果有一名领导者和至少一名跟从者,就可以构成一个群体。事实上,领导能力是一种群体现象。

这可以直接回答我们的第一个问题。任何研究人员,只要是投入了大量时间来观察组织环境中的群体工作,都会告诉你,并不是群体中的所有人工作都很出色。一些驾驶舱机组人员会引发一些事故(如我们前文中所提到的),然而还有一些驾驶舱机组人员会超出我们的最佳预期。例如,美国联合航空公司 232 号航班的艾尔·海恩斯机长和其他机组人员在从丹佛飞往芝加哥的途中,突然发现自己遇到了从未料想到的情况。DC - 10 客机的 2 号发动机叶片发生灾难性故障导致 3 套液压系统全部瘫痪后,机组人员几乎完全丧失了飞行控制能力。海恩斯机长向客舱里的另一位机长寻求帮助,在新加入机组人员的帮助下,他们真的在飞机上制订了自己的应急程序。在危机中,美国联合航空公司 232 号航班的机组人员在这架受损的飞机还有几英尺就撞到苏城机场的时候拯救了飞机。惊人的是这个机组的表现比后来在模拟器中进行再现模拟时的机组人员都出色,那些人甚至是试飞飞行员。如果相同组织环境中的某些机组比其他机组工作表现出色,那么这些机组人员必定有他们的不同之处,而且肯定与群体设计有关。对于航空公司的机组人员而言,这种"机组设计"在机组最早成立时就开始出现了。但是造成不同的原因是什么呢?

针对机组之间的这些变化,在对机组人员的多次采访中,发现了相同的答案,机组工作是否出色与机长脱不了干系。作者金内特(Ginnett,1987)对下属机组人员进行的一次典型访谈可以说明这一点:

　　金内特:"和你一起飞行的其他机长都跟你差不多吗?"
　　飞行员:"不是的。一些飞行员是全世界最出色的飞行员。我是说，他们可能不是世界上飞行技术最好的飞行员，但这并没有关系。当你和他们一起飞行时，你会觉得你想要尽你所能和他们一起把工作完成。你真的很想为了他们把工作做好。还有一些飞行员则完全不是这样……你就是受不了和他们一起工作。这并不是说，你会做出什么不安全或危险的事情，但你也不会想特意帮他摆脱麻烦。所以你就乖乖坐着，做你该做的事，等着他把事情搞砸。"

金内特："你怎么知道你的同事是哪一类呢？"

飞行员："哦，你可以分辨得出来。"

金内特："怎么分辨呢？"

飞行员："我不知道你是怎么分辨的，但很快你就能分辨出来。只需要几分钟时间，你就能看出来。"

这不仅说明了领导者（机长）的影响力，还指出了机组人员组成的关键性质（即"只要几分钟，你就能分辨出来"）。

领导者的普遍影响力也已在受控研究环境中得到了证实。我在前文引用了哈珀等人（Harper et al.，1971）的失能假设研究的相关内容，在该研究中与机长角色有关的权威动力学影响了副驾驶的行为。在另一项模拟器研究中，拉菲尔·史密斯（Ruffell Smith，1979）设计了一个实验，一架洲际航班在起飞后不久，机组人员就遇到了一个互动问题。由于这个问题，导致飞机出现了多个相关的机械问题和紧急放油，需要返回又短又湿的跑道。工作的重担落在了工程师身上，因此，机组人员能否安全返航，主要集中在工程师的行为上。对差错数量和类型的详细分析表明，机组人员之间有很大的差异。事实证明，最重要的可变因素不是随机工程师的行为，而是机长的行为。如果机长认识到这是一个机组问题，并且能够相应地处理问题，那么机组人员就会有出色的表现。然而，如果机长把这个问题当作"驾驶问题"来处理，机组人员的情况就将不佳。显然，机长的行为对机组人员的工作有非常大的影响。如果访谈数据是有效的，那么领导能力的影响在机组人员职业生涯的早期就已经开始。

3.5　领导能力的形成：一个重要的杠杆点

美国国家航空航天局的第一阶段研究旨在解决驾驶舱机组组建过程中实际发生的问题（Ginnett，1987）。特别关注机长的行为，在观察之前，检查飞行员对这些机长进行了评估，认为他们比在该能力方面得分较低的机长（低效机长）更加擅长组建高效团队(高效机长)。根据公认的研究程序,在完成所有数据收集和内容分析后,才会透露要观察的机长类别。

简要解释一下第一阶段的研究背景可能会有所帮助。第一阶段的研究完全在波音 727 - 200 飞机上的机组人员中间开展,因此技术、机组规模和培训都是标准化的。最初收集这些数据的航空公司使用了一个非常有代表性的机组调度安排系统。因此,机组人员在共同参加指定的航程之前可能从未一起工作过。在第一阶段研究中观察了 20 个不同的三人机组,在观察期之前,所有机组都没有一起工作过。事实上,在这 20 个机组中,共有 60 名机组人员,其中只有 8 个人曾经一起飞行过,其中 7 个人只一起飞行过一次。他们的运行手册要求,在每个新机组人员开始第一航段的飞行之前,都要进行正式的机组人员简令。简令是在预定出发时间前 1 小时在航站楼的指定会议室进行,如果飞机晚点,将会在飞机上进行简令。重要的是要注意,无论是否规定要进行正式简令(随后研究的组织正是属于这种情况),都有机组组建过程。如果组织没有规定要通过简令的形式来宣布机组的组建过程,那么是有意还是偶然宣布机组的组建过程主要取决于机长。

根据哈克曼和沃尔顿(Hackman and Walton,1986)对规范性模型扩展以及对航空公司之外的组织团队组建的观察,我对高效领导者在组建一个从未合作过的团队时应该怎么做有一定的预期。我预期团队领导者会做出以下合理行为:

(1) 讨论群体要完成的任务。

(2) 讨论相关的团队界限。因为这个团队以前从未一起工作过,所以我预期领导者能够组建一个紧密联系的工作群体。

(3) 讨论群体实现高绩效的相关标准。

我的发现有些令人惊讶。

3.5.1 任务研究结果

出乎意料,高效机长几乎从不讨论任务。

即使是提到任务(例如关闭驾驶舱门、收起尾部登机梯或在推出前保持驾驶舱门开启),也更多的是提到界限问题(将在下一节中讨论)而不是任务本身。引发任务讨论的唯一例外情况是天气或飞机维修项目延迟造成的性能受限等异常情况。相反,低效机长会花大量的时间讨论对空乘人员的细微任务要求,这与界限要求或团队行为的任何其他关键方面几乎没有关系。一名低效机长非常详细地介绍了客舱垃圾的装袋程序。

但是,普遍缺乏任务讨论的情况与预期的行为相距甚远,或者说与其他任务群体的领导者所表现出的行为相距甚远。例如,在问题解决群体(通常在组织环境中以特设委员会的形式存在)中,第一次会议的大部分时间都用来定义和澄清手头的任务。我们如何解释高效机长缺乏任务讨论,而与之形成鲜明对比的是低效机长关注琐碎的任务?

3.5.2　界限研究结果

正如前文所提到的,航空公司的驾驶舱机组人员,甚至包括空乘人员在内的全体机组人员,似乎是一个定义明确、界限分明的群体。毕竟,如果你把一个工作团队封闭在一个3.5万英尺高空的高压铝制舱内,任何人都没有机会离开这个群体。事实上,根据高效机长的行为,他们认为群体的界限是可以超越的。高效机长会利用简令和其他机会来扩大团队的相关界限,使界限更容易穿透。他们总是用"我们"来代表全体飞行机组人员。相反,一些低效机长用"我们"来指驾驶舱机组人员,而用"你们"来指空乘人员。高效机长还致力于创建一个更大的相关工作群体愿景,这个愿景超出了飞机的界限。他们尽力(至少在心理上)把登机口工作人员、维修人员和空中交通管制人员纳入努力帮助自己的群体当中,而不是把他们视为试图阻挠自己目标的外部敌对群体。高效机长经常会提醒机组人员,如果机组人员认真听取乘客的意见,尤其是对飞机表示担忧的意见,乘客可能会成为他们团队中的重要一员。

3.5.3　行为规范研究结果

行为规范可以有多种传达方式。当然,机长可以明确规定机组人员的标准和预期行为。他/她可以把某个行为规范或行为主题纳入简令中,从而传达它的重要性,或者可以明确讨论它的重要性。机长还可以通过树立榜样的过程来传达行为规范信息。这可以是对预期行为的具体描述,或者更巧妙地是在简令中或者当着机组人员的面通过实际行动表达出来。例如,机长可以很巧妙地传达信息交流的重要性,因为整个群体都在进行工作,只需要在对机组人员的简令中花时间交流信息(双向沟通)。"沟通很重要"这一准则体现在一系列的交流中,包括:① 我需要和你谈谈;② 我听你的;③ 我需要你跟我谈谈;④ 我希望你和我谈谈。

没有任何一个标准能够被所有高效机长明确地传达出来。然而,有三个沟通最多的行为规范被认为对群体高效工作具有重要意义,它们分别是安全、有效沟通以及机组成员之间合作的重要性。也许最令人惊讶的是居然还需要提到

"安全"这个词！它难道不是最重要的考虑因素吗？应该强调安全似乎也与高效机长根本没有提到任务的研究发现相反。稍后，我们将在"组织外壳"一节中解释这些明显相互矛盾和令人混淆的研究发现。

3.5.4　权威动力学研究结果

虽然哈克曼和沃尔顿（Hackman and Walton，1986）并未提到领导者是参与群体组建的因素，但权威动力学是一个非常有力的发现，不能被忽视。事实上，人际关系、权威动力学和控制系统（主要是组成组织结构的权威系统）被认为是关键因素，它们在吉纳特的团队领导能力模型©中处于突出位置（Hughes et al.，2015）。当然，早在列文等人（Lewin，Lippitt，and White，1939）的领导能力著作中，影响力和权威的使用就是常见问题，而且往往是领导能力定义中不可分割的一个组成部分。要想了解航空公司驾驶舱机组人员的权威动力学，就要先提供少量的背景信息。机长和其他机组人员之间的权威关系不可避免地会受到航空历史、条例以及机组人员自身特点的影响。历史、条例以及机组人员特点组合在一起形成了一种权威动力学，无疑对航空安全记录产生了积极的影响。在需要对一个权威命令立即作出反应的情况下，航空公司的机组人员工作表现尤为出色。然而，正如之前引用的研究和事故调查一样，这种倾向于高权威水平的趋势导致机组成员在必要时不敢勇敢发声。这种倾向还可能导致人们对领导者机长产生过度的心理依赖，以至于人们不会提出或尝试自己想办法解决问题。例如，和我一起飞行的一名机长在进近阶段表现非常差，导致短五边过度俯冲，从而触发了多个警告。在事后审查机组成员的不作为时，年轻的二副驾驶（在最后进近阶段什么都没说）承认，他以前从未见过像这样的进近方式，但他认为"机长肯定知道自己在做什么"。

如果我们绘制权威动力学连续水平轴［与列文等人（Lewin et al.，1939）使用的名词类别相反］，历史、法规和机组成员的个人特点都会成为推动高层利用权力和做出回应的力量（见图3.2）。

如上所述，在航空业中，有些场合适合运用特别高级的权威，但我们大多数人都同意，我们负担不起（也不想要）低级的权威。考虑到现有的历史、法规和背景条件，后一种情况不大可能发生。事实上，如果我们排除了劫机和自杀事件，回顾航空事件记录并不能产生任何"暴动事故"。

建立适当的权威：人们可能会认为高效机长会故意将权威动力从其先前的极值点下降到更适合群体工作的水平（即连续水平轴的某个位置）。根据这种假

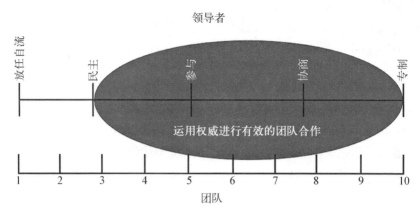

图 3.2 机组工作中的权威动力学范围

设,领导者可能只是以一种较为民主或更具有参与性的方式运作。这一研究发现会非常简单并且符合规定。只可惜事实并非如此。

高效机长并未按照完全民主和完全专制中间的某个特定水平运行,在权威形成过程中,他们的行为是在有效极值范围之间的连续水平轴上变化。再次强调,高效机长从未表现出放任自流的行为。有三种方法可以建立有效的领导者/团队权威关系:① 证实能力;② 否定完美;③ 与机组人员互动。

(1)证实能力。除了高效机长在简令中的其他讲话之外(例如建立起机组行为规范),他们还会通过三种方式展示他们有能力承担赋予他们的合法权力。首先,简令是根据一些逻辑参数(如时间、危急程度等)组织的。这有助于证实能力,证明机长已经考虑过将要从事的工作,而且他/她能够以一种有条理的方式呈现这一点,从而表明行动的合理性。其次,简令总是包含飞行职业所特有的技术语言要素。最后,他们在群体环境,即领导能力环境中感觉舒适自如。这一事实和行为规范一样,直到在有些低效机长身上发现缺失类似的能力,这才被认识到。

(2)否定完美。所有高效机长都是通过上述行为来证实能力的,但只是向机组人员证明,机长有理由行使合法权力。然后,这些机长让机组成员负责群体工作,以此平衡领导者/机组人员的关系。如果机组人员不完全依赖机长,特别是在机组人员犯错时,这一方法特别重要。一位机长在发言中第一次提出了这种方法,在此之前,机组人员在模拟器中的表现非常出色:"我只是想让你们明白,在这架飞机上,他们是根据资历,而不是根据能力分配座位。所以,你所看到的或者你所做的任何事都会有所帮助,感谢大家能讲出来。"这听起来很简单,但它似乎是高效机长否定完美的基本行为支撑。他们通过发言表明他们对某一特定问题不甚了解，尽管这些信息通常很容易获取。这是一种微妙的平衡——他们并不是否认他们已经明确的身为机长的能力。相反，他们通常会评论自己缺乏某些知识(尽管不是关键任务的知识)或者会评论自身的某些缺点。他们坦率对待自身的弱点。

(3) 与机组人员互动。高效机长会让机组人员参与到简令过程以及群体组建的社会过程当中。简令过程的内容分析表明了高效机长通过实时互动鼓励机组人员参与的具体实例。他们在互动过程中了解到可能对他们简令的特定机组人员产生潜在影响的情况时，就会处理这些情况。他们会与担任机组人员角色的其他人员进行个人互动。有关支持领导/团队互动的重要性，请参阅文献(Kozlowski and Bell，2003)。他们不是拿出"事先准备好的简令"，也不是提供模式化的简令。他们在此时此刻与即将一起共事的其他人进行互动。他们通过实时与担任这些角色的人打交道，传达关于他们自己以及组成这个特殊群体的个体价值的重要规范信息。他们经常以幽默的方式进行互动，但这不是孤立的幽默(事先准备好的笑话)，而是以幽默的方式回应实时互动。高效机长还会与群体一起度过很多"非指导性"时间。与低效机长相比，高效机长在机组人员简令中花费的总时间并不多，他们与机组人员的实际谈话时间也不比低效机长多。然而，在机长在场的情况下，高效机长与低效机长在允许其他机组成员交谈的时间方面有显著差异。高效机组允许和鼓励其他机组成员交谈，尤其是与工作有关的交谈。他们总是会问有没有什么问题，一些机长还会就其他机组人员或其他机长可能造成麻烦的行为征求意见。高效机长通过在简令过程中证实自己的能力、否定自身的完美以及鼓励机组人员参与，实际上涵盖了群体运作最有效的权力连续水平。这些机长不是只展示一种不适合典型航线运行的领导权力(Ginnett，1990)，而是很早就确定了会根据情况改变权力。这种依情况改变的权威模式从一个称职、合法权威人物的直接陈述，到认识并能坦然接受自己的不完美，他们确保机组人员积极参与简令中已经开始的工作，并为纠正这些错误提供了一种机制。

总之，高效机长并没有停留在任务上，而是扩大了界限，将其他能够帮助群体工作的人包含进来，明确了某些重要的行为规范，并创造了一种依情况变化的灵活权威期望。

以下问题尚未解决：① 与明确讨论安全相关行为规范的情况相反，对不讨论任务的意外发现的解释；② 了解群体的领导者如何能够如此快速地完成组建过程;③ 不同的领导行为与其随后的表现有什么关系。幸好,组织外壳的概念①有助于回答这些问题。

3.6　组织外壳

关于组织外壳的起源,在概念上与化学中的壳层或计算机科学中的壳相似。在化学中,壳层是原子结构中由电子或质子和中子所占据的空间。壳层可以定性描述为很有可能找到相关粒子的空间区域。同样,某群体的组织外壳不能保证会确定它的每一个组成部分,它仅仅可以表明在外壳界限内的某个地方,人们可以期望发现正在发生地某些行为、角色、规范或动态。

在计算机科学中,壳可以提供一组系统各方面之间的预定义交互。通常,这些预定义交互集发生在计算机和操作员之间。类似地,在组织环境中,外壳具有相同的功能,它提供了一组系统各要素之间的预定义或预期互动,允许更简单和更有效的互动。以这两个概念为背景,现在就可以根据外壳的概念来检查数据。

这里描述的部分研究旨在研究在所有相关背景信息到位的情况下,机长在组织环境中组建机组过程中的行为。这种预先存在的背景为群体组建提供了重要信息。正如读者要了解一些航空相关的权威动力学背景才能理解该领域的研究发现一样,认识到这里描述的所有任务工作都发生在持续的组织和环境背景中也是很重要的。机组并不是孤立形成的,而是在组织内、行业和环境条件的嵌入式系统中形成的(见图3.3)。

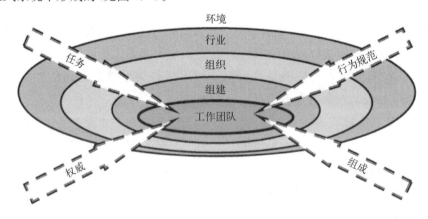

图 3.3　组织外壳

① 组织外壳的概念是作者与理查德·哈克曼召开的一次工作会议上提出的。虽然我们都记得这个概念最早出现在"门后的挂图上",但我们都不记得是谁先用的这个词。因此,我们同意共同承担起定义这一概念的责任。

　　从图 3.3 可以看出，对群体工作至关重要的信息可以有不同的来源和数量。例如，环境和行业可以提供足够的能力保证，因此组织（或者底层工作人员）不需要详细介绍这些背景。具体到航空公司，美国联邦航空管理局和美国民航飞行员协会等行业机构为商业飞行员提供最低的认证要求。有效团队合作的其他要求可以完全由机组人员自己决定，这些内容可以在组建机组时或在机组人员工作中的其他机会加入。根据对外壳概念的理解，让我们检查一下数据中的一些明显异常。

　　为什么高效机长在第一次组建机组时并未花太多时间来讨论任务呢？相反，既然安全似乎是商业航空飞行中的最重要因素（至少从乘客的角度来看），那么为什么高效机长又要花时间来讨论安全工作呢？为什么在正常情况下，即使是低效机长也能组建表现令人满意的团队呢？

　　第一个问题的答案在于几乎所有的任务完成信息都来自机组组建之外的外壳。组成机组的所有个体都具备开展群体工作所需的知识、技能和培训程度。在日益冗余的水平上，环境、行业和组织会检验和验证这些能力。不像随机挑选一组大二学生在社会科学实验室里完成一项新任务，所有这些机组成员都非常符合确保群体工作而设计的角色任务要求。领导者知道外壳已经满足这些任务要求，再进一步讨论这些问题是极其多余的。这也与豪斯和朱切尔（House and Mitchell，1974）所描述的路径或目标理论中对领导者效率的预测一致。事实上，当低效机长花时间讨论显而易见的任务时，机组人员就会对他/她的领导者能力产生截然不同的想法。

　　但这一解释似乎混淆了人们对领导者明确讨论安全问题所花时间的期望。当然，外壳也包含一些关于安全操作的规范性期望。如果有人问任何一个机组人员安全是否重要，我们有理由认为他们会做出肯定的回答。那么，为什么要花时间讨论每个人都接受的一个准则呢？同样可以在外壳中找到答案，但这个答案较为复杂和模糊。在不同的外壳中，对机组人员的行为有许多规范性的期待，其中包括安全。可惜，并非所有的规范都是一致的。我们将借助一个具体的例子来澄清这一点。

　　除了存在于所有外壳的安全规范之外，航空公司管理层（组织外壳内部）还会高度支持另一个准则，就是节约燃油。对于商业航空公司来说，燃油通常是第二高的费用，所以要采取任何可以节约燃油的措施。当下，一种节约燃油的方法是当预计飞机会延迟起飞时，机长会指示机组人员推迟启动所有发动机，以节约燃油。实际上，该方法与安全无关。但另一种节约燃油方法是让飞机"尽可能长时间地保持干净构型"。为了将这种方法的作用发挥到极致,机组人员可能会到进近后期才迟迟放下襟翼和起落架。问题是这种做法可能与安全要求相冲突,安全规定应更早更平缓的配置着陆设置。高效机长通过区分有潜在冲突准则的优先级,提前澄清了他们的期望,从而减少了模糊性,并有可能提高航线的表现。这将有助于机组人员的日常操作,是在严苛或紧急情况下做出高效行为的关键。

最后,航空公司的机组人员外壳提供的充分的结构,可以让他们在领导者行为低效的情况下做出最低水平的表现。在这种情况下,需要注意的是我们考虑的不是正常航线运行中的"最佳"群体行为,而是"满意"群体行为(参考第 5 章:飞行机组的决策过程)。在需要进行机组资源管理的严苛情况下,这种最低限度的可接受行为可能是不必要的。关于增强跟从者安全行为的领导者行为转变的更深入讨论,请参阅文献(Barling,Loughlin,and Kelloway,2002)。

强调解外壳对所考察特定群体贡献的重要性是至关重要的。这意味着,除非他们的外壳相似,否则对这些群体的特殊发现不应该直接外推到其他群体。在这些航空机组人员中,高效机长在机组组建过程中没有花太多时间讨论任务,因为任务信息可以从外壳输入。然而,在其他群体(例如执行新的低空夜间任务的 B-1 轰炸机机组人员,或者专设任务群体)的前几次会议中,领导者可能需要花大量的时间来讨论即将执行的任务,因为外壳不能提供充分的关于群体即将执行的任务相关信息。

如果我们回到哈克曼和沃尔顿(Hackman and Walton,1986)中的规范性模型,即领导者可以在关键组建时期通过讨论群体任务、界限和规范来为群体做出贡献,现在我们就可以改进这些方法。首先,必须将权威动力学加入清单中(前文在吉纳特的团队领导能力模型©中提到过)(Hughes et al.,2015)。领导者需要考虑已经存在(外壳提供)的权威问题,并沿着群体效率方向进行修改。对于航空公司的机长而言,权威的外壳结构几乎都是以领导者的专制权力为方向。虽然这有时是适当的,但对于高效工作群体来说,这可能不是最好的,因此,领导者应该尝试在保留应急措施的同时,将权力向连续水平轴下游转移。其次,与其建议领导者花时间讨论任务、界限、行为规范和权威问题,不如说领导者应该考虑这些问题,并确保为群体提供足够数量的相关信息,以便群体可以有效地开始工作。外壳可以为一些群体提供所有必要的信息,而对另一些群体则几乎不能提供任何信息。在前文提到的群体中,讨论可能是多余的,而在后面的例子中,讨论(缺乏信息)或澄清(在信息矛盾的情况下)可能是领导者在群体组建过程中所做的最重要的工作。只有通过了解外壳高层中的内在数据,才能确定哪种行为最为重要。

3.7　高效机组领导能力的影响

从这里描述的研究来看，很明显机长可以发挥作用。假设我们有一个支持和维持机组和团队效率的组织环境，机长可以在关键时期组建机组。机长给外壳注入了生命，这些新注入的人员将会扮演预定的角色。机组人员的行为是好是坏，在很大程度上是由第一次会议的过程决定的(Ginnett，1987；Weick，1985)。

我在前文中已经详细论述机长可以为机组人员创造高效工作条件的四个具体方面。除此之外，还有四个更概括的分类，描述了机长在群体层面对外壳的反应。

3.7.1　破坏

一个"破坏型"的机长会主动削减各机组成员传递给机组环境的外壳固有条件。这些机长通过自己的行为(包括明确声明)以更加限制性和非建设性的方式重新定义任务、界限、行为规范和权威动力学，以此指导机组人员的行为。这些机长会创造条件来破坏机组人员的效率。在有可以促进机组人员高效工作的固定外壳的组织中，破坏型机长会否定已经存在的积极外壳。他们不仅会通过公然破坏来减少和限制外壳的积极方面，而且他们的一般破坏倾向可能会推及他们没有提及的外壳的其他方面。如果机长说，他不希望空乘人员未经他的允许下飞机与登机口工作人员交谈，那么无意中听到这句话的随机工程师可能会想，自己是否需要机长的明确批准才能对飞机进行例行巡视检查。更糟糕的是自己应该主动为机组人员的利益制订计划，还是等着看"它是否是机长想要的计划"？如果机长在某一方面违反了程序，那么在其他方面是否也会违反程序呢？最普遍的负面影响是，破坏行为会像癌症一样扩散到整个组织。遗憾的是由于受到破坏型机长影响而遭到削减的外壳可能会随后输入给其他机组人员，产生同样的负面影响。如果机长行为不当(由现有组织外壳确定)，而且组织未纠正这种不当行为，那么其他机组成员就会质疑外壳的有效性，从而降低未来对机长和机组人员的期望。

3.7.2　推卸责任

"弃权型"机长既不确认也不否认已经存在的外壳。

他们既没有给外壳增加任何东西，也没有确认环境和组织已经到位。这类机长带领下的机组人员"不确定"他们面对的是刚到来时候的外壳,它的当前有效性或适当性没有得到确认。不仅这个特定机组的外壳没有得到确认,而且各机组成员用于定义"机长"角色的外壳也因为这个特定机长的行为而被削减。与组织对机长的期望相比,他们的"外壳"定义不明确,而且可能会越来越差。这是因为,很有可能是组织而不是环境授权机长澄清甚至修改外壳,而这位机长没有做到。因此,在更广泛的意义上,推断他/她自愿接受权威削弱,很可能是这结果。机长通过推卸责任,不经意地表现出了上一类机长的某些固有行为。

3.7.3　肯定

为了提高机组人员的效率,机长至少应该肯定环境和组织构建到外壳中的建设性任务定义、界限条件、行为规范和权威动力学。这些行为不会扩大外壳,但有助于巩固机组人员对它的了解和认可。实际上,每个机组人员都带着一个外壳,这个外壳在过去一般都定义了相关机组人员的行为。"肯定型"机长"填补了现有的空白",这样机组人员就可以根据输入的期望做出相应的行为。在某种程度上,该组织和环境为机组人员效率提供了适当的外壳,"肯定型"机长带领下的机组人员预计会有出色的表现。

3.7.4　细化和扩展

这是最出色的领导者才会做出的行为。他们重视并且会利用在机组组建时提供的提高机组效率的机会。他们会扩展现有的外壳,并且在界限内外创造新的运作方式。这些领导者会为机组成员之间的建设性互动扩展和创造新的机会。他们往往会细化和扩大个体角色和机组整体的界限。他们还为机组人员创造了半渗透界限(如果界限太小,机组人员只能以个体身份采取行动;如果界限太多,他们会拒绝接受自己群体以外的信息或帮助),在以后开展航线工作时会很有用处。他们细化并扩大了有关安全、合作和交流的行为规范。在他们的领导下,出现了共享权利的新方法,因此驾驶舱和客舱机组人员的整体权力得到了扩大并且更加有效。他们创造条件,通过扩大之前定义的外壳结构提高机组人员的表现。这些行为还会扩展每个机组成员对于有效机组的外壳的概念,对于后来加入的机组人员,这种改进的形象可以注入他们的外壳中。

3.8　结论

在机组人员参加第一次会议之前,我们看到的是一群个体,每个人对机组行为的外壳都有自己的认识。注入的外壳只是机长可以增减的一个外壳。机长可以扩展它、破坏它，也可以确认它或者放弃它。在第一次会议结束后，机组人员开始工作时，他们就是一个团队了。他们可能会在工作中设想创造性的新方法来提高团队效率，或者他们可能想知道这个团队到底会是什么样子。这个新团队有自己的外壳形式，由机长对于任务的行为、机长描述的界限定义、隐式和显式行为规范的传递以及机长展示的权威动力学共同决定。如果我们假设公司相信机组资源管理，并且为机组工作提供充分的外壳支持，那么机长是提高还是妨碍机组出色表现的能力完全取决于他/她本人。

致谢

本章报告的研究得到了美国国家航空航天局艾姆斯研究中心、耶鲁大学与美国空军学院签署的 NCC 2 - 324 合作协议的支持。

参考文献

Barling，J.，Loughlin，C.，& Kelloway，E.（2002）. Development and test of a model linking safety-specific transformational leadership and occupational safety. *Journal of Applied Psychology*，*87*，488 - 496.

Burrows，W. E.（1982）. Cockpit encounters. *Psychology Today December*，*16*（11），42 - 47.

Feldman，D. C.（1984）. The development and enforcement of group norms. *Academy of Management Review*，*9*（1），47 - 53，January.

Foushee，H. C.（1984）. Dyads and triads at 35,000 feet: Factors affecting group process and aircrew performance. *American Psychologist*，*39*，885 - 893.

Ginnett，R. C.（1987）. *First encounters of the close kind: The formation process of airline flight crews. Unpublished doctoral dissertation.* New Haven，CT: Yale University.

Ginnett，R. C.（1990）. Airline cockpit crews. In J. Richard Hackman（Ed.），*Groups that work*. San Francisco，CA: Jossey-Bass.

Hackman，J. R.（1976）. Group influences on individuals. In M. Dunnette（Ed.），*Handbook of industrial and organizational psychology*（pp. 1455 - 1525）. Chicago，IL: Rand McNally.

Hackman，J. R.（1987）. The design of work teams. In W. Lorsch Jay（Ed.），*Handbook of organizational behavior*. Englewood Cliffs，NJ: Prentice-Hall.

Hackman，T. R.，& Walton，R. E.（1986）. Leading groups in organizations，Associates In P. S. Goodman（Ed.），*Designing effective work groups*（pp. 72 - 119）. San Francisco，CA: Jossey-Bass.

Harper, C. R. , Kidera, G. L. , & Cullen, L. F. (1971). Study of simulated airline pilot incapacitation: Phase II, subtle or partial loss of function. *Aerospace Medicine*, *42*, 946 - 948.

House, R. L. , & Mitchell, T. R. (1974). Path-goal theory of leadership. *Contemporary Business*, *3*, 81 - 98.

Hughes, R. L. , Ginnett, R. C. , & Curphy, G. J. (2015). *Leadership: Enhancing the lessons of experience* (8th ed. , pp. 415 - 429). Boston, MA: McGraw-Hill Irwin.

Janis, I. L. (1982). *Groupthink* (2nd ed.). Boston, MA: Houghton Mifflin.

Kaplan, R. (1979). The conspicuous absence of evidence that process consultation enhances task performance. *Journal of Applied Behavioral Science*, *15*, 346 - 360.

Kerr, N. L. , & Tindale, R. S. (2004). Group performance and decision making. *Annual Review of Psychology*, *55*, 623 - 655.

Kozlowski, S. W. J. , & Bell, B. S. (2003). Work groups and teams in organizations. In W. C. Borman, & D. R. Ilgen (Eds.), *Handbook of Psychology: Industrial and Organizational Psychology*. (Vol. 12, pp. 333 - 375). New York: Wiley & Sons.

Langfred, C. W. (2000). The paradox of self-management: Individual and group autonomy in work groups. *Journal of Organizational Behavior*, *21*, 563 - 585.

Latane, B. , Williams, K. , & Harkins, S. (1979). Social loafing. *Psychology Today*, *13*, 104.

Lewin, K. , Lippitt, R. , & White, R. K. (1939). Patterns of aggressive behavior in experimentally created social climates. *Journal of Social Psychology*, *10*, 271 - 301.

National Transportation Safety Board. (1979). *Aircraft Accident Report: United Airlines, Inc. , McDonnell-Douglas DC - 8 - 61, N8082U, Portland, Oregon, December 28, 1978 (NTSB - AAR - 79 - 7)*. Washington, DC: Author.

National Transportation Safety Board. (1982). *Aircraft Accident Report: Air Florida, Inc. , Boeing 737 - 222, N62AF, Collision with 14th Street Bridge, Near Washington National Airport, Washington D. C. , January 13, 1982 (NTSB - AAR - 82 - 8)*. Washington, DC: Author.

Ruffell Smith, H. P. (1979). *A simulator study of the interaction of pilot workload with errors, vigilance, and decisions (Report No. TM - 78482)*. NASA-Ames Research Center: Moffett Field, CA.

Schein, E. H. (1969). *Process consultation: Its role in organization development*. Reading, MA: Addison-Wesley.

Triandis, H. C. (1995). *Individualism and collectivism*. Boulder, CP: Westview Press.

Weick, K. E. (1985). Systematic observational methods. In (3rd ed). G. Lindzev, & E. Aronson (Eds.), *Handbook of Social Psychology*. (Vol. 2). New York: Random House.

Wolfe, T. (1979). *The right stuff*. New York: Farrar, Straus, and Giroux.

4 沟通与机组资源管理

芭芭拉·G. 坎奇(Barbara G. Kanki)

美国,加利福尼亚州,莫菲特菲尔德,

美国国家宇航局艾姆斯研究中心,已退休

沟通是一个有多重意义和用途的话题,因为它是人类活动的基础。无论是书面沟通、语言或非语言沟通、面对面或远程沟通,沟通都是心理学、社会学、政治学、社会语言学等社会科学中人的行为的重要组成部分。不仅仅是传统的学术知识,沟通也是务实的,也就是说,我们沟通是为了获取我们需要的信息以及实现目标。因此,我们可能会从有效性的角度考虑沟通:你是被理解还是被误解,信息是否得到传递,你是被说服还是无动于衷。沟通技巧有助于决定实现目标的成败,当一个人的目标与高风险挂钩时,沟通的有效性至关重要。

毫无疑问,在今天的空域内运营是一个高风险职业,因为每次飞行都要投入人员和昂贵的资产。在其他复杂的社会技术系统中,沟通在实现目标、协调个人和任务方面起着重要作用。本章将讨论有效沟通对由机组资源管理(CRM)所支持的安全/高效航班运行的重要性。

因为关于沟通的基本概念和发展历史在今天仍然适用,所以本章保留了1993年版和2010年版对应章节的大部分结构,对内容进行了更新,以反映沟通作为一种机组资源管理技能是如何发展的,以及它与运行环境、先进技术飞机和空域系统的变化的关系。此外,沟通的概念超出了驾驶舱,包括跨职能团队和整个组织。训练和评估(特别是模拟器内的培训和评估)已经发生变化,沟通指标与飞行阶段和特定运行条件下的特定行为目标有关。虽然优化了驾驶舱内的沟通评估,但更大规模的"团队"培训和评估需要进一步创新、研究和发展才能得到最佳实现。

4.1　有关沟通和飞行安全的历史观点

4.1.1　美国国家运输安全委员会的事故报告

关于沟通和飞行安全之间的联系,许多最引人注目和令人信服的证据都来自事故调查。以哥伦比亚国家航空公司 052 号航班为例,1990 年 1 月 25 日,这架波音 707B 飞机从哥伦比亚麦德林飞往纽约肯尼迪国际机场(JHK),飞到长岛上空时燃油耗尽(NTSB,1991)。这起事故有几个明显的重大沟通失误,具体来说,机组人员未与空中交通管制(ATC)部门沟通,未说明他们的燃油严重不足,需要立即得到着陆许可。恶劣的天气条件导致该航班被空管部门三次要求待命,共计 1 小时 17 分钟。直到第三次待命时,机组人员才报告如下:

(1) 这架飞机撑不了 5 分钟。

(2) 它的燃油马上耗尽。

(3) 它无法到达备降机场,即波士顿罗根国际机场。

在错过肯尼迪机场的进场后,机组人员经历了四台发动机全部丧失动力的情况,并在离机场约 16 英里(英里为长度单位,1 英里≈1.61 千米)处坠毁。

美国国家运输安全委员会将事故的可能原因归结为飞行机组人员未能充分管理飞机的载油量,而且未能在燃油耗尽前向空管部门通报燃油紧急情况。其他有问题的沟通环节包括如下几方面:

(1) 在国际航线飞行中,有关计划、燃油需求和飞行跟踪的飞行员职责和签派部门职责。

(2) 飞行员向控制员沟通传达燃油状态和特殊处理所需要的术语。

(3) 空管部门应对低燃油状态飞机的流程控制程序和职责。

(4) 飞行机组协调和外籍机组人员的英语水平(NTSB,1991)。

在图 4.1 中,用双向箭头标明了重要沟通环节。虽然事故的可能原因归结于第 2 环节,但至少有四个沟通或信息交流环节受到了质疑。

机组成员之间的有效沟通一直是机组协调概念的一个重要组成部分。美国国家运输安全委员会第一次提到"驾驶舱资源管理"是在 1978 年俄勒冈州波特兰市美国联合航空公司的 173 号航班坠毁报告中(NTSB,1979)。事故的可能原因是机长未能及时监控飞机燃油状态,导致燃油完全耗尽。造成事故的原因之一是另外两名飞行机组成员未充分认识到燃油状态的危急程度,或者未成功地向机长传达他们的担忧(NTSB,1979)。

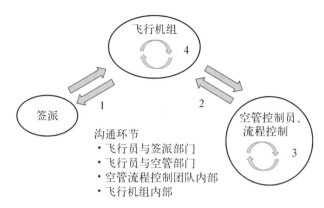

图 4.1 哥伦比亚国家航空公司 052 号航班事故中的重要信息交流环节
(NTSB, 1991)

根据调查结果,发布了美国联邦航空管理局第 8430.17 号航空公司营运公告(变更 11),包括关于对航空公司飞行机组人员开展资源管理和人际沟通培训的指示。采取此项措施是为了响应美国国家运输安全委员会提出的四项建议之一,重点是对机长进行参与式管理培训,并对驾驶舱的其他机组成员进行自信培训。自 1979 年以来,美国国家运输安全委员会一直在考虑机组资源管理和机组人员沟通在一系列事故中的可能影响。

美国国家运输安全委员会的调查还确认,根据驾驶舱音频记录仪(CVR)提供的通信数据,他们的研究结果中出现了典型的机组资源管理典范。其中两个令人关注的案例是美国联合航空公司 811 号航班(NTSB, 1990a)和美国联合航空公司 232 号航班(NTSB, 1990b)事故,其中,飞行机组的互动"表明了美国联合航空公司已经存在十年的驾驶舱资源管理培训的价值"(NTSB, 1990b)。对驾驶舱音频记录仪的通信分析(Predmore, 1991)认定了具体沟通方式,可以成为机组资源管理的典范(请参考 4.2.4 节中的描述)。

4.1.2 事件报告

与事故报告相比,事件报告是由各种组织[如航空公司、工会和全国性数据库,如美国国家航空航天局航空安全报告系统(ASRS)和美国航空安全信息分析与共享(ASIAS)系统]生成和收集的,数量远多于事故报告。这些报告通常是自愿提交的,不能认为它们代表了对航空系统所有组成部分的公正观点。然而,特定类别事件的发生频率越高,就越能说明这类问题经常性出现。美国的报告样本告诉我们,这些问题是发生在整个航空系统,还是具体到特定地区、天气条件、机场、空域等。

由于事件报告中没有通话记录,因此不能直接观察到沟通的作用。例如,归类为"工作负荷管理"问题的事件,可能在一定程度上是由无效的沟通方式造成的,但报告者个人并没有认识到这一点。然而,由于是大型数据库,事件数据可以容纳更多的概括性分析。例如,比林斯和切尼(Billings and Cheaney, 1981)分析航空系统的信息传递问题,发现飞行员和空中交通管制员在1976—1981年提交的2.8万份报告中,70%以上属于这一类事件。报告更多地记录了飞行员与管制员的互动以及管制员之间的沟通,而不是驾驶舱内的沟通。

> 经过对航空安全报告系统报告的仔细研究发现,信息传递问题……通常不是因为无法获取信息,也不是因为信息来源不正确……相反,最常见的发现表明,信息没有被传递下去是因为下述原因:① 得到信息的人认为没有必要把信息传递出去;② 传递了信息,但传递的信息不准确。
>
> ——比林斯和切尼(Billings and Cheaney, 1981)

因此,事件报告对于识别航空系统中更广泛的问题领域非常有用。沟通问题涉及多种个人失误(如分神、未进行监控、自满)以及系统因素(如无线电频率饱和、高工作负荷),这些因素干扰了信息的成功传递(Billings and Cheaney, 1981)。明确这些行为和系统因素不仅可以为运行团体提供信息,而且可以帮助系统设计人员和研究人员指出风险领域。例如,在自动化环境中,或者与视频显示器和声音告警相结合,会对沟通有何影响? 在超负荷工作、数据不明确或设备故障的情况下,信息传递问题是如何浮出水面的?

> 根据提交给航空安全报告系统的报告,可以得出结论:信息传递问题是造成航空运行中多种潜在的严重人为差错的原因。尤其是语音通信,这是一个普遍存在的问题。与信息传递有关的许多问题都有技术性解决方案。然而,除非它们在实施时考虑了航空系统运行人员的能力和局限性,否则这些解决方案可能会引发严重的新问题。
>
> ——比林斯和雷纳德(Billings and Reynard, 1981)

4.1.3 早期沟通研究成果

早期的机组沟通分析使用了三种不同的数据来源:

(1) 驾驶舱音频记录仪的事故记录。

（2）实时实地观察。

（3）全任务模拟。

每种来源都提供了不同类型的数据；因此，需要不同的分析方法。

1）驾驶舱音频记录仪事故记录

在官方调查范围外，戈根等人（Goguen，Linde，and Murphy，1986）首次对驾驶舱音频记录仪的数据进行了系统分析。根据美国国家运输安全委员会的建议，初级机组人员可能需要自信培训，因此各种假说应运而生（NTSB，1979）。为了研究机组人员的自信，设计了一种分类方案来区分语气缓和程度（即直接沟通与软化沟通），包括计划、解释、命令和控制等语言类型。例如，用祈使句形式表达的命令比通常用疑问句形式表达的建议语气缓和。为了考虑机长是否鼓励机组成员参与，比较了机长、副驾驶（FO）或二副驾驶等职位的语气缓和水平。根据8份记录和1 725个语言行为，得出了以下结果：

（1）下级机组成员在提出请求时语气更加缓和（软化）。

（2）缓和的语气与随后的话题改变和不满足命令有关，表明缓和的沟通方式不太成功。

（3）在发现紧急情况或问题时，请求就没那么缓和。

一般来说，虽然缓和的请求在引起响应方面似乎不太有效，但这种语气通常出现在不太关键的飞行阶段。相反，在发现问题时，请求的语气就不会那么缓和（因此更加有效）。简单地说，使用缓和的语言似乎并非一种简单或普遍的做法。相反，缓和的沟通方式似乎在不同的飞行情况下有不同的用途。例如，在出发前的简令过程中使用建议而非命令是鼓励机组成员参与的一种方法，尽管它在关键飞行阶段可能是一种无效策略。

2）实地研究

实地研究的优点是表面有效度不受影响。也就是说，观察到的行为无疑与运行情况有关。虽然观察结果可能仅限于能够实时记录的情况，而且可能主要代表常规情况，但在实际运行过程中，观察可以有效地识别问题领域，生成假设，并了解做出相关行为的环境。

实地研究并不只是单纯的观察。科斯特利等人（Costley，Johnson，and Lawson，1989）开发出了最早的实时通信编码系统，可使用该系统在飞行过程中进行系统观察。他们调查了不同机型（波音737 - 200、波音737 - 300和波音757）之间的通信差异，这些机型代表了三个级别的飞机自动化程度。编码系统包括命令、反应、信息处理、解释、检查、总结、私语（笑话、嘲讽）和质疑等语言类

别。我们观察了 10 个航班,发现了两个主要的沟通差异:

(1) 自动化程度较高的飞机(波音 737 - 200 与波音 757),沟通系数较低,操作行动没有相应减少。

(2) 在受影响的语言类别中,主要的差异是在自动化程度较高的飞机上,质疑较少。

虽然这些数据暗示了潜在的问题领域,但沟通上的差异与观察到的行为差异并无关联。

一般来说,如果没有发现行为差异与沟通方式差异有关,我们可以假设沟通方式差异的影响较小。然而,如果(正如科斯特利等人的论述)沟通差异与指定操作条件下的行为下降有关,这可能会对沟通培训和干预产生严重影响。例如,该实地工作的结果可以由其他的实地工作进一步检验,或者可以在飞行模拟器中进行检验,在模拟器中,可以系统地处理一些不受控制的变量或者使其保持不变。

3) 模拟研究

对事故记录和实地研究的分析开始揭示了沟通在机组行为和飞行安全中的作用,高逼真度全任务模拟研究为评估机组人员的行为引入了一个引人注目的维度。由于能够控制飞行场景和条件,而且可以操纵变量,所以可以用更严格的统计方法来衡量飞行机组的行为。不同于以往任何沟通数据来源,整个飞行过程(包括推出前和着陆后)都可以录像记录下来。有了这个研究沟通与行为差异关系的新机会,全任务模拟成了沟通研究人员的一个独特而强大的工具。

美国国家航空航天局艾姆斯研究中心的拉夫尔·史密斯(Ruffell Smith,1979)模拟是一个具有里程碑意义的研究。除了展示出高逼真度的全任务模拟器在研究和培训方面尚未开发的潜力外,它还证实了教员、从业人员和事故调查人员已经知道的情况,单纯的技术能力不足以保证机组人员的高效行为。更重要的是,它证实了可以清晰识别和表征机组人员沟通和及时协调等特定机组资源管理行为。

福希和马诺斯(Foushee and Manos,1981)通过对沟通行为的分析扩展了拉夫尔·史密斯的研究。分析方法包括如下几方面:

(1) 对逐字记录的语言进行系统的"语言行为"编码。

(2) 探讨与机组行为密切相关的沟通方式。

(3) 检验机组因素的具体影响。

(4) 控制影响具体语言方式的操作条件(例如常规操作与非常规操作)。

　　总体目标是确定与有效机组资源管理结果相关的具体沟通模式，以便开展最佳做法的培训。

　　虽然模拟方法显然提供了最多的研究控制以及调查具体假设的能力，但实地研究和驾驶舱音频记录仪数据分析仍然有助于确定和研究具体的问题。无论采用哪种研究方法，将这些研究问题纳入一个描述变量与相关结果之间关系的概念框架都是很有用的。

4.1.4　沟通的概念

　　沟通方式和行为之间的关系与机组表现是影响群体行为的三因素概念模型的两个因素。该模型源自麦格拉斯（McGrath，1984）的输入、过程和输出变量理论框架，已经过修改来适应机组的工作环境。请参阅第 1 章"为什么要开展机组资源管理？人为因素培训的实证与理论基础"，理解对图 1.2 和图 1.3 所示模型的讨论。

　　简要回顾一下这个模型，输入变量是指一系列因素：个人特征、群体本身特征，以及与物理环境相关因素，包括定义工作场所的具体任务要素等。个人层面的输入因素包括可能会影响某群体成员成为一名高效机组成员的任何方面的能力，如飞行技能、个性、动机、生理状态和人际交往能力。群体层面的输入因素是指群体作为一个整体的各个方面：结构、规模、技能集合等。显然，飞行机组是相对标准化的，因为有许多具体要求（飞行员认证标准）以及根据机型和任务提出的要求，能够确保共同的能力水平。环境输入因素主要集中在运行工作环境的特点，任务的各个方面，所涉及的困难和压力程度，驾驶舱配置以及显示器和专用设备等设计因素，天气和飞机状况等外部环境因素也属于这一类别。正是在这一领域，我们发现针对自动化对行为和机组沟通影响的测试研究（Wiener et al.，1991；Wiener，1989）。自 1993 年以来，这一领域的重要性已呈指数级增长，今后还将继续增长。在当下的新一代创新时代中，新技术（数据通信、电子飞行包、先进导航设备）以及适应新空管技术和程序的变化使得这一"投入"领域高度相关而且充满活力。

　　图 1.2 中所示的输出变量指的是个人、组织、任务和机组的行为结果，如安全和效率，但最突出的输出问题是群体实现任务和机组行为目标的相对成功或失败。在沟通研究中，行为差错和机组评级通常是主要的输出衡量标准。

　　群体过程变量是输入和输出之间的中间体，它们指的是机组人员实现特定行为结果的手段。如图 1.3 所示，这些过程受到各种输入因素的影响。沟通过程对依赖语言交流和信息传递的群体活动具有核心意义。此外,沟通往往是决策、解决问题、资源和工作负荷管理等其他机组资源管理职能的行为指标。虽然较为传统的研究范式侧重于输入与输出(行为变量)的关系,但人们越来越认识到群体过程作为群体成功的中间体预测因素而具有重要意义(Foushee and Manos,1981;Foushee et al.,1986;Kanki,Lozito,and Foushee,1989)。群体过程变量是描述群体成员互动的一系列行为,包括沟通方式和其他资源管理策略。

这种特殊性对于培训非常重要,因为它展示了有效沟通方法的构成因素,并允许识别和评估特定的沟通顺序。

过程变量与行为和输出预测因素直接相关,与输入变量无关。例如,福希等人(Foushee et al.,1986)证实,与第一次一起飞行的机组人员相比,最近一直共同飞行的航空运输机组人员间的沟通方式与更高水平的行为有更明显的关系。卡拉和福希(Kanki and Foushee,1989)以及卡拉等人(Kanki et al.,Kanki,Lozito,and Foushee,1989;Kanki,Greaud,and Irwin,1991a)的进一步调查研究表明,沟通方式类似的机组人员在团队工作中表现更加出色。因此,群体过程分析表明,沟通方式可能与行为差异有关。

沟通分析的内容包括探讨群体过程与输入和输出变量之间的关系。虽然在模型(见图1.2)中的总体影响方向是从左向右(即在输出达到最大),但必须注意,群体过程是动态的,并且会随时间变化。该模型还包含连续的反馈循环,因为行为结果能够而且的确会反馈到当前群体过程中。机组人员在飞行前的准备和沟通会影响到起飞和出发阶段,就像巡航期间的计划和准备会极大地影响到到达和着陆阶段一样。因此,提前做好计划的机组人员可能永远都不会面临沉重的工作负荷,因此他们可能永远都不需要调用工作负荷管理策略。相反,"落在飞机后面"的机组人员可能需要付出加倍的努力,才能"让所有人都参与进来"。提早准备的一份组织良好的应急计划输出,可能会使驾驶舱在沟通方面相对"安静",而提早准备的一项不合时宜的准备工作输出,可能会导致在缩短的时间内因重新确定任务的优先次序、解决问题和管理工作负荷需要大量的沟通。然而,如果后一组机组人员能够迎头赶上,两组机组人员的最终表现输出结果可能相似。

除了从一个飞行阶段进入下一飞行阶段的正常的相互依赖行为之外,群体过程和沟通的动态性质都源于飞机状态和影响飞行的条件的变化。即使是检查单和简令等例行沟通方式,其他方面的工作环境(飞机故障、天气、交通)也有可能需要立即改变沟通内容和方式。如果没有改变,则表明明显缺乏领导能力或信息交流。卡拉和史密斯(Kanki and Smith,2001)描述了佛罗里达航空公司90 号航班事故中几乎完全缺乏沟通的情况:

> 当佛罗里达航空公司 90 号航班(NTSB,1982)撞上了华盛顿特区第 14 街大桥时,飞机处于完全失速状态,然而两名飞行员,从初级飞行训练开始就具备失速恢复程序的资格,却没有进行任何沟通……如果启用失速自动恢复响应,即最大推力,就可以恢复对飞机的控制……反过来说,的确发生了沟通不到位的情况……与其说是为了纠正问题而做最后的努力,不如说是接受命运的安排。

佛罗里达航空公司的机组人员要么没有认识到问题,要么没有传达紧急应对措施,而与之相反的是有些机组成员主动关闭了沟通渠道。从航空安全报告系统报告中了解到,在进近芝加哥奥黑尔机场时,一名副驾驶员试图帮助极度"消极"的机长,提醒他修正速度、航向和高度。机长却回答说"你只需要看着窗外就行",这个例子恰恰说明了,在这种情况下,权威控制是过分的、不适当的,也是不安全的(Foushee and Manos,1981)。

总之,沟通的概念描述了一个动态过程,其中沟通是个人开展和协调活动以实现目标的主要手段。沟通方式的变化是有效机组方案和机组问题的有用指标。在任何情况下,必须在任务、操作环境和人际关系环境中解释沟通,这些环境会随时间而发生巨大变化,有时是意料之中的常规方式,有时是意想不到的惊人方式。

作为实现目标的一种能力和工具,沟通方式和做法与机组表现结果和机组资源管理都有关联。然而,一些个人沟通风格甚至文化上的差异完全不影响机组人员的行为。我们如何决定哪些沟通方式对机组表现重要,哪些不重要呢?这个问题可以从沟通起到的关键作用中找到答案。

4.2 沟通的作用

哲学家约翰·L. 奥斯汀(John L. Austin)在《如何以语言行事》[*How to Do Things with Words*(1962)]这本有趣的书中描述了如何像用砖块和木板建造房子一样来"使用"语言。奥斯汀论述了语言的能力,不仅能"说"事情,而且能"做"事情。例如,当你说"我保证做 X"的时候,意味着你实际上"做出了一个承诺"(只要你的态度是真诚的,而且知道自己在说什么)。言语不仅伴随着行动,而是言语本身就是行动。

因为沟通起着如此多的作用，它提供了一个有效的机组行为指标。通过监听飞行期间的交流，我们可以得到许多提示，从而判断任务是按照正常程序执行的，还是出现了问题。当出现问题时，我们可以判断它们是否得到了及时处理，或者机组人员的处理速度是否滞后。关于机组资源管理，我们在1993年版的相应章节中列出了五个作用，下面稍加说明。虽然这些作用的分类可能稍有不同，但这五个作用仍然是影响机组人员行为的最重要方式。在某些情况下，实际的沟通内容最为重要；在另外一些情况下，沟通则是实现机组资源管理目标的工具：

（1）沟通可以传达信息。

（2）沟通可以建立人际/团队关系。

（3）沟通可以确立可预测行为和期望。

（4）沟通可以保持对任务和情景意识的关注。

（5）沟通是一种管理工具。

虽然每一个沟通作用都可以作为一个单独的主题来研究，但在现实中，大多数沟通都同时实现了若干个作用。例如，如果机长努力召集飞行机组人员和客舱机组人员参加出发前简令，那么他或她的沟通就同时具有若干个作用：它们可以提供飞行相关的操作信息，可以让机长确立对其余机组人员的领导关系，而且可以有助于确立可预见性，因为机组成员了解了机长的管理风格和期望。即使机长只是简单地表示"我们将会遵守标准操作程序（SOP）"，这也是向机组成员确认，希望他们遵守公司标准。

在沟通研究中，可以直接调查沟通的任何一个作用，或者可以像大多数事故调查一样，一次性分析所有作用。回到哥伦比亚国家航空公司052号航班这个例子，所提出的安全问题说明了五个作用当中的四个：

（1）飞行员与签派部门之间的沟通表明飞行员无法管理或有效利用签派资源。

（2）飞行员之间未进行情景意识和监控方面的沟通。

（3）飞行员与空管部门之间的沟通未能传达信息，即未能说明他们处于"紧急状态"。

（4）沟通交流说明缺乏可预测的行为方式，由于飞行员与管制员之间的语言差异，未能提供与紧急状态相关的通常冗余信息（通过语调和其他附属语言线索）。

由于沟通通常有多个作用，所以任何给定的飞行都可以在任意一个或全部作用维度上进行分析。然而,在上述五个沟通作用中,每个作用通常都与可能导致机组人员行为下降的一部分潜在问题有关(见表4.1)。后面五个小节将分别讨论每个沟通作用及其相关问题。各个主题之间可能会有交叉,但每个作用对于关键机组资源管理要素来说都很重要。

表 4.1　沟通的作用及其相关问题

沟 通 的 作 用	相 关 问 题
沟通可以提供信息	缺乏信息、信息不完整或不准确
沟通可以建立团队关系	人际关系紧张、模糊、缺乏领导能力或角色不明确
沟通可以确立可预测行为(标准操作程序和最佳惯例)	非标准、不可预测行为
沟通可以保持对任务和监控(情景意识)的关注	失去警惕性、监控和情景意识
沟通是一种管理工具:管理资源、时间、工作负荷	对任务、时间、资源和工作负荷缺乏管理或管理不当

4.2.1　信息传递

传统的沟通观点强调语言的信息传递功能。在驾驶舱内,有多个飞行相关的信息来源,包括机组成员、空管部门、公司、手册、维修记录、检查单等。此外,还可以从飞机仪表、指示灯、音频告警器和外界情况(如天气、其他飞机和机场条件)获取信息。信息(通常以数字形式沟通)往往对安全非常重要,因此需要以预先确定的标准方式(例如简令和检查单)进行讨论和实施。标准操作程序不仅规定了必须获取信息和采取行动的时间,还包含验证内容(例如交叉核对或回读)。

然而,在正常和重复性工作中,信息交流很容易变成死记硬背。即使实际用语是"正确的",时间、语调和注意力都可能影响到沟通是否真正成功。简单的重复一句话与验证这句话和质疑这句话之间有关键的区别。以下面这句话为例:"这个读数在正常范围内",如果副驾驶用质疑的语气重复这句话,可能是副驾驶没听清机长说的话;如果副驾驶用升调重复这句话,但并不是简单的重复,可能是副驾驶在质疑这个读数是否"正常";如果副驾驶是在机长读取仪表读数后说的这句话,可能是验证机长的读数。总之,语调和其他语境特征有助于了解一句话的意图和含义。

在解决问题的情况下,信息传递至关重要,因为问题的解决有赖于相关信息的收集和交流。在解决问题的过程中,突出的语言行为类型包括:① 识别问题;② 说明目标和子目标;③ 制订计划和策略;④ 收集信息;⑤ 提醒和预测;⑥ 解释(Orasanu, 1990)。根据以往模拟研究中的沟通情况(Chidester et al., 1990;Foushee et al., 1986),比较了表现出色的机组与表现糟糕的机组之间在正常和非正常飞行阶段解决问题的对话类型。

在强调沟通的信息传递作用时,不仅收集任务相关信息可以确保出色的表现,而且沟通方式也很重要。在奥勒沙努(Orasanu, 1990)研究中,表现较好团队的沟通方式表明,机组人员在低工作负荷期间会开展解决问题的对话,并且会增加制订规划和策略的交流。表现较差的团队在低工作负荷期间未开展制订规划方面的沟通。因此,当工作负荷增大时,信息收集量就会增加,但效率却不高。

每个场景和具体问题都会生成自己的相关信息列表,以及与这些点直接相关的语言类别。例如,在专家决策策略分析中,马塞尔(Mosier, 1991)开发了一个信息传递矩阵,其中包含"评估认为对每个飞行航段的关键决策非常重要的项目,以及与该情境异常相关的检查单和程序……从非正常情况开始,在矩阵上进行信息征集和传递编码"。总的策略如下:① 考虑填入矩阵中的每个飞行机组的通信数据的正确性和完整性;② 评估行为和决策结果的正确性是否与该态势评估措施有关。

这两项研究都是很好的例子,说明沟通是如何在解决问题和决策中发挥信息作用的。沟通分析有助于描述哪些是关键信息,什么时候应该征求这些信息,什么是最佳信息整合方式,谁是信息的所有人,以及具体的沟通方式是否与更高效或低效的表现结果有关。

在驾驶舱之外,每个航班都有许多飞行员和空中交通管制人员之间的信息交流活动,在指定的无线电频率上进行语音对语音交流。虽然大多数沟通都是例行活动,但仍然有语言和听力错误,需要通过验证措施(回读或回听)增强沟通过程。正如航空安全报告系统事件研究中提到的,多年来,信息传递一直是一个存在问题的领域。2009 年的一份安全刊物集中讨论了长期存在的飞行员/空管人员沟通问题,包括:① 根据预期错误预测空中交通管制呼叫;② 语言问题;③ 呼号混淆(NASA, 2009)。

4.2.2　人际/团队关系

沟通具有社会作用,它有助于创建团队关系,并创造一种影响机组人员履行职责的工作氛围。这就是为什么机长对机组人员的飞行前简令如此重要的一个原因。正如第 3 章"机组人员群体：构成及其领导能力"中的讨论，领导作用在一定程度上是建立一种社会氛围，鼓励并希望机组成员提供和接收信息。在吉纳特关于团队建设的实地研究中（1987），许多的领导者属性表明语言行为的类型可以辨识出高效领导者。例如，高效领导者：

（1）会明确确认或阐述构成组织任务环境的规范性模型的规则、行为规范、任务界限。

（2）在飞行前组建团队的过程中，会建立清晰的权威动力，并且明确自己的技术、社交和管理能力。

这些研究发现有助于澄清能够实现有效领导的沟通类型，以及这些沟通可能发生的时间。

机组成员的性格似乎也是人际关系的一个显著决定因素。例如，有几项研究调查了性格和工作行为之间的联系（Chidester et al.，1990；Chidester，1990；Helmreich and Wilhelm，1989）以及性格与沟通之间的联系（Kanki，Palmer，and Veinott，1991b）。我们总结了奇德斯特等人（Chidester et al.，1990）关于"领导者性格"的模拟研究结果，发现可以把机长分为三种性格类别。[①] 第一种性格类别是积极的工具型/表达型（IE＋）机长，他们是高度积极，以目标为导向的成就者，他们还关心机组人员在人际关系方面的行为；第二种性格类别是消极的工具型（I-）机长，他们也注重目标的实现，但很少考虑人际关系问题；第三种性格类别是消极的表达型（Ec-）机长，他们在实现目标和加强与其他机组成员的人际关系方面的积极性较低。结果表明表现较差的机组由消极的表达型机长领导，而表现较好的机组由积极的工具型/表达型和消极的工具型机长领导。令人惊讶的是消极的工具型机长（"专权型"机长）领导的机组人员并未出现工作行为下降的情况，因为他们有可能关闭了沟通渠道。另一方面，这些机长可能非常清楚他们的角色并不像消极的表达型机长一样，消极的表达型机长实质上放弃了他们的领导角色。

卡拉等人（Kanki et al.，1991b）研究了三种类型的机长性格与沟通方式之间的联系。该分析包含 12 个按机长性格类型分类的三人机组。尽管机组人数较少，但研究结果表明消极的表达型（Ec-）机长开展的沟通比例低于其他类型的

---

① 人格类型是通过一系列工具确定的，包括个人特质扩展问卷（Spence，Helmreich，and Holahan，1979），工作与家庭取向问卷（Spence and Helmreich，1978）和修订版詹金斯活动性调查表分量表 C。

机长。具体来说，他们提供的观察结果和问题较少，而他们的副驾驶会提出更多的问题，可能会弥补信息的不足。积极的工具型（IE＋）机长开展的语言沟通略高于他们的机组人员，但总体语言沟通比例并不占优势。

在沟通与性格关系的研究中，关于领导能力或缺乏领导能力方面的研究很有意思。但由于改变一个人的性格或影响航空公司招聘行为基本上是不可行的，所以最重要的是能够从沟通方式方面来描述较差的行为或缺乏领导能力的情况，然后可以制订关于要求和提供信息的适当的政策、程序或做法。

4.2.3　可预测行为

在复杂的任务环境中，有效的团队行为要求团队成员以有序、及时的方式整合他们的活动，并让其他人知道他们的行动和意图。有些任务是同时完成的（机长和副驾驶的出发前流程），有些任务是按先后顺序完成的（执行紧急程序中的步骤），但所有任务都需要在适当的时间完成。例如，进入下降阶段需要操纵飞行员和监控飞行员执行一系列任务，从而能够以及时、可控的方式改变飞机的配置、高度、速度和航向。

由于飞行员在很大程度上共享知识和技能，促进了机组成员之间的任务协调。标准操作程序通过规定谁在什么时间做什么事情的期望来扩展共享知识库。只要两位飞行员对飞机的总体状况（即位置、航线、高度、襟翼配置等）有相同的认知或心理表征，那么就可以同时或按顺序顺利并且可预测地协调任务。使用标准操作程序可以让忙碌的工作人员不必花费宝贵的时间搜索和验证日常信息，并以有效的方式分配工作负荷。

沟通是实现标准操作程序的重要途径。例如，在检查单中，通过沟通可以明确需要做什么任务，应该由谁来做，以什么顺序来做，以及应该在什么时间完成（Degani and Wiener，1990）。标准操作程序也可能产生于公司政策，成为执行任务或沟通的常规方式。例如，在飞行中，通常由监控飞行员执行操作无线电的任务，操纵飞行员可以认为所有的进出通信都已处理完毕，而且监控飞行员可以根据要求转达相关信息。

从沟通的角度来看，惯用的信息交流方式具有类似目的，即形成关于如何以及何时提供信息的预期。当以可预测的方式提供信息时，就有可能更有效地理解和利用信息。例如，使用"正速度、收起落架"等标准语句，可以更容易地传递准确信息。即使在嘈杂的驾驶舱里只听到了这句话的一部分，飞行员也会知道对方在说什么，并采取相应行动。惯用沟通方式的概念还可以指飞行员角色之间的标准化信息交流。例如,机长可能会比副驾驶发出更多的命令,副驾驶可能会比机长使用更多的沟通确认(如命令)。其他不太明显的沟通方式(最佳做法)可能会展示出高效机组与低效机组之间的区别。

在一项关于沟通过程与机组熟练度的研究中,福希等人(Foushee et al.,1986)进行了全任务模拟研究,结果发现在一起完成一次飞行后立即飞行模拟器的机组人员(执勤后状态)比在模拟前休假未共同飞行的机组人员(执勤前状态)表现得更好。① 在这些研究结果的基础上进行扩展,通常,执勤后的机组人员使用的目的语句更多,对他人的沟通做出的确认更多,而且总体沟通次数也更多。有趣的是在执勤后的机组中,副驾驶对机长的异议比执勤前的机组多。

福希等人建议(Foushee et al.,1986;Kanki and Foushee,1989),在模拟飞行之前的共同飞行时间提高了机组人员对彼此行为的预测能力,更了解他们的交流风格和内容。因此,执勤后的机组人员可以采用一种更知情或"熟悉"的沟通方式,副驾驶更愿意发出指令或质疑机长的决定。此外,虽然"自下而上"的沟通流可能更强(即从副驾驶到机长),但权力结构并未受到影响(机长仍然比副驾驶发出的命令多)。

卡拉等人(Kanki et al.,1989,1991a)采用了不同的方法处理这些数据,研究结果表明沟通方式相似可能是高效机组具备的一个显著特征。这项研究试图证明高效机组(无论他们是否曾共同飞行)表现出相似的沟通方式,而低效机组则表现出不同的沟通方式。例如,与福希等人(Foushee et al.,1986)早期的研究结果一致,在五个表现最好的机组中,其中四个机组的机长和副驾驶产生的语言类型(命令、质疑、确认等)比例基本相同。在这些分析中,五个表现较差的机组并未表现出一致的语言方式类型。这些分析表明高效机组具有相似的沟通方式。因此,无论共同飞行的时间长短,高效机组似乎很快就能达到高效的信息传递和机组协调水平,这也许是因为他们采用了更可预测的沟通方式。

4.2.4 任务监控和情景意识

现在可以明显看出,沟通的许多作用是交叉的。例如,解决问题和决策需要进行态势评估和有计划地连续获取相关信息。此外,机组资源管理原则是良好管理和领导能力的基础,与实现团队的情景意识以及机组成员之间的有效工作负荷分配有关。然而,安全操作依靠的是在正常和非正常操作期间都能保持警

---

①　本研究最初研究的是疲劳对机组人员行为的影响。但是,当"休息后"的机组人员(值班前状态)表现不如"疲劳"的机组人员(值班后)时,研究结果与直觉相反(疲劳机组人员比休息后的机组人员飞得更好),因此按照值班前和值班后因素对数据进行了重新分析。

惕,从极低工作负荷到极高工作负荷都是如此。从沟通的角度来看,我们感兴趣的是在各种情况下,什么样的沟通方式有助于保持对任务的关注、有效的监控和情景意识。

美国国家运输安全委员会的调查列举了几个极端紧急情况下的机组资源管理的典型事例。其中包括美国联合航空公司的 811 号航班(NTSB,1990a)和美国联合航空公司的 232 号航班(NTSB,1990b)。在这两个事例中,机长都提到机组资源管理培训对机组的整体效率有重大贡献。掌握了这些特征,研究人员对每个机组人员的语言行为进行了分析,以探讨灾难性事件如何影响机组人员互动的动力学,以及机组资源管理原则如何帮助机组人员在压力和紧急情况下取得成功表现(Predmore,1991)。

与其他研究类似,将驾驶舱音频记录仪的文字记录按说话人、(沟通)对象、开始时间和语言类型等方式分解成多个分析单元。语言行为的类型包括如下几方面:

(1)命令-主张。

(2)不完整-中断。

(3)回复-确认。

(4)观察结果。

(5)询问。

然后描绘出更大的语言单元,称为行动决策序列(ADS,大致相当于操作子任务的主题或类型)。这些语言单元包括:① 飞行控制;② 损害评估;③ 问题解决;④ 着陆;⑤ 应急准备工作;⑥ 社交。

一旦所有语言归类完成,将沟通单元的分布以图形方式呈现在时间轴上。例如,图 1.10 以图形方式展示了语言行为的分类。时间轴上展示了按机组成员(机长、副驾驶、随机工程师、检查飞行员)分解的行动决策序列。这些图形表明主题或关注度随时间发生了巨大的变化。不出所料,由于飞行控制和着陆等其他行动决策序列取得了高度优先权,一些主题(例如社交)完全退出。这种分析方式可以让我们看到问题解决和损害评估在时间轴中的位置,以及它们如何在不影响其他行动决策序列的情况下获得关注。既然我们已经知道一些与解决问题相关的有效沟通方式(见前文关于信息交流的论述),这种图式说明了在整个过程中各种任务的分布以及被监控的情况。正如普雷德莫(Predmore,1991)所述:"美国联合航空公司 232 号航班机组人员的互动特点是在多个任务和机组人员之间有效地分配沟通,最大限度地利用第四机组人员,明确地确定重点任务的优先次序,以及机长在整个情境中积极参与所有任务。"除了指出信息传递、团队关系、机组和工作负荷管理等沟通作用之外,这些分析还提供了图形描述,说明在最严苛的紧急情况下如何以及何时实现有效的任务监控。

4.2.5　机组和工作负荷管理

在许多人看来,沟通的管理作用是机组资源管理的核心(如资源管理、时间管理、机组管理和工作负荷管理)。假设一个机组具有以下特点:

(1) 驾驶舱的人际氛围有利于机组成员之间建立良好的工作关系。

(2) 标准程序和机组成员的期望已知而且可靠。

(3) 信息可以获取并且可以使用。

(4) 机组成员提前做好了飞行准备工作(即情景意识)。

总之,我们有一个"机组资源管理到位"的机组。所缺少的只是构成"机组资源管理行动"的计划、问题解决方案、决策等的实际实施。按顺序来说,机组已经完成"组建、调整和规范"过程,现在准备"运行"(Ginnett,1987;Tuckman,1965)。为了取得出色的表现,管理人员必须领导和分配任务,监督和监控整个过程。机长拥有指挥权并且承担最终责任。

但机长的领导能力只是一个方面。领导能力的另一方面是跟从能力。这里有一个强烈的暗示,即所有机组成员都在一定程度上参与了管理作用,因为每个成员都是参与者,协助机组团队的协调工作。考虑一个多团队环境,如 C-5 军用运输机(先前的 C-5A/B/C/M),其中包含几个级别的"团队"。整个飞行机组由机长(AC)领导,由飞行员、至少两名随机工程师以及执行任务所需的装载员组成。机组还包含三个工作小组,每个工作小组都有自己的领导,即飞行指挥官、主工程师和主装载员,他们负责监督每个工作小组的工作。在很多时候,这些工作小组是单独工作的,而在有些时候,团队会被召集到一起,组成一个由机长领导的单元。例如,在起飞前和进近时,机长发出"机组人员报告呼叫",将整个团队集合在一起。

即使在双人驾驶舱内,当两个飞行员一起工作或各自单独工作时,也会不断地换班(例如一名飞行员负责驾驶飞机,另一名飞行员负责与空中交通管制中心联络)。每个团队组合都包含一些预先确定的角色和任务。有人甚至会把飞行员/空管员的关系表示为"团队",并讨论预先确定的角色和任务在他们沟通中的意义和重要性。

不论是整个团队还是共同工作的小组所做出的行为,都必须符合共同的流程。因此,沟通起到了管理作用,即协调机组的行为。我们通常认为指示性语言行为的作用是命令和建议,但这并不意味着管理者/领导者必须以专权的方式命令机组成员来完成他们的任务。事实上,回顾奥勒沙努(Orasanu,1990)的研究成果,如果未完成适当的基础工作(如计划和信息共享),那么非正常工作期间的指示性语言不会促进机组的顺利协调。优秀的管理者知道什么时候该管理,什么时候该让机组人员做他们的工作,什么时候该指挥,什么时候该监督。

有些研究直接分析了管理职能。例如,康利等人(Conley,Cano,and Bryant,1991)的沟通分析从任务管理的角度出发,将所有沟通都编码为一个3×3的矩阵,按照内容领域(即飞机、环境和人员)来区分飞行期间机组人员协调的各个方面(即计划、行动和评估/监督)。在康利等人(Conley et al.,1990)的研究中,使用该矩阵对表 4.2 中所列的管理策略进行分类。从机组资源管理的角度来看,任务管理最好体现在"人员"内容领域下的三种协调技术上。注意,命令可能最常落在矩阵的"行动"单元格中,"计划"和"评估/监督"单元格可能包含任意多种语言行为。

表 4.2　管理策略的类型

	飞　　机	环　　境	人　　员[①]
计划	研究进近程序	计划航线	确定任务的优先顺序
行动	跟随下滑道	执行航线	分配任务
评估/监督	评估飞机俯仰状态	报告到达的航路点	评估机组人员执行任务的经验

注：① "人员"列中的单元格表示机组资源管理、任务管理和工作负荷分配。

现代航空系统中的机组资源管理是一项复杂的任务,它可能涉及协调团队中的团队和任务中的任务,包括飞机内部的协调以及与系统中其他部门的协调。必须培养沟通管理能力,因为通过出色的沟通能力,高效的机组可以邀请不同团队成员参与并做出贡献,指导和综合复杂的任务流程,并监督随时可能需要更改的动态操作。

4.3　沟通中的问题和进展

4.3.1　沟通研究

机组资源管理研究所讨论的一个主要问题是研究结果在多大程度上可以推

广到"现实世界"。一方面,局限是由研究方法造成的。例如,在操作过程中进行的实地研究具有其他方法难以企及的表面有效性。然而,实地研究通常需要与机组人员一起飞行多个小时,这可能会限制能够进行合理抽样的机组人员数量。此外,研究人员对环境条件或运行条件的控制有限,因此无法方便地控制感兴趣的参数。另一方面,实验室研究往往缺乏操作的真实性,即使认真控制各项条件而且数据可靠,也不能有把握地将研究结果推广到现实情况。全任务模拟器提供了一个绝佳的折中方案,能够进行全面控制,在实验条件下开发实际操作场景。在训练和评估领域,全任务模拟研究的益处甚至更大。

拉夫尔·史密斯(Ruffell Smith,1979)提出的高逼真度全任务模拟范例不仅代表了机组资源管理研究人员在方法上的突破,也是进行机组资源管理研究的有用工具,可以提高培训潜能。然而,重要的是要记住即使在最好的全任务模拟器中,研究人员也是根据研究重点有所选择的。这些选择的结果是选择最适合研究问题的特定条件和操作情境。与此同时,这些选择将研究结果限制在一系列简化的真实操作中。例如,将特定类型的问题嵌入情境当中,以创造机会观察飞行员的决策能力和机组人员的协调能力。但是每个情境都必须与特定的条件和问题相结合,因此排除了许多其他变化。必须注意根据单一全任务研究或单一情境对所作的结论加以限定。

最后,问题重点受到模拟局限性的限制。例如,从机组资源管理的角度来看,我们通常专注于驾驶舱内的沟通,尽管多起事故和事件报告表明了飞行员/空管员之间的联系至关重要,但我们并未进行深入研究。一项关于飞行员/空管员合作的研究(Morrow,Lee,and Rodvold,1991)发现当空管员通过编写较长信息来减少飞行员的工作负荷时,飞行员更有可能出现程序偏差。此外,程序偏差还与非常规事务(例如澄清、中断/重复、校正等)有关。这些潜在飞行员/空管员的权衡结果表明:① 针对飞行员沟通和工作负荷的研究可能把问题领域定义得过于狭窄了,应该考虑到飞行员和空管员的行为都会受到讨论内容的影响;② 在直接评估飞行员和空管员的沟通时,可能会对他们的培训产生重要影响。这并不是说所有的研究都必须包含飞行员/空管员交流过程,但必须谨慎限定忽略航班运行的某些方面得出的研究结论。

例如,虽然提到了空管员和公司,但实际上,在航线运行模拟(LOS)当中,通常不包含这些职能(Burki-Cohen et al.,2000)。李(Lee,2001)进行了一项模拟器研究,在该研究中,比较了真实无线电通信(RRC)(包括模拟 ATC、调度和频率噪声)机组与非真实无线电通信机组的任务情况,结果表明 RRC 机组执行复飞的平均时间是非 RRC 机组的两倍以上。总之,RRC 实际需要的时间更多,因为增加了机长与副驾驶以及副驾驶与空管员之间的协调。

4.3.2　沟通与调查

在航空航天活动调查中广泛使用的通信分析利用了音频记录和文字记录信息。调查人员一直使用驾驶舱音频记录仪数据来帮助了解事故发生的事件和环境,但随着对机组资源管理概念的认识和接受,调查人员开始采用分析驾驶舱音频记录仪转录的文字记录的系统方法,并将机组资源管理行为作为一种更普遍的人的行为进行考虑。现在,许多国家的普遍做法都是用驾驶舱音频记录仪对通信内容进行系统分析,并考虑机组资源管理行为(见第 18 章)。这类分析方法还应用到了航天任务当中(Kanki,1995;NTSB,1993)。

通信分析方法包括本章前面提到的一些通信原则,例如,沟通起到的关键作用。其中一个尤其明显的例子是在无线电通信中要使用通信协议,并且使用检查单和简令等口头标准操作程序。另一个常见的例子是需要使用通信数据来证明团队关系存在或不存在。在某些情况下,通信内容可以说明领导关系的混乱或者中断沟通的紧张氛围。同样,通过分析通信内容,还可以了解它们在保持警惕性和情景意识或管理任务优先顺序和工作负荷方面的作用。

1)"飞马座"(Pegasus)发射程序异常

1993 年 2 月 9 日,在两颗商业卫星发射的最后几分钟倒计时期间,尽管靶场安全部门要求中止发射,但控制室的混乱状况导致发射继续进行。表 4.3 给出了从发射前 59 秒开始的通信时间轴简示。由于没有标明人员位置和团队角色,所以简化了时间轴,但通信内容表明了事件的进展方式。

表 4.3　"飞马座"发射程序异常的简化通信时间轴简示(NTSB, 1993)

时　　间	通　信　内　容
3 分 28 秒	对数据中发现的高度偏差进行讨论
59 秒	RSO 要求强制中止;停止倒计时钟
44 秒	TC 告知 NASA - 1 中止,但可回收
34 秒	NASA - 1 告知 B52"中止"
29 秒	TC、RCO 和 RS3 之间进行中止讨论:TC 将 RS3 的无言挥手误解为"中止否定"
23 秒	TC、NASA - 1 和 B52 飞行员讨论"中止否定?"

续　表

时　间	通　信　内　容
18 秒	NASA‐1 告知 B52"继续进行"
8 秒	TC"继续发射"
6 秒	NASA‐1 告知 B52"继续发射"
4 秒	B52"继续发射"
2 秒	RCO"你是说中止吗？"
0 秒	RCO"中止　中止"
0 秒	B52"飞马座已发射"

注：TC 代表试验指挥员；RSO 代表靶场安全人员；NASA‐1 代表与 B52 发射飞行员的通信人员；RCO 代表靶场控制人员；RS3 代表靶场安全支持人员；B52 代表"飞马座"发射程序。

在基本通信错误的背后有许多促成因素，其中许多因素反映了机组资源管理的不足，例如：误用通信信道配置导致不同团队之间无法获取信息、领导权力混乱、通信协议使用不一致、缺乏情景意识、解决问题、决策以及时间管理的效率低下。

2) 沟通环境

沟通可以发挥许多作用，但它是在特定环境下发生的。这些环境中的信息有助于说明如何进行沟通，沟通内容是什么，以及如何有效地接收沟通信息。在考虑沟通活动时，至少要考虑四种相关环境：① 物理环境；② 社会和组织环境；③ 任务和操作环境；④ 对话和语言环境。在理解沟通内容时，这四种环境通常会发挥作用，因此，在理解或评估机组沟通时，还必须考虑这些环境。

物理环境包括工作环境的各个方面，如喧闹或安静的驾驶舱环境。它还包括是面对面沟通还是远程沟通。面对面说话经常会简略，因为沟通人员处在同一环境中，所说的就是他们共同看到的。他们的言语可能还会伴有手势（指向某个指示灯或显示器）、眼神等。在分析文字内容时，如果没有看到"它"是什么，可能就不能理解"它看起来好像不对"这句话的意思。

社会和组织环境与不同的工作角色有关，例如飞行员与飞行员之间的对话以及飞行员与空管员之间的沟通。在任何一种情况下，角色和职责会大大缩小沟通的意义范围。驾驶舱内的机长与副驾驶的角色不同，职权也不相同，因此改变了可能看似相同的语言的含义。如果是机长说"把检查单拿出来好吗？"这句话很可能是一个命令，而如果是副驾驶说这句话，很可能是在询问。在事故记录分析中,这些角色和组织环境通常是由各种规章制度及公司政策预先确定的,分析人员需要了解这些环境。

任务和操作环境是由各个飞行阶段以及各种常规和非常规操作决定的。回顾戈根等人(Goguen et al.,1986)研究的早期沟通结果,在意识到紧急事件或问题的情况下,经常不会使用缓和言语(这种言语是一种不太有效的请求方式)。总之,在关键飞行阶段,所使用的言语方式是不同的,而且可能对机长和下级机组成员起到不同的作用。在事故记录中,并非总有机会比较正常飞行阶段和非正常飞行阶段,关键是机组人员有没有意识到他们的运行状态。

对话和语言环境包括语言的语法规则和话语规则,可以详细指出语言方式,如"问题在前,答案在后",或者完整言语与言语片段之间的差异。它还反映了语言或文化差异,会导致某些词语或短语的误解,例如在哥伦比亚国家航空公司事故中的情况。在航空领域,程序化语言的使用比其他许多领域标准的多,但在特殊或紧急情况下,这种规则可能仍会有所不足。

4.3.3　沟通与机组资源管理培训

在机组资源管理的早期,沟通是众多机组资源管理能力之一。在 NASA/MAC 机组资源管理研讨会上建议的课程中(Orlady and Foushee,1987),沟通被列为七大课题领域之一:沟通;情景意识;问题解决/决策/判断;领导能力/跟从能力;压力管理;批评;人际关系能力。

沟通能力是一项独立能力,具体表现为"礼貌的果断和参与""积极的倾听和反馈""合法的异议途径"等(Orlady and Foushee,1987)。这些例子恰到好处,但把沟通作为一项单独能力进行培训却很难执行。正如卡拉和史密斯(Kanki and Smith,2001)所言:

> ……沟通经常被归类到人为因素或机组资源管理大纲中的一个模块……当培训师把沟通单独作为机组资源管理的一种独立"软"技能时,他们忽视了沟通的无限潜力,即熟练掌握技术、程序和机组资源管理能力的机制。作为实现目标的一个工具,沟通的含义渗透到了指示和评估的各个方面,就像在实际航班运行中一样。

一旦沟通也被认为是实现技术、程序和机组资源管理目标的一种技能时,就更容易确定沟通指标。在美国联邦航空管理局高级资格认证计划(AQP)中,行为目标和使能目标之间的区别为将沟通与它所支持的各种目标联系起来提供了一种适当、系统化的方法。

当在操作环境下考虑沟通时,还需要考虑沟通者的具体角色(机长与副驾驶,操纵飞行员与监控飞行员)、飞行阶段以及常规和非常规操作。有时,沟通行为是程序化的(空管员沟通、检查单、简令),但它们通常只是实现行为目标的工具。卡拉和史密斯(Kanki and Smith,2001)改编的表4.4,提供了一些示例,说明了飞行员在常规操作中使用的主要沟通运用技巧以及在非常规操作中增加的功能。

表 4.4　在常规操作与非常规操作中实现目标的沟通运用能力

	常　规　作　用	其他非常规作用
	技　术　目　标	
飞行控制	标准命令、次要工作负荷重新分配	时间紧迫诊断、机组协调
导航	阐明和执行飞行计划、应急计划,规划 FMS	与空管部门和公司进行联合规划
风险应对		增强、讲述情景意识
系统管理	调整、监控	应对不确定需求和变化
	程　序　目　标	
检查单	正常	异常/紧急
简令	标准	标准和意外事故
程序		识别和执行非正常程序
空管	标准	问题解决
	机组资源管理目标	
领导能力	设定基调、提高警惕、加强团队建设	设定基调、利用资源、确定优先事项
监控能力	正常系统、航线、交通、飞行效率、天气	正常和非正常、持续和动态事件结果,时间管理
任务/工作负荷管理	细微调整、遵守既定惯例和程序	重大调整、机组协调
问题解决		在有效时间内询问、果断,倡导变革
决策		时间紧迫,风险敏感,在飞行中制订明确的计划并执行

4.3.4　沟通与机组资源管理评估

作为技术、程序和机组资源管理目标的推动因素,沟通往往是评估人员权衡是否实现了具体目标的首要指标。在航线运行模拟环境中,事件设定方法的主要研究进展改进了评价过程。同时,它允许评估人员以非常直接的方式将沟通作为技术、程序和机组资源管理目标的衡量指标。其他章节具体论述了航线运行模拟情境发展和教员/评价人员的任务,但由于航线运行模拟采用了一种系统化方法来设计触发器和行为指标系统,因此可以更容易、更可靠地执行评估。只要我们可以清晰地确定熟练度目标及其促成因素,我们就能知道要留意去看和听的内容。在许多情况下,它们就是沟通。

飞行阶段中的事件集提供了特定的操作环境,在该操作环境中,可能会发生某些特定的机组人员行为。甚至可以通过角色(机长与副驾驶)或者(操纵飞行员或监控飞行员)更细致地区分这些行为。虽然在每个场景中都需要许多技术目标和程序目标,但因为它们是常规操作的一部分,所以可以故意设计所需要目标行为的操作参数来评估其关键行为。由于场景可控,所以可以相对较好地控制飞行员的选择,并且有些特定目标行为应发生在特定的时间段。

因为可以故意地设计某些特定的挑战,所以这是测试、培训和评估新程序和技术的绝佳机会。随着政策、程序和新的最佳可能实践方面的适当改变,观察模拟器内的机组行为是判断新程序和技术是否充分的有效方法,也是确定针对性培训内容的方法。

4.3.5　跨职能沟通

近年来,重新出现了跨职能机组资源管理培训(主要是飞行员、空乘人员和签派员工作群体)。公司其他群体(例如维修机组、停机坪机组)的沟通也值得关注,但飞行员、空乘人员和签派员在每次飞行中都需要交流,而且在紧急情况和正常运行过程中都需要在操作上和程序上进行角色和职责的协调。正如法罗所述(第 17 章:监管机构的视角 Ⅱ),跨职能机组资源管理培训最初采用的形式是"在同一间教室上同一门课程的多个工作小组的简单组合"。针对召集不同群体共同培训引起的经济和后勤挑战,已经探索一系列的培训媒介选项,改变了学员的互动水平,起到了促进作用。最低级别的互动的例子可能是使用录像带,用计算机向飞行员介绍空乘人员的工作,这虽然可以提供有用的信息,但学员并没有体验到任何的直接互动。利用实时视频会议,在网络教员的带领下,让不同群体的学员与另一类群体的学员进行讨论交流,可以提高互动水平。虽然涉及的整体内容可能较少,但飞行员/空乘人员的交流可能会涉及更深入的内容,并可能找出问题所在。在未来的技术中,可以通过使用复杂的场景互动,在其他群体学员或教员未亲自前往具体现场的情况下,利用网络教员来加强互动。然而,互动质量(例如参与者实时决策、程序响应)需要培训开发人员具备更深入的知识,使所有工作群体获得真实的培训体验。

当不同的工作群体进行互动时,最明显的交流可能是相当标准化的程序性沟通,但实际情况(尤其是异常情况)可能需要更有创意的信息传递。为了适当地传递和接收信息,每个群体必须了解更多的角色和责任。例如,飞行员必须了解空乘人员的职责范围和基本的乘客管理要求。同样,空乘人员必须了解飞行员的职责,了解他们的任务优先事项。了解任务的时间安排,如什么时间的工作负荷可能较高,这有助于群体互动。已知规则和程序并不能覆盖协调工作的方方面面,但全面了解每个工作群体基本的职责时间表有助于顺利开展协调工作。

除了程序性沟通和简单的信息传递之外,沟通还是其他机组资源管理行为的一项指标,如领导能力、情景意识和决策等。为判断机组资源管理的有效性,跨职能机组资源管理教员/评估人员必须了解什么是群体内和跨群体机组资源管理的行为指标。因此,跨职能机组资源管理培训通常是通过不同工作群体教员之间的合作开发的。一旦有了扩大的知识基础,就可以利用航线运行模拟开发的通用准则来开发场景并针对跨职能要素进行培训和评估。

4.3.6 数字技术对沟通的影响

最显著影响驾驶舱内沟通的技术是数据通信(数据通信或数据链),该技术可以让控制人员和飞行员能够通过数字传递信息进行交流,而不仅仅是通过无线电语音通信。驾驶舱通信和数据通信已经得到广泛的研究,早在 2000 年前就已经公布许多研究结果。例如,普林佐和布里顿(Prinzo and Britton,1993)和卡多西等人(Cardosi,Falzarano,and Han,1999)总结了 2000 年之前控制员与飞行员的语音通信问题。纳瓦罗和西科尔斯基(Navarro and Sikorski,1999)和雷曼(Rehmann,1997)的综述总结了早期数据链研究,提出了人为因素问题以及数据链的收益和风险。卡多西等人(Cardosi et al.,1999)总结航空安全报告系统中关于控制员和飞行员沟通的早期研究,重点论述了与回读/回听有关的三类沟通错误。

数据通信技术已经讨论几十年,但实施进展缓慢。美国联邦航空管理局下一代航空运输系统(NextGen)实施计划终于取得了进展,该项目正在协调开发新的技术系统。即便如此,数据通信的实施也比较零散,首先从塔台发出数字离场许可服务开始,包括航线修正(FAA,2016)。根据下一代航空运输系统

(NextGen)最新实施计划 2017,正在 56 个机场运行数据通信塔台服务。2019—2021 年期间,将在航行空域实施数据通信服务,从而使空管员能够提供频率传送、高度改变和飞行路线改变等方面信息,并且使飞行员能够向空管员发送数据信息(FAA,2017)。预计会提高空管员和飞行员的工作效率,减少沟通错误,以改善航线,绕开不良天气条件和交通拥堵,并增加对用户要求的适应能力。然而,随着新技术的实施,总有一些"漏洞"需要解决,正如美国国家航空航天局航空安全报告系统(NASA ASRS)回拨问题 443 (NASA,2016)中关于空管员与飞行员数据链通信(CPDLC - DCL)出发许可服务的讨论。总之,收到的报告描述了机组人员在使用飞行员数据链通信时遇到的各种问题(例如语法模糊,显示器架构禁止"搜索",不同机场之间以及不同飞机之间的许可程序不同等)。

此外,必须注意缓解与沟通方式改变有关的风险。例如,语音通信中的回读/回拨做法是找出潜在沟通障碍的一种有用方法。飞行员向空管员回读许可或指示(包括飞行呼叫信号)有助于确保空管员正确、完整地收到信息。通过回听,空管员有机会纠正错误或疏漏。当然,确认功能可以通过数字化方式进行改造,或者在某些情况下,需要使用混合系统(包括语音)。需要指出的是要以适当形式确认和保留加强安全和有效信息传递的功能。这可能需要开展一些研究和试验。

正如前几节所讨论的,沟通比信息传递更重要。数字传输可以实现这一基本功能,但我们必须考虑语音通信是否能为机组资源管理提供其他好处。当两名飞行员通过无线电听到语音通信时,考虑到共享情景意识的特点,可能无法将一对一的通信转换为数字通信。同样,适当的数字解决方案可能需要进一步的研究和试验。

4.3.7　组织沟通的概念

自机组资源管理实施多年来,人们对组织认同和支持的重要性已经有更深的理解。经济衰退和航空公司的合并给那些只为了生存下去的组织带来了巨大的压力。但借用德加尼和维纳(Degani and Wiener,1994)中的表述,机组资源管理必须体现在组织哲学、政策、程序以及实践中。可以在程序和实践层面对机组资源管理行为进行培训和评估,但必须与公司的培训、标准操作程序、自动化等政策和理念一致。如果我们认为机组资源管理是对所有资源的有效利用,那么当我们将这一概念应用到组织或企业层面时,有效沟通就意味着开放和多向沟通。正如我们希望所有机组成员在必要时都可以畅所欲言,根据组织政策,高级管理人员应该支持公司各级人员的沟通和参与。

例如,为应对 2001 年哥伦比亚号航天飞机灾难,除了哥伦比亚事故调查委员会报告的技术原因调查(NASA,2003)之外,还任命了一个团队来调查美国国家航空航天局安全文化的缺陷。迪亚兹报告(NASA,2004)提出了总共 85 项建议、意见和调查结果,分为 7 类:① 领导能力;② 学习能力;③ 沟通;④ 流程和规则;⑤ 技术能力;⑥ 组织结构;⑦ 风险管理。在沟通类别中,建议采用的沟通哲学能够促进观点的多样性,消除报复恐惧,为员工提供允许提出不同意见的流程,并在涉嫌报复时予以介入。虽然组织哲学可能与实际的实时沟通有一定的距离,但它为机组资源管理和其他人为因素计划,如航空安全行动计划(事件报告)和航线运行安全审计,设定了恰当的基调。

从机长与副驾驶之间的创新沟通概念可以归纳出,整个公司的沟通概念会促进有效的横向信息流动,以及其他机组资源管理职能(工作群体内和跨工作群体)的纵向沟通(由员工向上,以及由高级管理层向下)。

4.4 结论

沟通一直是机组资源管理的一个组成部分,但它最初被认为是一项独立的能力。无数的事故和意外事件都是沟通失败的例子,但这些例子包含了许多不同的沟通者和情境。随着对机组资源管理如何影响机组行为的理解不断加深,事故调查人员和研究人员开始系统地分析来自驾驶舱音频记录仪记录数据、实地研究和模拟研究的通信内容,一些基本概念逐渐清晰起来。

(1)沟通是实现技术、程序和机组资源管理目标的工具。它可以是遵循明确政策的程序化语言,也可以是最佳实践培训。在航线运行模拟场景中,可以认为它是特定表现目标的行为指标。

(2)沟通具有多重功能。① 信息传递;② 建立人际或团队关系;③ 可预测行为;④ 保持任务监控和情景意识;⑤ 确保有效的机组和工作负荷管理的工具,沟通既是机组资源管理在这些目标以及其他方面的促成因素,也是指标。以上任何一个机组资源管理目标都可以利用适当设计的航线运行模拟场景来设定。

(3)沟通发生在某种背景环境下,也需要放在某种背景环境下进行理解。这些背景环境包括:① 物理环境;② 社会和组织环境;③ 任务和操作环境;④ 对话和语言环境。在沟通能力的培训和评估中,要知道在什么时候沟通是"适当"和"有效"的,这在很大程度上取决于沟通者是谁(社会/组织环境),沟通发生的地点(物理环境),发生在哪个飞行阶段,在什么操作条件下发生的(任务/

操作环境），以及是否在语法上和文化上理解了沟通的内容（言语/语言环境）。利用航线运行模拟事件设定方法并且调用一个精心设计的情境，可以把所有这些环境轻松包含在内，作为评估沟通效果的信息背景。

沟通作为机组资源管理的一项技术，非常有利于机组资源管理培训和评估。在机组资源管理和高级资格认证计划框架内，利用航线运行模拟事件集，可以把观察到的沟通作为许多程序和机组资源管理目标的行为指标。因此，沟通作为一种实用能力，在模拟器训练中占据了无可匹敌的重要地位。

在更大的团队系统环境中（例如跨职能团队），当然也要考虑沟通。虽然这需要了解各个工作群体以及群体之间相互交流，但在这种了解和安全数据的基础上，可以发现当前培训的不足，从而开发稳健和有针对性的培训方案。在未来，增强知识库以及开发用来解决后勤问题和促进跨职能团队互动的新技术，将会是令人兴奋的挑战。

同时，仍要继续在数据通信和飞行员/空管员交流方面开展研究工作。由于我们正在观察从语音到数字显示的通信方式转变，因此要将与数据通信和导航有关的新程序平稳地纳入空管员和飞行员的任务中。沟通可以采用任意多种方式，但一如既往，我们需要考虑沟通发生的环境。如果数字交流方式干扰了情景意识，因为飞行员在应该"抬头"进行语音交流的时候却"低头"了，那么可能会削弱这种沟通方式的优势。在理想情况下，可以通过某些飞行员和空管员模拟操作或测试的方式，在流程和程序开发过程中对它们进行评估和改进，而不是在它们实施之后再进行评估和改进。

最后，因为我们承认驾驶舱内外的多个群体之间存在相互沟通，所以德加尼和维纳（Degani and Wiener, 1994）研究的 4P 依然正确。不仅沟通实务和程序要支持良好的机组资源管理，而且公司政策和理念也应该确保整体一致性，并应防范跨部门、跨工作群体的沟通障碍。

致谢

1993 年，我们获得了美国国家航空航天局的空间科学与应用办公室和美国联邦航空管理局的支持，对此我们表示感谢。2010 年，美国联邦航空管理局自愿项目办公室在 AFS-230 下继续为这些工作提供了支持。感谢他们多年来的支持，以及通过行业合作来增强机组资源管理知识库并改进指导材料等方面所发挥的积极作用。与 1993 年和 2010 年一样，我们最要感谢的仍然是航空运营商的慷慨和积极参与,他们兢兢业业,把概念转化为实践。

参考文献

Austin, J. L. (1962). *How to do things with words.* London: Oxford University Press.

Billings, C. E., & Cheaney, E. S. (1981). *Information transfer problems in the aviation system* (*NASA Technical Paper 1875*). Moffett Field, CA: NASA Ames Research Center.

Billings, C. E., & Reynard, W. D. (1981). Dimensions of the information transfer problem. In C. E. Billings, & E. S. Cheaney (Eds.), *Information transfer problems in the aviation system* (*NASA Technical Paper 1875*). Moffett Field, CA: NASA Ames Research Center.

Burki-Cohen, J., Kendra, A., Kanki, B. G., & Lee A. T. (2000). *Realistic radio communications in pilot simulator training. Final Report No* (*2000*). DOT - VNTSC - FAA - 00 - 13.

Cardosi, K., Falzarano, P., & Han, S. (1999). *Pilot-controller communication errors: An Analysis of Aviation Safety Reporting System* (*ASRS*) *Reports.* DOT/FAA/AR - 98/17). Federal Aviation Administration.

Chidester, T. R. (1990). Trends and individual differences in response to short-haul flight operations. *Aviation, Space, and Environmental Medicine, 61,* 132 - 138.

Chidester, T. R., Kanki, B. G., Foushee, H. C., Dickinson, C. L., & Bowles, S. V. (1990). *Personality factors in flight operations I: Leader characteristics and crew performance in full-mission air transport simulation* (*NASA Technical Memorandum 102259*). Moffett Field, CA: NASA Ames Research Center.

Conley, S., Cano, Y., & Bryant, D. (1991). *Coordination strategies of crew management. Proceedings of the Sixth International Symposium on Aviation Psychology* (pp. 260 - 265). Columbus, OH: Ohio State University.

Conley, S., Cano, Y., Bryant, D., Kanki, B., & Chidester, T. (1990). *Beyond standard operating procedures: Crew dynamics in the B - 727. Unpublished Technical Report.* Moffett Field, CA: NASA Ames Research Center.

Costley, J., Johnson, D., & Lawson, D. A. (1989). *Comparison of cockpit communication B737 - B757. Proceedings of the Fifth International Symposium on Aviation Psychology* (pp. 413 - 418). Columbus, OH: Ohio State University.

Degani, A. S., & Wiener, E. L. (1990). *Human factors of flight-deck checklist: The normal checklist* (*NASACR 17549*). Moffett Field, CA: NASA Ames Research Center.

Degani, A. S., & Wiener, E. L. (1994). Philosophies, policies, procedures, and practices: The four "P"s of flight deck operations. In N. Johnston, N. McDonald, & R. Fuller (Eds.), *Aviation psychology in practice* (pp. 44 - 67). Routledge.

Federal Aviation Administration. (2016). *FAA's NextGen Implementation Plan 2016*

(p. 11) Washington, DC: FAA Office of NextGen.

Federal Aviation Administration. (2017). *NextGen update 2017, progress and plans: Data communications*. Available from www. faa. gov/nextgen/where_are_we_now/nextgen_update/pro-gress_and_plans/data_comm/.

Foushee, H. C. , Lauber, J. K. , Baetge, M. M. , & Acomb, D. B. (1986). *Crew factors inflight operations Ⅲ: The operational significance of exposure in short-haul air transport operations* (*NASA Technical Memorandum 88322*). Moffett Field, CA: NASA Ames Research Center.

Foushee, H. C. , & Manos, K. (1981). Information transfer within the cockpit: Problems in intracockpit communications. In C. E. Billings, & E. S. Cheaney (Eds.), *Information transfer problems in the aviation system* (*NASA Technical Paper 1875*). Moffett Field, CA: NASA Ames Research Center.

Ginnett, R. G. (1987). *The formation of airline flight crews. Proceedings of the fourth international symposium on aviation psychology* (pp. 399 – 405). Columbus, OH: Ohio State University.

Goguen, J. , Linde, C. , & Murphy, M. (1986). *Crew communication as a factor in aviation accidents* (*NASA Technical Report 88254*). Moffett Field, CA: NASA Ames Research Center.

Helmreich, R. L. , & Wilhelm, J. (1989). *Validating personality constructs for flightcrew selection: Status report on the NASA/UT Project, NASA/UT Technical Memorandum*. (pp. 89 – 93). Austin: University of Texas.

Kanki, B. G. (1995). Communication research in aviation and space operations: Symptoms and strategies of crew coordination. In *Proceedings of the International Aerospace Congress, IAC'94*, Moscow, Russia (pp. 160 – 165).

Kanki, B. G. , & Foushee, H. C. (1989). Communication as group process mediator of aircrew performance. *Aviation, Space, and Environmental Medicine, 60* (5), 402 – 410.

Kanki, B. G. , Greaud, V. A. , & Irwin, C. M. (1991a). Communication variations and aircrew performance. *International Journal of Aviation Psychology*, 1(2), 149 – 162.

Kanki, B. G. , Lozito, S. C. , & Foushee, H. C. (1989). Communication indices of crew coordination. *Aviation, Space, and Environmental Medicine, 60*(1), 56 – 60.

Kanki, B. G. , & Smith, G. M. (2001). Training aviation communication skills. In E. Salas, C. Bowers, & E. Edens (Eds.), *Applying resource management in organizations: A guide for training professionals* (pp. 95 – 127). Mahwah, NJ: L. Erlbaum Associates, Inc.

Kanki, B. G. , Palmer, M. T. , & Veinott, E. (1991b). *Communication variations related to leader personality. Proceedings of the sixth international symposium on aviation psychology* (pp. 253 – 259). Columbus, OH: Ohio State University.

Lee, A. T. (2001). *Radio communication simulation and aircrew training* (*BRI Tech. Report BRI – TR – 130901*). Los Gatos, CA: Beta Research, Inc.

McGrath, J. E. (1984). *Groups: Interaction and performance*. Englewood Cliffs, NJ:

Prentice-Hall.

Morrow, D. G. , Lee, A. T. , & Rodvold, M. (1991). *Collaboration in pilot-controller communication*. Proceedings of the sixth international symposium on aviation psychology (pp. 278 – 283). Columbus, OH: Ohio State University.

Mosier, K. (1991). *Expert decision making strategies*. Proceedings of the sixth international symposium on aviation psychology (pp. 266 – 271). Columbus, OH: Ohio State University.

National Aeronautics and Space Administration. (2003). *Columbia Accident Investigation Board Report Volume 1*. National Aeronautics and Space Administration and the Government Printing Office.

National Aeronautics and Space Administration. (2004). *A renewed commitment to excellence. An assessment of the NASA agency-wide applicability of the Columbia Accident Investigation Board report*. Washington, DC: National Aeronautics and Space Administration.

National Aeronautics and Space Administration. (2016). *Aviation safety reporting system callback: Controller pilot data link communications*. Issue Number 443, December 2016. Available from https://asrs. arc. nasa. gov/publications/callback/cb_443. html.

National Aeronautics and Space Administration. (2009). Aviation safety reporting system, callback: Communication factors in ASRS reporting. Issue Number 354, June, 2009. Available from http://asrs. arc. nasa. gov/publications/callback/cb_354. html.

National Transportation Safety Board. (1979). *Aircraft accident report: United Airlines, Inc. , McDonnell-Douglas DC – 8 – 61, N8082U, Portland, Oregon, December 28, 1978 (NTSB – AAR – 79 – 7)*. Washington, DC: Author.

National Transportation Safety Board. (1982). *Aircraft accident report: Air Florida, Inc. , Boeing 737 – 222, N62AF, Collision with 14th Street Bridge, Near Washington National Airport, Washington DC, January 13, 1982 (NTSB – AAR – 82 – 8)*. Washington, DC: Author.

National Transportation Safety Board. (1990a). *Aircraft accident report: United Airlines, Flight 811, Boeing 747 – 122, N4713U, Honolulu, Hawaii, February 24, 1989 (NTSB/AAR/90/01)*. Washington, DC: Author.

National Transportation Safety Board. (1990b). *Aircraft accident report: United Airlines, 232, McDonnell Douglas DC – 10 – 10, Sioux Gateway Airport, Sioux City, Iowa, July 19, 1989 (NTSB – AAR – 90 – 06)*. Washington, DC: Author.

National Transportation Safety Board. (1991). *Aircraft accident report: Avianca, The Airline of Columbia, Boeing 707 – 321B. HK2016, Fuel exhaustion, Cove Neck, New York, January 25, 1990 (NTSB – AAR – 91 – 04)*. Washington, DC: Author.

National Transportation Safety Board. (1993). *Special investigation report: Commercial space launch incident, launch procedure anomaly, Orbital Sciences Corporation, Pegasus/SCD – 1, 80 Nautical Miles east of Cape Canaveral, Florida, February 9, 1993 (NTSB/SIR – 93/02)*. Washington, DC: Author.

Navarro, C. , & Sikorski, S. (1999). Data link communication in flight deck operations: A synthesis of recent studies. *International Journal of Aviation Psychology*, 9 (4), 361 – 376.

Orasanu, J. M. (1990). *Shared mental models and crew decision making (Cognitive Science Laboratory Report ♯ 46)*. Princeton, NJ: Princeton University.

Orlady, H. W., & Foushee, H. C. (1987). *Proceedings of the NASA/MAC Workshop on Cockpit Resource Management (NASA Conference Publication 2455)*. Moffett Field, CA: NASA Ames Research Center.

Predmore, S. C. (1991). *Microcoding of communication in accident investigation: Crew coordination in United 811 and United 232*. *Proceedings of the sixth international symposium on aviation psychology* (pp. 350 – 355). Columbus, OH: Ohio State University.

Prinzo, O. V., & Britton, T. W. (1993). *ATC/Pilot voice communications — a survey of the literature*. Washington, DC: Office of Aviation Medicine.

Rehmann, A. J. (1997). *Human factors recommendations for Airborne Controller-Pilot Data Link Communications (CPDLC) Systems: A synthesis of research results and literature (FAA/CT – TN97/6)*. Washington, DC: U. S. Department of Transportation, Federal Aviation Administration.

Ruffell Smith, H. P. (1979). *A simulator of the interaction of pilot workload with errors, vigilance, and decision (NASA Technical Memorandum 78482)*. Moffett Field, CA: NASA Ames Research Center.

Spence, J. T., & Helmreich, R. L. (1978). *Masculinity and femininity: Their psychological dimensions, coordination and antecedents*. Austin: University of Texas Press.

Spence, J. T., Helmreich, R. L., & Holahan, C. K. (1979). Negative and positive components of psychological masculinity and femininity and their relationships to self-reports of neurotic and acting out behaviors. *Journal of Personality and Social Psychology*, 37, 1573 – 1682.

Tuckman, B. W. (1965). Developmental sequence in small groups. *Psychological Bulletin*, 63, 384 – 399.

Wiener, E. L. (1989). *Human factors of advanced technological ("glass cockpit") transport aircraft (NASA Contractor Report No. 177528)*. Moffett Field, CA: NASA Ames Research Center.

Wiener, E. L., Chidester, T. R., Kanki, B. G., Palmer, E. A., Curry, R. E., & Gregorich, S. E. (1991). *The impact of cockpit automation on crew coordination and communication: I. Overview: LOFT evaluations, error severity, and questionnaire data (NASA Contractor Report No. 177587)*. Moffett Field, CA: NASA Ames Research Center.

5 飞行机组的决策过程

朱迪思·奥拉萨努-恩格尔(Judith Orasanu-Engel[1])和

凯瑟琳·L. 莫热(Kathleen L. Mosier[2])

[1]美国,加利福尼亚州,莫菲特菲尔德,美国国家航空航天局艾姆斯研究中心

[2]美国,加利福尼亚州,旧金山市,旧金山州立大学

从起飞前机长确认飞机状况和飞行计划一直到着陆后放置轮挡,飞行机组在整个飞行过程中都要做决定。不幸的是最受关注的决定往往是那些导致灾难的决定,例如在华盛顿国家机场除冰时间过期后,决定让飞机带着积冰起飞(NTSB, 1982),或者在加那利群岛特内里费的大雾天气,在不确定跑道是否通畅的情况下决定起飞(Comision de Accidentes, 1978)。然而,商业航空仍然是一种非常安全的运输方式,这在很大程度上归功于在空中和地面时飞行机组人员的技能和判断能力。

尽管总体安全性很高,但美国国家运输安全委员会(NTSB, 1994)对 1978 年至 1990 年间的 37 起商用飞机事故的分析显示,机组人员的行为与事故有关,该委员会认为,其中 25 起事故(约占 68 %)涉及"战术决策错误"。这一发现在军用飞机(Shappell and Wiegmann, 2004)和国际航班(Li and Harris, 2008)中也得到了证实。

鉴于航空事故发生频率较低,航线运行安全审计(LOSA)观察了大量正常飞行期间的飞行员行为,并洞察了决策错误、潜在负面后果及其处理方式(Helmreich, Klinect, and Wilhelm, 1999)。对国内外航空公司数百次飞行的观察发现,决策错误是最不可能发生的一类错误(约占 6 %),但与其他类型的错误相比,它们更有可能(57 %)引发重大后果(例如,导致飞机处于危险状态)(Klinect, Wilhelm, and Helmreich, 1999;Thomas, 2004)。这些实地飞行观察结果表明安全的航班运行取决于避免严重负面后果的有效机组决策,尤其在高危险条件下(Helmreich, Klinect, and Wilhelm, 2001)。

同样重要的是,对正常飞行的观察(LOSA)记录了机组人员是如何成功地管理威胁和差错的,包括发现差错和减缓威胁,这些行为通常是不可见的,因为它们是日常安全操作的一部分。这些安全行为说明了机组协调、情景意识、问题解决、决策和资源管理的积极一面,往往是在面对看似无法克服的条件时,机组资源管理(CRM)能力是机组抗压能力的源泉。例如,一架空客 A320 飞机在从纽约拉瓜迪亚机场起飞时遭鸟群撞击导致两台发动机全部失效,机组人员在应对过程中表现出了出色的协调能力和危机管理能力(NTSB,2010)。机组人员有几个选择——返回出发机场,改飞到附近的机场(6 英里外的新泽西州泰特波罗机场),或者在哈德孙河上迫降。机长迅速评估了他们的情况,包括发动机状况、高度、空速和位置。他认为,他们没有足够的高度和空速,无法备降到泰特波罗机场,而返回拉瓜迪亚机场则需要飞越人口稠密的曼哈顿上空。他认为唯一可行的解决办法是在哈德孙河上迫降,机组人员完成了这一壮举,奇迹般地没有人员伤亡(NTSB,2010)。

这个案例说明了意外和潜在的灾难性情况需要做出相应的决策,机组人员在操作时面临的压力和威胁,以及决策的复杂性,包括审时度势、评估做出某个决定的风险水平和可用时间、分析各个选择的局限性,以及评估可能的结果。机组人员需要开发一个新出现情况的共享模型(与空管员及其他地面支持人员共享),计划如何执行决策、分配任务、监控事态的发展,让每个参与执行计划的人了解事态的发展(Orasanu,1994)。

由于在具有挑战性的条件下很难做出有效的决定,飞机设计公司、航空公司和美国联邦航空管理局(FAA)的目标是通过制订涵盖预期故障或紧急情况(Burian,Barshi,and Dismukes,2005)的标准程序和检查单以及设计自动决策支持系统(Billings,1991;Wiener,1998),简化和支持机组人员的决策。由于不可能设计出涵盖所有突发事件的程序、防错技术或全自动系统,飞行机组人员就是最后一道防线。因此,关键问题在于如何培训和支持飞行机组人员作出最佳决策,并在充满挑战的高风险情况下展现出抗压能力和适应能力? 为了解决以上问题,需要先回答下面的问题:

(1)机组人员实际做出的是哪些类型的决定?

(2)高效机组人员是如何做决策的? 哪些行为是培训和程序设计的目标或杠杆点?

(3)哪些因素导致了差错或增加了风险,并可能造成不希望结果的决策?

(4)如何培训机组人员做出有效的决策,从本质上把初级或中级决策能力提升到专家水平？

这些问题以及解决这些问题的理论和行为框架是本章的大概框架。

5.1 自然决策-航空决策的理论框架

自然决策(NDM)是本章所述飞行机组决策的理论框架(Klein，2008；Klein et al.，1993)。自然决策描述了具有领域专业知识的人通常如何在变化且对安全要求严苛的环境中利用自身的知识做出决策(Cannon-Bowers，Salas，and Pruitt，1996；Zsambok et al.，1997)。该研究方法来源于对火场指挥员的研究(山火和城市火灾)，在面对火灾时，克莱因等人(Klein，Calderwood，and Clinton-Cirocco，1986)的这项开创性工作针对火场指挥员在高风险、不断变化的情况下，研究如何利用不确定或不完整的知识，快速制订有效计划的问题。通过现场观察和后续访谈，克莱因和他的团队发现，指挥员采用的决策过程与古典决策(CDM)模型几乎毫无相似之处(Klein，1989，1993a；Lipshitz et al.，2001)。

古典决策强调全面评估所有选择，并考虑到全部可用信息。同时评估多个选择，以选择最优解决方案。在古典决策范例中，决策者通常可以获得各种备选方案，不需要行业知识就能评估情况并得到候选方案。古典决策的重点在于选择过程。一些航空决策培训模型体现了古典决策框架，因为定义和选择各种备选方案是主要的培训内容(见5.5节)。但古典决策方法很少考虑运用专门知识来形成问题领域的过程，即所谓的"前端"过程(Kahneman，2011；Mosier and Fischer，2010)。

与古典决策模型所提倡的方法不同，克莱因的研究小组发现，指挥员对火灾情况进行了调查，并迅速做出了判断，根据他们之前处理类似火灾的经验对问题领域进行了分类。他们对所面临问题的认识使他们想起了过去在类似火灾中的有效解决方案。然后，他们通过在头脑中模拟可能发生的情况来评估该备选应对方案，如果这种应对方案能够满足他们的目标和当前局面的限制条件，他们就会予以采用。否则，他们会提出另一个应对方案，并对它进行类似的评估。如果仍然得不到令人满意的应对方案，他们就会重新评估对这个问题的理解，并试图根据目前的火灾是如何发生的看似合理的"故事"来澄清和修改应对方案。克莱因和同事们把这个过程称为"认知主导决策"(RPD)(Klein，1989，1993a)。克莱因的团队在其他高风险领域进行了类似的研究，包括航空和医学领域。研究人员基于这些研究得出了结论，认为认知主导决策模型约占他们所观察决策的

80％(Klein，1998)。因此，诞生了一种新的决策研究方法，也就是哈钦斯(Hutchins，1995)所说的"自然状态"方法。

自然决策的特征与古典决策有几点不同(Dawes，1988；Hogarth，1987)。第一，从消防员的例子中可以明显看出，自然决策是完成现实世界中有意义任务的必要组成部分，是为了实现工作目标，如扑灭火灾或在应对安全威胁的同时将乘客运送到目的地。这种情境化决策过程与古典决策研究中使用的无情境独立决策问题形成了鲜明对比。

第二，决策者的知识是通过多年的培训和经验获得的，是决策过程的核心。在古典决策研究中，知识被认为是一个控制变量；不同的是在自然决策中，知识是识别需做出决策的情况并采取适当应对措施的基础(Klein，2008；Lipshitz et al.，2001)。

第三，从消防员的例子中可以明显看出，在熟悉的情况下，通常通过每次检索和评估单一备选方案来做出决策，而在古典决策中，则是通过深思熟虑的分析过程，包括全面的信息搜索和同时评估所有备选方案来选择最佳方案。利用这种自然决策策略选择备选方案的一个必然结果是如果某个备选方案是可行的，并且能实现决策者的目标，那么就会选择它，西蒙(Simon，1991)把这个过程称为"满意"。古典决策中的标准是在全面审查所有可用信息和备选方案的基础上做出最佳选择。然而，由于人类信息处理的局限性，[1]在古典决策所要求的动态决策情况下，不可能详尽搜索和同时比较现实中的多个备选方案。

第四，古典决策的重点完全在于选择过程。自然决策的重点在于一个新的组成要素，也就是通常所说的态势评估(SA)。它包括找出需要做出决策的问题，并确定问题的基本特征。这需要区分两种类型的过程："前端"(态势评估)过程和"后端"[选择一种行动方案(CoA)]过程(Mosier and Fischer，2010)。自然决策的研究重点主要在于前端过程，因为它们会限制行动的选择。

第五，过程导向(专家如何做决定)取代了输入-输出导向，后者强调通过了解一个人的价值观和目标来预测结果。非正式的环境敏感模型取代了正式的古典决策模型。自然决策模型是说明性而非规定性模型(Lipshitz et al.，2001)。

5.1.1　专业知识的作用

专业知识对自然决策有三个方面的贡献。首先，专业知识是快速、准确地感知到一个问题的标志的基础(Cannon-Bowers et al.，1996)。专业知识支持线

---

[1]　Simon(1991)将人类认知系统的这一特征称为"有限理性"。

索识别和储存条件-行动方式识别,这是认知主导决策的基础(Klein,1989, 1993a)。其次,专业知识为风险评估和各种结果可能性估计提供了基础 (Fischer,Orasanu,and Wich,1995)。最后,专业知识包括心智模型(Chi, Glaser,and Farr,1988;Larkin et al.,1980),心智模型是心理模拟和评估备选方案的基础(Klein,1993a,2008)。

专业知识为专业领域内具有深远影响的问题提供了优势(Klein,1998)。例如,象棋大师对正常棋局中的棋子位置有着惊人的记忆力,是战略行动的基础(Chase and Simon,1973)。但如果把相同的棋子随机摆放在棋盘上,象棋大师的记忆力并不比新手好多少。这一系列的发现反映了记忆当中的知识组织模型(如心理模型)(Chi et al.,1988;Larkin et al.,1980),它支持有意义的线索模式的快速认知识别和相关动作的检索,这是专家决策的基础。

知识不能避免错误,专业知识是启发法或经验法则的基础,如果应用不当,可能会导致判断失误。深层知识在大多数情况下可以起到高效工作的作用,但偶尔也会让人误入歧途。启发法,如可用性和代表性(Kahneman,2011; Tversky and Kahneman,1974)可能会让决策者选择一个典型和经常使用的应对方法,但未必合适,因此也被称为"习惯捕捉"(Nowinski,Holbrook,and Dismukes,2003)。

5.1.2 特定领域模型

由于自然决策模型是描述人们实际做了什么,而不是规定他们应该做什么(Lipshitz et al.,2001),因此,不同工作领域的模型会有一些不同的特征。区分不同领域的一个主要因素是决策者可获得的信息来源。在航空领域,一方面,来自数字化和技术的信息程度不同,这就需要对情景意识进行分析处理;另一方面,"模拟"数据,如可见天气特征、独特的声音、振动或气味,能够快速直观的感知和识别情况。分析过程与直观过程之间的区别是哈蒙德(Hammond)"认知连续体理论"的基础(Hammond et al.,1987),该理论假设决策者根据表明决策问题的数据类型在两种决策过程之间转换。同样,卡尼曼(Kahneman,2011)区分了系统1和系统2的思维:系统1的思维是快速的和直觉的,而系统2的思维是缓慢的和分析性的。

不同领域选择行动方案的后端过程也不同相同。航空领域的后端过程是高度程序化的,利用大量的操作程序、检查单和详细说明发生某些威胁或问题时应采取措施的辅助工具得出决策。它们提供诊断指导,以验证系统故障、天气和交通所产生威胁的性质。当飞行员处于压力之下且时间有限时，紧急检查单可以为他们提供决策支持(Burian et al.，2005)。这些资源为飞行机组人员提供了充足的决策支持，在许多领域，无法获得这些支持，决策者必须依靠自己积累的经验。

5.1.3 开展自然决策研究的方法

自然决策的特点不仅反映了其独特的理论框架，而且意味着其研究方法与开展传统古典决策研究的方法存在重大差异。自然决策研究方法有三大独特因素，包括相关参与者、研究背景和使用的方法。

第一，自然决策侧重于专家(而非大学生或其他非选定群体)，因为他们具备在挑战性环境下做出知识型决策的能力。

第二，自然决策研究通常不是在实验室开展的，而是专家在典型情况下参与应对紧急问题的决策过程中实地开展的。这些情况通常包括时间压力、问题信息模糊或矛盾、情况不断变化、决策结果不确定、工作负荷大、风险高、目标转移以及决策错误后果严重(Orasanu and Connolly，1993)。

第三，自然决策研究人员借鉴了人种学、认知人类学、社会语言学和其他主要从事描述性领域研究的学科的研究方法(Hoffman，Crandall，and Shadbolt，1998)，而不是假设-演绎实验室方法。通常，这些方法包含自下而上法——研究人员描述出专家决策者在他们的专业领域内做出有意义决策时所了解的信息和采取的行动。开发这些知识通常使用关键任务分析方法，以及并行或回顾性结构式访谈。关键任务分析方法包括有声思维方法(Ericsson and Smith，1991)等，回顾性结构式访谈包含关键决策事件方法(Flanagan，1954；Hoffman et al.，1998；Militello et al.，2011)等。然后，研究人员可以在实验室或其他现实模拟中测试关于这些过程的假设。

5.2 航空自然决策模型

5.2.1 航空自然决策模型的自然决策方法和数据来源

在过去的 20 多年里，美国国家航空航天局艾姆斯研究中心的团队行为研究小组在自然决策框架下，采用了一些方法来了解机组人员如何在正常和非正常情况下做出有效决策。奥若萨鲁和费舍(Orasanu and Fischer，1997)分析了航空安全报告系统的事件报告和美国国家运输安全委员会的事故报告，包括驾驶舱通话音频记录仪的数据(Orasanu，Martin，and Davison，2002)、飞行人员在复杂飞行模拟中的观察结果(Orasanu,1994)和实验室研究(Fischer and Orasanu,2001)。

档案资料。美国国家运输安全委员会事故报告和航空安全报告系统事件报告相关档案资料中,提供了关于飞行员做出的各种决定的信息,以及做出这些决定的外化或自述过程,以及导致失败或有效决定的因素分析。通过事故报告及驾驶舱音频记录仪资料能够洞察机组人员在面对威胁时促使他们做出决定的想法和行动。

访谈。利用关键事件访谈(Militello et al.,2011)向阿拉斯加航空公司的飞行员了解他们在天气、地形、疲劳、缺乏空管人员支持、乘客或组织压力的重重威胁下进行决策的相关信息。

高逼真度飞行模拟。通过高逼真度模拟器,能够对在正常和紧急飞行场景中合格的航空运输飞行员做出决定应对全任务"飞行"期间遭遇的威胁的情况进行观察。其中一项研究了自发监测和应对脚本错误的挑战性策略,这些错误或来自驾驶舱之外或由一名机组成员输入的(研究团队成员)(Orasanu et al.,1998)。其他高逼真度模拟研究则研究了机组人员对系统故障和天气问题的应对措施(Orasanu,1994)。

实验室研究。将上述三个数据来源产生的假设进行实验室研究,此类研究侧重于决策过程的特定方面。例如,为了探讨机长和副驾驶在各种决策情况下感知风险的可能差异,研究小组使用了一项分类任务,然后进行多维尺度和分层聚类分析(Fischer et al.,1995)。此外,研究讨论了各种错误纠正策略的有效性(Fischer and Orasanu,2000)。我们可以利用多种方法验证研究结果。

奥若萨鲁(Orasanu,2010)所描述的自然航空决策模型(NADM)仍然成立,只是做了一些小的调整,如图 5.1 所示。该模型有两个与所有自然决策模型共有的主要组成部分:一个是前端或认知组成,即情景意识;另一个是后端组成,即选择行动方案(Mosier and Fischer,2010)。

5.2.2 改进的航空决策模型

该模型捕获了两方面的信息:① 机组人员在应对不同情形要求时需要做出的决策类型;② 机组人员在不同情境条件下做出这些决策的过程。在图 5.1 中,定义决策类型的特征位于中心阴影矩形内。前端组成包含三个维度——态势评估、可用时间/风险评估和对问题的熟悉度或清晰度。后端组成有一个特点,即如何定义或选择行动方案。这些决策的范围从程序性条件-行动决策到不

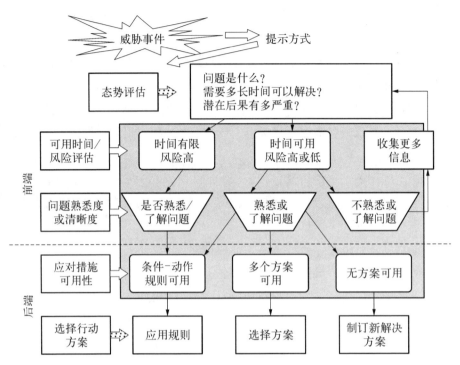

图 5.1 自然决策模型，内部阴影区域表示机组人员可能遇到的决策类型

注：外部区域表示态势评估（前端过程）和行动方案选择（后端过程）所涉及的决策过程。

良结构决策，在这些决策中，问题的情况和应对措施都不清晰。

下一节将会介绍这些情形特征如何影响决策过程。在图 5.1 中，中心矩形外面的活动表示前端和后端过程。

1）前端处理：态势评估

航空决策通常是由非正常或意外事件引起的，需要调整原计划行动方案。情景意识包括对定义问题性质的提示模式的理解，态势相关风险水平的评估，以及找到解决方案所需时间的确定。

可用时间。可用时间似乎是决策策略的主要决定因素。时间维度是相对的，取决于在特定情况下不采取任何措施，以及消极后果的发展速度。威胁性事件的演变可能非常快速，就像当有交通快速接近一架飞机时，需要采取规避策略，也可能会比较缓慢，让机组人员有时间收集足够的信息，了解问题，并做出合理的决定。例如，当飞机距离目的地还很远时，起落架部件的故障不会构成迫在眉睫的威胁，但机组人员肯定希望尽快处理这个问题，为后面必须执行的计划工作做好准备。

如果不清楚威胁的情况，就需要采取诊断行动，但可能没有足够的时间。为了支持查找信息和解决问题，机组人员可以选择减轻外部时间压力（Orasanu and Strauch，1994），例如机组人员可以通过保留或重新安排任务的先后顺序来争取时间，以减少工作负荷并确保关键任务得以执行（Wickens and Raby，1991）。如果风险很高而且时间有限，可能会在没有彻底了解清楚问题的情况下采取缓解措施。

风险评估。风险的定义通常是负面后果的可能性及其严重性（Slovic，1987；Yates and Stone，1992）。在这两个维度评级都较高的事件会造成严重后果，需要立即给予重视，例如起火、快速减压、发动机故障或飞机失去控制。在航空领域，很少发生会产生最严重后果的事件（Klinect et al.，1999；Thomas，2004）。其他威胁较为常见，例如交通、天气或跑道情况变化造成的威胁，这些威胁会产生严重后果的可能性各不相同（Martin，Davison，and Orasanu，1999；Thomas，2004）。可能需要针对低概率严重问题制订应急计划，以防万一。不会产生严重后果的可能问题不会被视为威胁，因此不需要立即采取任何行动。

风险通常被认为是一种主观判断，它会随着决策者的领域知识和应对威胁的先前经验而变化（Slovic，1987；Yates and Stone，1992）。经验丰富的机组人员，对情况有成熟的心智模型，能够更准确地了解情况并且更有能力应对。他们还能够更准确地判断事件的时间进程。一项研究比较了机长和副驾驶对各种飞行场景的感知，使用一项借助多维尺度分析的排序任务发现，机长对决策情况进行分类所使用的主要维度是潜在风险，其次是时间压力。潜在风险实际上包括时间因素：从无风险到当前危险再到将来风险。相比之下，经验较少的副驾驶关心的是有多少可用时间，以及如何确定行动方案（Fischer et al.，1995）。这些感知上的差异似乎还反映了机组人员角色的不同，而不仅仅是经验年数的差异。

虽然关于航空风险感知的研究相对较少（O'Hare and Smitheram，1995），但费舍等人（Fischer，Davison，and Orasanu，2003）开展了一项研究，清楚地展示了风险感知在决策中的作用。研究人员使用动态演变不确定飞行情况的有声思维方案，从风险、不确定性意识、可用时间和目标冲突等方面分析了飞行员要求的信息，以及他们的最终决策和风险管理策略。这项低逼真度研究的结果表明决定接受风险还是规避风险，取决于飞行员对不确定情况的感知。如果他们觉得情况不太严重，他们愿意冒险，同时会努力减轻可能的负面后果，但如果风险水平超过主观阈值，他们会决定推迟起飞或选择其他方案来避免风险。

问题熟悉度或清晰度。机组人员对问题性质的清晰程度不同,对问题的熟悉程度也不相同。当清楚和/或熟悉问题时,比不清楚也不熟悉问题时需要的脑力更少。如果清楚但不熟悉问题,机组人员可能没有适当的应对措施,因此必须寻找应对措施。但如果不清楚问题,机组人员必须做额外的工作来评估问题的性质,这一过程可能需要很长的时间。缺乏清晰度可能是由于以下几种情况造成的:线索本身就很模糊(尤其是外部可感知的线索),或者线索不完整、有矛盾或有误导性。在这些情况下,机组人员可能会开展宏观的认知过程(Klein et al.,2003;Mosier et al.,出版中),以确定问题的性质。

2)*后端处理:选择行动方案*

在认识或确定问题并且评估了问题的情况之后,可以根据这种情况下的备选方案结构选择行动方案。奥若萨鲁和费舍在拉斯穆森(Rasmussen,1985)的基础上明确介绍了三种结构的应对措施:即基于规则的应对措施、选择性应对措施和创造性应对措施。所有这些都涉及知识的应用,但不同程度的应对措施是根据情况决定的。行动方案的适当性取决于情境支持,有时,公司手册或程序中只规定了一种应对措施;而有时,则规定了多种方案,必须从中选择一个。在一些罕见的情况下,没有现成的方案,机组人员必须自己创造行动方案。为了恰当地处理这种情况,决策者必须清楚恰当的情境过程的构成要素。

(1) 基于规则的决策或认知主导决策。

在单一应对措施的情况下,需要做出克莱因(Klein,1989,1993a)的认知主导决策并采取拉斯马森(Rasmussen,1985,1993)的基于规则的行动。单一方案的情况是最直接的,因为它们需要的认知工作最少。

在许多高风险和时间紧迫的情况下,如驾驶舱冒烟、发动机失速或快速减压,需要采取规定的行动来应对这些特定的情境线索。认为这些情况和其他异常情况是非常重要的,因此规定了程序,以减少机组人员在可能经历巨大压力和工作负荷的情况下仍需要创造解决问题方法的压力(Orasanu,1997)。其主要过程是识别情境线索的模式,主要是决定是否有任何情境表明不应该执行预先确定的应对措施。

"执行/不执行"决策是一种基于规则的决策:某个行动可能是计划好的,也可能是正在计划当中,根据引发问题的刺激条件决定继续执行或者终止行动。引出这种应对措施的刺激条件可能多种多样。例如,中断起飞的原因可能是发动机爆炸故障、货舱门灯、跑道交通灯、压缩机失速或发动机过热问题等(Chamberlin,1991)。同样,终止着陆的复飞决定可能是由于在决策高度看不清跑道、空中或地面交通、自动驾驶断开或不稳定进近引起的。

基于规则的决策涉及风险评估,特别是当地面速度或高度接近决策极限时。环境条件,如跑道湿滑或系统故障,可能会导致刹车失效,从而使终止计划的正确决定变得复杂。尽管基本的条件-动作匹配非常简单,但问题是在当前情况下,我能做出这个反应吗?

航空决策与其他许多后果影响大的领域不同,因为许多基于规则的决策被编入美国联邦航空管理局(FAA)法规或公司操作手册中。克莱因(Klein,1989,1998)观察到在消防、医学和军事等不同领域,基于认知的决策是以先前处理类似问题的经验为基础的。但无论对确定问题情境的反应是以正式协议为基础(如航空领域),还是以决策者自身的经验为基础,都需要在头脑中模拟其后果,以确定反应是否能满足决策者的目标和情境中的约束条件。如果满足,则可以接受该行动。如果不满足,则会生成其他方案并对方案进行评估,或者重新进行情境评估。克莱因(Klein,2008)指出他的认知主导决策模型主要适用于解决时间限制时决策者专业领域内的典型问题。当决策比较复杂,具有较大的模糊性和不确定性时,而且有更多的时间可以进行情境分析时,专家决策者会花时间更彻底地探索问题。

(2)多选择决策。

有时需要在当前情况下备选方案中做出飞行决策的选择。这些情况可能与我们的日常决策概念和古典决策模型最为密切相关。例如,机组人员可能需要选择一个备用着陆地点,以应对恶劣天气下的紧急医疗事故。飞行计划中规定了备用着陆地点,以应对目的地的天气条件低于最低要求的境况,操作手册中也提供了如何处理紧急医疗情况的指导。然而,附近能提供适当医疗设施的机场天气状况可能正在恶化,而到达另一个机场可能需要宝贵的时间。在这种情况下,机组人员需要权衡试图在临界天气条件下着陆的风险,以及飞往更遥远机场可能对乘客造成的危险。

机组人员在备选方案中进行选择的策略各不相同,但迄今为止的观察(Klein,1993a;Orasanu,2010)表明它们不符合古典决策模型对建议备选方案的全面并行分析,而是体现了自然决策过程。全面并行分析包括评估各个可能选择与决策有关的所有变量(例如天气、燃油消耗、跑道长度、机场设施),利用一个数学公式来组合所有的信息以得到最优选择。事实上,机组人员似乎是以最经济的方式在做决策,并在这个过程中走捷径。他们努力做出适当但未必是最好的决策,在认知工作方面投入尽可能少的时间和精力。一些作者指出,根据古典决策模型所规定的决策者目标和价值,对多个选择进行全面并行分析,超出了人类的信息处理能力。在时间有限、潜在后果严重、相关信息难以获得的情况下更是如此。

在某些情况下,可以考虑它们是否满足关键特征的标准以及之后是否仍可以继续使用来淘汰某些选择,除非没有发现适当的选择,在这种情况下,必须重新进行情景意识过程。这在本质上是一种逐项排除策略(Tversky,1972)。通常使用安全性关键约束,如天气或可用燃油等。事实上,前文提到的全美航空公司 1549 号航班迫降哈德孙河的决定,是在对另外两个方案进行了连续评估之后做出的,这两个方案都因为不满足关键标准而被排除。第一个方案是返回出发机场(LGA),但这个选择是不可改变的,不能再有任何出错的余地,因此是一个冒险的提议。它也意味着要飞越人口密集的曼哈顿上空,可能会造成灾难性的地面伤亡。第二个方案是改飞新泽西州泰特波罗机场。但由于飞机当前的空速、高度和位置等因素被排除。剩下的一个方案就是在哈德孙河着陆,因为具有一定的有利条件而被接受:相对平静的风速和水面、良好的能见度、河面上几乎没有交通,以及机长有驾驶滑翔机的经验。

(3)不明确的问题。

另外两种类型的决策根本就不像决策。它们包含一些不明确的问题,这些问题在情景意识过程中可能得到澄清,也可能未得到澄清。模糊的线索可能会使明确需要解决的问题变得困难。可以采用两种策略来应对这种情况:一种策略是在不明确问题的情况下,把情况当作紧急情况处理(程序化管理);另一种策略是诊断和明确问题,然后产生一个新的解决方案(创造性解决问题),因为没有规定的程序来处理这个问题。

程序化管理:某些线索是不祥的,但机组人员并不能凭借这些线索弄清楚可能存在的问题。各种噪声、砰砰声、振动、隆隆声、压力变化或控制问题表明发生了一些问题,但未表明具体发生了什么问题。不管问题的根源是什么,这些线索都表明可能存在引发紧急反应的危险情况。冒烟、失压、刺鼻气味、爆炸或失控都表明需要"立即着陆"。几乎没有时间来确定线索的来源。所有精力都放在寻找合适的机场、运行必要的检查单、获得着陆许可、请求紧急降落、放油和着陆上。这些问题基本上都可以视为认知主导决策的情况,这种情况笼统地被称为"紧急着陆"。

这类决策的认知工作主要是风险评估。一旦确定是紧急情况,就有明确规定的应对措施,而且是高度程序化的。如果判断为高风险,那么就要采取紧急程序来管理这种情况。如果风险未被确定为直接紧急情况，那么在采取措施"确保"情况安全之后，可能会投入额外的精力进行情况诊断。当工作负荷相对较低（如在巡航中），且时间充足时，机组人员可能会尝试诊断和修复问题。但即使诊断工作不能修复故障，所获得的信息也可以把问题变成一个有更明确对策的问题（例如，本质上是一个认知主导决策）。清晰地确定问题可以得到更具体的对策，而不是简单地将其视为紧急情况。

创造性解决问题。也许，最困难的决策类型是那些需要创造性解决问题的决策。在面对独特问题时需要这种决策方法——尚不清楚这一问题的性质，也没有处理这一问题的程序。需要进行诊断来了解问题是什么，然后，必须想出一个解决方案，来满足机组人员的目标和情境约束。这些情况往往是低概率事件，飞行设计人员和操作人员都没有料想到会出现这些情况，因此未设计应对这些情况的检查单或程序。①

在这些情况下，准确的诊断至关重要，通常包括因果推理，从结果倒推原因（Patel and Groen，1991），形成假设并进行检验。识别过程可能不适用，因为情况 不熟悉，很少有机组人员可能经历过类似的情况。

即使确定了问题的性质，有些问题也没有现成的解决办法。或许，最有名的创造性解决问题的例子是美国联合航空公司的 232 号航班（NTSB，1990），DC-10 客机因为二号发动机爆炸而导致所有液压系统失效。机长花费了大量精力进行情景意识，以确定在液压系统失效后还有哪些功能可以正常使用（Predmore，1991）。外侧两台发动机仍在工作，但飞行控制已经失效。知道了他们唯一能控制的就是发动机推力之后，机组人员认为，他们可以使用不对称推力来使飞机转弯，并在某种程度上可以使用功率水平来控制高度。

虽然美国联合航空公司 232 号航班的例子比较极端，但航空安全报告系统的报告表明，机组人员实际上确实会遇到操作手册、最低设备清单或检查单中没有的新情况。例如，一架跨国飞行的大型运输机机长报告说，在 FL310 的飞行高度，机组人员应急氧气瓶中的氧气浓度很低。公司手册中没有关于如何应对的指导，无法确定飞行中氧气耗尽的原因，也无法解决问题。法规要求驾驶舱内应备有应急氧气以防发生快速减压。下降到 1 万英尺以下就不需要应急氧气，

---

① 在与鸟群相撞和随后两台发动机停车之后，全美航空公司 1549 号航班的机组人员不得不勉强使用针对高空两台发动机动力损失的检查单。由于飞机设计师和工程师认为这种情况几乎不可能发生，因此没有制订针对低空鸟群撞机和两台发动机动力损失的检查单或程序。NTSB（2010）根据其对全美航空事件的分析，建议制订此类程序并予以实施。

但这意味着,如果因恶劣天气而改变航线,则飞机将没有足够的燃油到达目的地。机组人员没有立即着陆或改飞到附近的机场,也没有打乱乘客的旅行计划,而是想出了一个创造性的解决方案。他们下降到 FL250 的飞行高度,并且借用了空乘人员随身携带的氧气瓶(在 FL250 以上和以下飞行高度,空乘人员所需的氧气需求量不同),这一解决方案可以让他们继续飞往目的地。

这个例子很有意思,因为它阐述了对多个方案的考虑,包括提出创新方案、准确感知约束条件和明确的风险评估。在提出该解决方案的过程中,机长意识到如果他使用随身氧气瓶,在紧急情况下他将无法与空管中心联系,因为它没有麦克风。但他判断快速减压的可能性非常低,所以他选择了这个方案。另一个约束条件是燃油,机长希望节省燃油,因为由于目的地天气条件较差,可能会需要复飞或改飞到其他机场。尽早决定改飞其他机场是最保守的决定,但它不能实现将乘客及时送到目的地的目标。

上述根据情况要求和情境支持对决策进行分类的努力,是理解一些决策困难的原因、它们需要的认知努力、可能的薄弱环节和支持机组人员的杠杆点的第一步。不同类型的决策是一个由简单到复杂的连续统一体,只需要很少的认知工作就能做出相当大的成就。列出这些差异的一个原因是要认识到一个事实,即没有一种单一的决策方法可以适用于各种类型的情况。

5.3　什么因素导致决策困难?

在研究使决策变得困难和导致错误的因素之前,先要思考自然决策框架中的"决策错误"的概念。

5.3.1　决策错误: 结果与过程

在自然环境中,很难定义什么是决策错误。首先,通常将错误定义为与准确性标准的偏差(Reason, 1990)。然而,在自然工作环境中,由于不存在数学上的最优决策,因此定义"准确性"并不妥当。其次,决策过程和事件结果的联系比较松散,不利于将结果作为衡量决策质量的可能指标。系统中的冗余可以"挽救"一个糟糕的决定,使其不会受到严重后果的影响。相反,即使是最好的决策也可能无法承受决策者无法控制的一些事件,导致不良结果。最后是后见之明。菲什霍夫等人(Fischhoff, 1975; Hawkins and Hastie, 1990)指出,人们倾向于在事后用结果来定义错误,也就是说因为情况变得很糟糕而认定某个决定一定是错误的(或者因为结果是好的,就认定某个决定是好的)。但在自然环境中,分析人员不知道在面对类似情况采用这一决策过程或做出这一决策并且不会产生负面后果的概率。先前的这些决定也是"错误"的吗？

与我们的航空决策模型一致，我们采用了以下定义——决策错误是指"偏离某些标准决策过程，会增加不利结果的可能性"(Lipshitz，1997)。在自然决策中，"标准"决策过程是某一特定领域专家的集体判断，而不是将所有信息全部考虑进去，得出最优解决方案的形式上的分析过程。虽然结果本身可能不是决策质量的可靠指标，但决策者的目标或预期结果仍然很重要。在自然工作环境中，决策有助于实现行为目标，决策不是独立于更广泛的任务而独立判断的事件。

5.3.2 决策过程是怎么出错的？

在航空决策模型的两个主要组成部分中可能会出现决策错误，飞行员可能会对情况的理解有误，从而导致不恰当的决策；或者他们可能准确地了解了情况，但选择了不恰当的行动方案。在这两种情况下，他们可能没有适当地评估情况本身的风险。

1) 态势评估错误

情景意识错误分为几种类型：线索理解错误、判断错误或被忽视，导致对问题的理解错误(Endsley，1995)；风险水平评估错误(Johnston，1996；Orasanu，Fischer，and Davison，2004)；或者可用时间判断错误(Keinan，1988；Maule，1997；Orasanu and Strauch，1994)。当情况发生变化，而飞行员未更新他们的情境模型时，可能就会出现问题(Woods and Sarter，1998)。

例如，我们来看一个态势评估错误所导致飞机事故的例子，一架波音 737 的机组人员决定关闭一台发动机，遗憾的是他们关错了对象：

> 当飞机在 2.8 万英尺的高度巡航时，机组人员感觉到了一阵强烈的振动。客舱里出现了焦糊味和烟雾，机组人员认为右侧发动机出了问题(因为客舱的空调连接的是右侧发动机)。机长收右侧发动机油门，振动停止。但这只是一个巧合。事实上，左侧发动机的一个涡轮叶片断裂，导致压缩机失速。机长下令关闭右侧发动机并且开始返回机场。他再次疑惑是哪台发动机出了问题，但要先与空中交通管制中心进行沟通，并且要重新编程飞行管理计算机，他们未能核实哪里出了问题。在他们快到机场时，故障发动机彻底不工作了，两台发动机都停车，于是发生坠机。

——英国航空事故调查局(AAIB，1990)

因为线索(振动和焦糊味)支持右侧发动机有问题的解释,所以导致在确定问题时出现了错误。机组人员采取在当时的飞行中无法撤销的行动之前,未利用另一台发动机的各项指标来核实对问题的理解。

2) 易受自动化偏差的影响

自动化和自动决策辅助在很大程度上促进了准确的决策,但有时可能会导致错误的情景意识和自动化偏差,也就是说,使用自动化作为启发性方法替代警惕的信息搜索所产生的错误。依赖自动化可能会导致疏漏差错,即在自动化系统未通知某种情况时不采取适当的行动,或者会导致行动错误,即由于不恰当地遵循自动化信息或指令而导致错误行动(Mosier and Skitka, 1996; Mosier and Fischer, 2010)。之前的研究发现,专家和新手都容易受到自动化偏差的影响(Mosier et al., 1998; Skitka, Mosier, and Burdick, 1999),在时间压力下更是如此(Mosier et al., 2007);然而,最新研究发现,新手飞行员和经验丰富的飞行员对自动化偏差的易感性有所不同(De Boer, Heems, and Hurts, 2014)。德布尔(De Boer)及其同事测量了检测到发生在下降顶点,但未收到自动告警(飞机电子中央监视器上没有告警信息),而是由驾驶舱的其他指示器发出信号的系统故障所需的时间。在 35 名参与者当中,只有 4 人在 45 秒内检测到了故障,12 人在下降到最低点之前未检测到故障。整体来看,经验丰富的飞行员更不容易受到自动化偏差(累积刺激概率更低)的影响,新手飞行员的行为有较大的差异。

专家飞行员还必须注意到不要对不在他们经验范围之内的情况进行"模式识别"。1982 年 1 月,佛罗里达航空公司 90 号航班从华盛顿起飞时坠毁。飞行员以为自己认出了驾驶舱的读数,不幸的是他们并没有:

> 他们的驾驶舱录音显示,尽管油门设置与正常起飞功率一致,但机组人员确实注意到发动机功率仪表读数远远超过了正常起飞推力。飞行员并不认为读数有问题,而是明确地表明了他的判断,即在他看来,动力的明显增加一定是由于异常寒冷的天气条件造成的。换句话说,他似乎认为发动机在寒冷天气条件下的效率更高!
>
> ——根据马赫(Maher, 1989)和内格尔(Nagel, 1989)改编

3) 行动方案选择错误

行动方案选择错误也有几种类型。在基于规则的决策中,可能无法从记忆中检索到适当的对策,要么是因为不知道规则,要么是因为某些环境因素(如压

力)减弱了规则。相反,可能会应用不适当的规则,尤其是经常使用的规则,本质上是养成了习惯。在选择决策的过程中,可能不会考虑到某些可行的方案,不能使用确定各种方案适当性的约束条件来评估方案。

在一起事故中,一架支线飞机在夜航两分钟后两台发电机都停止工作,尽管掌握了相当完整的问题性质信息,但还是选择了一个不当的行动方案。尽管机组人员知道备用电池只能维持大约 30 分钟,但他们还是选择继续飞往 45 分钟航程之外的目的地机场。电气系统彻底停止工作了,随后对仪表飞行规则(IFR)飞行非常重要的飞行仪表也不工作了,因此导致了飞机坠毁(NTSB,1985)。

几年后,即使有了先进的设备和显示器,类似的决策情况依然导致一次紧急迫降并冲出跑道。美国航空公司从西雅图飞往纽约的一架波音 757 飞机配备了现代化的电子显示器,在起飞前和起飞后大约 30 分钟出现了电气问题:

> ……驾驶舱内的一些指示灯在闪烁,出现多个发动机指示与机组告警系统(EICAS)消息,包括空中/地面系统告警消息,备用电源关闭灯燃亮,自动驾驶仪断开警告响起,自动油门断开。副驾驶对照检查单将备用电源选择转到电池(BAT)位置……虽然快速检查单(QRH)并未指示机组人员改飞到附近的合适机场,但它表示蓄电池会提供大约 30 分钟的总线供电;而机长向维修部报告说蓄电池快要没电了。在咨询了公司维修专家的意见后,机组人员决定继续飞行。在飞行机组人员将备用电源选择器切换到 BAT 位置约 2 小时 24 分钟后,电池电量耗尽,多个重要的飞机系统开始出现故障……飞机改飞最近的机场奥黑尔国际机场(ORD),宣布紧急情况,飞机获准降落在 7 500 英尺长的跑道上……为避免冲出跑道,机长紧急转向离开跑道,冲入草地,飞机在草地上停了下来,八个主起落架轮胎中有七个已经爆胎或瘪气。乘客和机组人员均未受伤。
>
> ——美国国家运输安全委员会(NTSB, 2008)

核心问题是为何机组人员在知道电池只能短时间内为飞行仪器和一些控制装置供电的情况下,还要决定冒着电气故障的风险继续进行跨国飞行? 他们根据检查单掌握了所需的信息,但他们认为备用电源电量耗尽并不属于紧急情况,也不必因此紧急改飞。与前面提到的支线飞机的例子一样,机组人员根据错误的态势评估做出决定,尽管他们获得了富有经验的支持,并咨询了两名地面技术专家的意见,但他们不了解电气故障的后果。这一决定表明能够承受风险或者做了"最佳状况推理",甚至已经了解重要的信息,并且有足够的时间来进行元认知过程,质疑他们对情况的理解,并模拟继续前往目的地的决定所带来的后果。

当工作目标冲突或者没有好的选择时,可能会做出不适当的行动方案。航空公司的机长在一项关于决策困难的因素的调查中,报告了这些类型的两难决策情境(Orasanu et al.,2004)。例如,当飞机起飞时,目的地机场的天气可能符合要求,但在飞机抵达时,天气可能会变糟,低于最低气象条件;备用机场可能天气晴朗,但它可能距离比较遥远,燃油可能不充足。风险评估可能没有发现低风险方案。然后,必须考虑每种情况下的风险情况,分析机组人员坚持自己所做选择的信心。机组人员需要思考随后可能发生的情况,他们处于一个动态变化的状态,他们的设备、天气状况、他们的位置全都在随着时间变化。在这些情况下,机组人员的认知负担可能会大幅增加,因此,随着时间的推移,由于未充分更新情景意识而增加了出现错误的可能性。

4)风险评估不足

当机组人员意识到需要作出反应的威胁,但低估了可能后果的可能性或严重程度时,尤其是在情况动态变化时,可能会出现不当决策。例如,在向达拉斯机场进近准备降落时,L-1011 客机的副驾驶说,在他们的飞行路线上有一道闪电(NTSB,1986a),但机组人员飞入了这道闪电中,遭遇了风切变,随后坠毁。这起事故表明低估了风险。我们知道飞行员在飞行过程中根据几个方面的证据源进行风险管理:几家航空公司的机长在对飞行相关决策情况做出判断时,主要考虑的是潜在风险(Fischer et al.,1995)。涉及安全冲突的决策,特别是与组织目标冲突的决策,以及没有好选择可供使用的情况,都被机长列为他们遇到的最困难决策(Orasanu et al.,2004)。

目的地机场上空穿越雷暴(NWS 3 级以上)飞行的实际数据说明了可能出现的冲突。面对目的地机场的恶劣天气,飞行员倾向于(74 %的航班)在距离机场超过 25 千米的情况下改飞其他机场。然而,当航班延误超过 15 分钟时,穿越雷暴而不改飞的可能性增加到 51 %,而在准点情况下为 15 %(Rhoda and Pawlak,1999)。问题是为什么机组人员似乎能够在潜在的危险情况下承受风险。

一种可能的解释是机组人员缺乏相关经验,或未能获得在这些特定情况下适当评估风险所需的知识(Klein,1993b);另一种解释是飞行员的日常经验。如果过去遇到过类似的危险情况,而且某次特定的行动方案取得了成功,那么机组人员可能希望下次继续采用同样的对策,里森(Reason,1990)把这种现象叫作"频率赌博"。考虑到结果的不确定性,在许多情况下,他们是正确的,但并不总是正确的。霍伦贝克等人(Hollenbeck et al.,1994)发现,过去的成功会影响冒险行为。当个体熟悉情况而且更适应这种情况时,基线就会随着时间的变化而歪曲。同样,西特金(Sitkin,1992)认为,一致的积极经验并未提供情况会在什么时候变得更危险的基线。在各种实验中,特沃斯基和卡尼曼(Tversky and Kahneman,1974)发现了"乐观偏差"和"规划偏差",它们也可能导致不恰当的风险评估,或过于相信决策者应对情况的能力。

5)继续执行错误计划

美国国家运输安全委员会(NTSB,1994)对 37 起机组人员事故进行了分析,在决策错误研究中发现了一个突出问题:大约 75 % 的决策错误($n=51$)都涉及在提示需要改变行动方案的情况下仍然继续原来的飞行计划(Berman,1995)。这些情况包括在下雪天气起飞,在不稳定的进近过程中着陆,或在仪表飞行状态下继续目视飞行(O'Hare and Smitheram,1995)。最近的一些分析证实了这种错误形式,叫作"继续执行错误计划"(Berman,1995;Orasanu et al.,2002)或"继续计划偏差"(Dismukes,Berman,and Loukopoulos,2007)。

虽然不可能从事后分析中确定这些选择的原因,但我们仍要努力研究可能导致机组人员需要继续计划的因素。假设环境和认知因素都是这些类型决策错误的可能因素。在许多情况下,机组人员之所以似乎没有意识到不断变化环境中的固有风险,或者原来行动方案相关的风险,可能是因为他们没有考虑到相关信息。与这种解释一致的是在危险情况下决定改变航线的机组人员分享了更多关于问题本质的信息,而不是专注于过去的行动和程序,并坚持原来的飞行计划(Bourgeon and Navarro,2013)。

5.3.3　导致错误的环境

从事故分析中提取的与包括继续执行错误计划等不良航空决策有关的三种环境因素包括:① 信息质量差,包括动态条件不明确或不显示信息;② 组织压力;③ 环境威胁和压力因素。

1)信息质量

说明问题的线索并不总是明确的。不合理的界面设计不能提供充分的诊断信息或行动反馈,可能会导致机组人员决策错误(Woods and Sarter,1998)。例如,在英国凯格沃思的坠机事件中,未显示哪台发动机出现故障,导致机组人员错关发动机（AAIB，1990）。情况可能会逐渐恶化，而决策者的情景意识可能没有跟上（Sarter and Woods，1995），特别是自动化未灵敏检测到环境变化，显示了过时或不相关信息（Mosier et al.，2017），或者当关于显示内容的设计选择不包含基本诊断数据时（Degani，Barshi，and Shafto，2013）。模糊的线索可以有多种解释，如果没有意识到线索的模糊性，机组人员可能会对自己对情况的理解抱以自信，但实际上却是错的。

　　除了会给态势评估增加困难之外，模糊性还会间接影响决策。一名机组成员意识到情况"不对"［佛罗里达航空公司在华盛顿特区发生的那起起飞坠机事故中，第一副驾驶也是这么说的，实际上是暴雪冻住了皮托管引起的（NTSB，1982）］，但在没有明确线索的情况下，很难证明改变计划是合理的。对于会产生严重后果的决策，比如拒绝起飞或改飞，决策者可能需要非常确信有充分的改变决策的理由才会做出改变。因此，模糊性可能导致继续执行错误计划。

　　2）组织压力

　　一个重视生产力的组织可能会在无意中设置与安全相冲突的目标。正如里森（Reason，1997）在文献中写道，关于培训、维护、燃油使用、准点等方面的组织决策，可能会设置潜在冲突，破坏安全性。例如，公司会向公众报告准点率。航空公司还会向飞行员强调节约燃油、把乘客送到目的地而不改飞的重要性，无意中传达了关于安全性与生产力的混杂信息。混杂信息，无论是明确或隐含的规范和组织文化，都会造成相互冲突的动机，可能会影响飞行员的风险评估和他们的行动方案选择。

　　3）环境威胁和压力因素

　　可能影响飞行员做出有效决策的因素包括工作负荷高、时间有限、交通繁忙、天气恶劣、最后时刻更换跑道、晚点等压力因素。大量文献记录了压力对认知功能，尤其是对注意力、工作记忆能力和冒险的有害影响（Hancock and Desmond，2001；Hockey，1979）。这些因素通过对信息扫描、线索检测、假设生成和方案评估产生影响，进而影响决策。压力和疲劳也会影响机组人员的沟通，可能会干扰建立共享情境模型、更新信息、应急计划和错误捕捉（Harville et al.，2005）。

　　为数不多的一项压力和飞行员决策之间关系的研究发现，压力对依赖领域专业知识和感性认识的决策（即认知主导决策）几乎没有影响（Stokes，Kemper，and Kite，1997）。这与一个概念一致，即最困难的决策与定义不清的问题情境有关，需要整合不同来源的数据来分析问题，并提出独特的对策。

在某些飞行阶段,通常会因为工作量大、交通繁忙,而且几乎没有纠正错误的空间而引起更大程度的压力(Strauch,1997),例如在起飞阶段以及从下降顶点到着陆阶段(Flight Safety Foundation,1998)。在压力情况下,决策者通常会依赖熟悉的对策(Hockey,1979),但这些对策可能不适用于当前的情况。例如,一架四发飞机在起飞约1分钟后,机长为了解决全机的振动问题而减小了全部四台发动机的推力,这一动作导致了坠机(NTSB,1986b)。在如此接近地面的高度降低推力是不合适的,因为没有足够的时间来恢复,尽管这一行为在较高的飞行高度上可能是合适的。

其他潜在的危险状况可能允许有更多的时间来诊断问题并考虑如何处理(例如燃油泄漏,或液压、电气、通信故障)。然而,在压力情况下,人们往往表现得好像他们存在时间压力,但事实上并没有(Keinan,1988),因此过早截断了他们的情景意识。

5.3.4　决策错误中的认知因素

模糊的线索、动态变化的风险、组织压力和环境压力因素本身可能并不足以导致决策错误。然而,当决策者的认知能力受到压力时,这些因素可能会结合在一起诱发错误。

1) 缺乏专业知识

对美国国家运输安全委员会(NTSB,1994)数据库中的机组相关事故进行思考,其中几乎有一半的决策错误(51个错误中有22个)被认为是犯错(NTSB,1994)。在这些案例中,机组人员采取了未按规定或不寻常的行动,例如,试图用前面一架飞机的发动机排气来吹落自己飞机上的积雪(NTSB,1982)。这些案例可能反映了"错误的"心智模型,或者知识盲区(Van Lehn,1990)。在某些情况下,错误模型可能会带来成功,因此决策者可能对它们具有信心。

新手飞行员在做决策时处于不利地位,因为他们缺乏专家飞行员所具备的深入和完善的知识(Chi et al.,1988;Klein,1998)。这可能表现在看似不充分的情景意识或风险方案选择方面。例如,德里斯基尔等人(Driskill et al.,1998)发现,在各种飞行条件下,通用航空(GA)飞行员只有50%的情况与专家飞行员选择的"风险"一致,这可能是由于他们对风险模型的了解较少。当费舍(Fischer et al.,2003)要求通用航空飞行员和商业飞行员按照风险对飞行情境分类时,新手飞行员只关注后果的严重性,而专家飞行员则考虑了时间(我需要在多长时间内做出决策?)和可控性(我能对这种情况做些什么?)。

在几个涉及天气状况恶化的低逼真度模拟中,专家和新手的差异表现在不同经验飞行员的行为上。与经验不足的飞行员相比,经验丰富的飞行员会更早做决定,在改飞前会减少朝着恶劣天气机场飞行的路程(Wiegmann, Goh, and O'Hare, 2002),这表明由于缺乏知识或风险标准不同,初级飞行员的情景意识不足。在回忆天气信息的能力方面,也发现了专家和新手之间的差异。与经验不足的飞行员相比,经验丰富的飞行员能够记住传统的目的地天气报告(METAR)中的更多信息(O'Hare and Waite, 2012),这可能反映了他们具有更深入和更综合的知识结构。

2)基于模式的决策或习惯捕捉

具备足够的知识本身并不能避免错误。在美国国家运输安全委员会(NTSB, 1994)数据库中,一半以上的决策错误(51个错误中有29个)涉及不作为,或者未采取本该采取的措施。在这些案例中,机组人员可能被熟悉的模式所俘获,引导他们做出通常所做的行为,也就是说尽管机组人员要求并打算采取另一项行动,但还是要按照平常的计划执行。当某个习惯胜过一个清醒的目标时,它就会导致"习惯捕捉",一种"强烈但错误"的对策(Reason, 1990)。其中一些错误可能是由于不注意或未进行有意识地监控造成的。诺文斯基及其同事发现,当机组人员忙碌、疲劳或受到干扰时,就会发生习惯捕捉的情况(Nowinski et al., 2003)。更有经验的飞行员更有可能成为习惯捕捉的受害者,因为他们有强烈过的学习的习惯(Dismukes et al., 2007)。

3)领航混合生态

即使有了知识和信息,飞行员也可能不能恰当地把它们综合起来。自动化驾驶舱包含一系列复杂的仪器和显示器,它们将信息和数据分层显示,根据显示模式和飞行配置而变化。自动化方面的大多数进展都是面向决策的,确保信息可用,分析数据,提供告警,改进或整合系统和导航显示。这些系统减少了自然线索中固有的模糊性,因为它们处理来自外部环境的概率性线索,并将其显示为高度可靠和准确的信息。

电子系统的可用性和能力已经把驾驶舱变成一个复杂的混合生态环境。它们是确定性的,因为大部分不确定性已经通过技术可靠性进行了工程处理,但它们也是概率性的,因为物理和社会世界的条件(包括结构不合理问题、线索模糊、时间压力和快速变化)与电子环境的条件相互作用并相互补充(Mosier, 2002, 2008)。在混合生态中,源于物理环境的模糊概率线索,如噪声或烟雾,必须与源于机载电子确定性系统的信息相结合。而且,必须根据信息来源调整情景意识流程。自然线索可快速被感知为各种模式,可以与专家飞行员的储存经验进行匹配。然而,在电子世界中,专业知识只能提供有限的捷径,因为自动化系统具有一些固有的特点,如分层数据、多种模式和不透明的功能,甚至要求专家进行分析处理。例如,在斯特拉斯堡 A320 客机坠机事故中,飞行员以每分钟 3 300 英尺的速度下降到一座山里,在理想飞行条件下,驾驶舱内设置的飞行轨迹角为 3.3 度,看起来似乎与每分钟下降 3 300 英尺的错误飞行模式下的设置相同(Ministre de l'Equipement, des Transports et du Tourisme, 1993)。

当机组人员根据错误的系统状态心智模型做出决定和采取行动时,结果可能是灾难性的。例如,2013 年韩亚航空公司 214 号航班在旧金山发生的事故,就是由于飞行机组关于系统功能的心智模型与实际系统状态不符造成的。机组人员认为他们的自动油门正在工作,可以捕捉进近速度,然而该系统实际上处于休眠模式,并被设置在无效位置(NTSB, 2013)。席尔瓦和汉斯曼(Silva and Hansman, 2015)开发并测试了一个框架,以了解自动油门模式混乱情况下的飞行人员心智模型与实际系统状态分歧背后的机制。他们发现成功恢复取决于心智模型重新聚合的时间,机组人员需要迅速识别分歧并更新情景意识以避免事故。

5.3.5 个人和社会因素

个人压力因素包括对家庭问题、工作保障或健康问题的担忧。虽然有些飞行员在驾驶舱内可能会把这些事情抛在脑后,但有些人可能会受其影响,注意力下降,工作记忆力下降,头脑模拟能力差。这些个人因素也可能通过干扰睡眠来影响决策,而睡眠不足会对警惕性、注意力、情绪和机组人员的沟通产生负面影响(Harville et al., 2005; Hockey, 1979)。结构性问题和组织相关的目标冲突需要高水平的认知努力,这些努力可能会与其他压力因素如高工作量和威胁一起受到影响(Cannon-Bowers and Salas, 1998)。由于工作记忆能力的有限性(Hockey, 1979),会限制决策者考虑多种假设或者对各种选择的后果进行头脑模拟的能力,尤其是在自然决策方面(Wickens et al., 1993)。

社会因素可能会造成目标冲突,增加决策的难度。飞行员的感知期望可能会鼓励冒险行为,或可能诱使某人在不知道的情况下表现得好像自己知道一样。例如,一架飞机因大雾而在能见度几乎为零的情况下由于机组人员没有意识到他们的位置而停在了一条正在使用的跑道上,导致跑道相撞事故(NTSB, 1991)。机长对机场不熟悉,这是他在长时间未飞行之后的第一次无人监督飞行。副驾驶吹嘘自己了解机场,但事实上,他给机长提供了错误的滑行道信息。机长没有质疑他们的位置,而是顺势滑行过去。

根据对在阿拉斯加极端条件下飞行的飞行员的关键事件访谈,帕勒茨及其同事描述了一些可能会导致机组人员冒险(甚至继续执行错误计划)的社会现象的特点(Paletz et al.,2009)。包括如下几方面:

(1) 信息性社会影响。在跟从领导的行为中,接受从他人那里获得的信息作为实际的证据。

(2) 登门槛说服技巧。同意小的请求增加了以后同意大请求的可能性。

(3) 对异常状况习以为常。一群人逐步接受逐渐降低的安全水平。

(4) 印象管理。希望不要给自己或他人留下不好的印象。

(5) 自洽性动机。以符合自己信念的方式行事。

5.4 有效机组决策的行为特征

通过高、低逼真度飞行模拟研究,确定了与有效机组决策相关的行为(Orasanu,1994),并在实际的航线运行中,主要通过针对非技术技能的航线运行安全审计进行了验证(Flin, O'Connor, and Crichton,2008;Klinect et al.,1999;Thomas,2004)。这两种途径都提供了机组人员如何管理威胁、捕获差错,以及维持对做出良好决策至关重要的积极协调的机组互动的证据。

这些行为可以细分为派定工作技能和团队合作技能(Cannon-Bowers,Salas, and Converse,1990)。派定工作技能与自然决策研究社群确定的许多"宏观认知"功能相对应,如问题发现、意义构建、计划、适应和协调(Klein et al.,2003;Schraagen, Klein, and Hoffman,2008)。这些功能得到了一些团队过程的支持,管理注意力、保持共识并创建适应情况的心智模型、通过运行模型进行头脑模拟、管理不确定性和风险以及确定杠杆点。虽然人们可能会对各项功能与一般过程之间的区别提出异议,但在高逼真度模拟器中飞行人员应对威胁飞行场景时,已经观察到所有这些因素(Fischer, Orasanu, and Montalvo,1993;Orasanu and Fischer,1992,1997;Orasanu et al.,2002;Orasanu,1994)。

5.4.1 派定工作技能

(1) 情景意识。高效的机组人员具有警惕性,他们会监控环境中可能需要响应的威胁,并且根据运行计划监控飞行过程。他们还会收集对威胁进行分类所需的其他信息。

（2）共享情境模型。高效的机组人员会在出现威胁时建立共享情境模型。他们评估并传达威胁的性质、风险程度和可用时间。机组成员通过共享信息，共同创建了一个新情境工作模型和应对方案（Orasanu and Fischer，1992；Resnick et al.，1993；Van den Bossche et al.，2011）。这些共享情境模型以机组成员对任务、设备和机组的个人头脑模型为基础。在动态变化情况下，保持"共同基础"至关重要（Klein et al.，2005）。

（3）更新计划。高效的机组人员具有适应能力。他们可以适应动态变化的条件，并根据需要更新计划（部分原因是为了避免继续执行错误计划）。这包括制订应急计划以应对不确定情况。各种威胁可能要求更新目标，以支持威胁管理，同时维护整体计划。

（4）任务和工作负荷管理。高效的机组人员会修改任务优先级并重新分配任务来管理工作负荷。修改任务优先级或计划可以让他们"争取时间"，以确保全面的情景意识，并充分考虑到各种方案。

（5）方案评估。高效的机组人员可以预测各种方案的后果，从而决定采取的行动。他们可以敏锐地感知各种相互矛盾的目标和风险，如安全性、生产力、经济和职业后果。

（6）元认知策略。高效的机组人员深思熟虑。他们会检查他们的假设，质疑缺失的信息，考虑他们的计划可能出错的地方，消极后果的可能性有多大，以及有多严重（Cohen，Freeman，and Wolf，1996）。这些技能可能是最容易培训的技能之一（Means et al.，1993），因为各类学员，包括儿童，都学过自我调节（Brown，Armbruster，and Baker，1986；Moritz et al.，2010）。

5.4.2　团队合作能力

高效的派定工作有赖于高效的团队合作。最早观察到的与机组人员相关的航空事故的原因之一是较差的团队合作（Helmreich and Foushee，2010）。这一观察促使制订了初步的机组资源管理培训计划，并促使其发展为威胁与差错管理（TEM）计划（Helmreich，2002）。保持积极的机组氛围和相互信任对于确保所有机组成员，特别是初级成员协助问题评估和决策至关重要（Helmreich and Foushee，2010；Salas，Sims，and Burke，2005）。信任和开放是捕获差错的基础。

（1）机组的氛围。积极的机组氛围是从机长的飞行前简令开始的（Ginnett，

1993),它建立了一种开放和参与的氛围。低逼真度研究表明,高效机组的特点是全体机组成员都积极参与(Fischer, McDonnell, and Orasanu, 2007; Parke et al., 2000),持续更新情景意识,以及制订应对问题的计划和策略。

(2) 捕获差错。当差错发生时,高效机组成员能够通过指出并纠正差错(甚至通过积极主动阻止差错发生)来破坏事故链。多次事故调查指出,"监控-质疑"角色失效是事故链中的一个组成环节(NTSB, 1994)。当机长犯错时,比起其他机组成员犯错或驾驶舱之外发生的错误,更容易出现这种失效(Orasanu et al., 1998; Thomas, 2004)。

虽然初级机组成员可能不愿意质疑机长所犯下的错误,但他们更有可能通过使用某些沟通策略来有效地防止或阻止错误的发生——清楚地描述问题的性质,提出解决问题的建议,同时将决定权交给机长,并说明建议的合理性(为什么这是一个好主意)(Fischer and Orasanu, 2000)。过于直接或过于缓和(无力)的质疑都不太可能有效,因为过于直接可能会破坏机组氛围,而过于缓和则不能传达问题的严重性。有效的质疑通过在建议中使用"我们"而不是"你"或"我"来体现机组取向,例如,"我们现在需要向北转15度"(Fischer and Orasanu, 2000)。

(3) 支持策略。最后,高效的机组成员会相互监督,以防止压力、疲劳或工作负荷过重,并根据需要相互支持或重新分配任务。更高效的机组会使用补偿策略来管理疲劳或压力,如反复检查信息、状态或计划(Petrilli et al., 2006)。

5.5 通过培训使机组成员做出更好的决策

团队培训时,注重团队过程技能的方法似乎对建立强适应能力的团队合作最为有效,这是高效机组决策所必不可少的(Klein et al., 2008; Salas, Nichols, and Driskell, 2007)。加农-鲍尔斯和贝尔(Cannon-Bowers and Bell, 1997)建议将经过验证的团队过程技能作为培训目标,包括情景意识和风险评估、特定领域推理、问题解决和头脑模拟,特别关注难以察觉的线索模式。认识到结合特定领域内容的决策策略最为有效(Glaser and Bassok, 1989),这是指导美国联邦航空管理局高级资格认证计划(AQP)下飞行员机组资源管理技能与技术培训相结合的原则(美国联邦航空管理局第120-54 A号咨询通告,2006年6月23日)。

最近,对51项旨在改善若干领域团队合作和团队行为的对照研究进行了综合分析,验证了以往关于团队培训干预措施对团队合作和团队行为具有积极影响的研究发现(McEwan et al., 2017; Salas et al., 2008)。分析发现,主动学习方法,如团队成员角色扮演或分析团队行为正面和负面案例的研讨会、模拟(低或高逼真度的)和团队行为审查,明显比被动讲授方法更加有效。虽然大多数研究的重点是与行为相关的团队工作技能,但其他研究则针对团队的人际关系,如处理人际冲突或提供社会支持。分析发现,团队绩效事实上得益于人际关系培训。马克斯等人(Marks,Zaccaro,and Mathieu,2000)评论说,人际关系过程为其他过程的有效性奠定了基础,是机组资源管理培训中的一个公认组成要素(Helmreich and Foushee,2010)。

5.5.1　航空决策培训

航空业已经开发若干决策培训模型,其中一些模型为大型国际航空公司所使用。例如,DODAR 代表诊断、选择、决策、分配任务、审查(Walters,2002)。FOR-DEC 代表事实、选择、风险和收益、决策、执行、检查(Hoermann,1995)。虽然这两个模型都包括收集信息、根据预期后果决定行动和审查决定等步骤,但它们都没有像自然决策模型那样明确地利用机组人员的专业知识来识别和判断情况。两个模型都暗含了要同时权衡多个选择,最适合于时间不受限制的复杂决策。它们都不会根据限制决策策略适当性的决策情境的差异做出相应调整(即基于规则的决策、选择决策或创造性决策)。从本质上来说,这些模型仍然是与领域无关的通用方法,可被任何决策者应用于任何领域(O'Hare,2003)。

李及其同事研究了使航空决策(ADM)培训适应本章 5.2 节所述各种类型决策的作用。一项面向中国空军学员的短期航空决策(ADM)培训计划使用了两个模型,刺激、假设、选择和应对(SHOR)和发现、估计、设定安全目标、识别、执行和评估(DESIDE),在情景意识和风险管理行为方面取得了改进,但尚未在实际飞行模拟中进行检验(Li and Harris,2008)。

5.5.2　基于自然决策的培训

自然决策框架内的培训目标是帮助新手飞行员学会"像专家飞行员一样思考"(Ericsson and Charness,1997;Klein,2008)。自然决策驱动的培训强调发展特定领域快速模式识别的机会,连续考虑各种选择,使用头脑模拟来评估各种选择,以及元认知技能,以评估和纠正自己对情况的了解并制订对策(Cohen et al.,1996;Klein,2008;Means et al.,1993)。克莱因(Klein,1998)曾指出,学会像专家飞行员一样思考,有赖于掌握深层知识作为决策基础。

有一款专门支持学会像专家一样思考的工具,叫作"练打(ShadowBox)"。它最早是由纽约市消防局的大队长辛采构思出来的(Klein,Hintze,and Saab,

2013），是一种让学员在不需要专家在场的情况下"通过专家的眼睛"看世界的方法（Klein and Wright，2016）。为了应对具有挑战性的培训场景，一个领域专家小组提供了他们在不同决策点的选择排名，并说明了理由。决策点可能涉及要监控的线索、要收集的信息、要优先考虑的目标，或要选择的行动。然后，学员通过这些场景，进行自己的选择排名，并说明他们的理由。回答完问题后，学员会看到专家对相同决策问题的综合回答。这样，他们可以知道自己的答案与专家答案的相似度，他们忽视了哪些方面，以及专家的理由。提供专家反馈有助于学员了解专家的心智模型，并通过专家的眼睛"看待"场景。

ShadowBox 也可以用来培训各类团队。在完成自己的排名/原因之后，可以要求学员预测他们的队友会如何回答。同样，通过预测答案与实际答案的比较，加强相互行为的可预测性，帮助团队建立团队心智模型。

1）态势评估

自然决策框架内的培训强调情景意识技能培养，这是传统决策模型和决策培训中完全没有的内容。对于航空决策，需要快速模式识别、时间和风险评估、诊断技能和基于知识的推理。正如克莱因等人（Klein，1998；Phillips，Klein，and Sieck，2004）的建议，识别危险线索并生成适当的对策应成为一种自动技能，需要反复练习和反馈。例如，培训飞行员识别天气线索的努力已经取得一些成功（Endsley and Robertson，2000；Wiggins and O'Hare，2003）。

正如前面一节所指出的，导致决策困难的一个主要因素是不确定线索模式的含义，它可能是不完整的、模糊的或误导性的。利普希茨和施特劳斯（Lipshitz and Strauss，1997）根据专家报告开发了一个应对不确定性的框架，RAWFS 代表减少、假设推理、利弊权衡、预先阻止和压制策略。最常提到的"减少策略"是指收集更多信息以减少主要由模糊性引起的不确定性。如果不能收集到更多信息，则可以使用"假设推理策略"。它包括推断，或使用已知信息来填补信息空白，使决策者在需要时能迅速做出反应。在合理线索发生冲突，导致多种可能的解释时，使用"权衡利弊策略"。"预先阻止策略"包括承认不确定性，并在做决定时将其考虑在内，或准备用各种选择来避免或应对各种潜在的风险。"压制策略"不确定性包括否认或合理化策略。RAWFS 策略培训已应用于军事指挥控制和消防（Lipshitz et al.，2007）以及其他领域。

2）选择行动方案

自然决策框架内培训的第二个主要组成部分是选择可行的行动方案。如果是基于规则的决策或认知主导决策，通常会采取程序或检查单规定的对策。在这些情况下，飞行员需要学习的是使用自我批判技能来询问：① 他们是否正确地解释了情况？② 是否有任何理由不采用规定的行动？选择决策涉及多个选择，并非是条件-行动匹配。如同在 RAWFS 策略中一样，需要时间来考虑各种选择的利弊。头脑模拟用来依次评估每个方案是否满足机组的目标，直到确定一个可行的方案，但这个过程需要花费时间，这可能需要采取时间管理策略，如放弃不太重要的任务（Wickens and Raby，1991）或争取时间，例如，通过请求等待航线。以自然决策为基础的培训主张，在许多情况下一次产生和评估一个选择是合适的，不能同时考虑所有可能的选择，尤其是在时间压力和高风险情况下。培训结构不完善的问题最具挑战性，这时问题没有搞清楚，也没有现成的解决方案，元认知培训和使用减少不确定性的策略可能对帮助解决这些困难问题最有用。目前，正在开发新的决策辅助工具，可能有助于解决这些具有挑战性的问题（Letsky et al.，2008）。

3）元认知培训

或许最具可训练性的决策支持技能是元认知，也就是对自我认知过程的认识和监控，包括局限性。元认知包括自我检查，比如，我对情况的了解是否准确？是否有看似不合适的线索？我所看到的模式是否还有其他可能的解释？我有多少时间来解决这一问题？我是否需要更多的时间？如果我采用这种行动方案，可能会出什么问题？为什么？我是否工作负荷过重、疲劳或焦虑？我的同伴是机组成员吗？

重点是评估自己和机组对情况的了解是否充分，行动方案的相关潜在缺陷，以及管理缺陷所产生风险的方法。在采取无法挽回的行动之前，这个过程是最重要的，因为如果行动不正确，可能会带来灾难性的后果，如由于怀疑存在故障而关闭发动机（AAIB，1990）。

科恩等人（Cohen，Freeman，and Thompson，1998）开发了一个综合了认知与元认知要素（R/M）的自然决策模型。该模型描述了决策者在多种现实环境中面对不确定性和时间压力时如何做出合理决策。根据事件线索的模式检索出一个情境模板，利用当前的情境特征对该模板进行实例化（识别过程）分析，如果这个过程不能产生理解和可接受的对策，那么就会调用元认知过程，将批判与纠正结合起来。

科恩及其同事在 R/M 模型的基础上开发了一个培训项目，叫作讲故事—做检验—再评估—定计划（STEP），旨在帮助决策者合理解释不熟悉的情况，解决对事件的不一致解释（Cohen et al.，1996）。STEP 是指构思出一个"故事"，解释自己对目前情况的理解,本质上是一个因果模型。"检验"故事中的冲突,并尽可能解决这些冲突。"评估"故事所依据的假设,制订应急保护"计划"。培训的目的在于使学员能够敏锐觉察到特定领域的线索,包括时间限制、利害关系和问题熟悉程度,以及信息冲突、完整性和可靠性。

R/M强调在真实的实践条件下进行培训,以促进准确识别,而且强调经常反馈,以促进自动行为表现。实践包括明确元认知过程(即批判和纠正),这得益于团队背景。使用故意唱反调和水晶球法质疑假设,并发现情景意识和计划的弱点。桑德斯和莫瑞(Senders and Moray,1991)提到,飞行员经常需要接受"如何改变他人的想法"以及如何避免认知"封闭"方面的培训,这些培训可能会在继续执行错误计划中发挥作用。已在军事和航空背景下对STEP进行了评估(Freeman,Cohen,and Thompson,1998),结果发现可以显著提高学员处理具有挑战性的不确定问题的能力。

5.5.3 监控技术

有效的情景意识依赖于对环境的谨慎监控,包括飞机系统、天气、交通和其他对机组成员的潜在威胁。萨姆沃特等人(Sumwalt,Thomas,and Dismukes,2002)建议提供监控培训,重点关注特定薄弱领域,如下降顶点或预计会取得许可的飞行点。非关键任务应在不太关键的阶段完成。监控其他机组成员是相互支持行为的关键。

有效的监控取决于有效的工作负荷和任务管理策略。机组的整体行为取决于机长安排任务的优先顺序和职责分配的能力。各种需求可通过应急计划进行管理,但这取决于机长对可能出现问题的预测,而预测能力又取决于良好的情景意识和元认知能力。这些能力都能够在低逼真度模拟器中进行培养,模拟器可以保持对真实环境的认知逼真度。

5.5.4 沟通培训

沟通是大多数团队决策和威胁管理得以完成的媒介。正如卡拉(Kanki,2010)指出,沟通通常可以同时起到多种作用。具体作用包括传达信息、建立人际和团队关系、确定可预测行为和期望、保持对任务的关注和对形势的认识,以及作为一项管理工具。

闭环沟通是支持所有其他沟通的一个基本特征,以符合规范的对话模式来回答问题,确认命令或请求,这种模式与有效的团队行为表现有关(Kanki,Lozito,and Foushee,1989)。在标准程序的特定点上,标准化用语和角色特定话语也有助于提高沟通效率。据认为,闭环通信和标准化可以通过增加可预测性来减少认知负荷。

在不确定的动态条件下,有效和高效的沟通非常重要,因为情景意识得益于所有机组成员的贡献,特别是在时间压力下,必须更新情景意识模型。沟通的重要作用直接有助于有效决策,包括通过明确的沟通建造共享情境模型,建立一种积极的机组氛围,以及运用监控和质疑能力管理威胁和捕获差错。有效的沟通能力可以在低或高逼真度模拟环境中进行模拟和练习,并提供适当的反馈。

1)建造共享情境模型

当出现意外的动态状况时,团队成员必须进行沟通,建造一个突发状况及其应对模型:问题是什么?我们有什么计划?谁在什么时间做什么事?必须做好针对什么突发状况的计划?我们必须注意什么线索或状况?我们将要怎么做?(Orasanu and Salas,1993)只有当所有参与者有一个共同的模型,他们才能够为共同的目标做出有效的贡献,并随着情况的变化更新他们的计划。

其目的不仅仅是鼓励机组人员更多地交谈,交谈并不一定越多越好,大量的交谈会增加机组人员的工作负荷(Dismukes et al.,2007),并且可能会因为干扰其他任务而降低工作表现。需要明确讨论问题,包括问题的定义、计划、策略和相关信息。在商业航空运输飞行员的模拟飞行中,明确的问题相关交谈与有效的问题管理和机组整体行为有关(Grote et al.,2010;Orasanu,1994)。

目前的培训计划将机组资源管理与技术培训相结合,鼓励机组人员使用事先简令,确保所有成员都知道在时间紧迫的紧急情况下该怎么做,例如如何处理中断起飞。在有效的机组当中,机长通常会带头管理机组的讨论,支持情景意识和任务管理(Flin et al.,2008;Marks et al.,2000)。

2)通过简令建立一种积极的机组氛围

机长开展的简令工作有助于确保团队成员了解他们在机组工作中的角色,乐于贡献自己的力量,这对于在具有挑战性的情况下管理各种威胁非常关键(Flin et al.,2008;Ginnett,1993)。在有效的飞行前简令过程中,要做出飞行路线和燃油量的决定,并讨论如何管理风险和威胁(Cahill,McDonald,and Losa,2013)。简令设定团队氛围的基调,团队成员将会"跟从领导者",采用领导者的互动风格(Lingard et al.,2002)。近期关于团队培训研究的综合分析发现,针对团队人际关系动态,特别是管理人际冲突和提供社交支持的培训,有助于更有效的团队行为(McEwan et al.,2017)。消极的人际关系可能会妨碍团队成员对团队工作做出充分贡献。萨拉斯等人(Salas et al.,2005)指出,在支持对飞行安全至关重要的相互行为监督方面,相互信任非常重要性。

3) 监控和质疑各项威胁与差错

机组成员还必须学习适当的方法,提醒机长注意问题(在机组资源管理术语中叫作"倡导"和"主张")。

具体的做法包括在条件允许的情况下尽可能具体地指出问题,提出解决方案,并说明自己担心的原因。费舍和奥若萨鲁(Fischer and Orasanu,1999,2000)提出的策略能够最有效地纠正机组的错误,包括机组责任说明(例如"我们需要马上偏离航线")、偏好说明(例如"我认为最好向左转")以及各种提示[例如"在 25 英里的时候返回看起来很糟糕"]。此外,在实验室研究中认为,有问题或目标说明(例如"我们需要把空速提高到 V_r+15,前方有风切变")的请求比没有支持性说明的话语更有效。

5.5.5　开发精确的系统心智模型

未来的航班运行培训需要支持准确的系统模型开发,并加强飞行员对系统的了解,以确保充分的系统监控、模式感知和决策信息综合。由于飞机驾驶舱环境自动化程度更高,知识驱动的过程以及个人基础知识结构的质量都变得更加重要。决策培训需要指导并练习使用适当的技能来找到相关的数据和信息,评估自动化系统的功能和显示,并建立非常精确的关于自动化运作方式的心智模型(Mosier and Fischer,2010)。

5.6　结论:航空决策的未来

飞行员和空管员的工作在不断发展变化。驾驶舱内配置了现代化的设备,飞行员有更多的信息可以使用,所设计的信息显示设备能够支持良好的情景意识以及快速、准确的问题诊断,这是当前研究和开发工作的一个主题,提供有关风险方面的信息更加困难。新系统或许能够评判所提出计划的不足,从根本上来说是一种智能的自动元认知辅助工具。在不远的将来,技术的进步将带来角色和责任的变化,例如,随着下一代空中交通管制技术的发展,有些飞行中飞机间隔保持责任将由空中交通管制人员转移给配置适当设备飞机的飞行员和航空公司地面运营中心。到那时问题将会变成如何让具有丰富知识和适应能力但也具有弱点的机组人员和管制人员做好准备,能够管理该系统并利用它来提高他们决策的有效性。相互信任、尊重和积极的机组氛围将依然是未来自动化系统中有效机组决策的基础。

致谢

第一作者的研究得到了美国国家航空航天局(NASA)航空安全计划和美国联邦航空管理局(FAA)的支持。本章所表达的观点仅代表作者本人的观点,不代表任何联邦机构的官方看法。

参考文献

Air Accidents Investigations Branch (AAIB). (1990). *Report on the accident to Boeing 737 - 400 G -OBME near Kegworth, Leicestershire on 8 January, 1989. (Aircraft Accident Report 4/90)*. London: HMSO.

Berman, B. (1995). Flight crew errors and the contexts in which they occurred: 37 major US air carrier accidents. In *Proceedings of the 8th international symposium on aviation psychology*. Ohio State University: Columbus, OH, pp. 1291 - 1294.

Billings, C. E. (1991). *Human-centered aircraft automation: A concept and guidelines*. (*Tech. Mem. No. 103885*). Moffett Field, CA: NASA-Ames Research Center.

Bourgeon, V., & Navarro, C. (2013). Communication and flexibility in aircrews facing unexpected and risky situations. *International Journal of Aviation Psychology, 23,* 289 - 305.

Brown, A. L., Armbruster, B. B., & Baker, L. (1986). The role of metacognition in reading and studying. In J. Orasanu (Ed.), *Reading comprehension: From research to practice* (pp. 49 - 76). Hillsdale, NJ: Erlbaum.

Burian, B. K., Barshi, I., & Dismukes, K. (2005). *The challenge of aviation emergency and abnormal situations, NASA Technical Memorandum 2005 -213462*. Moffett Field, CA: National Aeronautics and Space Administration.

Cahill, J., McDonald, N., & Losa, G. (2013). Understanding and improving flight crew performance of the preflight, flight planning, and briefing task. *International Journal of Aviation Psychology, 23,* 27 - 48.

Cannon-Bowers, J., & Bell, H. H. (1997). Training decision makers for complex environments: Implications of the Naturalistic Decision Making perspective. In C. E. Zsambok, & G. Klein (Eds.), *Naturalistic decision making* (pp. 99 - 110). Mahwah, NJ: Lawrence Erlbaum Associates.

Cannon-Bowers, J. A., & Salas, E. (1998). Individual and team decision making under stress: Theoretical underpinnings. In J. A. Cannon-Bowers, & E. Salas (Eds.), *Making decisions under stress* (pp. 17 - 38). Washington, DC: American Psychological Association.

Cannon-Bowers, J. A., Salas, E., & Converse, S. (1990). Cognitive psychology and team training: Training shared mental models of complex systems. *Human Factors Society*

Bulletin, *33*(12), 1-4.

Cannon-Bowers, J. A., Salas, E., & Pruitt, J. S. (1996). Establishing the boundaries of a paradigm for decision research. *Human Factors*, *38*, 193-205.

Chamberlin, R. W. (1991). *Rejected takeoffs: Causes, problems, and consequences. Proceedings of the sixth international symposium on aviation psychology* (pp. 993-998). Columbus, OH: The Ohio State University.

Chase, W. G., & Simon, H. A. (1973). Perception in chess. *Cognitive Psychology*, *4*, 55-81.

Chi, M. T. H., Glaser, R., & Farr, M. J. (1988). *The nature of expertise*. Hillsdale, NJ: Erlbaum.

Cohen, M. S., Freeman, J. T., & Thompson, B. (1998). Critical thinking skills in tactical decision making: A model and a training strategy. In J. A. Cannon-Bowers, & E. Salas (Eds.), *Making decisions under stress: Implications for individual and team training* (pp. 155-190). Washington, DC: APA.

Cohen, M. S., Freeman, J. T., & Wolf, S. (1996). Metacognition in time-stressed decision making: Recognizing, critiquing, and correcting. *Human Factors*, 38(2), 206-219.

Comision de Accidentes. (1978). *Colision aeronaves, Boeing 747 PH - BUF de KLM y Boeing 747 N 736 PA de Panam en Los Rodeos (Tenerife), el 27 de Mßarzo de 1977.* Madrid: Ministerio de Transportes y Comunicaciones, Subsecretaria de Aviacion Civil.

Dawes, R. M. (1988). *Rational choice in an uncertain world*. New York: Harcourt Brace Jovanovich.

Degani, A., Barshi, I., & Shafto, J. G. (2013). Information organization in the airline cockpit. *Journal of Cognitive Engineering and Decision Making*, *7*, 330-352.

de Boer, R. J., Heems, W., & Hurts, K. (2014). The duration of automation bias in a realistic setting. *International Journal of Aviation Psychology*, *24*, 287-299.

Dismukes, R. K., Berman, B. A., & Loukopoulos, L. D. (2007). *The limits of expertise: Rethinking pilot error and the causes of airline accidents*. Aldershot, England: Ashgate Publishing.

Driskill, W. E., Weissmuller, J. J., Quebe, J. C., Hand, D. K., & Hunter, D. R. (1998). *Evaluating the decision-making skills of general aviation pilots* (*Final Report, DOT/FAA7 AM - 98/7*). Washington, DC: U. S. Dept. of Transportation, Federal Aviation Administration.

Endsley, M. R. (1995). Toward a theory of situation awareness. *Human Factors*, *37*.

Endsley, M. R., & Robertson, M. M. (2000). Training for situation awareness in individuals and teams. In M. R. Endsley, & D. J. Garland (Eds.), *Situation awareness analysis and measurement* (pp. 349-366). Mahwah, NJ: Lawrence Erlbaum Associates.

Ericsson, K. A., & Charness, N. (1997). Cognitive and developmental factors in expert performance. In P. J. Feltovich, K. M. Ford, & R. R. Hoffman (Eds.), *Expertise in context: Human and machine* (pp. 3-41). Cambridge, MA: MIT Press.

Ericsson, K. A., & Smith, J. (1991). Prospects and limits of the empirical study of expertise: An introduction. In K. A. Ericsson, & J. Smith (Eds.), *Toward a general theory of expertise: Prospects and limits*. Cambridge, MA: Cambridge University Press.

Fischer, U., & Orasanu, J. (1999). Say it again, Sam! Effective communication strategies to mitigate pilot error. In R. S. Jensen, & L. A. Rakovan (Eds.), *Proceedings of the 10th international symposium on aviation psychology* (pp. 362 - 366). Columbus, OH: Ohio State University.

Fischer, U., Davison, J., & Orasanu, J. (2003). What makes flight situations risky? Examining commercial and general aviation pilots' concepts of risk. In *Proceedings of the 12th International Symposium on Aviation Psychology*. Lawrence Erlbaum Associates.

Fischer, U., McDonnell, L., & Orasanu, J. (2007). Linguistic correlates of team performance: Toward a tool for monitoring team functioning during space missions. *Aviation, Space, and Environmental Medicine*, 78(5), B86 - B95, II.

Fischer, U., & Orasanu, J. (2000). *Error-challenging strategies: Their role in preventing and correcting errors. Proceedings of the 44th annual meeting of the human factors and ergonomics society* (pp. 30 - 33). Santa Monica, CA: HFES.

Fischer, U., & Orasanu, J. (2001). *Do you see what I see? Effects of crew position on interpretation of flight problems*. NASA Technical Memorandum (2002 - 209612).

Fischer, U., Orasanu, J., & Montalvo, M. (1993). Efficient decision strategies on the flight deck. In R. Jensen (Ed.), *Proceedings of the 7th symposium on aviation psychology* (pp. 238 - 243), April 1993, Columbus, OH.

Fischer, U., Orasanu, J., & Wich, M. (1995). *Expert pilots' perceptions of problem situations. Proceedings of the eighth international symposium on aviation psychology* (pp. 777 - 782). Columbus, OH: Ohio State University Press.

Fischhoff, B. (1975). Hindsight/= foresight: The effect of outcome knowledge on judgment under uncertainty. *Journal of Experimental Psychology: Human Perception and Performance*, 1, 288 - 299.

Flanagan, J. C. (1954). The critical incident technique. *Psychological Bulletin*, 51, 327 - 358.

Flight Safety Foundation. (1998). Approach and Landing Accident Reduction (ALAR) Tool KitUpdate (cd). Available from https://flightsafety. org/toolkits-resources/past-safety-initia-tives/approach-and-landing-accident-reduction-alar/alar-tool-kit-update-cd/.

Flin, R., O'Connor, P., & Crichton, M. (2008). *Safety at the sharp end: A guide to non-technical skills*. Farnham: Ashgate.

Freeman, J. T., Cohen, M. S., & Thompson, B. (1998). Time-stressed decision making in the cockpit. In *Americas conference on information systems (AMCIS) 1998 proceedings*, Vol. 85. Available from http://aisel. aisnet. org/amcis1998/85.

Ginnett, R. C. (1993). Crew as groups: Their formation and their leadership. In E. Weiner, B. Kanki, & R. Helmreich (Eds.), *Cockpit resource management* (pp. 71 -

98). San Diego, CA: Academic Press.

Glaser, R. , & Bassok, M. (1989). Learning theory and the study of instruction. *Annual Review of Psychology*, *40*, 631 - 666.

Grote, G. , Kolbe, M. , Zala-Mezo, E. , Bienefeld-Seall, N. , & Kunzle, B. (2010). Adaptive coordination and heedfulness make better cockpit crews. *Ergonomics*, 53(2), 211 - 228.

Hammond, K. R. , Hamm, R. M. , Grassia, J. , & Pearson, T. (1987). Direct comparison of the efficacy of intuitive and analytical cognition in expert judgment. *Proceedings of IEEE Transactions on Systems*, *Man*, *and Cybernetics*, *SMC - 17*, 753 - 770.

Hancock, P. A. , & Desmond, P. A. (2001). *Stress, workload and fatigue*. Mahwah, NJ: Erlbaum.

Harville, D. , Lopez, N. , Elliott, L. , & Barnes, C. (2005). *Team communication and performance during sustained working conditions*. Air Force Research Laboratory, Report ♯AFRL - HE - BR - TR - 2005 - 0085, May, 2005.

Hawkins, S. A. , & Hastie, R. (1990). Hindsight: Biased judgments of past events. *Psychological Bulletin*, *107*, 311 - 327.

Helmreich R. L. (2002). Threat and error management: 6th generation CRM training. In *Proceedings of the first TEM workshop* (ICAO) (pp. 1 - 14). San Salvador, El Salvador, April 30, 2002.

Helmreich, R. L. , & Foushee, H. C. (2010). Why CRM? Empirical and theoretical bases of human factors training. In B. G. Kanki, R. L. Helmreich, & J. Anca (Eds.), *Crew resource management* (2nd ed. , pp. 3 - 57). San Diego: Academic Press.

Helmreich, R. L. , Klinect, J. R. , & Wilhelm, J. A. (1999). Models of threat, error and CRM in flight operations. In R. S. Jensen (Ed.), *Proceedings of the tenth international symposium on aviation psychology* (pp. 677 - 682). Columbus, OH: Ohio State University.

Helmreich, R. L. , Klinect, J. R. , & Wilhelm, J. A. (2001). *System safety and threat and error management: The line operational safety audit* (LOSA). 11th International symposium on aviation psychology. Columbus, OH: Ohio State University.

Hockey, G. R. L. (1979). Stress and the cognitive components of skilled performance. In V. Hamilton, & D. M. Warbuton (Eds.), *Human stress and cognition: An informationprocessing approach*. Chichester: Wiley.

Hoermann, H. J. (1995). FOR - DEC—A prescriptive model for aeronautical decision making. *Human Factors in Aviation Operations*, 17 - 23.

Hoffman, R. R. , Crandall, B. W. , & Shadbolt, N. R. (1998). Use of the critical decision method to elicit expert knowledge: A case study in cognitive task analysis methodology. *Human Factors*, 40(2), 254 - 276.

Hogarth, R. M. (1987). *Judgement and choice: The psychology of decision*. New York: Wiley.

Hollenbeck, J. , Ilgen, D. , Phillips, J. , & Hedlund, J. (1994). Decision risk in dynamic two-stage contexts: Beyond the status-quo. *Journal of Applied Psychology*, 79(4),

592 – 598.

Hutchins, E. (1995). *Cognition in the wild*. Cambridge, MA: MIT Press.

Johnston, N. (1996). Managing risk in flight operations. In B. J. Hayward, & A. R. Lowe (Eds.), *Applied aviation psychology: Achievement, change and challenge* (pp. 1 – 19). Brookfield, VT: Ashgate.

Kahneman, D. (2011). *Thinking fast and slow*. New York: Farrar, Straus and Giroux.

Kanki, B. G. (2010). Communication and crew resource management. In B. G. Kanki, R. Helmreich, & J. Anca (Eds.), *Crew resource management* (2nd ed., pp. 111 – 145). San Diego, CA: Academic Press.

Kanki, B. G., Lozito, S., & Foushee, H. C. (1989). Communication indices of crew coordination. *Aviation, Space, and Environmental Medicine*, *60*, 56 – 60.

Keinan, G. (1988). Training for dangerous task performance: The effects of expectations and feedback. *Journal of Applied Social Psychology*, 18(4, Pt 2), 355 – 373.

Klein, C., Salas, E., Diaz Granados, D., Burke, C. S., Stagl, K. C., Goodwin, G. F., et al. (2008). Do team training interventions enhance valued team outcomes? A meta-analytic initiative. In *Paper presented at the 23rd annual conference of the Society for Industrial and Organizational Psychology*, San Francisco, CA.

Klein, G. (1993b). Sources of error in naturalistic decision making. In *Proceedings of the human factors and ergonomics society 37th annual meeting* (pp. 368 – 371). HFES: Santa Monica.

Klein, G. (1998). *Sources of power: How people make decisions*. Cambridge: MIT Press.

Klein, G. (2008). Naturalistic decision making. *Human Factors*, *50*, 456 – 460.

Klein, G., Feltovich, P. J., Bradshaw, J. M., & Woods, D. D. (2005). Common ground and coordination in joint activity. In W. R. Rouse, & K. B. Boff (Eds.), *Organizational simulation*. New York: Wiley.

Klein, G., Hintze, N. & Saab, D. (2013). Thinking inside the box: The ShadowBox method for cognitive skill development. In *Proceedings of the 11th International Conference on Naturalistic Decision Making* (*NDM2013*). Paris: Arpege Science Publishing.

Klein, G., Orasanu, J., Calderwood, R., & Zsambok, C. E. (Eds.), (1993). *Decision making in action: Models and methods*. Norwood, NJ: Ablex.

Klein, G., Ross, K. G., Moon, B. M., Klein, D. E., Hoffman, R. R., & Hollnagel, E. (2003). Macrocognition. *IEEE Intelligent Systems*, *18*, 81 – 85.

Klein, G., & Wright, C. (2016). Macrocognition: From theory to toolbox. *Frontiers in Psychology*, *7*, Article 54.

Klein, G. A. (1989). Recognition-primed decisions. In W. B. Rouse (Ed.), *Advances in man-machine system research* (Vol. 5, pp. 47 – 92). Greenwich, CT: JAI Press.

Klein, G. A. (1993a). A recognition-primed decision (RPD) model of rapid decision making. In G. Klein, J. Orasanu, R. Calderwood, & C. Zsambok (Eds.), *Decision making in action: Models and methods* (pp. 138 – 147). Norwood, NJ: Ablex.

Klein, G. A., Calderwood, R., & Clinton-Cirocco, A. (1986). *Rapid decision making on the fire ground*,. *Proceedings of the human factors and ergonomics society annual meting* (Vol 30, pp. 576 – 580). Dayton, OH: Sage Publications.

Klinect, J. R., Wilhelm, J. A., & Helmreich, R. L. (1999). *Threat and error management: Data from line operations safety audits. Tenth International Symposium on Aviation Psychology* (pp. 683 – 688). Columbus, OH: The Ohio State University.

Larkin, J., McDermott, J., Simon, D. P., & Simon, H. A. (1980). Expert and novice performance in solving physics problems. *Science*, *20*, 1335 – 1342.

Letsky, M. P., Warner, N. W., Fiore, S. M., & Smith, C. A. P. (Eds.), (2008). *Macrocognition in teams: Theories and methodologies.* Aldershot, Hampshire: Ashgate Publishing, Ltd.

Li, W.-C., & Harris, D. (2008). The evaluation of the effect of a short aeronautical decisionmaking training program for military pilots. *The International Journal of Aviation Psychology*, 18(2), 135 – 152.

Lingard, L., Reznick, R., Espin, S., Regehr, G., & DeVito, I. (2002). Team communications in the operating room: Talk patterns, sites of tension, and the implications for novices. *Acadamic Medicine*, *77*, 232 – 237.

Lipshitz, R. (1997). Naturalistic decision making perspectives on decision errors. In C. Zsambok, & G. Klein (Eds.), *Naturalistic decision making.* (pp. 151 – 162). Mahwah, NJ: Erlbaum.

Lipshitz, R., Klein, G., Orasanu, J., & Salas, E. (2001). Taking stock of naturalistic decision making. *Journal of Behavioral Decision Making*, *14*, 331 – 352.

Lipshitz, R., Omodei, M., McClellan, J., & Wearing, A. (2007). What's burning? The RAWFS heuristic on the fire ground. In R. R. Hoffman (Ed.), *Expertise out of context: proceedings of the sixth international conference on naturalistic decision making* (pp. 97 – 111). New York, NY: Erlbaum.

Lipshitz, R., & Strauss, O. (1997). Coping with uncertainty: A naturalistic decision making analysis. *Organizational Behavior and Human Decision Processes*, *66*, 149 – 163.

Maher, J. W. (1989). Beyond CRM to decisional heuristics: An airline generated model to examine accidents and incidents caused by crew errors in deciding. In R. S. Jensen (Ed.), *Proceedings of the 5th international symposium on aviation psychology*, Columbus, OH.

Marks, M. A., Zaccaro, S. J., & Mathieu, J. E. (2000). Performance implications of leader briefings and team-interaction training for team adaptation to novel environments. *Journal of Applied Psychology*, *85*(6), 971 – 986.

Martin, L., Davison, J., & Orasanu, J. (1999). Identifying error-inducing contexts in aviation. In *SAE conference*, San Francisco, CA, October, 1999.

Maule, A. J. (1997). Strategies for adapting to time pressure. In R. Flin, E. Salas, M. Strub, & L. Martin (Eds.), *Decision making under stress: Emerging themes and applications* (pp. 271 – 279). Aldershot: Ashgate.

McEwan, D., Ruissen, G. R., Eys, M. A., Zumbo, B. D., & Beauchamp, M. R.

(2017). The effectiveness of teamwork training on teamwork behaviors and team performance: A systematic review and meta-analysis of controlled interventions. *PLoS One*, 12 (1), e0169604. Available from https://doi. org/10. 1371/journal. pone. 0169604.

Means, B. , Salas, E. , Crandall, B. , & Jacobs, T. O. (1993). Training decision makers for the real world. In G. Klein, J. Orasanu, R. Calderwood, & C. E. Zsambok (Eds.), *Decision making in action: Models and methods* (pp. 51 – 99). Norwood, NJ: Ablex.

Militello, L. , Wong, W. , Kirschenbaum, S. , & Patterson, E. (2011). Systematizing discovery in cognitive task analysis. In K. L. Mosier, & U. M. Fischer (Eds.), *Informed by knowledge: Expert performance in complex situations*. New York, NY: Taylor & Francis.

Ministre de l'Equipement, des Transports et du Tourisme. (1993). *Rapport de la Commission d'Enquete sur l'Accident survenu le 20 Janvier 1992 pres du Mont Saite Odile a l/Airbus A320 Immatricule F –GGED Exploite par la Compagnie Air Inter*. Paris: Author.

Moritz, S. , Kerstan, A. , Veckenstedt, R. , Randjbar, S. , Vitzthum, R. , Schmidt, C. , ... Woodward. (2010). Further evidence for the effectiveness of a metacognitive group training in schizophrenia. *Behaviour Research and Therapy*. Available from https://doi. org/10. 1016/j. brat. 2010. 11. 010.

Mosier, K. , Fischer, U. , Burian, B. , & Kochan, J. (2017). *Autonomous, context-sensitive, task management systems and decision support tools I: Contextual constraints and information sources*. NASA/TM – 2017 – 219565. NASA Ames Research Center.

Mosier, K. , Fischer, U. , Hoffman, R. , & Klein, G. (in press). Expert professional judgments and "Naturalistic Decision Making." In K. A. Ericcson, R. Hoffman, A. Kozbelt, & M. Williams (Eds.), *The Cambridge handbook of expertise and expert performance*. Cambridge University Press.

Mosier, K. , Sethi, N. , McCauley, S. , Khoo, L. , & Orasanu, J. (2007). What you don't know can hurt you: Factors impacting diagnosis in the automated cockpit. Human Factors, 49, 300 – 310.

Mosier, K. L. (2002). Automation and cognition: Maintaining coherence in the electronic cockpit. In E. Salas (Ed.), Advances in human performance and cognitive engineering research, volume 2 (pp. 93 – 121). Elsevier Science Ltd.

Mosier, K. L. (2008). Technology and "naturalistic" decision making: Myths and realities. In J. M. C. Schraagen, L. Militello, T. Ormerod, & R. Lipshitz (Eds.), Naturalistic decision making and macrocognition. Aldershot: Ashgate Publishing Limited.

Mosier, K. L. , & Fischer, U. M. (2010). Judgment and decision making by individuals and teams: Issues, models and applications. In D. Harris (Ed.), Reviews of human factors, Volume 6 (pp. 198 – 256). Santa Monica, CA: Human Factors and Ergonomics Society.

Mosier, K. L. , & Skitka, L. J. (1996). Humans and automation: Made for each other? In R. Parasuraman, & M. Mouloua (Eds.), Automation and human performance: Theory and applications (pp. 201 – 220). NJ: Erlbaum.

Mosier, K. L., Skitka, L. J., Heers, S., & Burdick, M. D. (1998). Automation bias: Decision making and performance in high-tech cockpits. International Journal of Aviation Psychology, 8, 47 – 63.

Nagel, D. C. (1989). Human error in aviation operations. In E. L. Wiener, & D. C. Nagel (Eds.), Human factors in aviation (pp. 263 – 304). NY: Academic Press.

National Transportation Safety Board. (1982). Aircraft accident report: Air Florida, Inc., Boeing 737 – 222, N62AF, Collision with 14th Street Bridge near Washington National Airport, Washington, DC, January 13, 1982 (NTSB/AAR – 82 – 8). Washington, DC: NTSB.

National Transportation Safety Board. (1985). Aircraft accident report: Air Illinois Hawker Siddley, HS 748 – 2A, N748LL, near Pinckneyville, Illinois, October 11, 1983 (NTSBAAR 85/03). Washington, DC: NTSB.

National Transportation Safety Board. (1986a). Aircraft accident report: Delta Air Lines, Inc., Lockheed L – 1011 – 385 – 1, N726DA, Dallas/Fort Worth International Airport, Texas, August 2, 1985 (NTSB – AAR – 86/05). Washington, DC: NTSB.

National Transportation Safety Board. (1986b). Aircraft accident report: Galaxy Airlines, Inc., Lockheed Electra-L – 188C, N5532, Reno, Nevada, January 21, 1985 (NTSB AAR – 86 – 01). Washington, DC: NTSB.

National Transportation Safety Board. (1990). Aircraft accident report: United Airlines Flight 232, McDonnell Douglas DC – 10 – 10, Sioux Gateway Airport, Sioux City, Iowa, July 19, 1989 (NTSB/AAR – 91 – 02). Washington, DC: NTSB.

National Transportation Safety Board. (1991). Aircraft accident report: NW Airlines, Inc., Flights 1482 and 299 runway incursion and collision, Detroit Metropolitan-Wayne County Airport, Romulus, Michigan, December 3, 1990 (NTSB AAR 91/05). Washington, DC: NTSB.

National Transportation Safety Board. (1994). A review of flight crew-involved, major accidents of U. S. Air Carriers, 1978 through 1990 (PB94 – 917001, NTSB/SS – 94/01). Washington, DC: NTSB.

National Transportation Safety Board. (2008). CHI08IA292.

National Transportation Safety Board. (2010). Loss of thrust in both engines after encountering a flock of birds and subsequent ditching on the Hudson River, US Airways Flight 1549, Airbus A320 – 214, N106US, Weehawken, New Jersey, January 15, 2009. Aircraft Accident Report NTSB/AAR – 10/03. Washington, DC.

National Transportation Safety Board. (2013). Descent below visual glidepath and impact with Seawall, Asiana Airlines Flight 214, Boeing 777 – 200ER, HL7742, San Francisco, CA, July6, 2013. Washington, DC: Author.

Nowinski, J. L., Holbrook, J. B., & Dismukes, R. K. (2003), Human memory and cockpit operations: an ASRS study. In Proceedings of the international symposium on aviation psychology.

O'Hare, D., & Smitheram, T. (1995). "Pressing on" into deteriorating conditions: An application of behavioral decision theory to pilot decision making. International Journal of Aviation Psychology, 5(4), 351 - 370.

Orasanu, J. (1994). Shared problem models and flight crew performance. In N. Johnston, N. McDonald, & R. Fuller (Eds.), Aviation psychology in practice. (pp. 255 - 285). Aldershot, UK: Ashgate.

Orasanu, J. (1997). Stress and naturalistic decision making: Strengthening the weak links. In R. Flin, E. Salas, M. Strub, & L. Martin (Eds.), Decision making under stress: Emerging themes and applications (pp. 43 - 66). Aldershot, UK: Ashgate Publishing.

Orasanu, J. (2010). Decision-making in the cockpit. In B. G. Kanki, R. L. Helmreich, & J. Anca (Eds.), Cockpit resource management (2nd ed., pp. 147 - 179). San Diego, CA: Academic Press.

Orasanu, J., & Connolly, T. (1993). The reinvention of decision making. In G. A. Klein, J. Orasanu, R. Calderwood, & C. E. Zsambok (Eds.), Decision making in action: Models and methods (pp. 3 - 20). Norwood, NJ: Ablex Publishers.

Orasanu, J., & Fischer, U. (1992). Team cognition in the cockpit: Linguistic control of shared problem solving. Proceedings of the 14th annual conference of the cognitive science society (pp. 272 - 277). Erlbaum. Columbus, OH: The Ohio State University: Hillsdale, NJ.

Orasanu, J., & Fischer, U. (1997). Finding decisions in natural environments: The view from the cockpit. In C. Zsambok, & G. Klein (Eds.), Naturalistic decision making (pp. 343 - 357). Mahwah, NJ: Erlbaum.

Orasanu, J., Fischer, U., & Davison, J. (2004). Risk perception and risk management in aviation. In R. Dietrich, & K. Jochum (Eds.), Teaming up: Components of safety under high risk. (pp. 93 - 116). Aldershot: Ashgate.

Orasanu, J., Fischer, U., McDonnell, L. K., Davison, J., Haars, K. E., Villeda, E., et al. (1998). How do flight crews detect and prevent errors? Findings from a flight simulation study. Proceedings of the human factors and ergonomics society 42nd annual meeting (pp. 191 - 195). Santa Monica, CA: Human Factors and Ergonomics Society.

Orasanu, J., & Salas, E. (1993). Team decision making in complex environments. In G. A. Klein, J. Orasanu, R. Calderwood, & C. E. Zsambok (Eds.), Decision making in action: Models and methods (pp. 327 - 345). Norwood, NJ: Ablex Publishers.

Orasanu, J., Martin, L., & Davison, J. (2002). Cognitive and contextual factors in aviation accidents. In E. Salas, & G. Klein (Eds.), Naturalistic decision making. (pp. 343 - 358). Mahwah, NJ: Lawrence Erlbaum.

Orasanu, J., & Strauch, B. (1994). Temporal factors in aviation decision making. In L. Smith (Ed.), Proceedings of the human factors and ergonomics society 38th annual meeting (Vol. 2, pp. 935 - 939). Santa Monica, CA: Human Factors and Ergonomics Society.

O'Hare, D. (2003). Aeronautical decision making: Metaphors, models, and methods. In P. S. Tsang, & M. A. Vidulich (Eds.), Principles and practice of aviation psychology: Human factors in transportation (pp. 201 - 237). New Jersey: Lawrence Erlbaum.

O'Hare, D. , & Waite, A. (2012). Effects of pilot experience on recall of information from graphical weather displays. International Journal of Aviation Psychology, 22, 1 – 17.

Paletz, S. B. F. , Bearman, C. , Orasanu, J. , & Holbrook, J. (2009). Socializing the human factors analysis and classification system: Incorporating social psychological phenomena into a human factors error classification system. Human Factors, 51 (4), 435.

Parke, B. , Kanki, B. , Nord, K. , & Bianchi, A. (2000). Crew climate and performance: Use of group diagrams based on behavioral ratings. In 44th IEA2000/HFES 2000 Congress (pp. 3149 – 3152). San Diego.

Patel, V. L. , & Groen, G. J. (1991). The general and specific nature of expertise: A critical look. In K. A. Ericsson, & J. Smith (Eds.), Toward a general theory of expertise: Prospects and limits. (pp. 93 – 125). Cambridge, MA: Cambridge University Press.

Petrilli, R. M. , Roach, G. D. , Dawson, D. , & Lamond, N. (2006). The sleep, subjective fatigue, and sustained attention of commercial airline pilots during an international pattern. Chronobiology International, 23, 1357 – 1362.

Phillips, J. K. , Klein, G. , & Sieck, W. R. (2004). Expertise in judgment and decision making: A case for training intuitive decision skills. In D. J. Koehler, & N. Harvey (Eds.), Blackwell handbook of judgment and decision making. (pp. 306 – 315). Oxford: Blackwell Publishing, LTD.

Predmore, S. C. (1991). Micro-coding of communications in accident analyses: Crew coordination in United 811 and United 232. Proceedings of the sixth international symposium on aviation psychology (pp. 350 – 355). Columbus, OH: The Ohio State University.

Rasmussen, J. (1985). The role of hierarchical knowledge representation in decision making and system management. IEEE Transactions on Systems, Man, and Cybernetics, 15 (2), 234 – 243.

Rasmussen, J. (1993). Deciding and doing: Decision making in natural context. In G. Klein, J. Orasanu, R. Calderwood, & C. Zsambok (Eds.), Decision making in action: Models and methods. Norwood, NJ: Ablex.

Reason, J. (1990). Human error. Cambridge, UK: Cambridge University Press.

Reason, J. (1997). Managing the risks of organizational accidents. Brookfield, VT: Ashgate.

Resnick, L. B. , Salmon, M. , Zeith, C. M. , Wathen, S. H. , & Holowchak, M. (1993). Reasoning in conversation. Cognition and Instruction, 11(3 & 4), 347 – 364.

Rhoda, D. A. , & Pawlak, M. L. (1999). An assessment of thunderstorm penetrations and deviations by commercial aircraft in the terminal area. Project Report # NASA/A2 to NASA Ames Research Center, Moffett Field, CA.

Salas, E. , Diaz Granados, D. , Klein, C. , Burke, C. S. , Stagl, K. C. , Goodwin, G. F. , & Halpin, S. M. (2008). Does team training improve team performance? A meta-analysis. Human Factors, 50(6), 903 – 933, December.

Salas, E. , Nichols, D. R. , & Driskell, J. E. (2007). Testing three team training strategies in intact teams: A meta-analysis. Small Group Research, 38, 471 – 488.

Salas, E. , Sims, D. E. , & Burke, C. S. (2005). Is there a "big five" in teamwork? Small Group Research, 36(5), 555 – 599.

Sarter, N. B. , & Woods, D. D. (1995). How in the world did we ever get into that mode? Mode error and awareness in supervisory control. Human Factors, 37(1), 5 – 19.

Schraagen, J. M. , Klein, G. , & Hoffman, R. R. (2008). Macrocognition framework of naturalistic decision making. In J. M. C. Schraagen, L. Militello, T. Ormerod, & R. Lipshitz (Eds.), Naturalistic decision making and macrocognition. (pp. 3 – 25). Aldershot: Ashgate Publishing Limited.

Senders, J. W. , & Moray, N. P. (1991). Human error: Cause, prediction, and reduction. Hillsdale, NJ: Lawrence Erlbaum Assoc.

Shappell, S. & Wiegmann, D. (2004). HFACS analysis of military and civilian aviation accidents: A North American comparison. In Paper presented at the International Society of Air Safety Investigators, Queensland, Australia, November 2004.

Silva, S. , & Hansman, J. (2015). Divergence between flight crew mental model and aircraft system state in auto-throttle mode confusion accident and incident cases. Journal of Cognitive Engineering and Decision Making, 9, 312 – 328.

Simon, H. (1991). Bounded rationality and organizational learning. Organization Science, 2 (1), 125 – 134.

Sitkin, S. (1992). Learning through failure: The strategy of small losses. Research in Organizational Behavior, 14, 231 – 266.

Skitka, L. J. , Mosier, K. L. , & Burdick, M. (1999). Does automation bias decision making? International Journal of Human-Computer Studies, 50, 991 – 1006.

Slovic, P. (1987). Perception of Risk. Science, 236(17 April), 280 – 285.

Stokes, A. F. , Kemper, K. , & Kite, K. (1997). Aeronautical decision making, cue recognition, and expertise under time pressure. In C. E. Zsambok, & G. Klein (Eds.), Naturalistic decision making (pp. 183 – 196). Mahwah, NJ: Erlbaum.

Strauch, B. (1997). Automation and decision making — Lessons from the Cali accident. Proceedings of the human factors and ergonomics society 41st annual meeting (pp. 195 – 199). Santa Monica, CA: Human Factors and Ergonomics Society.

Sumwalt, R. L. , Thomas, R. J. , & Dismukes, R. K. , 2002. Enhancing flight crew monitoring skills can increase flight safety. In Proceedings of the 55th international air safety seminar, Dublin, Ireland, November 4 – 7, 2002.

Thomas, M. J. W. (2004). Predictors of threat and error management: Identification of core nontechnical skills and implications for training systems design. International Journal of Aviation Psychology, 14(2), 207 – 231.

Tversky, A. (1972). Elimination by aspects: A theory of choice. Psychological Review, 79, 281 – 299.

Tversky, A. , & Kahneman, D. (1974). Judgment under uncertainty: Heuristics and biases. Science, 185, 1124 – 1131.

Van den Bossche, P. , Gijselaers, W. , Segers, M. , Woltjer, G. , & Kirschner, P. (2011). Team learning: Building shared mental models. Instructional Science, 39, 283 – 301.

Van Lehn, K. (1990). Mind bugs: The origins of procedural conceptions. Cambridge, MA: MIT Press.

Walters, A. (2002). Crew resource management is no accident. Wallingford: Aries.

Wickens, C. , & Raby, M. (1991). Individual differences in strategic flight management and scheduling. Proceedings of the sixth international symposium on aviation psychology (pp. 1142 – 1147). Columbus, OH: The Ohio State University.

Wickens, C. D. , Stokes, A. , Barnett, B. , & Hyman, F. (1993). The effects of stress on pilot judgment in a MIDIS simulator. In O. Svenson, & A. J. Maule (Eds.), Time pressure and stress in human judgment and decision making (pp. 271 – 292). Cambridge: Cambridge University Press.

Wiegmann, D. A. , Goh, J. , & O'Hare, D. (2002). The role of situation assessment and flight experience in pilots' decisions to continue visual flight rules flight into adverse weather. Human Factors, 44(2), 189 – 197.

Wiener, E. (1998). Cockpit automation. In E. L. Wiener, & D. C. Nagel (Eds.), Human factors in aviation. New York: Academic Press.

Wiggins, M. , & O'Hare, D. (2003). Weatherwise: Evaluation of a cue-based training approach for the recognition of deteriorating weather conditions during flight. Human Factors, 45, 337 – 345.

Woods D. D. , & Sarter N. B. (1998). Learning from automation surprises and "going sour" accidents: Progress on human-centered automation (NASA report NCC2 – 592). Moffett Field, CA. NASA Ames Research Center.

Yates, J. F. , & Stone, E. R. (1992). The risk construct. In J. F. Yates (Ed.), Risk-taking behavior (pp. 1 – 25). Chichester, UK: Wiley.

Zsambok, C. , & Klein, G. (Eds.), (1997). Naturalistic decision making. Mahwah, NJ: Erlbaum.

6 机组资源管理(非技术)能力:欧洲的观点

英国,罗伯特戈登大学,阿伯丁商学院

机组资源管理(CRM)培训和非技术技能评估是欧洲商业航空安全管理的成熟组成部分。通常,机组资源管理的定义是有效利用所有可用资源(如机组成员、飞机系统、辅助设施和人员)实现安全和高效的飞行。它的目标是提高机组成员的飞行管理技能,重点是提高机组行为表现的非技术知识、技能和态度。多年来,欧洲航空监管机构一直使用非技术技能一词作为机组资源管理技能的同义词。飞行员非技术技能的定义是驾驶舱内机组成员的认知和社交技能,与飞机控制、系统管理和标准操作程序没有直接关系。本章主要讨论了飞行机组的机组资源管理,但有关机组资源管理的规定也适用于客舱机组和技术机组。

本章简要介绍了欧洲监管机构欧洲航空安全局(EASA)对机组资源管理培训和技能评估的当前要求,以及英国民航局(CAA)对这些要求的应用,列举了一些例子,说明了欧洲的航空公司如何应用这些监管规定。本章大部分资料来源于欧洲航空安全局和英国民航局发布的文件,均可在其网站上查阅。作者与五家不同规模的固定翼飞机运营商(爱尔兰航空公司、英国航空公司、弗莱比航空公司、荷兰航空公司和洛根航空公司)和一家旋翼飞机(CHC 直升机)运营商的培训机长进行了电话或面对面访谈,并向欧洲航空安全局、英国民航局、一家培训公司来美公司(LMQ)、基于实证训练(EBT)基金会和另外两名飞行员(来自其他大型航空公司)征集了信息。提供了大量关于机组资源管理培训和评估的立法、指南和相关报告,但并不是所有资料都很容易驾驭。欧洲最近的监管变化,在满足可接受合规手段方面的自由度以及目前向基于实证训练(EBT)的演进,使运营商的做法产生了很大程度的差异。因此,尽管有上述资料的协助,本章仅对欧洲机组人员的机组资源管理训练和评估现状做出了选择性的概述,如有任何错误,均由本人负责。

2012 年,欧洲监管机构表示,担心机组资源管理训练在当前条件下是否足够实用和有效,还担心机组资源管理培训师的监管规定是否适当(Boettcher,2016)。当时,由于飞行情况的变化[例如技术发展、大型飞行、新一代飞行员和飞行数据监控(FDM)],国际上已经提出机组资源管理训练能否满足当前需求的问题,以及新出现的威胁(例如交通量的增加;在几起事故中发现的失控)。因此,一般来说需要严格审查飞行员训练的适当性和有效性以及现有的机组资源管理计划。欧洲监管机构的观点(Boettcher,2016)是监管规定的任何更新都应考虑监管机构和运营商取得的新发展、积累的经验以及事故调查得出的最新安全建议[例如 2009 年法国航空公司 447 号航班事故的相关文献(BEA,2012;Law and Chidester,2014),以及马丁在本书中编著的第 7 章:机组资源管理与个人抗压能力]。

2012 年,欧洲航空安全局开始审查机组资源管理训练和评估的情况,咨询航空运营商、监管机构和其他专家的意见,调查机组资源管理实践并研究事故报告及相关安全数据。2015 年 9 月,发布了两项执行董事决定(2015/022/R 和 2015/023/R①),引入了新的可行的适航符合性验证方法(AMC)和指导资料(GM)。这些修改大大扩展了现有的机组资源管理培训计划并使之现代化,新要求于 2016 年 10 月 1 日生效,这些修改关系到机组资源管理培训及技能评估的内容和实施以及主管部门检查员的资格认证。在与法规(965/2012 和 1178/2011)有关的运行(ORO 部分,FC 子部分)②和飞行机组许可(FCL 部分)章节中,介绍了具体修改内容(EASA,2016a,2016b)。2016 年 11 月,欧洲航空安全局在科隆举办了为期 1 天的"机组资源管理实践"第一次研讨会,讨论了与当前机组资源管理有关的问题;随后又在 2017 年 8 月举办了第二次研讨会。在这些研讨会的主要文件中,解释了新的要求,列举了当前实践中的机组资源管理例子,并描述了监管机构在检查修改后的机组资源管理活动中的作用(EASA,2017)。

英国适用欧洲航空安全局的航空法规和可行的适航符合性验证方法,英国民航局以标准文件(如 CAA,2016 标准文件第 29 版《飞行人员人为因素培训和测试》)的形式发布了相关指导和其他建议(如 CAA,2014 CAP 737《飞行机组人为因素手册》)。对欧洲当前的机组资源管理发展有影响的还有国际航空运输

---

① 023/R 号决定与客舱机组的最初机组资源管理有关。
② 本节中的大部分材料摘自 EASA(2016a)MC/GM TO 附录三(ORO 部分)FC 子部分-飞行机组(第 107 页起)AMC1 ORO. FC. 115 机组资源管理培训。多名飞行员飞行操作。

协会(IATA)和国际民用航空组织(ICAO)的行业报告,特别是关于基于实证训练的报告(例如 IATA,2013；ICAO,2013)。

6.1 机组资源管理培训

欧洲飞行员的机组资源管理培训一般包括运营商开展的首次深入机组资源管理培训和经常性培训,以及转换培训(运营商和机型)和指挥监管规定。规定了最少培训时间[例如运营商的首次机组资源管理培训(多名飞行员)为 18 个小时,其中至少包含 12 个小时的课堂培训]。

运营商必须在 3 年内更新机组资源管理经常性培训计划,以涵盖所有规定的主题(见下文)。经常性培训计划的设计要考虑来自运营商管理系统的信息(如危险和风险),包括未识别的机组资源管理(非技术技能)评估(用于飞行机组培训)的结果。运营商必须在机组资源管理经常性培训中为飞行机组、客舱机组和技术机组提供综合培训。培训主题应涉及有效的沟通、任务的协调以及飞行机组、客舱机组和技术机组的职能,在适用情况下,还应包括多国和跨文化混合机组成员及其互动。这种综合机组资源管理培训可以由飞行机组的机组资源管理教员或客舱机组的机组资源管理教员开展。还建议飞行机组、客舱机组和技术机组的培训部门之间建立有效的联系,并规定他们之间可以传授交流相关知识和技能。其实,经常性机组资源管理培训提供了一个与其他机组成员相互分享和学习的机会。英国民航局(CAA,2014)的指导建议:"有经验的机组成员在培训结束后,要有动力继续或提高他们在航线运行中对非技术技能和行为的使用。与其他机组资源管理培训课程资料相比,应更认真地研究经常性培训的资料,确保有效。如果没有可用的'内部'资料,那么使用其他运营商的例子也可能会有价值。"

机组资源管理培训通常包括课堂课程,也可能包括基于计算机的课程,以及模拟器(如面向航线飞行训练)和飞机课程。应将机组资源管理原则融入飞行机组培训和飞行操作当中,包括检查单、简令、非正常和紧急程序。在课堂培训中,可以使用解决问题的练习、小组讨论、场景分析、角色扮演和任务模拟、视频以及讲课等工具。

新的要求指出培训中应包含案例研究。具体涵盖基于运营商管理系统内可用信息的机型特定案例研究,包括事故和系列严重事件审查情况,以分析和确定任何相关的非技术性原因和促成因素,缺乏机组资源管理的情况或案例,以及对管理良好事件的分析情况。如果没有相关的案例研究(针对机型或运营商而言），那么应考虑与飞机运营规模和范围相关的其他案例研究。

6.1.1　机组资源管理培训的内容

在机组资源管理培训内容方面，有两套不同的能力和相关知识要求，具体要求可参见 EASA（2016b）FCL 部分、AMC1 FCL. 735A（多个机组合作课程 MCC）以及 EASA（2016a）ORO 部分、ORO. FC. 115 和 ORO. FC. 215（机组资源培训）（参见 CAA，2016 的 2.1 节中有关法规框架的内容）。然而，不同法规中的主要非技术技能主题基本上涵盖了类似的内容，表 6.1 对这些内容进行了总结，较新的主题内容用黑体表示。

表 6.1　机组资源管理培训课程的重要主题

（1）机组资源管理和威胁与差错管理（TEM）原则的应用
（2）情景意识
（3）解决问题和做出决策
（4）工作负荷管理/任务共享
（5）沟通/自信
（6）领导能力及团队合作
（7）压力及压力管理
（8）疲劳和警惕性
（9）**自动化**
（10）**监控和干预**
（11）**抗压能力培养**
（12）**意外和惊吓效应**
（13）运营商的安全文化和公司文化

相关培训还提到了简令、监控和交叉检查，以及与飞行管理有关的更多技术技能，知识要求包括标准操作程序（SOP）、飞机系统、非理想状态飞机、紧急情况和非正常程序。

自 20 世纪 90 年代以来，威胁与差错管理（TEM）模型（Helmreich，1997）一直是欧洲机组资源管理培训的核心内容。从我对航空公司机长的访谈中可以看出，威胁与差错管理在他们的机组资源管理培训计划中仍然占有重要地位，并被视为讨论差错管理和非技术能力作用的一个重要框架。他们还提到，在检查过程中要参考它来提供反馈。由于前面所列的机组资源管理原有主题（如情景意识）的培训内容已经非常成熟（见本章下文），下面只介绍最近新增的主题。

1）自动化

越来越自动化的飞机所带来的优势和挑战，以及对飞行员技能基础的影响，是航空界长期以来一直争议的话题（EUROCONTROL，2014）。机组资源管理的课程大纲应包括自动化的使用和相关知识，以及认识自动化使用相关的系统和人类局限性方面的培训。飞行机组应接受有关自动化使用的操作政策应用（来自操作手册）以及自动化相关系统和人类局限性方面的培训，特别是感知模式、自动化意外和过度依赖问题，包括虚假的安全感和自满。应特别注意，自动化更加要求机组人员对系统性能具有共识，还要求机组人员清楚能阻碍形成共识的自动化特点。

2）监控和干预

监控可以定义为（CAA，2013b）："观察和理解飞行航迹数据、配置状态、自动化模式和适配于飞行阶段的机载系统的状态。它包括与预期值、模式和程序进行认知比较，还包括对其他机组成员的观察以及在出现偏差时及时干预。"飞行机组应在飞行前、飞行中和飞行后接受与机组资源管理有关的飞行监控方面以及任何相关优先事项的培训。培训内容应包括指导飞行员监控何时进行适当的干预，如果必要，如何即时进行干预。应参考运行手册中规定的运营商的结构化干预程序。

飞行员监控飞机状态和飞行环境的能力并非一个新的话题，但监控技能最近才得到了重视。这是因为担心失控，失控已被作为一个优先考虑的重要安全问题。例如，2000 年至 2012 年期间，失控至少造成了 9 起致命事故，导致 1 128人死亡（CAA，2013a）。CAA（2013b）发布了一份关于发展飞行员监控技能的指导性文件，该文件对监控的认知部分进行了非常全面的解释，为培训师和评委提供了一系列的案例和建议。对培训师来说，此外有用的资源是美国国家航空航天局（NASA）关于驾驶舱内检查单和监控重要性的报告（Dismukes and Berman，2010）。

3）抗压能力培养

受重新关注失控事件，特别是法国航空公司 447 号航班事故（BEA，2012）的再次影响，在欧洲，必须纳入机组资源管理培训的两个相关主题是培养抗压能力和应对可能令飞行员惊讶——甚至更糟的令飞行员感到惊吓的意外事件。最近，抗压能力的话题在其他行业受到广泛关注，它与组织（Hollnagel，Woods，and Leveson，2006）和个人抗压能力（Drath，2017）两个方面有关，它的定义是"一个系统在变化和干扰前、中或后调整其职能的能力，以便它能够在预期和意外情况下维持规定的运作"(EASA，2017)。欧洲机组资源管理培训应主要通过涵盖以下内容来解决抗压能力方面的培养：

(1) 思维灵活性。飞行机组应培训以下能力：① 了解思维灵活性是认识关键变化所必需的(即准备应对没有固定程序的情况)；② 思考他们的判断，并根据特殊情况做出调整；③ 避免固定偏见，避免过度依赖标准解决方案，学会并更新在先前知识基础上形成的解决方案和标准对策集合；④ 随时迎接不断变化的假设和认知(不断地监控情况，并准备调整他们对不断变化情况的理解)。

(2) 行为适应性。该培训旨在帮助飞行机组缓解僵化的行为、过度反应和不适当的犹豫(即用平衡对策纠正不适当的行为)，并根据当前情况调整行动。

根据欧洲航空安全局的监管指南，抗压能力主要方面的培养可以描述为以下几个方面的能力：学习(知道发生了什么)，监测(知道怎么选择)，预测(发现并知道会发生什么)，以及对策(知道该做什么并有能力去做)。它指出运行安全是一个对现在和未来情况进行评估和调整的一个持续过程。因此，抗压能力培养包括一个持续和可适应的过程，包括态势评估、自我检查、决策和行动。培养抗压能力的培训使机组成员能够从积极和消极的经验中得出正确的结论。机组成员应在这些经验的基础上，通过适应动态复杂情况，更好地做好保持或创造安全边界的准备。

4) 意外和惊吓效应

当意外事件发生时，如设备故障报警、突然的强烈气流、巨大的噪声或非常强烈的振动，那么人类的正常反应是会体验到一种心理上的惊讶感，可能也有生理方面的原因。如果认为突发事件非常具有威胁性，那么可能会出现更强烈的情绪和身体反应，称为"惊吓"(SKYbrary，2016)。多年来，已经对动物和人类身上的这些现象进行大量研究，但对飞行中飞行员影响的研究较少，尽管已经对飞行员的急性应激反应进行研究(Dismukes，Goldsmith，and Kochan，2015)。澳大利亚维珍航空公司的机长韦恩·L. 马丁(Wayne L. Martin)在他的博士项目中研究了惊吓效应(Martin et al.，2015；Martin et al.，2016；第7章：机组资源管理与个人抗压能力)，随着航空监管机构对这个问题越来越感兴趣，还开展了其他方面的研究(Landman et al.，2017a，2017b)，但是对意外和惊吓影响之间的差异似乎存在一些争论(Rivera et al.，2014)。最近欧洲航空安全局资助了一项关于惊吓效应管理的研究，该研究是在荷兰航空中心(NLR)飞行员的帮助下开展的，提出了从"精神不安"中恢复的三步法，具体步骤包括：① 倾泻——控制情绪；② 转身——重建认知过程；③ 能力——预测和预见减缓措施

（EASA，2017）。

新的监管规定指出，机组资源管理培训应解决各种意外、罕见和紧张的情况。培训应涵盖如下内容：

（1）惊讶和惊吓效应。

（2）非正常和紧急情况的管理，包括如下几方面：

① 发展并保持机组资源管理能力。

② 获得并维持足够的自动行为反应。

③ 认识损失并重建情景意识和控制。

5）运营商的安全文化和公司文化

目前，机组资源管理培训最终应包含的一个新主题是运营商的安全文化、公司文化、运营类型及其运营程序。该主题应包括可能导致特殊困难或涉及异常危险的运营领域。培训还应涵盖跨国家和跨文化机组人员之间的差异。正如海姆里奇和梅利特（Helmreich and Merritt，1998）所证实的结果，国家、组织和职业文化的差异会对飞行机组成员的行为产生重大影响。现在，一些航空公司驾驶舱内的机组人员可能来自 50 多个国家。因此，培训中应该认识到不同的文化可能有自己的沟通方式、理解方式和解决问题的方式。正如航空领域所表明的情况一样（Cushing，1994），机组人员和空管人员使用非母语的同一种语言进行沟通时，可能会导致死亡事故。此外，文化差异可能导致不同的情况分析和问题解决认知方法（Amer，Ngo，and Hasher，2017；Varnum et al.，2010）。

表 6.2 列出了各类培训应该涵盖的机组资源管理培训组成要素。

"必须"是指为满足机组资源管理培训计划中规定的目标或更新和加强以往培训中学习到的知识而应开展的指导性或互动性培训。"深入"是指充分利用群体讨论、小组任务分析、小组任务模拟方式获取或巩固知识、技能和态度的指导性或互动性培训。应根据当前开展的培训阶段的具体需要，调整机组资源管理培训的组成要素。

6.1.2 机组资源管理培训师

在英国的机组资源管理技能培训和评估中，撤销了以前的教员（CRMI）和教员考核官（CRMIE）岗位。而是由机组资源管理培训师（CRMT）开展机组资源管理培训（CAA，2016）。飞行机组的机组资源管理地面学校培训师的基础培训时长为 40 小时（持有规定教员证书者为 24 小时）。负责机组资源管理课堂培训的机组人员培训师需要充分理解：① 有关的飞行运行；② 人的行为及其局

表 6.2　飞行机组的机组资源管理培训

机组资源管理培训的组成要素	运营商开展的首次机组资源管理培训	运营商更换机型时开展的转换课程	更换运营商时开展的转换课程	年度经常性培训	指挥课程
基本原则					
航空领域中的人为因素					
机组资源管理原则和目标的总体阐述	深入	必须	必须	必须	必须
人的行为及其局限性					
威胁与差错管理					
与飞行机组成员有关的培训					
人格意识，人为差错与可靠性、态度与行为、自我评价与自我批判	深入	无要求	无要求	必须	深入
压力和压力管理					
疲劳和警惕性					
自信、情景意识、信息获取和处理					
与飞行机组有关的培训					
自动化以及自动化使用原则	必须	深入	深入	深入	深入
具体型号相关的差异	必须	深入	无要求	必须	必须

续　表

机组资源管理培训的组成要素	运营商开展的首次机组资源管理培训	运营商更换机型时开展的转换课程	更换运营商时开展的转换课程	年度经常性培训	指挥课程
监控和干预	必须	深入	深入	必须	必须
与整个机组有关的培训					
共享情景意识，共享信息获取和处理					
工作负荷管理					
飞行机组工作舱内外的有效沟通与协调					
领导，合作，协调，授权，决策，行动	深入	必须	必须	必须	深入
抗压能力培养					
意外和惊吓效应					
文化差异					
与运营商和组织机构有关的培训					
运营商的安全文化及公司文化，标准操作程序(SOP)，组织因素，运营类型相关因素	深入	必须	深入	必须	深入
与其他运营人员和地勤的有效沟通与协调	深入	深入	深入	深入	深入
案例研究					

资料来源：ASA (2105a: 111) Annex II PART - ORO to Decision 2015 - 022 - R - vo21. 〈https://www.easa.europa.eu/sites/default/files/dfu/Annex%20II%20to%20ED%20Decision%202015-022-R%20(correction%20on%20p.%2026). pdf〉访问时间：18.03.18.表6.1。

限性;③ 有过飞行机组操作人员的机组资源管理培训经验;④ 接受过群体技能提升培训;⑤ 接受过群体管理、群体动态和个人意识领域的额外培训;⑥ 具备在非运营环境中开展机组资源管理培训组成要素所需的知识、技能和可靠性。

在培训飞行机组的机组资源管理培训师时,要注意理论与实践相结合。实践要素应包括培养培训师的特定技能,尤其是将机组资源管理整合到航线运营当中的能力。飞行机组的机组资源管理培训师培训应由至少具备 3 年培训经验的飞行机组的机组资源管理培训师提供。专家可提供相应协助,以解决具体领域的问题。在开展首次机组资源管理培训课程时,运营商应对飞行机组的机组资源管理培训师进行评估。首次评估的有效期为 3 年。在 3 年有效期内,飞行机组的机组资源管理培训师应:① 在任意 12 个月期限内开展至少两次机组资源管理培训活动;② 在有效期的最后 12 个月期限内通过运营商的评估;③ 在 3 年有效期内完成机组资源管理培训师进修培训。

运营商可以指定符合以下要求的培训师来评估飞行机组的机组资源管理培训师:至少连续 3 年符合飞行机组的机组资源管理培训师规定,且具有胜任该岗位的能力。他们可以叫作机组资源管理培训师考核官(CRMTE)(有关这一过程的具体指导可参见 CAA,2016)。

飞行机组许可(FCL)中的 J 子部分(教员)和 K 子部分(考核官)分别对参与飞行机组执照发放的飞行员教员和考核官提出了要求(EASA,2016b)。例如,规定所有教员在教学过程中均应参加威胁与差错管理以及机组资源管理的综合培训。这类培训应注重理论与实践的结合。教员还必须能够评估学员的行为并且能够观察学员的机组资源管理行为。近期,已经开始研究飞行员非技术技能评级所依据的复杂认知过程(Roth,2015)以及评分者间信度问题(Gontar and Hdrmann,2015)。

尤其是在基于实证训练/基于能力的系统中,机组资源管理培训师和所有教员的技能提升越来越重要(CAA,2014;Dismukes and Smith,2010)。一名飞行员在谈到非技术技能时提道:"并非所有的培训师都有足够的信心或能力在模拟器中应用有效的学习干预措施。那些采取了有效措施的培训师,都明显取得了更好的学习成果,他们通常在飞行员界很有知名度和认可度。'讲评'过程的学习价值在很大程度上取决于培训师带动讨论的能力。有些讲评非常精彩,有些则很尴尬。"

有些资料特别重视培训师和教员的能力,因此,他们的能力评估过程是有效机组资源管理计划的一个关键组成部分。飞行机组人为因素顾问小组开发了新的英国民航局(CAA，2017)机组资源管理"手持指南"，帮助国家航空管理局的检查人员、经理人员和考核官评估机组资源管理计划，提供了关于有效机组资源管理培训和培训师"易识别标记"的有用指南。

6.1.3 基于实证的训练

传统的基于合规的机组资源管理培训方法可以用基于能力的方法替代，例如基于实证的训练。在基于能力的体系中，机组资源管理培训的特点应以行为为导向，强调行为标准及其衡量标准，并按照规定的行为标准开展培训。如果欧洲运营商的替代培训及资格认证计划(ATQP)获得了批准，他们可以利用自己的实证设计自己的培训大纲和评估方案。机组资源管理培训是该方案的一个重要组成 部分(EASA‐ORO. FC. A. 245)。

几年前，航空领域就开始向基于实证的训练转变，试图将飞行员的培训与目前的现实情况和当前运营中遇到的情况更牢固地联系起来。国际民用航空组织(ICAO)、国际航空运输协会(IATA)、国际航线飞行员协会联合会(IFALPA)以及其他行业伙伴之间开展了一个联合项目，为基于能力的飞行机组培训和评估开发了一个基于实证的新范式(基于实证的训练)(IATA，2013；ICAO，2013)。该方法旨在增强飞行机组在各种飞行状态下操纵飞机的信心和能力，能够识别和管理突发情况，目前已在欧洲航空法规中得到实施(EASA，2015b)。

该方法背后的初步证据有多个来源，例如飞行员意见调查、事故调查、航空公司的飞行数据监控档案、航线运行安全审计(LOSA)和其他报告系统。该工作包含"评估在用系统(包括非技术系统)，定义一个结合技术和非技术能力、说明和行为指标的全行业可接受示例框架，这些指标是根据各种评估方法设计使用的"(IATA，2013)。该工作还强调，这些行为指标并不旨在用作绩效标准或检查单。结果分析得到了一组 8 项核心能力。这些能力没有再细分成不同的要素，但各项能力用一组 6～13 个正面"行为指标"表示(IATA，2013；ICAO，2013)。有五种典型的非技术能力，分别是情景意识、问题解决和决策、领导能力及团队合作、沟通及工作负荷管理。此外，还有三类技术技能，包括飞行航迹管理(手动和自动)、知识应用和程序应用。欧洲航空安全局(EASA，2015b)建议将"知识"列为行为指标的第九项能力："具备各种限制和系统及其相互作用的实际和应用知识，具备已发布操作规程所要求的知识。"这九项能力及其定义如表6.3 所示。

表 6.3　基于实证的训练的飞行员能力汇总

能　力	说　明
APK——程序性知识的应用	根据已发布的操作规程和适用法规,利用适当的知识,识别和应用各项程序
COM——沟通	有效利用语言,响应反馈、阐明计划并解决歧义
FPA——自动飞行航迹管理	通过自动化控制飞机的飞行航迹,包括适当利用飞行管理系统和导航系统
FPM——手动飞行航迹管理	通过手动控制飞机的飞行航迹来飞行,包括适当利用飞行管理系统和导航系统
LTW——领导能力及团队合作	运用适当的权力,确保专注于任务。支持他人完成任务
PSD——问题解决和决策	发现与期望状态的偏差,评估问题,识别风险,考虑替代方案并选择最佳行动方案。持续检查进度并调整计划
SAW——情景意识	了解飞机在环境中的状态;预测并预见状态变化
WLM——工作负荷管理	对任务进行优先排序、委派任务并接受帮助,以最大限度集中精力完成任务。持续监控飞行过程
KNO——知识[①]	了解并理解相关信息、操作说明、飞机系统和操作环境

资料来源:摘自 IATA (2013)《基于实证的训练实施指南》。蒙特利尔:国际航空运输协会;ICAO (2013)《基于实证的训练手册》附录 A。DOC 9995。蒙特利尔:国际民用航空组织。

① EASA (2015b) 第 2015/027/R 号 ED 决策《在欧洲监管框架内实施基于实证的训练(EBT)》。〈https://www. easa. europa. eu/document-library/agency-decisions/ed-decision-2015027r〉访问日期:2018 年 2 月 16 日。

这九项能力(或者航空公司的九项能力)现已在基于实证的训练中使用,其核心理念是具备并能展示这些核心能力的飞行员在飞行期间无论遇到任何情况,包括意外情况,都更有可能遵守规定的标准。从根本上来说这是为了培养个人和机组的应变能力,以应对各种不断变化的风险。这与应对特定情况的传统飞行员训练方法形成了鲜明对比。这里并没有具体区分技术技能和非技术技能,而是把他们列为一组能力,而且是一组相互依赖的能力。一名机长曾表示,他认为这种方法更有效、更务实,实质上,它详细说明了"什么是好的行为",这对飞行员和培训师来说都更好理解。最近,开展了一项针对中东航空公司多个机队 2 560 次操作员熟练程度检查(OPC)任务核心能力的研究,该研究采用主成分分析法确定飞行员之间的相互依赖性,并生成了一个模型,表明其他成分对两项飞行航迹管理得分的影响。(Mansikka, Harris, and Virtanen, 2017)。

在基于实证的训练中，在处理各种情况下发生的各类事件时，逐渐从检查规定情况清单中的行为转变为行为评分。如上所述，因为引进的是一种更加以学习者为中心的训练方法，所以需要培训师和考核官都具备协调技能(Kearns，Mavin，and Hodge，2015；Learmout，2013)。一名机长评论道："现在，培训师可以把不同的失败组织综合起来，来创设任意多种情境。飞行员不太可能知道接下来会发生的情况，所以他们在非技术技能方面做出的反应会因为预测和预期不足而更加真实。这会暴露飞行员的实际优势与不足，为个性化学习创造机会。这还可以让培训师的角色发生转变，从'教员'转变为'老师和教练'，这两个角色完全不同，因此培训师需要大量的持续专业提升(CPD)。我认为，这是未来一段时间内存在的最大问题。"

在欧洲，各运营商都在不同程度地采用基于实证的训练，这会是一项长期的任务。英国航空公司正在实施基于实证的训练，法国航空公司和荷兰航空公司也在采用这一方法。2018年1月，伊比利亚航空公司将成为欧洲首批混合实施基于实证的训练的航空公司之一(UBF，2017)。根据里德(Read，2017)的消息，德国汉莎航空公司在2016年开始向基于实证的训练转变，这一过程包括培训600名型别评定教员和型别评定考核官，然后他们将负责培训6 500名飞行员。汉莎集团的第一批航空公司预计将在2018年开始实施基于实证的训练。据我采访过的一名机长所言，较小规模的航空公司可能更难收集到关于这一方法的内部信息，因此会采用更通用的证据来源来补充自己的数据(ATA，2013；ICAO，2013)。EBT基金会(www.ebt-foundation.com)及关联公司EBT Solutions(www.ebt.solutions)与汉莎航空公司和其他多家欧洲航空公司合作实施训练，其创始人之一迈克尔·瓦尼机长支持基于实证的训练，并领导IATA ICAO EBT工作组的工作。他解释说(瓦尼的个人信件，2018年3月18日)，实施EBT方法的最初推动力是意识到虽然收集了大量丰富的航班运行数据，但并未对这些数据进行分析，不知道通过模拟训练可以最有效地解决哪些挑战。此外，他与其他人还认识到训练需要从检查制度转变为一种学习文化。在基于实证的训练中，能力本位训练的"第一眼"要素包括飞行员在模拟器中观察正常飞行中发生的各种事件。然后，培训师根据这一行为评估飞行员的哪些能力对后续培训过程最有利，并相应地调整其余的场景。他还表示EBT基金会将会持续收集和分析事故调查和飞行员调查数据，以及正常运行监控数据，即航线运行安全审计数据(www.loscollaborative.com)，以加强证据基础。

6.2 非技术性(机组资源管理)技能评估

大约在 20 年前,欧洲航空法规(Joint Aviation Authorities,JAA)就引进了关于飞行机组的机组资源管理技能的评估要求。根据 EASA(2016a,2016b)的最新规定,机组资源管理技能的评估是在整体表现的背景下,使用公认的方法观察、记录、解释和讲评机组和机组成员行为的过程。这一过程发生在飞行或飞行模拟器的运行环境当中。飞行员的机组资源管理技能与技术性技能由型别评定考核官(TRE)和类别评定考核官(CRE)在常规执照和操作员熟练程度检查中一起评估。

目前,欧洲航空安全局的一些监管规定(CAA,2016)与早期规则中发布的规定相似。例如,评估应基于以下原则:① 只评估可观察的行为;② 评估应积极反映任何能够提高安全性的机组资源管理技能;③ 评估应包括导致不可接受的安全裕度降低的行为。运营商必须制订程序,包括开展额外培训,以便在机组成员未达到或保持机组资源管理规定标准的情况下使用。

机组资源管理技能评估应包括如下几方面:① 包括讲评整个机组和具体机组成员的任务;② 在需要时,确定对整个机组或具体机组成员开展额外训练;③ 评价所有机组资源管理评估的未明确事宜,以改进机组资源管理训练体系。运行手册中应包含一份关于机组资源管理方法的详细说明,包括机组资源管理的规定标准以及评估所用的术语。与机组资源管理培训一样,可以是根据需要规定的训练,也可以是基于实证的训练。现在,技能评估同样可以采用如下方法:① 能力本位训练方法,将技术性与非技术性技能综合为一套能力(我采访过的大型运营商通常为九项);② 传统方法,针对规定事件的技术性技能,以及运用批准的评定方法(如 NOTECHS)的一套非技术性技能类别,有两家公司在采用这种传统方法;③ 某种类型的混合系统。下面介绍两种主要方法。

6.2.1 在能力框架内评估非技术性技能

获准使用基于实证的训练的运营商,可能会采用替代培训及资格认证计划,并查询他们自己的数据集(例如来自飞行数据监控、报告系统、评估反馈、航线运行安全审计),从而得出必须要检查的核心能力。或者,一些公司可能会使用不同组合的九项能力集合(EASA,2015b),以提供要评估的技能集合。如上所述,许多运营商都在向基于实证的训练转变,他们的非技术性技能评级系统也在相应地改变,因为他们在把这些非技术性技能与技术性技能综合起来。

例如,第一家公司开发了自己的飞行员九项能力集合,现在将其用于训练和检查[主要是 EASA(2015b)表 7.3 中的能力,但将知识和程序综合起来与专业标准一起列为第九项能力]。同样,第二家航空公司也在使用九项核心能力,每项能力有四个可能的等级(不可接受、可接受、标准、标准＋)。第三家公司用这九项能力编制了自己的"飞行员技能清单"(与上述类似),每项能力有四个要素。这些能力可以分类为团队合作、领导能力、情景意识、决策、工作负荷管理、沟通、飞机操作(要素：遵循标准操作程序、利用自动化、手动操作以及纪律检查单),以及简令与职业风格。第四家为运营商,它更多地采用了混合系统,在航线检查中利用这九项能力作为技能评估的基础,同时还运用了一套规定的技术性评估项目。在我所知道的所有系统中,表现良好的特定能力都有对应的行为指标/表现指标清单,在某些情况下,还会列举不良行为的例子。在非技术性技能分类方面,似乎没有什么争议,但在有关知识、程序、监控和标准的技术性技能构成和标记上存在不同的看法。

某大型运营商的机长论述了从一个完善和熟悉的能力框架(有 20 多个组成要素)转变为九项能力模型的挑战,因为这需要将他们目前的系统(有更多细节)"转移"到一个新的框架中。另一家运营商的一位机长认为,混合系统可能会提供一个可接受的定制水平。非技术性技能系统(NOTECHS)指南中明确的多项行为评级原则(见下文)仍然适用于较新的(九项)能力方法,并出现在了新系统的手册中。

6.2.2　利用 NOTECHS 系统评估非技术性技能

欧洲在引入飞行员非技术性技能评估时(JAA,2001),已经有一些在用的评级方法(Flin and Martin,2001),但没有一个特定的方法适合作为泛欧洲方法,既适用于大型航空公司,也适用于小型航空公司。因此,由飞行员和心理学家组成的一个研究联盟开发出了一个针对飞行员非技术性技能的全新框架和评级系统(NOTECHS),该系统可用于整个欧洲运营商的行为评级工具(系统详情及设计过程,请参见 Flin et al.,2003;van Avermaete and Kruijsen,1998;系统测试说明,请参见 Hörmann,2001;JARTEL,2002;O'Connor et al.,2002。)当时,该方法被欧洲监管机构推荐为适当方法,非技术性技能系统(NOTECHS)是监管机构唯一指定的方法(EASA,2016a),是评估飞机机组的机组资源管理技能的有效工具。也可接受其他评级系统。

非技术性技能系统(NOTECHS)框架包含四大类技能：① 合作;② 领导和管理能力;③ 情景意识;④ 决策。每一类都被细分为不同的要素,每个要素都有一组行为指标,说明良好和不良行为(见图6.1)。利用运营商制订的评级量表来评估这些分类/要素。

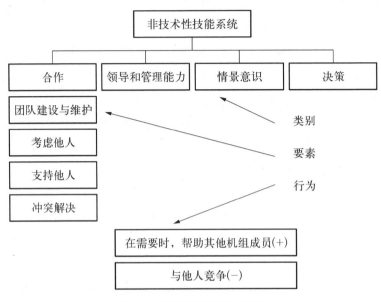

图6.1 NOTECHS系统框架

在非技术性技能系统(NOTECHS)使用指南中(van Avermaete and Kruijsen,1998),制订了操作原则(见表6.4),以确保该系统能够对各机组成员做出尽可能公平和客观的评价。

表6.4 非技术性技能系统的操作原则

(1) 仅评价可观察到的行为。评价不考虑机组成员的个性或情感态度,应仅基于可观察到的行为。设计可以支持客观评价的行为指标

(2) 技术结果的需要。当飞行员的非技术技能被评定为不合格时,飞行安全必然会实际(或可能)受到影响。这就需要一个相关的客观技术结果

(3) 评定合格或不合格的需要。《联合航空管理规定》会要求航空公司指出观察到的非技术技能是否合格

(4) 重复性需要。在检查过程中必须观察到重复出现的不合格行为,才能断定存在重大问题。依据《联合航空管理规定》的有关条款,技术性失败允许进行第二次尝试,无论非技术性结果如何,都应予以批准

(5) 解释需要。对于每个被评定为不合格的类别,考核官都必须做到以下几点:① 指出在该类别中观察到的不合格行为的要素;② 解释观察到的非技术性技能在什么环节(可能)导致安全后果;③ 采用标准措辞,用自由文本解释被评定为不合格的每个类别

非技术性技能系统(NOTECHS)设计用于评价飞行员个人,因此,需要理清个人对整个机组表现的贡献。但考虑到技术行为,早在检查期间就遇到过这类困难。有人认为,非技术性技能系统(NOTECHS)在解决这个问题方面并没有神奇功效。反而有人建议,该系统要帮助考核官客观地指出与其中一名机组人员相关的行为,从而让他们区分对两名机组人员的判断,这可能会引起一定的担忧,即评价人员可能没有依据适当的基础来评判非技术性技能。非技术性技能系统(NOTECHS)要求教员/考核官以专业水平和标准词汇来证明评价的合理性。此外,不应该依据模糊的整体印象或孤立的行为或行动作出判断。在飞行过程中,通常需要重复该行为以明确问题的性质。概括来说,非技术性技能系统(NOTECHS)被设计为一种指导工具,在经常性检查和培训中考虑失败背后的原因,并帮助指出与技术失败有关的机组资源管理能力缺失。

非技术性技能系统(NOTECHS)建议的基本培训时间为 2 个整天或更长时间(根据以往对飞行员非技术技能的评价经验)(Klampfer,Flin,and Helmreich,2001)。实行非技术性技能系统(NOTECHS)的前提条件是充分了解机组资源管理的概念以及飞行员人为表现和局限性的基本材料。除此之外,不需要掌握其他理论知识。建议大多数培训都要努力理解掌握非技术性技能系统(NOTECHS)方法,评价表的具体使用方法,评价的校准过程和讲评阶段。由于非技术性技能系统(NOTECHS)系统主要用作讲评和确定培训需求的工具,因此必须确保讲评的重点是技能部分,而不是较为"全面的"行为分析。

为响应对机组资源管理技能评估的最初监管要求,多家欧洲航空公司开发了自己的非技术性技能评估系统。有些系统早在非技术性技能系统(NOTECHS)之前就已经开发出来,例如荷兰航空公司的反馈和评估系统(Antersijn and Verhoef,1995),其余系统利用非技术性技能系统(NOTECHS)的基础框架,设计了他们自己的个性化系统,例如意大利航空公司的PENTAPERF 系统(Polo,2002)。一些航空公司最初使用非技术性技能系统(NOTECHS)或他们自己的版本来补充他们的能力评估方法,现在似乎依然如此。最初的非技术性技能系统(NOTECHS)评分量表有 5 分,但航空公司现在使用了一系列的量表,通常采用的是 4 分和 5 分量表。

6.2.3 未通过非技术性技能评估

对于非技术性技能系统(NOTECHS),有人提出,检查中的非技术性技能评估不应在没有相关客观技术结果的情况下得出不合格(不可接受)的评级(见表

6.4)，导致短期或长期的飞行安全受到影响。如果机组成员因任何技术原因未通过检查，非技术性技能系统（NOTECHS）则可以提供有用的洞察力，弄清楚造成技术不合格的个体人为因素。通过这种方式，该方法可以为讲评以及重新定制培训方向提供宝贵的帮助。2018年，在一些欧洲航空公司中，似乎仍然依据技术性技能检查机组成员是否合格，但在其他公司，现在也有仅仅因为非技术性技能导致检查不合格的情况。据我所交流过的飞行员说，这种情况很少见，只有在考核官非常担心，认为观察到的非技术性技能不足可能会影响飞行安全时才会发生。更普遍的说法可能是："如果观察到的行为可能导致不可接受的安全边缘。"

6.3 结论

自本书第2版的这一章节编撰以来，欧洲的机组资源管理培训和评估条例以及运营公司的做法都发生了许多变化。在这段时间内，监管机构对机组资源管理开展了重大审查，并发布了关于适航符合性验证方法及其相关指导的新信息。大体来看，机组资源管理培训的基础要素得以保留，而且大纲上新增了一些要素，如抗压能力培养，应对惊讶和惊吓反应以及着重强调监督等。机组资源管理培训师及其评估的监管规定同样也有了更新，一个重要的变化是发展了基于实证的训练及其相关能力方法，这不仅仅影响了欧洲，更进一步影响了全世界。目前看来，许多公司正处于向这种方式转型的过程中。就我采访过的机长而言，他们普遍比较喜欢基于实证的训练理念，但他们也认识到，要实现这一转变需要做大量的工作。最后，有趣的是一家公司（CHC直升机公司）将它的机组资源管理计划推广到了英国业务运营范围内的所有员工，并且想把它推广到全世界，因为该公司相信每位员工都与航空安全有关，并将从培训中受益。

航空业非常重视强调保持高的、可衡量的非技术性技能标准，并越来越多地将这些标准与技术性技能相互结合，作为提高飞行安全的一种手段。正如新的机组资源管理监管规定和选择转向基于实证的训练所表明的一样，必须定期审查与不断变化的工作条件和操作风险状况相关的专业能力，这对其他安全至上的行业来说，具有借鉴意义。

致谢

感谢所有对本章提出宝贵意见和建议的人员。

参考文献

Amer，T.，Ngo，K.，& Hasher，L.（2017）. Cultural differences in visual attention：Implications for distraction processing. *British Journal of Psychology*，108，244–258.

Antersijn，P.，& Verhoef，M.（1995）. Assessment of non-technical skills. Is it possible?. In N. McDonald，N. Johnston，& R. Fuller（Eds.），*Applications of psychology to the aviation system*. Aldershot：Avebury Aviation.

BEA.（2012）. *Final Report. Flight AF 447 on 1st June 2009 A330–203*. Paris：Bureau d'Enquetes and d'Analyses pour la Securite d'Aviation Civile.

Boettcher，J.（2016）. Regulatory update. In *Paper presented at the EASA Workshop 'CRM in Practice'*，8 November，Cologne，Germany.〈https://www.easa.europa.eu/newsroom-and-events/events/easa-crm-workshop-%E2%80%9Ccrm-practice%E2%80%9D〉Accessed 16.02.18.

CAA.（2013a）. *Global fatal accident review 2002–2011（CAP1036）*. London：Civil Aviation Authority.

CAA.（2013b）. *Monitoring matters. Guidance on the development of pilot monitoring skills*. CAA Paper 2013/02. Gatwick：Civil Aviation Authority.

CAA.（2014）. Flight-crew human factors handbook. *CAP737（December 2016 version）*. London：Civil Aviation Authority.

CAA.（2016）. Guidance on the requirements that pertain to Flightcrew for the training and testing of Human Factors under EASA Part-ORO and EASA Part-FCL. *Standards Document No. 29 Version 7*. London：Civil Aviation Authority.

CAA.（2017）. Practical Crew Resource Management（CRM）standards：The handy guide. *CAP 1607*. London：Civil Aviation Authority.

Cushing，S.（1994）. *Fatal words. Communication clashes and aircraft crashes*. Chicago：University of Chicago Press.

Dismukes，R. K.，& Berman，B.（2010）. *Checklists and monitoring in the cockpit: Why crucial defences sometimes fail*. NASA TM 2010–216396.

Dismukes，R. K.，Goldsmith，T.，& Kochan，J.（2015）. *Effects of acute stress on aircrew performance: Literature review and analysis of operational aspects*. NASA TM 2015–218930.

Dismukes，R. K.，& Smith，G.（2010）. *Facilitation and debriefing in aviation training and operations*. Aldershot：Ashgate.

Drath，K.（2017）. *Resilient leaders*. Oxford：Routledge.

EASA.（2105a）. *Annex II PART–ORO to Decision 2015–022–R–vo21*，p. 111.〈https://www.easa.europa.eu/sites/default/files/dfu/Annex%20II%20to%20ED%20Decision%202015-022-R%20（correction%20on%20p.%2026）.pdf〉Accessed 18.03.18.

EASA.（2015b）. *ED Decision 2015/027/R Implementation of evidence-based training（EBT）within the European regulatory framework*.〈https://www.easa.europa.eu/

document-library/agency-decisions/ed-decision-2015027r〉Accessed 16. 02. 18.

EASA. (2016a). *Acceptable means of compliance (AMC) and guidance material (GM) to annex Ⅲ—Part-ORO*. February. 〈www. easa. europa. eu/sites/default/files/dfu/Consolidated％20unofficial％20AMC&GM_Annex％20Ⅲ％20Part-ORO. pdf〉Accessed 16. 02. 18.

EASA. (2016b). *Annex 1 – PART FCL [flight crew licensing] (v. 1, June) AMC1 FCL. 735. A. Multi-crew cooperation course* (p. 834). 〈https://www. easa. europa. eu/sites/default/files/dfu/Part-FCL. pdf〉Accessed 16. 02. 18.

EASA. (2017). CRM Training Implementation, December 2017. 〈https://www. easa. europa. eu/document-library/general-publications/crm-training-implementation〉Accessed 26. 08. 18.

EUROCONTROL. (2014). Safety and automation. *HindSight*, 20, Winter. 〈http://www. eurocontrol. int/publications/hindsight-20-winter-2014〉Accessed 15. 02. 18.

Flin, R. , & Martin, L. (2001). Behavioural markers for crew resource management: A review of current practice. *International Journal of Aviation Psychology*, 11(1), 95 – 118.

Flin, R. , Martin, L. , Goeters, K. -M. , Hormann, H. -J. , Amalberti, R. , Valot, C. , & Nijhuis, H. (2003). Development of the NOTECHS (Non-Technical Skills) system for assessing pilots' CRM skills. *Human Factors and Aerospace Safety*, 3(2), 97 – 119.

Gontar, P. , & Hormann, H. -J. (2015). Inter-rater reliability at the top end: Measures of pilots' non-technical skills. *International Journal of Aviation Psychology*, 25, 171 – 190.

Helmreich, R. (1997). Managing human error in aviation. *Scientific American*, 62 – 67, May.

Helmreich, R. , & Merritt, A. (1998). *Culture at work in aviation and medicine. National, organizational and professional influences*. Aldershot: Ashgate.

Hollnagel, E. , Woods, D. , & Leveson, N. (Eds.), (2006). *Resilience engineering: Concepts and precepts*. Aldershot: Ashgate.

Hormann, H. -J. (2001). Cultural variations of the perceptions of crew behaviour in multi-pilot aircraft. *Le Travail Humaine*, 64, 247 – 268.

IATA. (2013). *Evidence-based training implementation guide*. Montreal: International Air Transport Association.

ICAO. (2013). *Manual of evidence-based training. DOC 9995*. Montreal: International Civil Aviation Organization.

JARTEL. (2002). *Joint aviation requirements translation and elaboration of legislation (JARTEL). WP5 report. Guidelines for implementation of NOTECHS. April 2002. Implementation guidelines. EC JARTEL project report*.

Joint Aviation Authorities (JAA). (2001). JAR OPS 1. 940, 1. 945, 1. 955 and 1. 956. Hoofdorp, Netherlands.

Kearns, S. , Mavin, T. , & Hodge, S. (2015). *Competency-based education in aviation: Exploring alternate training pathways*. London: Routledge.

Klampfer, B., Flin, R., Helmreich, R., et al. (2001). *Enhancing performance in high risk environments: Recommendations for the use of Behavioural Markers*. Report from the behavioural markers workshop, Zurich, June. Berlin: Daimler Benz Foundation.

Landman, A., Groen, E., van Paassen, M., Bronkhorst, A., & Mulder, M. (2017a). Dealing with unexpected events on the flight deck: A conceptual model of startle and surprise. *Human Factors*, *59*, 1161 – 1172.

Landman, A., Groen, E., van Paassen, M., Bronkhorst, A., & Mulder, M. (2017b). The influence of surprise on upset recovery performance in airline pilots. *International Journal of Aerospace Psychology*, 27(1 – 2), 2 – 14.

Law, J. & Chidester, T. (2014). Human factors in challenging environments. In J. Stepanek, R. Johnson & D. Cocco (Eds.), *Mayo Clinic: Medicine in challenging environments*. Available on the Apple App Store.

Learmout, D. (2013). Providing evidence of success. *Flight International*, 9 – 15, July.

Mansikka, H., Harris, D., & Virtanen, K. (2017). An input-process-output model of pilot core competencies. *Aviation Psychology and Applied Human Factors*, 7(2), 78 – 85.

Martin, W., Murray, P., Bates, P., & Lee, P. (2015). Fear-potentiated startle: A review from an aviation perspective. *The International Journal of Aviation Psychology*, *25* (2), 97 – 107.

Martin, W., Murray, P., Bates, P., & Lee, P. (2016). A flight simulator study of the impairment effects of startle on pilots during unexpected critical events. *Aviation Psychology and Applied Human Factors*, *6*, 24 – 32.

O'Connor, P., Hormann, H.-J., Flin, R., Lodge, M., & Goeters, K.-M. (2002). Developing a method for evaluating crew resource management skills, The JARTEL Group *International Journal of Aviation Psychology*, *12*, 265 – 288.

Polo, L. (2002). Evaluation of flight crew members' performance. Is evaluation a product or a tool? In O. Truszczynski (Ed.), Proceedings of the 25th European aviation psychology conference, Warsaw. Warsaw: Polish Airforce.

Read, B. (2017). Training for the new millennium. *Aerospace*, 28 – 31, December.

Rivera, J., Talone, A., Boesser, C., Jentsch, F., & Yeh, M. (2014). *Startle and surprise on the flight deck: Similarities, differences, and prevalence. Proceedings of the human factors and ergonomics society annual meeting* (Vol. 58, 1, pp. 1047 – 1051). Los Angeles, CA: Sage.

Roth, W. (2015). Flight examiners' methods of ascertaining pilot proficiency. *International Journal of Aviation Psychology*, 25(3 – 4), 209 – 227.

SKYbrary. (2016). *Startle effect*. ⟨www.skybrary.aero/index.php/Startle_Effect⟩ Accessed 23.02.18.

UBF. (2017). ⟨https://evidencebased.training/blog/2017/03/31/news-and-events/⟩ Accessed 16.02.18.

van Avermaete, J. & Kruijsen, E. (Eds.). (1998). *NOTECHS: Non-technical skill evaluation in JAR – FCL. NLR – TP – 98518*. Amsterdam: National Aerospace

Laboratory (NLR).

Varnum, M., Grossmann, I., Kitayama, S., & Nisbett, R. (2010). The origin of cultural differences in cognition: The social orientation hypothesis. *Current Directions in Psychological Science*, *19*(1), 9 - 13.

7 机组资源管理与个人抗压能力

韦恩·L. 马丁(Wayne L. Martin)

澳大利亚,昆士兰州,凯恩斯市,南昆士兰大学

> 抗压能力意味着做好准备……未雨绸缪。
>
> ——帕里斯(Pariés,2012)

在多个领域中,对"抗压力(resilience)"一词的传统理解都有着广泛的应用。农业上用这个词描述农作物的抗干旱或虫害能力;医学上用这个词描述患者的抗感染能力或者某些疾病的耐药性;商业上会用这个词描述抗经济衰退能力;宏观系统用这个词描述他们对于内部和外部错误或失败的恢复力。

然而并非所有系统,甚至是这些系统的组成要素,都具有抗压能力,在逆境来临时它们可能会遭受灾难性的打击。虽然事后措施可以让这些系统适应未来的类似情况,但我们必须预测未知的未知情况,需要在系统、组织、个人和团队层面制订和实践广泛的逆境管理策略,以确保未来具备抗压能力。

虽然抗压能力通常被用作一个战略词语,包括在航空领域中,过去几年中的大量飞机失事同样证实了对战术抗压能力的需要,而且航空业也在慢慢地开始转变培训策略,那将使整个航空系统的人员更有能力应对突发灾难。

在航空领域,在过去的一百余年间,航线培训在持续发展,培训实践中混合着大量的技能与知识发展,但在现实中一年又一年变化很少。尽管现在全世界的航空公司都有超可靠的飞机,而且技术已经非常成熟,但其复杂性在不断增加,航空系统中的人为因素,以及对这些人的培训做法似乎也在逐渐地过时。

航空业并不是没有注意到这个现象,通过传统方式或基于实证训练(EBT)过程,让抗压能力培训成了一个备受关心和关注的话题。然而,虽然抗压能力的挑战无疑在全世界得到广泛认可,但对于如何开展培训,让飞行员更有能力应对航线运营过程中的现实挑战,还存在大量的争议。

有人认为,大部分航空事故都是由于飞行员缺乏抗压能力造成的,是因为发生了一些意想不到的非正常情况,而飞行机组未能充分地应对情况变化。缺失对超出预期情况的适应能力正是航空业的一大重要问题。这几乎需要一种思考方式的转变,至少需要竭力调整培训重点,让飞行员做好更充足的准备,不仅可以处理可预测的非正常情况,而且更注重处理不可预测情况的策略。

下文论述抗压能力的本质以及航空业中关于抗压能力成功和失败的若干案例,还将会讨论现有机组资源管理技能组合与抗压能力的关系,以及可以提高航空公司机组抗压能力的培训策略。

7.1 "抗压能力"的本质

牛津词典(n. d.)对"抗压力(resilience)"的定义是"从困难中快速恢复的能力,韧性。"从这个方面来说,航空语境中的抗压能力是指航空公司或其他航空系统中的员工应对任何非正常、意外或者不利事件的能力。此外,在广泛的航空业范围内都可能涉及抗压能力的概念,包括个人抗压能力、团队抗压能力、组织抗压能力以及系统抗压能力。

霍尔内格尔等人(Hollnagel et al. , 2011)将系统抗压能力描述为"一个系统在经历变化和破坏前、中、后调整自身功能,在预期和意外情况下保持所需操作的固有能力"。实际上,从航空公司的角度来说,这意味着即使发生了一个或多个严重不良事件,仍有能力保持正常运转。该文献还描述了预测和规避威胁的能力(Woods,Leveson,and Hollnagel,2012)。系统抗压能力的这一定义同样适用于团队,比如飞行机组。

个人层面上,抗压能力通常定义为从逆境中恢复或者在压力中保持平稳的能力。

克拉松(Claesson,2006)将个人抗压能力描述为"能够很好地应对高水平持续破坏性变化,在持续压力下保持身体健康和精力充沛,从挫折中轻松恢复过来,克服逆境,或者当旧的工作和生活方式不再可行时,更换新的工作和生活方式"。

无论是个人、团队、组织还是整个系统,抗压能力似乎都有共同的主题,即从逆境中恢复的能力,以及在任何情况下都能维持运转的能力。

7.2 抗压能力就是威胁与差错管理吗?

在航空领域,人们对抗压能力一词的使用提出了一些疑问(Jarvis,2017),特别是在与威胁与差错管理(TEM)等现有概念进行对比时。航空业经常热衷于使用新的流行语,在运营商、学术界和培训师努力理解流行语并将其纳入航空理论的过程中,往往会开展各种狂热的活动。威胁与差错管理就是这种情况,或许需要思考威胁与差错管理和抗压能力之间的共性与差异(Jarvis,2017),从而更好地理解这两个概念的共同点,以及使用这两个概念的正确时机。

威胁与差错管理来源于第五代机组资源管理的尝试,旨在减少甚至消除飞行员和其他机组成员犯错。然而,这一代概念存在的时间很短,因为人们很快发现,是人都会犯错。因此,更合适的是开发既能容错又能管理航空公司运营中普遍存在的外部威胁的系统和流程。1995年,随着航线运行安全审计的发展,对威胁和差错的管理开始引起重视,并在21世纪初获得了国际关注。它被命名为威胁与差错管理,作为第六代机组资源管理概念被普遍采用,该概念至今仍然存在。

威胁与差错管理的基本前提是为了管理风险,机组人员会规避、减缓和管理威胁与差错(Helmreich,Klinect,and Wilhelm,1999)。海姆里奇等人(Helmreich et al.,1999)进一步表示,风险来自预期和意外威胁,而机组资源管理行为是抵御这些威胁的最后一道防线。

将威胁与差错管理和抗压能力进行相比,可以轻松确定战略抗压能力方面的类似目标。在这一概念中,飞行员和其他机组人员做好了准备,并对可能发生的情况(威胁或错误)有了预期。这可以称为抗压行为,因为做好准备这个行为不太可能使人陷入不得不从非期望状态中恢复过来的地步。这种抗压状态的表述与威胁与差错管理中的规避部分一致。

抗压能力也包含战术层面,当机组成员对实时发生的事件做出反应。当这些事件有潜在负面后果时,机组成员能通过抗压行为恢复到安全状态。这类似于威胁与差错管理中的减轻和管理部分。

显然,威胁与差错管理和抗压能力之间有共同点,而且这两个概念之间也可能有交叉元素,然而抗压能力的应用更加广泛多样。抗压行为的特征是能够抵抗逆境的损害,或至少能够从逆境中恢复过来。它也可以应用于个人、团队、组织甚至系统层面。

7.3 抗压失败的后果

在航空事故数据中,飞行员缺乏抗压能力的例子比比皆是。实际上,几乎所有因人而起的事故都可以归类为飞行员缺乏抗压能力,因为当事飞行员没有从逆境中恢复过来。在很多情况下,甚至可以预测或者完全可以预防所发生的情况,但本可以防止非期望状态出现的战略性抗压行为要么缺失要么存在不足。

同样,能使飞行员从逆境中恢复过来的战术性抗压能力偶尔会存在明显的缺失。无法将以前学到的技能和知识应用于新的和已知的不良事件,这说明现代飞行员的储备库可能存在缺陷。我们并不清楚,这一趋势是否源于现代飞机越来越复杂和先进,它比以往任何时候都更多地使飞行员远离系统感知环,或者这种普遍存在的可靠性是否会将不良事件的预期降低到飞行员自满的程度。然而,这两个问题并未解决,而且随着老一代飞机的逐步淘汰,甚至进一步的技术进步,这些问题将来会更加显著。

面对这些进步,可以说早期飞机的飞行员更能抗压,因为他们需要做到更抗压。当时的飞机更容易发生故障,技术也不那么成熟,这就要求飞行员在环程度更高,飞行挑战更大。早期飞机的飞行员对不良事件的预期要高得多,只是因为这些事件更经常发生,也许因此他们更有可能更深入地认识他们的飞机,更密切地监控系统和飞机的飞行轨迹,并且能够熟练地处理异常事件。

虽然回顾以往的飞机事故并找出飞行员在哪些方面缺少抗压能力有失公平,但总能学到一些有用的教训。事故数据表明抗压能力的缺失,调查人员、监管机构和飞机运营商可以借助这些数据明确趋势,确定更好的做法,并设置培训为未来解决这些不足。这种基于实证的训练在世界各地越来越普遍,并获得了国际民用航空组织(ICAO)和其他许多监管机构的认可。

我们来看一个这类进步的具体例子,2009 年法国航空公司的 447 号航班在大西洋失事(BEA,2012),这个事件让人们对电传操纵飞机备份准则品质以及与严重危险中恢复相关的固有挑战有了更进一步的认识和理解。它还说明了飞行员在危急事件期间的惊吓和意外概念,这一点以前很少得到关注。

在法国航空公司的(AF)447 号航班事故中,由于皮托管在高空结冰,显示飞机的空速下降。因此飞机进入了一种功能降级状态,即备份准则,在这种状态下,飞行员的包线保护远比他们在正常模式下习惯的保护要少。尽管有飞机失速的迹象,但当时正在驾驶飞机的初级副驾驶(操纵飞行员)选择拉操纵杆,让飞机爬升了几千英尺。这导致了空速进一步下降,最终导致飞机完全气动失速。尽管飞机当时处在 38 000 英尺左右的高空,而且机长和高级副驾驶在飞机空速下降的大部分时间都在驾驶舱,但他们在任何阶段都没有进行有效的失速恢复,最终飞机坠毁,无人生还。

那么,飞行员怎样才能更抗压,以避免法国航空公司 447 号航班这样的惨案发生呢?

在思考战略性抗压能力时,飞行员可以采用多种方法解决这个问题。他们可以好好休息,摆脱额外的生活压力,在技术上能够胜任自己的角色,最好有相关工作经验,并且对自己的飞机、标准操作程序和非正常程序都非常了解。虽然法国航空公司 447 号航班的机组人员并未受到疲劳或者生活压力的影响,他们可能缺乏足够的技术知识来吸收和理解他们获得的线索。当然,我们不知道其他飞行员在同样的情况下是否会有同样的困惑,然而对高度复杂和精密的飞机缺乏认知的问题可能比我们想象的更普遍。

战略性抗压能力的崩溃同样来源于判断和决策失误。合理的自然决策源自良好的情景意识和经验,但同样需要高水平的知识,知识是做出明智、高质量决策的基础。

反应性或者战术性抗压能力同样源自良好的机组资源管理技能。许多意外事件最终以悲剧收场,这些意外本可以通过良好的领导能力和团队协作,有效的沟通技能,良好的情景意识和决策,有效的任务分配和执行(工作负荷管理)来挽救。这些意外事件的具体数目尚不明确,但很可能非常庞大。

7.4 航空业中的成功抗压案例

7.4.1 澳洲航空 32 号航班

2010 年 11 月 4 日,澳洲航空一架 A380 客机从新加坡起飞,在飞往澳大利亚悉尼的途中,二号发动机发生了非包容性失效,导致发动机部件高速弹出发动机短舱壁,穿透机翼,撞向机体上、下两方。弹出物穿透机翼,切断了一些线束,造成大量的系统故障,飞机电子集中监视器(ECAM)上出现近 60 条故障信息,其中第一分钟就出现了 43 条信息。

> 澳大利亚交通安全局发现一大块涡轮盘碎片穿透左机翼,然后穿过前梁,插入左内侧燃油箱,穿透机翼上表面蒙皮。这块碎片在机翼油箱内引发了短暂的低强度闪火。澳大利亚交通安全局认定油箱内的条件不足以维持燃烧。
>
> 受损供油管道的燃油泄漏到整流罩上,导致二号发动机下方整流罩内起火。火焰持续一小段时间后自行熄灭。
>
> 那块大涡轮盘碎片还切断了机翼前缘内的线束,这些线束连接着许多系统。
>
> 一块单独的涡轮碎片切断了中机身下部和机身整流罩之间的线

束。这些线束为一些受到机翼前缘电线束切断影响的系统提供了冗余（备份）。这一损坏导致某些系统无法操作。

飞机的液压系统和配电系统也遭到损坏，影响到了其他未受发动机失效直接影响的系统（ATSB，2013）。

这一紧急情况的严重程度要求所有机组成员在处理最初问题时要具抗压能力，并且在飞机安全落地后处理无法关闭的一号发动机相关的进一步挑战时也要具有抗压能力。无论是空中的紧急情况，还是地面上完全出乎意料的情况，都需要全体机组团结一致地工作。这需要机长、航班高管人员以及客舱机组具备强大的领导力，驾驶舱内、驾驶舱与客舱、空管人员以及救援消防人员进行有效的沟通，从而实现安全的目标。

7.4.2　全美航空 1549 号航班

2009 年 1 月 15 日，全美航空空客 A320 从纽约拉瓜迪亚机场起飞，在大约 2 800 英尺的高空遇到一群加拿大雁。飞机遭受了多次鸟撞，有些鸟被卷入了发动机，两台发动机几乎完全丧失动力。

飞行机组立刻采取行动，多次尝试重新启动发动机，并评估最安全的着陆方案。在极度紧张的情况下，机长考虑返回拉瓜迪亚机场，改航泰特伯勒机场，最后迫降在曼哈顿岛与新泽西州之间的哈德孙河的河面上，那个唯一可能安全迫降的结果。

纵观整个紧急事件，以及后续的成功水上迫降，飞行机组和客舱机组展现出了极高的专业水平。飞行机组展现了出色的团队协作技巧，机长展现了令人印象深刻的领导能力，事实证明情景意识和决策完全正确，任务分配近乎完美。

无论是在紧急情况下还是在随后的水上迫降过程中，整个机组的抗压能力表现都相当出色。他们运用出色的机组资源管理技能，为机上所有机组人员和乘客带来了安全的结果。

7.4.3　美国联合航空 232 号航班

1989 年 7 月 19 日，美国联合航空一架 DC-10 客机在从丹佛飞往芝加哥的途中，一级风扇叶片脱落，造成二号发动机发生了非包容性失效。风扇叶片和其他发动机部件的碎片切断了飞机液压系统的全部三套管路，导致飞机完全失去液压压力。这意味着无法为飞机飞行控制提供驱动力，虽然机组最初担心的是发动机失效，但他们很快就开始担心随后的失控问题。

机长在整个飞行过程中展现出了惊人的领导能力，利用所有可用的资源尝试控制局面,保持对飞机的控制。这包括借助飞机上一名乘客的帮助,该乘客曾是一名资深机长,在飞机上帮助操纵油门杆,试图利用不对称推力来控制飞机的俯仰和横滚。

他们绝地逢生,几乎完全拯救了一场灾难。机组成员将这架残缺的飞机呵护送到附近的苏城机场,然而在最后一刻,一侧机翼掉落,机组无法快速进行推力补偿,导致飞机撞在机翼掉落的跑道上,随后滚进了旁边的玉米田里。

虽然最后结果不算完美,机上 111 人死亡,但仍有 185 名机组人员和乘客生还,这是飞行机组惊人的抗压能力所创造的壮举。他们展现出了超凡的机组资源管理技能,他们的团队合作、沟通、工作负荷管理、决策和判断力都是在十分紧急的情况下所能想到的最佳典范。

这起事故体现了在非正常和突发事件中对健全机组资源管理技能的需求,在随后的几年里,它一直是机组资源管理技能培训中一个非常具有教育意义的典范。整个机组展现出的克服困难的毅力和决心是值得称赞的,虽然当时抗压能力这个词尚未普及,但现在看来,他们的所作所为无疑是个人、团队和系统抗压能力的光辉典范。虽然事故发生在很久之前,但它仍是机组在危急情况下的抗压能力的最佳案例之一。

7.5 惊吓、意外与抗压能力

飞行员需要进行抗压能力测试的一个普遍原因是他们会遇到出乎意料的情况。依赖可靠性和常态有很多缺点,其中一个就是对于非正常事件的预期水平会比想象中更低。

自法国航空 447 号航班空难和科尔根航空 3407 号航班空难之后(BEA,2012;NTSB,2010),开展了大量的工作来研究在突发危急事件中惊吓和意外对飞行员的影响(例如,Gillen,2016;Martin,2014;Rivera et al.,2014)。因此,现在在对这两种情况对人的心理和认知影响有了更进一步的了解,并且仍在开展大量的工作来建立训练干预手段,从而让飞行员能够更好地应对类似的突发状况。

意外是一种相对常见的现象,当发生超出飞行员预期的事情时就产生了意外。意外因素会暂时摧毁飞行员维持的情景意识心智模型,因为飞行员会试图将新出现的感知信息融入他们对正在发生事情的现有理解当中(Wessel et al.,2016)。这个过程可能会比较快,因为新信息容易理解和整合,否则可能需要花费大量的时间理清信息(Foster and Keane,2015)。在理清信息的过程中,会试图理解并整合新信息，飞行员很容易在情景意识和决策上出现问题，因此飞行员需要一定程度的抗压能力，以确保飞机不会进入非期望状态。

拉尼尔(Lanir，1986)把意外划分为两种，即根本性意外和情况性意外。根本性意外是指完全出乎人们合理预期的事件，因此会对他们理解情况有深远的影响。在航空领域，这类事件通常是指"黑天鹅"事件(Taleb，2010)，因为这类事件罕见而且新奇，所以很难开展培训，需要飞行员具备良好的恢复能力。情况性意外事件比较常见，尽管它们也会出乎意料，但被认为是在可能发生的范围内，无论飞行员此前是否亲身经历过这些意外，都可以做好应对这种意外的战略准备。

幸好，惊吓在航空领域中较为少见，无论惊吓的程度如何，影响都可能相当严重。虽然意外主要是产生认知影响，但出乎意料的惊吓还会产生反射性生理影响，激发"战斗或逃跑"反应(Lang，Bradley，and Cuthbert，1997；Misslin，2003)，与惊吓反射一致(惊吓反射是一种反感的行为，用于保护身体并将注意力资源对准惊吓刺激的来源)。此外，尤其是在面临真实威胁或感知到威胁的情况下，可能会激活身体的急性应激通路。急性应激反应会对工作记忆造成严重影响，进一步加重刺激发生后的信息认知过程负担。

经历惊吓或者重大意外后，飞行员必须努力将注意力重新集中在驾驶飞机上。当飞机进入非期望状态时，飞行员需要良好的机组资源管理技能以保证飞机能尽快恢复到安全状态，即使飞行员还未完全清晰地认识到发生了什么情况。

培训干预能帮助飞行员面临惊吓之后恢复并保持飞机控制，目前处于早期测试阶段(例如 Boland，2016；Gillen，2016)。然而，一些基本过程非常重要。首先，飞行员要继续驾驶飞机，并在必要时立即采取行动，这一点十分重要。其次，在不需要立即采取行动的情况下，飞行员应尽量不采取任何冲动行动，而应在等待战斗或逃跑反应消退时尝试弄清情况，重新建立情景意识。

需要立即采取行动的情况相对较少，但下面列举的一些危急事件需要立刻果断地采取行动：

(1) EGPWS[①]近地告警。

(2) 飞机失控/颠簸。

(3) 反应式风切变。

---

① EGPWS——增强型近地告警系统。

（4）TCAS[①] 决断咨询。

（5）中断起飞。

（6）失速告警。

（7）座舱高度告警。

强烈建议飞行员加强针对上述事件处置办法的学习，以便能够用相对少的有意识的努力采取对应措施。同样重要的是飞行员还要清晰了解每种事件发生的前兆，以便他们能够迅速判断情况并采取加强学习后的应对措施。

当突发事件不需要立即采取行动时，飞行员需要先从惊吓或意外中恢复过来，并等待情景意识恢复到正常水平之后，再采取新的计划。许多事故表明，冲动行为往往是无效的，甚至会适得其反（例如 BEA，2012；NTSB，2010a）。

这种"需要立即采取行动"的情况相对少见，不需要立即采取行动的情况却有很多，在这种情况下，花时间仔细考虑需要采取的行动，才能更好地掌控局势。在处理这类事件时，制定好策略并熟练运用机组资源管理技能比冲动的处理反应更有可能带来成功的结果。

虽然航空领域大量使用缩写词，但下列三个缩写词分别代表从无须立即采取行动事件中恢复过来的三个步骤：

B 深呼吸（暂停行动）（breathe）。

A 分析（作为一个机组）（analyze）。

D 决定（一旦了解清楚情况，做出最佳行动方案）（decide）。

花时间管理战斗或逃跑反应，暂停行动并深呼吸几秒钟，机组人员即可开始从任何初始工作记忆损伤中恢复过来。然后，作为一个机组来分析具体问题，重新建立共享心智模型，从而进一步决定要采取的最佳行动。

惊吓和意外是对飞行员抗压能力的一项重要考验，面对这样的情况时，主要生存技巧在于准备和演练（策略性抗压能力）以及在恢复阶段熟练运用机组资源管理技能。其他机组成员也可能面临突发的具有挑战性的情况，以上表述对其他机组成员同样适用。

7.6　个人与团队抗压能力

人与人之间的个人抗压能力会有很大的差异，有些人在应对逆境时沉着冷静，有些人则会感到崩溃。总的来说，飞行员群体可能属于抗压能力较强的人

---

① TCAS(或 ACAS)——交通(或空中)防撞系统。

群，因为不具备抗压能力的人往往会在严苛的飞行员训练中自行选择放弃，也有一些飞行员天生抗压能力就很强。

有大量关于个人抗压能力的公开文献（例如 Deveson，2003；Flach，2004；Greitens，2015；Reich，Zautra，and Hall，2012）。这类文献大多与航空领域并不相干，只是告诉公众如何提高日常生活中的抗压能力。通常，这类文献会重点讲述应对技能、积极的人生观、咨询和分享问题以及防御性或战略性抗压能力的要素。

飞行员个人可以通过精进技术，掌握飞机和驾驶操作程序的技术知识，以及对非正常事件的合理怀疑和预期来提高自己的战略性抗压能力。

飞行员也可以通过想象在内心演练他们对重要事件的反应，清晰了解时间紧急事件相关的线索，从而提高自身的战术性抗压能力，制订情绪状态管理和恢复策略，然后等待事件随时间恢复。

团队抗压能力是一种更为复杂的现象，因为团队中的有些个人可能天生并不具备团队其他成员那样的抗压水平。看过电影《阿波罗 13 号》的人，或者熟悉联合航空 232 号航班事故（见 7.4.3 节）中密切团队合作的人，会对机组人员的抗压能力印象深刻，不仅记住了机组成员出色的抗压能力，还记住了机组所展现的领导能力与团队合作精神。一位强大的领导者是一个非常重要的恢复管道，当遇到困难时，他能够激发机组作为一个团队有效地工作。

同样，在事后阶段，抗压能力强的机组成员可以补偿抗压能力弱的机组成员，可以产生积极的结果，同时受影响的机组成员可以借此恢复到能再次完全投入工作的状态。

关于团队，尤其是小型团队抗压能力的文献相对较少。不过在系统和组织抗压能力方面，已经开展大量的研究工作（例如 Leflar and Siegel，2012；Woods et al.，2012）。可以从组织和个人抗压能力中提炼出一些原则，这些原则也适用于两人团队或小型团队。

7.7　机组资源管理技能及其与抗压能力的关系

在过去的 40 年里，航空领域在机组环境方面做了大量的工作，培养机组成员的能力，使机组成员不仅具备充足的技术能力，还具备出色的非技术性技能。这些非技术性技能是有效机组资源管理的核心，包括领导能力、团队合作、沟通、情景意识、决策、工作负荷管理、压力管理、疲劳管理以及其他多项能力。

全球大多数航空公司的机组资源管理、非技术性技能和人为因素项目都普遍获得了强烈支持,并且得到了国际民用航空组织及其他监督机构的认可,被视为提高航空安全努力中不可缺失的一环。虽然事故数据十分有限,为量化具体安全改进幅度的实证分析带来了困难,但机组资源管理培训带来无形收益却得到了广泛认可(Salas et al.,2001)。

7.4节中紧急情况的结果表明了机组资源管理技能的作用,它是个人抗压能力和团队抗压能力中必不可少的组成部分,毫无疑问是提升飞行员应对逆境能力的一项工具。将抗压能力与机组资源管理技能结合起来会让机组人员知道,如何为应对未来的紧急情况做好万全准备。

7.8　通过有效的机组资源管理能力培养个人与团队抗压能力

7.8.1　情景意识

描述情景意识(SA)的方式多种多样,但普遍认为情景意识分为三个步骤:感知环境线索信息,理解线索信息的含义,以及预测这一信息对未来的影响(Endsley,1995)。虽然抗压能力并不一定是情景意识的直接结果,但有人认为,用于预测逆境并做好准备的战略性抗压能力取决于情景意识。

霍尔内格等人(Hollnagel et al.,2011)描述了战略性抗压能力的一种形式,人们会随时做好准备应对突发事件。他们是通过情景意识做到这一点的。这意味着他们对当时周围发生的事情有基本的了解,而且对未来可能发生的事情有一定的预期。同样,他们对未来应该发生的事情也有一定的预期。

霍尔内格等人(Hollnagel et al.,2011)进一步描述了抗压能力的四个基本要素——预测、监视、应对和学习。考虑到学习功能与情景意识的未来状态相似,上述四个基本要素与Endsley(1995)对于情景意识的解释密切相关。

航空公司通常使用行为指标(BM)评估系统,如非技术性技能系统(NOTECHS)(Flin et al.,2003),来评估情景意识能力。非技术性技能系统(NOTECHS)采用一个包含四种分类的系统,该系统被进一步划分为元素以及可观察行为。对于情景意识的行为指标,分为飞机系统感知,外界环境感知和时间感知等各个元素,并概述了一些良好做法和不良做法的典型例子,用1~5分进行评分。据说典型行为能够展现良好的情景意识,因此可能提升积极抗压能力的特性,包括如下几方面:

(1) 监视和报告系统状态的变化。

(2) 确认系统的输入和更改。

（3）收集环境相关信息（位置、天气和交通）。

（4）与机组人员共享重要的环境信息。

（5）必要时联系外部资源（保持情景意识）。

（6）与机组人员讨论时间约束。

（7）讨论应急策略。

（8）明确未来可能出现的问题（Flin et al.，2003）。

7.8.2　决策

合理的决策十分有助于提升抗压能力，特别是航空等复杂领域内复杂、高风险环境下的决策，既能在战略层面起到帮助，又能在不利危急事件后的恢复过程发挥作用。相反，当机组人员需要在压力下做出快速、准确、对安全至关重要的决策时，例如在飞机处于紧急情况下，抗压能力则被认为是一项基本要求。

关于飞行员的决策问题，已经开展大量的研究工作（例如 Flin，O'Connor，and Chrichton，2008；Harris and Li，2015；Wise，Hopkin，and Garland，2009；Zsambok and Klein，2014），但针对确定决策与抗压能力之间的具体关系，还无法给出确切的答案。

在航空领域，影响决策和抗压能力的重要因素之一就是不确定性。当可以轻松评估事态时，就很容易作出决策，可供选择的决策数量有限，而且每个选择的相关危险等级也清晰明了。然而，在现实世界中，决策特别是安全至关重要的复杂事件，常常不好预测，或者不容易理解，这会影响恢复工作。虽然理想的答案可能是飞行员具备更强的"抗压能力"，因此能够更好地处理突发事件，遗憾的是抗压能力往往是在未知的、安全至关重要的事件中才能进行检验。

一名能抗压的飞行机组成员应该能够做出与风险相称的决策，能够对任何不测事件做好技术准备，能够做出适应一系列已知和未知情况的预先考虑决策。这类机组成员被认为具有战略性抗压能力（即做好应对大多数不测情况的准备），并且具有战术性抗压能力（能够在突发危机情况下做出正确决定）。

研究表明更多地参与决策任务以及未知、意外事件，通过制订决策策略并在这些决策基础上积累经验，可以提升将来面临这些事件时的决策能力（Cannon-Bowers and Salas，1998；Chrichton and Flin，2001；Zsambok and Klein，2014）。这是基于实证的训练的一个前提，将来可能变得更加普遍。

与情景意识相同，通常用行为指标来评估决策。在非技术性技能系统（NOTECHS）中，弗林等人（Flin et al.，2003）提出了以下代表性行为，这些行

为有利于产生合理决策,并且可能促进抗压行为:

(1) 收集信息以明确问题。

(2) 与其他机组成员一起检查起因。

(3) 说明备选方案。

(4) 征求其他机组成员的意见。

(5) 思考并分享备选方案的预估危险。

(6) 讨论机组范围内可能存在的行动风险。

(7) 确认并说明所选方案/约定行动。

(8) 对照计划检查结果(Flin et al.,2003)。

虽然以上并不一定是促进战略性和战术性抗压能力发展的详尽行为列表,但它们确实代表了可能增强此类行为的合理决策实践。

7.8.3 沟通

组织抗压能力文献中的一个共同主题是需要具备强大、清晰、高效的沟通能力。这一要求同样适用于身处逆境的飞行和客舱机组人员。在急性应激情况下,经常会出现沟通中断,有时甚至会完全停止,或者至少会出现沟通不畅的情况。相比之下,联合航空 232 号航班事故和全美航空 1549 号航班事故的当事机长海恩斯和萨伦伯格展现了谨慎、清晰的沟通方式(NTSB,1990,2010a),在巨大的困难面前,理想的沟通方式使事情愈发清晰。

沟通是一种有效的情景意识和决策能力,因此在战略性抗压能力和战术性抗压能力中起着同样重要的作用。沟通通常是共享心智模型的基础(Cannon-Bowers,Salas,and Converse,1993;Jonker,van Riemsdijk,and Vermeulen,2011),也是威胁与差错管理的有效工具。在不利危急事件发生后的最初阶段,共享心智模型可能很难恢复,特别是在涉及意外或惊吓的情况下,因此,确保发布最关键信息的沟通流将会确保所有机组人员适当集中注意力,开展团队合作。

有效沟通,特别是与有效监视相结合,是避免危急事件的一项预防策略。在处理逆境的最初阶段以及从危急事件中恢复过来时,有效沟通也是必不可少的。为培养更好的沟通技能,使员工在紧急情况下更能抗压,在模拟器训练期间,应更加注重通过更好地运用合理的团队沟通过程来确保加强机组人员在紧急情况下的共享心智模型。

7.8.4 工作负荷管理

任务管理是一项重要技能,特别是在高工作负荷期间。有效的工作负荷管理在预防性或者战略性抗压能力中发挥着重要作用,可以减少机组成员因为任务分心的概率,只要分心,不良事件就有机可乘。

它还是一项战术性抗压能力,使机组成员专注于不利非正常事件后的重要任务。在航空领域,有一个古老的原则"起飞-导航-通信",它是确定工作优先顺序的工具,在非正常情况下特别有效,并适用于抗压行为。虽然在危急情况下可能会有许多转移注意力的干扰,但必须始终把重点放在驾驶飞机和管理飞行航迹上。在 7.4 节中讲述的三个例子当中,这一点都做得非常好,但在其他最终以悲剧告终的例子中做得并不好。

7.8.5　压力管理

巨大的压力对信息处理有很大的负面影响。虽然适度的觉醒对保持注意力和警惕性有用,但在紧急情况或威胁条件下,急性压力会起到削弱作用,对机组人员的抗压能力产生严重影响。

在紧急情况发生前,高压会造成注意力下降或狭窄,或注意力不集中,或者将注意力集中在与任务无关的问题上(Staal,2004),意识受损将导致较不能抗压的状态。

在紧急情况发生时及刚刚发生后,紧张的机组成员都遭受同样的压力事件,其程度往往非常高。这可能导致难以产生有意义的反应,包括状态冻结(Martin,2014)。虽然这些情况很少见,但压力的损害作用在威胁条件下可能会加剧,既降低了个人抗压能力,也因此降低了整个团队的抗压能力。

有许多方法可以补救压力的影响。大多数方法都基于生活方式,涉及一些心理或实际手段,比如重新构建压力源,或者完全消除压力源(Franklin,Saab,and Mansuy,2012)。这些方法包括社会支持、咨询、锻炼、瑜伽、冥想、改善饮食以及减少人际关系或财务压力源(Olpin and Hesson,2016)。这些努力可以视为战略性抗压能力,旨在减轻机组成员的压力,避免在压力事件中表现不佳。

在紧急事件发生后,压力水平可能激增,有意识的深呼吸已被证明具有改善恢复时间的作用(Boland,2016;Varvogli and Darviri,2011)。随着更多的工作记忆容量被释放出来,机组人员能够尽早恢复过来,从而可能提高抗压能力。

7.8.6　疲劳管理

疲劳是一种隐形损伤,正在受到全世界的广泛关注。虽然国际民用航空组织出版了指导方针(ICAO,2016),但各监管机构实施这些指导方针的方法却大不相同。此外,正在建立疲劳风险管理系统,它允许成熟的运营商留有一些回旋余地,根据他们自己的运营证据来管理他们的风险暴露。

关于疲劳对机组成员的影响,已经有比较充分的研究(Caldwell,2005; Goode,2003;SRG,2005),但是要在一个多元化的复杂行业中建立疲劳准则的现代经验基础,在科学严谨性方面仍有进一步提升的空间。

从个人层面来说,疲劳常常表现为专注力、警惕性、注意力持续时间和团队合作能力下降(Pilcher,Vander Wood,and O'Connell,2011;Tanaka,Ishii,and Watanabe,2015)。它也会对复杂的脑力劳动产生负面影响,比如在未知的危急情况中所需的脑力工作(Burke et al.,2015;ICAO,2016;Killgore,Balkin,and Wesensten,2006)。

因此,疲劳可能对个人的战略性和战术性抗压能力有着重大影响。当遇到的情况需要典范性团队合作、领导能力和高层次思维能力来成功解决问题时,那么团队的抗压能力也会受到影响。通过适当的值班前休息,在飞机上小睡(在适当时),以及适量饮用咖啡来缓解疲劳,可以增强个人抗压能力,从而增强团队抗压能力。

7.9　结论

抗压能力是一个广泛使用的术语,特别是在个人、组织或者系统层面。然而,很少有关于小型团队层面抗压能力的论述,但每天的航班运行中都会发生小型团队抗压能力的情形。然而,在航空业中,适用于个人抗压能力和大型单位(比如组织抗压能力)的概念在很大程度上可以迁移到小型的飞行机组环境。

威胁与差错管理这个概念有助于抗压能力,它通常不会出现在其他行业中。这种对识别和避免威胁,以及管理或缓解威胁与差错的总体关注支持着一个有抗压能力的团队框架,并通过合理的情景意识增强团队框架。

文献中的抗压能力往往是指从某个事件中恢复过来的能力,而在航空业中,无疑会有出乎意料、充满挑战的意外事件发生。这些事件通常需要运用良好的机组资源管理技能来确保实现安全的结果。面对这些情况,需要清晰的沟通能力和良好的领导能力。它们还需要密切的团队合作、合理的决策和主次分明的任务管理。

虽然扭转乾坤的战术性抗压能力必不可少,但也有充分的理由将机组资源管理技能作为一种防御性的、更具战略性的工具,利用这一系列的能力和行为来应对威胁与差错管理的挑战,并避免出现需要运用战术性抗压能力进行恢复的情况,这些技能在个人层面和团队层面都适用。

未来的飞行员抗压能力训练将会继续注重正常和非正常情况下的技能培养。该训练还会注重在具有教育意义的学习环境中引入突发紧急情况。更加出色的抗压能力还来自提高对紧急事件的预期水平,随着飞机自动化程度越来越高,更加精密和可靠,应对危急事件并不是一件轻松的事情。

参考文献

Australian Transport Safety Board [ATSB]. (2013). *In-flight uncontained engine failure Airbus A380 - 842, VH - OQA, overhead Batam Island*, Indonesia, 4 November 2010. Available from http://www.atsb.gov.au/publications/investigation_reports/2010/aair/ao-2010-089.aspx.

Boland, E. (2016). *Managing startle & surprise [Powerpoint presentation]. Proceedings of the PACDEFF CRM and aviation human factors conference* (pp. 7 - 8). South Australia: Glenelg, November.

Bureau d'Enquêtes et d'Analyses pour la sécurité de l'aviation civile [BEA]. (2012). Final report on the accident on 1st June 2009 to the Airbus A330 - 203 registered F - GZCP operated by Air France flight AF 447 Rio de Janeiro — Paris. Available from https://www.bea.aero/doc-spa/2009/f-cp090601.en/pdf/f-cp090601.en.pdf.

Burke, T. M., Scheer, F. A. J. L., Ronda, J. M., Czeisler, C. A., & Wright, K. P. (2015). Sleep inertia, sleep homeostatic and circadian influences on higher-order cognitive functions. *Journal of Sleep Research*, 24, 364 - 371.

Caldwell, J. A. (2005). Fatigue in aviation. *Travel Medicine and Infectious Disease*, 3, 85 - 96.

Cannon-Bowers, A., Salas, E., & Converse, S. (1993). Shared mental models in expert team decision making. In N. J. Castellan (Ed.), *Individual and group decision making* (pp. 221 - 245). Mahwah, NJ: Lawrence Erlbaum Associates.

Cannon-Bowers, J. A., & Salas, E. (1998). *Making decisions under stress: Implications for individual and team training*. Washington, DC: American Psychological Association.

Chrichton, M., & Flin, R. (2001). Training for emergency management: Tactical decision games. *Journal of Hazardous Materials*, 88(2 - 3), 255 - 266.

Claesson, G. (2006). *What is resilience?* Available from http://www.rico.com.au/resilience/.

Deveson, A. (2003). *Resilience*. Sydney, Australia: Allen Unwin.

Endsley, M. R. (1995). Toward a theory of situation awareness in dynamic systems. *Human Factors*, 37(1), 32 - 64.

Flach, F. F. (2004). *Resilience: Discovering a new strength at times of stress*. Hobart, NY: Hatherleigh Press.

Flin, R., Martin, L., Goeters, K.-M., Hormann, H.-J., Amalberti, R., Valot, C., &

Nijhuis, H. (2003). Development of the NOTECHS (non-technical skills) system for assessing pilot's CRM skills. *Human Factors and Aerospace Safety*, 3(2), 95–117.

Flin, R., O'Connor, P., & Chrichton, M. (2008). *Safety at the sharp end. A guide to non-technical skills*. Aldershot: Ashgate.

Foster, M. I., & Keane, M. T. (2015). Why some surprises are more surprising than others: Surprise as a metacognitive sense of explanatory difficulty. *Cognitive Psychology*, *81*, 74–116.

Franklin, T. B., Saab, B. J., & Mansuy, I. M. (2012). Neural mechanisms of stress resilience and vulnerability. *Neuron*, 75(5), 747–761.

Gillen, M. W. (2016). A study evaluating if targeted training for startle effect can improve pilot reactions in handling unexpected situations in a flight simulator (*Doctoral Dissertation*). University of North Dakota.

Goode, J. H. (2003). Are pilots at risk of accidents due to fatigue? *Journal of Safety Research*, *34*, 309–313.

Greitens, E. (2015). *Resilience: Hard-won wisdom for living a better life*. Boston, MA: Houghton, Mifflin Harcourt.

Harris, D., & Li, W.-C. (Eds.), (2015). *Decision making in aviation*. Farnham: Ashgate.

Helmreich, R. L., Klinect, J. R., & Wilhelm, J. A. (1999). *Models of threat, error, and CRM in flight operations. Proceedings of the Tenth International Symposium on Aviation Psychology* (pp. 677–682). Columbus, OH: The Ohio State University.

Hollnagel, E., Paries, J., Woods, D. A., & Wreathall, J. (Eds.), (2011). *Resilience engineering in practice: A guidebook*. Farnham, Surrey: Ashgate Publishing Limited.

International Civil Aviation Organization [ICAO]. (2016). *Manual for the oversight of fatigue management approaches (Document 9966)* (2nd ed.). Available from https://www.icao.int/safety/fatiguemanagement/FRMS%20Tools/Doc%209966. FRMS. 2016%20Edition. en. pdf.

Jarvis, S. (2017). *Colin 1 and Colin 2: A review of CRM programs*. Paper presented at the PACDEFF CRM Conference, Melbourne, Australia, August 8–10, 2017. Available from http://pacdeff. com/wp-content/uploads/2017/08/PACDEFF-Keynote-2017. pdf.

Jonker, C. M., van Riemsdijk, B. M. & Vermeulen, B. (2011). Shared mental models: A conceptual analysis. In *Proceedings of the 9th international conference on autonomous agents and multiagent systems (AAMAS 2010)*, van der Hoek, Kaminka, Lespérance, Luck and Sen (eds.), May, 10–14, 2010, Toronto, Canada.

Killgore, W. D. S., Balkin, T. J., & Wesensten, N. J. (2006). Impaired decision making following 49 h of sleep deprivation. *Journal of Sleep Research*, *15*, 7–13.

Lang, P. J., Bradley, M. M., & Cuthbert, B. N. (1997). Motivated attention: Affect, activation and action. In P. J. Lang, & R. F. Simons (Eds.), *Attention and orienting: Sensory and motivational processes*. Mahwah, NJ: Lawrence Earlbaum & Associates.

Lanir, Z. (1986). *Fundamental surprise: The national intelligence crisis*. Eugene, OR: Decision Research.

Leflar, J. J., & Siegel, M. H. (2012). *Organizational resilience: Managing the risks of disruptive events — A practitioner's guide.* La Baton, FL: CRC Press.

Martin, W. L. (2014). Pathological behaviours in pilots during unexpected critical events: The effect of startle, freeze and denial on situation outcome (*Doctoral Thesis*). Brisbane, Australia: Griffith University.

Misslin, R. (2003). The defense system of fear: Behavior and neurocircuitry. *Clinical Neurophysiology*, 33(2), 55 - 66.

National Transportation Safety Board [NTSB]. (1990). *United Airlines Flight 232, McDonnell Douglas DC - 10 - 10, Sioux Gateway Airport, Sioux City, Iowa, July 19, 1989 Report Number NTSB/AAR - 90/06.* Available from https://www. faa. gov/about/initiatives/maintenance _ hf/library/documents/media/human _ factors _ maintenance/united_airlines_flight_232. mcdon-nell_douglas_dc - 10 - 10. sioux_gateway_airport. sioux_city. lowa. july_19. 1989. pdf.

National Transportation Safety Board [NTSB]. (2010a). *Loss of thrust in both engines after encountering a flock of birds and subsequent ditching on the Hudson River — US Airways Flight 1549 Airbus A320 - 214, N106US,* Weehawken, NJ, January 15, 2009. Available from https://www. ntsb. gov/investigations/AccidentReports/Reports/AAR1003. pdf.

National Transportation Safety Board [NTSB]. (2010b). *Loss of Control on Approach Colgan Air, Inc., Operating as Continental Connection Flight 3407 Bombardier DHC - 8 - 400, N200WQ, Clarence Center, New York, February 12, 2009.* Available from https://www. ntsb. gov/investigations/AccidentReports/Reports/AAR1001. pdf.

Olpin, M., & Hesson, M. (2016). *Stress management for life: A research-based experiential approach.* Boston, MA: Cengage Learning.

Oxford Dictionary. com. (n. d.). *Definition of resilience in English.* Available from https://en. oxforddictionaries. com/definition/resilience.

Pariés, J. (2012). *Resilience in aviation: The challenge of the unexpected.* Paper presented at the IAEA Technical Meeting on managing the unexpected: From the perspective of the interaction between individuals, technology and organization, Vienna, 25 to 29 June 2012. Available from https://gnssn. iaea. org/NSNI/SC/TMMtU/Presentations/Mr%20Paries%27s%20Presentation%201. pdf.

Pilcher, J. J., Vander Wood, M. A., & O'Connell, K. L. (2011). The effects of extended work under sleep deprivation conditions on team-based performance. *Ergonomics, 54* (7), 587 - 596.

Reich, J. W., Zautra, A. J., & Hall, J. S. (Eds.), (2012). *Handbook of adult resilience.* New York: The Guildford Press.

Rivera, J., Talone, A. B., Boesser, C. T., Jentsch, F. & Yeh, M. (2014). Startle and surprise on the flight deck: Similarities, differences and prevalence. In *Proceedings of the 58th annual meeting of the human factors and ergonomics society*, Chicago, IL, 27 - 31 October.

Safety Regulation Group [SRG]. (2005). *Aircrew fatigue: A review of research undertaken on behalf of the UK Civil Aviation Authority* (*CAA Paper 2005/04*). Available from https://pub-licapps. caa. co. uk/docs/33/CAAPaper2005_04. pdf.

Salas, E. , Burke, C. S. , Bowers, C. A. , & Wilson, K. A. (2001). *Team training in the skies: Does Crew Resource Management (CRM) training work?* Available from http://www. raes-hfg. com/reports/22may01-SitAssessment/240501-salas-ROI. pdf.

Staal, M. A. (2004). Stress, cognition, and human performance: A literature review and conceptual framework (Technical report NASNTM - 2004 - 212824). Available from https://ntrs. nasa. gov/archive/nasa/casi. ntrs. nasa. gov/20060017835. pdf.

Taleb, N. N. (2010). *The black swan: The impact of the highly improbable* (2nd ed.). New York: Random House Trade.

Tanaka, M. , Ishii, A. , & Watanabe, Y. (2015). Effects of mental fatigue on brain activity and cognitive performance: A magnetoencephalography study. *Anatomy & Physiology: Current Research*, 54(2), 1 - 5.

Varvogli, L. , & Darviri, C. (2011). Stress management techniques: Evidence-based procedures that reduce stress and promote health. *Health Science Journal*, 5 (2), 74 - 89.

Wessel, J. R. , Jenkinson, N. , Brittain, J. -S. , Voets, S. H. E. M. , Aziz, T. Z. , & Aron, A. R. (2016). Surprise disrupts cognition via a fronto-basal ganglia suppressive mechanism. *Nature Communication*, 7(11195), 1 - 10.

Wise, J. A. , Hopkin, V. D. , & Garland, D. J. (Eds.), (2009). *Handbook of aviation human factors* (2nd ed.). Boca Raton, FL: CRC Press.

Woods, D. D. , Leveson, N. , & Hollnagel, E. (Eds.), (2012). *Resilience engineering: Concepts and precepts*. Aldershot: Ashgate Publishing Ltd.

Zsambok, C. E. , & Klein, G. (Eds.), (2014). *Naturalistic decision making* (2nd ed.). New York: Psychology Press.

8 机组资源管理、风险 与安全管理体系

托马斯·R. 奇德斯特(Thomas R. Chidester[1])和

何塞·安卡(José Anca[2])

[1] 美国,俄克拉何马州,俄克拉何马城,联邦航空管理局,民用航空医学研究所

[2] 澳大利亚,维多利亚州,霍桑斯威本科技大学科学、工程和技术学院

8.1 安全管理体系

美国联邦航空管理局(FAA,2015)将安全管理体系(SMS)定义为一种"全面的预防性安全管理方法"。国际民用航空组织(ICAO,2013)采用类似的定义,并在详细的安全管理手册中阐述了相应流程。事实上,国际民用航空组织推荐其成员国采用安全管理体系(Hollinger,2013)。安全管理体系建立在以安全政策为根本的组织安全文化之上,强调安全风险管理、安全保证和安全促进这三个基本过程。这需要明确一些定义。安东森(Antonsen,2009)将安全文化定义为:"为将风险降至可接受水平并确保利益相关者感到安全、放心而采取的正式措施,以及组织和组织内的重要子群体非正式、心照不宣的工作优先权的情况。"从这个角度来说,安全管理体系是一种正式措施,由各项程序、训练、报告和监控系统构成。但非正式措施,如一线工人和主管对工作完成方式的看法,也是至关重要的。文化是两方面因素相互作用的结果,领导者对程序的口头和书面意见影响着文化,员工按照程序的表述和自己的理解采取行动。所以安全管理体系咨询通告强调,文化不能被"创造或实施,只能随着时间的积累在经验基础上产生"。安全政策通常是最高级别安全文化的公开声明,其中高级管理层明确阐述其预期的行为标准以及组织的风险应对方式。安全管理体系是航空公司制订风险相关决策的标准机制。咨询通告阐述了以下安全政策要求:

§ 5.21 安全政策——美国联邦航空管理局(FAA)(2015)

1. **证书持有人的安全政策必须至少包含以下内容：**

   a. 证书持有人的安全目标。

   b. 证书持有人关于实现组织安全目标的承诺。

   c. 为实施安全管理体系提供必要资源的明确声明。

   d. 一份安全报告政策，规定员工报告安全隐患或问题的要求。

   e. 一份规定不可接受行为和纪律处分条件的政策。

   f. 按照§ 5.27的要求，规定从常规操作安全过渡到紧急操作的应急预案。

2. **安全政策必须由§ 5.25所述的责任主管签署。**

3. **安全政策必须形成书面文件，并在证书持有人组织内部传达。**

4. **安全政策必须由责任主管定期审查，以确保它持续正确并适合于证书持有人。**

　　安全风险管理是一个正式过程，辨识飞机运行中所面临的风险，确定哪些风险可以接受，哪些风险需要减缓，记录这些决定，并将这些决策运用到航空公司的政策、流程、培训和基础设施中。如果采用这种方法新成立一家航空公司，相关决策包括购买哪种飞机，服务哪些机场，在哪里进行维修，如何记录政策和程序，以及各类工作人员培训的完成情况等。但大部分航空公司都是在安全管理体系正式形成之前成立的，以这种方式进行安全管理体系实施后的决策可能很简单，但要制订过去的决策清单和航空公司的风险概况是具有挑战性的。在理想情况下，安全管理体系会列出一个危险现状清单，阐明它们给航空公司带来的风险以及现有的减缓措施。它的持续应用，保证业务操作变更的决定过程训练有序，以符合航空公司的安全管理方法。

　　安全保证包含监控和度量航空公司的日常活动，以确保实际达到的安全等级与预期一致，政策和风险减缓措施发挥预期作用。航空公司采用飞行品质监控(FAA，2004a)监控从飞机上下载的飞行性能数据、航空安全行动计划(FAA，2002)审查飞行员、签派员、机修工和其他员工报告的安全问题和事件、航线运行安全审计(FAA，2006a)收集标准化的飞行样本观察数据、高级资格认证计划的训练数据(FAA，2006b)收集模拟器和航线飞行评估的性能数据以及其他风险观察和量化计划中的数据。这既是对正式决定和政策的反馈，又能使航空公司意识到可能出现的危险。

安全促进是向每个工作人员群体传达其安全职能,以及航空公司期待他们如何应对危险,处理工作中遇到的风险。这既包括资格认证和保持资格所需的培训,也包括政策、程序和专题出版物。"因为安全管理体系的一个重要组成部分就是有效控制风险,组织中的每一位成员必须通过行动和行为了解他们在控制风险过程中所扮演的角色,并担负起自己的职责(FAA, 2015)。"

那么,如何应用这一方法呢? 假设一家航空公司发现了一个潜在的利润丰厚的市场,运营从美国枢纽到中美洲某个度假胜地的航班。虽然机场靠近海平面,白天大多数时候晴朗高照,但机场周围群山环绕,偶尔会有热带降雨和低能见度的天气。进行安全评估的安全管理体系责任主管注意到,该机场有仪表着陆系统(ILS),可以从一个方向进近,但从另一个方向仅能使用场内甚高频全向信标(VOR)进行非精密进近(无垂直引导)。然而,根据已出版的文件,ILS进近的绕场着陆动作和基于GPS的非精密区域导航(RNAV)进近被VOR覆盖。主管召集了一个由技术人员、培训人员和管理人员组成的团队来评估危险。他们认为,在夜间或低能见度的情况下进近非仪表着陆系统跑道非常危险,并判定近地告警系统(GPWS)支持的绕场着陆动作没有提供航空公司安全政策规定的充分风险缓解措施。航空公司可以采用什么减缓措施呢? 他们可能要求使用仪表着陆系统,并禁止在低能见度或夜间条件下使用非仪表着陆系统跑道,但在某些情况下,可能会禁止签派到该机场,在其他情况下,由于进近时顺风超过限制,可能需要改飞到其他机场。通过非精密进近到另一条跑道,可以避开这些条件限制,但根据经验,非精密进近比精密进近风险更大(世界飞行安全基金会;FSF,2000)。我们假设的航空公司更倾向于使用GPS/RNAV进近,并在具备条件的情况下使用恒定角度下降引导。与此一致的是航空公司可以要求只有同样能够使用GPS覆盖非精密进近的飞机才可以被签派到该机场。这就取消了未配备GPS接收器的飞机以及不具备资格或不了解这类进近方式的机组人员的签派资格。最终,团队选择了这个解决方案,在飞行手册中增加了一条说明,禁止在夜间和仪表飞行气象条件(IMC)下的绕场着陆动作,并要求使用ILS或GPS信号覆盖的跑道。他们发布了一项飞往该目的地的飞行计划特别说明,强调了这一要求,并将该机场纳入航空公司来年的资格认证和继续资格认证模拟器培训场景。

注意所开展的评估、所确认的危险以及所选择的减缓措施,这些就是安全风险管理过程中的重要步骤。还要注意,即使不采取任何减缓措施进入机场也是合法的。遵守发布的绕场着陆动作,符合美国联邦航空管理局和国际民用航空组织对保持安全高度的要求。但是,我们假设的航空公司已经正式确定安全政策、风险管理过程,并实施了一套减缓措施,设定了更高的安全标准。团队的决策并不能阻止签派或进入机场。在这种情况下,可以通过及时审查飞行品质监控数据,提醒飞行员报告在该机场遇到的任何异常情况,增加该航路的航线评估次数,或者将其作为航线运行安全审计观察的目标等措施来做到保证安全。安全促进被纳入飞行计划通告和手册说明中,将该机场纳入模拟器培训,并可通过介绍机场或航空公司实施安全管理体系的专题出版物来加强宣传,还可以与机组资源管理(CRM)培训直接结合在一起,航空公司可能会选择在政策和机组层面强调地形感知和防撞策略,作为其资格认证或持续资格认证 CRM 培训的一部分。

在事故发生后,能够观察到有哪些安全管理体系的行动或缺陷? 2013 年 8 月 14 日,联合包裹服务公司的 1354 号航班,A300-600 空中巴士,在亚拉巴马州伯明翰机场跑道外坠毁(NTSB,2014)。在进近时,这个航班收到通知,机场最长的 06/24 号可用跑道因维修而关闭,当时是黎明前的黑夜,云层很低而且多变。开放的 18 号跑道使用一个航向信标进行非精密进近,以及一个基于 GPS 的非精密区域导航(RNAV)进近。机长简令以 RNAV 进近 18 号跑道,以侧飞方式飞行。飞机的自动驾驶仪和飞行导引系统与航向信标耦合,一直以一个计算的恒定下降角从最终进近定位点到平均海平面以上 1 200 英尺(ft msl)的决断高度,在那里机组必须决策继续着陆或复飞。但在获准进近时:"机长没有要求,第一副驾驶也没有核实飞行管理计算机(FMC)中的飞行计划是否只包括进近定位点;因此,在从路易斯维尔起飞后的飞行期间设置的直接飞往伯明翰国际机场的航段仍然保留在飞行管理计算机中。这导致飞行计划的不连续信息保留在飞行管理计算机中,使得为侧飞进近生成的下滑道毫无意义",结果,当机长到达最后的进近定位点时,没有垂直导引,开始下降后,他试图通过将自动驾驶仪切换到垂直速度模式并监测公布的降速定位点和高度来完成(没有宣布)非精密进近。第一副驾驶注意到了模式切换,做出了飞机高出机场海拔 1 000 英尺的喊话,但没有做出决断高度喊话。飞机以很高的速度下降,飞过了决断高度。近地告警系统(GPWS)发出"超速下降"警告,机长在报告看到跑道时减小了下降速度,但下降速度仍保持约 1 000 英尺/分钟。飞机在距离跑道约 1 英里的地方撞上树木,随后撞向地面,两名机组成员丧生。

机组人员面临的危险是什么呢? 黎明前的黑暗和仪表飞行条件,跑道关闭,飞机被迫只能使用小型跑道非精密进近;跑道地形向上倾斜,一直延伸到机场北部的森林山脊;进近时间处于昼夜节律窗口期,机组人员警惕性降低,很可能处于疲劳状态。安全管理体系如何提前应对这些危险呢?美国国家运输安全委员会调查发现,该航空公司采取了一系列行动,证明在类似情况下,针对该机场的安全管理体系运行正常,并有降低风险措施。例如,根据以往经验,夜间采用非精密进近非常具有挑战性,但该航空公司在飞机上配备了 GPS 接收器,使机组人员能够以 RNAV 进近到 18 号跑道,并且通过训练使机组人员熟悉了操作程序(A300‐600 型客机的制造时间早于运营中航空公司实施这些技术尝试的时间,但在获得使用认证后,可以增加这些技术措施)。仅当机长在进近过程中改用更多的手动操作(尝试垂直速度以遵守高度限制)时,才会导致最后一层保护失效。该航空公司开展了关于疲劳后果的培训,在《飞行手册》中公布了适合的执勤政策和疲劳风险管理计划,并制订了疲劳事件报告和审查流程。美国国家运输安全委员会对第一副驾驶的途中休息时间安排做出了批评,她未充分利用非值勤时间进行休息而是在玩手机,其手机使用情况可以证明。该航空公司实施了稳定进近政策,要求如果飞机距离机场地面不足 1 000 英尺高度但下降速度超过 1 000 英尺/分钟时应中止进近。在这次事故中,进近速度超过标准,但机组人员并未中止进近。美国国家运输安全委员会注意到,通过对该飞机的增强型近地告警系统软件升级,能够具备自动发出"最低限度"警示的能力,可以早一点提供撞地警告,但联合包裹服务公司并未执行。因此,从事故分析结果来看,对安全管理体系只确认了三个新问题,即禁止改变自动驾驶模式继续进近、考虑可能的自动化并进行危急喊话、持续更新地形感知和告警系统软件。或许后两个问题可以在安全风险管理中予以确认,前一个问题可能只能通过安全保证进行确认,即有机组人员报告了类似错误,或者飞行品质监控发现了使用类似的自动驾驶模式和相应的超标准操作。也许,还可以将模式改变问题加入稳定进近政策中。

　　几年前,至少有一家航空公司通过安全保证流程把 18 号跑道北面的上坡地形确认为一个潜在问题。机组在清晨可视条件下获准进近 18 号跑道,在进近时发现跑道附近有很多树木,他们把这一发现纳入航空安全行动伙伴计划的记录之中。航空公司的机组人员很少有机会在这条跑道上进近,机长担心其他人不熟悉这片地形,最后,该航空公司要求他们的图表供应商提供一份熟悉的伯明翰机场彩色图片页,并将其加入飞行手册中。供货商一直在提供机场限制和熟悉图表,但并没有人索要这些图表。美国国家运输安全委员会并未将此纳入事故相关的讨论中,它似乎只是公共记事表中的一个参考(NTSB, 2013)。另一家航空公司在其运营期间禁止使用该条跑道。所以,我们意识到许多航空公司在该机场运营方面做出了安全管理决策。有些航空公司认为这较好,有些航空公司购买供货商发布的精确的熟悉图表,至少有一家航空公司选择不使用发生事故的跑道。在开头部分,我们提到安全管理体系是航空公司做出风险相关决策的标准机制,伯明翰机场的这些不同的进近飞行操作反映了风险评估和经验上的差异。

从更广义的角度来说,事故对安全管理体系有什么影响? 里森(Reason,1997)主张纵深防御或者多重保护。虽然我们尽了最大努力,但偶尔也会防御失效。安全管理体系可以确认基础设施、政策、程序、培训和监督中的防御措施,确保其有效。联合包裹服务公司的事故说明,尽管已经从安全管理体系的角度做好充足准备,仍有可能发生事故。但这场事故为防范未来的事件提供了更多的反馈。人的行为是概率性的,而不是确定性的。与物理学不同,我们不能完全确定某个行为会以同样的方式影响每一个人,但我们能够调整期望和不期望行为与结果发生的可能性。因此,我们永远不知道减缓措施能否始终充分地防范事件或事故,而只能判断风险程度是否需要提供纵深防御,并且可以努力持续提高。美国国家运输安全委员会的可能原因说明强调了与机组资源管理行为相关的行为:

> 美国国家运输安全委员会认定,这起事故的可能原因是飞行机组继续使用不稳定进近方式,在进近过程中没有监控飞机的高度,导致飞机意外下降到最低进近高度以下,随后撞向地面。导致事故发生的原因有:① 飞行机组未正确配置和验证飞行管理计算机的航路图;② 机长在发现未截获垂直下滑道后,没有向第一副驾驶传达他的意图;③ 由于天气信息不完整,飞行机组预计他们会在离地面 1 000 英尺的高度冲出云层;④ 第一副驾驶未按规定发出最低限度喊话;⑤ 机长的表现欠佳可能是由于包括但不限于疲劳、分心或混乱等因素造成的,与训练期间的表现欠佳一致;⑥ 第一副驾驶疲劳的原因是她未进行有效的非值勤时间管理和昼夜节律因素所导致的严重睡眠不足(第90 页)。

在下面几个小节中,我们将探讨机组资源管理与安全管理体系的相互作用,将风险识别和减缓纳入机组资源管理培训的方法,以及对未来机组资源管理与安全管理体系协同改进的期望。

8.2 机组资源管理与安全管理体系的相互作用

机组资源管理与不断完善的航空公司运营信息流(Farrow，2010)以及安全管理的概念一起发展。在自然情况下，这些概念交织在一起，带来诸多益处。虽然机组资源管理源自航空领域，但在一些领域与安全管理体系并存，尤其是在利用有效的团队合作产生更佳品质产品的领域，例如在汽车行业。在本节中，我们思考机组资源管理(可以理解为一系列技能、一种飞行方法和一个知识体系)如何服务于安全管理体系中，以及安全管理体系又如何提升机组资源管理的培训和实施。

机组资源管理被视为一系列技能，这反映了它既具有安全促进作用又能为某些问题提出更具体的减缓办法。海姆里奇和福希(Helmreich and Foushee，1993)论述了三个维度的行为指标，这随后被列为美国联邦航空管理局机组资源管理咨询通告中的技能(AC120 - 51e；FAA，2004b)，分别是沟通与决策技能、团队建设与维护技能以及工作负荷管理和情景意识技能。随着航空公司实施高级资格认证计划(FAA，2006b)，要求航空公司将上述技能纳入操纵飞机的行为目标中。发现大多数航空公司具有由这些维度组成的高水平技能集，以及在各飞行阶段和非正常或紧急行为目标中如何实施这些技能的描述。美国航空公司(American Airlines，1996)对与阶段无关的机组资源管理技能进行了如下很好的总结：

41. 坚持全面的机组资源管理原则。

41.01. 机长的权力/责任(机组资源管理)。

41.01.01. 机长行使机长的责任，参考联邦航空条例 1.1 飞行管理第 1 部分。

41.01.02. 机长保护乘客及飞机的安全。

41.01.03. 机长在美国航空公司提供的框架内协调机组人员的职责。

41.01.04. 机长向机组人员传达计划和决策。

41.01.05. 机长执行标准、政策和程序。

41.01.06. 机长回应任何机组成员提出的安全相关问题。

41.01.07. 机长辅导和培养初级机组成员的航空技能和知识。

41.02. 第一副驾驶与随机工程师的责任(机组资源管理)。

41.02.01. 第一副驾驶、随机工程师遵守副驾驶的责任，参考飞行管理第 1 部分。

41.02.02. 第一副驾驶、随机工程师保护乘客及飞机的安全。

41.02.03. 第一副驾驶、随机工程师在安全、法规和程序规定的范围内支持机长做出的决策。

41.02.04. 第一副驾驶、随机工程师在机长未作出决策的情况下,请求计划或决策。

41.02.05. 第一副驾驶、随机工程师遵循机长要求的程序和技术。

41.02.06. 第一副驾驶、随机工程师反复核对并支持机长。这需要保持警惕性并熟悉飞机和操作程序。

41.02.07. 第一副驾驶、随机工程师向机长报告安全相关问题,并提出安全行动方案。

41.02.08. 第一副驾驶、随机工程师发展自己的能力并向机长学习。

41.03. 机长建立有效沟通流程(机组资源管理)。

41.03.01. 机长开展有效简令。

41.03.02. 第一副驾驶促成有效简令。

41.03.03. 机长、第一副驾驶建立并保持沟通"环路"。

41.03.04. 机长传达决策。

41.03.05. 机长、第一副驾驶解决分歧或冲突。

41.03.06. 机长讲评重要航空事件。

41.04. 保持情景意识(机组资源管理)。

41.04.01. 机长、第一副驾驶做好准备、做好计划并保持警惕性。

41.04.02. 机长分配工作负荷并避免分心。

41.04.03. 机长确定行动与决策的优先顺序。

41.05. 发展并保持团队合作(机组资源管理)。

41.05.01. 机长制订机组岗位的相应职责和责任。

41.05.02. 机长表现出适合状态的积极性。

41.05.03. 机长保持良好的群体风气。

41.05.04. 机长避免机组成员工作过度劳累。

41.05.05. 机长与其他团队,包括空中乘务员、登机口工作人员、签派员和地面机组协调人员。

41.06. 自动化系统和模式的使用判断(机组资源管理)。

41.06.01. 机长、第一副驾驶适当使用不同程度的自动化系统操纵飞机。

41.06.02. 机长、第一副驾驶核实自动化系统按预期的方式运行。

41.06.03. 机长、第一副驾驶使用自动化系统时,互相支持。

41.07. 非正常情况和紧急情况下的机组人员合作(机组资源管理)。

41.07.01. 一旦发现发生或即将发生紧急状况,第一副驾驶立即通知机长。

41.07.02. 机长确认紧急情况并要求完成任何记忆项目。

41.07.03. 在紧急情况下,机长指定负责驾驶飞机的飞行员。

41.07.04. 操纵飞行员直接注意力主要集中在操控飞机上。然而,操纵飞行员还要监督程序项目的完成情况。

41.07.05. 非操纵飞行员读取多功能显示器(针对告警的程序)或未告警程序的紧急情况检查单,询问和答复都应大声说出来。

41.07.06. 完成各项目的操纵飞行员、非操纵飞行员在确保项目完成后应重复答复。

41.07.07. 非操纵飞行员在完成检查单后,宣布"检查单完成"。

41.07.08. 在时间和条件允许的情况下,非操纵飞行员查看操作手册中的扩展信息,以了解额外、补充、恢复行动或信息。检查单上注明了查找扩展检查单的章节和页码。

41.07.09. 机长在完成操作手册中的某个程序后,确保所有其他程序和检查单都在适当的飞行阶段完成。

航空公司在这些核心层面上增加了阶段性的具体技能和行动。大多数航空公司列出了具体飞行阶段所需的技能(飞行前、发动机开车、滑出、起飞、爬升、巡航、下降、精密进近、非精密进近、复飞、着陆、滑入和飞机停放)。例如,美国航空公司(American Airlines, 1996)针对每个阶段通过熟练目标发展了子元素并予以实施,叫作"在'阶段名称'期间建立和维护机组人员的协调"。以下是他们的非精密进近目标:

09. 执行非精密进近。

09.01. 在进近过程中建立并保持机组人员之间的协调(机组资源管理)。

09.01.01. 机长通过简令明确所选的进近。

09.01.02. 机长指定进近操作人员和飞机操作人员。

09.01.03. 机长协调复飞情况下的机组成员职责和责任。

09.01.04. 操纵飞行员、非操纵飞行员监视进近,使用标准喊话作为主要的机组人员协调机制。

09.01.05. 操纵飞行员、非操纵飞行员监控进近过程中的自动驾驶仪和仪表。

回顾联合包裹服务公司的事故,思考上述要点如何能减轻美国国家运输安全委员会做出的可能原因说明中的具体内容。充分简令可能会防止航路不连续错误,避免导致缺乏垂直导航。通过聚焦于标准喊话的危急程度,能够以提醒操纵飞行员到达决策点来防止在没有视觉参照物的情况下下降到最低高度以下。

航空公司通过将机组资源管理元素纳入其高级资格认证计划任务分析中,并贯穿于能力目标中,致力于安全促进。它根据在以往事故和事件中观察到的故障,以及在面临类似挑战的有效机组人员中观察到的行为,对认为是安全飞行所必需的技能和技术进行训练。航空公司通过将这些技能运用到飞行的各个阶段,寻求减少在以往事故中观察到的特征或行为。例如,非精密进近子任务至少在部分程度上回应了世界飞行安全基金会(FSF,2000)所表达的担忧,1980年至1998年期间该飞行阶段平均每年会发生17起事故,飞行安全基金会在对这些事故进行研究之后,开发了一个减少进近和降落事故的工具包。他们在建议中提到了机组资源管理技能、进近简令、识别特有的进近危险以及准备复飞等。航空公司按飞行阶段将机组资源管理应用到具体行动中,证明了机组资源管理在安全管理问题上的减缓作用。

目前大部分机组资源管理计划都基于威胁与差错管理(Helmreich,Klinect,and Wilhelm,1999)。威胁与差错管理将机组资源管理作为一种日常飞行管理方法,可解释为安全管理体系的本地化实施。威胁与差错管理表明大多数不良事件都可以用操作环境中存在的风险或挑战(威胁)以及强化或加剧这些威胁(差错)的特定人员行为进行描述。虽然大多数事故都是从操作环境中的一些激励因素开始的,但每次飞行都会遇到大量的危险。只有机组人员能够认识并缓解那些风险,从日常操作中断开事故链。飞行员、空中乘务员、机修工、签派员等应警惕威胁的发展,并应努力找出和纠正任何错误。后一项职责是程序和检查单的次要职能,我们要先做,然后再审查。重要的是有些危险是不变的,但许多危险与具体情况有关,因活动阶段而异。可以利用这种规律来预测和预防差错(Helmreich et al.,1999)。具体到联合包裹服务公司的事故中,威胁与差错管理将促使机组成员讨论下一个飞行阶段的威胁——在昏暗的清晨和边际天气条件下非精密进近不熟悉的跑道,这希望机组成员制订并讨论各个阶段的计划,成功进近的关键是什么?我们合理预计可能会出现什么问题?我们该如何解决问题?

从威胁与差错管理的角度来看,机组资源管理培训既是解决航空公司的安全管理和反馈系统所识别风险的工具,又是利用航空公司的风险和事故进行核心概念传播的载体。正如威胁与差错管理认为飞行员和机组人员个人要识别和减少飞行中的威胁一样,安全管理体系计划要识别和减少整体运营中的威胁。因为机组资源管理培训为飞行员个人提供了降低个别航班风险的技能,因此培训内容要根据该航空公司面临的宏观威胁而确定。安全管理体系是机组资源管理主要内容的核心。机组资源管理是全体机组人员应对明确风险的一个工具。

这方面的一个例子是实施增强型近地告警系统(EGPWS),即一般意义上的地形感知和告警系统(TAWS)。这些系统利用数字化全球卫星地图地形数据库,能够更早地发出可能的撞地告警信号。前几版近地告警系统(GPWS)基于雷达高度表,提前几秒钟发出地面冲撞告警信号。在这几秒钟内,收到告警信号的机组人员必须操纵飞机快速爬升,优化迎角和发动机推力,以获得尽可能多的地面净空距离,这是一个脱险动作(类似于风切变恢复的训练)。自 1970 年代以来,机组人员在初次资格认证培训和经常性/继续资格认证培训课程中接受了执行这些动作的训练。地形感知和告警系统可以提供连续的地形图,也可以在冲撞前 30 秒或更早时生成告警,并在接近边界时发出告警信号。在使用地形感知和告警系统后不久,机组人员报告说遇到了地形"告警",他们用脱险动作进行应对。请注意,新系统提供了两个级别的告警,即提示级和警告级;只有警告级才需要执行脱险动作。航空公司通过安全保证过程发现了这一点。一些机组资源管理计划利用此类事件来讨论告警的原则[地形感知和告警系统和空中交通防撞系统(TCAS)采用提示级和警告级等级别],导致遇到警告级别告警的情况,以及机组人员避免和应对的协调技能。

机组资源管理有 30 年以上的经验,可视为飞行操作经验的知识体系。这些都可以从美国联邦航空管理局飞行标准组织开发的信息共享会议中获得(Huerta,2014)。大多数航空公司都试图至少调整它们的经常性/继续资格认证课程,以应对航空公司的运营环境。在 20 世纪 80 年代末管制放松后的增长时期,由于机组成员快速更换导致机型经验不足,课程重点是防止机组人员操作受到这些风险的影响。在随后的经济衰退期间,机组人员长时间保持在工作岗位上,课程重点是机组人员的自满状态和能力保持。随着航空安全行动伙伴关系计划的出现,许多挑战变得显而易见,可以借助机组资源管理课程的机会在模拟器训练中引入需要加强的内容。一些航空公司面临着地形感知问题,因为意外撞地引起了注意,尤其是对运营具有巨大地形威胁的新市场的飞行员。

在构建这类知识方面,有两个例子,一个是迪穆克斯关于监控飞行员的研究,另一个是巴尔斯希关于机组人员行为程序优化的研究。这两个例子都受到了事故调查前兆研究或航空公司信息共享的影响。萨姆沃特(Sumwalt，1999)引用了多项研究发现监控不力导致了事故和意外的发生,并认为虽然大多数机组资源管理课程能够让飞行员主动对偏离预定飞行航迹的行为提出质疑,但很少有课程重视可靠识别这些偏离行为的必要技能。迪穆克斯和伯曼(Dismukes and Berman，2010)进行了驾驶舱观察研究,观察到需要持续监控数据和行动,而且绝大多数监控是成功的,但在大多数航班中也能观察到很多监控失败的情况。虽然大多数监控失败无关紧要,但在错误的时机,即使是1%的失败率也能带来毁灭性打击。他们主张在政策、程序、培训、检查、指导和系统设计方面采取对策。世界飞行安全基金会(FSF，2014)组建了一个工作小组,建议将这些知识整合到航空公司采取的实际行动中,以提高飞行员飞行航迹监控的有效性。

德加尼和威纳(Degani and Wiener，1990)观察到,虽然程序化一直是驾驶舱安全的根本,但很少有程序可以称为实现机组人员行为的最佳程序。他们主张将程序根植于运营理念和更具体的政策中。卢科普洛斯等人(Loukopoulos，Dismukes，and Barshi，2003)观察到检查单的设计经常要求飞行员同时执行任务,而且每个流程都经常会被打断或暂停,可能导致前瞻记忆错误(记住在将来某个时间点采取或继续某个行动)。巴尔斯希让航空公司参与处理需要多重任务处理的程序,如滑行起飞,以创建更完整的行动顺序,并降低出错的可能性。这促使巴尔斯希等人(Barshi et al.，2016)编制了一份驾驶舱程序设计综合指南。美国联邦航空管理局(FAA，2017)采纳了这些建议。法罗在第17章"从监管机构的角度Ⅱ"中讨论了机组资源管理行为程序化的概括方法。

公平地说,这些例子本身并不属于机组资源管理,而是属于更广泛的人为因素的范畴。然而,航空公司在其机组资源管理课堂和模拟器面向航线飞行训练/航线运行模拟培训中,以及修订程序中都用到了这些例子,通过提高机组人员的表现来提高安全性。由于机组资源管理计划和安全管理体系涉及的文献更加广泛,所以对此进行深入探究并应用了这一知识体系。这些文献是指导安全风险管理和应对安全保证调查结果的参考资料。

8.3　将风险和应对措施纳入机组资源管理培训中

由于安全管理体系致力于安全保证,因此可以发现新的风险。有些风险未在安全风险管理过程中被识别出来,也尚未导致事故,但监控数据流可以识别这些确凿的风险。机组资源管理培训是解决这类新发现危险的良好机会。考虑到大多数航空公司都采用了终生雇佣制的方式,强调通过职业发展给每个岗位(第一副驾驶、机长)分配必要的技能,机组资源管理可以凸显每个岗位级别的已识别风险。比如,虽然机长和第一副驾驶轮流担任操纵飞行员和监控飞行员的角色,但机长仍然全程发挥领导能力并承担指挥责任。我们应该如何训练机长,让他们能够组织资源对抗威胁和错误呢? 我们应该如何优化第一副驾驶的飞行技能、监控和沟通能力呢? 我们可以在培训材料中融入航空公司的安全管理方法,并引入我们在安全保证期间学到的知识。这样可以持续改进机组资源管理培训。我们还可以就每个经常性/继续资格认证培训周期强调的重点做出战略决策,并将课堂与模拟器培训课程结合起来。联合包裹服务公司的事故是一个适当的契机,可借此机会将这些概念引入机组资源管理课堂,设计能够挑战这些技能的模拟器场景,并向机组人员讲评其减缓行动的效果。飞行员在课堂上学习概念并理解了相关示例,然后在模拟器中开展实践并接收反馈。反过来,成功以及不成功的威胁与差错管理背景下的核心技能教学,是让培训贴近现实的最好方法。精心选取安全报告或飞行品质监控观察结果,在模拟器中重现并在课堂上展示,让教员带领全班同学亲身经历导致报告所述结果的相同情况。在课堂上,引导飞行员对某一威胁做出类似判断,建议飞行员发现并纠正一连串不断出现的错误,并从个别事件中汲取更广泛的教训。用类似情景构建的模拟器可以强化这些教训。由于采用这种方法,安全保证计划的问题和示例成了机组资源管理教学的主要内容。

航空业对不断提升的航迹自动化的反应是教学过程中一个很好的例子。威纳(Wiener,1993)研究总结发现,第一批操纵配置了飞行管理计算机飞机的飞行员所关注的问题及其他们时好时坏的行为,并且认为这将会成为机组资源管理的一个问题。"世界各航空公司不仅面临着驾驶舱内的工业革命,而且他们同时也见证了随机工程师和三人驾驶时代的结束"(Wiener,1993)。"驾驶舱设备及其配置对驾驶舱内的沟通和机组协调质量甚至数量有很大的影响"(Wiener,1993)。威纳等人(Wiener et al. ,1991)通过实验证明了其中的一些问题。他们对比了 DC-9-30 和 MD-88 机组在相同情况下的飞行,发现 MD-88 机组在非正常飞行条件下报告的工作负荷更高,MD-88 机组在发生非正常事件后的着陆时间更长,沟通行为增加了一倍,主要沟通形式由 DC-9-30 机组的命令/指令-答复形式变为 MD-88 问答形式。研究结果中伴随有航空公司的运营经验,飞行员向其所在航空公司和航空安全报告系统(ASRS)报告示例,航空公司在航线事故和飞行检查或航线运行安全审计中观察这些示例。截至 1994 年,达美航空公司、美国航空公司和联邦快递公司都在这项研究的基础上开设了飞机自动化课程。萨特和伍兹(Sarter and Woods，2005)记录了各种事件，飞行员对自动飞行系统采取或不采取的行动感到惊讶，并追踪到驾驶舱系统通信模式和飞行员之间认识模式方面的根本问题。美国联邦航空管理局(FAA，1996)证明了搭载飞行管理计算机的新一代飞机的缺陷，包括飞行员理解驾驶舱自动化系统的能力、限制、模式和操作原则，以及适合飞行情况的自动化水平的选择。

作为回应，航空运输协会(现美国航空运输协会，A4A)指派他们的人为因素委员会开展研究，包括会员航空公司的经验，从而提供相关的政策、程序和培训等方面的建议。在此基础上，形成了四份报告(ATA，1997，1998，1999，2000)，报告内容强调了搭载飞行管理计算机的飞机运营理念及其针对培训的审核及修订，提供了比以往所公布报告更详细的政策，以纠正具体问题或系统误区，建议了就飞机在执行标准导航任务方面差异的沟通框架，并就引进所需导航性能(RNP)飞机期间的具体问题进行了交流。例如，航空运输协会(ATA，1998)提出了如下自动化政策的修订草案。

1. 操作政策

飞行员能够以所有的自动化水平熟练操作飞机。然而，在任何情况下，均应采用最适当的自动化水平，从而提高安全性、乘客舒适度、准点率和经济性。飞行员有权选择他们认为最适当的自动化水平。

2. 自动化水平选择

一般来说，可根据功能和情况需求来决定所需的自动化水平。

(1) 在需要立即、果断和正确控制飞机航迹的情况下，可能需要选择最低的自动化水平，在没有飞行指引仪引导的情况下，选择手动驾驶。这种情况包括逃脱或避障动作(带飞行指引仪风切变引导装置的飞机除外)以及从复杂或非正常姿态中恢复。除了目视进近和保持飞行熟练度的审慎决定之外，这对带飞行导引装置或飞行管理系统的飞机来说，基本上是一种非常规操作。应该把它视为一种短暂模式，在飞行员察觉到飞机未对紧急要求做出反应时，就要使用这种模式。只要条件允许，飞行员可以建立更高的自动化水平。

(2) 在配合飞行指引仪引导一起使用时，手动驾驶是一种基本的起飞和离场模式，除自动着陆外，它也是一种基本的着陆模式。

(3) 在需要短距离战术计划时(即用于分离或航迹拦截、短距离速度或爬升速度控制等的雷达引导),模式控制或飞行导引输入可能是最有效的。这一自动化水平主要用于在航站环境中响应飞机许可变化和限制,比如近距离进近/跑道变化。

(4) 与 FMS/GPS 相结合的自动飞行是非终端操作的主要模式,应在收到"恢复自主导航"或类似许可后立即建立。这一自动化水平利用了起飞前完成的程序。在远程战略计划发生变化的情况下(即初始进近和跑道分配、直接放行许可等),飞行管理输入仍然适用。但当空管中心对航路作出重大修改时,飞行员应至少暂时恢复到较低的自动化水平。

3. 确认自动飞行系统的输入

飞行员必须确认自动飞行选择的结果,以防止飞行模式或航道出现意外和混乱。必须核对模式控制或飞行引导板上的选择与飞行模式信号牌上的结果是否一致。必须核对飞行管理系统/飞行管理系统/GPS 飞行管理系统-控制显示单元(FMS/GFMS-CDU)的输入与导航显示器上显示的结果航道是否一致,在可能的情况下,输入飞行员在执行修改前必须与另一名飞行员共同确认结果航道。在所有情况下,两名飞行员都必须持续查看,以确保自动飞行按要求和预期执行。

4. 飞行管理系统数据与图表程序的交叉核对

尽管数据库设计遵循相同的地面航迹,但由于各种原因,飞行管理系统中组成离场、进场或进近程序的航段可能与图表上的定位点名称、方位或径向不一致。然而,飞行员不时会遇到这样的情况——飞行管理系统未按照无线电导航规定或空管中心的期望执行飞行程序。因此,飞行员必须对照飞行管理系统的数据对图表上的各个程序进行简令和反复核对,以确保他们选择了正确的程序,并将遵守许可。

在离场前,详细审查分配的离场点,并交叉核对获得的航路点与预定航向。如果选择或建立过渡点,应与另一名飞行员一起检验它是否满足放行许可以及是否能产生预期航迹。如果出现任何矛盾,应请求空管中心进行澄清。

在抵达航站区之前,完整简令预计进场和进近方式,并反复核对飞行管理系统提供的固定点与进近图上描述的固定点。在跑道或进近方式发生变化的情况下,如果希望将飞行管理系统用于新的进近方式,必须进行相同程度的交叉核对。如果由于时间或具体情况限制,无法进行交叉核对,应拒绝许可或者调整并识别无线电导航辅助设备,并以较低的自动化水平进近飞行。

5. 原始数据监控及交叉核对要求

除了在设计时就考虑了满足进近阶段所需导航性能(RNP)的飞机(例如,带先进飞行管理系统的波音737或波音777客机)之外,飞行管理系统只适用于航路和航站导航,不适用于进近。除非航空手册中公告或公司特定页面禁止,飞行员可以完全通过飞行管理系统导航完成标准仪表离场程序(SID)及其过渡、航路导航、完成标准仪表进场程序(STAR)并过渡到初始进近固定点。

除了发布的FMS、GPS和RNAV仪表进近程序之外,其他进近操控都涉及地面助航系统。对于其他所有进近,在确定初始进近固定点之前,一名飞行员必须调整、识别和监控(在CDI显示器上,如有)决定进近的助航系统。这些行为可以确保飞机的飞行航迹与进近程序中规定的地面航迹一致。在进近过程中,飞行管理系统和导航显示器的功能是帮助飞行员明了情景意识,而非进行进近操控。如果基于FMS/GFMS引导的导航显示器或飞行指引仪与决定进近的助航系统原始数据之间有任何差异,都要立即提出并解决。如果地面信号丢失,机组人员必须中止仪表进近。在仪表飞行气象条件下,对于最后进近固定点范围内的所有仪器进近,只要遇到地面进近助航系统不可靠或满刻度偏转的情况,就需要复飞。①

每架飞机的飞行手册中都规定了精密进近和非精密进近所需的具体自动飞行和显示模式。按照已发布的FMS、GPS和RNAV仪表进近要求,在配备的机队操作手册中发布了应实现的要求。此外,如果航空手册中的公告或公司特定页面有规定,当在拉丁美洲地区以低于25 000英尺的高度飞行时,必须调整、识别和监控决定航向的地面助航系统。②

6. 应对航空交通管制(ATC)放行许可变化

正确使用自动化技术能够减轻工作负荷,把飞行员解放出来,去完成其他任务。如果使用不当,则会事与愿违。尽可能避免在关键飞行阶段设置FMS/GFMS程序。尽可能在低工作负荷阶段完成程序设置。航站区的航空交通管制(ATC)放行许可变化直接考验着这一要求。

在滑行起飞过程中,如果离场点有变化,需要审核已分配的离场点。如果

---

① 本段介绍了飞行员符合飞行管理系统认证需要满足的条件。
② 本段介绍了附加的公司特定要求。

在离场过程中使用飞行管理系统进行导航,飞行员必须交叉核对获取的航路点与预定航向。然而,如果更新和交叉核对飞行管理系统移动地图显示会分散对主要地面和飞行任务的注意力,飞行员可以选择通过地面助航系统导航离场。

虽然飞行员必须在每次进近和着陆时调整、识别和监控所有相关进近助航系统,但没有必要在接近着陆机场时更新飞行管理系统的移动地图显示,因为"低头"输入数据会分散飞行员对主要飞行任务的注意力。

在接下来的几年里,航空运输协会会员航空公司会定制并执行协会的大部分建议。在机组资源管理课程上,通常会介绍或回顾飞机操作手册中所记录的变化,并且充分利用安全评估过程中报告或观察到的与每个问题相关的事件,会员航空公司还要求飞行员在面向航线的模拟事件中使用这些新政策和技能。

这一方法有多成功? 美国联邦航空管理局(FAA,2013)报告一个工作小组对世界范围内的意外,以及对制造商和运营商结构化访谈的研究结果。研究结果表明威胁已经加剧,需要采取进一步的干预措施。具体变化体现在"飞机机载飞行航迹管理能力增强,飞行管理系统功能的使用增多,由基于地面助航系统的传统程序转变为更多地使用基于 RNAV 的导航(RNAV 和 RNP),依赖数字数据的质量和可用性,更加注重成本管理,新聘用飞行员的人力统计特征变化"。(FAA,2013)他们报告了手动飞行操作知识和技能方面新的不足,包括预防、识别非正常姿态并从中恢复,自动控制转换和能量状态管理。他们担心这些问题会影响机组成员在控制飞机和保持手动飞行技能方面的协调。他们强调:

(1) 飞行员有时过于依赖自动化系统,并可能不愿干预系统。

(2) 自动飞行模式混乱错误时有发生。

(3) 自动化信息的使用越来越多,有些操作可能会产生错误和混乱。

(4) 飞行管理系统程序设置和使用错误时有发生(FAA,2013)。

这些发现表明先前的担心仍然存在,而其他不足也随着飞机性能的提高而增多。从安全管理体系的角度来看,航空公司应将这份报告视为来自更加全球化的安全保证过程的新反馈。他们应参与新一轮的安全风险管理,将减缓措施分配到政策、程序和培训职能中,然后确保安全保证过程可以评估其干预措施的有效性。希望再一次将机组资源管理课堂和面向航线的模拟训练结合起来,以沟通风险和减缓策略,实践相关技能并接收反馈。

8.4 安全管理体系与机组资源管理的未来展望

安全管理体系和机组资源管理仍然处于不断发展当中(Velasquez and Bier，2015)，由于安全管理体系被公司治理所接受，所以发展速度比机组资源管理更快。虽然安全管理体系通过系统安全方法得以发展，但是机组资源管理有其自己的发展轨迹，已经从驾驶舱内的局部资源管理发展到"公司资源管理"，再到当前的威胁与差错管理。例如，克恩(Kern，2001)认为，机组资源管理"下一步"的发展将与人为因素问题(如疲劳、自满和自动化技术)建立密切的联系。

此外，安全管理体系将会继续发展，因为随着危险管理、控制和保证工具越来越成熟，这些工具操作起来会越来越简单。然而，安全管理体系和机组资源管理中某些无可争议的交集会吸引持续的改进和承诺：

(1) 安全管理体系和机组资源管理是检验和发展安全文化的合理平台。

(2) 随着组织收集的安全数据增多，为了更好、更深入地了解组织的安全健康状况，更加需要把这些数据(即航空安全行动伙伴关系、飞行品质监控、机组资源管理培训反馈、航线运行安全审计等)综合起来。

(3) 与机组资源管理类似，安全管理体系也必须取得最高管理层的支持，才能确保成功实施(Broyhill and Freiwald，2012)。

(4) 安全管理体系和机组资源管理都最能让组织了解把人为和系统风险数据综合起来所产生的预期价值上涨幅度。

8.5 结论

安全管理体系要求采取严格规定的方法来识别和减少航空公司运营中的危险和风险，并评估减缓措施的充分性。安全管理体系由组织安全文化支持，并实施安全风险管理、安全促进和安全保证过程。机组资源管理与安全管理体系在若干方面存在着联系。作为一整套技能，机组资源管理既可以发挥安全促进作用，又可以为某些问题提供较为具体的减缓措施。安全管理体系和机组资源管理是互补关系，因为安全管理体系的目标是改进安全系统，而机组资源管理主要针对的是使用者(Velasquez and Bier，2015)。当用于威胁与差错管理时，机组资源管理可作为一种日常飞行方法，可以理解为安全管理体系的局部实施。机组资源管理积累了30多年的经验，可视为一套应用于飞行操作经验的知识体系，为有效应对安全保证职能部门发现的问题做好准备。机组资源管理培训直接受益于通过航空公司的安全监控和保证过程学习到的经验。安全管理体系是机组资源管理的核心。机组资源管理是增强员工防范已识别风险的一种工具。

参考文献

Air Transport Association. (1997). *Towards a model training program for FMS-generation aircraft*. Subcommittee on Automation Human Factors.

Air Transport Association. (1998). *Potential knowledge or policy gaps regarding operation of FMS-generation aircraft*. Subcommittee on Automation Human Factors.

Air Transport Association. (1999). *Performance of standard navigation tasks by FMS-generation aircraft*. Subcommittee on Automation Human Factors.

Air Transport Association. (2000). *Human performance considerations when introducing alerted-RNP aircraft*. Subcommittee on Automation Human Factors.

American Airlines. (1996). *Advanced qualification program supporting analysis*. Dallas, TX: DFW Airport.

Antonsen, S. (2009). *Safety culture: Theory, measurement, and improvement*. Burlington, VT: Ashgate.

Barshi, I., Mauro, R., Degani, A., & Loukopoulous, L. (2016). Designing flightdeck procedures. (*NASA Technical Memorandum 2016 - 219421*). Moffett Field, CA: NASA Ames Research Center.

Broyhill, C. & Freiwald, D. (2012). CRM & SMS: Directing the evolution of organizational culture. In *Paper presented at the CASS: 57th Annual Corporate Aviation Safety Seminar*, San Antonio, TX.

Degani, A. S., & Wiener, E. L. (1990). Human factors of flight-deck checklists: The normal checklist. (*NASA Contractor Report 177549*). Moffett Field, CA: NASA Ames Research Center.

Dismukes, R. K., & Berman, B. (2010). Checklists and monitoring in the cockpit: Why crucial defenses sometimes fail. (*NASA Technical Memorandum 2010 - 216396*). Moffett Field, CA: NASA Ames Research Center.

Farrow, D. R. (2010). A regulatory perspective II. In B. Kanki, R. Helmreich, & J. Anca (Eds.), *Crew resource management* (*2nd ed.*). San Diego, CA: Academic Press.

Federal Aviation Administration. (1996). *The interface between flightscrews and modern flight deck systems*. Washington, DC. Retrieved from https://www.google.com/urDsa=t&rct=j&q=&esrc=s&source=web&cd=&cad=rja&uact=8&ved=0ahUKEwjxrfqXld7RA-hWH2yYKHX-8AYwQFggdMAA&url5http%3A%2F%2Fwww.tc.faa.gov%2Fits%2Fworldpac%2Ftechrpt%2Fhffaces.pdf&usg5AFQjCNExSK6xi0bmAz0AOLIS07-jPaOX6g&bvm5bv.145063293, d.eWE.

Federal Aviation Administration. (2002). *Aviation safety action program (ASAP)*. Advisory circular 120 - 66B. Washington, DC. Retrieved from https://www.faa.gov/regulations_policies/advisory_circulars/index.cfm/go/document.information/documentID/23207.

Federal Aviation Administration. (2004a). *Flight operational quality assurance* (*FOQA*). Advisory circular 120 - 82. Washington, DC. Retrieved from https://www. faa. gov/ regulation-s _ policies/advisory _circulars/index. cfm/go/document. information/documentID/ 23227.

Federal Aviation Administration. (2004b). *Crew resource management training.* Advisory circular 120 - 51e. Washington, DC. Retrieved from http://www. faa. gov/document Library/media/Advisory_Circular/AC120 - 51e. pdf.

Federal Aviation Administration. (2006a). *Line operations safety audits.* AC - 120 - 90. Washington, DC. Retrieved from http://rgl. faa. gov/Regulatory _ and _ Guidance _ Library/ rgAdvisoryCircular. nsf/list/AC%20120 - 90/ $ FILE/AC%20120 - 90. pdf.

Federal Aviation Administration. (2006b). *Advanced qualification program.* AC - 120 - 54A. Washington, DC. Retrieved from https://www. faa. gov/regulations _ policies/ advisory_circu-lars/index. cfm/go/document. information/documentID/23190.

Federal Aviation Administration. (2013). *Operational use of flight path management systems: Final Report of the performance-based operations Aviation Rulemaking Committee/Commercial Aviation Safety Team flight deck automation working group.* Washington, DC. Retrieved from https://www. faa. gov/about/office_org/headquarters_ offices/avs/offices/afs/afs400/parc/parc_reco/media/2013/130908 _ parc_fltdawg_final_ report_recommendations. pdf.

Federal Aviation Administration. (2015). *Safety management systems for aviation service providers.* Advisory circular 120 - 92B. Washington, DC. Retrieved from https://www. faa. gov/regula-tions _ policies/advisory _ circulars/index. cfm/go/document. information/ documentID/1026670.

Federal Aviation Administration. (2017). *Standard operating procedures and pilot monitoring duties for flight deck crewmembers.* Advisory circular 120 - 71B. Washington, DC. Retrieved from http://www. faa. gov/documentLibrary/media/Advisory_ Circular/AC_120 - 71B. pdf.

Flight Safety Foundation. (2000). Approach and landing accident reduction tool kit. *Flight Safety Digest*, 19, 1 - 196.

Flight Safety Foundation. (2014). *A practical guide for improving flight path monitoring: Final report of the active pilot monitoring working group.* Washington, DC. Retrieved from https://www. google. com/url? sa=t&.rct=j&.q=&.esrc=s&.source=web&.cd= &.cad= rja&.uact= 8&.ved= OahUKEwi-ps4zsgd7RAhXD2yYKHUcpBc8QFggaMAA&. url5https% 3A% 2F% 2Fwww. flightsafety. org% 2Ffiles% 2Fflightpath% 2FEPMG. pdf&.usg5AFQjCNFsJ56a9CvarVu4xAW0MUsZXzFnxw&.bvm5bv. 145063293, d. eWE.

Helmreich, R. L. , &. Foushee, H. C. (1993). Why crew resource management? Empirical and theoretical bases of human factors training in aviation. In E. Wiener, B. Kanki, &. R. Helmreich (Eds.), *Cockpit resource management.* San Diego, CA: Academic Press.

Helmreich, R. L. , Klinect, J. R. , &. Wilhelm, J. A. (1999). *Models of threat, error, and CRM in flight operations. Proceedings of the 10th international symposium on aviation psychology*. Columbus, OH: The Ohio State University.

Hollinger, K. (2013). *Safety management systems for aviation practitioners: Real world lessons*. Reston, VA: American Institute of Aeronautics & Astronautics.

Huerta, M. (2014). InfoShare works. In *Presentation to 2014 InfoShare meeting*, Baltimore, MD. Retrieved from https://www. faa. gov/news/speeches/news_story. cfm? newsId 5 17154&omni Rss 5 speechesAoc&cid 5 104_Speeches.

International Civil Aviation Organization. (2013). *Safety management manual*. Document 9859, AN/474. Montreal, Canada. Retrieved from http://www. icao. int/safety/ SafetyManagement/Documents/Doc. 9859. 3rd%20Edition. alltext. en. pdf.

Kern, T. (2001). *Culture, environment and crew resource management*. Columbus, OH: McGraw-Hill Professional.

Loukopoulos, L. D. , Dismukes, R. K. , & Barshi, I. B. (2003). *Concurrent task demands in the cockpit: Challenges and vulnerabilities in routine flight operations*. Proceedings of the 12th international symposium on aviation psychology. Dayton, OH: Wright State University.

National Transportation Safety Board. (2013). *Operatons 2 exibit 2 - V — attachment 21 — BHM chart information*. UPS flight 1354 public docket. Washington, DC. Retrieved from https://dms. ntsb. gov/pubdms/search/document. cfm? docID = 409716&docket ID=55307&mkey=87780.

National Transportation Safety Board. (2014). *Crash during a nighttime nonprecision instrument approach to landing: UPS flight 1354*. Accident report AAR - 14/02; PB2014 - 107898. Washington, DC. Retrieved from https://www. ntsb. gov/ investigations/AccidentReports/Reports/AAR1402. pdf.

Reason, J. (1997). *Managing the risks of organizational accidents*. Aldershot, UK: Ashgate.

Sarter, N. , & Woods, D. (2005). Pilot interaction with cockpit automation (*Cognitive Systems Engineering Laboratory Report CSEL 91 - 017*). Columbus: The Ohio State University.

Sumwalt, R. (1999). Enhancing flight-crew monitoring skills can increase flight safety. *Flight Safety Digest*, *18*, 1 - 9.

Velasquez, J. , & Bier, N. (2015). SMS and CRM: Parallels and opposites in their evolution. *Journal of Aviation/Aerospace Education & Research*, 24(2), 55 - 78.

Wiener, E. L. , Chidester, T. R. , Kanki, B. G. , Palmer, E. A. , Curry, R. E. , & Gregorich, S. E. (1991). The impact of cockpit automation on crew coordination and communication: I. Overview, LOFT evaluations, error severity, and questionnaire data. (*NASA Contractor Report 177587*). Moffett Field, CA: NASA-Ames Research Center.

Wiener, E. L. (1993). Crew coordination and training in the advanced-technology cockpit. In E. B. Wiener, & R. Helmreich (Eds.), *Cockpit resource management*. San Diego, CA: Academic Press.

第二部分
机组资源管理培训的应用

9 机组资源管理培训的设计、实施与评估

帕梅拉·法拉戈(Pamela Farago[1])、
玛丽萨·L. 舒弗尔(Marissa L. Shuffler[1])和
爱德华多·萨拉斯(Eduardo Salas[2])

[1]美国,南卡来罗纳州,克莱姆森大学行为、
社会与健康科学学院心理学系
[2]美国,得克萨斯州,休斯敦,莱斯大学心理学系

表面来看,航空公司飞行员、医生、石油钻井工和铁路操作工可能并无太多共同点。然而,这些职业都属于高可靠性组织,团队合作可以确保每次都能非常一致地完成复杂的工作,在这些环境中,即使是非常小的错误也可能导致巨大危险和深远影响。事实上,航空业事故最常见的一个人为因素方面的原因就是团队合作(Munene,2016)和沟通失败(Bienefeld and Grote,2012;Ford,O'Hare,and Henderson,2013)。因此,在这些行业中,对这些工作人员进行培训,使他们始终如一地共同工作最为重要。培训评估也同样重要,评估可以让组织确认实际开展的培训正是他们想要的培训。这些高可靠性组织可以开展哪些培训? 各行业如何确保培训真正改进了员工的表现?

这个问题的答案之一就是机组资源管理(Gregorich,Helmreich,and Wilhelm,1990)。对机组资源管理的需求源于航空业的一系列不幸事件,后续的分析表明事故原因并非技术或工程问题。这项研究表明绝大多数事故都与决策失误、情景意识缺失和领导能力缺乏有关(Jimenez et al.,2015)。因此,航空业的团队合作、沟通和领导力培训需求应运而生。

随之而来的是航空业机组资源管理培训的蓬勃发展,它的成功使得其他行业竞相效仿,采用类似的培训原则。例如,提高医疗质量和患者安全的团队策略和工具包(TeamSTEPPS)项目就是受到了机组资源管理的启发,已经运用于医

疗保健行业(Alonso et al.，2006)。海运业中采用的驾驶台资源管理(BRM)和海事资源管理(MRM)项目均源自机组资源管理(Jimenez et al.，2015)。此外，机组资源管理作为一种有效工具的概念已经融入其他行业当中，包括石油、铁路和一般运输行业(Salas et al.，2006b)。显然，其他行业有志于在航空业广泛使用机组资源管理的基础上进一步实施团队培训(Buljac-Samardzic et al.，2010)。

然而，即使机组资源管理已经存在了几十年，仍存在一些未解决的问题。该培训项目是否实现了既定目标？对机组资源管理培训有效性的认识是否与现实相符？机组资源管理培训项目缺乏系统化评估方法，因此给培训的有效性造成认识混乱和怀疑。尽管如此，有一些评估问题一直困扰着机组资源管理。首先，目前的机组资源管理培训评估在"评估内容"方面有很大差异。其次，这些评估在"能力评估方式"方面有很大差异。再次，没有系统化方法可以使用所收集的信息来改进培训的实施。最后，全面的机组资源管理培训评估极其复杂，会让许多组织望而却步。

因此，本章旨在以舒弗尔等人(Shuffler，Salas，and Xavier，2010)的早期研究为基础，给出机组资源管理培训评估现状的最新图景。本章介绍了一个实践指南评估和讨论框架，不同组织行业和背景下的从业人员在工作中都会用到这些指南。为了更加清晰地介绍此框架，本章首先概述了机组资源管理培训评估的目的。在这一背景下，回顾了机组资源管理培训评估的当前方法，目的是为了突出当前评估方法所存在的一些挑战和局限性。接着，引述了萨拉斯等人(Salas et al.，2006b)的研究，讨论了机组资源管理培训评估的未来改进方向，围绕这些方向来制订机组资源管理培训的设计、实施和评估框架。这些讨论阐释了有效机组资源管理培训评估所需的一系列实践指南。因此，本章有两个目标：第一个目标是推动机组资源管理培训设计、实施和评估科学知识的发展；第二个目标是为从业人员提供基础知识，从而开发出科学、合理、实用、灵活的先进评估策略，应用于各种组织环境。

9.1   什么是培训评估?

培训评估的目的是提供一个清晰的图景，说明培训项目事实上是否成功实现了既定目标。此外，由于机组资源管理培训一直在不断地发展变化，所以评估需要解释这些变化的原因，并确定这些变化是否有效。由此可见，培训评估并不是一个简单的过程。有效评估需要考虑多个因素，包括对个人、团队和组织层面培训的评估,以及对结果和项目要素本身的评估(Gregorich and Wilhelm,1993)。后两个组成要素可能最为关键,因为重要的是评估不仅要关注最后是否达到了学习效果,还要关注项目成功或失败的要素。

在关于培训的文献中,分为培训评估和培训有效性两个方面。虽然培训评估和有效性通常被认为是一个东西,但它们实际上是两个不同的概念。根据阿尔瓦雷斯等人(Alvarez, Salas, and Garofano, 2004),培训有效性是用于理解是否达到学习效果的理论方法,而培训评估则重点关注衡量这种学习效果的方法。以下论述更深入阐述了这些组成要素,而且说明了它们在机组资源管理培训评估中同等重要的原因。

9.1.1　培训评估

培训评估具有三个目的,即决策、反馈和营销(Kraiger, 2002)。评估可以提供某培训项目的有效性和适当性信息,还可以明确该项目的优点和缺点,从而做出改进(Noe, 2002)。此外,评估结果有助于向学员或其他组织推销该项目(Kraiger, 2002)。因此可以认为,培训评估主要注重学习效果以及如何利用衡量结果为组织获益,从而以更多的微观视角理解培训结果(Alvarez et al., 2004)。

培训评估主要是衡量具体、切实的结果,即期望产出。目前,有多种模型可以作为培训评估的最佳方法,其中包括柯克帕特里克(Kirkpatrick, 1976)提出的传统模型。传统模型可能是最简单的模型,因为它强调了组织在开展培训评估时应考虑的四个评估级别。这四个级别是反应、学习、行为和效果,将会在后文中加以详细讨论。

虽然柯克帕特里克的方法在机组资源管理评估中最常用,但最近越来越多的其他方法尝试扩展柯克帕特里克的原始模型,以进一步改进培训评估方法。克里格尔等人(Kraiger, Ford, and Salas, 1993)通过详细列出培训有效性(技能、认知、情感)使得柯克帕特里克的模型取得了进一步发展,但必须在培训后对这些效果进行评估。该模型采用多维度方法,旨在以更全面的角度看待培训结果,在最大限度上将这些结果与学习收获进行匹配。福特等人(Ford, Kraiger, and Merritt, 2009)回顾了利用克里格尔等人(Kraiger et al., 1993)评估模型的一些研究,进一步改进了这一方法。福特及其同事强调需要包含在原始模型发布后陆续出现的另外四种评估方法,即心智模型、元认知、目标定向和态度强化。这些多维度方法比其他培训评估方法有突出优势,因为多维度方法对于培训对结果的具体影响提供了更深入的理解。

9.1.2　培训有效性

更正式地说,培训有效性可以定义为"在培训前、中、后对影响培训过程的个人、培训和组织特征的研究"(Alvarez et al.,2004)。要确定培训是否有效,培训有效性要以更广泛的视角评估培训,不仅要注重确定培训是否有帮助,而且要注重确定是否将在培训中学到的技能应用并转化到工作中。培训转化是培训有效性的核心组成部分,是指确定是否将在培训中学到的技能应用到工作中,并且保持下来(Baldwin and Ford,1988)。

培训有效性不仅要评估学习成果,而且要在总体上评估培训设计、开发和实施过程(Buljac-Samardzic et al.,2010;Salas and Cannon-Bowers,2001)。有效的培训从需求分析开始,研究学员的个体差异、组织氛围、培训任务的特点(Alvarez et al.,2004)。如果培训不考虑个人、组织和任务层面的这一系列需求,培训就不会有效。除需求之外,这些层面都有独特的特点,在评估培训有效性时必须加以考虑。个人层面的特点是指学员带到培训中的一切东西,包括他或她的性格、动机、态度、经历和期望。组织层面的特点是指可以阐释培训背景的一些特点,包括学习氛围、政策、学员选择和学员通知。最后,任务或培训层面的特点是指培训项目的方方面面,比如教学方式、方法或反馈(Salas and Cannon-Bowers,2001)。

许多有关培训有效性的文献重点关注如何在培训前、中、后评估这些因素,以及对损害培训有效性因素的补救策略,例如培训缺乏组织支持(Broad and Newstrom,1992)。此外,培训有效性模型强调可能会影响学习成果和成果转化的具体特点。例如,马修等人(Mathieu,Martineau,and Tannenbaum,1993)在模型中提出,个人和培训层面的特点与认知学习和培训表现有关,而组织层面的特点则更能预测行为转化。这些区别可以帮助更准确地了解如何根据有效性影响因素来调整培训。

9.1.3　培训评估与培训有效性的结合

总的来说,成功的培训评估包含评估和有效性两个方面。虽然这两种文献通常被视为两个独立的实体,但现在有一种新的趋势,即以包含这两个领域的综合视角进行开发。阿尔瓦雷斯等人(Alvarez et al.,2004)提出了一种综合模型,如图9.1所示。

该模型描述了评估培训有效性需要考虑的个人、培训和组织特点,以及不同评估模型中普遍采用的多维度培训评估因素,以及始终影响培训结果的因素。

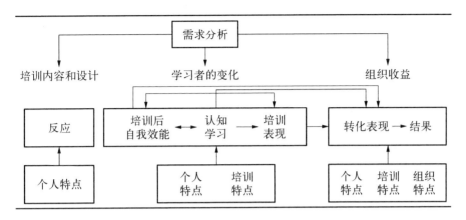

图 9.1 培训有效性及评估综合模型

注：改编自阿隆索等人（Alonso et al., 2006）。《团队培训如何帮助减少军事医疗系统中的医疗差错?》（《人力资源管理评论》第 16 期 396－415 页）。

虽然该模型可能不能捕捉到培训过程中的每一个细微差别，但它展示了如何将有效性与评估结合起来，以成功处理适当培训评估的关键问题。为了表述方便，在本章的其余章节中，我们用"评估"一词表示"培训有效性和评估"。

9.2 为什么必须对机组资源管理培训进行评估？

机组资源管理培训评估之所以重要有以下几个原因（Goldstein，1993；Salas and Cannon-Bowers，2001）。首先，评估机组资源管理培训有助于表明，机组资源管理项目的目标是否能达到了预期结果。这对机组资源管理十分重要，机组资源管理是一个总括性术语，涵盖了若干培训干预措施。例如，早期的机组资源管理培训注重态度改变，而忽视了行为技能培训（Helmreich, Merritt, and Wilhelm，1999；Salas et al., 1999a）。因为缺乏对行为技能的关注，这些早期的机组资源管理干预措施并未达到当初预期的效果。

近期的机组资源管理培训注重提高学员的行为和团队合作能力（Helmreich et al., 1999；Salas et al., 1999b）。然而，即使是注重提高学员行为能力的机组资源管理培训，评估也不一致。例如，机组资源管理用于提高多项不同的能力，如沟通、情景意识、决策制订、领导能力、飞行前简令、压力意识、自信、冲突管理和任务分析等（Salas et al., 2006b），如表 9.1 所示。

其次，机组资源管理培训评估可以表明培训内容和方法是否能达到了项目的总体目标。由于机组资源管理涉及多方面的能力，因此机组资源管理培训可

表 9.1　拟培训的潜在机组资源管理技能

机组资源管理技能	定　义	别　名	参 考 文 献
沟通	两名或两名以上团队成员清楚、准确地发送和接收信息或命令，并提供有用反馈的能力	闭环沟通	Cannon-Bowers et al.（1995）
简令	团队成员通过组织团队资源、活动和对策来制订行动计划的能力，以确保以协调、同步的方式完成任务	任务分析、计划	Salas and Cannon-Bowers（2001）
备份行为	团队成员通过准确了解彼此的职责来预测其他成员需求的能力，包括团队成员在高工作负荷或压力期间转移工作负荷以建立平衡的能力	支持	Mcintyre and Salas（1995）；Porter et al.（2003）
相互行为监视	团队成员准确监视其他成员行为的能力，包括给予、寻求、接受任务和澄清反馈	工作负荷管理	Mcintyre and Salas（1995）；Salas and Cannon-Bowers（2001）
团队领导能力	团队领导者指挥和协调团队成员活动，鼓励团队成员齐心协力，评估成员行为，分配任务，培养团队知识、技能和能力，激励团队成员，计划和组织，以及建立积极团队氛围的能力	管理能力	Salas and Cannon-Bowers（2001）
决策	团队成员收集和整合信息，做出合理、明智的判断，制订替代方案，考虑各替代方案后果，以及选出最佳替代方案的能力	判断、问题解决	Salas and Cannon-Bowers（2001）
任务相关的自信	团队成员愿意/准备好以具有说服力的方式与其他成员交流想法、意见和观察结果，并坚持自己的立场，直到凭借事实依据认为有其他更好的选择	自信、进取、权威	Salas and Cannon-Bowers（2001）

机组资源管理技能	定　义	别　名	参 考 文 献
团队适应能力	团队成员在获得新信息时改变行动方向或调整策略的能力	灵活性	Cannon-Bowers et al. (1995)；Klein and Pierce (2001)
共享情景意识	团队成员收集和使用信息，对任务和团队环境形成共识的能力	共享心智模型、态势评估	Salas and Cannon-Bowers (2001)

资料来源：改编自萨拉斯等人(Salas et al., 2006a)。《机组资源管理培训是否有效？更新、扩展及一些关键需求》(《人为因素》第 46 期第 392－412 页)。

能在提高某些能力方面特别有效，但在提高其他一些能力方面并不见效。因此，对于培训有效性的努力来说，明确确认所培训的特定能力，从而确定机组资源管理培训对于提高哪些技能有效、哪些技能无效是至关重要的。

不仅机组资源管理培训的内容不同，培训方法也有很大的差别。不同的培训项目会使用讲座、讨论、观看录像、观察、玩游戏、课堂角色扮演、事故分析和高/低逼真度模拟器等不同的方法（O'Connor et al., 2008；Salas et al., 1999b）。此外，有些培训干预措施只采用一种方法，比如讲座，而有些则采用多种方法（Littlepage et al., 2016；Salas et al., 1999b；Ritzmann et al., 2011）。因此，我们需要回答的一个重要问题是，机组资源管理培训的有效性在多大程度上归因于培训方法，在多大程度上归因于培训内容。

最后，机组资源管理培训项目的评估即能帮助确定如何最大化转化培训效果，还能作为对个人和团队层面的反馈，提供改进建议。显然，持续评估对于解决这些问题，特别是对于确定机组资源管理培训在哪些方面取得了成功、在哪些方面需要改进上意义重大，必不可少。

9.3　过去如何评估机组资源管理培训？

为指导未来的培训评估，了解过去的机组资源管理评估非常有用。虽然大多数机组资源管理培训评估的研究都是在航空业中开展的，但机组资源管理的普及和明显成功，已经使得其他行业（如军事、海上石油开采、核能和医学）开始采用机组资源管理培训(Salas et al., 2006a)。虽然许多组织认为机组资源管理有效，但关键问题在于机组资源管理培训是否可以真正带来学习成效和培训转化。在下一节中，我们将简要回顾过去的机组资源管理培训评估，主要是检查评估和有效性的组成部分。在本节中,我们将重点关注以往评估研究的优势和面临的挑战。

9.3.1 机组资源管理培训的评估

一些评论试图回答机组资源管理是否能够有效实现学习目标这一问题(Crichton,2017;O'Connor et al.,2008;O'Connor,Flin,and Fletcher,2002;Salas et al.,2006a;Salas et al.,2001)。如前文所述,这些评论中引述的大部分机组资源管理培训评估研究论述的是柯克帕特里克(Kirkpatrick,1976,1987)培训评估框架的某一方面,该框架明确了培训评估的四个层面。第一个层面是反应,即衡量学员的情绪/情感反应,主要关注学员是否喜欢培训和/或是否认为培训有用。因为非常容易收集书面调查结果,所以反应数据可能是最常见的培训评估形式。第二个层面是学习,即关注学员是否学习/吸收了培训内容、原则和事实。第三个层面是行为,即关注学员能否将培训中传授的技能运用到工作中。研究经常将行为和培训转化的概念混为一谈。第四个层面是结果,即讨论培训是否达到了组织相关的目标和目的,如增加利润和减少人员流动。具体到机组资源管理,预期培训结果是提高安全性,减少事故。在接下来的讨论中,我们将针对柯克帕特里克的四个层面逐一展开回顾。

9.3.2 反应

反应数据相当于客户满意度,重点关注学员是否喜欢培训(O'Connor et al.,2008)。收集反应数据背后的理论依据是普遍假设不喜欢培训的学员不太可能参加培训,也不太可能把在培训形成的能力应用到工作中。虽然不喜欢培训的人不愿意应用培训技能,但也应注意到赞成培训的反应并不能保证学习成果或积极的转化。

关于机组资源管理对学员反应的影响,奥康纳等人(O'Connor et al.,2002)发现反应数据是衡量机组资源管理培训有效性最常见指标,在他们的研究评论中,其中69%的研究报告了反应数据。萨拉斯等人(Salas et al.,2001,2006a)也发现了一些报告反应数据的研究。在1983年至1999年的机组资源管理文献评论中,萨拉斯等人(Salas et al.,2001)发现了58项评估机组资源管理培训有效性的研究。在这58项研究中,其中27项收集了反应数据。在2001年的后续研究评论中,萨拉斯等人(Salas et al.,2006b)发现,在2000年至2006年,共有28项研究探究了机组资源管理培训有效性。在这28项研究中,其中有13项收集了反应数据。实际上,所有衡量学员反映的研究都报告了积极结果(O'Connor et al.,2002,2008;Salas et al.,2001,2006a)。至于衡量方法,几乎所有评估学员反应的研究都采用书面调查来收集反应数据（O'Connor et al.，2002）。近来许多未纳入系统评估的研究也是非常重视收集反映数据的（Buljac-Samardzic et al.，2010；Ford，Henderson，and O'Hare，2014；Littlepage et al.，2016；Ritzmann et al.，2011；Rottger，Vetter，and Kowalski，2013）。

9.3.3 学习

虽然柯克帕特里克的学习概念主要注重获取事实性信息（即认知学习成果），但其他研究者提出，学习是一个多维概念，包括认知、技能和情感学习结果（Gagne，1984；Kraiger et al.，1993）。认知学习结果最接近柯克帕特里克的学习效果概念，主要关注学员是否掌握了事实性知识和认知策略（Kraiger et al.，1993）。技能学习效果关注的是学员是否掌握了必需的技术或运动技能（Kraiger et al.，1993）。情感学习效果关注的是学员通过培训所发展的态度、动机和目标的程度。

至于机组资源管理培训，研究文献似乎表明机组资源管理在取得积极学习效果方面是有效的（O'Connor et al.，2008；Salas et al.，2001，2006a）。多项研究均评估过机组资源管理培训在提高认知学习效果方面的有效性，这些研究通常采用书面形式衡量陈述性知识。到目前为止，研究结果混杂不一。一些研究发现机组资源管理培训可以提高认知学习能力（Littlepage et al.，2016；Salas et al.，1999b；Stout，Salas，and Fowlkes，1997），而一些研究则表明机组资源管理培训对认知学习毫无效果（Brun et al.，2000）。此外，机组资源管理培训对有些人员有效，但对有些人员无效（Howard et al.，1992）。近期的研究工作着眼于扩大原则，促进不同行业环境下的积极认知能力和效果（Crichton，2017）。

比起认知和技能学习效果，最常见的机组资源管理学习效果评估可能是情感学习效果。有关态度转变的大多数研究发现机组资源管理培训使态度发生了积极变化（Alkov and Gaynor，1991；Fonne and Fredriksen，1995；Gregorich et al.，1990；Gregorich，1993；Grubb，Morey，and Simon，1999；Irwin，1991；Morey，Grubb and Simon，1997；Morey et al.，2002；Marquardt，Robelski，and Hoeger，2010；O'Connor et al.，2008）。大多数研究使用驾驶舱管理态度量表（Gregorich et al.，1990；Helmreich，1984）来衡量态度变化。更具体地说，驾驶舱管理态度量表衡量的是人们对沟通协调、指挥责任和压力源

的态度(Gregorich et al.，1990)。这种自我报告量表(或修订版本)经常用于说明学员喜欢接受的培训,并且认为培训对工作有用。然而,这些自我报告与培训能力实际学习效果之间出现了不一致,这一点通过行为评估可以看出(Salas et al.，2006b)。

9.3.4 行为

行为数据是评估机组资源管理培训的另一种常用方法。在机组资源管理中,可使用针对所产生事件或任务的可接受对策(TARGET)或航线/航线运行模拟清单收集这类数据。可接受对策要求学员能够对多个脚本化的模拟事件做出响应,而观察员则会指出学员是否表现出行为清单上的针对性行为。萨拉斯及其同事的研究(Salas et al.，1999a；Stout et al.，1997)利用可接受对策来评估机组资源管理培训的结果,发现接受机组资源培训的人员与对照条件下的人员相比表现出更多的机组资源管理行为。

行为结果评估的研究结果混杂不一。一些研究报告了积极结果(Clothier,1991；Connolly and Blackwell，1987；Fung et al.，2015；Goeters，2002；Grubb and Morey，2003；Grubb, Crossland, and Katz，2002；Katz，2003；Morey et al.，2002；Spiker, Wilson, and Deen，2003)。一些研究既报告了积极结果,也报告了消极结果(Buljac-Samardzic et al.，2010；Gaba et al.，1998；Gaba et al.，2001；Jacobsen et al.，2001；Marquardt, Robelski, and Jenkins，2011；Robertson and Taylor，1995；Taylor and Thomas，2003；Taylor et al.，1993)。此外,还有一些研究报告了消极结果(Ellis and Hughes,1999；Howard et al.，1992；O'Connor，2010)。

收集行为数据研究的一个局限性是大多数研究都是在培训结束后立即收集模拟器中的行为数据。虽然这一方法能评估学员能否立刻运用培训行为,但不能提供学员返回工作岗位后是否实际使用培训能力的数据。另一个局限性是不知道应采用什么普遍特征来衡量机组资源管理培训所学到的行为(Alavosius et al.，2017)。本章后文将会提出解决这些局限性的各种方法。

9.3.5 结果

在柯克帕特里克的四个层面的研究中,对机组资源管理培训效果层面的评估研究最少。然而,评估培训干预措施的成本和效益具有非常重要的价值(Cascio and Boudreau，2008)。这类数据获取过程复杂而且需要大量的资源(与其他层面的评估比),是缺乏更全面评估的主要原因。近期关于机组资源管理培训评估的系统分析表明这一数字较低,萨拉斯等人(Salas et al.,2006b)的报告显示在 28 项研究中只有 5 项收集了结果层面的分析数据。同样,萨拉斯等人(Salas et al.,2001)的报告表明在 58 项研究中只有 6 项收集了结果层面的分析数据。

基于有限的样本数量来看,机组资源管理培训似乎能在组织层面产生积极结果,例如减少事故和伤亡(Diehl,1991;Grubb and Morey,2003;Kayten,1993;Taylor et al.,1993)。例如,一项近期研究指出机组资源管理培训在减少医护人员分心和用药错误方面取得了积极的效果(Fore et al.,2013)。其他结果包括财务结果和投资回报,由学科专家利用效用分析方法进行研究(Arthur et al.,2011)。然而,应该对这种方法进行更进一步的试验研究。

虽然研究结果喜人,但由于这些结果仅来源于一小部分研究,所以在概括归纳时应特别谨慎。此外,这一层面的培训评估面临着一些挑战(例如,对无关变量缺乏控制,难以确定标准衡量指标),使我们在得出机组资源管理培训确实与这些效果直接相关的结论时更加犹豫。

9.3.6　机组资源管理培训有效性

从柯克帕特里克(Kirkpatrick,1976)培训评估模型结果的证据缺乏情况可以看出,大多数机组资源管理研究都重视培训评估,而忽略培训有效性。培训转化是培训有效性的一个重要组成部分。遗憾的是很少有研究分析机组资源管理技能是否成功地从培训转移到工作中(O'Connor et al.,2008;Salas et al.,2001,2006a)。

正如前文的讨论,培训有效性还取决于影响学习和培训转化的个人、培训和组织特点。能够影响机组资源管理培训有效性的个人特点包括智力、动机、自我效能感和组织认同感(Gregorich and Wilhelm,1993)。此外,还有一些特点可能会影响团队组成和机组资源管理的后续有效性,包括阶层地位和能力(Sauer et al.,2010)。然而,目前尚不清楚这些特征具体如何影响机组资源管理培训有效性,以及在培训周期的哪一点上影响最大还需要进一步研究。

培训特征包含能够影响机组资源管理培训有效性的培训设计要素,例如信息传递(即讲课和自定节奏阅读)、实践要素(即角色扮演和模拟)和培训材料(即大纲、讲义;Beard,Salas,and Prince,1995)。此外,近期机组资源管理取得了一个进步是使用在线、计算机平台(Kearns,2011)等开展培训。虽然有若干联邦法规都规定了机组资源管理培训要求,但均未规定适当的培训设计要素,如培训方法或策略。

因此,机组资源管理培训包含一系列的设计要素,有些要素比其他要素更为重要。尤其是评估结果表明可使用低逼真度模拟器有效地开展机组资源管理技能培训(Baker et al.,1993;Bowers et al.,1992;Cook et al.,2011;Jentsch and Bowers,1998)。此外,培训评估结果还表明场景设计(Prince and Salas,1999;Prince et al.,1993)以及场景讲评和反馈(Crichton,2017;Prince et al.,1997;Salas,Rhodenizer,and Bowers,2000)非常重要。此外,一个已经开发出来的培训设计是面向航线飞行训练(LOFT)。该设计采用情境式方法,结合了人因工程学和人体工程学的方法和技术,并得到了社会建构理论的支持(de Carvalho et al.,2016)。然而,虽然有证据表明,这些培训特征可能会影响机组资源管理培训的有效性,但仍需要对这些特征进行更加深入的了解,因为机组资源管理许多其他方面的培训设计尚未得到有效的评估。

培训有效性的最后一个方面是组织特征。组织特征与整个系统的因素有关,这些因素会影响培训的有效性,如上级支持、奖励使用培训技能以及重视使用机组资源管理的组织氛围。遗憾的是与培训转化评估类似,很少有研究收集和/或报告影响培训有效性的相关个人、培训和组织特征数据。

然而,我们发现其中一个主要原因是组织文化对机组资源管理培训的影响。前几代机组资源管理培训的评估结果发现,针对特定组织设计的培训并不会很好地转移到其他组织中,强调需要开发满足组织需求的机组资源管理培训(Dawson et al.,2017;Helmreich et al.,1999)。未来的研究需要进一步探究更多组织特征(如上述特征),因为它们可能对机组资源管理培训的有效性产生重大影响。

9.4　小结

表 9.2 总结了以往有关机组资源管理培训评估和有效性的研究。经过近30 年的研究,机组资源管理培训评估仍有许多未解之谜。但是,我们知道机组资源管理似乎能产生积极反应、学习效果(包括知识和态度的改变)和行为改变。

然而,我们仍然不清楚机组资源管理是否在组织层面上取得了成果,例如提高安全性。此外,我们对机组资源管理培训的有效性知之甚少,因为很少有研究专门分析影响机组资源管理结果的个人、培训和组织特征。由于机组资源管理的主要目标是提高安全性和减少差错,因此仍有必要对此类项目进行持续评估,特别是将机组资源管理与评估结果更清晰地联系起来,阐述可能影响培训有效性的潜在特征。

表 9.2　机组资源管理培训评估汇总表

评标标准	主要研究发现	示　例　来　源
反应	(1) 反应数据是最常用的机组资源管理培训评估衡量标准 (2) 大多数研究使用书面调查来评估反应 (3) 几乎所有衡量学员培训反应的研究都报告了积极结果	Brun et al.（2000）；Ford et al.（2014）；Littlepage et al.（2016）；O'Connor et al.（2002）；O'Connor et al.（2008）；Ritzmann et al.（2011）；Rottger et al.（2013）；Salas et al.（2001）；Salas et al.（2006b）；Sauer et al.（2010）；Taylor（1998）
学习	(1) 评估机组资源管理培训的认知、技能和情感学习效果，其中情感学习效果评估最为常见 (2) 大多数研究通过陈述性知识测试评估认知和技能学习效果，并通过驾驶舱管理态度量表评估情感学习效果 (3) 通常，机组资源管理培训会产生积极的态度转变 (4) 认知和技能学习结果的研究发现混杂不一，一些研究发现，机组资源管理培训提高了认知学习，而另一些研究则发现培训毫无效果	Alkov and Gaynor（1991）；Fonne and Fredriksen（1995）；Gregorich et al.（1990）；Gregorich（1993）；Grubb et al.（1999）；Irwin（1991）；Morey et al.（1997）；Crichton（2017）；Fung et al.（2015）；Marquardt et al.（2010）；Morey et al.（2002）；O'Connor et al.（2008）
行为	(1) 利用 TARGET 或航线/航线运行模拟检查表收集行为数据 (2) 行为效果的研究发现混杂不一，一些研究报告了积极结果，一些研究报告了积极结果和消极结果，还有一些研究则只报告了消极结果 (3) 行为数据的一个局限性是这类数据通常是在培训结束之后立即在模拟器中收集的，未能捕捉到对培训转化的长期影响	Clothier（1991）；Connolly and Blackwell（1987）；Goeters（2002）；Grubb and Morey（2003）；Grubb et al.（2002）；Jacobsen et al.（2001）；Katz（2003）；Morey et al.（2002）；Robertson and Taylor（1995）；Spiker et al.（2003）；Alavosius et al.（2017）；Ellis and Hughes（1999）；Howard et al.（1992）；Littlepage et al.（2016）；Marquardt et al.（2011）；Taylor and Thomas（2003）；Taylor et al.（1993）
结果	(1) 在四个评估层面中，对于结果数据的研究最少 (2) 机组资源管理培训已被证明可以减少事故和伤害，但由于样本数量有限，在解释结果时应非常谨慎 (3) 在这一层面上，收集数据方面的挑战包括对无关变量缺乏控制以及难以确定衡量标准	Arthur et al.（2011）；Diehl（1991）；Foreetal.（2013）；Grubb and Morey（2003）；Kayten（1993）；Salas et al.（2006b）；Taylor et al.（1993）

评标标准	主　要　研　究　发　现	示　例　来　源
培训转化	(1) 很少有研究关注机组资源管理培训向工作的转化 (2) 主要通过模拟以及参与模拟场景的学员观看录像来评估机组资源管理培训的转化 (3) 在评估培训转化时,发现结果混杂不一	O'Connor et al.（2008）；Salas et al.（2001, 2006a）；Spiker et al.（1999）；Verbeek-van Noord et al.（2014）
个人特点	(1) 影响机组资源管理培训有效性的个人特点包括动机、智力、自我效能感、组织认同感和性格 (2) 然而,关于这些特点具体如何影响机组资源管理培训,有待研究	Gregorich and Wilhelm（1993）；Gregorich et al.（1990）；Gregorich et al.（1989）；Sauer et al.（2010）
培训特征	(1) 影响机组资源管理培训的培训特点包括信息传递、实践要素和培训材料 (2) 研究发现低逼真度模拟可有效地开展机组资源管理技能培训 (3) 情境设计和反馈也是影响机组资源管理培训有效性的一个重要因素	Alonso et al.（2006）；Baker et al.（1993）；Beard et al.（1995）；Bowers et al.（1992）；Buljac-Samardzic et al.（2010）；Cook et al.（2011）；Crichton（2017）；de Carvalho et al.（2016）；Jentsch and Bowers（1998）；Kearns（2011）；Prince and Salas（1999）；Prince et al.（1993）
组织特征	(1) 很少有研究评估组织特征对机组资源管理培训有效性的影响 (2) 研究表明组织和民族文化会影响机组资源管理培训,组织特定培训不会有效转移到其他组织中	Gregorich and Wilhelm（1993）；Helmreich et al.（1999）；Helmreich et al.（1999）；Dawson et al.（2017）；O'Connor（2010）

9.5　将来应如何评估机组资源管理培训?

在上一节中,强调了有效评估机组资源管理培训所面临的多重挑战。然而,如果遵循适当的程序,仍然可以成功地完成评估。我们将利用以往机组资源管理培训评估所面临的挑战,结合最新的有关培训的科学知识,在下来的内容中讨论这些适当的程序,目的是明确论述在开展机组资源管理培训评估时必须要注意的事项。为提供论述框架,我们将利用机组资源管理培训设计、实施、评估和转化模型(Salas et al.，2006b)来确定未来评估需要注意的方面(见图9.2)。

然而,在本节中仅仅确定这些方面还远远不够,重要的是本节还为从业人员

图 9.2　机组资源管理培训的设计、开展和评估进程图

注：改编自萨拉斯等人（Salas et al.，2006b），《机组资源管理培训研究、实践和经验教训》，《人因工程评论》第 2 期第 35 - 73 页）（加利福尼亚州圣塔莫尼卡美国人因工程学会）。

提供了一些指导，让他们可以思考和了解未来在独特的组织环境中开展团队合作培训的努力方向。我们希望这种信息的结合将更好地推动机组资源管理培训和评估的科学和实践向前发展。

9.5.1　机组资源管理培训的设计、开发和评估框架

如前文所述，机组资源管理培训评估有一些需要注意的方面。首先，最需要注意的是需要有一个可以评估机组资源管理培训的系统化工具。虽然以前制订了一些解决这个问题的模型（例如，Gregorich and Wilhelm，1993），但培训科学的最新发展需要修改方法。其次，最值得关注的是机组资源管理培训进程图及其相关检查单的发展（Salas et al. 2006b）。

认识到机组资源管理培训整体缺乏一致性，萨拉斯等人（Salas et al.，2006b）制订了一份科学的机组资源管理培训进程图（见图 9.2）和一份详细的检查单（缩略版检查单见表 9.3），可用于指导机组资源管理培训开发人员从设计到评估的整个工作过程。由于完整进程图和检查单的内容超出了本章的范围，所以我们接下来着重讨论与未来的机组资源管理评估有关的各组成部分以及对各部分的指导建议。

表 9.3 机组资源管理培训评估检查单(缩略版)

步 骤	注 意 事 项	结 果
V. 机组资源管理培训评估		
(1) 评估机组资源管理培训项目	是否收集了效用和情感反应数据(即态度)? 是否从多个层面对学习进行了评估? 在转化过程中是否对行为进行了评估? 是否在多个时间段评估了培训对组织的影响(例如立即、3个月后、6个月后)?为确定教学有效性,是否对数据进行了分析?	从四个层面收集有关机组资源管理培训有效性的数据。收集有关工作表现的数据
(2) 修改机组资源管理培训项目	修改是否需要依据实验数据?将如何实施这些修订? 修改会产生什么影响? 修改是否具有成本效益? 修改需要花费多长时间? 它将会如何影响后续培训环节?	在实验数据的基础上修改机组资源管理培训
VI. 机组资源管理培训的转化		
(1) 建立转化氛围	是否有上级支持?是否有资源支持知识和技能的转化?是否有奖励机制? 是否鼓励学员从错误中学习?	各级主管在工作中支持机组资源管理能力。组织在工作中支持机组资源管理能力。建立持续学习氛围
(2) 强化机组资源管理行为	是否有鼓励机组资源管理培训能力转化的学员奖励机制? 是否会制止与机组资源管理培训教学内容矛盾的行为?	有学员奖励机制。制止与机组资源管理矛盾的行为
(3) 提供经常性机组资源管理培训	需要多长时间提供一次培训?	机组资源管理能力随着时间的推移保持稳定

资料来源:改编自萨拉斯等人(Salas et al.,2006b),《机组资源管理培训研究、实践和经验教训》《人因工程评论》第2期第35~73页)(加利福尼亚州圣塔莫尼卡美国人因工程学会)。

9.5.2 机组资源管理培训评估指南

对于萨拉斯等人(Salas et al.,2006b)推荐的机组资源管理培训进程图,重要的是要注意机组资源管理培训评估实际上在培训评估之前就已经开始。成功评估的第一步是进行初步的培训需求分析。如前文所述,要全面评估某个组织培训的有效性,重要的是明确和阐明整个培训设计和开发过程中的个人、培训和组织需求。需求评估并不是一个新的概念，但组织很少花时间去运行它（Arthur et al.，2003）。需求评估本身有三个基本组成部分，即对任务、人员和组织的分析（Goldstein and Ford，2002）。任务分析用于提供有关任务职责和任务难度水平的信息。人员分析用于收集有关每位员工性格特点、适应能力、模糊容忍度以及优缺点的信息。组织分析用于提供影响培训有效性的组织层面因素信息，如组织文化、社会支持和战略目标。需求分析是成功培训评估所依据的重要基础，不进行需求分析会给机组资源管理培训带来负面结果（O'Connor，2010）。

指南（1）：虽然机组资源管理并不是一个新的概念，但在培训实施前应始终进行需求分析，以确保得到成功的结果。

完成需求分析阶段之后，可直接进入下一阶段，阐明适当的学习效果。如前文所述，机组资源管理一直被用作一个宽泛的术语，涵盖了一系列广泛的能力和培训方法。一些研究未提及机组资源管理干预措施的目标能力，而一些研究未提及机组资源管理能力培训所使用的具体方法。在这两种情况下，为了适当地评估培训有效性，都必须明确实施培训的内容和方法。这样就可以根据具体的培训目标、内容和方法得出并确立评估标准，确保评估内容与培训项目最初的既定目的和目标相关。此外，这一做法还可以让其他培训师和研究人员根据目标能力和培训方法的相似性，更准确地比较机组资源管理培训项目的有效性。

指南（2）：记录培训项目的内容、目标和方法，以促进机组资源管理学习效果的进一步标准化和成功完成。

在萨拉斯等人（Salas et al.，2006b）的机组资源管理培训进程图中，与评估有关的下一阶段是培训评估。正如前文的论述，一些培训研究人员认识到了柯克帕特里克的培训评估四个层面的局限性（Alliger and Janak，1989；Alliger et al.，1997；Alvarez et al.，2004；Holton，1996；Kraiger et al.，1993）。尽管经常有人呼吁培训师放弃柯克帕特里克的四个层面，但这一评估模型仍然是最常用的方法。虽然直观吸引力和有关柯克帕特里克层面的大量研究使得人们难以彻底切断与它的联系，但至少培训师应清楚这一培训评估模型的相关局限性，从而采取措施来弥补它的不足。指南4～9论述了与柯克帕特里克模型有关的更多具体问题以及克服这些问题的更多具体建议。

指南（3）：承认柯克帕特里克的机组资源管理培训评估层面的不

足,从而采取相应的弥补措施。

过度依赖反应数据作为机组资源管理培训有效性的主要评估形式容易出问题,因为研究发现,反应数据与柯克帕特里克的其他层面(学习、行为和结果)没有关联或只有较低程度的关联(Alliger et al.,1997)。这意味着如果仅从反应层面评估机组资源管理培训,评估从业人员和研究人员并不能确信培训项目能够有效实现长期组织目标。尽管如此,但也不能完全放弃收集反应数据。如果学员认为某个培训项目毫无作用,那么对反应的衡量有助于为修改培训提供信息,从而使培训更有影响力。然而,重要的是评估人员要认识到反应数据的局限性。此外,如果收集反应数据,那么收集效用反应数据(即培训的有用程度如何)比收集情感反应数据(即培训的乐趣性如何)更有益。研究发现,效用反应与学习和转化层面有关,可以克服与反应衡量有关的一些局限性(Alliger et al.,1997)。

指南(4):效用反应数据可用于补充培训评估,但不能作为所有评估的基础。

萨拉斯及其同事(Alvarez et al.,2004;Kraiger et al.,1993)支持多维学习的观点,包括情感/态度学习、行为/技能学习和认知学习。培训评估人员必须意识到不同学习效果的收集方法重要性,因为每个方面的学习效果都可能有助于机组资源管理行为的成功实施。到目前为止,机组资源管理培训评估研究通过驾驶舱管理态度量表自我报告,以及学员在模拟器练习中的技能学习表现,很好地衡量了态度变化。然而,更多的研究需要包含认知学习衡量。例如,可以在培训结束后用书面调查的形式考察陈述性知识,轻松完成这一衡量。

指南(5):从学习层面进行培训评估时,要从多个维度来衡量结果。

柯克帕特里克模型的第三个层面是行为(即培训转化),是培训的主要目标之一,但机组资源管理培训评估研究中,很少有评估培训转化的。然而,一些培训行为结果的收集方法已经存在几十年,其中包括高级资格认证计划(AQP)、航空安全行动计划(ASAP)和飞行品质监控(FOQA)(Orlady and Orlady,1999)。虽然这些方法在航空领域众所周知,但尚未进入机组资源管理培训评估研究当中。今后,收集此类行为数据的机构应更广泛地提供积累的信息,让相关人员更好地了解如何将培训与行为结果联系在一起。然后,更多地发布最佳做法信息,让研究人员和从业人员可以利用这些知识推动这些方法的发展。

然而,最近有一些正规化的方法在培训行为结果评估方面表现喜人。第一个方法是航线运行安全审计(LOSA),安排经过培训的观察员进驻驾驶舱中观察飞行员的行动。第二个方法是明确的专业口头交流观察表(EPOC),可用于医疗领域,观察关键工作维度(Verbeek-van Noord et al.,2014)。第三个方法是提高医疗质量和患者安全的团队策略和工具包(TeamSTEPPS),教授具体工具和原则,以提高军事医疗领域的团队合作行为(Alonso et al.,2006)。

除了这些正式方法之外,还有其他一些更加灵活的方法,可用于评估行为结果。例如,观察员可以在给定情况过程中和过程后与学员面谈,收集其他行为信息。或者,可以要求学员完成模拟器练习、知识测试或在经过足够的时间(例如6~12个月)后报告他们在工作中使用培训技能的频率,以确定学员是否记住并使用培训知识。遗憾的是由于培训转化数据的收集涉及更广泛、更深入的评估,因此通常未纳入评估范围。然而,真正了解机组资源管理培训项目对工作的有效性至关重要。组织应高度重视将这一层面的评估纳入现有的培训评估方案中。

指南(6):培训转化是衡量培训知识在工作中的使用情况的一项重要指标,为确保培训成功,应始终坚持衡量。

柯克帕特里克模型认为,行为主要是由学习决定的。然而,关于培训转化的大量研究表明,除了学习之外,转化还受到许多变量的影响,如组织/环境特征、个人特征和培训设计特征(Baldwin and Ford,1988)。为了预测培训转化,培训评估人员除了要收集学习数据之外,还必须收集组织/环境数据、个人数据和培训设计数据。通过收集各类信息,培训评估人员可以更好地明确可能妨碍或促进培训有效性的因素。

指南(7):确保衡量个人特征、培训特征和组织特征,从而说明如何将所培训的行为转化到工作中。

尽管柯克帕特里克模型具有一定的局限性,但可以从中得出一个重要结论,即认识到从多个层面收集多个培训有效性衡量指标非常重要。此外,已经多次呼吁使用多个培训有效性衡量指标来评估机组资源管理培训(Salas et al.,1999b,2006a)。最近的研究已经注意到这些呼吁(Hughes et al.,2016)。医疗领域的一项团队培训系统评估试图量化机组资源管理培训的有效性。分析发现,团队培训提高了反应、学习、转化和结果效果。这表明团队培训干预措施有望普遍应用于多个领域,而且各种关于有效性衡量指标的研究在不断增加。然而,虽然这表明近年来在收集多种有效性衡量指标方面取得了一些进步,但仍有大量工作要开展(Buljac-Samardzic et al.,2010;Littlepage et al.,2016;Marquardt et al.,2011;Marquardt et al.,2010;Sauer et al.,2010)。

通过在培训实施之前明确重点收集多项衡量指标,可以从多个层面轻松评估有效性。例如,在收集有效性的反应衡量指标时,应询问学员是否认为培训有用。在收集有效性的学习衡量指标时,应包含多次评估,以衡量人际关系和认知态度。此外,评估人员还应更多地尝试衡量认知学习,以确保学员掌握了重要的培训概念。在收集有效性的行为衡量指标时,可以使用模拟器来衡量培训转化。这些广泛收集的数据可以为培训有效性的未来发展提供更全面的图景。

指南(8):从各个层面收集多个培训有效性衡量指标。

接下来是讨论萨拉斯等人(Salas et al.,2006b)模型的培训效果阶段,效果数据一个很重要的方面是评估培训对各种结果的长期影响。为了解决这个问题,评估人员几次呼吁收集纵向数据(Brannick,Prince,and Salas,2005;Salas et al.,2006a)。收集纵向数据非常重要,因为研究发现,培训技能会随着时间的流逝而衰退。了解这种衰退可能是确保避免培训技能衰退的关键。由于大多数研究都衡量的是模拟行为,因此为了确定飞行员在实际飞行中是否使用了机组资源管理技能,需要进行更多的实地观察(Sauer et al.,2010)。至少,飞行员应在培训结束几个月之后参与模拟器练习,从而确定他们是否长期保持了培训技能。

并非只有行为效果可以纵向衡量,随着时间的变化还可以纵向评估知识和态度,它比衡量行为要容易得多。在培训结束后,可以定期对以前的学员进行简短的知识测试和驾驶舱管理态度量表调查。确保态度、知识和行为在培训后都能保持稳定可以提高培训有效性,减少将来重新培训的需要。

纵向评估知识、态度和行为还有一个重要的作用,即可以精确衡量组织安全文化的变化。安全文化包含以下几个主要特征——认识组织活动的高风险性,确定安全操作,创建免责环境,鼓励跨学科合作寻求安全问题的解决方案,并通过组织资源投入来解决安全问题(Chidester,2016)。如果机组资源管理培训是成功的,就可以将这些原则转移到工作环境中,应该能够影响所有员工对组织安全文化的看法。在理想情况下,这种安全文化可以进一步增加安全行为并减少工作场所事故的发生。

指南(9)：从个人和组织层面收集纵向数据，以评估培训的长期
效果。

作为一个整体，组织是确保培训项目实施、评估和最终有效性不可或缺的一
个要素。为此，组织可以提供资源和支持来鼓励成功的培训项目。组织必须做
好充足的资源准备，将资源投入整个培训设计、实施和评估过程中。为了适当地
评估机组资源管理培训的有效性，组织必须认识到利用资源收集培训有效性数
据的重要性。例如，组织可能需要向培训师提供开展合理设计的培训评估所需
的资源(即资金和时间)(Salas et al.，2006b)。如果培训师试图从多个层面评
估培训，以及/或者试图对培训进行纵向评估，组织更加需要提供资源。

除了向培训师提供必要的资源之外，组织还必须支持培训评估。一个支持
性的组织氛围，能够认识到培训和培训评估的益处非常重要。为鼓励员工参与，
经理和主管必须公开支持培训评估工作。如果经理和主管不支持培训有效性评
估工作，培训师在说服员工参与以及准确报告培训结果方面就会遇到很大的
困难。

指南(10)：寻求开展机组资源管理培训的组织要对培训评估工作
投入充足的资源和支持。

最后一项指南论述的是机组资源管理在当今世界中的广泛应用领域。虽然
机组资源管理最初是在航空业内发展研究的，但也有其他许多高度可靠性组织
发展了先进的机组资源管理现代科学和实践。例如，医疗系统经常使用综合性
机组资源管理培训来调整外科团队(Jimenez et al.，2015)。这样就可以将多种
不同的员工及其独特的技能放在一起培训，从而更精确地模拟工作场景，更天衣
无缝地将学到的技能转化到工作中(Blum et al.，2004)。推动机组资源管理实
践发展的另一个例子来自军事医疗领域。该领域开发了 TeamSTEPPS，它的优
势在于可以从柯克帕特里克评估模型的所有层面评估培训有效性(Alonso
et al.，2006)。最后，海事领域建立了大量的标准化培训，包括培训方法、评估
方法和培训师认证。这一发展可以使培训更加有效、持续地开展(Jimenez
et al.，2015)。上述多个领域提供了具有深远意义的最佳实践，其他组织也可
以从中受益。

指南(11)：在航空业以外的领域考虑培训实施和评估的最佳
实践。

9.6　结论

　　上述各项指南有助于各领域开展实践、研究和组织层面的讨论。从实践的角度来看,这些指南有助于从业人员了解未来在独特的组织环境中开展培训团队合作的努力方向。虽然这些指南并不详尽,但它们包含了有效评估需要注意的最重要方面。从方法和研究的角度来看,这些指南有助于更有效地比较不同的培训项目,因为相同类型的数据可用于不同类型的评估(例如多渠道评估、多层面评估、纵向评估)。从组织的角度来看,它希望这些指南有助于改进机组资源管理培训的实施流程,从而可以达到并长期保持关键的差错管理目标。

　　自机组资源管理培训在航空业兴起以来,已经取得很大的进步。今天,它已被全球众多的高可靠性组织采用,并在不断发展。然而,随着它的快速发展,人们开始关注它的系统化评价和评估方法。我们必须采取积极措施,确保机组资源管理有效,并且将会继续有效。

　　本章阐述了机组资源管理培训评估的现状。本章第一部分着重简要论述了培训评估的历史,具体论述了机组资源管理培训评估过去所面临的一些挑战。第二部分是针对这些挑战做出的回应,介绍了未来开展有效机组资源管理培训评估的实用指南。因此,本章有两个方面的目标:第一个目标是推动机组资源管理培训设计、实施和评估相关科学知识的发展;第二个目标是为从业人员提供基础知识,从而开发科学合理、实用、灵活的先进评估策略,从而使机组资源管理无论是在今天还是未来能够继续拯救生命。

致谢

　　感谢美国国家航空航天局向首席研究员肖恩·伯克博士、副研究员爱德华多·萨拉斯博士和玛丽萨·L. 舒弗尔博士提供研究经费(NNX14AK54G),感谢美国国家科学基金会向首席研究员舒弗尔博士提供研究经费(1654054)。本文所述观点仅代表作者的个人观点,不代表其所属组织、出资单位或机构的观点。另外,还要感谢路易斯·泽维尔对本章第 2 版本的宝贵贡献。

参考文献

Alavosius, M. P., Houmanfar, R. A., Anbro, S. J., Burleigh, D., & Hebein, C.

(2017). Leadership and crew resource management in high-reliability organizations: A competency framework for measuring behaviors. *Journal of Organizational Behavior Management*, *37*, 142 – 170. Alkov, R. A., & Gaynor, J. A. (1991). Attitude changes in navy/marine flight instructors following an aircrew coordination training course. *International Journal of Aviation Psychology*, *1*, 245 – 253.

Alliger, G. A., & Janak, E. A. (1989). Kirkpatrick's levels of training criteria: Thirty years later. *Personnel Psychology*, *42*, 331 – 342.

Alliger, G. A., Tannenbaum, S. I., Bennett, W., Traver, H., & Shotland, A. (1997). A metaanalysis of the relations among training criteria. *Personnel Psychology*, *50*, 341 – 358.

Alonso, A., Baker, D. P., Holtzman, A., Day, R., King, H., Toomey, L., & Salas, E. (2006). Reducing medical error in the Military Health System: How can team training help? *Human Resource Management Review*, *16*, 396 – 415.

Alvarez, K., Salas, E., & Garofano, C. M. (2004). An integrated model of training evaluation and effectiveness. *Human Resources Development Review*, *3*, 385 – 416.

Arthur, W., Bennett, W., Edens, P. S., & Bell, S. T. (2003). Effectiveness of training in organizations: A meta-analysis of design and evaluation features. *Journal of Applied Psychology*, *88*(2), 234 – 245.

Arthur, W., Kyte, T. B., Villado, A. J., Morgan, C. A., & Roop, S. S. (2011). Introducing a subject matter expert-based utility analysis approach to assessing the utility of organizational interventions such as crew resource management training. *The International Journal of Aviation Psychology*, *21*, 191 – 215.

Baker, D., Prince, C., Shrestha, L., Oser, R., & Salas, E. (1993). Aviation computer games for CRM skills training. *The International Journal of Aviation Psychology*, *3*, 143 – 155.

Baldwin, T. T., & Ford, J. K. (1988). Transfer of training: A review and directions for future research. *Personnel Psychology*, *41*, 63 – 105.

Beard, R. L., Salas, E., & Prince, C. (1995). Enhancing transfer of training: Using role-play to foster teamwork in the cockpit. *International Journal of Aviation Psychology*, *5*(2), 131 – 143.

Bienefeld, N., & Grote, G. (2012). Silence that may kill: When aircrew members don't speak up and why. *Aviation Psychology and Applied Human Factors*, *2*(1), 1 – 10.

Blum, R. H., Raemer, D. B., Carroll, J. S., Sunder, N., Felstein, D. M., & Cooper, J. B. (2004). Crisis resource management training for an anaesthesia faculty: A new approach to continuing education. *Medical Education*, *38*(1), 45 – 55.

Bowers, C., Salas, E., Prince, C., & Brannick, M. (1992). Games teams play: A method for investigating team coordination and performance. *Behavior Research Methods, Instruments, and Computers*, *24*, 503 – 506.

Brannick, M. T., Prince, C., & Salas, E. (2005). Can PC-based systems enhance teamwork in the cockpit?. *The International Journal of Aviation Psychology*, *15*, 173 – 188.

Broad, M. L. , & Newstrom, J. W. (1992). *Transfer of training: Action-packed strategies to ensure high payoff from training investments*. Reading MA: Addison Wesley.

Brun, W. , Eid, J. , Jihnsen, B. H. , Ekornas, B. , Laberg, J. C. , & Kobbeltvedt, T. (2000). Shared mental models and task performance: Studying the effects of a crew and bridge resource management training program (*Project Report: 1 2001*). Bergen, Norway: Militaer Psykologi og Ledelse.

Buljac-Samardzic, M. , Dekker-van Doorn, C. M. , van Wijngaarden, J. D. , & van Wijk, K. P. (2010). Interventions to improve team effectiveness: A systematic review. *Health Policy*, *94*, 183 – 195.

Cannon-Bowers, J. A. , Salas, E. , Tannenbaum, S. I. , & Mathieu, J. E. (1995). Toward theoretically based principles of trainee effectiveness: A model and initial empirical investigation. *Military Psychology*, *7*, 141 – 164.

Cannon-Bowers, J. A. , Tannenbaum, S. I. , Salas, E. , & Volpe, C. E. (1995). Defining team competencies and establishing team training requirements. In R. Guzzo, & E. Salas (Eds.), *Team effectiveness and decision making in organizations* (pp. 333 – 380). San Francisco, CA: Jossey-Bass.

Cascio, W. F. , & Boudreau, J. W. (2008). *Investing in people: Financial impact of human resource initiatives*. Upper Saddle River, NJ: FT Press.

Chidester, T. (2016). Creating a culture of safety. In K. J. Ruskin, M. P. Stigler, & S. H. Rosenbaum (Eds.), *Quality and safety in anesthesia and perioperative care*. London: Oxford University Press.

Clothier, C. C. (1991). Behavioral interactions across various aircraft types: Results of systematic observations of line operations and simulations. In R. S. Jensen (Ed.), *Proceedings of the 6th International Symposium on Aviation Psychology* (pp. 332 – 337). Columbus: Ohio State University.

Connolly, T. J. , & Blackwell, B. B. (1987). A simulator approach to training in aeronautical decision making. In R. S. Jensen (Ed.), *Proceedings of the 4th International Symposium on Aviation Psychology* (pp. 251 – 258). Columbus: Ohio State University.

Cook, D. A. , Hatala, R. , Brydges, R. , Zendejas, B. , Szostek, J. H. , Wang, A. T. , & Hamstra, S. J. (2011). Technology-enhanced simulation for health professions education. *The Journal of the American Medical Association*, *306*, 978 – 988.

Crichton, M. T. (2017). From cockpit to operating theatre to drilling rig floor: Five principles for improving safety using simulator-based exercises to enhance team cognition. *Cognition*, *Technology & Work*, *19*, 73 – 84.

Dawson, D. , Cleggett, C. , Thompson, K. , & Thomas, M. J. W. (2017). Fatigue proofing: The role of protective behaviours in mediating fatigue-related risk in a defense aviation environment. *Accident Analysis and Prevention*, *99*, 465 – 468.

de Carvalho, R. J. M. , Saldanha, M. C. W. , Vidal, M. C. R. , & Carvalho, P. V. R. (2016). Situated design of line-oriented flight training (LOFT): A case study in a

Brazilian airline. *Cognition, Technology & Work, 18*, 403 – 422.

Diehl, A. (1991). The effectiveness of training programs for preventing aircrew "error". In R. S. Jensen (Ed.), *Proceedings of the 6th International Symposium on Aviation Psychology* (pp. 640 – 655). Columbus: Ohio State University.

Ellis, C., & Hughes, G. (1999). Use of human patient simulation to teach emergency medicine trainees advanced airway skills. *Journal of Accident Emergency Medicine, 16*, 395 – 399.

Fonne, V. M., & Fredriksen, O. K. (1995). Resource management and crew training for HSV-navigators. In R. S. Jensen, & L. A. Rakovan (Eds.), *Proceedings of the 8th International Symposium on Aviation Psychology* (pp. 585 – 590). Columbus: Ohio State University.

Ford, J., Henderson, R., & O'Hare, D. (2014). The effects of Crew Resource Management (CRM) training on flight attendants' safety attitudes. *Journal of Safety Research, 48*, 49 – 56.

Ford, J., O'Hare, D., & Henderson, R. (2013). Putting the "we" into teamwork: Effects of priming personal or social identity on flight attendants' perceptions of teamwork and communication. *Human Factors, 55*(3), 499 – 508.

Ford, J. K., Kraiger, K., & Merritt, S. M. (2009). *An updated review of the multidimensionality of training outcomes: New direction for training evaluation research. Learning, Training, and Development in Organizations* (pp. 135 – 165). Routledge Taylor & Francis Group.

Fore, A. M., Sculli, G. L., Albee, D., & Neily, J. (2013). Improving patient safety using the sterile cockpit principle during medication administration: A collaborative, unit-based project. *Journal of Nursing Management, 21*, 106 – 111.

Fung, L., Soet, S., Bould, M. D., Qosa, H., Perrier, L., Tricco, A., ... Reeves, S. (2015). Impact of crisis resource management simulation-based training for interprofessional and interdisciplinary teams: A systematic review. *Journal of Interprofessional Care, 29*, 433 – 444.

Gaba, D. M., Howard, S. K., Fish, K. J., Smith, B. E., & Sowb, Y. A. (2001). Simulation-based training in anesthesia crisis resource management (ACRM): A decade of experience. *Simulation and Gaming, 32*, 175 – 193.

Gaba, D. M., Howard, S. K., Flanagan, B., Smith, B. E., Fish, K. J., & Botney, R. (1998). Assessment of clinical performance during simulated crises using both technical and behavioral ratings. *Anesthesiology, 89*, 8 – 18.

Gagne, R. M. (1984). Learning outcomes and their effects: Useful categories of human performance. *American Psychologist, 39*, 377 – 385.

Goeters, K. M. (2002). Evaluation of the effects of CRM training by the assessment of nontechnical skills under LOFT. *Human Factors and Aerospace Safety, 2*, 71 – 86.

Goldstein, I. L. (1993). *Training in organizations: Needs assessment, development, evaluation.* Monterey: Brooks-Cole.

Goldstein, I. L., & Ford, K. (2002). *Training in organizations: Needs assessment,*

Development and Evaluation (4th Edn). Belmont: Wadsworth.

Gregorich, S. E. (1993). *The dynamics of CRM attitude change: Attitude stability*. *Proceedings of the 7th International Symposium on Aviation Psychology* (pp. 509 – 512). Columbus: Ohio State University.

Gregorich, S. E., Helmreich, R. L., & Wilhelm, J. A. (1990). Structure of cockpit management attitudes. *Journal of Applied Psychology*, *75*, 682 – 690.

Gregorich, S. E., Helmreich, R. L., Wilhelm, J. A., & Chidester, T. (1989). Personality based clusters as predictors of aviator attitudes and performance. *NTRS*, *2*.

Gregorich, S. E., & Wilhelm, J. A. (1993). Crew resource management training assessment. In E. L. Wiener, B. G. Kanki, & R. L. Helmreich (Eds.), *Cockpit resource management* (pp. 173 – 198). San Diego, CA: Academic Press.

Grubb, G., Crossland, N., & Katz, L. (2002). *Evaluating and delivering the U. S. Army aircrew coordination training enhancement (ACTE) program*. *Proceedings of the Interservice/Industry Training, Simulation and Education Conference* (pp. 1143 – 1149). Arlington, VA: National Training Systems Association.

Grubb, G., & Morey, J. C. (2003). Enhancement of the U. S. Army aircrew coordination training (ACT) program. In R. S. Jensen (Ed.), *Proceedings of the 12th International Symposium on Aviation Psychology* (pp. 446 – 452). Columbus: Ohio State University.

Grubb, G., Morey, J. C., & Simon, R. (1999). Applications of the theory of reasoned action model of attitude assessment in the air force CRM program. In R. S. Jensen, & L. A. Rakovan (Eds.), *Proceedings of the Tenth International Symposium on Aviation Psychology* (pp. 298 – 301). Columbus OH: Aviation Psychology Laboratory of the Ohio State University.

Helmreich, R. L. (1984). Cockpit management attitudes. *Human Factors*, *26*, 583 – 589.

Helmreich, R. L., Merritt, A. C., & Wilhelm, J. A. (1999). The evolution of crew resource management training in commercial aviation. *The International Journal of Aviation Psychology*, *9*, 19 – 32.

Holton, E. F. (1996). The flawed four-level evaluation model. *Human Resource Development Quarterly*, *7*, 5 – 21.

Howard, S., Gaba, D., Fish, K., Yang, G., & Samquist, F. (1992). Anesthesia crisis resource management training: Teaching anethesiologists to handle critical incidents. *Aviation, Space, and Environmental Medicine*, *63*, 763 – 770.

Hughes, A. M., Gregory, M. E., Joseph, D. L., Sonesh, S. C., Marlow, S. L., Lacerenza, C. N., ... Salas, E. (2016). Saving lives: A meta-analysis of team training in healthcare. *Journal of Applied Psychology*, *101(9)*, 1266 – 1304.

Irwin, C. M. (1991). The impact of initial and recurrent cockpit resource management training on attitudes. In R. S. Jensen (Ed.), *Proceedings of the 6th International Symposium on Aviation Psychology* (pp. 344 – 349). Columbus: Ohio State University.

Jacobsen, J., Lindekaer, A. L., Ostergaard, H. T., Nielsen, K., Ostergaard, D., Laub, M., et al. (2001). Management of anaphylactic shock evaluated using a full-scale anaesthesia simulator. *Acta Anaesthesiologica Scandinavica*, *45*, 315 – 319.

Jentsch, F., & Bowers, C. A. (1998). Evidence for the validity of PC-based simulations in studying aircrew coordination. *International Journal of Aviation Psychology*, 8, 243 – 260.

Jimenez, C., Kasper, K., Rivera, J., Talone, A. B., & Jentsch, F. (2015). Crew resource management (CRM): What aviation can learn from the application of CRM in other domains. *Proceedings of the Human Factors and Ergonomics Society 59th Annual Meeting*, 59(1), 946 – 950.

Katz, L. (2003). *Army CRM training: Demonstration of a prototype computer-based program. Proceedings of the 12th International Symposium on Aviation Psychology* (pp. 648 – 650). Columbus: Ohio State University.

Kayten, P. J. (1993). The accident investigator's perspective. In E. L. Wiener, B. G. Kanki, & R. L. Helmreich (Eds.), *Cockpit resource management* (pp. 283 – 314). San Diego, CA: Academic.

Kearns, S. (2011). Online single-pilot resource management: Assessing the feasibility of computer-based safety training. *The International Journal of Aviation Psychology*, 21, 175 – 190.

Kirkpatrick, D. L. (1976). Evaluation. In R. L. Craig (Ed.), *Training and development handbook: A guide to human resource development* (2nd ed.). New York: McGraw-Hill, 18 – 1 – 18 – 27.

Kirkpatrick, D. L. (1987). Evaluation of training. In R. L. Craig (Ed.), *Training and development handbook: A guide to human resource development* (3rd ed, pp. 301 – 319). New York: McGraw-Hill.

Klein, G., & Pierce, L. G. (2001). Adaptive teams. Proceedings of the 6th ICCRTS Collaboration in the Information Age Track 4.

Kraiger, K., Ford, J. K., & Salas, E. (1993). Application of cognitive, skill-based, and affective theories of learning outcomes to new methods of training evaluation [Monograph]. *Journal of Applied Psychology*, 78, 311 – 328.

Kraiger, K. (2002). Decision-based evaluation. In K. Kraiger (Ed.), *Creating, implementing, and maintaining effective training and development: State-of-the-art lessons for practice* (pp. 331 – 375). San Francisco, CA: Jossey-Bass.

Littlepage, G. E., Hein, M. B., Moffett, R. G., III, Craig, P. A., & Georgiou, A. M. (2016). Team training for dynamic cross-functional teams in aviation: Behavioral, cognitive, and performance outcomes. *Human Factors*, 58, 1275 – 1288.

Marquardt, N., Robelski, S., & Hoeger, R. (2010). Crew resource management training within the automotive industry: Does it work? *Human Factors*, 52, 308 – 315.

Marquardt, N., Robelski, S., & Jenkins, G. G. (2011). Designing and evaluating a crew resource management training for manufacturing industries. *Human Factors and Ergonomics in Manufacturing & Service Industries*, 21, 287 – 304.

Mathieu, J. E., Martineau, J. W., & Tannenbaum, S. I. (1993). Individual and situational influences on the development of self-efficacy: Implications for training effectiveness. *Personnel Psychology*, 46(1), 125 – 147.

Mcintyre, R. M. , & Salas, E. (1995). Measuring and managing for team performance: emerging principles from complex environments. In R. Guzzo, & E. Salas (Eds.), *Team effectiveness and decision making in organizations*. Jossey-Bass: San Francisco.

Morey, J. C. , Grubb, G. , & Simon, R. (1997). Towards a new measurement approach for cockpit resource management attitudes. In R. S. Jensen, & L. A. Rakovan (Eds.), Proceedings of the 9th International Symposium on Aviation Psychology (pp. 478 – 483). Columbus: Ohio State University.

Morey, J. C. , Simon, R. , Jay, G. D. , Wears, R. L. , Salisbury, M. , Dukes, K. A. , et al. (2002). Error reduction and performance improvement in the emergency department through formal teamwork training: Evaluation results of the MedTeams project. *Health Services Research*, 37, 1553 – 1581.

Munene, I. (2016). An application of the HFACS method to aviation accidents in Africa. *Aviation Psychology and Applied Human Factors*, 6(1), 33 – 38.

Noe, R. A. (2002). *Employee Training and Development*. McGraw-Hill/Irwin.

O'Connor, P. (2010). Assessing the effectiveness of bridge resource management training. *The International Journal of Aviation Psychology*, 21, 357 – 374.

O'Connor, P. , Campbell, J. , Newon, J. , Melton, J. , Salas, E. , & Wilson, K. A. (2008). Crew resource management training effectiveness: A meta-analysis and some critical needs. *The International Journal of Aviation Psychology*, 18, 353 – 368.

O'Connor, P. , Flin, R. , & Fletcher, G. (2002). Methods used to evaluate the effectiveness of CRM training: A literature review. *Journal of Human Factors and Aerospace Safety*, 2, 217 – 234.

Orlady, H. W. , & Orlady, L. M. (1999). *Human factors in multi-crew flight operations*. Aldershot, Hants: Ashgate.

Porter, C. O. , Hollenbeck, J. R. , Ilgen, D. R. , Ellis, A. P. , West, B. J. , & Moon, H. (2003). Backing up behaviors in teams: the role of personality and legitimacy of need. *Journal of Applied Psychology*, 88(3), 391 – 403.

Prince, A. , Brannick, M. T. , Prince, C. , & Salas, E. (1997). The measurement of team process behaviors in the cockpit: Lessons learned. In M. T. Brannick, E. Salas, & C. Prince (Eds.), *Team performance assessment and measurement: Theory, methods, and applications* (pp. 289 – 310). Hillsdale, NJ: Lawrence Erlbaum Associates, Inc.

Prince, C. , Oser, R. , Salas, E. , & Woodruff, W. (1993). Increasing hits and reducing misses in CRM/LOS scenarios: Guidelines for simulator scenario development. *International Journal of Aviation Psychology*, 3, 69 – 82.

Prince, C. , & Salas, E. (1999). Team processes and their training in aviation. In D. Garland, J. Wise, & D. Hopkins (Eds.), *Handbook of aviation human factors* (pp. 193 – 213). Mahwah, NJ: Erlbaum.

Ritzmann, S. , Kluge, A. , Hagemann, V. , & Tanner, M. (2011). Integrating safety and crew resource management (CRM) aspects in the recurrent training of cabin crew members. *Aviation Psychology and Applied Human Factors*, 1, 45 – 51.

Robertson, M. M. , & Taylor, J. C. (1995). Team training in aviation maintenance settings: A systematic evaluation. In B. J. Hayward, & A. R. Lowe (Eds.), *Applied aviation psychology: Achievement, change, and challenge. Proceedings of the Third Australian Aviation Psychology Symposium* (pp. 373 - 383). Aldershot, UK: Avebury Aviation.

Rottger, S., Vetter, S., & Kowalski, J. T. (2013). Ship management attitudes and their relation to behavior and performance. *Human Factors*, 55(3), 659 - 671.

Salas, E., Burke, C. S., Bowers, C. A., & Wilson, K. (2001). Team training in the skies: Does CRM training work? *Human Factors*, *43*, 641 - 674.

Salas, E., & Cannon-Bowers, J. A. (2001). The science of training: A decade of progress. *Annual Review of Psychology*, *52*, 471 - 499.

Salas, E., Fowlkes, J., Stout, R. J., Milanovich, D. M., & Prince, C. (1999a). Does CRM training enhances teamwork skills in the cockpit?: Two evaluation studies. *Human Factors*, *41*, 326 - 343.

Salas, E., Prince, C., Bowers, C. A., Stout, R., Oser, R. L., & Cannon-Bowers, J. A. (1999b). A methodology to enhance crew resource management training. *Human Factors*, *41*, 161 - 172.

Salas, E., Rhodenizer, L., & Bowers, C. A. (2000). The design and delivery of crew resource management training: Exploiting available resources. *Human Factors*, 42(3), 490 - 511.

Salas, E., Wilson, K. A., Burke, C. S., & Wightman, D. C. (2006a). Does CRM training work? An update, extension and some critical needs. *Human Factors*, *48*, 392 - 412.

Salas, E., Wilson, K. A., Burke, C. S., Wightman, D. C., & Howse, W. R. (2006b). Crew resource management training research, practice, and lessons learned. In R. C. Williges (Ed.), *Review of human factors and ergonomics* (Vol. 2, pp. 35 - 73). Santa Monica, CA: Human Factors and Ergonomics Society.

Sauer, J., Darioly, A., Mast, M. S., Schmid, P. C., & Bischof, N. (2010). A multi-level approach of evaluating crew resource management training: A laboratory-based study examining communication skills as a function of team congruence. *Ergonomics*, *53*, 1311 - 1324.

Shuffler, M. L., Salas, E., & Xavier, L. F. (2010). The design, delivery and evaluation of crew resource management training. In B. Kanki, R. Helmreich, & J. Anca (Eds.), *Crew resource management* (pp. 205 - 232). Oxford, UK: Elsevier Inc.

Spiker, V. A., Tourville, S. J., Bragger, J., Dowdy, D., & Nullmeyer, R. T. (1999). *Measuring C-5 crew coordination proficiency in an operational wing. Proceedings of the Interservice/Industry Training, Simulation and Education Conference* [CD - ROM]. Arlington, VA: National Training Systems Association.

Spiker, V. A., Wilson, D. D., & Deen, G. C. (2003). CRM and mission performance during C-130 mission-oriented simulator training. In R. S. Jensen (Ed.), *Proceedings of the 12th International Symposium on Aviation Psychology* (pp. 1108 - 1114). Columbus: Ohio State University.

Stout, R. J. , Salas, E. , & Fowlkes, J. E. (1997). Enhancing teamwork in complex environments through team training. *Group Dynamics*, *1*, 169 - 182.

Taylor, J. C. (1998, August). *Evaluating the effectiveness of maintenance resource management* (*MRM*). Paper presented at the 12th International Symposium on Human Factors in Aviation Maintenance, Washington, DC.

Taylor, J. C. , Robertson, M. M. , Peck, R. , & Stelly, J. W. (1993). Validating the impact of maintenance CRM training. In R. S. Jensen (Ed.), *Proceedings of the 7th International Symposium on Aviation Psychology* (pp. 538 - 542). Columbus: Ohio State University.

Taylor, J. C. , & Thomas, R. L. (2003). Written communication practices as impacted by a maintenance resource management training intervention. *Journal of Air Transportation*, *8*, 69 - 90.

Verbeek-van Noord, I. , de Bruijne, M. C. , Twisk, J. W. R. , van Dyck, C. , & Wagner, C. (2014). More explicit communication after classroom-based crew resource management training: Results of a pragmatic trial. *Journal of Evaluation in Clinical Practice*, *21*, 137 - 144.

10　面向航线飞行训练：开发人员的实用指南

罗伯特·W. 科特斯基(Robert W. Koteskey[1])、

查尔斯·黑根(Charles Hagan[2])和埃里克·T. 丽斯(Eric T. Lish[3])

[1]美国,加利福尼亚州,山景城,美国国家航空航天局艾姆斯研究中心,
圣何塞州立大学研究基金会

[2]美国,科罗拉多州,丹佛市,国际飞行训练中心

[3]美国,科罗拉多州,丹佛,私人顾问

面向航线飞行训练(LOFT)是一项重要的机组资源管理(CRM)培训工具，它是向机组成员提供技能实践机会并在机组环境中收集机组成员行为反馈的主要工具。本章将提供关于面向航线飞行训练(LOFT)构建和实施的实用指南，以用于培训和评估目的。它尤其是针对通过高级资格认证计划(AQP)认证，新参加工作的航线或航空培训分析师。我们希望，人为因素研究模拟的开发人员和非高级资格认证计划(AQP)组织的开发人员能够发现关于面向航线飞行训练材料编制的讨论也很有价值。

作者不仅具备航空人为因素研究经验，还具备为大型航空公司、区域和支持性航空公司，以及国防部开发培训的经验。我们将尽可能描绘更广阔的蓝图，并将严格遵守美国联邦航空管理局关于高级资格认证计划、航线运行模拟(LOS)和机组资源管理咨询通告中的指导意见。

"面向航线飞行训练"一词是在20世纪70年代提出的，用于描述在实际、复杂环境下设定的任意模拟。今天，它仍然是一个广泛使用的通用术语，用于描述所有航线运行模拟活动。事实上本章的标题就是采用的这种常见风格，但也许重要的是要认识到目前的主流文献将面向航线飞行训练(LOFT)定义为航线运行模拟(LOS)中较小的、以培训为主的子集。我们将集中讨论如何提高这一培训子集以及如何开展航线运行评估(LOE)。另一种形式的航线运行模拟是大

多数运营商使用的特殊目的操作训练(SPOT),不在我们的讨论范围内。

10.1 基本定义

面向航线——这是一种体验式学习,让机组人员在尽可能接近飞行环境的环境中进行训练。

航线运行模拟(LOS)——航线环境模拟,目的是培训或评估飞行机组,注重技术技能与机组资源管理技能相结合。航线运行模拟(LOS)包含三种类型,分别是面向航线飞行训练(LOFT)、航线运行评估(LOE)和特殊目的操作训练(SPOT)。

面向航线飞行训练(LOFT)——航线运行模拟(LOS)的子集,仅表示完整任务环境下的培训活动(与评估相反)。

航线运行评估(LOE)——航线运行模拟(LOS)的子集,用于飞行机组评估和资格认证。

特殊目的操作训练(SPOT)——类似于面向航线飞行训练(LOFT)的模拟器训练,面向航线,但针对的是特定程序培训或经验,它通常不是完整的航段。例如避免风切变、恢复培训或 RNAV‐RNP 进近程序等。

高级资格认证计划(AQP)——一项美国联邦航空管理局计划,允许开发定制课程,并使用 LOS 对飞行机组进行资格认证,使飞行机组保持现时性。它可以代替传统的机组人员资格认证方法,针对特定航空公司、机队和座位制定个性化的飞行员资格认证标准。

教学系统开发(ISD)——是美国联邦航空管理局推荐的高级资格认证计划(AQP)构建和实施过程,因此它也与航线运行模拟的构建有关。

10.2 历史和背景:模拟和机组资源管理同时发展

先进模拟技术与机组资源管理的融合如图 10.1 所示。

10.2.1 模拟

我们今天习以为常的全动态、高度逼真、数字飞行模拟器融合了 20 世纪 40 年代至 60 年代中期的几种现代技术,这些颠覆性的方法由早期的类比模拟器和专项任务训练器发展而来,甚至可以将最严苛的培训转移到飞机之外的较为安全和有效的环境中(Page,2000)。

在这项技术出现之前,运输机组的培训是在真正的飞机上进行的。除了努力教学和评估驾驶舱内的机组人员之外,飞行员教员或评估人员还要负责确保

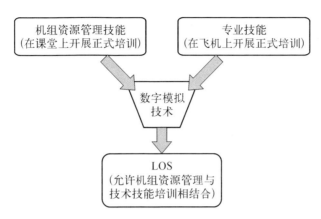

图 10.1　先进模拟技术与机组资源管理的融合

飞行安全和效率。在航空公司和军队中，飞行员教员、飞行工程师教员、检查飞行员都有自己通用的教学大纲，确保他们既可以提供培训，又始终能够保持培训平台飞机的安全性。起飞时发动机故障、无襟翼着陆、发动机失效着陆和其他非常危险的操作都是在真正的飞机上开展的，任何类型的培训必然都会受到培训安全性的限制。除了这些非常明显的安全问题之外，经济问题也是一个限制因素。喷气式飞机的运营费用非常高昂，在使用喷气式飞机作为培训平台时，不会产生任何收入，费用会成倍地增加。

这些在飞机上开展的培训内容的制约因素所产生的环境，与实际航线运营环境差别很大。除了实际操控飞机的最主要目的之外，任何航行都不可能因为其他目的消耗燃料和增加飞行里程。技术技能培训与航班运营管理培训逐渐分离，将个别技术技能分离培训并不是理想的做法，但它是在这种环境下自然发展出来的。地面训练器技术最初仅限于具有部分任务功能的训练器，这一事实增强了这一效果，因此逐渐习惯了这种零散的培训文化，实际上就是部分任务训练。这样可能会产生的一个后果是会对我们现在所说的机组资源管理技能产生意想不到的负面影响。我们来研究一下预先模拟培训飞行的机组人员设置，了解具体会产生什么影响。

这种飞行训练驾驶舱人员配备包括一名飞行学员、一名随机工程师学员、一名飞行教员和一名随机工程师教员。学员坐在训练相应职位的控制座椅位置，飞行教员坐在空着的飞行员座椅位置，随机工程师教员坐在机组座椅位置。这些人员之间有很多联系，可以认为是一个"团队"，但与真正的团队又有区别，因为学员成了航线运行的一分子。

主要的团队组员是飞行教员与随机工程师教员,他们的任务是向飞行学员介绍故障模式,同时还要负责确保安全驾驶飞机,飞行学员与随机工程师学员组成另一个团队,飞行教员有时也要在这个团队中发挥作用。这就给驾驶舱人员之间的开放式交流带来了奇怪的暗流和阻碍,这正是机组资源管理需要努力避免的情况,这种情况与实际飞行任务完全不同。实际上两三名机组成员会组成一个有凝聚力的团队,制订飞行计划,然后从一个地点安全地飞行到另一个地点。然而,这是在当时的技术和概念环境下所能提供的最好方法。

出于安全性和经济性两个方面的原因,培训非常轻松地被从飞机上转移到模拟器上。在以往的飞机训练中,曾经出现过飞机坠毁以及飞行员因为危险操作而丧生的情况(NTSB, 1973)。到了20世纪70年代末,大多数大型航空公司都有了自己的模拟器,或者能够使用模拟器非常精准地模拟他们所操作的飞机(Page, 2000)。

现代数字飞行模拟器将飞行教员解放出来,不必在培训环境中兼顾实际飞行安全任务。模拟器可以精准模拟几乎任何运输类飞机的飞行特征,还可以高度精准模拟飞机的支持系统、发动机、液压系统、电气系统、冷气系统及其相关指示和控制装置。随着显示器清晰度的提高,窗外视觉效果变得非常逼真,机场、天气和地形的数字模型成了公认的标准规范。此外,它们可以让在航线运行中驾驶飞机的同一个团队都坐在控制座椅位置。在数字技术改变运输机飞行训练的同时,机组资源管理逐渐获得了认可并发展,机组资源管理培训可以转移到驾驶舱中。

10.2.2 机组资源管理与技术技能相结合

早期的培训完全采用课堂学习的形式,现在培训的重点是开发可在驾驶舱内有效使用的专门机组资源管理行为工具和技术,促进协同决策和沟通。这为机组资源管理新学科与模拟技术发展的结合提供了机会(Lauber and Foushee, 1981a, 1981b)。

美国联邦航空管理局2015年第120-35D号航线运行模拟咨询通告介绍了这一发展历程:

> 20世纪70年代中期开始采用"门到门"飞行模拟器场景,也就是面向航线飞行训练,提供更能代表实际飞行操作的飞行员训练,而不是单纯的动作训练。面向航线飞行训练很快就得到了认可,成了非常有效的机组资源管理技能开发和实践工具。由于机组资源管理问题会引发事故,很明显,培训课程必须要提高飞行员在技术和机组资源管理两

个方面的技能。虽然面向航线飞行训练（LOFT）包括所有飞行阶段，但基于场景的训练还包括少量专注于特定操作培训需求的飞行训练，又叫作特殊目的操作训练（SPOT）。拥有获批准的高级资格认证计划的航空公司还必须开展经过评估的面向航线飞行训练，又叫作航线运行评估（LOE），以达到危险分级的目的。目前，LOFT、SPOT 和 LOE 这三种方法都可以纳入飞行机组成员航线运行模拟（LOS）的大类之中。

——美国联邦航空管理局（FAA，2015）

随着航线运行模拟的发展，培训开始注重于能够实现有效团队合作和减少差错的具体工具。培训主题包括正式的机组简令、沟通策略和自信的语言。后来，引入了威胁与差错管理（TEM）以及表述、验证和监视（VVM）方法。现在，这些新技能与技术技能共同在模拟器中进行实践，以前的培训只注重技术技能。

10.2.3 标准化方法

到这里，你可能会对航线运行模拟感到好奇，并且想要将航线运行模拟场景融入组织培训计划中。你准备怎么样将可行的面向航线飞行训练（LOFT）和航线运行评估（LOE）场景迁移到自己的组织中？而且，你准备怎么样使用它们来开展美国联邦航空管理局认可的培训和认证？

高级资格认证计划对这一过程的描述如下：

1990 年，联邦航空管理局对飞行机组的培训和资格认证做出了重大变革，启用了高级资格认证计划（Birnbach and Longridge，1993）。高级资格认证计划是一项自愿计划，允许航空公司开发符合特定组织需求的创新培训。为了换取更大的培训灵活性，航空公司需要向所有飞行机组提供机组资源管理培训和面向航线飞行训练，并将机组资源管理概念融入技术培训中。美国大多数大型航空公司和几家地区性航空公司正在从联邦航空法规第 121 部和第 135 部中所述的旧模型向高级资格认证计划转型。要想完成向高级资格认证计划的转变，航空公司需要针对每型飞机进行具体的培训需求分析，并制订计划解决培训遇到各方面的人为因素（机组资源管理）问题。此外，需要对负责机组认证以及全任务模拟器机组正式评估的人员开展专门培训，如航线运行评估（LOE）。

——海姆里奇等人（Helmreich，Merritt，and Wilhelm，1999）

高级资格认证计划是一项自愿计划，注重机组资源管理、机组行为和基于场景的培训,允许像在实际操作中一样,真正接触飞行过程中遇到的各种事件和差错。它是一项数据驱动计划,以系统化方法的开发、实施和评估为基础:

> 高级资格认证计划课程基础并非规定的通用动作、程序和知识项目,而是详细分析具体航空公司(或组织)各个职位的具体工作任务、知识和技能要求。与传统的培训计划相比,高级资格认证计划过程为在培训要求与培训方法之间建立审核追踪提供了一个系统化基础。

> 高级资格认证计划是系统开发、持续维护并通过经验验证的能力培训系统。它们可以实现自我修正培训计划的系统化分析、设计、开发、实施、逐步评估和维护,包含综合机组资源管理(CRM)、改进教员/评估人员标准化、基于场景评估和综合数据驱动的质量保证系统。

> ——美国联邦航空管理局(FAA,2017)

虽然可以在没有高级资格认证计划的情况下开展航线运行模拟,但它塑造和改进了航线运行模拟场景的构建。高级资格认证计划提出了一种设计和实现航线运行模拟的方法,即教学系统开发(ISD)。教学系统开发强调采用系统化方法,是一个循序渐进的过程,规定了航线运行模拟事件的设计和培训计划。具体的组织和团体可根据自己的具体需求定制培训计划,与此同时能够保证具有相关的飞行标准,并遵守相关规定。

10.3 按照教学系统开发流程,面向航线飞行训练和航线运行评估系统开发的实用指南

教学系统开发是高级资格认证计划中控制航线运行模拟设计的基本方法,对于联邦航空法规第121部中的传统计划非常有用。它出现在20世纪70年代中期,是二战及二战后用于处理从后勤到战略等一系列复杂问题的较大型通用系统方法。该过程通常用缩写"ADDIE"代替,表示分析、设计、开发、实施和评估(Molenda,2003)。

这一缩写各字母的定义如下,描述了航线运行模拟事件的创建过程。

(1)分析(analyze)——确定培训或评估需求。学员现有能力与期望能力之间有什么差距?在培训过程中回顾这一问题,确保培训目标正确,并创建新的航线运行模拟场景。

(2)设计(design)——将提出的场景落实到书面。利用制度和组织资源创建教学目标,并创建符合明确需求的场景。

（3）开发（develop）——确定并使用培训设备、软件工具以及其他教学和制作资源，将场景脚本转化为经过测试并有良好支持的 LOS 会话。该过程还包括制作支持材料（教员指南、学员材料、模拟器预先设置等）和贝塔测试。

（4）实施（implement）——在组织中实施航线运行模拟。该过程包括项目管理、时间安排、教员培训和进一步贝塔测试。

（5）评估（evaluate）——继续开展数据驱动的评估，在场景创建过程中和创建完成后进行改进。该过程包括挖掘数据，以确定培训的改进，发现现有的程序缺陷，突出安全问题，并确定下一个培训需求。

最好将该过程认为是培训和组织的一个持续改进过程，让评估贯穿整个培训和组织（见图 10.2）。

下面我们将探讨如何按照教学系统开发流程，为典型航空公司创建航线运行模拟事件。

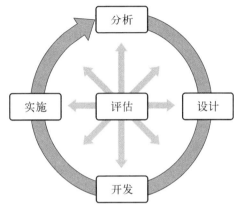

图 10.2　教学系统开发（ISD）的 ADDIE 模型

10.3.1　分析

这个寓言的寓意是如果你不知道自己要去哪里，你很可能会走的别的地方去。在准备教学之前，甚至在选择教学程序、主题或材料之前，明确说明预期的教学结果非常重要。

——马杰（Mager，1984）

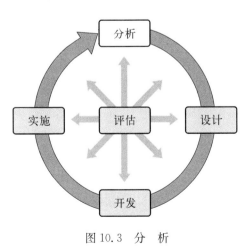

图 10.3　分　析

分析内容包括确定学员目前的能力，以及你希望他们在培训结束后能够达到的能力。这两种能力之间的差距就是你的培训需求（Dick and Carey，1990）。确定整个计划的总体目标和具体目标以及适当的航线运行模拟场景。这一阶段的成果是明确初始技能，并制定明确的学习目标和培训目标（见图 10.3）。

1）初始技能

学员已具备了**什么**能力？

不同机队、航空公司和学员之间的初始能力有所不同，但能够清楚确定。美国联邦航空管理局认证标准和航空公司的招聘标准都能确保新招聘的航空公司飞行员的知识水平达到最低要求。然而，要认识到学员的技能水平并不完全一致，这一点非常重要。

在大型航空公司，机队类型会影响技能水平。不同机队以及机队内部不同座位的培训课程有细微的差别。波音747过渡课程的机长与刚刚开始航空事业的波音737年轻副驾驶需要的帮助是否一样多？特定机队执行的运行类型将会影响到飞行员所需的培训类型。在创建培训之前，需要回答这些重要问题。如果不确定学员的初始知识水平，可以快速查看学员培训记录，也可以在一开始进行结业测验。还可以根据具体情况，思考其他适当的方法。

2）学习目的和学习目标

我希望学员在培训后具备什么能力？

既然已经知道学员在培训之前具备的能力，那么就要确定你希望学员在完成培训后具备什么能力。

（1）学习目的。必须确定航线运行模拟的总体目的，以保持设计重点。你可以提出一个目的，或者管理层和美国联邦航空管理局会设定目的。在任何情况下，都可以通过分析某些类型的数据来确定目的。

我们要记住，面向航线飞行训练是实际经验学习，最好是在现实世界中寻找培训主题。飞行品质监控（FOQA）报告、航线运行安全审计（LOSA）、当前高级资格认证计划（AQP）等级和趋势、美国国家航空航天局的航空安全报告系统（ASRS）以及行业出版物都是很好的数据来源。尽管你所在的公司可能没有全面的高级资格认证计划、飞行品质监控或者综合航空安全报告系统，但航线检查飞行员、主任运行监察员（POI）和签派员也是非常重要的趋势数据来源。你也可以查找运营相同机型飞机的其他航空公司的事故数据以及更一般性的事故数据，如颠簸伤亡事故数据。

在一家典型的航空公司，都会针对任何给定的机队提供至少三项培训课程。这些培训课程包括但不限于初始资格认证课程、重新资格认证课程、经常性培训课程和教员培训课程。面向航线飞行训练和航线运行评估的设计目的应根据具体的课程进行调整。对于资格认证课程中早期的面向航线飞行训练事件，设计目的可能以介绍为主，其复杂性和完成标准都要低于课程后期，在课程后期再做好航线运行评估的最终准备比较理想。

目的还可以改变你对初始技能的看法。例如，飞行员在参加某一特定机队的初始培训或资格认证培训时，以往经验通常不会获得或只会获得很低的机组资源管理评分。这些课程的一个目标是向飞行员灌输特定的机队文化，提高飞行安全性和效率。

如果是为没有高级资格认证计划的组织或个人航空公司设计培训目的，可能必须要深入研究组织规定或程序手册，确定与飞行机组有关的内容，然后确立目的。在任何情况下，需要根据外部指导，或者利用上述资源和自己特定的方法来确立这些总体目的。面向航线飞行训练的目的来自组织指南以及根据实际事件和资源确定的组织需求。

虽然面向航线飞行训练的目的与航线运行评估的目的有所不同，但它们始终有两个一致的目的：

a. 确定学员是否达到培训课程的目标和目的。

b. 评估培训是否有效地帮助学员达到既定的目的。

（2）学习目标。如果说学习目的是一般性标准，那么学习目标则是你希望学员在完成培训后或在评估期间能够达到的具体标准。考虑这部分分析的一个有用方法是在做任何事情之前先尝试编写"结业考试"（Kemp，1985）。对于面向航线飞行训练，这意味着你应该列出一个行为清单，列明你希望学员在培训过程中和培训结束后表现出的行为：

> 学习目标……有助于① 选择和设计教学内容和程序；② 评估或评价教学是否成功；③ 组织学员自己努力，为活动提供坚实的基础……
>
> ——马杰（Mager，1984）

在采用高级资格认证计划的航空公司中，已经制订学习目标总清单，采用的是工作任务分析（JTA）形式。工作任务分析详细描述并以目录形式列出了飞行员所担任机组职务的各部分工作，它列出了一名合格飞行员在工作时应该表现出的所有行为，不仅包括身体技能和技术技能，还包括认知能力，如解决问题的能力和机组资源管理技能。对于航线运行模拟开发人员而言，工作任务分析是一个可供选择的可观察行为面板，并非所有行为都需要观察，你可以选择你认为对某一特定培训课程（面向航线飞行训练）非常重要或者表示需要评估的共有技能集（航线运行评估）的行为，并将其添加到清单中。

如果是小型航空公司，没有现成的工作任务分析，那么你可以考虑编写自己的工作任务目标，针对每个航线运行模拟项目制订学习目标。无论如何，你都需要确定学习目标，这样就可以把它们组织到工作任务分析中。

在分析任务时，需要牢记如何对事件进行分级，后期数据分析有什么要求，你有什么能力，你希望从工作任务分析中获得什么收获。下面讲述了"执行非精密进近"任务的一个例子。

该任务包含以下行为：

（a）调整助航系统。

（b）正确识别助航系统。

（c）在飞行管理计算机中设置进近。

（d）简令进近。

（e）航道。

（f）高度。

（g）最低限。

（h）区分 MDA 与 DDA。

（i）复飞。

（j）跑道出口平面图。

（k）MSA/地形。

（l）天气。

（m）选择适当的 MCP 模式。

（n）俯仰模式。

（o）横滚模式。

（p）遵守自动飞行要求。

（q）自动驾驶系统开启/关闭高度。

工作任务分析中列出的行为一般分为终极能力目标（TPO）、支持能力目标（SPO）和过程目标（EO）。在记录这些目标时，可以采用标准大纲格式。下面是一小部分目标的常用布局示例：

12 机组资源管理/威胁与差错管理技能

　12.1 展示机组资源管理/威胁与差错管理技能

　　12.1.1 展示有效的沟通技能

　　　12.1.1.1 及时有效地交流信息

12.1.1.2 有效地交流想法

12.1.1.3 有效地交换指令

12.1.2 明确……

以上摘录选自部分终极能力目标"展示机组资源管理/威胁与差错管理技能"以及一些相关的支持能力目标和过程目标。在这个例子中，任务编号为12，终极能力目标编号为12.1，支持能力目标编号为12.1.1，部分过程目标编号为12.1.1.1 至 12.1.1.3。

以下摘录内容更加广泛，选自终极能力目标"执行特殊资格操作"，该目标属于技术性终极能力目标。"执行国际操作程序"被列为一项支持能力目标，也属于过程目标。

11 特殊资格操作

11.1 执行特殊资格操作

11.11.1 执行地区操作程序

11.11.2 执行国际操作程序

11.11.2.1 执行飞行前计划和签派程序

11.11.2.2 执行驾驶舱准备程序

11.11.2.3 按要求执行航路和双发延程飞行航路进入程序

11.11.2.4 执行航路双发延程飞行程序(如适用)

11.11.2.5 按要求执行航路点程序

11.11.2.6 按要求执行重新签派程序

11.11.2.7 执行北大西洋航路变更程序(如适用)

11.11.2.8 按要求执行航路和双发延程飞行航路离开程序

11.11.2.9 执行海岸进入和进场程序

11.11.2.10 按要求执行航线/航路改航

我们的目的是从这些 TPO/SPO/EO 基本要素中选取所需的要素来构建你自己的航线运行模拟。一旦你确定了培训目标，就可以从工作任务分析中选择满足你需要的目标。

下面我们来尝试一个从上述缩略列表中"选取"目标的例子。假设你想要创建航线运行模拟事件培训中的双发延程飞行(ETOPS)程序。再假设你还想进行威胁与差错管理培训。在这种情况下，你可以选取整个威胁与差错管理的终极能力目标(♯12)及其相关支持能力目标和过程目标，选择适合双发延程飞行培训目标的支持能力目标和过程目标(11.11.2.2、11.11.2.3⋯)。在继续设计过程中,你可能需要选取更多目标,同时放回一些目标。例如,如果不把学员放入国际环境中,能否实现双发延程飞行程序培训? 这个问题的答案取决于你的具体情况,但你在编制目标清单时需要考虑这类问题。

在你确定了航线运行模拟目标并且参考工作任务分析编制了一些目标(如果你所在的组织没有工作任务分析,需要制订自己的目标集)之后,你需要编制一份详细清单,列明学员具备航线运行模拟经验之后能够达到的能力。

现在,你基本上可以进行下一步了。但在继续下一步之前,还需要再思考另外一些问题:你可能需要重新思考一下,为何起初要进行航线运行模拟? 面向航线飞行训练或者航线运行评估真的是正确选择吗? 如果不进行航线运行模拟,能否实现各项目标和目的? 例如,一个新的程序或动作改变最好先在非面向航线飞行训练模拟器课程的一系列动作当中,甚至先在课堂当中引入。然后,开发人员可以选择在面向航线飞行训练后期测试这些程序。

3) 小结

你在分析阶段明确了现有技能和完成活动后希望具备技能之间的差距。无论是对于面向航线飞行训练还是航线运行评估,这都意味着要确定初始技能以及培训目的和目标。培训目的可根据组织指南(航线运行安全审计、飞行品质监控和安全计划)、监管指南和其他途经确定。对于航线运行评估,培训目标是评估学员的行为水平和培训课程的有效性。从工作任务分析中选取培训目标,支持面向航线飞行训练或航线运行评估的目标。最后,在进入设计阶段之前,问问自己面向航线飞行训练是否的确合适。

10.3.2　设计

此时,你已经明确初始知识、目的和目标。现在,你需要编写模拟场景。

你需要设计一些体验,让学员掌握这些目标,还要创建模拟环境,让学员在模拟环境中度过二至四小时。这个模拟环境需要具备哪些条件? 它处于什么地方? 天气条件如何? 是否包括飞机系统故障? 是否需要会影响体验的航空通告? 你要把答案写成脚本,包含一系列事件以及让体验看似真实的所有修饰。在创建面向航线飞行训练和航线运行评估场景时,创建过程和设计方法一致。你需要确定场景的内容、主题和成功标准。这个过程要有逻辑、有条理并且可重复。要开始设计过程，首先要掌握事件集的概念(见图10.4)。

1) 事件集

你正在设计的真实飞行场景是使用"事件集"这一标准概念创建的，它通常根据飞行阶段以一种概念化的方式呈现场景。单个事件集是围绕从工作任务分析中选取的机组资源管理和技术目标构建的。

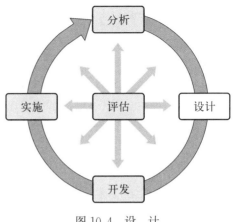

图 10.4　设　计

事件集包括触发条件、支持条件和可选干扰因素。事件触发条件是完全激活事件集的条件，为教员/评估人员提供了专注评估过程的具体时间段。支持条件是在事件集中发生的其他事件，旨在推进机组资源管理和技术培训目标并增加事件集的真实性。可选干扰因素是在事件集时间范围内插入的条件，旨在转移机组人员对事件触发条件或事件集时间范围内发生的其他事件的注意力(Seamster，Hamman，and Edens，1995)。

事件集的概念得到了美国联邦航空管理局面向航线飞行训练咨询通告的认可，是设计航线运行模拟脚本的首选结构(FAA，2015)。这种严格的方法最大限度降低了评估和培训的主观性。

使用事件集方法的一个主要目的是尽可能消除评分过程，尤其是机组资源管理技能评分过程的主观性。在以这种方法设计事件时，有一个清晰的理想行为指标，例如，行为问题集中在副驾驶能否在适当的时间以适当的方式传达重量及平衡信息，这是一个评分项目，并非某种主观的"沟通"概念，评价并不依据副驾驶的沟通技能是否基本得当，而是依据某项具体行为是否得当。该方法有助于经培训的机组资源管理技能评估人员像技术技能评级人员一样采用统一标准，进行机组资源管理技能评级(FAA，2015)。

事件触发条件会引发事件。它可能只是空管中心的某次通话，也可能是某个技术故障。如果你的事件有一个机组资源管理终极能力目标是"非常规程序管理和沟通"，还有一个技术终极能力目标是"双发延程飞行程序"，那么"在海上巡航时右侧发动机停车"可能是一个非常好的事件触发条件。

干扰因素可以是在事件集中创建的条件，也可以是以往事件集遗留的持续分散机组人员注意力的因素。在我们的双发延程飞行发动机失效场景中，干扰因素可以有多种情况。它可以是以往事件集遗留下来的通信面板故障。或者，如果需要一项新的干扰信息，它可以是乘务员、空管中心或签派员的某次无关通话。它甚至可以是过往航班的某次例行通话。

为了提高事件集的培训目标，有时会包含支持事件。例如，支持事件可以是相关系统故障，也可以是触发事件造成的交通或天气冲突。

事件集的其他特征。一定要牢记，事件集是围绕你所选择的机组资源管理和技术培训目标创建的。它们不需要过于复杂，只需要可以让学员有实践机会，或者可以根据你所选择的终极能力目标、支持能力目标和过程目标对学员进行评估。它们可能包含不止一个机组资源管理目标，这些目标可能会进入下一个事件集。某个机组资源管理目标可能在一个事件集中是优先目标，但在后续事件集中是次要目标，充当干扰因素或支持事件。

通常，事件集可以按照分析阶段细分为如下几方面：

（1）飞行前准备推出。

（2）发动机启动和滑行。

（3）起飞和离场。

（4）爬升到最高点。

（5）下降和进场。

（6）进近和着陆。

（7）滑入和泊位。

面向航线飞行训练中的每个事件集都要给机组人员留出评估情况真实性的时间。某些阶段会自然从一个阶段进入下一个阶段，然而应该有足够的时间来完成任何驾驶舱流程、程序、检查单等。

2）编写脚本的基本注意事项

既然我们前面已经介绍事件集，知道它是编写航线运行模拟脚本的基本要素，下面我们来分析一下在设计模拟时需要考虑的其他注意事项。

（1）航线运行模拟中包含多少个事件集？针对某个航线运行评估事件，提前与美国联邦航空管理局主任运行监察员做好协调工作，确定期末考试要求的及格分数（航线运行评估）——一般是总分的 75 %。了解了及格分数之后，就可以开发足够多的事件集以确保取得最佳的成绩，但事件集不要过多，否则会增加威胁。这一步骤的目标是提供充分的成功机会，但不设置限定成功的限制性参数。例如，如果某个场景有七个事件集，机组人员有两个事件集低于及格分数（71 %），则未通过航线运行评估，但如果该场景有八个事件集，在相同情况下则会通过航线运行评估(75 %)。

相反,面向航线飞行训练中的事件集数量通常不会影响成功,因为面向航线飞行训练的目的是训练。具体面向航线飞行训练的目标和目的将会影响事件集的数量。然而,这种情况一般的经验法则是"少即多"。对于给定时间内呈现的事件数量,始终有实际限制。还要牢记在面向航线飞行训练事件中,为了确保实现学习目的,教员经常会插手干预,这就进一步限制了可用时间。

(2)经常性培训与资格认证培训。基于场景的经常性培训假设学员有一定的基础,因此,与面向新机队的资格认证培训相比,经常性培训会减少指导以及与教员的互动。经常性培训的重点是复习技术技能,调整学员的机组资源管理行为,或者至少是重新确保学员达到企业或机队的期望。这类周期性培训对于确保机组资源管理的持续性非常重要,而经常性培训是巩固这些技能的最佳机会。

如果资源允许,为期多天的经常性培训除了可以开展有代表性的重要动作训练,还可以提供小型的面向航线飞行训练。这种小型的面向航线飞行训练是在培训的前提下开展的,可以帮助学员做好航线运行评估准备。可以广泛听取小型面向航线飞行训练期间的表现欠佳讲评,从而帮助学员做好航线运行评估准备。

资格认证培训计划通常包含多个面向航线飞行训练,后续面向航线飞行训练应建立在前期训练的基础上。技术目标培训可以集中在早期阶段,这个阶段的教员干预和指导较为常见。最后一次面向航线飞行训练应建立在机组资源管理目标的基础上,它的复杂性应远远超过航线运行评估的挑战。在面向航线飞行训练期间,如果机组的表现达不到之前在课堂上讨论的某个具体阶段的预期,教员可能会插手或指导。训练的目的是为机组提供积极学习和相互交流的机会。所有机组成员都要有紧迫感,无论情况是否严重,都要为解决眼前的问题做出积极贡献。

无论是经常性培训还是资格认证培训中的面向航线飞行训练,至少要有一次训练包含所有阶段,从起飞前的文书工作到停机后的讲评工作。航线运行评估肯定会针对每个阶段创建事件集。包含让机组人员进入计划状态的飞行文件。这会促进关于具体机组人员职责期望的对话。在培训期间,可以利用课堂时间确定对各阶段机组人员行为的期望。

资格认证培训或经常性培训结束后的航线运行评估是一次评估,而并非能力培训。对航线运行评估进行讲评,应重点讲述学员机组资源管理技能进步或退步的情况,如果退步严重,可能导致评估结果不合格,或者会缩短学员参加周期性培训的时间。

（3）难度等级。一系列事件集必须对机组人员的技术技能和机组资源管理构成充分的挑战。然而，航线运行模拟的构建必须确保不会增加机组人员的工作量，导致他们超负荷工作。虽然在实际情况下航班可能会经历多方面、难以置信的事件，但培训计划需要利用系统化方法教授和巩固（或者评估）你所选择的各项机组资源管理和技术技能。

航线运行模拟场景和单独事件集应接受难度评级。航线运行模拟不必特别困难，它的目标是提供真实的培训和评估场景。难度等级应该与所选问题的复杂水平匹配。当有多个场景时，这些场景的设计应确保所有学员接受类似难度的问题，即使这些问题总体上并不相同：

> 对于所有的航线运行模拟场景来说，控制难度等级都非常重要，但对于航线运行评估来说，控制难度等级尤其重要。学员不应该因为自己的评估难度高于其他学员而苦苦挣扎。高级资格认证计划最常用的方法是针对工作任务清单中的每项任务、子任务和要素（必要时）制订难度量表。采用传统方法的操作人员培训可以制订类似的飞行要素评级清单。不同机型的分值不同，因此必须针对每个机队进行单独的分析。某航空公司采用5分量表，其中非重要事件的分值为1～3分，重要事件的分值为4～5分。例如：

（a）5分：风切变、水上迫降、疏散、紧急降落、襟翼或缝翼卡滞着陆等。

（b）4分：飞机上有炸弹、失能、手动非精密进近（NPA）、低于100节航速中断起飞等。

（c）3分：手动精密进近、手动盘旋、仪表飞行气象条件（IMC）起飞、跑道更换、超限操作、不可靠空速指示等。

（d）2分：目视气象条件（VMC）起飞、异常下降、双发手动着陆、地面操作过程中文件丢失等。

（e）1分：正常下降、双发自动着陆、飞行管理系统正常工作负荷、正常着陆后操作等。

注：在大多数事件集工作表中，针对每个具体的事件集都有事件集触发条件、干扰因素、支持事件和难度评级字段。一旦拟定了场景，就要将所有事件的难度值相加起来。然后将难度值加和与可接受的难度范围（例如35～45分）进行比较。如果场景的难度值超出了可接受范围，可以更换事件，确保场景的总体难度值在可接受范围内（FAA，2015）。

（4）每个场景具有多个分支。每个事件集除了有触发条件、干扰因素和支持事件，还有自己的预期结果集。你不可能设计出全部机组人员行为集，但你应该制订一些好的、不好的、糟糕的替代行为。这还有助于制订评分标准。

不可避免的是新场景的内容肯定会流传出去。任何航线运行模拟都会产生一定的影响，它应该是一种新的经历，就像在航线飞行中遇到的情况一样，会遇到出乎意料的挑战。考虑为每个事件集创建多个可互换的主要时间。设计过程几乎相同，具体过程取决于每个事件的决策树，该过程在培训实施后可以提供一定的灵活性。在这个过程中，设计了各类事件，每个事件都是为了达到相同的目的，你仍然可以提供某些期望的新元素。多个脚本场景也可以用于未成功机组成员的后备培训或评估的产品。

该方法唯一要注意的是在决策点之后，不同的机组资源管理技能在主要系统应用中开始出现不同程度的退步。此外，可能需要修改备降机场脚本之类的具体信息。有些机场在某个场景下可以进入，但在其他场景下不能进入。所以，必须要认真确保真正使用类似事件来达到或评估相同的培训目标。

（5）可用资源及其局限性。设计阶段的一个组成部分是考虑可以利用哪些资源。一个极端情况是大型航空公司或军事单位，它们有若干全飞行模拟器可以满足需求，每个模拟器都根据机队的需要进行配置。所有显示器、部件和通信系统都与机组人员在实际航线中使用的相同。与签派部门或其他公司资源的联系是真实和透明的。

另一个极端情况是一些小型运营商会在一两个地点租赁模拟器。这些模拟器的性能和配置与运营商的飞机有着或多或少的差异。在所有情况下，模拟器培训的真实性都是有限的。小型运营商租用的模拟器内的通信能力有限，不可能支持像自定义数据通信消息打印输出之类的具体信息。

即使是大型航空公司，也无法模拟从芝加哥到北京的 14 小时飞行。在某些时候，必须要使用重新定位。在尝试解决问题时，你不可能完全预料到机组人员可能会问到的所有信息，你永远不可能准确重复外国管制员的口音、高频接收机的静电音或者复述在太阳下飞行 9 个小时的感觉。你也不可能在模拟器数据库中储存全世界每个机场的数据，即使你储存了所有机场的数据，有些数据也只是通用的可视化模型。你必须要尽可能多地确定这些局限性，并围绕这些局限性来设计场景。

所幸，大多数问题都相对容易解决。飞机通信寻址与报告系统（ACARS）信息可以提前打印出来发放给机组人员，就像在驾驶舱内打印一样，不可使用的机场可能是因为天气原因或航空通告而关闭。在选择培训城市对时，花一些时间来确定和缓解这些问题还有助于解决围绕模拟器局限性的许多问题。例如，虽然你可能希望培训在阿富汗喀布尔操作的机组人员，你最终可能会接受里诺、盐湖城或丹佛等城市。

记录事件集、目标和可观察行为。此时，你可能对如何继续编写场景有了一些初步想法。图 10.5 给出了如何开始编写区域导航（RNAV）离场脚本，从具有特殊资格的山区机场出发，在飞行中遭遇火灾或乘客医疗紧急事故，采用区域导航所需性能导航（RNAV RNP）进近返回，气象条件为冬季或雷暴季节。

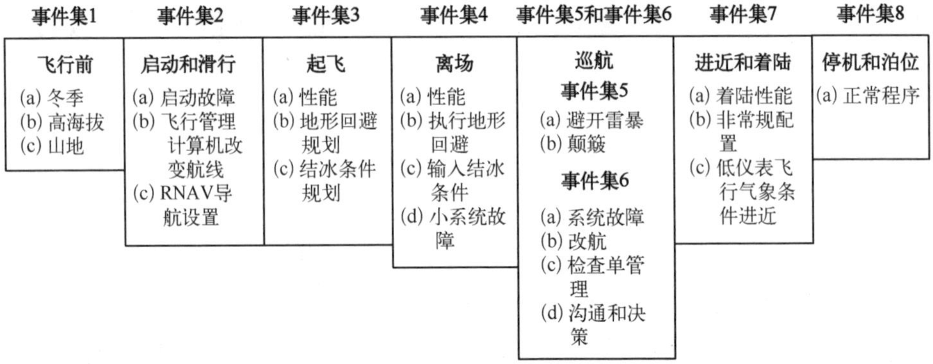

事件集1	事件集2	事件集3	事件集4	事件集5和事件集6	事件集7	事件集8
飞行前 (a) 冬季 (b) 高海拔 (c) 山地	**启动和滑行** (a) 启动故障 (b) 飞行管理计算机改变航线 (c) RNAV导航设置	**起飞** (a) 性能 (b) 地形回避规划 (c) 结冰条件规划	**离场** (a) 性能 (b) 执行地形回避 (c) 输入结冰条件 (d) 小系统故障	**巡航** **事件集5** (a) 避开雷暴 (b) 颠簸 **事件集6** (a) 系统故障 (b) 改航 (c) 检查单管理 (d) 沟通和决策	**进近和着陆** (a) 着陆性能 (b) 非常规配置 (c) 低仪表飞行气象条件进近	**停机和泊位** (a) 正常程序

图 10.5　面向航线飞行训练事件集样本

这类白板练习对于头脑风暴提出初步想法有效，可以让你步入正题。当你的想法开始呈现出更加具体的形式时，一种的矩阵有助于跟踪场景中所包含的事件集和培训目标之间的满足程度。该矩阵（或矩阵集）有助于跟踪所需的培训项目，并有助于将场景提交给美国联邦航空管理局审批。该矩阵可用于对各类问题和学习目标进行从简单到复杂的分类，还可用于记录所需的机组资源管理技能。它还可以为后期的培训总结和成绩单制作提供良好的数据来源。下面是一个使用按事件集和飞行阶段分类的预期技术能力目标编制的航线运行模拟脚本矩阵示例（见表 10.1 和表 10.2）

表 10.1　所选场景事件集索引及其对应的飞行阶段和（技术）能力目标

场景事件集编号	飞行阶段	终极能力目标
场景事件集 1	离场前和推出	签派-冬季飞行前-启动和滑行前故障-延迟启动
场景事件集 2	滑行	滑行-低能见度滑行-冬季天气除冰

续　表

场景事件集编号	飞行阶段	终极能力目标
场景事件集 3	起飞	起飞-冬季条件爬升到巡航高度-冬季条件
场景事件集 4	爬升	爬升到巡航高度-冬季条件
场景事件集 5	巡航	巡航-冬季条件,故障-压缩机严重失速
场景事件集 6	下降	从巡航高度下降-冬季条件,发动机故障飘降-冬季条件
场景事件集 7	进近和着陆	发动机失效仪表着陆系统(ILS)-冬季条件发动机失效着陆-冬季条件滑入-冬季条件
场景事件集 8	滑行/停机	停机-冬季条件关闭-辅助动力系统（APU）关闭

资料来源：FAA(2015)。美国联邦航空管理局咨询通告 120 - 35D,飞行机组成员航线运行模拟：面向航线飞行训练、特殊目的操作训练、航线运行评估(USGPO)。

表 10.2　样本场景事件集索引及其对应的飞行阶段和机组资源管理行为(目标)

场景事件集编号	情景意识	工作负荷管理	计　划	决　策
事件集 1——离场前和推出			操纵飞行员(PF)计划按照冬季运行标准操作程序(SOP)进行除冰操纵飞行员简令上升地形	操纵飞行员分析离场气象雷达(WX)并请求起飞备降机场
事件集 2——滑行	机组人员讨论航线和除冰有效期		滑行—低能见度除冰停机坪	机场场面活动引导与控制系统(SMGCS)计划除冰停机坪协调
事件集 3——起飞	机组人员在结冰问题出现之前讨论结冰事项	机组人员明确确定了任务的优先顺序,并对任务进行了排序		
事件集 4——爬升	操纵飞行员请求升高高度			

场景事件集编号	情景意识	工作负荷管理	计 划	决 策
事件集 5——巡航		操纵飞行员指挥监控飞行员（PM）处理发动机问题 监控飞行员执行所需的检查单后宣告符合要求	机组人员评估用气象雷达在备降机场进行单发着陆 操纵飞行员计算到达尤金机场（EUG）的时间和距离	操纵飞行员说明他们无法返回西雅图-塔科马国际机场（SEA）
事件集 6——下降		操纵飞行员确定任务的优先顺序，并做好进近准备	操纵飞行员查看单发进近程序和飞机程序	
事件集 7——进近和着陆		操纵飞行员正确确定任务的优先顺序，监控飞行员为操纵飞行员的所有任务提供备份	操纵飞行员向客舱机组人员发出简令，操纵飞行员计划和简令安全增强（SE）仪表着陆系统（ILS）	
事件集 8——滑行/停机				

资料来源：FAA(2015)。美国联邦航空管理局咨询通告 120-35D，飞行机组成员航线运行模拟：面向航线飞行训练、特殊目的操作训练、航线运行评估（USGPO）。

注：四个机组资源管理挑战分布在八个事件集中，只有两个事件集出现两个以上机组资源管理挑战。事件集方法的一个优势是它可以让教员一次只专注于少数几个机组资源管理问题。

这个例子提供了一个可以观察机组资源管理行为的矩阵，按行为类型、事件集和飞行阶段进行分类：

在确定了事件集、分配了能力目标以及确认了机组资源管理目标之后，设计团队现在准备开发脚本并（测试）运行情境。

——美国联邦航空管理局(FAA，2015)

10.3.3 开发

开发过程是在设计阶段所编写场景的基础上，编制一个可执行的航线运行模拟活动所需材料的过程（见图 10.6）。现在需要对在设计阶段所考虑的培训资源进行清楚的确定和审查。（例如，我们唯一可用的模拟器是否能够模拟在终极能力目标中选择作为巡航事件集触发条件的故障?）

选择资源（指挥室、模拟器等）并创建资料（飞行计划、飞机维修记录、天气条件、教员指南等）。在这一阶段,编制执行实际指令所需的所有材料。场景要能反映真实情况,包括与空管人员、公司、乘务员和地面人员的沟通。编制的材料逼真度越高,最终结果越好。但正确编制和评估材料所花费的时间可能会长到令人吃惊。

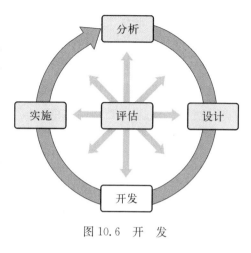

图 10.6 开 发

1) 对训练设备的考虑

在开发阶段,需要认真评估你打算使用的各个模拟器,从而避免它们对你完成场景设计带来任何可能的问题。下面列出了你需要注意的一些事项：

(1) 预先定位点、复位点和重复点。具有预编程复位功能的模拟器可以让教员把注意力集中在机组人员身上,不需要关注训练设备。仔细检查流程和逻辑中断脚本,确定重复点和复位点。教员用这些重复点和复位点来结束和重启面向航线飞行训练场景。例如,考虑某个在起飞"出发"阶段包含干扰因素的脚本。该脚本要求机组人员从登机口滑行到适当的起飞位置。如果机组人员需要重复起飞事件,复位点可以位于跑道的起飞位置。同样,如果是国际场景,所需的时间要比现有训练时间长。机组人员完成离场培训或评估后,需要在目的地或要求飞行途中改航的地区附近对他们进行评估。这个地点应该选择哪里呢?

(2) 系统故障。与你所在公司的工程部或维修部进行沟通,评估系统故障模拟。充分测试你想要展示的每一个故障。它们显示在菜单上,并不意味着它们会按照你期望的方式工作。确定在需要重复时,是否可以对它们进行重新启动。

(3) 天气。你需要评估可以模拟什么类型的天气条件,所显示的逼真度,以及教员会采用什么通知方式。你可能要查询美国国家气象局或美国国家海洋和大气局（NOAA）的数据库,了解广域天气对多个气象站的实际影响。雷达图像和风暴档案照片可以帮助模拟器工程师模拟预期天气条件。

(4) 通信。教员的大多数语音通信都需要有一个手稿或者至少要有一个提示。你可能想要收集飞机上的各类打印输出和屏幕呈现的实际示例。是否可以在设备中创建消息，或者是否必须让教员模拟这些消息？对于数据传输，如果模拟器没有连接打印机，那教学材料还要包含可撕纸。这些通信方式是否真实，是否允许机组人员使用耳机（和防烟面罩）？或者，是否需要教员使用特定模式进行模拟？要求机组人员使用通信面板增加了真实性，但也增加了教员和学员的工作负荷。

（5）空管模拟。根据空管手册，联系当地相关空管人员以获得正确的主、次频率和适当的措辞。请求解决实际情况的联系人，例如速度、盘旋、进近、本地操作或可能受场景影响的其他任何情况。考虑使用公司的空管协调员。

（6）预先编程触发条件。尽可能配合模拟器工程师，预先编程天气、重量、燃油、故障和视觉效果。预先编程几乎总能达到最好的效果，因为它能让教员把注意力专注在学员身上。此外，它可以让脚本保持连贯。例如，你可以确保天气单元格固定不变，这样它就不会移动，因为机组人员根据工作执行情况迟早会执行到该区域。即使是起飞时的风切变事件也可能需要预先编程，或者至少需要添加脚本注释，提醒激发触发条件的时间。

这同样适用于设计的在规定条件（速度、航向、高度等）下发生的故障。例如，继续起飞/中断起飞的决断可能需要某一速度的干扰因素，但必须考虑不同的襟翼位置选择以及飞行员喊话缓慢的情况。在教员必须激活故障的情况下，教员面板上的预先编程可以直接按下相应按钮，不需要进行搜索。如果没有预先编程，确保在教员资料中列出具体、详细地指示，尽可能缩短教员注意力离开机组人员的时间。

2）支持模拟情况的飞行资料

签派员和执行团队可以为培训创建实际材料。索要完整的飞行文件包，包括机组人员通常会收到的文件。考虑给机组成员留出足够的空间，由他们添加/移除文件。查看是否所有航空通告都适用于实现目标，根据需要对它们做出修改和/或删除。确定是否需要大量的航空通告清单。修改备降机场的天气以达到目标。

查看起飞、飞行途中、着陆和复飞行为数据。评估这些数据是否符合目标的需求，包括联络道口起飞、其他跑道、杂波、湿跑道、襟翼选择等。查看所有相关机场和任何可选跑道的复飞行为。按要求评估特殊复飞程序及其所需的性能。培训团队应计算不同重量的飞机在非正常着陆条件下的着陆距离。考虑通过模拟数据通信、教员队伍、便签或者与签派员的无线通信等方式获取数据。

对于小型运营商而言,制订飞行计划可能是一项艰巨的任务。有些公司愿意为了培训目的编制飞行文件。开发人员也可以使用开源网络应用程序自己创建飞行计划。可以从美国国家海洋和大气管理局获得天气和航行通告信息,然后根据面向航线飞行训练脚本进行修改。重量和平衡信息以及维修记录可根据运营商的实际飞机生成,也可以简单地在文字处理器上使用正确的格式创建。性能数据通常根据运营商手册或计算机系统中的程序生成。在使用手册时,确保向教员提供正确的信息,这样他们才能核对机组人员的答案是否正确。

3）可能会影响场景的现实情况变化

开发人员还必须要注意,空域、法规、程序和政策经常会发生变化。必须要相应地更新飞行航线、飞行计划和支持文件。生成的文件格式要便于事后编辑,这样可以节省大量的时间。或者,编写可修改飞行航线的场景脚本,在飞行计划系统不能生成灵活格式时,这会是一个非常好的解决办法。

4）关于航线运行评估与面向航线飞行训练的说明

面向航线飞行训练场景所需的开发时间通常没有航线运行评估场景的开发时间长。航线运行评估场景从初步确定/开发到启用日期,可能需要一整年的时间。

航线运行评估应编制两个或以上的脚本方案。这可以让未通过评估的机组成员参加第二次评估,避免事先看到评估场景。第二个脚本方案通常与第一个脚本方案的目标和事件集类似,但主要技术事件触发条件不同,而且可能涉及不同的备降机场。与面向航线飞行训练事件类似,你可能想要设计自己的航线运行评估脚本方案,让它们除了具体技术事件触发条件外全部相同。利用这一设计可以得到更加一致的机组成员行为和行为数据,至少在触发条件发生之前如此。与多个不相似的脚本方案相比,相同的脚本方案还减少了重复性的开发工作。

5）教员资料

清晰并且易于操作的教员指南可以让航线运行模拟展示和教员培训工作更加轻松。教员资料应正确摆放,便于在运动的模拟器昏暗的驾驶舱内查看。确保印刷、字体和句子结构适合这种环境。根据与空管沟通情况来明确确定教员行为的唯一性。包含不同的字号、斜体、字体颜色、标题样式、书签和超链接,可以让航线运行模拟更加有效。以清晰可读的方式展示需要读取的任何对话,并在适用的情况下添加语音。尝试将这些工具的使用方法标准化,从而让教员团队更易于指导将来的任何航线运行模拟事件。

6）编制评分表

如果在分析和设计阶段已经花时间明确目标并确定了希望收集的数据,那么编制评分表就是水到渠成的事情。你从工作任务分析中选取的目标,也就是你构建培训的基础,基本上就是你要在评分表上列出的内容。通常,公司文件会详细说明评分表需要使用的格式,而且除了把学习目标插入预定义格式的表格中之外,几乎不需要其他操作。在其他情况下,必须要自己编制评分表。在任何情况下,都要想到最终用户。

除了要生成评分内容清单(目标)之外,还必须要确定评分标准。你的行为范围是什么?及格分数是多少?机组成员在什么情况下只需要重新参加一部分航线运行模拟培训,在什么情况下需要重新参加整个培训?这些问题的答案必须要考虑到机组人员的各种结果。评估人员和管理人员应参与此项讨论。

必须针对每个面向航线飞行训练和航线运行评估场景方案编制单独的评分表。必须提供最高等级能力、概念能力(认知技能)和完成飞行航段的定义。此外,让领导预先确定特定事件集中特定条件下的评分标准可能是明智之举。你可能希望寻求指导,了解如何确定"不及格""重复"或"按标准讲评"等情况。

你可能希望创建一份评分表补充说明,详细阐述具体评分所使用的参数。评分适用于事件集的不同能力项,例如机组人员的总体结果、具体的机组资源管理和技术目标。对操纵飞行员和监控飞行员(非操纵飞行员)做出评价。对于未按标准执行的事件集,需要预先确定"重复"事件集的标准,或者需要"按标准讲评"各事件的标准。

(1)评分表有助于数据挖掘和分析。如果评分表的格式逻辑清晰并且易于阅读,你可能会从中获得有用的数据。如果评分表的格式混乱,或者你需要在多个地方用到同一信息,你可能会从中获得无用、矛盾的信息。

例如,某大型航空公司编制了一个评分表,需要用户填写100多行数据。该评分表需要使用李克特量表,事件评分为"1~5分","1分"为非常满意,"5分"为不满意。该评分表还要求用户注明某个具体项目的脚本编写次数,以及该项目的填写次数,尽管答案总是一次。果然,教员很快就发现了填写这份表格的最快方法是在表格的每个方框内都填写1。脚本编写次数为1,实际填写次数为1,评分为"1分"(非常满意)。因此,标准就成了非常满意,评分应该为"3分"(一般)。你可以自己尝试一下,创建一个100行3列的表格,看一下多快就会觉得厌倦了。

(2)电子表格。电子评分表非常好用,但只有在主机设备可以进行简单输入的情况下才能使用。电子评分表的一个优势是不需要聘用数据录入人员。此外,电子设备还应该具备一些内置功能,帮助团队接收扩展输入。例如,非常满意的评分应创建一个弹出框,供教员填写评语;然而,如果教员选择不写评语,也可以不写。这可能会鼓励更准确的评分。对于不满意评分,你可以要求教员写评语。利用上述"1~5分"的评分,"5分"要求写评语,"1分"强烈建议(近乎要求)写评语,"2分"和"4分"建议写评语,"3分"仅在增加训练或协助后续训练事件时要求写评语。

如果你希望获得有用的数据,需要向教员和评估人员提供好的工具。这包括格式合理的评分表,表格顺序要与事件顺序一致(按事件集顺序),易于理解和使用,整洁并有添加评语的合理空白。纸质评分表的这些规定同样适用于电子评分表,然而,电子评分表的设计方案更加有限,具体取决于制作表格所使用的程序。

7) 贝塔测试:评估和修改

大量的测试可以得到更好的结果。该测试应涉及主题专家(SME)、开发团队、骨干教员和评估人员、机队和/或企业领导、航线飞行员、美国联邦航空管理局主任运行监察员(POI)、工程师以及任何外包、模拟租赁团体。

在使用所有场景和方案对所有设备进行测试之前,脚本一直处于不断变化的状态。开发团队应像教员和评估人员操作设备那么在每台设备上运行整个脚本,每个决策选择都必须运行到最后,记录相邻事件集的运行时间,备注设备异常模式并记录复位的相关经纬度,使用一台个人设备将这个过程记录下来有助于后续开发。如前文所述,在所有脚本全部运行完毕后,配合模拟器工程师确定自动化过程。

在学员运行脚本时,尝试预测他们的运行时间。要记住不要事先对航线飞行员有偏见,认为他们完成任务需要的时间比开发团队和骨干教员多。该时间可能与主题专家和其他贝塔测试员的试运行时间有很大差别。设备中的计划时间必须考虑这些差异。

你可能需要在模拟场景下进行多次试飞。最开始,你需要验证机场是否包含在模拟器中,还需要验证视觉描述和导航数据库是否满足需求。在完善脚本时,你需要重新在模拟场景下试飞。让经验丰富的教员或评估人员充当机组人员是一个很好的方法,可以从一个新的角度来看待模拟场景,并发现任何缺陷或错误。通常,这些机组人员会提出一些你并未料到需要重新编写脚本和文件的解决方案。设备操作人员和飞行员都要努力改进设备的脚本和操作,还要对评分表做出评价。在某些情况下,邀请美国联邦航空管理局加入,他们是审批机构,必须对产品有信心。

你要寻找设计缺陷,如脚本错误、初步教员培训中的不足或模拟器不支持该场景的地方。你还要确定需要采取的纠正措施。或许,你所在的组织最终会安排教员和评估人员使用新的场景接受年度培训。这可以让该团体接受以前从未见过的培训,同时又能在小范围内试行航线运行模拟,以确保它运行良好。

贝塔测试的目的是找出那些无论你多努力都不可避免的缺陷。假设你创建(或编制)和修改了大量的飞行文件,修改了其中的一些航空通告并删除了所有不必要的多余资料。然后,在开始运行脚本之前,你和团队认为另外一个备降机场更好。所以,你得到了新的飞行文件,这一次,你意识到之前所有的努力工作都用不上了。

或许,你发现某个具体设备是一个限制因素。例如,由于某个具体设备的逼真度不能让学员可靠地模拟滑行,可能需要脚本化的空管渐进滑行。你可能需要增大模拟器所显示的跑道视距(RVR),同时仍然要报告它是与脚本一致的较低值。这类修改可以扩展到所有设备上,这样所有学员都能保持连续性。而且,某些训练可能需要限制这类局限性设备,结果是其他设备更适合。

(1)文件交付。所有资料都要发送到不同的目标地址。你必须要确保在所有打印机或个人设备上能够正确打印机组成员的文件。通过工作或个人电子邮箱将文件发送到不同的计算机,确保所有文件都能正确打开和显示。从服务器下载文件,并在目标地址打开文件,确认源地址的安全性和配置文件与航线飞行员的相同。

(2)考虑美国联邦航空管理局和管理部门的要求。一旦开发团队对审查结果表示满意,就要与管理部门一起完成脚本运行。按照管理部门的要求,对脚本进行必要的修改。在必要时重复整个过程,以说明脚本的修改情况。在最终审查完成后,协助管理部门安排与美国联邦航空管理局的会议和报告。你至少要概述事件集、触发条件、每个事件集的主要机组资源管理目标、机组成员与空管人员的预期通信、干扰因素以及脚本的主要培训目标。你要提出并讨论激发主要机组资源管理目标的技术触发条件。你还要准备提出成功标准和不成功标准,以及如何处理这些重复/讲评。

(3)航线飞行员审查。在骨干教员和评估人员对文件表达出信心之后,就要与不熟悉航线的普通飞行员一起测试脚本。邀请美国联邦航空管理局参与至少一次航线飞行员审查。向教员和航线飞行员发放确认评价表。该评价表列出了审查飞行的目标,要求所有成员都要提交评价、意见和建议。航线飞行员要评价城市对、备降机场、天气预报、航线运行流程等的真实性。每个脚本场景至少要用单独的航线对机组测试两次；在多个脚本化场景中，不要使用同一组航线机组成员，他们可能有偏见。这些测试不需要审查每个改航选项，只需要审查每个场景选项。测试目标是确定脚本的真实性和准确性。在审查过程中，开发团队可以向美国联邦航空管理局主任运行监察员提交申请，请求批准脚本或者至少批准运行正常的脚本。

10.3.4 实 施

在实施阶段（见图 10.7），可以执行精心制作好的资料、时间表和计划。现在，你可以每天持续地把它呈现给学员、教员、管理部门和美国联邦航空管理局。

你要大量制作课程材料，还要进行组织建设，让项目长期持续下去。在这个阶段训练教员，确保课程按照你的预期开展（见图 10.7）。

1）组织期望

身为开发人员，你要负责确保航线运行模拟计划符合利益相关者的期望。对于教员和评估人员培训，以及当前情况、模拟器的功能、课堂资源和课件，可能需要持续沟通和状态报告。同样，在这个阶段，一张检查单可能很

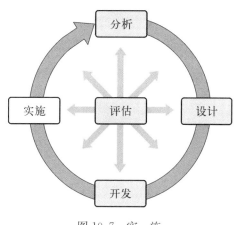

图 10.7 实 施

有帮助，你可以定期向利益相关者提供最新状态，包括教员、评估人员、管理人员、美国联邦航空管理局主任运行监察员、模拟器技术人员、课堂资源管理人员、工会代表和航线飞行员。

2）训练教员

不要以为你写了脚本，所有人就都能了解你想要实现的目标。你可能需要请教员和评估人员在课堂上讲解场景和可能的解决方案。你要确保教员和评估人员理解场景的学习目标以及如何呈现场景。

这时，有一张现成的检查单会很有帮助，因为在你每次开发出一个新场景时，教员的培训程序可能都是相同的，而你会想要记录经验教训。教员和评估人员团队的经验水平不同，要求的训练程度也会有很大的不同。如果航线运行模拟对组织来说是一个新概念，那么你可能需要开展更多课堂培训，并提供一些模拟器训练课程，学员和评估人员可以观察员或机组人员的身份参与。

同样,如果你要培训一名新手教员,有一个很好的方法,可以让他观察几个航线运行模拟事件,然后让有经验的后备教员对他进行指导。此外,如果教员和评估人员都很有经验,在你打算开展新的航线运行模拟时,可以只向他们进行简令,让他们做好准备。一些航空公司可能会把开展持续培训的时间与教员和评估人员的年度培训时间安排在一起。这样教员可以接触他们以前没有见过的经常性训练资料,从而有机会检查资料的真实性以及是否有误,还有机会让提交资料的人员亲自运行资料。

你需要讨论航线运行模拟的概况并查看每个事件集,以确保对目的和目标的理解没有错误。你需要详细解释评分表及其随附的补充说明,还要提醒评估人员他们必须遵守约定的标准。你要详细讨论成功的标准,以及不满意事件集和总体不满意评估的处理流程。你要特别注意模拟器的任何相关局限性,以及如何让教员围绕这些局限性开展工作。你还要确保教员和评估人员了解应该显示的可观察行为以及航线运行模拟的完成标准。你要考虑记录训练过程,让今后的教员可以观察训练,从而避免重复训练。

与教员的额外对话除了要包含航线运行模拟的学习目标,还要包含一些一般性的话题。这些话题基本围绕着如下航线运行模拟的基础知识:

(1) 航线运行模拟应实时开展。避免使用加速器或位置冻结。但在模拟长途飞行时例外。

(2) 航线运行评估培训要让事件尽可能真实。自己不要插手。自己不要在场。使用耳机、收音机、适当的空管通信程序和完整滑行路线。你可以回答空管部门、签派部门、维修控制部门等的问题,但是不要提供解决方案,扮演实际角色。尽量提供乘务员和空管真正需要的信息,并提出他们要求的问题。尽量专业,不要图省事。如果飞机上需要某个程序,就要在航线运行评估中执行这个程序。

(3) 在面向航线飞行训练中,教员可以向机组成员提供意见,但大多数学习都是在事件结束后通过带支持的讲评完成的,而不是在现场通过直接讲评完成的。

(a) 对讲评进行培训。在事件结束后的带支持的讲评会上,教员和评估人员将会提供帮助。要确保学员和评估人员都能够接受这样一个概念,即在航线运行模拟中,没有正确的解决方案,机组人员可以决定结果,讲评聚焦于训练过程。在你的帮助下,机组人员要重现事件,注意哪些地方表现好,哪些地方表现不好。教员或评估人员的主要工作是提问题而不是提供答案。例如,"发动机启动时出现了什么问题? 这种情况下的标准操作程序是什么? 操纵飞行员/监控飞行员采取了什么措施?"教员和评估人员要始终尝试客观地对待讲评。可以通过使用第三人称来做到这一点。这时，讲评表单可以帮助教员提供某些汇报结构。

（b）培训评分表。你要与参加培训的教员一起查看面向航线飞行训练评分表。你这么做的目的是要确保教员和评估人员提供的反馈格式与你的评分表一致，并确保评语与训练相关而且有用。通常，评语要比实际评分更有价值。你要确保教员和评估人员明白这一点。例如，某机组人员未执行某个检查单，他们可能会把这个错误归类为检查表、情景意识、工作负荷管理问题或者三者的共同问题，具体要看是站在谁的角度看待事件。在这种情况下，对于后续分析评分表的人来说，评语要比具体评分有用得多。

3）通过航线运行模拟开发来推动过程质量提升

你在开发航线运行模拟的过程中，可能已经阅读和查看飞机飞行手册（AFM）中的具体技术目标以及航空公司航班运行手册（FOM）中的指南。你可能会认为，这些文件有错误和需要改进的地方。是否有所有同事都认为有一个程序过于复杂？阅读文件是督促组织进步的一个好机会。将公司的航班运行手册与飞机飞行手册进行比较和对比。评价这两份手册是否相互矛盾，或者是否与培训目标相冲突。这样，在面向航线飞行训练和航线运行评估的开发过程中，可以顺带更新这两份手册。

10.3.5　评估

高级资格认证计划是一个数据驱动过程，你可以在评估阶段确认教学系统开发模型是否有效（见图10.8）。你前面所有工作的目的都是为了创建一个试图满足训练需求的过程。评估的目的是从客观的角度确定训练需求是否得到满足。要想进行客观确定，需要收集和分析数据。这正是我们接下来要论述的内容。

收集了有用的数据，你就可以评价训练的有效性、每个学员的行为以及教员和评估人员成效。它还可以用来修改和完善训练，从而继续满足不断变化的需求。

1）数据收集

可以借助航线运行模拟事件收集关于机组人员、训练计划和程序的大

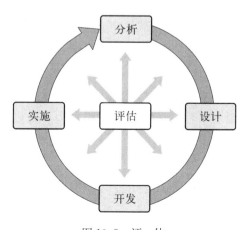

图10.8　评　估

量数据。然而,收集数据会占用教员和评估人员的监控事件工作时间。教员或评估人员在做记录时,无法观察机组人员或运行模拟器场景。你在思考要收集什么数据时,需要决定数据的用途以及你能够做哪些分析。如果你的目标仅仅是记录训练的完成过程,那么就不需要对飞行的每一个方面进行评分。此外,如果你所在的组织具有强大的数据分析能力,而且你可以通过电子方式收集信息,以确保数据纯净,那么你可能需要收集更多的信息。

你要尽早决定要用收集的数据来做什么。一方面,如果你打算根据教员和评估人员的反馈来修改场景,那么你就要收集足够多的信息来更新场景以及比场景更重要的训练计划。另一方面,如果你只是想让机组人员了解某一项新程序,那么你只需要确定所展示内容是否完整。

一个常用的航线运行模拟数据收集方法是,综合利用李克特量表、原因代码和对每个事件集进行评分的评语。李克特量表没有固定标准,但通常认为最好至少有 5 个评分等级,7 个以上评分等级就不太可靠了。因此,你的量表等级可以是 1～5 级,A～F 级,或者显著高于平均值至显著低于平均值。重要的是教员和评估人员要了解量表,并且能够统一应用。每个事件集的评分量表都应包含一个技术评分和一个机组资源管理评分。技术评分通常使用的原因代码包括程序指示、飞机控制和自动飞行。你可以根据需要添加更多原因代码,但要尽量长期保持一致。机组资源管理原因代码通常说明你所在组织的机组资源管理模型所使用的机组资源管理技能,如领导能力、沟通、资源管理、工作负荷管理、情景意识和决策能力。你还要给教员和评估人员留出反馈面向航线飞行训练的空间,这可以帮你在修改离场和进场机场名称和更改航线时保持面向航线飞行训练不变。你可能还想要根据时间类型、地点、事件发生事件、使用的模拟器或者其他各种有助于划分趋势的因素对机组人员进行分类,从而更轻松地阐述这些因素。

2) 数据分析

准确收集和分析训练数据和航线运行安全数据是全面评价的基础。可以收集大量数据,也可以收集相对较少的数据。最好在设计阶段就能思考数据收集和分析方法。在这一阶段,必须要深入研究和分析数据。这个时候,要培训数据分析师(可能是你自己),而且要有一个适当的软件包。现代统计软件价格并不是特别昂贵,即使是小型组织也能买得起。

对分析师进行适当的培训非常重要。错误的数据分析方法会导致数据解读错误,从而误导你在训练项目中采取不正确的措施。例如,在使用 1～5 级李克特量表对数据集进行评分时，很容易把数据当作整数集合求取事件集评分的算术平均值，如 2.5，然后再比较统计平均值随时间的变化。然而，当你认识到这个量表实际上只一个顺序表，数据按照从高于平均值到低于平均值的顺序排列，你就会明白数据代表的并不是整数，使用算术平均值是一个错误的统计方法。举个极端的例子，假设在某个事件集中，一半飞行员的评分远远低于平均值，另一半飞行员的评分远远高于平均值。显然，有一半飞行员不合格，但在这个事件集中，算术平均值就是统计平均值，使用算术平均值方法进行统计显示出不存在问题。由于这一原因，标准差和任何基于正态分布的参数分析也都是无效方法。

一种更好的方法是比较评分分布随时间的变化来确定行为水平以及行为水平的变化。该方法基于顺序、中位数或取值范围，采用非参数程序。表格、频率、列联表和卡方统计也是有效的李克特量表数据分析方法。艾伦和西曼（Allen and Seaman，2007）有多种开放源码资源可以帮你选择适当的数据统计方法。花时间了解你真正想用这些数字做什么是值得的，你会在简化流程的过程中有所收获。

对于没有能力分析数据的组织来说，当地大学经常有研究生需要寻找实习项目机会。研究生一般都是免费的，而且有带教老师监督。或者，开发人员或管理人员通常可以在当地的大专院校、大学、研究生院甚至在线旁听统计课程，并在短短几个月内获得进行数据分析的必要技能。遗憾的是虽然大多数航空组织收集了大量的数据，但缺乏有效的数据分析技能。

假设你接受过数据分析培训，那么，你会怎么分析数据？首先，汇总可用数据。知道了有什么类型的数据之后，第一步工作是寻找数据的变化趋势。是否有表现特别好或者特别差的事件集？如果有，它是持久变化还是与新事件有关的变化？你还要检查你观察到的任何变化是否具有统计学意义。要记住，一些细微的变化可能是由统计噪声或者不同季度的取样差异造成的，不需要去探究根本不存在的问题。

如果你认为自己发现了问题，下一步工作是分析具体的评分表、评语和原因代码。这些数据可能会出现在评分数据库的报告中，或者你可能需要查看实际评分表，具体取决于你所在组织的数据收集方法。如果数据分析师不是飞行员，这时你要让一名飞行员参与数据分析过程。在你查看评语时，你会注意到出现的趋势。我们在前面列举的填写检查单的例子当中提到，有些教员可能会把这个问题归类到检查单管理问题中，而有些教员可能会认为这是工作负荷管理问题，还有些教员会认为这是情景意识问题。在阅读评语时，你会发现是否有共同的问题,例如机组人员全部遗漏了同一个检查单。在这种情况下,你就要运用自己的操作知识。你必须要评估为什么会发生这种情况。一些可能的原因包括检查单使用培训不到位、检查单设计或标记不合理或者在这种情况下有需要更优先执行的事项,不能运行检查单。你还要提出建议的纠正措施。具体的纠正措施包括修改检查单,开展检查单使用程序的额外培训,或者增加可以帮助机组人员查看当时飞行情况的机组资源管理工具。

对每个事件集重复执行这一过程之后,要把结果记录下来。使用统一格式的简短报告可以帮你分析航线运行模拟随时间的变化。随着组织的发展变化,你需要对比组织前期的表现与当前的表现。你还需要记录分析结果,作为大多数质量控制计划的一部分。定期查看美国联邦航空管理局或其他监管部门的分析报告,不仅可以满足监管要求,还可以帮你改进培训计划。

10.4 针对不同组织定制航线运行模拟开展过程

我们在前面已经介绍航线运行模拟的完整开发流程,现在你可能希望我们把贝塔测试放在开发或设计过程中,而不是放在实施过程中。或许,你在制订目标时更愿意主动联系资源提供者,而不是被动等待。当然,这种想法非常好!这些步骤的顺序没有那么重要,更重要的是你所在的组织要有这么一个流程,确保这些步骤得到执行,或者至少要考虑到这些步骤。

例如,在研究领域不一定需要评分表,因为学员根本不是正式的学生。他们是被观察的测试对象。但是,这意味着,你现在设计的航线运行模拟场景不是要制订评分标准,而是要创造可以不断重复的实验条件。所以,研究人员的观察指南取代了评分表,遵守实验条件取代了评分标准。你仍然要像在训练环境中一样收集数据并且要努力确定评分者间信度,但现在的目的是报告实验结果。航线运行模拟的构建系统仍然适用。尽量遵守或考虑使用分析—设计—开发—实施—评估(ADDIE)模型,就不会出现太大的错误。

对于小型组织的开发人员来说,可能不具备我们前面论述的资源。在大型航空公司,你可以与签派部门通话,要求他们编造一个虚拟飞行计划,并提交10份副本。但如果你在小型航空公司,就要花时间查找资料或者要求订阅飞行计划服务。你可能要花一下午时间在美国联邦航空管理局网站上查找最佳飞行路线,然后将两个固定地点之间的燃料消耗和时间数据填入你在另一个网络工具中找到的飞行日志中。当你执行航线飞行时,需要保存飞行资料(维修、天气和飞行计划),这些都是重要数据。你在编制自己的真实飞行计划时,可以参考它们的格式和内容。你所花费的时间要比大型组织长，因为没有大量的人员可以帮你解决问题。由于缺乏资源，可能无法实现开发过程中的某些步骤。这时，你要分析理想过程，考虑自己的经验和结果，尽可能做出最好的猜测。

10.5 建议将航线运行模拟作为一项长期的、宝贵的训练策略

主张在飞行训练中采用高逼真度模拟肯定具有一定的经济和安全方面的争论，但模拟并不是一定需要包含真实的任务环境。航线运行模拟已经是一种自愿行动。与以往只注重技术技能的部分任务"灾难呼叫"方法相比，航线运行模拟是否仍然具有一些训练优势？

没有完整的任务环境，就无法开展领导能力、目标设定、决策和其他重要的团队技能训练。把培训放在真实飞行环境下，机组人员可以实践在航线运行中需要用到的各项实际团队技能。仍然有需要训练和评估的技术技能，但现在这些技能是在实际使用的复杂变化环境中而非虚拟的有限环境中进行实践的。

通过这种方式，航线运行模拟继续同时强调团队和技术技能的训练，因为在飞行员的实际工作中肯定会同时用到这些技能。机组资源管理技能与必备的技术技能不单独分开，而是同时进行训练和评估。不要放过训练中出现的问题，必须要像在实际飞行中一样，与其他问题放在一起依次解决。航线运行模拟是对机组资源管理技能的肯定，可以强化机组资源管理技能，机组资源管理技能现在已经成了飞行员的一项必备技能。

成功的悖论

今天，机组资源管理已经成为航空训练和文化中不可或缺的一部分。然而，我们必须牢记，在有理论支持并且注重教学核心能力与实际实践机会相结合的情况下，机组资源管理这类团队训练会发挥最好的效果（Salas and Cannon-Bowers，2001）。实际上，航线运行模拟是一种成熟的机组资源管理训练方法，有助于将这些技能转移到实际航线运行工作中（Helmreich et al.，1999）。

航线运行模拟和机组资源管理的成功或许支持这样一种假设，即这些团队技能会一直存在下去，现在已经掌握这些技能的这一代飞行不需要再继续接受训练和文化适应。正确的航线运行模拟设计和实现过程是一个包含大量劳动的过程。它需要各种重要的资源，对于新设计人员来说，可能会低估航线运行模拟在当代训练项目中的重要性。

最近，一些备受关注的事故和事件支持相反的观点，即机组资源管理团队技

能和航线运行模拟与过去一样重要。研究表明,这些技能和态度确实是短暂的(Helmreich et al.,1999)。对于团队技能和技术技能保持在当前的较高能力状态以及对抗自然认知偏见而言,航线运行模拟是非常有必要的。

航线运行模拟本质上提供了机组资源管理技能与技术技能相结合的机会。如果机组人员训练的目的只是为了解决与旧式的"灾难呼叫"模拟器训练有关的一系列具体问题,那么机组人员可能不具备解决复杂问题所需的灵活性。在与航线运行模拟有关的课程训练中,无论是在预先简令过程中还是在课堂培训过程中,都会向机组人员提供有助于他们解决飞行问题的工具。航线运行模拟可以向机组人员提供使用这些工具的实际实践机会。威胁与差错管理和表述、验证、监视是两个比较新的机组资源管理概念,可以通过在航线运行模拟过程中的简令和训练中大量引入并实践。

任何具体的工具或模型都不如机组人员需要学习飞行问题处理过程的想法重要。这些过程可以应用到他们可能遇到的一系列问题中。这一方法有许多成功的例子,但有两个例子很有指导意义,可以作为机组资源管理和航线运行模拟的成功案例研究。

一个例子是美国联合航空公司 232 号航班,也就是现在著名的艾尔·海恩斯机长事迹,1989 年,一架 DC-10 客机遭遇了一次灾难性的发动机失效事故。由于麦克唐纳·道格拉斯公司认为不可能发生这种故障,所以没有预先制订相关处理程序。海恩斯机长利用一切可用的资源,包括一名搭机飞行员,奋力将失控的飞机拽向艾奥华州苏城机场。在大多数专家认为完全无法生还的情况下,机上 296 人当中有 185 人幸存了下来。

另一个更新的例子如下:切斯利·萨伦伯格机长在驾驶飞机飞越全球人口最稠密的地区时,遇上了一连串的飞鸟撞击,致使两台发动机失效,萨伦伯格机长在哈德孙河面上完成了 A320 客机成功迫降。这个事迹被称为"哈德孙河上的奇迹",它直接归功于萨伦伯格机长、斯基尔斯副驾驶和其余所有机组成员的出色团队合作和正确决策。如果这个航班在那天没有表现出当时的领导能力、决策能力、情景意识能力和其他机组资源管理能力,这架飞机根本没有机会飞到哈德孙河上空,然后利用高超的技术绝地求生。

这两种情况都不是航空公司资质认证课程的内容。这些飞行员利用他们在航线运行模拟事件中训练的机组资源管理技能和技术技能解决了他们在实际飞行中遇到的以前从未考虑过的问题。

参考文献

Allen, I. E. , & Seaman, C. A. (2007). Likert scales and data analyses. *Quality Progress* , 40(7), 64.

Dick, W. , & Carey, L. (1990). *The systematic design of instruction* (3rd ed.). Glenview, IL: Scott, Foresman; Harper Collins.

FAA. (2015). *FAA Advisory Circular 120 - 35D , Flightcrew Member Line Operational Simulations: Line-Oriented Flight Training , Special Purpose Operational Training , Line Operational Evaluation*. USGPO.

FAA. (2017). *FAA Advisory Circular 120 - 54A , Advanced Qualification Program*. USGPO.

Helmreich, R. , Merritt, A. , & Wilhelm, J. (1999). The evolution of crew resource management training in commercial aviation. *International Journal of Aviation Psychology* , 9(1), 19 - 32.

Kemp, J. E. (1985). *The instructional design process*. New York: Harper & Row.

Lauber, J. , & Foushee, H. (1981a). *Guidelines for line-oriented flight training , Vol. 1*. Moffett Field, California: NASA: NASA Ames Research Center.

Lauber, J. K. , & Foushee, H. C. (1981b). *Guidelines for line-oriented flight training , Vol. 2*. Moffett Field, California: NASA: NASA Ames Research Center.

Mager, R. (1984). *Preparing instructional objectives , revised 2nd ed*. Belmont, CA: Lake Publishing Company.

Molenda, M. (2003). In search of the elusive ADDIE model. *Performance Improvement* , 42(5), 34 - 36.

NTSB. (1973). *Aircraft Accident Report NTSB - AAR - 73 - 3 Delta Air Lines , Inc. , McDonnell Douglas , Dc - 9 - 14 , March 13 , 1973*. Washington, DC: National Transportation Safety Board.

Page, R. (2000). *A brief history of flight simulation*. SimTecT 2000 Proceedings (pp. 11 - 17). Lindfield, Australia: Simulation Industry Association of Australia.

Salas, E. , & Cannon-Bowers, J. (2001). The science of training: A decade of progress. *Annual Review of Psychology* , 52(1), 471 - 499.

Seamster, T. , Hamman, W. , & Edens, E. (1995). Specification of observable behaviors within LOE/LOFT event sets. In R. Jensen (Ed.), *Proceedings of the 8th International Symposium on Aviation Psychology* (pp. 663 - 668). Columbus, OH: The Ohio State University Press.

延伸阅读

FAA. (2004). *FAA Advisory Circular 120 - 51E , Crew Resource Management Training*. USGPO.

George, F. (2016, 03 24). Cockpit Cognitive Biases Can Cause Real Trouble. Retrieved 08 06, 2017, from BCA Business & Commercial Aviation, AviationWeek. com. : http:// aviation-week. com/bca/cockpit-cognitive-biases-can-cause-real-trouble.

11 航线运行模拟开发工具

迈克尔·柯蒂斯(Michael Curtis)和
弗洛里安·詹茨希(Florian Jentsch)
美国,佛罗里达州,奥兰多,中佛罗里达大学

2009 年 2 月 12 日,科尔根航空 3407 号航班在纽约布法罗市的一个居民区坠毁,造成机上所有人员和一名地面人员死亡。从飞行经验的角度来看,参与的机组人员都是第一次执行相关飞行任务,考虑到这种情况,这起事故肯定是一场悲剧,困难的飞行条件可能会阻碍缺乏经验的机组人员,这符合逻辑。1999 年 6 月 1 日,美国航空 1420 号航班在阿肯色州小石城降落,在跑道上快速滑行了很长的距离。随后飞机冲出跑道,撞向了附近的进近指示灯。冲撞和随即引起的火灾导致包括机长在内的 11 人死亡,另外还有多人受伤。与科尔根航空公司的悲剧事故相比,在此次事故的机组人员当中,有一名飞行员是这家航空公司芝加哥奥黑尔飞行中心的最资深飞行员(Dismukes, Berman, and Loukopoulos, 2007)。这两起灾难性事故的原因差别很大,但根据美国国家运输安全委员会(NTSB)的调查,它们都有一个共同的原因,就是培训不足。

然而,将这些事故的减缓因素归类为培训不足可能会产生误导。对这些报告的本能反应是增加专门解决这类问题的训练内容。例如,为了应对小石城一类的事故,建议开发一个专门的飞行训练模块,重点培训在湿滑跑道条件下的反推设置操作。然而,这一建议并未考虑其他无数非常具体的飞机配置,在培训中可能无法充分解决不同条件下的飞机配置问题。在理想情况下,没有时间和资金限制,可以为飞行员提供最全面的训练,让每个学员都能接触到能够想象得到的每一个已知的错误。然而,在实际情况下训练时间是有限的。实际上,解决方案看似简单,无非是加强飞行员训练和评估,提高他们解决问题的能力。遗憾的是由于飞机操作非常复杂,所以解决方案更加复杂。

研究表明将目前的训练方法[如机组资源管理（CRM①训练]与一些传统方法相结合，可以对飞行员起到非常积极的训练效果。这些训练方法的问题并不是它们不能涵盖所有的飞行动作，没有任何训练计划可以做到这一点。相反，问题在于这类训练计划设计起来非常复杂，航空公司很难维持目前可靠的训练计划。这并不是针对上文列举的任何一家航空公司。相反，列举的例子都强调了开发贯穿飞行员整个职业生涯的全面训练计划的重要性。

飞行训练的目标可以分为两个基本功能。一是向机组人员提供成功执行所有飞行阶段任务所需的充足技能，二是让飞行员做好迎接飞行意外变化的充分准备。虽然这只是对航空训练内容的简单分解，但它包含从操纵飞机所需的技术技能到提高团队沟通能力、领导能力和决策能力的机组资源管理人际关系技能。航线运行模拟（LOS)可以为航空训练提供目前可用的最有效平台。

由于航线运行模拟开发对航空公司的培训部门来说是一项具有挑战性的工作，所以我们将会重点论述可以提高开发过程效率的方面。在下文中，我们将会讨论航线运行模拟的开发过程，阐述如何使用特定工具来补充开发过程。在讨论开发过程之前，我们会先简要介绍一下飞行训练，然后再更具体地讨论利用航线运行模拟实现飞行训练目标的方法。

11.1 飞行训练

虽然飞行员在初期训练中接受了大量的正常和非正常飞行条件训练，但在飞行员的整个职业生涯中，总会有不同的飞行经历。这些经历将会影响飞行员在特定情况下的反应。在某些情况下，这可能会导致在所有飞行条件下都不适用的行为发展。这些行为可能与天气条件、飞机功能，甚至客舱内的情况有关。例如，在前面讨论的小石城事故中，经验丰富的机组人员同时面临着几种条件，导致他们在湿滑跑道上快速长距离着陆。错误的反推设置导致飞机失控，并发生随后的碰撞。美国国家运输安全委员会指出，尽管机组人员有丰富的经验，但他们可能没有接受过充分的在湿滑跑道上反推设置的训练（Dismukes et al.，2007)。这有助于说明持续训练在飞行员整个职业生涯中的重要性。

飞行员在整个职业生涯中经历的大多数飞行都属于常规飞行，在这种情况下，熟练的操作程序将足以保证安全操作。遗憾的是这并不能让飞行员做好充

---

① 在本章中，我们以机组资源管理为代表定义了航空领域中与团队合作相关的若干训练和评估概念，例如威胁与差错管理（TEM)以及风险和资源管理（更多定义，请参见美国联邦航空管理局咨询通告 AC 120-35D，2015a)。

分准备，去应对驾驶舱中不经常出现的模糊多变的情况。由于需要大量的训练，在训练中试图让机组人员了解可能发生的每一种已知事件组合是不切实际的。在大多数情况下，最多一年之后，训练量就开始减少，尤其是那些很少使用的飞行技能（Arthur et al.，1986）。对于以前从未经历（或未报告）过的新事件就更是如此。除了不同的飞行经历之外，技术进步和组织变革也会导致飞行员职业生涯的变化，在这种情况下，也需要对飞行员进行培训。因此，航空业要求持续培训，从而让机组人员在不经常发生的情况下保持操作技能。

目前采用的经验式培训方法已被广泛接受，并被普遍认为可以加强以往的培训方法。这些方法旨在向飞行员提供模拟经验，满足航线运行的具体需要。这一想法以认知主导决策领域的研究为基础（Klein，2008），研究指出不同的经验有助于掌握复杂的技能。也就是说，一个人从记忆中获得的经验越多，就越能够在各种情况下完成任务。在很多时候，飞行员每天都会遇到类似的飞行条件。这有助于强化常用的飞行技能，但对不经常发生的事件没有什么作用。

11.1.1　航线运行模拟

虽然飞行训练仍有大量的课堂教学内容，但最重要的知识是通过飞行经验获得的。事实上，真实驾驶飞机是实现这一目标的最佳方式。遗憾的是向飞行员提供大量的航班飞行训练是不切实际的。航班飞行训练仅限于飞行员加入航线运行前的最后训练阶段，主要原因是运营成本、空域日益拥堵和安全性等方面的因素。因此，退而求其次，选择使用计算机生成的飞行模拟，主要包括在专用训练设施中使用高逼真度动作模拟进行模拟飞行。由于这类模拟的费用仍然相对昂贵，只有少量的模拟器可以连续不断的运行，以完成所需的大量培训课程。因此，极其重要的是模拟器课程要提供最大限度的飞行真实性和最佳体验。只向运营商提供免费飞行模拟器课程并不能保证他们实现了所有相关培训目标，还可能导致模拟器时间利用效率低下。相反，课程应包含依据在课堂学习中学到的知识构建的预先计划场景，并应提供在真实驾驶舱环境中执行重要操作的实践机会。目前使用的最实用的培训形式是通过航线运行模拟开发实现的，它为上述课程提供了一个平台。

航线运行模拟用于描述在模拟器训练事件中使用的真实飞行场景的发展（Chidester，1993）。更具体地说，航线运行模拟是指在模拟环境中再现"门到门"操作的多种类似的飞行训练和评估方法（FAA，2015a）。与专项任务训练器不同，航线运行模拟训练的主要目的不是提供某个飞行方面的具体指导，而是提供将技术技能和机组资源管理技能结合到航线运行中的经验。除了后勤方面的因素,如技术要求、辅助资料(即飞行前文件、检查单等)和培训部门参与等之外,场景开发是航线运行模拟有效性的驱动力。

　　航线运行模拟所采用的基于场景或模拟训练(SBT)的方法在多个领域得到了广泛应用,包括军事、医学和航空领域(Salas et al.,2008;Salas et al.,2006a)。基于模拟训练的关键在于通过模拟的真实任务环境向学员提供一个获取经验的平台。基于模拟训练不是把各项技能集隔离开,而是提供一个训练环境,学员必须把各项技能整合在一起,从而实现对实际任务的真实模拟。通过使用场景中内置的诱发特定行为的事件实现模拟(Salas et al.,2006a)。基于模拟训练除了可以带来经验学习的好处之外,还是观察和评估目标技能的一种有效方法。

　　航线运行模拟计划主要注重两方面的内容——训练和评估。在后面几个小节中,我们将会简要论述航线运行模拟在航空领域的主要使用方法,从而为讨论航线运行模拟开发过程中必须重视的关键特性提供背景。

11.1.2　航线运行模拟的类型

　　在过去,美国联邦航空管理局(FAA)高级资格认证计划(AQP)支持以航线运行模拟为特征的训练和评估计划(Birnbach and Longridge,1993)。其中,面向航线飞行训练(LOFT)和特殊目的操作训练(SPOT)这两个计划是训练的方法,另外一个航线运行评估(LOE)用于评估飞行员对训练目标的掌握情况(FAA,2015a)。虽然每个计划都依据基于模拟训练背后的发展理念,但各个计划的预期目的略有不同。

　　1)航线运行模拟用于训练

　　面向航线飞行训练和特殊目的操作训练这两个方法都旨在提供训练平台,学员可以锻炼技术和机组资源管理技能,不必担心负面后果,尤其是在可接受的安全参数范围内未完成飞行的情况。面向航线飞行训练是一种完全的"门到门"模拟器场景,旨在提供飞行经验,包括模拟飞行前、飞行中和飞行后的所有事件。它可以用于资格认证训练和经常性训练。它包括各项准备工作、文件编制、与空管部门和公司设施管理部门的沟通,以及执行正常飞行的例行程序(Chidester,1993)。面向航线飞行训练被认为是将技术技能和机组资源管理技能结合到训练当中的最有效方式之一(例如,Barshi,2015;Helmreich et al.,1989)。研究表明,将机组资源管理结合到训练中可以产生积极的态度和行为变化

(Helmreich and Foushee，1993）。

特殊目的操作训练旨在实现更加具体的训练目标。虽然在某些情况下，它包含与面向航线飞行训练类似的完整飞行模拟，但特殊目的操作训练更多时候只包含部分航段。它可以让教员能够灵活有效地关注有具体训练需求的方面。在驾驶舱引入新技术时，这种方法特别有用。例如，在驾驶舱内安装一个新的下滑道指示显示器，该技术只在进近和着陆阶段有用。在学员需要纠正某个具体飞行阶段的机组资源管理技能时，也会用到特殊目的操作训练。由于飞行员和教员的时间 通常都很有限，所以提供简短的飞行模拟来解决这些具体方面的问题更加有效。

虽然特殊目的操作训练和面向航线飞行训练是两种类似的训练方法，但两者不可互换（Butler，1993）。除了训练场景的长度和深度有明显区别之外，训练人员的参与度也不相同。在面向航线飞行训练中，教员的职责是在飞行阶段扮演非驾驶舱人员，在整个飞行过程中提供无线通话或客舱机组互动。事实上，美国联邦航空管理局咨询通告 120－35D（FAA，2015a）建议，教员要避免中断面向航线飞行训练场景来提供指导。通过在飞行中保留指导反馈，面向航线飞行训练场景可以通过飞行员的决策和机组协调充分利用飞行员的自我完成能力（Helmreich and Foushee，1993）。相反，特殊目的操作训练更依赖具体训练的目标。在某些情况下，教员可以介入某个场景并提供反馈。

面向航线飞行训练和特殊目的操作训练都能根据训练目标达到有益的训练结果。无论是针对特定的训练目标还是针对整体的飞行能力训练，这些方法都提供了一个平台，把模拟飞行优化到最接近的模拟飞行条件。这些类型的训练通过提供没有危险的完全飞行场景，让机组人员可以在驾驶舱内测试多种技术技能和机组资源管理技能策略。总的来说，这两种方法都依赖于正常和异常飞行条件下的训练场景开发。航线运行模拟除了可以用于训练目的之外，也可作为一种有效的评估工具。在下一节中，我们先简要论述航线运行评估，然后再继续讨论航线运行模拟的总体开发。

2）航线运行模拟用于行为评估

航线运行模拟的一个类似应用是行为评估。航线运行评估用于评估飞行员在整体飞行安全相关目标技能方面的能力。航线运行评估的执行过程与面向航线飞行训练非常类似。在飞行机组开展真实"门到门"模拟的过程中，教员不会打断他们。航线运行评估的不同之处在于，行为观察和评估会影响飞行员的职业晋升。与开发处理特定技能的场景一样，航线运行评估对这些技能的评估也非常重要。出于对航空安全的考虑,人们对不一致的行为衡量标准容忍度很低,因为这些衡量标准会影响飞行员的命运。由于这一原因,必须格外注意确保对飞行机组的评估要一致、公平。

　　3) 总结

　　根据前文所述和美国联邦航空管理局咨询通告 120 - 35D 中的记载(FAA,2015a),航线运行模拟已成为一种标准的航空训练和评估方法。面向航线飞行训练和特殊目的操作训练这两种训练实施方法都非常依赖于场景,不需要在飞机环境中就可以提供非常接近航线的飞行体验。这些训练的目标是在可观察事件集中提供锻炼技术技能和机组资源管理技能的方法。航线运行评估与这两种训练方法类似,是航线运行模拟的评估方法。航线运行评估不是提供实践平台,而是旨在对机组人员在技术技能和机组资源管理技能方面的行为进行评估。由于航线运行评估用来确定学员是否能够安全驾驶飞机,因此制订在不同场景下统一的行为衡量标准至关重要。随着航空公司越来越多地采用高级资格认证计划,因此对航线运行模拟应用类型的需求将会增加。虽然我们概括了航线运行模拟的主要应用,但改进开发过程可以增加航线运行模拟在训练和评估方面的有利应用。在下一节中,我们将会讨论场景开发过程,还会讨论在不借助开发工具的情况下让航线运行模拟开发具有挑战性的多种方法。

11.2　航线运行模拟场景开发

　　航线运行模拟场景开发需要有一个缜密的过程,在开发过程中注重细节对于实现训练或评估目标非常重要。成功的航线运行模拟开发取决于创建能够实现这些训练或评估目标的场景。由于在各个飞行阶段会涉及广泛的技术技能和机组资源管理技能,因此只开发一个可以观察到多种行为的一般场景是不够的。相反,由于场景通常包含从进入驾驶舱到离开驾驶舱的完整飞行阶段,因此只是简单地口述飞行过程中的一些故障并不能保证锻炼到具体的技能。要想确保航线运行模拟有效,就要考虑给定飞行场景中的各种任务、环境变量和可能的相互影响。要想做到这一点,航线运行模拟开发人员需要把整个场景拆分为多个小的组成部分或事件。事件集是场景的小的组成部分,触发事件集中的具体事件会引出目标行为。基于事件的训练方法(EBAT)旨在提供锻炼或评估目标技能集合的机会(Fowlkes et al.,1998)。航线运行模拟开发人员可以利用事件集,创建针对不同飞行阶段多个技能集合的更大场景。

　　航线运行模拟开发过程有多种描述方式。该过程的第一步是明确需要处理的技术技能和机组资源管理技能,并确定能够引起展示这些技能的航空事件。完成上述明确步骤之后,必须将收集到的信息汇集成符合逻辑的事件序列,并由学科专家评估其准确性和有效性。完成这一步并取得所有必需的批准之后,第二步可以编制教员准备文件和航线运行模拟资料。在广泛使用之前,要先对航线运行模拟最终资料进行评估,以确保场景有效并能可靠实现航线运行模拟概述的各项目标。美国联邦航空管理局咨询通告 120 - 35D(FAA,2015a)框定了场景开发过程,包含多个步骤。在本节中,我们把这些步骤分成三种行动类别进行讨论——第一类是明确训练目标,第二类是场景创建,第三类是场景评估。在后面几节中,我们将会进一步论述如何完成各类行动及其相关的挑战。

11.2.1 明确训练目标

航线运行模拟场景开发的第一步是确定训练或评估目标。这一步与任何训练/评估开发过程中的建议类似。从逻辑上讲,在开发任何事件集之前,必须要先确定重要的训练或评估目标。在航空领域,这是一项特别具有挑战性的任务。飞机驾驶是一项非常复杂的工作,不能轻易将各个目标分立出来。机型、飞行阶段、事件、行为、环境条件和组织结构的变化对于航空领域内可能出现的差异类型来说过于简化。因此,无法创建出适用于所有飞行员或所有航空公司的通用场景。每种情况都需要有变化。

需要把事件集真实填充到场景当中,这有助于明确航线运行模拟的目标(Prince et al.,1993)。为了有效地做到这一点,场景设计人员除了要确定引起这些技能行为的驾驶舱事件之外,还要确定航线运行模拟场景所针对的目标技能。

1)明确目标技能

每次飞行都会包含大量复杂的技术、人际关系和环境的相互影响,因此在训练中很难涵盖所有的飞行场景。相反,正如本章前面部分所言,训练依赖于扎实的技能基础,这些技能可以应用于多种情况。为了成功做到这一点,设计人员必须确定能够最好地武装学员,让他们有能力应对不断变化的驾驶舱环境的技术技能和机组资源管理技能。从设计人员的角度来看,明确技术技能是一项相对简单的任务。技术技能是指驾驶飞机所需的具体技能。这些技能包括熟练完成"正常"飞行任务,以及不经常发生的任务,如恶劣天气或飞行计划修改。在机组资源管理出现之前,训练重点一直都是技术技能开发。既然技术技能是根据驾驶舱内需要的技术来确定的,那么训练目标就可以根据完成某项任务所需的程序步骤来确定。技术技能会受到飞机的影响。虽然大部分驾驶操作都依据基本的升阻原理，但不同飞机和航线所使用的系统功能可能所有不同。因此，对飞行员来说，最重要的是要明确最能满足技术要求范围的技术技能范围。

本书其他章节已经证明，机组资源管理训练的使用已成为航空业的一个重要特点。它还成功应用于军事和医疗等领域（Helmreich，2000）。尽管机组资源管理取得了成功，但并没有一种适用于所有情况的通用机组资源管理训练方法。由于这一原因，明确需要开发和观察的具体机组资源管理技能对于它在航空领域的成功应用非常重要。不同于技术技能，机组资源管理技能不是一项可以直接操作的技能。许多技能都可以归类为机组资源管理技能，包括但不限于沟通、计划、领导能力、决策、自信心和适应能力等技能（Salas et al.，2006b）。设计人员应该对每一项机组资源管理技能所包含的内容有更多的了解。也就是说，只是简单地说飞行员应展现出沟通能力并不足以确定一项机组资源管理目标。相反，航线运行模拟设计人员在选择所关注的相应机组资源管理技能时，要考虑每个机组成员的职责。例如，自信心是驾驶舱内一项非常重要的技能。不同机组成员需要进行这项技能观察或训练的程度不同，新聘用的副驾驶可能不愿意一上任就马上提出自己的驾驶意见，这表明是需要训练的重点内容。此外，一个拥有多年机组交流经验的机长，常年担任机长和副驾驶职务，可能不需要那么重视如何展现自信心，但他可能不知道如何接受副驾驶的自信行为。毕竟，如果副驾驶发现了机长忽视的安全威胁，而机长不认可和接受机组人员的自信行为的话，可能会将机组人员和乘客置于不必要的危险境地。通过将这一行为明确为一项训练目标，可以开发一个航线运行模拟来解决飞行员职业生涯不同阶段的重要技能发展。遗憾的是机组资源管理技能的性质决定了设计人员在确定重要的机组资源管理行为时没有一站式参考资源。

2）确定航空事件

航线运行模拟设计人员除了要明确训练或评估的技能目标之外，还要确定与这些技能一致的飞行事件。由于航线运行模拟主要依赖于技术行为和机组资源管理行为观察能力，因此仅仅是创建一个通用飞行场景然后等待行为发生并不是一种有效的方法。相反，需要确定引发各种行为的具体事件，确定与飞机上的技术技能相当的操作，才可以完成这一步。例如，如果飞行路线修正是一项目标技术行为，那么引发这项技能的飞行事件最好设定在某个飞行阶段，因为机组人员在飞行阶段很难做出必要的飞行变动，飞行路线修正最有可能发生在飞行的进近和着陆阶段。遗憾的是用于训练目的的机组资源管理技能目标并不像技术技能那么容易分类。总的来说,机组资源管理相关技能(如领导能力或决策)可能容易确定,但很难与触发驾驶舱内行为的事件进行匹配。自动驾驶失效本身并不会自动引起领导行为。相反,系统故障、意外天气变化或其他事件发生的环境将会影响机组资源管理技能的引发。尽管有时只需要考虑飞行员是否按下了相应的开关,就可以进行技术技能观察,但机组资源管理技能观察要复杂得多。

特别是在过去十年中,许多新出现的安全问题已被纳入航线运行模拟开发目标。这些问题包括可控飞行撞地(CFIT)、飞行中复杂状态预防失控(FAA,2015b)、飞行员注意力管理训练(Stephens et al.,2017)以及减少惊吓和意外对驾驶舱的负面影响(Casner,Geven,and Williams,2013;FAA,2015b;Landman et al.,2017;Rivera et al.,2014)。

3)总结

在场景开发过程中的目标明确阶段,航线运行模拟设计人员必须注意不要年复一年地依赖相同的目标。随着驾驶舱技术的发展,飞行员的任务性质也在发生变化。这意味着执行一次飞行程序然后依赖它来指导今后的场景开发并不能很好地完成明确目标的工作。相反,开发人员必须要掌握航空业的最新发展动态,以此指导场景开发。因此,几年前所开发场景中所关注的航空事件现在可能已经过时,由于这一原因,明确目标是航线运行模拟设计人员应该坚持的一项长期工作。开发人员应强调监督行业变化和当前趋势的重要意义,即由此可以表明需要训练的方面。此外,航空安全项目[如飞行品质监控(FOQA)和航空安全行动计划(FAA,2015a)]提供了具有更强可用性和分析能力的数据,从而为航线运行模拟开发人员提供明确航线运行模拟场景开发所需目标知识和技能的重要信息。

11.2.2 场景创建

明确了目标技能以及相应的航空事件之后,下一步工作是把所有这些目标结合到完整的飞行场景中。场景不仅要测试机组人员的技能,而且要与操作相关并可信(Butler,1993)。以训练目标及其相应的飞行事件为例,设计人员必须要把各个部分组成一个连贯的整体。由于整个飞行过程非常复杂,而且影响飞行过程的具体事件数量庞大,因此场景创建是一个任务艰巨的过程。为了有效创建场景,必须将明确的训练目标和相应事件进一步发展为事件集。然后,再把这些事件集组织到飞行结构中,从而创建一个真实的完整飞行任务。

　　1）事件组合

　　事件是场景设计的基本组成要素，这些事件随后会被整理成事件集。每个事件集包含一个事件触发条件，它针对特定事件启动相应的行动（Johnston，Smith-Jentsch，and Cannon-Bowers，1997）。此外，事件还可以包含干扰因素和支持事件，用于增强事件的真实性，有助于促进具体的技术或机组资源管理行为（FAA，2015a）。

　　事件集可按照每个事件的解决方式分类为简单事件或复杂事件。在简单事件得到解决后，不需要采取进一步行动。许多简单事件都可以参照程序手册进行解决。例如，空中防撞系统警告级告警可以触发避撞机动动作，完成该动作后，不需要采取进一步行动。相反，复杂事件没有明确的解决方案，会对飞行过程产生持续影响。任何飞行系统故障都需要采取非常复杂的纠正行动，例如，驾驶舱内的某个自动化系统故障将促使机组人员必须适应从监视自动化系统状态到手动接管自动化功能的转变。为了获得最真实的场景，整个场景既要包含简单问题又要包含复杂问题。然而，任何一种类型的问题过多都会削弱场景的真实性。因此，设计人员必须在整个飞行过程中找到事件集的适当平衡。

　　设计人员除了要平衡简单事件和复杂事件之外，还要找到程序性和非程序性事件集的适当组合。程序性事件集可以采用特定的解决规定，通常可以参照程序手册进行解决，一般需要采取很少的可观察机组资源管理行为即可纠正。相反，非程序性事件集不能采用现成的纠正程序进行解决。非程序性事件反而要求飞行机组采用基于知识的管理解决方案来解决问题。在许多情况下，非程序性事件将会引发更多的机组资源管理行为。为了有效地解决问题，飞行机组必须要参与解决方案头脑风暴过程，决定最佳行动方案，并执行相应行动。对于非程序性事件，成功与否取决于机组人员能否有效利用技术技能和机组资源管理技能解决独特的飞行问题。

　　2）教员工作负荷

　　在训练中，有一个错误的观念，即认为场景应该逐渐增加工作负荷，直到学员感到负荷过重（FAA，2015a）。然而，实际情况并非如此。相反，场景开发应反映飞行事件的正常进展。在设计场景时，不仅要考虑学员的工作负荷，而且要考虑教员的工作负荷，这两点都非常重要。如果教员跟不上航线运行模拟中的所有活动，那么就无法从反馈和评估中获得收获（Beaubien，Baker，and Salvaggio，2004）。考虑到这一点，场景设计应该确保每个事件集的目标技能都不会超负荷，事件集不过于简短，而且机组人员有许多机会可以展示目标技能。

这不仅可以提高观察的质量,还有助于教员和机组人员保持适当的工作负荷。

3) 小结

虽然不能预测和解释所有可能发生的事件,但对经常和不经常发生的情况提供持续培训是非常重要的。为了有效地做到这一点,必须开发多种事件集和后续场景进行使用。为此,设计人员必须确保包含足够的事件集来满足技能需求,同时保持飞行环境的真实性。假如飞行员认为这种场景不会真实发生,那么训练就会失去价值。因此,设计人员除了要找到适当的训练目标之外,还必须要确保事件的进展从操作、环境和常识的角度来看都是有意义的。

11.2.3 场景评估

航线运行模拟开发的最后也是最重要的阶段是评估阶段。因为提供各种场景对于航线运行模拟项目的成功至关重要,所以从不同场景中获得一致的经验非常重要。场景所产生的一致的结果是提供平等训练机会的关键,在使用航线运行模拟进行行为评估时更加重要(Dismukes,1999)。设计人员必须提出有效的方法来评估场景的难度及其与训练或评估目标的操作相关性(Birnbach and Longridge,1993)。我们的目标不是创建可能会发生失误的非常困难的场景,而是找到可以有效、可靠开展行为评估的可接受的行为范围。

1) 航线运行模拟评估

由于不同的场景可能引起的机组资源管理和技术技能、问题解决难度和工作负荷不同,因此任何场景之间都没有明确的比较方法(Chidester,1993)。最合理的方法似乎是制订一个评级系统,但航线运行模拟包含多个层次的事件和目标。由于评级人员在对小的场景组成部分进行评级时往往会低估整体难度,因此很难提出最准确的行为衡量标准(Jentsch,Abbott,and Bowers,1999)。

航线运行模拟设计人员面临的场景开发挑战是既要确保它们不过于广泛,又要确保它们不过于集中。耶思奇等人(Jentsch et al.,1999)研究了多种对场景进行准确难度评级的方法。他们发现只是把任务组成部分的评级简单相加起来或求取难度评级的平均值并不能得到准确的难度分数。相反,他们发现把任务难度平均到具体阶段并把阶段性评级平均到整体难度评级可以保留难度分数的相对差异。这种方法可以最准确估计整体难度。由于这些难度分数以任务组成部分为基础,评级范围小于以整体航线运行评估为基础的难度评级,这表明必须去掉过于简单或过于困难项目的分数。他们认为这种评估方法很难在狭窄范围的一致经验与事件组合的广泛范围之间找到平衡。

2）行为评估

场景设计人员除了要评估航线运行模拟场景的一致性之外，还要考虑如何在这个过程中对学员进行评估。在任何情况下，航线运行模拟的有效性都取决于能否向学员提供有用的反馈，以及评估能否有效衡量学员的行为。程序性事件的行为评估可以组织成行动检查单的形式，列出成功处理该事件应采取的行动。然而，编制引出机组资源管理行为的非程序性事件的行动检查单却并不是简简单单就能完成的。假如目标行为是沟通，只要机组人员有沟通行为就在对应的方框中打钩是不够的。相反，开发人员必须找到意味着事件成功的具体沟通行为。

3）小结

为了充分发挥航线运行模拟训练和评估的潜力，不仅要对学员行为进行评估，还要对场景进行评估。为便于研究机组人员的行动，尤其是对于表现不明确的机组资源管理技能，应创建事件集。最后，开发人员必须要考虑到评估包含主观的人为因素，因此会有一些随之而来的不足。

11.3　开发工具需求

目前，航线运行模拟开发并非是一个非常完善的过程。航空业在很大程度上受到资金和时间成本的影响。这给航线运行模拟开发带来了一些挑战。上述从概念到实施的开发过程漫长而又复杂，而且只是为了开发一种场景。在不借助开发辅助工具的情况下，为了满足行业需求，成本可能会开始飙升。为了有效，航线运行模拟项目必须包含多个场景。否则，如果在航线运行模拟中只使用少数几种场景可能会限制训练内容的范围。在评估中，如果只使用少数几种场景，学员可能会在评估之前知晓评估内容，这会严重影响到行为衡量的有效性。为了避免上述问题，创建一个庞大的情境场景集并从中选择所需的场景非常重要。为了生成一个更有效的场景开发流程，已经开发出多种工具来满足各种重要的需求。在这一节中，我们将会介绍各个开发阶段可以使用的工具。

11.3.1　安全报告数据库

为了有效地确定目标，航线运行模拟设计人员需要充分了解飞行中会用到的各类技能以及这些技能适用的飞行阶段和适用程度。

此外，设计人员还需要了解新的驾驶舱仪表、飞机的整体改进和组织变化，从而确保他们确定的目标与当前需求一致。在确定训练目标时，航线运行模拟设计人员应考虑飞行手册中经常被误解的内容、最近报告的飞行事件以及观察到需要特别注意的行为不当的方面。尽管培训人员对于在培训和实践中所观察问题的直接观察结果可以帮助指导这一步的设计,但这种目标确定方法本身可能会不必要地缩小训练目标的范围。如果一家航空公司的一名飞行员在起飞后忘记收起起落架,尽管航线运行模拟开发人员观察到了这一结果,但根据这一个例把起落架程序训练扩大到所有机组人员是不切实际的。为了更全面地了解正在发生的问题,可以借助其他一些安全报告工具更彻底地了解这一过程。

安全报告系统是提取当前飞行事故趋势数据的绝佳资源,特别是如果它们属于一个更大的系统,能够收集和分析飞行品质监控数据、航线检查观察结果、航线运行安全审计(LOSA)数据和维修反馈等。航空安全报告系统(ASRS)和航空安全行动计划(ASAP)等行业赞助的项目提供安全报告程序,飞行机组成员可以自愿报告他们遇到的安全问题。参与度是促进这些项目成功的关键因素,因此应明白这一方法不能捕捉到所有发生的事件是非常重要地。安全报告系统的确比培训部门具体人员的观察结果所反映的航空问题更加广泛。美国国家运输安全委员会事故报告数据库和航空公司内部数据库等其他信息来源也有助于确定行业趋势。

安全报告工具可以为航线运行模拟设计过程中的目标确定阶段提供信息,但要注意它们并不是自动化工具。也就是说安全报告系统是可用于评估当前趋势的信息数据库,但目前还没有工具可以实时更新所发生问题的信息。仍然必须以批判性眼光来看待这些信息的可用性,从而确定数据中的相关和无关趋势。

11.3.2　快速重组航线运行模拟

如前几节所述,即使在将各个组成部分组合在一起之后,开发人员构建场景的过程仍然是一项不小的任务。开发人员必须在事件真实性与客观目标之间寻找平衡,并为航线运行模拟课程准备有用的支持材料。如果每个场景在实施前除了要经历批准过程,还要经历这一过程,那么航空公司的培训部门可能会面临巨大的时间压力。

创建航线运行模拟场景的成本和难度始终是制约航空公司所能使用场景数量的一个因素。其他制约因素包括教员工作负荷以及飞行训练设备(FTD)和全飞行模拟器(FFS)的可用性和通用性。因此,场景通常每年更改一次,尤其是航线运行评估中的评估场景,飞行员很快就知道了场景的内容。这未必是坏事,因为飞行员针对某个场景所做的准备工作是训练的重要组成部分。这就是说,场景中适当包含一定的惊吓和意外也非常重要(Casner et al.,2013;FAA,

2015b；Rivera et al.，2014）。因此，最好是减少创建大量航线运行模拟场景所需的总成本和时间。

快速重组航线运行模拟（RRLOS，又名 RRLOE）试图满足这一需求，快速重组航线运行模拟是一个随意分配程序，旨在自动化事件集配对流程，以提供快速、有效的航线运行模拟场景（Bowers et al.，1997；Jentsch et al.，2001）。快速重组航线运行模拟会从现有事件集数据库中生成完整或部分飞行过程的航线运行模拟场景（即面向航线飞行训练、特殊目的操作训练）。它的理念是如果单独的事件集取得了美国联邦航空管理局（或其他国际管理机构）的批准，那么就可以把这些事件组合起来形成一整套预批准航线运行模拟飞行场景（Hitt et al.，2000）。为此，快速重组航线运行模拟利用算法计算，提供真实有用的事件集组合。快速重组航线运行模拟创建了一个容易感知机型变化、天气模式和一般飞行特征的程序，目的是避免产生随机但不真实的场景。快速重组航线运行模拟生成了各个阶段的真实飞行事件日志，可以与教员一系列的脚本化的飞行前文件、空管飞行许可和评估表联系起来（Prince and Jentsch，2001）。

快速重组航线运行模拟是一个强大的工具，具有潜在的灵活性，可以生成随机场景，或指定确切的事件集。此外，快速重组航线运行模拟可以利用前文所述的类似难度评级系统来帮助开发难度相同但事件类型不同的场景。该方法旨在让航线运行评估开发人员更轻松维持航线运行模拟课程的一致性，同时避免只有一种可用场景可能会发生的信息泄露风险。

虽然快速重组航线运行模拟是缩短开发单独航线运行模拟场景所需时间的有效工具，但该程序的灵活性和复杂性也是它得到广泛应用的一大障碍。许多航空公司经过评估之后部分采用了快速重组航线运行模拟，但特别是在 2008—2012 年的经济大萧条期间和之后，多家航空公司认为负担不起全套引入、实施和更新快速重组航线运行模拟的前期时间和精力投入。由于快速重组航线运行模拟只有不断更新才能应对航空训练领域出现的新挑战，所以许多组织最终放弃使用，每年继续使用相对较少的航线运行模拟场景。然而，我们发现，快速重组航线运行模拟开发相关研究得到的多项原理和发现已在航空公司中间得到了广泛应用，包括减少事件集和整体场景难度评估中的分级（有助于降低可预见性）以及重视目标明确、天气模式和无线电通信真实性的重要意义。

11.4　结论

本章的目的是简要论述航空训练和行为评估的航线运行模拟开发过程。目前的研究发现,基于航线运行模拟的方法(即面向航线飞行训练、特殊目的操作训练和航线运行评估)可以有效替代实地飞行任务训练和评估。遗憾的是这些方法目前的开发过程成本高昂而且耗时。因此,培训部门为了节省资金可能会被迫接受创建少量场景。由于基于航线运行模拟计划的持续有效性取决于为学员提供各种不同的相关经验,如果培训部门被迫减少可用航线运行模拟场景的数量,他们就无法提供充分多样化的训练或评估计划。因此,利用当前的开发工具以及开发更多的工具对于充分实现航线运行模拟方法的优势非常重要。

如果认为本章开头所列的事故仅仅是因为训练设计不到位造成的,并不准确。导致事故发生的因素不计其数,无法确定事故的原因就是缺乏训练(BEA,2012)。这些例子说明,尽管训练方法有所改进,但在飞行员职业生涯的任何阶段都可能发生差错,改进开发过程的方法只能是有利于飞行员、航空公司和公众安全。

考虑到目前航空业格局的戏剧性重组,对于未来一代的行业支持项目,高效训练的需求正变得越来越重要。航线运行模拟提供了一种有效的方法,尽管开发过程可能会耗费大量的时间和资源。即便如此,就目前持续存在的一些安全相关问题,如惊吓和意外以及复杂状态预防等,建议使用航线运行模拟对飞行员开展相关训练。

参考文献

Arthur, W., Bennett, W., Stanush, P. L., & McNelly, T. L. (1998). Factors that influence skill decay and retention: A quantitative review and analysis. *Human Performance*, 11(1), 57–101.

Barshi, I. (2015). From Healy's training principles to training specifications: The case of the comprehensive LOFT. *American Journal of Psychology*, *128*(2), 219–227.

Beaubien, J. M., Baker, D. P., & Salvaggio, A. N. (2004). Improving the construct validity of line operational simulation ratings: Lessons learned from the assessment center. *The International Journal of Aviation Psychology*, 14(1), 1–17.

Birnbach, R., & Longridge, T. (1993). The regulatory perspective. In E. Wiener, B. Kanki, & R. Helmreich (Eds.), *Cockpit resource management*. (pp. 263–282). San Diego, CA: Academic Press.

Bowers, C., Jentsch, F., Baker, D., Prince, C., & Salas, E. (1997). Rapidly reconfigurable event-set based line operational evaluation scenarios. In *Proceeding of the human factors and ergonomics society 41st annual meeting* (pp. 912–915). Albuquerque, NM.

Bureau d'Enquêtes et d'Analyses [BEA]. (2012). *Pour la Sécurité de l'Aviation Civile. Final report on the accident on 1st June 2009 to the Airbus A330 - 203 registered F-GZCP operated by Air France, flight AF 447 Rio de Janeiro — Paris.* Paris: BEA.

Butler, R. (1993). LOFT: Full-mission simulation as crew resource management training. In E. Wiener, B. Kanki, & R. Helmreich (Eds.), *Cockpit resource management.* (pp. 231 - 263). San Diego, CA: Academic Press.

Casner, S. M., Geven, R. W., & Williams, K. T. (2013). *The effectiveness of airline pilot training for abnormal events, Human Factors* (55, pp. 477 - 485).

Chidester, T. (1993). Critical issues for CRM. In E. Weiner, B. Kanki, & R. Helmreich (Eds.), *Cockpit resource management* (pp. 315 - 336). San Diego, CA: Academic Press.

Childs, J. M., & Spears, W. D. (1986). Flight-skill decay and recurrent training. *Perceptual Motor Skills*, 62(1), 235 - 242.

Dismukes, R., Berman, B., & Loukopoulos, L. (2007). *The limits of expertise: Rethinking pilot error and the causes of airline accidents.* Burlington, VT: Ashgate.

Dismukes, R. K. (1999). Discussion: Issues in evaluating crew performance in line oriented evaluation. In *Proceedings for the 10th International Symposium on Aviation Psychology* (pp. 329 - 331). Columbus, OH.

FAA. (2015a). *Line operational simulations: Line oriented, flight training, special purpose operational training, line operational evaluation.* (AC120 - 35D). US Department of Transportation: Federal Aviation Administration: Author.

FAA. (2015b). *Upset Prevention and Recovery Training.* (AC120 - 111). US Department of Transportation: Federal Aviation Administration: Author.

Fowlkes, J., Dwyer, D., Oser, R., & Salas, E. (1998). Event-based approach to training. *International Journal of Aviation Psychology*, 8(3), 209 - 221.

Helmreich, R., & Foushee, H. (1993). Why crew resource management? In E. Wiener, B. Kanki, & R. Helmreich (Eds.), *Cockpit resource management.* (pp. 1 - 45). San Diego, CA: Academic Press.

Helmreich, R., Wilhelm, J., Kello, J., Taggart, W., & Butler, R. (1991). *Reinforcing and evaluating crew resource management: Evaluator/LOS instructor reference manual.* Austin: University of Texas.

Helmreich, R. L. (2000). On error management: Lessons from aviation. *British Medical Journal*, 320, 781 - 785.

Hitt, J. M., Jentsch, F., Bowers, C. A., Salas, E., & Edens, E. S. (2000). Scenario-based training for autoflight skills. In *Paper presented at the Australian Aviation Psychology Association Conference*, Sydney, Australia.

Jensen, R. (1989). *Aeronautical decision making — Cockpit resource management.* Washington, DC: Federal Aviation Administration.

Jentsch, F., Abbott, D., & Bowers, C. (1999). Do three easy tasks make one difficult one? Studying the perceived difficulty of simuation scenarios. In *Proceedings of the tenth international symposium on aviation psychology.* The Ohio State University,

Columbus, OH.

Jentsch, F. , Bowers, C. , Berry, D. , Dougherty, W. , & Hitt, J. M. (2001). Generating line-oriented flight simulation scenarios with the RRLOE computerized tool set. In *Proceedings for the 45th annual meeting of the human factors and ergonomics society*. Minneapolis, MN, p. 749.

Johnston, J. , Smith-Jentsch, K. , & Cannon-Bowers, J. (1997). Performance measurement tools for enhancing team decision-making training. In M. Brannick, E. Salas, & C. Prince (Eds.), *Team performance assessment and measurement*. (pp. 311 – 330). Mahwah, NJ: Lawrence Erlbaum Associates.

Klein, G. (2008). Naturalistic decision making. *Human Factors*, 50(3), 456 – 460.

Landman, A. , Groen, E. L. , van Paassen, M. M. , Bronkhorst, A. W. , & Mulder, M. (2017). Dealing with unexpected events on the flight deck: A conceptual model of startle and surprise. *Human Factors*, 59(8),1161 – 1172. Available from https://doi. org/10. 1177/0018720817723428.

Prince, C. , & Jentsch, F. (2001). Aviation crew resource management training with low-fidelity devices. In E. Salas, C. Bowers, & E. Edens (Eds.), *Improving teamwork in organizations*. (pp. 147 – 164). Mahwah, NJ: Lawrence Erlbaum Associates.

Prince, C. , Oser, R. , Salas, E. , & Woodruff, W. (1993). Increasing hits and reducing misses in CRM/LOS scenarios: Guidelines for simulator scenario development. *International Journal of Aviation Psychology*, 3(1), 69 – 82.

Rivera, J. , Talone, A. B. , Boesser, C. T. , Jentsch, F. , & Yeh, M. (2014). *Startle and surprise on the flight deck similarities, differences, and prevalence. Proceedings of the Human Factors and Ergonomics Society 58th Annual Meeting* (pp. 1047 – 1051). Santa Monica, CA: Human Factors and ErgonomicsSociety.

Salas, E. , Priest, H. , Wilson, K. , & Burke, C. (2006a). Scenario-based training: Improving military mission performance and adaptability. In T. Britt, A. Adler, & C. Castro (Eds.), *Military life: The psychology of serving in peace and combat*. (Vol. 2, pp. 32 – 53). Westport: Praeger.

Salas, E. , Wilson, K. , Burke, C. S. , Wightman, D. C. , & Howse, W. R. (2006b). A checklist for crew resource management training. *Ergonomics in Design: The Quarterly of Human Factors Applications*, 14(2), 6 – 15.

Salas, E. , Wilson, K. L. , King, H. , Augenstein, J. , Robinson, D. , & Birnbach, D. (2008). Simulation-based training for patient safety: 10 principles that matter. *Patient Safety*, 4(1), 3 – 8.

Stephens, C. , Harrivel, A. , Prinzel, L. , Comstock, R. , Abraham, N. , Pope, A. & Kiggins, D. (2017). Crew state monitoring and line-oriented flight training for attention monitoring. In *Proceedings of the international symposium on aviation psychology (ISAP 2017)*. Dayton, OH.

12 机组资源管理与航线运行安全审计

布鲁斯·A. 特斯默（Bruce A. Tesmer）

美国，得克萨斯州，休斯敦市，美国大陆航空公司

本章开头单起一节概述了机组资源管理（CRM），然后给出了"公司运行计划"一词的定义，即飞行机组每次安全飞行所执行的计划。当飞行机组利用机组资源管理技能执行飞行计划时，目的是实现安全运行。航线运行安全审计（LOSA）观察所做的事情，就是根据飞行机组在飞行期间的行为衡量与安全裕度的差异。本章的目的是让读者真正了解机组资源管理和航线运行安全审计：如何把这两个计划结合起来，支持航空业的安全目标。

12.1 机组资源管理简介

机组资源管理涵盖了各类广泛的知识、技能和能力，包括沟通、团队合作、情景意识（SA）、决策和领导能力。机组资源管理是对包括硬件、软件和人件在内的所有资源的管理，目的是最大限度提高飞行运营中的安全性和效率。

12.2 公司的运行计划

美国的商业航空公司计划让他们的每次飞行都符合美国联邦航空管理局（FAA）批准的运行规范。这可以确保飞行计划达到最低安全水平要求。然后，航空公司根据风险评估结果和风险降低措施增加一些任务、决策辅助、政策、过程和其他要求，以提高各项飞行计划的安全性。增加这些要求的目的是考虑所有已知的系统威胁（天气、机场条件、空中交通管制延误等），并防止这些威胁影响到每次飞行的安全性。最好的运行计划是要让飞行机组在开始执行计划之前就已经清楚并考虑到所有威胁。

12.3 航线运行安全审计的定义

航线运行安全审计是一项安全数据收集计划,主要收集一线员工(飞行机组)在正常运行期间的行为数据。它的目的是确定系统安全问题,而不是确定个别飞行员或机组人员是否安全。它可以用来判断航空公司一线正常运营安全水平的相对健康状况。

12.4 航线运行安全审计

12.4.1 航线运行安全审计的发展历史

航空业和航空研究领域发展航线运行安全审计的初衷是在正常飞行运行中找到更好的安全数据来源。在航线运行安全审计之前使用的标准安全数据来自事件调查以及个别航空公司要求的飞行机组事故/事件报告。商业航空很少发生事故,但一旦发生往往都是没有幸存者的灾难性事故,使得事故后的调查非常困难。航空公司要求的事件报告系统可能会将飞行员置于危险境地,过去很少有人报告。最好是在事故发生之前,找到评估飞行机组的常规运行行为的方法,以认识商业航空事故的前兆。

在 20 世纪 80 年代早期,罗伯特·L. 海姆里奇教授牵头德州大学人为因素研究项目(UTHF),开始正常飞行运行监视。该项目的观察结果有助于评估飞行机组在进行正常飞行期间的机组资源管理行为、技能和态度(Klinect et al.,2003)。

为确保飞行机组放松自如,观察员低调行事,通过签署同意书让飞行员知道,所有数据都会去除个人身份信息,直接发送给德州大学人为因素研究项目的研究人员,数据不会给飞行机组带来任何危险。

1995 年,大陆航空公司扩大了他们的安全部门,并了解到海姆里奇教授所开展的正常运行监视工作,于是开始考虑制订一个正常运行安全审计计划。大陆航空公司希望这个计划能够收集有关技术问题和机组资源管理的安全数据。1996 年 2 月,大陆航空公司安全部门与海姆里奇教授召开了一次会议。在这次会议的前一天,大陆航空公司在休斯敦洲际机场经历了一起起落架未放下着陆事故(NTSB,1996)。

虽然未造成人员伤亡,所有人都从地面安全离开了飞机,但问题是一个合格的飞行机组在晴朗天气以及空中交通量很低的情况下,在状态完全良好的飞机着陆时怎么会不放下起落架呢？在美国国家运输安全委员会事故报告给出答案之前，大陆航空公司与德州大学人为因素研究项目达成了一项正常运行审核计划。该计划得到了美国联邦航空管理局的好评，获得了美国联邦航空管理局批准的德州大学人为因素研究项目研究资助资金。

该计划使用德州大学人为因素研究项目的正常运行监控方法，该方法此前已在达美航空公司和其他航空公司的机组资源管理重点计划中得到了有效应用，但现在扩大了数据收集范围，还包含机组人员执行飞行计划时的飞行机组行为，以及机组人员在标准操作程序（SOP）中所犯的任何错误，特别是在飞行环境变得更加困难的情况下。

大陆航空公司 1996 年的审核计划由大陆航空公司的 30 名教员机长和德州大学人为因素研究项目的 5 名研究人员担任观察员。审核工作在 3 个月的时间内收集了航空公司整个航线结构上所有机队各类机型的数据。共观察了 836 个航段。这些数据的输入、整理和组织花了 7 个月的时间。数据分析又花了 3 个月的时间，得到的结果非常发人深省。

数据和分析呈现出了好的、差的和糟糕的航班状态。好的航班是指即使在恶劣的操作环境下，机组人员的表现也很出色。在优秀的机组中，飞行员也会犯错，但机组人员能够发现飞行员的错误，并且能够减轻错误的后果。当环境变得恶劣时，他们也会积极应对挑战，优秀的机组会积极处理各类系统威胁。

差的航班经常会出现差错，而且差错频次会随着环境的恶化而增加。在这些航班上，飞行机组并未发现所有的错误。一些错误可能会导致负面事件，只是一些外部系统威胁消失（天气晴朗、空中交通管制提供了一条不太困难的路线、飞机上有富余的燃油等）而缓解。

在糟糕的航班上，机组人员不遵守程序，自己制订政策，无视规章制度，甚至有一些人员起誓他们有更好的方法可以完成计划。这些航班的运行标准都不低于最低安全标准，但航班的机组人员没有利用标准操作程序和良好的机组资源管理所带来的附加安全性。数据突出反映了一个重大的安全问题，就是故意不遵守规定。

大陆航空公司 1996 年的审核促使世界各地的其他航空公司与德州大学人为因素研究项目合作开展类似的审核，并促进了正常运行监视过程的科学发展。大陆航空公司是首个与德州大学人为因素研究项目合作开展再次审核的合作伙伴，分别于 1997 年、1998 年和 1999 年完成了部分系统集中审核。这些合作为威胁与差错管理（TEM）的数据和分析结构奠定了基础，将在后文做出讨论。

制订了威胁与差错管理数据的分类标准之后,德州大学人为因素研究项目的正常运行监视审计更名为"航线运行安全审计(LOSA)"。2000 年,大陆航空公司开展了首次航线运行安全审计。在这次审核项目之后,美国联邦航空管理局就不再资助个别航空公司开展航线运行安全审计项目了,只资助有关数据和分析的研究。

之后,航线运行安全审计项目必须由航空公司自己提供资金。随着航线运行安全审计项目的持续发展,需要有一个单独的实体来管理项目以及不断增长的档案数据库。于是,航线运行安全审计协作组织(TLC)应运而生,由詹姆斯·克林科特博士担任总裁。在 1996 年最早开始大陆航空公司的项目时,克林科特博士就是海姆里奇博士指导的博士研究生,根据数据,他第一个提出了威胁与差错管理结构。

通过德州大学与 TLC 之间的协议,可以确保美国联邦航空管理局资助研究所开发的正常运行监视计划和数据收集表的开放性。因此,航空公司得以制订自己的正常飞行运行监视计划,一些航空公司已经制订自己的计划。有 8 次正常飞行运行监视审核(不到 4 000 次观察)使用了美国联邦航空管理局研究基金资助的表格进行数据收集。个别航空公司自己出资制订的数据收集表及其收集的数据属于这些航空公司的自有财产。

2005 年,航线运行安全审计被认定为美国联邦航空管理局自愿安全计划,并在 2006 年 4 月 27 日发布了 FAA LOSA 咨询通告(AC 120 - 90)。自 2006 年 11 月起,威胁与差错管理以及航线运行安全审计概念被添加到了《国际民用航空公约》(芝加哥公约)的若干附件中。在附件 1(人员执照)中,威胁与差错管理目前已经作为所有飞行员和空管员获得执照的一项要求(标准)。对附件 6 进行了修改,要求所有初始和经常性飞行机组训练都采用威胁与差错管理。在附件 14(机场)中,新的安全管理体系标准强调将航线运行安全审计作为正常运行监视的建议做法(www. icao. int)。

到目前为止,航线运行安全审计档案数据库包含来自世界各地 35 个航空公司 50 次审核 10 000 个航段的观察数据。航线运行安全审计数据已用于识别诸多问题,从检查单使用错误和着陆方法不稳定到操作程序设计不合理以及检查单/简令指南/喊话过时。航线运行安全审计还突出反映了机组资源管理行为/技能和特征在所有飞行阶段的良好/无效使用。

航线运行安全审计数据以威胁与差错管理的形式体现了运行理念、政策和程序的重大变化。这些数据利用威胁与差错管理对策、机组资源管理特征和工具将人为因素与完成特定任务紧密结合起来,消除了威胁和差错的后果,从而产生了一个新的训练重点。

航线运行安全审计的发展历史也表明,新的重点要放在安全变化过程和安全管理体系上,组织各个级别的所有人员都要共同努力来减少飞行机组运行环境中的困难(Helmreich,2002)。

12.4.2　航线运行安全审计过程

航空公司开展航线运行安全审计的初衷是在正常的日常运行过程中获取机组人员执行飞行计划的行为数据。必须要副总裁或更高级别的管理人员具有这一愿望,才能让这个项目站稳脚跟。航线运行安全审计如果没有取得副总裁及更高级别人员的支持,项目通常会在责任落实、资金获取或控制权争夺方面存在很大的阻力。控制权争夺可能存在于飞行运行、飞行标准、培训和飞行安全部门之间,因担心任何负面的安全数据都会对组织的任何领域产生不良影响。

恐惧和焦虑的区别在于是否做好充分的准备。随着航空公司做好开展第一次航线运行安全审计的准备并且开始认识到航线运行安全审计观察得到的正面数据和负面数据一样多,他们对负面数据的恐惧变成了对有效数据的焦虑。

由于需要预先计划,因此需要成立航线运行安全审计监督委员会,并确定航线运行安全审计管理人。监督委员会应确定航线运行安全审计规模,即按飞机机队类型、机组人员数量、地理区域或其他比较要素需要,比较多少数据集。该委员会还应负责选择观察员以及他们的日程安排和报酬方式。在选择过程中,会从公司和飞行员工会提供的名单中选择同时获得公司和工会推荐的人选担任观察员。监督委员会与工会之间的协调类似于监督委员会所有其他成员之间的部门协调。委员会主席通常来自发起部门。航线运行安全审计管理人在完成预先观察要求时,要重点观察委员会的决策和任务分配。航线运行安全审计管理人是航线运行安全审计项目期间的联系人,需要配合 TLC 的工作。

开始观察之前的最后一项要求是观察员培训和评定,这两项工作均由 TLC 完成。最重要的培训要求是确保观察员可以写出完整的叙述,叙述内容要记述机组人员执行运行计划(飞行计划)的行为以及他们如何处理外部系统威胁和内部产生的机组人员差错。

依据观察员如何记述机组人员在确定系统威胁和内部机组差错方面的行为,机组人员在发现威胁和差错后采取的应对措施,以及威胁和差错的结果这三项标准对观察员做出评定。在观察员完成前几次观察后,仍然可以使用这些标准对观察员进行重新评定。观察员在完成培训和评定后,立即安排他们开始航线观察。

根据要进行数据比较的航段数量以及安排的观察员人数确定观察员进行航线观察的时间。观察时间通常会持续 1 到 4 个月。在收到第一个数据后,即可开始数据验证过程。航空公司查看数据并认证数据准确后,验证过程完成。航空公司的数据认证通常由飞行运行和飞行标准成员完成。

数据认证完成后,即可开始数据分析。数据分析可以利用德州大学人为因素研究项目 2001 年开发的威胁与差错管理结构完成。TLC 负责保管航线运行安全审计档案数据库,航空公司用这些数据库中的数据与自己的数据分析结果进行对比。目前,该档案数据库包含 10 000 多个航段的观察数据。

除了威胁与差错管理结构的观察数据之外,航线运行安全审计还包括机组人员的安全问题访谈数据以及/或者关于飞行员对组织和安全文化以及资源管理态度的调查数据。所有这些数据和分析结果都可以用来按照判断,揭示目前存在的机组人员行为安全性问题。航线运行安全审计可以快速反映运行安全问题。

12.4.3 利用海量航线运行安全审计数据来合成威胁与差错管理框架

1996 年,大陆航空公司的航线审计共包含 836 次飞行观察,使用了德州大学人为因素研究项目开发的数据收集工具航线/航线运行模拟检查表,按飞行阶段对机组资源管理行为进行了有效分析(Helmreich,1995)。所收集的数据描述了机组人员在完成航班运行计划规定任务时的行为有效性。航线/航线运行模拟检查表增加了大陆航空公司飞行标准和培训部门编制的数据收集表,收集了机组人员操作行为等技术任务相关的差错数据(起飞迎角和速度、爬升剖面、横向、纵向和速度保持、巡航高度选择、下降准确性、进场和达到稳定进近的进近操作,以及在着陆区的着陆精准度)。还收集了关于检查单完成情况、简令全面性、规定高度喊话以及超出限制的数据。

收集所有这些信息的结果是引发了数据海啸。审计分析了航线/航线运行模拟数据以及公司技术数据。机组资源管理行为数据分析结果表明了飞行机组表现良好的方面,确定了可能或的确影响飞行的问题,以及机组人员如何通过有效的团队合作将困难降低到正常水平。分析结果还表明了系统环境中哪些方面难度的增加会导致错误增加,影响飞行中需要完成的技术任务。在分析过程中,捕捉到了飞行机组的所有差错。

研究发现,有数据表明机组资源管理行为出色的机组人员表现优于机组资源管理行为逊色的机组人员,尤其是在系统环境难度增大时。在艰难环境中,出色的机组人员会越来越好,而逊色的机组人员则会越来越糟。为改正这一发现所反映的问题,重点是开发可以帮助机组人员确定系统环境会在什么时候变成"非正常"状态,以及如何让它恢复到正常状态的工具。

直到开始对飞行机组进行差错管理培训,才提出了"没有所谓正常环境"的概念。如今,大多数人都乘坐过商业航班。我们遇到过准点、平稳、天气良好的航班,一下飞机就可以去行李领取台领取我们托运的行李和宠物,遇到过因为飞机需要维修、大雪天气必须要先除冰等原因晚点的航班,遇到过颠簸得连空乘人员都站不起来的航班,遇到过因为空中交通繁忙必须在目的地上空等待的航班,也遇到过改航到备降机场的航班,虽然平稳着陆,但飞机要等 3 个小时获得空管放行许可之后才能返回目的地。

那么,哪种情况算是"正常"航班呢?答案是没有所谓的正常航班。有些航班在飞行过程中会遇到或多或少的威胁,有些航班在飞行过程中会出现或多或少的机组人员失误,但没有所谓的正常航班!因此,飞行机组不能只接受飞行任务,认为航班状况完全是碰运气。他们必须在整个飞行过程中利用自己的判断力找出威胁并避免自身出现差错,从而把这些威胁与差错管理在一个安全限度内,不让这些威胁与差错发展成非期望状态。

大陆航空公司 1997 年、1998 年和 1999 年的审计数据集和一些外国审计的数据集清楚地表明可以通过机组人员经历的威胁和差错数量以及他们如何管理这些威胁和差错来确定机组人员的表现。从图 12.1(德州大学人为因素研究项目的威胁与差错管理框架)中可以看出事故前兆的结构以及前兆相互之间及其与事故之间的关系。特别注意导致非期望状态形成的威胁和差错,非期望状态是指飞机发生位置错误、速度错误或配置错误的一种状态。具体的例子包括起飞航向设定错误、下降期间高度设定错误、降落时起落架未放下、起飞时未进行襟翼设置或最后进近阶段速度设定错误,类似的例子不胜枚举。要避免非期望状态,因为它们是事故发生前的最后状态。

每一起事故都有一个非期望前兆状态,然而,并非所有的非期望状态都会导致事故。图 12.1 中的图表结构表明了威胁是如何引发差错以及人为差错是如何在没有差错的情况下发生的,但必须在威胁和差错发展成非期望状态或非期望状态发展成事故之前对它们进行管理。非期望状态很难识别,而且在发展成事故之前存在时间很短。

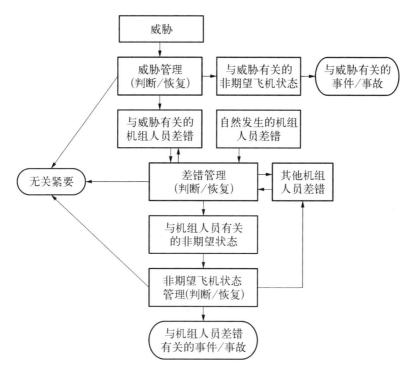

图 12.1　德州大学人为因素研究项目的威胁与差错管理框架

注：该结构是在整理航线运行安全审计经验观察数据的基础上编制形成的。

　　提供数据集的前几次审计情况，可以从经验数据中得到威胁与差错管理框架。航线运行安全审计的使用引起了人们对应用机组资源管理的关注。在开发威胁与差错管理培训的同时，我们把对策作为处理威胁和差错的一种积极干预措施进行了研究。我们考虑了多种机组资源管理行为，但威胁与差错管理的基本对策是通过确定飞行机组在处理自动化系统问题时所犯的差错得到的。

　　自动化系统可以让机组人员更加精准、轻松地进行长时间的计算工作。然而，尽管飞行管理计算机（FMC）的功能强大，但它缺少一个非常重要的功能——它不知道飞行机组的意图！正因为如此，飞行管理计算机被认为是飞行机组当中最笨的机组成员。针对飞行管理计算机的连接和使用所开发的对策非常简单。首先，在要求飞行管理计算机完成某项任务时，向另一名飞行员表述你希望自动化系统执行的具体任务。然后让另一名飞行员验证问题是否正确。验证完成后，可以启用"执行"功能。然后，可以利用最后一项"监视"对策来确保完成期望的意图。

最简单的威胁与差错管理对策是表述、验证和监视（VVM），本来是为了配合最笨的飞行机组成员一起使用开发的，却碰巧与更聪明的机组成员（人）配合得恰到好处。我们通过表述，开始构建机组资源管理的沟通属性。向相关飞行机组成员或外部机构表述关注的具体信息至关重要，这是构建机组资源管理第二个属性（协调/团队合作）的基础。表述传递的信息更新了机组成员所掌握的信息，以确保他们的个人心智模型与共享心智模型相同，并且确保共享模型与现实情况相同。这决定了情景意识是机组资源管理的第三个属性，如果飞行机组想要做出正确和安全的决策，就必须具备情景意识属性。为确保航线运行的安全性，正确决策是机组资源管理的第四个属性，也是安全目标（见图 12.2 机组资源管理各项属性的威胁与差错管理层次）。较高层次的机组资源管理行为包括领导能力、建模、指导和其他行为，旨在提高表述、验证和监视技能，促进机组人员的学习。

图 12.2　机组资源管理各项属性的威胁与差错管理层次，以及构建安全决策的威胁与差错管理对策

最后一组对策包含将人为因素知识和行为与具体技术任务完成相结合所使用的工具。这些工具包括简令、喊话、底线、检查单、标准矩阵和标准操作程序等。如果要传达计划，可以使用简令；如果要验证是否接近爬升或下降高度，可以使用喊话；如果要确保在起飞前完成所有规定任务，可以设计一个检查单。工具与机组资源管理技能或任务完成的技术技能一样重要。使用工具可以降低一线员工工作环境的难度，从而提高机组人员避免和管理事故前兆的能力。整个组织都想减少工作环境中的困难，因为一线工作是最重要的。

12.5　飞行机组的行为和程序偏离

航线运行安全审计观察得到的机组资源管理和威胁与差错管理数据以及机组人员访谈和调查数据表明，机组人员的行为出现负偏移会影响他们遵守公司的指南、政策和程序。偏离既与现时事件之间的时间有关，也与训练和检查事件之间的时间有关。相关事件的经历和培训事件越近，机组人员的行为越接近标准。

飞行机组的行为似乎会随着时间的变化出现远离标准操作程序（偏离）的情

况,有以下三种形式——第一种形式是会出现无意识偏离,偏离程度通常很小。在飞行机组出现无意识偏离时,他们会发现偏离,并且会立即自行纠正。第二种形式的偏离是跟随"大流"而非标准程序。这就相当于当其他人都在超速时,你为了跟上前面的车辆而以超过限速标志的速度行驶。对于因为跟随大流而造成的偏离,纠正措施是在培训时说明为何要在那里设置限速,并且锻炼遵守限速的行为。因为相关人员想要遵守标准,所以培训可以纠正这种形式的偏离。第三种形式的偏离是故意不遵守。这种偏离是最糟糕的,也是最隐蔽的。

故意不遵守是一种不计后果的行为。做出这种行为的人会认为,指南、政策和程序是给最差的人制订的,而不是给我这样具备专业技能的人定的。"我有更好、更快、更顺畅的工作方法""我喜欢我们在 XYZ 中使用的方法,所以我用了那个方法""我比这些写程序的人有经验,我知道得最清楚。"

故意不遵守是任何人都不能容忍的行为,尤其是其他机组成员。在一种公正的文化中,需要有适当的惩罚措施来处理故意不遵守的行为。在使用惩罚措施之前,只需要回答一个问题,那就是指南、政策或程序是否合理?当经常发生故意不遵守的情况时,往往会出现一种不真实、难以遵守程序的假象,整个运行都显得过于程序化,未在合理、安全的范围内给予机组人员充分的灵活性。航线运行安全审计观察到了以上三种形式的偏离,机组人员访谈更加清晰地呈现了这些偏离。

航线运行安全审计档案数据库呈现了一些令人不安的发现,即一次或多次故意不遵守差错的机组人员做出不当威胁与差错管理的次数是非故意不遵守差错机组人员的三倍,而且造成非期望状态的次数也较多。这是不能容忍故意不遵守行为的一个原因。

12.6 安全改变过程和安全管理体系

如前文所述,航线运行安全审计是美国联邦航空管理局和国际民用航空组织批准的一个建议自愿性安全项目。它具体研究了飞行机组在正常运行过程中的行为。但撇开数据和分析不提,如果不采取行动做出安全改变,航线运行安全审计中发现的事故前兆的数量或严重程度都不会下降。每个组织都需要一个安全改变过程,该过程一开始是进行安全衡量,在衡量过程中收集有效数据,然后再衡量自上次衡量后实现的改变。整个过程包括安全衡量、数据分析、安全目标识别、提出降低安全目标风险的改变、提供改变资金以及实施获得批准和资金的改变。由于结果审计是航线运行安全审计的下一项职能,因此审计过程已经到位。由于任何层级都可以向更低层级询问他们在努力降低什么威胁,如果回答

"我不知道",则意味着较低层级改变过程失败。改变是在所难免的,正常运行中的安全改变也不例外。

安全管理体系(SMS)通过航线运行安全审计等计划提供开展运行风险评估、运行任务风险减少和持续风险管理的方法。安全管理体系涉及公司的各个层级,通过制订安全过程的要求,让组织所有层级都能理解并参与安全管理。安全管理体系可以防止中层改变高层的指示、阻断一线的信息传达到高层,真正让组织中的每一个人对安全改变和安全意识负起责任。它让监管机构确保遵守法规的工作变得更加简单,因为公司把重心放在安全改变上,并通过数据来证明未来会比现在更好。它不再是一项对违反规则者进行罚款的工作,而是为实现安全提高的过程管理。

航线运行安全审计和机组资源管理都是安全管理体系中的安全改进组成部分,将会继续结合在一起进行讨论。

12.7 结论

(1) 机组资源管理的定义是使用一切硬件、软件和人件来管理所有资源,并实现安全飞行。

(2) 航线运行安全审计是一项安全数据收集计划,数据由参加过培训的飞行观察员在驾驶舱机组座椅位置上通过观察正常飞行运行来收集。

(3) 航线运行安全审计观察结果不会对飞行机组造成任何危险,因为该项目研究的是飞行机组几乎每次飞行都能遇到的在管理系统威胁和飞行机组差错方面的行为。

(4) 航线运行安全审计的最初形式是航线/航线运行模拟,即通过观察收集机组资源管理的行为指标数据,最早由德州大学人为因素研究项目组完成。

(5) 威胁与差错管理框架来自对航线运行安全审计经验数据的解析。

(6) 随着航线运行安全审计各个项目的完成,航线运行安全审计档案数据库不断得到更新(来自世界各地 35 家以上航空公司 50 多次单独审计 10 000 多个航段的数据)。TLC 负责数据库的维护。

(7) 威胁与差错管理数据重点关注机组资源管理的应用。

(8) 威胁与差错管理和机组资源管理对策提供了一个属性层次,当达到相应属性时,可以简化事故前兆管理并能促进事故前兆管理取得成功。

(9) 一些工具可以把机组资源管理技能与运行计划任务的完成结合起来,这些工具在事故前兆管理中非常重要。

(10) 故意不遵守是最严重的行为偏离形式,研究数据表明做出故意不遵守行为的机组人员,出现威胁与差错管理不当的次数是其他机组人员的三倍。机组资源管理和航线运行安全审计在威胁与差错管理分类结构中始终密切相关。

12.8 问答

(1) 什么是机组资源管理? 它是对一切硬件、软件和人件的管理,目的是实现安全高效的飞行。

(2) 什么是航线运行安全审计? 它是一个正常运行过程中的安全数据收集计划,目的是监控和寻找机组人员必须加以管理的系统问题。

(3) 美国联邦航空管理局是否认可航线运行安全审计? 美国联邦航空管理局认可航线运行安全审计是一个自愿性安全项目,并推荐其为国际民用航空组织的最佳实践。

(4) 航线运行安全审计中使用了哪些数据收集方法? 航线运行安全审计使用了无危险观察、机组人员访谈、机组人员调查等数据收集方法。

(5) 什么是"正常"飞行? 没有所谓的正常飞行。

(6) 什么是最笨的飞行机组成员? 最笨的是自动化系统,因为它不知道机组人员的意图。

(7) 威胁与差错管理认为在安全运行中什么是最高层次的机组资源管理属性? 决策建立在沟通、协调/团队合作的基础上,情景意识是机组资源管理的重点属性。

(8) 利用什么工具确保良好的机组资源管理行为技能与运行计划中技术任务的完成直接相关? 可以利用简令、喊话、检查单、限制、底线和标准操作程序等工具。

(9) 什么是最糟糕的行为偏离形式? 故意不遵守,它是一种不计后果的行为。

(10) 如果选择故意不遵守,那么会出现什么有历史数据支持的风险? 三倍概率的威胁与差错管理不当。

作者的观点(2010 年)

本章仅引用了德州大学人为因素研究项目成员、美国联邦航空管理局、美国国家运输安全委员会和国际民用航空组织的材料。这是因为真实的航线运行安全审计数据,包括机组资源管理数据和技术数据,都归于参与航线运行安全审计的具体航空公司所拥有。我参与开发航线运行安全审计、威胁与差错管理以及机组资源管理的目的是在实际运行中为开展研究的组织提供一个测试平台，然后利用研究结果模拟开展航线运行安全审计的组织所实现的安全改变。

我总共参与了大陆航空公司的七次航线运行安全审计，前六次担任管理工作，第七次担任咨询工作，每次审计都不相同。这七次航线运行安全审计的时间跨度从 1996 年持续到 2008 年，在此期间，组织各级人员发生了许多变动。感谢飞行运行部门、飞行标准和培训部门以及安全与合规部门总监和副总监对航线运行安全审计和安全改变过程的支持和信任，特别是在工作遭遇坎坷的时期。虽然每次审计的航线运行安全审计资金结构都有变化，但从来都没有是否要进行航线运行安全审计的问题，只有如何完成审计的问题。从我与其他航空公司航线运行安全审计经理的沟通中，我发现每家航空公司都需要同样的灵活性。航线运行安全审计的数据和分析只能通过正常运行监控获取。

我鼓励本章的所有读者都能联系所有完成航线运行安全审计的航空公司的航线运行安全审计经理，以验证和更新我在本文中给出的观点。大多数航空公司都愿意公开分享他们的发现，因为他们通常会恪守对航空安全的承诺。如需获取有关航线运行安全审计、威胁与差错管理及其与机组资源管理关系的最新信息，请通过 TLC 总裁詹姆斯·克林科特博士的网站与他取得联系。他从一开始就参与了航线运行安全审计和威胁与差错管理，他的观点得到了过去和当前数据的支持，在这一点上无人能及。

参考文献

FAA Advisory Circular, AC 120 - 90 - LOSA, April 27th, 2006, www. faa. gov.

Helmreich, R. FAA Technical Reports 95 - 1, NASA/University of Texas Aerospace FAA Crew Research Report, March 1995.

Helmreich, R. (2002). Crew performance monitoring program. *ICAO Journal*, 57, 6 - 7.

Klinect, J. R. , Murray, P. , Merritt, A. , & Helmreich, R. (2003). Line *operations safety audit* (*LOSA*): *Definition and operating characteristics*. *Proceedings for the 12th International Symposium on Aviation Psychology* (pp. 663 - 668). Columbus, OH, Dayton: The Ohio State University.

NTSB Identification: FTW96FA118, Probable Cause; accident on February 19, 1996 in HOUSTON, TX, www. ntsb. gov.

延伸阅读

ICAO Annexes ICAO Annexes 1, 6 & 14; www. icao. int.

13　运营业务的维修资源管理

马努基·S. 帕坦卡(Manoj S. Patankar)

美国,印第安纳州,西拉法叶市,普渡大学航空与运输技术学院

1988 年 4 月 28 日,阿罗哈航空公司运营的一架波音 737 - 200 飞机在 24 000 英尺的高空发生爆炸性减压和结构损坏,导致机身上半部壳体骤然分离,成了令人吃惊的头条新闻,比如"然后,嗖的一声! 她飞出机外"(Wright and Tanji,1988)。随附的照片证明,发生了过去认为不可能发生的事情。美国国家运输安全委员会(NTSB)的调查结果指出事故的可能原因是"阿罗哈航空公司的维修计划未发现存在的明显剥离和疲劳损坏,最终导致……机身上半部壳体的分离"(NTSB,1989)。大约一年后,1989 年 3 月 10 日,安大略航空公司在加拿大德莱顿发生事故,同样揭示了包括维修失效在内的一系列系统因素(Commission of Inquiry,1992a)。1990 年 6 月 10 日,英国航空公司的一架 BAC 1 - 11 飞机的驾驶舱风挡玻璃发生爆裂,经历了爆炸性减压事故(King,1992)。这三起事故引起了业界对维修相关事故的高度关注,促进了美国联邦航空管理局(FAA)、美国国家航空航天局(NASA)、加拿大交通部(TC)以及英国民航局(UK CAA)之间建立起独有的多方合作关系,并且推动了航空公司、维护维修和大修设施站以及大学之间的伙伴关系。

早期评估维修安全相关问题和制订适当干预计划的工作在很大程度上依赖于 20 世纪 80 年代飞行机组人员驾驶舱资源管理(CRM)计划的成功,该项目注重机组人员的沟通和团队合作。因此,早期的维修资源管理(MRM)计划本质上是机组资源管理原则在维修环境中的应用,同样注重维修人员之间的沟通和团队合作(Fotos,1991;Taggart,1990)。格雷戈里奇等人(Gregorich,Helmreich,and Wilhelm,1990)开发的培训前/后评估工具把机组资源管理改成了维修资源管理,既适合学员又能保持其心理测量的完整性,修改后用于维修资源管理计划的评估(Taylor et al.,1993)。与此类似,据海姆里奇等人(Helmreich et al.，1986)的研究,维修资源管理培训干预方式和内容大多借鉴了成功的机组资源管理计划。

在维修资源管理研究兴起的同时,另外三起重大事故引起了人们对维修操作安全的关注,分别是 1995 年 6 月瓦卢杰航空公司在佐治亚州亚特兰大发生的事故、1995 年 8 月大西洋东南航空公司在佐治亚州卡罗尔顿发生的事故,以及 1996 年瓦卢杰航空公司在佛罗里达州迈阿密发生的事故。回顾这三起事故,再加上对以往事故和早期维修资源管理培训干预效果的了解,提高了人们对维修环境的理解,导致了从个人责任到制度责任的转变,并且引起了维修资源管理与机组资源管理在概念和心理测量上的分离。例如,加拿大交通部的戈登·杜邦(Gordon Dupont)在 1994 年提出了航空维修中的 12 个首要问题,后来被称为"人为因素十二忌",包括沟通不良、骄傲自满、缺乏专业知识、分心、缺乏团队合作、疲劳、资源不足、时间压力、缺乏主见、精神压力、缺乏警惕性和不良行为规范(CAA，2002)。同时,圣克拉拉大学的詹姆斯·C. 泰勒(James C. Taylor)博士创建了一个可靠的调查工具来研究维修资源管理培训项目的前/后影响(Taylor，1998，2000a)。经过广大科研人员和从业人员的一致努力,维修资源管理已经从机组资源管理在维修环境中的应用当中发展成熟,有了明确的维修资源管理定义——维修资源管理是"……一个**交互**过程,致力于使维修技术人员以更加安全有效地方式开展工作"(ATA，2002)。

典型的维修资源管理计划主要是意识层次的培训,包含以下几个组成部分(Patankar and Taylor，2004a，2004b):

(1) 人为因素十二忌。沟通不良、骄傲自满、缺乏专业知识、分心、缺乏团队合作、疲劳、资源不足、时间压力、缺乏主见、精神压力、缺乏警惕性和不良行为规范。还讨论了与各个因素相关的安全保障措施。

(2) 事故案例分析。设计了一个或多个练习,说明事件链(有时,每个事件都只是轻微的偏离)是如何导致灾难性后果的。

(3) 组织特定问题。重点讨论组织希望立即纠正的特定问题。这类问题的具体例子包括交班、日志错误、地面损害或损失工时事故。

(4) 互动练习。通常,培训还包括至少一个互动练习,以阐述团队合作的价值或口头失误的危害。

在随后的十年中,众多政府机构(美国联邦航空管理局、美国国家航空航天局艾姆斯研究中心、英国民航局和加拿大交通部)、航空公司(例如大陆航空公司、联合航空公司、全美航空公司和西南航空公司)、维修站(例如 AAR、TIMCO

和 BF Goodrich)、大型飞机制造公司(例如波音公司和空客公司)、大学(例如圣克拉拉大学、圣何塞州立大学、普渡大学、布法罗大学和克莱姆森大学)合作开展了一些研究项目,设计出了实用的培训干预措施,并对这些措施做出了评估。目前,航空业还遭遇了许多严峻的公共卫生、安全和经济挑战[例如 1997 年的亚洲经济危机,2001 年 9 月 11 日的恐怖袭击,2003 年的严重急性呼吸系统综合征(SARS),2007—2008 年的美国金融危机以及 2009 年的 H1N1 猪流感疫情],这些挑战对维修资源管理计划产生了重大影响,必须重新设计并更新发展和维持维修资源管理计划的初步工作,把这些工作重新组合成其他不同的项目,以应对可用资源减少以及维修资源管理计划的许多忠实支持者退休或工作调动等问题。对这些外部因素的认识给我们提供了宝贵的见解,让我们知道必须要坚守航空业的安全核心价值,而且要应对外部挑战的压力。

本章开头部分简要介绍了维修资源管理计划的历史概况,接着介绍了一些常用的事件审查工具以及相关的分类方法。最后,本章论述了维修资源管理计划对技术操作中的安全文化的影响,并明确了持续研究和发展的新机会。

13.1　历史概况

泰勒和帕坦卡(Taylor and Patankar,2001)论述了四代维修资源管理计划的发展历史。

(1) 以机组资源管理为基础的沟通技能和意识培训。

(2) 以行为为重点的维修资源管理人际沟通和差错原因培训。

(3) 针对行为改变的个人意识和准备。

(4) 一套维修行为改变的系统化方法。

本章导论部分提到,三起维修相关的航空事故引发了人们对维修环境以及维修差错相关人为因素的密切关注。例如,美国国家运输安全委员会对阿罗哈航空事故的调查报告(NTSB,1989)提到了阿罗哈维修计划的失败,具体是指检查和质量控制、美国联邦航空管理局对这些计划的监督以及与运输类航空器的维修和检查有关的人为因素。这是首次考虑维修人员执行任务的实际环境,以及与重复性检查任务和昼夜节律相关的人为因素。特别值得注意的是科林·特鲁里博士(时任纽约州立大学布法罗分校教授)在调查报告中提到的证词:

> 他(特鲁里博士)指出,在检查过程中,人是很难做到视觉检查一致的,因为:① 检查人员每次能够集中注意力检查的区域受到缺陷显著

性或大小的影响;② 检查过程可能不够系统化;因此,检查人员很容易漏掉那些误以为已经检查过的区域。此外,在事件发生率较低并在某种程度上涉及社会孤立的长时间检查过程中,警惕性会降低……这种警惕性降低发生在很长时间的孤立检查工作期间,在这种情况下,发现缺陷的可能性很低。在上述情况下,当需要做决定时,人们倾向于说"没有"来完成任务。

——美国国家运输安全委员会(NTSB,1989)

这份证词和美国国家运输安全委员会的建议非常有影响力:① 提高对维修人员执行关键任务的环境的认识,识别容易因人为因素问题出现差错的情况;② 承认航空维修部门非常复杂,一些方面相互影响,有时目标或优先任务会发生冲突,在某一特定时间犯下的错误可能不会马上造成严重的后果,但可能会潜伏很长一段时间才显现出来;③ 影响美国国家运输安全委员会后续调查的调查和报告,例如在阿罗哈航空事故调查中,一开始由著名科学家和机组资源管理计划开发人员约翰·K. 劳伯担任委员会委员,后来换成了飞机机械师约翰·葛戈利亚。

13.1.1　第一代

泰勒和帕坦卡(Taylor and Patankar,2001)记录了三个案例,阐述了第一代维修资源管理计划的目的、内容和结果。这些计划的实行时间为 1989 年至 1995 年。在早期,维修资源管理计划的目的与公司机组资源管理计划的目的相似,都是通过增强意识、人际沟通和团队合作来提高安全性。例如,塔格特(Taggart,1990)记录了其中一个培训计划的主题:

(1) 人际沟通。

(2) 主张和冲突管理。

(3) 压力意识和压力管理。

(4) 交班简令的价值。

(5) 情景意识。

(6) 领导行为。

(7) 案例研究。

这些培训计划非常实用,它们在教学计划中穿插了具体的案例研究,以及个人和团队练习,以提高人们对沟通、冲突管理和交班简令方面人为失误的意识。这些计划在几周时间内以小组会议的形式开展,早期参加会议的主要是管理人员。培训后的反馈表明,80％以上的学员表明其工作行为至少有期望的中等程度的改变。然而,在第一轮培训结束后不久,该计划就因为公司破产而暂停。

1991 年,开始实施另一项计划,重点强调开放自信的沟通(Fotos,1991)。该计划包含以下培训主题:

(1) 组织"不良行为规范"及其对安全的影响。

(2) 主见。

(3) 个人领导风格。

(4) 压力意识和压力管理。

(5) 问题解决与决策技能。

(6) 人际沟通技能。

培训计划的实施包括互动练习、角色扮演和团队练习(Stelly and Taylor,1992;Taylor and Robertson,1995)。2 000 多名管理人员和专业工程技术人员参与了培训。学员对该计划的热情比以往更高,90 %的学员表示他们的工作行为至少有中等程度的改变(Taylor and Robertson,1995)。在为期 26 个月的培训期间,计划学员报告了在态度改变方面的逐渐改善,由被动行为(如做一个更好的倾听者)转变为主动行为(如毫不犹豫地说出自己的观点)(Taylor and Christensen,1998;Taylor and Robertson,1995;Robertson,Taylor et al.,1995)。在培训期间,工时损失事故和地面损害事件减少(Taylor and Robertson,1995)。因此,培训带来了三个层面的提高,即学员对培训内容的热情、个人对安全的态度以及安全成果。遗憾的是即使是这个计划也只持续了最初阶段的 26 个月,随着管理层的重心转向经济优先事项(如维修站关闭和成本削减),这一计划不得不暂时搁置。不久,维修资源管理计划的优秀成果就开始反转(Taylor and Christensen,1998)。

泰勒和帕坦卡(Taylor and Patankar,2001)在第一代维修资源管理计划期间报告的第三个案例表明开始对实际航空维修技术人员(而不仅仅是管理人员和工程人员)进行培训。虽然报告显示只有 450 人(约 300 名技术人员)完成了这项培训,但 80 %的学员报告,他们在完成维修资源管理培训后期望有中等到较大程度的行为改变(Taylor,Robertson,and Choi,1997)。在行为改变方面,经过维修资源管理培训,40 %的学员承诺做出主动行为改变,约 45 %的学员承诺做出被动行为改变。此外,与以往案例相比,工时损失事故和地面损害事件方面甚至有更大程度的改进。因此,该案例还表明维修资源管理计划可有效改进学员的态度、行为和表现结果。更重要的是一线人员对培训的反应更加热情,表现为行为结果的改进程度更高。同样,由于资源的限制,该计划也只是在初级阶段持续运行。

13.1.2 第二代

1992—1994 年期间,在第一代维修资源管理计划仍在实施的同时,出现了第二代计划的例子。第二代计划的内容与第一代计划有两点区别:① 重视行为改变,不再像第一代计划一样只重视态度改变;② 包含维修领域公司的专门案例,面向维修技术人员,而不再是管理人员和工程人员。此外,这两代计划之间还有一个战略性差异——第二代计划建立在公司、美国联邦航空管理局和维修技术人员工会之间达成的非正式协议的基础上。根据该协议,工会将会鼓励会员参与培训课程并乐于提供他们的差错信息,因此公司可以重点关注系统性错误,并做出改变,尽量减少将来出现类似差错的机会。作为得到工会合作的交换条件,公司承诺解决广泛的系统性问题,而不仅仅是采取个人层面的处分行动(假设是疏忽大意造成的差错),美国联邦航空管理局飞行标准地区办公室也采取了更广泛的合作立场,承认个人层面的处分行动对于提高安全性的长期努力没有效果。此外,各方均承认,让出错的技术人员参与安全对话对于减少类似差错的发生意义重大。美国联邦航空管理局、公司以及工会之间达成的协议建立在三方代表[约翰·葛戈利亚(John Goglia)、乔·卡尼亚(Joe Kania)和吉姆·巴洛(Jim Ballough)]相互信任及其在各自所属群体内信誉度的基础之上。这三个人所承担的重大风险以及第二代维修资源管理计划的成功为现代航空安全行动计划(ASAP)和安全管理体系(SMS)计划奠定了基础。

第二代计划的目的更加明确,即减少维修文件中的错误。整个计划持续了两年,分为三个阶段,即专题小组讨论和数据收集、实施一级改变、实施二级改变。初步的专题小组讨论工作向管理层提出减少文件错误的具体建议。具体建议包括面向所有维修技术人员开展文件方面的正式培训。这一阶段的培训效果立竿见影,错误减少了,但并未长期持续下去(Taylor and Christensen,1998;Taylor,1995)。二级改变包括更具结构性的工作,但以对照组和实验组的形式开展。在维修资源管理培训中,向实验组/维修站提供关于如何减少文件错误的具体内容(意识、角色扮演、小组练习和指导)。所有其他维修站都是对照组。实验组的错误减少了,而且错误水平持续低于对照组(Taylor,1994,1995)。

1995 年,在第二代计划的实验组中,支持培训的经理和主管从维修站/公司离职了。我们鼓励他们的接替人继续支持维修资源管理计划,公司、美国联邦航空管理局以及工会的关系一直持续到 2001 年 9 月 11 日恐怖袭击之后的航空公司金融危机。

13.1.3 第三代

几乎在美国推行第二代计划的同一时间,加拿大调查委员会发布了对 1989 年 3 月安大略航空公司事故的调查报告。在这份报告中,荣誉委员莫尔尚斯克 (Moshansky)采取了非常广泛的系统化调查立场,指出了航空系统中导致事故发生的几个局限性因素。这种从个人责任到系统责任的哲学转变,对航空公司管理层具体角色的回顾,以及对航空公司、监管机构和全球航空业提出的切实建议,为全球航空业更广泛的系统性改革奠定了基础。就像特鲁里博士在阿罗哈航空公司事故中的证词一样,在安大略航空公司事故中,邀请了罗伯特·L. 海姆里奇博士审查调查数据并提出建议。海姆里奇博士是德州大学奥斯汀分校的教授,在美国国家航空航天局艾姆斯研究中心的资助下开展这项研究。海姆里奇博士根据研究结果,得出以下结论:

> 分析结果表明每一种类别的多个因素综合在一起,让机组人员决定带着受污染的机翼起飞。根据这一观点,在起飞前和起飞过程中,任何一个单独因素都不会触发机组人员的行为,但这些因素综合在一起为严重程序性错误的发生提供了环境。这一连串的影响因素没有单独的近端原因之分,因此该事故可以归类为系统故障。
>
> ——加拿大调查委员会(Commission of Inquiry,1992b)

1994 年,加拿大交通部开发了另一种不同的维修资源管理计划,即维修中的人为表现(HPIM),该课程以专门面向维修技术人员的 2 天课程为基础。该课程最突出和最具影响力的特点是引入了"人为因素十二忌"。戈登·杜邦当时仍在加拿大交通部任职,他分析了许多事故,并列出了 12 个最常见的维修相关原因,即:① 沟通不良;② 骄傲自满;③ 缺乏专业知识;④ 分心;⑤ 缺乏团队合作;⑥ 疲劳;⑦ 资源不足;⑧ 时间压力;⑨ 缺乏主见;⑩ 精神压力;⑪ 缺乏警惕性;⑫ 不良行为规范。他把这些原因画成了令人难忘的海报,它们是整个北美地区大多数维修资源管理计划的完整组织部分(Taylor and Christensen,1998)。

维修中的人为表现课程与以往几代维修资源管理计划有两个主要区别:第一,它注重意识、应对机制或防范措施;第二,它关注维修人员个体而非更大的系统。虽然维修中的人为表现计划是面向加拿大学员开发的,而且前两代维修资源管理计划是意识计划和行为计划的综合计划,但此后,北美地区在 1994—1998 年开发的大部分维修资源管理计划都注重意识和个人应对措施。例如,1996 年,美国一家大型航空公司开发了自己的维修资源管理计划,希望让员工意识到人为表现对维修相关错误和个人安全的影响。该计划充分融入了人为因素十二忌。该计划的开发团队包括技术人员、主管人员以及公司的培训部门。因此,它获得了广泛的支持,而且有良好的教学设计。经过这次培训,60 % 以上的学员表示,他们的工作行为会有中等或较大程度的改变(Taylor and Christensen,1998),这一结果远远低于第一代维修资源管理计划所称的改变程度。在行为意愿方面,大约 46 % 的学员承诺做出被动行为改变,27 % 的学员承诺做出主动行为改变。这一结果也与第一代维修资源管理计划第三个案例中报告的结果有显著差异。由于培训注重的是意识而并非行为,因此,这种意愿结果不足为奇。此外,统计数据显示,在培训课程结束后,学员在责任分担、沟通和压力管理方面的态度有了显著改善,并且在培训后几个月内保持稳定(Taylor and Christensen,1998)。

此外,研究结果表明压力管理态度的改善与工时损失事故以及地面损害事故的改善有密切关联(Taylor,1998a)。因此,培训产生了预期的态度改变,而且态度改变必然会转化为行为改变,从而降低了工时损失事故以及地面损害事故的发生率。

尽管第三代维修资源管理计划取得了成功,但对个人意识层面和应对措施的关注导致了"停滞不前"的局面。学员最初的热情开始消退,因为他们在寻求安全改进的过程中感到孤独或者孤立无援。最后,他们因为经理和同事未能履行维修资源管理计划的承诺而感到沮丧和愤怒(Taylor,1998),于是对未来维修资源管理计划的作用丧失了希望(Taylor and Christensen,1998)。

在第三代维修资源管理计划的一个例子中,把培训分成两天,但这两天相隔了好几个月。这家航空公司与工会和美国联邦航空管理局当地办公室共同合作,在加拿大维修中的人为表现计划模式基础上开发了维修资源管理培训计划,但却决定分成两天进行培训,中间间隔几个月。隔开培训的好处是教员可以在第一天培训时引入多个培训主题,让学员回到工作岗位上思考培训内容,然后在第二天培训时再回到培训主题,学习更实用的方法,重点关注如何通过训练过的,对风险因素的认识和信心来管理差错。因此,这一方法似乎是连接前两代关注行为的维修资源管理计划与第三代纯关注意识层面的维修资源管理计划的桥梁。1998 年,这类培训主要在一个城市完成;1999 年,这类培训主要在另一个城市完成。在 1998 年的培训计划中,从第 1 阶段到第 2 阶段,自愿改变的意愿从 60 ％提高到了 65 ％。在 1999 年,自愿改变的意愿则从 69 ％提高到了 85 ％。同样,经过两天/两个阶段的培训之后,学员的态度和看法有了明显改善。然而,1998 年,在第 2 阶段培训结束几个月后的实地访谈表明,由于管理层没有持续跟进,安全标准和维修资源管理计划的实施都大不如从前。两个城市的改变意愿均以被动改变为主(44 ％至 61 ％),然而主动应对措施改变意愿为 8 ％至 14 ％。在行为改变方面,在维修资源管理计划开始后,两个城市的地面损害事故都有明显减少,并且在第二阶段培训结束后的 16 个月内一直持续减少 (Taylor and Robertson, 1995; Taylor et al., 1997)。同样,在第三代维修资源管理计划中,学员在态度和行为改变承诺(主要是被动行为,但也有一些主动行为)方面有了改善,并且在行为结果方面有了持续改善。因此,无论依照任何标准进行考量,这些培训计划都是成功的。然而,这些培训缺乏管理层的支持和持续跟进(Taylor, 1998),而且它们仍旧注重增强意识和被动行为影响(Taylor and Patankar, 2001)。它们也没有明确的安全行为目标、快速的结果反馈以及对表现出预期安全行为人员的适当奖励。

13.1.4 第四代

1999 年左右,开始实施第四代维修资源管理计划,这一代计划与以往几代有两个主要区别: ① 这一代计划从系统的角度出发,希望整个航空维修系统,而不仅仅是技术人员个人做出改变;② 这一代计划有非常明确的目标,即增强意识、改变行为并影响具体的表现结果。虽然这一代计划继续建立在前几代计划最佳实践的基础之上,比如仍然包含人为因素十二忌主题,并包含角色扮演和互动练习,但它们开始包含涉及内部维护差错调查的案例。管理层和技术人员凭借以往的经验和研究成果了解到,员工与管理层之间的信任度较低,通过数据共享和坦诚沟通提高透明度将会有助于加强员工与管理层之间的信任。此外,从阿罗哈航空公司事故、安大略航空公司事故和 BAC 1 - 11 事故调查中得到的一个重要教训是必须彻底调查造成人为差错的根本系统性原因,以便将来制订有意义、全面的防范措施。因此,第四代计划包含了用于维修差错中人为因素调查的具体工具,从而将对"人为因素十二忌"类似因素的意识转化为实际可操作的工具(Allen and Marx, 1994; FAA, 1997)。然而,技术人员与管理人员之间以及技术人员与美国联邦航空管理局当地检查人员之间人际信任的根本挑战在维修资源管理计划的开展过程中依然存在。因此,推进维修资源管理计划发展和实施的努力要一直不断地回到这样一个观点,即技术人员、管理层和美国联邦航空管理局必须坚持他们对某些基本原则的承诺:关注系统问题而不是个人责任,实行非惩罚性的错误报告制度并且持续跟踪他们的承诺。根据以往的研究可以得知技术人员不太容易信任他人,因为他们更倾向于单打独斗(Taylor and Patankar,1999;Taylor,1999)和自力更生(Taylor and Christensen,1998)。因此,第四代课程不仅论述了个人意识和行为问题,还逐渐向着寻求更深层次的文化变革进行转变(Taylor and Patankar,2001)。

　　泰勒和帕坦卡(Taylor and Patankar,2001)介绍了两个案例,阐述了第四代维修资源管理几乎向文化变革的转变。在第一个案例中,重点论述个人行为,不考虑态度意愿。这一方法与以往尝试先寻求态度改变再期待行为改变的做法完全相反。在这一案例中,对维修人员、飞行人员、管理人员和调度人员的行为都有一定的期望。重点关注结构化的沟通方案,即概念对应过程(Lynch,1996;Patankar and Taylor,1999),专门设计用于要求在安全、相互尊重的环境中遵守程序,整合战术决策中的风险分析,警惕和防范个人骄傲自满,并质疑另一个团队成员的决定(Lynch,1996)。该计划成功的关键在于强化过程,用规定的行为引起飞行、维修和管理程序的改变,支持并实施程序改变,学员对新沟通方案的接受度提高,对方案的态度有所改善,态度改善引起更好地采用和遵守规定的行为方案,从而引起进一步的组织改变(Patankar and Taylor,1999)。该计划的一个主要表现结果是它不仅可以引起组织内部程序的改变,还可以影响美国联邦航空管理局批准的程序和制造商的服务通告。虽然内部影响平平无奇,但外部影响揭示了维修资源管理计划可能会产生更广泛的影响。

　　在第四代维修资源管理计划的第二个案例中,泰勒和帕坦卡(Taylor and Patankar,2001)介绍了一家航空公司的维修资源管理计划,既包含以"人为因素十二忌"为基础的意识培训,又包含与改善决策和人为差错事故调查有关的行为培训。该课程是当时最高标准的课程。它利用了关于"人为因素十二忌"主题及相关案例的现有培训材料和以往实践,而且包含概念对应过程以及维修中人为因素的已知调查工具和方法等行为方面的内容。它还提供了通过美国联邦航空管理局、美国国家航空航天局和其他公共域名网站获取的更多信息。因此,课程希望学员在培训后继续培养个人意识,并练习在课程中学到的行为技能。此外,该航空公司也做好了落实可能由培训学员提出的系统改进思想的准备。公司管理层愿意做出必要的改变,并让全体员工知道这些改变,以及接受或不接受建议改变的原因。

13.1.5 第五代

在 2001 年 9 月 11 日纽约世贸中心遭受恐怖袭击后,航空业陷入了混乱,接连出现经济损失、成本削减措施、退休、就业变化和资源重新分配等问题。因此,美国大多数航空公司都暂停了维修资源管理计划。2003 年,美国联邦航空管理局资助了一个不同类型的项目。他们没有继续资助与传统维修资源管理计划相关的研究,转而资助了一个与维修领域内的航空安全行动计划(ASAP)相关的项目。这种研究重点的变化与航空业内部的转变是一致的,即从传统的机组资源管理/维修资源管理计划转向航空安全行动计划,这与创建维修资源管理计划的核心理念是一致的。正如在论述第二代维修资源管理计划时提到的那样,其核心理念是公司、员工和监管机构这三方需要凝聚起来,把重心放在系统改进而不是个人责任上。而且,那时对人为因素原则已经有充分的认识,维修资源管理培训可以重点关注事件调查和人为差错分类。因此,第五代维修资源管理计划实际上是维修领域的航空安全行动计划,它继续使用维修资源管理的基本概念(如"人为因素十二忌"和案例研究),但更多地关注事件调查方法中人为因素的整合。然而,由于维修领域对航空安全行动计划的接受非常缓慢(在 2003 年,维修领域仅有 6 个计划,但飞行领域已有 28 个计划),所以美国联邦航空管理局希望了解课程受阻因素,尤其是与美国联邦航空管理局的航空安全行动计划政策有关的阻碍因素(FAA,1997,2002)。

美国联邦航空管理局、航空公司与工会达成了维修领域的航空安全行动计划协议,目的是提供一个非惩罚性平台,方便技术人员主动向美国联邦航空管理局和航空公司披露差错,从而实施系统化方案尽可能减少由类似原因造成的类似差错。由于维修领域的航空安全行动计划相关咨询通告使用的语言与飞行领域类似,因此可以推测在维修领域很难应用相同的通告。帕坦卡和德里斯科尔(Patankar and Driscoll,2005)开展了一项广泛的实地研究,报告了维修领域成功实行航空安全行动计划的八种最佳做法,下面列出了其中五种做法:

(1)使用美国联邦航空管理局提供的备忘录模板,但要创建一个附录,提供与具体计划有关的特定维修细节。最初的备忘录模板是基于飞行机组的需要编制的,对维修领域来说,创建一个全新的备忘录非常困难,因此,建议维修领域尝试接受飞行备忘录,并新增一个单独的文件,用来提供有关维修航空安全行动计划的具体信息。

(2)试着不抱成见,接受尽可能多的航空安全行动计划报告。一开始,维修领域的航空安全行动计划遇到了与早期维修资源管理计划相同的人际信任问题,由于维修领域的航空安全行动计划旨在提供一个报告差错和实施系统化方案的非惩罚性途径,因此,建议航空安全行动计划的事件审查委员会(ERC)接受尽可能多的报告。

(3) 如果报告来自公司内部人员,把它当作"唯一来源"。在维修领域的航空安全行动计划早期,人们对什么是"唯一来源"报告有很大的争议,因为如果它不是唯一来源报告,公司和/或美国联邦航空管理局可能会对它采取行动。为了简化问题,业内人士建议将公司内部的所有报告均视为唯一来源报告。

(4) 试着把不同专业领域的航空安全行动计划报告联系起来,以利用综合效益。在一些航空公司中,每个专业领域(飞行、维修和签派)都有单独的航空安全行动计划和事件审查委员会。虽然由于某些原因把这些报告和课程单独分开,但业内人士也提出可以把这些报告联系起来,从而开发综合解决方案。

(5) 持续跟进工会、管理层和美国联邦航空管理局的承诺。由于航空安全行动计划是一项三方协议,因此无论遇到任何政治压力,也无论纠正措施的成本多么高昂,三方成员都必须共同遵守承诺。因此,业内人士强烈主张所有各方作出一致承诺。

在面临与政策指导、程序和持续推进相关挑战的同时,维修领域的航空安全行动计划还面临着制定、执行和更新针对其自身不可接受行为的"行业标准"的挑战。泰勒(Taylor,2004)重点研究了这一问题,并报告了关于维修领域内航空安全行动计划事件接受标准的研究结果。泰勒指出,对于维护领域来说,"故意无视安全"是一个很难定义的概念,但是可以用基于风险的差错管理思想来处理,并且可以根据具体情况做出决定。泰勒的研究结论表明,监管机构、工会代表和航空公司代表对决定接受/拒绝提供给他们的航空安全行动计划案例作出了类似的回应。因此,在维修领域的航空安全行动计划中,可以利用领域标准方法来识别故意无视安全,不需要对它作出明确定义。

与此同时,飞行领域也在一直与美国联邦航空管理局合作举办信息分享会议(叫作美国联邦航空管理局信息共享会)。直到 2004 年左右,维修领域才大量参与这些会议,但一些与会者认为,维修领域需要像飞行领域那样,团结一致,向更多学员展示他们在维修资源管理计划以及维修领域的航空安全行动计划方面的经验。因此,来自美国航空公司、美国西南航空公司、美国 AAR 国际公司、美国联合航空公司、美国大陆航空公司、美国达美航空公司、国际机械师协会(IAM)、美国航空机械师联合会(AMFA)、美国联邦航空管理局(FAA)、美国国家航空航天局艾姆斯研究中心和圣路易斯大学的成员开始组织召开单独的维修领域信息共享会。一直到 2008 年左右,这些会议都是单独召开,但此后,有充分的动力和兴趣将这些会议与飞行和签派领域的会议一起集中起来,举办成国家信息分享会。今天,这些会议非常稳定,有 1 000 多名来自多个专业领域(飞行、维修、签派、客舱、地方航空公司、大学等)的与会者参与,与美国联邦航空管理局代表进行了更广泛的经验教训交流和非正式磋商。

由于上述发展以及航空维修行业数百名安全卫士的共同努力,维修领域的航空安全行动计划协议数量从 2003 年的 6 个增长到了 2017 年 8 月 31 日的 168 个。在同一时期,飞行领域的航空安全行动计划协议数量从 28 个增长到了 188 个(FAA,2017a)。计划的发展和全面成功是航空维修领域文化变革的真实证明,现在,站在公平的角度来说,维修行业已经从责备文化转变成公正文化(Marx,1998,2001;Reason,1997)。然而,仍有一些例外情况,个人会受到公司或美国联邦航空管理局的惩罚性处理。此外,虽然第五代维修资源管理计划将更多的态度和行为方法融入培训中,并且加强了员工、管理层、监管机构之间的相互信任,但它们在很大程度上仍然是被动安全课程。

13.1.6 第六代

定期参加信息共享会可以让维修领域思考飞行运行领域和空中交通管制领域的其他一些成功课程,尤其是一些能够持续促进公正文化并提供充分数据保护的前瞻性课程。因此,在临近 2008 年底时,维修领域的重心转向了航线运行安全审计(LOSA)课程,飞行领域从 20 世纪 90 年代以来一直在开展这项课程(Klinect,Wilhelm,and Helmreich,1999;Klinect et al.,2003)。为了更加符合计划的非惩罚性意图,航线运行安全审计更名为航线运行安全评估(不再使用"审计"说法)(Ma and Rankin,2012)。它以威胁与差错管理的强大理论模型为基础(Klinect et al. 1999),已被证明在提高美国和其他国家航空领域的安全性方面取得了成功(ICAO,2002)。玛等人(Ma et al.,2011)报告了维修领域早期探索航线运行安全审计计划的根本原因:

(1)在维修和机坪操作中执行航线运行安全审计程计划能够在威胁与差错导致事件或事故之前进行主动识别,从而减少地面损害和人身伤害的发生。

(2)维修和机坪航线运行安全审计计划的早期成功证明,它们不仅能够减少地面损害(因人为差错导致的地面损害事故下降,下降幅度为 43 % 至 73 %),还能够通过简化程序(比如合作航空公司的波音 767 前缘装置的锁定和标记程序)提高效率,减少人为差错的可能性。

（3）与机场官员和为航空公司提供飞机维修的外部承包商就安全期望加强沟通与协调。

成功的航线运行安全审计计划背后有两个基本原则：

（1）致命事故的根本原因与涉及重大损害和伤害的事件以及未造成任何伤害的未报告差错类似。这一原则基于海因里希事故概率法则（Heinrich，1941），该法则指出，在每一起死亡事故的背后，都可能会发生 30 起左右重伤事故和 300 起左右未报告或无伤害事故。因此，可以假设如果提高对常规威胁和差错的警惕性，那么运营商就能阻止差错发展成伤害（这是该方法的前瞻性作用），如果运营商注意到了造成这种差错的系统性原因，那么他就能够通过实施系统化方案，进一步提高安全性（这是该方法的预测性作用）。

（2）航线运行安全审计观察数据是匿名收集的，而且完全由组织自己保管，因此，这类数据不需要美国联邦航空管理局/监管机构的批准。虽然数据匿名而且未与美国联邦航空管理局达成正式协议可能会导致在一定程度上与惩罚措施分离，但公司仍然希望对于在航线运行安全审计计划中收集到的数据实行非惩罚性政策。

向维修领域航线运行安全审计计划的转变也是将所有安全计划集中到安全管理体系计划程序伞下的一次尝试（FAA，2013）。这种集中方法可以把所有员工群体的各类教学和自愿报告计划放在一个有凝聚力的程序伞下进行管理，不仅可以提高管理效率，还可以提高跨计划数据利用和预测分析的潜力。此外，如果所有员工群体在匿名、保密、非惩罚性报告处理方面享受类似的待遇，就更有可能改善员工、管理层与监管机构之间的人际信任。

注意：大多数采用第五代或第六代维修资源管理计划的组织都非常了解维修人为因素（MHF）的基本知识，他们往往会认为，维修和机坪人员非常熟悉"人为因素十二忌"这类主题。因此，正如玛和兰金（Ma and Rankin，2012）的提议，没有把维修人为因素的基本知识包含到执行航线运行安全审计的 11 个主要步骤中。未把这些基本人为因素培训放入维修计划的组织可能会认为把美国联邦航空管理局（FAA）提供的至少以下表述放入维修计划中会很有帮助（https://www.faa.gov/about/initiatives/）。

13.2 维修资源管理研究计划

13.2.1 美国联邦航空管理局-加拿大交通部-英国民航局

正如本章前文所述，1988 年阿罗哈航空公司事故是首次公开承认由维修失误引起的飞机事故。意识到全国大部分运输飞机机队正在老化,其他公司可能面临着类似的挑战,1989 年 6 月,美国联邦航空管理局生物医学和行为科学部的威廉·谢泼德(William Shepherd)博士召开了首次会议,讨论飞机维修和检查中的人为因素问题(Shepherd and Parker,1989)。本次会议的目的是确定影响维修和检查工作的主要人为因素问题,谢泼德博士希望飞机维修技术人员了解自己的工作条件,明确提高航空维修领域安全性的必要研究工作,并在必要时提出适当的监管变更建议。在首次召开的会议上,提出了以下几类建议:

(1)实现技术培训现代化。业内普遍认为,美国联邦航空管理局第 147 部的课程中现有的技术培训和行为规定不能满足现在使用的现代飞机技术的要求。与会人员建议彻底审查并重新编写监管要求,从而提高技术要求和教学要求。与会人员还提出,受训飞机维修技术人员供应不能满足将来的需求,因此建议加强招聘工作。

(2)增加软技能培训。需要在技能培训中增加软技能培训,注重工作环境中的人际沟通以及精神压力和时间压力管理。

(3)提供持续开展航空维修人为因素研究的方法。需要对航空维修人为因素进行不断的研究,包括对技术人员和检查人员的实际工作进行任务分析,以及改进各种技术刊物和手册中报告的维修教学材料和资料。此外,与会人员还表示,需要建立一个包含维修技术、程序和问题的集中行业信息数据库。

总之,与会人员鼓励谢泼德博士继续定期举行此类会议,并邀请行业、学术研究人员、顾问和美国联邦航空管理局代表参与合作对话。因此,在上述建议以及航空维修行业的大力支持下,维修人为因素研究计划应运而生,由航空医学办公室负责管理。吉思·沃森(Jean Watson)女士被任命为项目经理。从那时起,美国联邦航空管理局就采用了结构化的流程,让航空维修行业参与确定研究要求,确定并挑选适当的研究人员(学术和非学员研究人员),利用其他联邦机构的资源,并通过年度会议、发布报告和会议记录以及期刊文章、书籍、专著章节、软件、网站档案和视频等方式广泛传播研究成果。今天,大多数培训材料和研究报告都可以通过以下网站获取(https://www.faa.gov/about/initiatives/maintenance_hf/)。

1989 年 3 月,谢泼德博士组织了首次航空维修和检查领域人为因素会议。就在几个月前,安大略航空公司的福克 F-28 飞机在加拿大安大略省德莱顿坠毁。随后的调查提出了近 200 条建议,包括与航空维修人为因素相关的建议。因此,加拿大交通部(TC)也在积极加强对航空维修领域人为因素的认识。1990 年以后,加拿大交通部的代表开始参加美国联邦航空管理局的航空维修和检查人为因素会议。1993 年,加拿大交通部聘请戈登·杜邦开发维修中的人为表现培训计划,并于 1994 年发布了该计划(如前文 13.1.3 节第三代维修资源管理计划中的论述)。几乎在加拿大开发这一计划的同时,受 1990 年 BAC 1-11 事故的影响,英国民航局也开始加强对维修人为因素的关注。在整个 20 世纪 90 年代,来自加拿大交通部、英国民航局以及加拿大和欧洲航空公司和维修组织的代表持续参会。最后,美国联邦航空管理局、加拿大交通部和英国民航局决定轮流主办会议。实际上,第 1 届国际会议是由英国民航局于 1998 年在盖特威克机场主办的第 12 届航空维修和检查人为因素研讨会。1999 年,在佛罗里达州代托纳比奇举行了第 13 届研讨会;2000 年,在不列颠哥伦比亚省温哥华举行了第 14 届研讨会;2001 年,在英国伦敦举行了第 15 届研讨会;2002 年,在加州旧金山举行了第 16 届研讨会;2003 年,在安大略省多伦多举行了第 17 届(也是最后一届)研讨会。

　　这一系列研讨会持续了 14 年的时间,共举办了 17 场会议,获得了许多成果。下面列出了一些主要成果:

　　(1) 确定了维修人为因素(MHF)的合理性。通过资助多个研究项目,提供宝贵的研究机会,吸引了多所大学以及美国国家航空航天局艾姆斯研究中心的多名严谨的学者。他们建立了一个庞大的学术知识体系,为编制教材和培训材料奠定了基础。该领域研究的实用性促使行业合作伙伴能够充分参与研究,不仅可以重视学术研究的价值,而且可以通过提供实践指导和验证来强化学术研究。因此,研究成果不仅具有现实意义,而且对提高维修人为因素领域的知识水平做出了重大贡献。此外,以下两个最重要的任命直接归功于维修人为因素计划的成功:

　　① 1995 年,约翰·葛戈利亚先生被任命为美国国家运输安全委员会委员,一直任职到 2004 年。他是首位在美国国家运输安全委员会任职的飞机机械师,在他整个任期内,都竭力支持维修人为因素。

　　② 2002 年,人为因素的早期追随者詹姆斯(吉姆)·巴洛在美国联邦航空管理局设立了航空维修人为因素首席科学家和技术顾问职位。他选择让威廉(比尔)·约翰逊(William "Bill" Johnson)博士担任该职务,使维修人为因素与驾驶舱人为因素以及其他技术领域处于平等地位。

　　(2) 创建了用于培训的基本材料和现成产品。美国联邦航空管理局、加拿大交通部和英国民航局利用研究项目的成果和历代实施的最佳做法,开发了 PEAR 模型、SHEL 模型、Reason 的瑞士奶酪模型、"人为因素十二忌"、各种角色扮演练习、案例研究和视频等基础材料，这些都是西方国家在维修人为因素课程中常用的材料。这种广泛的共享使用引起共同知识体系的发展，包括对疲劳、睡眠不足、闭环交流和安全措施等术语的共识。在下文的网站发布了研究成果，在广度和深度上影响和传播：

① 美国联邦航空管理局资助的大部分研究成果，包括研究报告、研究工具和培训资料均可通过以下网站获取（https://www.faa.gov/about/initiatives/maintenance_hf/）。

② 英国阿什盖特出版公司（近期被泰勒弗朗西斯公司收购），在航空人为因素方面占据一席之地，并发表了多部开创性著作。最新出版物目录可通过以下网站获取（https://www.routledge.com）。

③ 加拿大交通部的出版物和视频可通过以下网站获取（http://www.tc.gc.ca/eng/civilaviation/publications/menu.htm）。

④ 英国民航局已经发布指导材料，帮助获批的维修组织达到欧洲航空安全局145部的要求，该文件可通过以下网站获取（http://publicapps.caa.co.uk/docs/33/CAP716.PDF）。

（3）对监管指导材料和要求做出了重大贡献。在参与航空公司和维修站实施的多个维修资源管理计划实现了对维修任务、组织流程（如维修手册更新）和行业最佳实践（如非惩罚性错误报告政策）的大量更改。在国家和国际范围内，各种研究项目的报告和建议以及专题讨论会上的谈话促进了以下立法改革的发展：

①《加拿大航空条例》第7部分：安全管理体系。1999年，加拿大交通部率先为整个加拿大航空业制定了总体框架，开始在整个系统内实施安全管理体系计划。框架名称为"2005年：加拿大民航安全框架"（TC，1999）。加拿大是世界上第一个规定在航空业中实施安全管理体系的国家，但它采取分阶段方法，通过指导材料和逐步要求来树立所有行业部门（航班运营、维修、设计、机场等）的安全意识。随后，在"2010年航班框架"中，加拿大交通部更加强调风险相关的决策（TC，2006）。今天，《加拿大航空条例》第7部分概述了所有获批、持证组织内安全管理体系计划的基本要求。咨询通告107-001提供了关于大型复杂组织开发和维护安全管理计划的指导（TC，2015）。

② 国际民用航空组织（ICAO）：1986年，国际民用航空组织大会通过了关于飞行安全和人为因素的第A26-9号决议，航行委员会制订了后续目标。这些目标包括编制培训材料，提高学员对人为因素问题如何影响航空业各方面（设

计、运营、航行、空中交通管制和维修)安全的认识。国际民用航空组织开始出版一系列的《人为因素文摘》(关于飞机维修和检查中的人为因素的最早指导材料可追溯到 1995 年的第 253 号咨询通告),但随后把这些内容整理成了一本培训手册(包含两个部分),即《人为因素培训手册》,文件编号:9683 – AN/950(ICAO,1998)。本手册中的维修资源管理部分包含以下主题:当代维修问题,维修中的人为差错,从组织角度看待维修和检查环境中的人为差错,各种维修差错案例说明,人际沟通和交班等人为因素问题,技术培训方法和工具的变化,团队合作和组织因素,以及岗位设计。2003 年,国际民用航空组织发布了《飞机维修手册人为因素指南》(ICAO,2003)。这份文件包含航空维修和检查人为因素研究计划的许多研究成果:航空维修中的人为因素一般背景,主要的维修差错问题,维修差错的应对措施,交接班、任务交接以及计划和记录维修方面的不定期技能培训,影响维修行为和差错的环境因素,人体工程学审计计划,飞机维修文件设计以及疲劳管理。2008 年,国际民用航空组织发布了对附录 6 的修订,要求所有经认证最大起飞重量超过 5 700 千克或配备涡喷发动机的国际通用航空业务运营商制定并维护安全管理体系(ICAO,2008)。2013 年 2 月,国际民用航空组织新增了专门针对安全管理的附录,即附件 19,并于 2013 年 11 月通过。该附录为运营商和监管机构提供了关于实施安全管理体系要求和时间表的全面指导(ICAO,2013)。

③ 欧洲航空安全局(EASA)和英国民航局欧洲航空安全局将人为因素培训要求纳入了联合适航要求(JAR)145 部。这一要求的最后达标期限是 2005 年 7 月 1 日,对于其他的合规形式,最后达标期限是 2006 年 9 月 28 日(CAA,2003)。所有获批的维修组织均应制定初步和经常性人为因素培训库流程。英国民航局编制了关于解释和遵守联合适航要求 145 部规定的指导材料(CAA,2003),材料开头讨论了导致维修差错的安全文化因素和组织因素,接着继续讨论了差错管理、个人层面的人为因素问题(如疲劳)、环境因素、维修计划和文件、沟通、计划、专业水平、事件报告系统,最后讨论了针对维修人员的人为因素培训。

④ 美国联邦航空管理局(FAA)。虽然国际民用航空组织、加拿大交通部、欧洲航空安全局和英国民航局采用基于合规的方法来实施维修资源管理和安全管理体系计划,但美国联邦航空管理局(FAA)则对维修资源管理和安全管理体系采取自愿方法,编制了可用于意识培训的大量材料。美国联邦航空管理局(FAA)还更新了《航空维修技术人员手册》(通用版),新增了第 14 章"人为因

素"(FAA,2008),并于 2011 年再次修订。近年来,美国联邦航空管理局(FAA)一直致力于遵守国际民用航空组织的要求,目前正在努力做出适当的监管改革(FAA,2016)。例如,2015 年,美国联邦航空管理局(FAA)发布了最终规定,要求所有根据第 121 部运营的航空公司制订并实施安全管理体系计划;它还指出,类似要求可能通过第 121 部对应的航空公司延伸至 145 部的运营商(获批准维修站)。最终规定并未明确列出有关人为因素培训的要求,但在 E 分部(安全促进)中,希望从业人员"取得并保持履行安全管理体系操作和执行相关职责所需的能力"(FAA,2015)。此外,根据在认证机场实施安全管理体系计划的有关拟议规则制订通知,安全管理体系计划的要求仅适用于小型、中型或大型枢纽机场,这一拟议规则制定通知的意见正在审核当中(FAA,2016)。因此,美国航空业正走在通往维修资源管理计划和安全管理体系计划可持续实施和持续改进的正确道路上。

13.2.2 政府-学术机构-航空业

维修人为因素相关的大部分研究都是在美国开展的。这类研究由美国联邦航空管理局和/或美国国家航空航天局资助,由学术研究人员(老师和学生)或咨询人员开展研究,并由行业合作伙伴提供支持。这种政府-学术机构-航空业合作方式主要具有以下优势:

(1) 政府资助可以让研究成果惠及航空业更广泛的机构,而不是少数特定的咨询客户,从而促进知识体系的发展,大量学术刊物的出版,并为众多政策文本的编制提供内容和建议。

(2) 学术合作伙伴是政府机构与行业合作伙伴之间值得信赖的代理人。参与研究的教师和学生高度严谨,在评估和指导工作中秉持中立、客观,并且能够连续一致地报告多年持续研究的成果。

(3) 行业合作伙伴不仅提供了人员和设施支持,而且主动参与了研究项目。他们制订了初步研究要求,指定了帮助研究团队开展项目运作的内部联络人,协调了人员时间安排,并赠送了机票。他们还对研究项目的成果进行了检验,提出了意见并将其投入实际应用。一些合作伙伴还聘用了参与过研究项目的学生。

总之,维修资源管理研究计划在全球范围内都产生了影响。例如,国际民用航空组织、美国联邦航空管理局、加拿大交通部和英国民航局都根据维修资源管理的研究成果编制了指导材料。同样,有大量的培训材料和手册都是依据维修资源管理的研究成果编制的：

（1）《航空维修和检查中的人为因素指南》（参考网址：https://www.faa.gov/about/initiatives/maintenance_hf/training_tools/media/HF_Guide.pdf）。

（2）维修人为因素演示系统（含幻灯片）（参考网址：https://www.faa.gov/about/initiatives/maintenance_hf/training_tools/）。

（3）航空维修人为因素（第716章）：英国民航局对145部"人为因素和差错管理要求"解释的指导材料（参考网址：https://www.faa.gov/about/initiatives/maintenance_hf/training_tools/）。

（4）加拿大交通部的视频、海报和指导材料（参考网址：http://www.tc.gc.ca/eng/civilaviation/publications/menu.htm）。

13.3 维修资源管理的培训内容及方式

13.3.1 维修资源管理的培训内容

多年来，维修资源管理培训的目标群体有所不同，但现在一般认为，这类培训应针对现场工作人员以及整个监督和管理人员队伍（飞机维修技术人员/工程师、质量保证/控制人员、机坪人员、事故/事故调查人员、维修主管和经理、计划和维修计划工程师以及技术培训教员）。通常，建议向所有学员普及人为因素的基本主题内容，然后根据具体工作类别和监督职责级别开展重点行为培训和技能练习。例如，所有人员都参加4小时的基本介绍课程，然后再按专业类别参加8小时的后续研讨会课程，从而培养他们在日常工作中熟练运用一般概念的能力。

国际民用航空组织人为因素培训手册（ICAO，1998）建议了若干培训大纲目标（见表13.1）（参考网址：https://www.globalairtraining.com/resources/DOC-9683.pdf）。

下边列出了推荐的培训大纲目标。每个目标又进一步标明了技能（S）、知识（K）或态度类别。此外，每个目标都可以参照下面三个能力水平之一进行教学：

（1）1级。熟悉（能够用简单的语言进行描述，能举例，并且能够使用典型的人为因素术语）。

（2）2级。基本理论及应用（熟悉人为因素问题的基本理论结构，熟悉最新文献，并能将人为因素知识应用到实际情况中）。

（3）3级。高级理论及应用（了解根本理论概念及其相互关系，能够列出具体示例，能够按照逻辑、全面、切实综合多个概念的知识，能够解释各种信息来源的结果,从而采取适当的纠正措施)。

在国际民用航空组织手册出版时,北美已经发展到第三代维修资源管理计划;然而,它们主要致力于提高学员的认识。事实上,表13.1中所列的大多数培训目标旨在提高学员的知识水平(认识)或态度(提高认识的结果),两者之间是一致的。加拿大交通部引入了"人为因素十二忌",这促使国际民用航空组织以一种简单但难以忘记的方式在全世界加速推行一些知识和态度层面的培训目标。随着维修资源管理计划的不断发展成熟,尤其是第五代和第六代计划的重心转向基本人为因素知识的应用与综合,并且增加了3级能力水平。表13.1汇总了(ICAO,1998)建议的培训目标及其知识/技能/态度类别。

表 13.1 国际民用航空组织建议的培训大纲目标

培 训 目 标	知识(K);技能(S);或态度(A)
1. 人为因素基本介绍	
(1) 了解人为因素的基础概念,认识人为因素对飞机事故的影响,并了解人为因素培训的目标	K
(2) 认识到需要讨论航空维修中的人为因素	A
2. 安全文化和组织因素	
(1) 了解良好安全文化和组织方面人为因素的概念	K
(2) 认识到良好安全文化的重要性	A
3. 人为差错	
(1) 了解主要差错模型和理论,认识不同类型的差错并清楚避免差错或从差错中恢复的方法,了解差错与违规行为之间的区别,利用风险评估方法主动管理差错导致的情况,认识到人为差错无法完全消除,必须加以控制	K
(2) 在遵守程序方面表现出积极的态度,避免违反规则,并对差错和差错导致的情况保持警惕	A
4. 人为表现和工作环境	
(1) 认识身体局限性和工作环境对人为表现的影响,了解防止身体、心理和生理局限性的各项安全措施	K
(2) 认识到人容易受到环境、身体、心理和生理状况以及酒精、毒品和药物作用的影响,而且人有走捷径的倾向	A
(3) 提出提高情景意识的方法,应对精神压力和疲劳,管理工作负荷,保持积极主动,避免骄傲自满	S

	续　表
培　训　目　标	知识(K);技能(S); 或态度(A)
5. 维修组织自有的人为因素计划	
(1) 深入了解公司自有人为因素计划的结构和目标,包括差错报告 　　计划、差错/事件调查流程和惩罚政策	K
(2) 认识到报告事件、差错和问题的重要性	A

英国民航局建议开展以下主题的培训,以达到国际民用航空组织的上述要求:

(1) 安全文化和组织因素。

(2) 差错、违规行为和不遵守程序的行为。

(3) 个人相关因素(疲劳、交班、精神压力等)。

(4) 环境因素(包括工具和人体工程学审查计划)。

(5) 程序、文件和维修资料。

(6) 沟通、交接和核签。

(7) 计划、准备和团队合作。

(8) 专业水平和诚信。

(9) 组织差错管理计划(包括差错报告政策、调查流程和方案跟踪过程)。

美国联邦航空管理局对当代维修资源管理计划的建议还包括疲劳风险管理和投资回报分析。这两个主题在美国都特别突出,因为维修技术人员的持续工作时间可以超出合理的限值,而且由于维修资源管理计划是自愿性质,它们需要展示出积极的投资回报结果。

13.3.2　方式选择

大多数航空公司和维修站(维修、修理和大修设施)都提供自己的维修资源管理培训。表 13.2 列出了培训重点领域及其对应的意识(知识和态度变化)与行为(技能变化)培训的典型分布。通常,第 1 阶段的意识培训是一个 16 小时的培训计划,然而,其余培训通常是 8 小时的经常性培训计划。从表 13.2 可以看出每个阶段都在一个阶段养成的意识基础之上,增加一项行为或技能培养目标。虽然大的重点类别保持相对稳定,但具体主题、练习、案例等有所不同。然而,它们都在努力实现国际民用航空组织规定的学习目标(见表 13.1)。

表 13.2　维修资源管理培训的阶段性实施方法

重 点 领 域	培训类型（意识/行为）				
	第 1 阶段	第 2 阶段	第 3 阶段	第 4 阶段	第 5 阶段
人为因素十二忌	意识				
个人和团队技能培养	意识	行为			
个人和组织差错缓解策略	意识	意识	行为		
差错调查和分析	意识		意识	行为	
主动预测分析和系统改进				意识	行为

培训中使用了三种培训方式：

（1）半天的介绍讨论会。介绍讨论会的时长为 4 小时，主要面向高级管理层，目的是获得他们对整个培训计划的支持。

（2）讨论会/研讨会。1 天或 2 天的会议。

（3）间隔 3～6 个月的讨论会。1 天的渐进式培训活动，间隔 3～6 个月组织一次。

13.4　维修资源管理培训的成果

13.4.1　历代研究计划的主要研究发现

（1）通常，维修资源管理培训计划可有效提高学员对人为表现局限性的认识，有利于改进安全行为结果。在美国，维修资源管理培训计划受到了一线维修人员的一致好评。态度调查项目基本评分表明，在培训后分数马上有了提高，即使在培训一年后分数仍保持稳定，但再往后分数开始下降，甚至出现负分。随后对参与学员的访谈表明，虽然他们在培训期间热情高涨，并且乐观地认为他们的同事和主管会对工作环境进行适当的改变（符合维修资源管理培训中讨论的人为因素要素），但结果令他们大失所望，因为他们并未看到管理层做出后续跟进。由于管理层的跟进工作长期没有进展，学员最初的热情开始削减，他们的态度逐渐由失望转变为沮丧，最后转变为愤怒。因此，态度评分下降，甚至出现负分（Taylor，1998）。

虽然维修资源管理培训的重点是提高学员在人为因素问题方面的综合基础知识，提高学员对人为因素的态度，但学员对维修资源管理培训的热烈响应与工作表现的提高有关。例如，压力管理是维修资源管理计划的一个重要主题，学员一定对这方面的培训采取了最积极的态度,因为他们在压力管理方面的态度改进最大,而且这一方面的改进与工时损失事故和地面损害事故的减少呈正相关关系(Taylor,1998)。泰勒和克里斯滕森(Taylor and Christensen,1998)在大量纵向研究的基础上得出报告,维修资源管理培训计划带来了安全态度的改进,这一态度改进与同时和随后的行为改进有关,如工时损失事故、地面损害和日志错误数量减少。

在从理论角度解释观察到的培训效果的过程中,阿尔瓦雷斯等人(Alvarez,Salas,and Garfano,2004)提供了宝贵的观点。他们把转化行为(培训内容转化为可衡量行为变化的程度)归结为个人特点(主要是学习和转化的主动性)、培训特点(最有可能支持转化的培训内容和方式机制)和组织特点(通常称为有利于培训转化的组织气氛)。就维修资源管理计划而言,学员似乎非常主动地学习和转化(培训后的态度评分可以表明),但培训转化的组织氛围并不总是有利于充分发挥维修资源管理培训的潜力(声称管理层缺乏跟进的访谈资料可以证明)。因此,将来维修资源管理计划的实施可能受益于西茨曼和魏因哈特(Sitzman and Weinhardt,2015)的培训参与理论,该理论提倡对组织多个层面的参与和承诺进行持续评估,从而持续关注培训和培训计划的成功带来的多层面既得利益。

(2)个人专业水平和人际信任是航空维修安全氛围/文化的两个关键指标。维修资源管理培训计划已经发展六代,都强调维修技术人员个人在减少差错中的作用,具体体现在个人层面遵守程序、压力管理、情景意识、疲劳管理、工作负荷管理、骄傲自满和人际沟通等方面。在专业水平方面越来越重视个人层面的责任,提高了人际信任在相互责任中的重要性,这并不奇怪。因此,个人专业水平和人际信任已经成为衡量航空维修领域内的安全态度和行为以及由此产生的安全氛围/文化的最一致指标(Taylor and Patankar,2001)。

个人专业水平包含两个主要因素,分别是压力管理和自信(Patankar and Taylor,1999,2001;Taylor and Christensen,1998)。一方面,压力管理不仅是指要意识到导致压力增加的环境、操作和个人因素,还要能够管理压力,并且防止这些压力发展成为人为差错。另一方面,自信是指勇敢表达出支持安全的做法,不考虑劳动管理挑战、社会压力或个人风险因素,而且能够接受他人的意见。

在航空维修环境中,人际信任是指维修人员愿意在专业水平和安全性问题上信任同事,他们应能够相互依靠,履行各自的承诺,并保护彼此远离危险。因此,人际信任和坦诚沟通往往具有相互支持的特性。帕坦卡等人(Patankar,

Taylor，and Goglia，2002）研究了五个维修机构的人际信任，发现三分之一的机械师不相信他们的主管会为安全着想。第四代维修资源管理计划开始强调人际信任的重要性，第五代和第六代计划更加重视。在早期阶段（第四代），只有同事认识到了人际关系的重要性，而且仅认识到了员工-管理层之间的关系。随着维修资源管理计划的继续发展，到了第五代计划，人际信任概念成了维修资源管理计划可持续发展的基础，到了第六代计划，同事、经理、监管机构和整个行业同行所期望的信任水平达一个新的高标准，如果没有像航空安全行动计划和航线运行安全审计这类计划，就不可能通过安全数据共享进行预测分析。

（3）飞机维修工程师/技术人员是航空领域最具个人主义的员工。霍夫斯泰德（Hofstede，1984）通过对全球 IBM 员工的划时代研究，对不同员工的工作价值观进行了分类，把更倾向于重视集体和谐或群体目标而非个人自主性的员工归类为"集体主义"，把重视个人自主性而非集体或群体和谐的员工归类为"个人主义"。霍夫斯泰德（Hofstede）注意到个人主义与集体主义的差异有着清晰的国界划分，西方国家的人比东方国家或南美国家的人更加具有个人主义。这一研究为基于国界的文化分类奠定了基础。海姆里奇和梅利特（Helmreich and Merritt，1998）将这种差异称为"民族文化"，并在跨专业和组织边界的基础概念之上定义了"专业文化"和"组织文化"。海姆里奇和梅利特将霍夫斯泰德的个人主义与集体主义量表应用到了飞行员和外科医生身上，发现外科医生比霍夫斯泰德最初的 IBM 员工样本更加个人主义，飞行员比外科医生更加个人主义。泰勒（Taylor，1999）对飞机维修技术人员进行了类似的研究，发现技术人员比飞行员更加个人主义。因此，在个人主义-集体主义的连续轴上，飞机维修技术人员往往是最个人主义的，这与维修资源管理计划的目标完全相反。因此，维修资源管理计划要想有效地改善人际沟通和团队合作，必须更加重视行为建模和技能培训。在跨国影响方面，后续研究（Patankar and Taylor，2001；Patankar，1999；Taylor and Patankar，1999）发现，虽然北美国家的维修资源管理培训很好地过渡给了亚洲国家的学员，但在印度，自信得分增长更加显著。因此，北美国家典型的维修资源管理培训可应用于更加集体主义的国家文化中，但某些群体对自信相关的模块可能会有不同的反应。

（4）维修资源管理培训的投资回报率（ROI）是能够予以证实的。在美国，维修资源管理培训是自愿实施的。因此，大多数公司需要证实正投资回报率，从而顺利安排这类计划，并把这些计划纳入更广泛的安全策略中。美国联邦航空管理局提供了一个基本的投资回报率计算工具（FAA，2017b）。这个工具可以生成维修资源管理计划预期投资回报率初始估算值。然而,虽然它适用于成功概率低于 100 ％的维修资源管理计划(培训可能不能实现 100 ％的目标),但它不适用于其他同时或近期完成的可能影响整体安全表现的安全举措。为了客观地衡量维修资源管理培训的财务影响,尽管相信同时或先前支持的非维修资源管理安全举措能够衡量,泰勒(Taylor,2000b)提出了一个公式,提取出了维修资源管理教学的效果,从而真实评估维修资源管理培训的投资回报率。在该公式中,使用"因果算子"作为乘数(取值范围为 0～1),从而适当调整投资回报率估算值。这个因果算子的实际值基于维修资源管理培训计划产生的学员态度变化前后比较。因此,如果学员在接受维修资源管理培训后的态度改善为 30 ％,培训计划可以获得的总投资回报率为 30 ％。帕坦卡和泰勒(Patankar and Taylor,2004a)举了两个例子来说明显著的正投资回报率可能源自影响"高价值"结果的高成本维修资源管理计划(例如工时损失事故的例子)。而且,有时,维修资源管理计划可以成功改进安全结果,但却不会产生正投资回报率。因此,计划和设计能够影响特定目标及其相关投资回报率的维修资源管理计划非常重要。

莱塞尔等人(Lercel et al.,2011)将投资回报率分析分为微观、中间和宏观三个层面。根据这一分类,美国联邦航空管理局和泰勒建议的分析类型(前文所讨论的)被视为微观层面的分析。在更高层面上,分析转向全公司范围内的安全计划。因此,全公司范围的安全管理体系计划,包括维修资源管理、机组资源管理和航线运行安全审计计划及其在多个地点的实施视为中间层次的投资回报率分析。虽然莱塞尔等人并未报告航空业的中间层面分析示例,但他们列举了建筑行业和制药行业一些有说服力的示例来说明全公司范围内安全计划的好处和安全不到位的风险。在宏观分析层面,莱塞尔等人阐述了安全事件(即使是结果相对良好或非常英勇的事件)对公司股价的破坏性影响。无论实际结果(在生命/财产损失方面)如何,公司基本上都会因为安全事故损失大量的市场价值。

由于安全计划很少单独实施,泰勒(Taylor,2000b)引入了因果算子的概念来适当调整维修资源管理培训等特定安全计划的影响。莱塞尔等人(Lercel et al.,2011)承认这一事实,但提出了"安全投资组合矩阵",用来综合多个安全计划的财务影响。该方法将所有安全计划合并成一个综合投资,就像金融投资的共同基金一样。从根本上说,这种基于投资组合的方法将安全计划的概念从"成本"转变成了"投资";通过将安全计划的成功与公司财务的成功联系起来,引起最高管理层的关注;通过考虑所有安全计划的整体影响,而不是单独计划的经济利益,实现更长期的展望;利用同时开展的多个计划的优势;并且可以承受一两个个别计划的短期负回报。

（5）维修资源管理计划对全球航空维修行业的安全文化产生了深远的影响。根据沙因（Schein，1988）的组织文化模型，共享价值观是所有群体集体文化的精髓，这种价值观是在该群体内所有个体共同经历的基础上形成的。有人可能会说，在维修资源管理计划的早期，飞机维修工程师和技术人员的共同经历主要围绕着责任。事故/事件调查的重点是"谁"犯了错误，而纠正措施主要是惩罚错误责任人。因此，从理论上来说，如果想要改变航空维修行业中的追责文化，必须要创造一种不同的共同经历。虽然他们当时并未意识到这一点，但第二代维修资源管理计划的创始人约翰·葛戈利亚、吉姆·巴洛和乔·卡尼亚凭借自身的经验知道，犯错的技术人员最清楚导致错误的环境，因此需要在一定程度上保护他们不受处罚，这样他们才能帮助防止将来出现类似错误。随着第二代计划的实施，航空公司、美国联邦航空管理局和工会三方证明，他们会遵守相互协议，三方共同努力创造新的共同经历。长期以来反复一贯地强调非惩罚性差错管理，帮助航空维修行业摆脱了追责文化。然而，这种文化转变花了将近十年的时间才得以制度化，形成一个正式、可重复的过程：它在第五代维修资源管理计划中，以航空安全行动计划的形式呈现。因此，员工、管理层和监管机构三方达成的航空安全行动计划协议说明了特定组织的安全文化已经从追责文化转变成报告文化或公正文化。这种文化转变是一种国家现象，从 2003 年到 2017 年，航空安全行动计划从 6 个增长到 168 个，支持这种观点。

在全球范围内，美国联邦航空管理局、加拿大交通部和英国民航局之间的合作促使国际民用航空组织制定了具体要求和指导材料，许多成员国已经认可这些要求，并根据自己的需求编制了有自己特色的国际民用航空组织指导材料。推荐培训大纲以及海报、书籍和视频等辅助材料，已经帮助所有航空维修技术人员建立一个他们所期待的共同知识体系。此外，国际航空认证委员会（AABI，大学航空计划认证机构）要求所有获得国际航空认证委员会认证的航空学院/大学都有一个健全的安全管理计划。因此，起源于美国的维修资源管理研究工作已经在全球产生政策和实践层面的影响，并且已经深入许多一流大学的研究项目中，因此，将来的维修技术人员将给这个行业带来足够的知识、适当的态度和基本的技能，做出符合公平安全文化期望的行为。

13.4.2　对未来的影响

维修资源管理计划的发展历程构成了大规模文化变革中一件有意思的案

例。阿罗哈航空公司、安大略航空公司和英国航空公司 BAC 1‑11 这三起重大事故等触发事件对关于维修环境、做法和个人弱点的普遍无争议假设构成了挑战。随后的事故调查也对从个人层面追责到系统层面责任的思维转变发挥了重要作用。因此,维修资源管理计划在创建和实施时,为维修人员、管理人员和监管机构提供了另一种共同经历。由于各方都从新的经历中吸取经验并且坚持相互承诺,所以原来的假设消失了,人际信任提高了,共同价值观改变了,工作表现也提高了。内部和外部领导者(担任正式职务的人员)以及影响者(不承担直接运营责任的人员)都在制订干预措施方面发挥了作用,就实施干预措施的成功和挑战提供客观反馈,并编写报告和培训材料。整体来看,个人、公司、工会、大学和政府机构共同组成的错综复杂的社会系统网络,实现了全球航空业共同价值观的根本性转变。这并不是说转变过程是完美无缺,或者转变经历没有遇到任何挑战和挫折;尽管如此,但人们坚持不懈,适应不断变化的财政、地缘政治和监管限制,在某些情况下,他们将责任传递给下一任人员,继续追求核心目标。

展望未来,将来的大规模文化变革机会应牢记以下几点:① 全球范围内整个行业的大规模文化变革可能需要数十年时间,但有可能实现;② 制订意识和行为改变计划非常重要,而且要在全体员工中间垂直实施此类计划(从入职前的学术计划到主管级别的研讨会);③ 领导者和影响者必须致力于核心事业,而且要愿意适应不断变化的外部和内部条件;④ 可以实现正向财政回报,但这并不是开始适当努力的前提条件;⑤ 政府、业界和学术界可以非常有效地结成伙伴关系,相互利用各自的优势;⑥ 一旦有了足够的政治支持,国家和国际层面的立法改革是实现文化变革制度化的最有效办法。

为了帮助美国联邦航空管理局继续主办信息分享会议,让航空公司共享安全数据,安全文化下一个层面的改进工作是需要各研究项目利用数据整合的力量,把正常运行、经验教训、最佳做法以及在飞行、维修、客舱和签派中实现的影响综合起来。这类研究需要美国联邦航空管理局、加拿大交通部和英国民航局等政府机构的资助,所以研究报告是公开的,整个行业均可使用。航空业是一个全球性的行业,跨国合作对于促进航空业安全文化的持续发展至关重要。

13.5　事故调查工具和分类方法

13.5.1　维修差错判断辅助工具

维修差错判断辅助工具(MEDA)由波音公司研发(Rankin,2007)。这款工具的研发时间是 1992—1995 年,与第二代和第三代维修资源管理计划的制订几乎是在同一时间。在 20 世纪 90 年代早期,越来越多的大型航空公司开始采用维修资源管理计划,同时查明了飞机事故的根本原因在于更广泛的系统因素和人为因素,因此,航空业希望可以借助一项切实可行的工具来调查维修相关的差错。维修差错判断辅助工具一经研发、现场测试并做好广泛分销准备,波音公司就开始向其所有航空公司客户提供这款工具及其相关培训。因此,这款工具以及维修人为因素的基本概念、非惩罚性报告系统以及对系统性解决方案的重视在国际航空公司中流传开来。

维修差错判断辅助工具过程包括五个阶段,即事件、决策、调查、防范策略和反馈。维修差错判断辅助工具过程将触发条件设定为"事件"而不是事故,目的是鼓励调查所有不符合预期的结果。此外,它还可以让运营商追踪重要事件。这类事件的例子包括航班取消、舱门重新打开和空中发动机停车。所有事件都与航空公司的实际成本有关(尽管不同公司的成本不同),因此,该过程鼓励用户考虑差错和解决方案的财务影响。在决策阶段,运营商应确定该事件是否与维修有关;只有与维修有关的事件,运营商才会进一步使用维修差错判断辅助工具过程进行调查。预先编制的维修差错判断辅助工具表可以指导调查人员确定事件的根本原因,并帮助他们确定事件是由差错行为还是违规行为造成的。根据维修差错判断辅助工具,差错行为是非故意人为差错,而违规行为是故意行为。维修相关事件可能是由差错、违规行为单独或共同造成的。维修差错判断辅助工具还可以帮助调查人员考虑适当的防范策略。最后,反馈阶段的目的是与员工沟通事件性质、调查结果以及为防止将来发生类似事件而采取的策略。截至 2007 年,波音公司表示,已有超过 500 家航空公司客户接受了维修差错判断辅助工具培训,结果表明,因维修导致的飞机延误事件减少了 16 %,重大操作事件减少了 48 %。因此,事实证明,维修差错判断辅助工具是一项有效的工具,可以减轻较低后果的事件,从而降低发生更高后果事件的风险(假设造成这两种程度后果的因素类似或相同)。

根据维修差错判断辅助工具分类方法,维修差错可以分为以下几类(Boeing, 2001):安装差错,维修差错,修理差错,故障隔离、测试或检查差错,异物损伤差错,飞机/设备损坏差错,人身伤害差错,以及其他。

接下来,维修差错判断辅助工具过程需要明确多种影响因素:信息,设备、工具和安全装置,飞机设计、配置和部件,工作或任务,技术知识和技能,个人因素,环境和设施,组织因素,领导和监督能力,以及沟通。

维修差错判断辅助工具指南(Boeing，2001)就调查人员在应对多种影响因素时应思考的问题提供了进一步指引。使用维修差错判断辅助工具指南，有助于提高影响因素解释的一致性，而且组织方面收集的信息可靠性更高。

在差错预防策略方面，维修差错判断辅助工具过程首先要求审查现有的策略，这些策略可能在特定时间内没有效果。如果是这样，与其创建一个新的策略，不如审查致使现有策略无效的因素。然后在需要的情况下，再考虑创建新的策略。

13.5.2　维修人为因素分析与分类系统

人为因素分析与分类系统(HFACS)由海军安全中心(Naval Safety Center，NSC)开发，后来经过扩展，包含维修相关事件(称为"人为因素分析与分类系统的维修扩展系统"，简称 HFACS - ME)(Schmidt，Lawson，and Figlock，2001)。HFACS - ME 模型的一个核心原则是事故是由各种潜在条件和诱发性失误综合造成的，因此，要想制订长远的预防措施，就要解决潜在条件问题。潜在条件和诱发性失误可分为四大类，即不安全的管理条件、不安全的维修人员条件、不安全的工作条件以及维修人员的不安全行为。由于采用了这种方法，很有可能，任何特定的调查都将揭示将来可能会导致其他不良事件的潜在条件。施密特等人(Schmidt et al.，2001)分析了美国国家运输安全委员会的 15 份事故报告，发现 100 % 的报告都报告了不安全的管理条件，73 % 的报告中报告了不安全的维修人员条件，67 % 的报告中报告了不安全的工作条件，关于维修人员的不安全行为，87 % 的报告中报告了差错行为(非故意人为差错)，47 % 的报告中报告了违规行为(故意冒险或非法行为)。

13.5.3　维修和机坪操作中的航线运行安全评估

一方面，虽然维修差错判断辅助工具(MEDA)和 HFACS - ME 都是比较出色的工具，但他们设计用于调查已经发生的事件，因此，它们都是被动工具。另一方面，航线运行安全评估(LOSA)观察的目的是主动阻止错误的发生，并识别潜在问题，因此，可以主动使用观察得到的数据(Crayton et al.，2017)。维修LOSA 的基本分类方法与 MEDA 非常类似，唯一的区别在于触发点不是实际事件，而是正常运行的例行观察结果。例如，MEDA 列出的第一个影响因素是"信息"。在填写 MEDA 报告时，调查人员必须考虑与信息相关的各种问题，然后填写叙述回答。此外，如果是航线运行安全评估观察，观察员可以从下拉列表选项中选择，并报告信息是否不可理解、不可用、不正确等(FAA，2017c)。

重要的是要注意,航线运行安全评估观察既要了解安全风险和威胁,还要了解如何管理这些威胁。因此,当存在明显的安全风险和威胁,但没有有效管理威胁来遏制风险时,就会导致不希望发生的事件。如果把威胁管理在可接受范围内,就可以利用基础数据来分析是否需要制定更广泛的风险管理策略。

13.6　技术操作中安全文化的影响

布朗哈特等人(Ployhart,Hale,and Campion,2014)回顾了文化的一些定义,认为文化主要集中在三个方面:① 文化产物;② 价值观和信念;③ 基本假设。这与沙因(Schein,1988,2010,2015)的组织文化理论一致。霍夫斯泰德(Hofstede,1984)的研究工作主要围绕共同价值观,最常用于涉及文化比较的研究。海姆里奇和梅利特(Helmreich and Merritt,1998)扩展了不同价值观的用途,按照国界(民族文化)、组织边界(组织文化)和专业边界(专业文化)对不同人群进行分类。因此,霍夫斯泰德的比较量表,如个人主义与集体主义或权力距离,可用于不同的国家群体、组织群体或专业群体。在安全文化方面,主要的共同价值观是安全。因此,安全文化是组织文化的重点研究方面。因此,要想研究维修资源管理计划对技术操作中安全文化的影响,研究人员需要关注共同价值观和信念受到了何种程度的影响,维修资源管理计划如何改变基本假设,以及创建了什么具体产物来纪念共同价值观和信念的变化。

13.6.1　共同价值观、信念和假设

沙因(Schein,2015)认为,在一段时间内,假设群体成员关系保持比较稳定,大多数群体都会通过一定的经历,不仅可以学会如何避免错误,还可以明确什么行为会得到奖励,从而形成共同的价值观和信念。在技术操作方面,维修人员曾经历过追责文化,错误调查的重点往往是犯错责任人,而不是解决系统中的潜在问题。因此,维修领域学会了避而不谈,也学会了如何在记录本中避免差错。然而,一些主要领导者知道要想解决维修差错的挑战,他们需要赢得维修人员的信任,并让他们参与解决系统问题。因此,当约翰·葛戈利亚、乔·卡尼亚和吉姆·巴洛决定共同努力解决这一问题时,他们迈出了改变维修人员共同经历的第一步,从而开启了航空维修领域可持续文化变革的漫长征程。当时,维修领域有一个更深层次的隐含假设,即如果技术人员直接承认自己的错误,不仅要受到航空公司的惩罚,还可能会被美国联邦航空管理局吊销执照。因此,航空公司和美国联邦航空管理局都必须为技术人员提供一致的保护,但这种保护又不

能是"免罪"卡(完全赦免)。这种方法也是今天公正文化概念的基础,其中,无意差错和故意无视安全规定之间有明显的区别;故意无视安全要受到惩罚。回顾技术操作领域的文化在六代维修资源管理计划期间发展成熟的历程,可以清楚地发现技术人员、管理人员和监管人员的共同经历肯定发生了变化,最终使得航空公司、工会和美国联邦航空管理局之间达成了正式的三方协议。一旦这些协议开始正式确立并获得支持,随后的共同经历就有助于加强关于安全、非惩罚性报告和公正文化的共同组织价值观。

13.6.2　领导者和影响者的作用

在本小节中,一方面,领导人是指在工会、航空公司或监管机构中担任正式领导职务的人;另一方面,影响者是指虽然不像领导者那样担任任何正式职务,但通常受到其专业领域的好评,能够影响态度和行为变化的人。在维修资源管理计划中,领导者和影响者形成了强大的联盟,其中一些还担任重要职务。例如,比如像约翰·葛戈利亚、乔·卡尼亚和吉姆·巴洛等先驱人物,一开始是影响者(他们虽然担任正式职务,但权力有限),后来获得了地位较高的正式领导职务,并且继续"将个人努力转化为集体目标和承诺"(Pettigrew,1979)。

在这里,重要的是要承认所有主要工会的作用:

(1) 国际机械师和航空工人协会。

(2) 美国航空机械师联合会。

(3) 国际卡车司机兄弟会。

这些组织机构代表在保护维修技术人员的个人权利和推进整体安全议程方面发挥了关键作用,并为提高职业行为标准树立了榜样。例如,他们与会员一起发展关键行为,构成会员专业水平的基本期望。违反上述任何一种行为都构成过失行为,因此,个人不能得到赦免,从而实现了责任和仁慈之间的平衡(Patankar and Baines,2003)。所有工会的许多个人都是公正文化的榜样和捍卫者,因此通常可以加强共同的安全价值观。

同样,美国各大航空公司,如美国航空公司、美国大陆航空公司、美国达美航空公司、美国西北航空公司、美国西南航空公司、美国联合航空公司和全美航空公司提供了工作人员和设施以帮助收集数据,参与调查研究和测试原型培训材料。这些公司的员工付出了大量的时间,公司也投入了高达数百万美元的物质资源。此外,许多大型修理站,如 AAR、B. F. Goodrich Aerospace、Lufthansa Technic 和 TIMCO,也为支持维修资源管理研究贡献了资源。更重要的是这些合作伙伴都利用研究成果来改进他们的内部维修资源管理培训计划、安全政策，以及一线员工和高级管理人员一致期望的行为训练。他们还支持参与整个行业定期召开的信息分享会议，从而方便其他航空公司调整和采用研究得到的最佳做法和经验教训。

学术和联邦研究人员是技术操作领域安全文化的重要影响者。维修资源管理/维修人为因素研究领域的一些最重要的贡献来自克莱姆森大学、美国联邦航空管理局民用航空医学研究所、美国国家航空航天局艾姆斯研究中心、普渡大学、圣路易斯大学、圣何塞州立大学、圣克拉拉大学和布法罗大学。院系研究人员和学生与几乎所有的美国航空公司和大部分的维修站以及一些外国航空公司开展合作，以开发可靠的研究工具、分析技术、数据集和研究结果。这些研究项目的成果以及主要教员的证言对培训材料、指导文件、政策和法规产生了外部影响。

美国联邦航空管理局、加拿大交通部、英国民航局和国际民用航空组织的一些领导者也对技术操作领域的安全文化产生了巨大的影响。虽然他们帮助树立了意识、主持了培训计划和会议，资助了研究并主办了信息分享会议，但他们最主要的贡献是立法影响，他们影响了维修人为因素培训法规的制定和批准，并规定了这些培训计划必须包含的主题。这种程度的方向性和特殊性为技术操作领域的文化变革创造了法规、政策和指导材料等重要产物，并使全球航空业采用一致的安全价值观。

13.6.3 维修资源管理是一项计划性干预措施

在培训研究中，有很长一段时间将培训的作用描述成一项计划性干预措施（Alvarez et al.，2004）。如前几节所述，历代维修资源管理计划都以增强意识和改变个人行为为目标。虽然一些计划具有旨在解决文件错误等问题的特定行为改变目标，但其他计划直接认为，意识改变会转化为行为改变，并且最终会转变为行为结果的改变，如地面损害或工时损失事故的减少。然而，在大多数情况下，计划目标仅限于提高个人层面的意识或改变个人层面的行为。此外，大多数计划成功实现了被动的行为改变，这表明学员对人的行为问题的自我意识增强了，但还没有意识到主动改变，没有公开承诺改变措施，如实施缓解措施来对抗疲劳、干扰、压力等。将来的培训项目干预措施可以考虑综合培训评估模型，如阿尔瓦雷斯等人（Alvarez et al.，2004）的培训评估和培训有效性综合模型，以及斯皮策（Spitzer，2005）的学习有效性度量（LEM）方法，它们在将学习转化为工作场所行为方面采取了更为积极的态度,并吸收了现有组织文化的作用。这种方法不仅能使类似于维修资源管理的培训干预措施更有效地取得成果,同时也能使管理人员(基层到高层管理人员)能够做好更充分的准备,支持实施培训干预措施所产生的组织变革。

对维修资源管理计划的另一个观察结果是早期的几代计划是在对应机组资源管理计划的基础上根据维修应用的需求调整得到的。此外,早期美国联邦航空管理局信息分享会几乎只关注飞行相关的问题,并未正式代表维修领域的立场。多年来,这两种情况都发生了变化:维修资源管理培训越来越不依赖机组资源管理培训,而且信息分享会议也强烈代表了维修领域的心声。因此,虽然不能说维修资源管理原本计划作为影响技术操作领域安全文化的一项培训干预措施,但它确实达到了这一目的。通过学习这一经验和借鉴培训有效性的相关文献,未来的干预措施甚至可以更成功地实现大规模的文化变革。

13.6.4　行为结果

本章前文提到,维修资源管理培训计划有效提高了学员的安全态度,而且安全态度的提高与地面损害和工时损失事故相关的安全行为改善具有正相关关系。此外,这些计划通过安全行为改善带来的成本节约实现了重大的投资回报。因此,在个人层面和单位层面都注意到了行为改善。

然而,从理论上讲,从培训向工作场所行为改变的转变是当前组织氛围(Birdi,2007;Holton,2005)的作用,而且根据专注于任务行为的反馈(Senge,1990),学员的行为改变可以带来组织氛围和组织文化的改变。因此,可以认为,培训干预是一种专门设计的经验共享,可以借助斯皮策的学习有效性度量方法衡量具体的操作目标和价值观目标。伯迪和里德(Birdi and Reid,2013)的培训及发展成果分类方法特别有利于制定个人、群体、组织以及整个航空业层面的培训成果目标。

13.6.5　产出品

沙因(Schein,1988)将产出品定义为潜在文化的表现形式,因此,它们可以表现为语言、符号、故事以及政策和过程实现机制等形式。既然产出品指文化产出品,于是帕坦卡(Patankar,2017)提出把产出品研究而不是文化本身来作为文化成果或表现形式。维勒奈·亚韦茨和拉发里(Vilnai-Yavetz and Rafaeli,2012)认为,产出品并不仅仅是组织文化的证据。他们合并了相关文献,并给出了产出品的扩展性定义:

人类制造的人工产出品,因此是工作环境的构成要素。……可通过感官感觉……具有一定的意图,旨在满足某种需求或目标……包含名称、语言和合约等无形概念,以及组织成员引入组织的无生命物体等有形概念。

考虑到产出品可能包含的大量有形和无形物品,维勒奈·亚韦茨和拉发里(Vilnai-Yavetz and Rafaeli,2012)提出从三个方面来分析产出品:工具性、美学和象征性。工具性是指产出品的实用性(或缺乏实用性),工具、检查单、政策和程序等多个物理产出品将对结果产生积极影响,因此将被视为具有积极工具性。美学是指对产物的感官反应,它是令人愉快的吗?它的使用得当吗(在当地习俗和传统背景下的或象征意义)?它能唤起普遍积极的情绪反应吗?象征性是指产出品的意义,它对于创造产出品的人以及看到或观察产出品的人而言,可能具有完全不同的意义。因此,"产出品会产生有意和无意的象征性后果"。

在技术操作领域的维修资源管理计划中,许多项目可以认为是文化产出品。这类文化产出品的例子包括:

(1)"人为因素十二忌"海报(参考网址:http://aviationknowledge.wikidot.com/aviation:dirty-dozen)。

(2)航空安全行动计划咨询通告(AC 120-66B)(参考网址:https://www.faa.gov/documentLibrary/media/Advisory_Circular/AC120-66B.pdf)。

(3)维修差错判断辅助工具表(参考网址:https://www.faa.gov/about/initiatives/maintenance_hf/library/documents/media/media/meda_results_form_revl.pdf)(已失效)。

(4)安全管理体系基础知识视频(参考网址:https://www.youtube.com/watch?v=IdRwNZ-7s4Y)。

(5)航空安全行动计划谅解备忘录(参考网址:http://www.iamdl142.org/wp-content/uploads/2017/09/127-AA_2017a.pdf)(已失效)。

(6)安全奖(参考网址:https://www.tn.gov/workforce/news/5552)(已失效)。

大多数文化产出品具有很高程度的工具性,它们涉及用于传递信息或作为特定任务的参考/工具。一些产出品,如安全管理体系基础知识视频还具有良好的审美吸引力。航空安全行动计划备忘录等其他产出品具有很高程度的工具性和象征性。公开展示备忘录中的名称和签名具有很高的象征意义,表达对共同安全价值观和在文件中约定操作原则的共同承诺。这些文件是一线人员彼此对约定行为负责的权威许可。最后,安全奖作为一种象征性的文化产出品,在承认个人和群体层面的成就以及鼓励他人参与类似行为方面发挥着关键作用。总之,所有这些产出品都是为了加强安全相关的共同价值观和信念。

13.7　结论

技术操作领域的维修资源管理案例为大规模的文化变革提供了一条有意义的路线。在维修资源管理计划中,三起维修相关的灾难性事故(阿罗哈航空公司事故、加拿大航空公司事故和英国航空公司 BAC 1-11 事故)成为决定性时刻或触发事件。针对这些事件,做出了一系列的响应措施。首先,召开了一系列有组织的研讨会,收集整个行业的信息,以确定工作环境的性质以及飞机老化、员工培养和人的易错性等基本挑战。几乎是在召开这些研讨会的同时,对先前取得成功的机组资源培训做了调整,并应用到维修环境中,并且启动了第一代维修资源管理培训计划。其次,多年来,一系列的行业研讨会和维修资源管理培训计划经历了六代的发展,它们经受住了多重经济挑战,并适应了新出现的监管和经济需求。因此,今天的维修资源管理计划经常可以嵌入更大的安全管理体系计划当中。

为了响应行业研讨会确定的需求,并在一定程度上支持正在开展的维修资源管理培训计划,美国联邦航空管理局资助了许多研究项目,与航空公司和工会合作开展了严肃的行动研究。该研究项目也可能是美国联邦航空管理局、美国国家航空航天局、加拿大交通部与英国民航局之间合作开展的唯一大规模的行业合作。这种跨国合作可以让国际民用航空组织在美国、加拿大和英国以及在全球范围内把许多研究成果转化为各种指导材料、政策和条例。因此,它帮助全球主要的监管机构灌输了一种共同语言,并为长期的文化变革创建了一个共同平台。这些研究项目的结果清楚地证明了这些培训计划可以有效提高学员的安全态度,而且安全态度的提高与地面损害和工时损失事故等相关的安全行为改善具有正相关关系。

除了培训计划以及政策和条例等有形产出品之外,维修资源管理计划还强化了人际信任的重要性。在早期,我们承认,技术人员、公司管理人员和监管代表之间的信任是维修资源管理计划成功的关键。承认这一点是后续航线运行安全评估和公正文化发展的关键,它很好地合并到了当前安全管理体系计划以及维修和机坪航线运行安全评估计划的期望中。

今后，人们对预防和预测措施的兴趣会越来越浓厚。因此，毫无疑问，维修资源管理计划将会继续发展，并产生更深远的影响。维修资源管理计划的采纳和使用可以看作是一个成熟连续统一体，一端是被动计划，另一端是预测计划。随着航空组织逐渐适应当代维修资源管理计划，它们可能会沿着预测计划的连续统一体采用下一代计划。沿着成熟的连续统一体向前发展的能力取决于人际信任、管理层承诺、财政和人力资源的可用性以及行业的整体状况。

参考文献

Allen, J., & Marx, D. (1994). *Maintenance error decision aid project*. *Proceedings of the Eighth International Symposium on Human Factors in Aircraft Maintenance and Inspection* (pp. 101 – 115). Washington, DC: Federal Aviation Administration.

Alvarez, K., Salas, E., & Garofano, C. (2004). An integrated model of training evaluation and effectiveness. *Human Resource Development Review*, 3(4), 385 – 416. Available from https://doi.org/10.1177/1534484304270820.

ATA. (2002). *SPEC 113: Maintenance human factors program guidelines*. Washington, DC: Air Transport Association of America. Retrieved on October 18, 2017 from https://www.faa.gov/about/initiatives/maintenance_hf/library/documents/media/support_documentation/ata_spec_113_hf_guidelines.pdf.

Birdi, K. (2007). A lighthouse in the desert? Evaluating the effects of creativity training on employee innovation. *Journal of Creative Behavior*, 41(4), 249 – 270. Available from https://doi.org/10.1002/j.2162 – 6057.2007.tb01073.x.

Birdi, K., & Reid, T. (2013). Training. In R. Lewis, & L. Zibarras (Eds.), *Work and occupational psychology: Integrating theory and practice*. London: Sage.

Boeing. (2001). *Maintenance error decision aid (MEDA) users guide*. Seattle, WA: The Boeing Company. Retrieved on September 29, 2017 from https://omnisms.aero/wp-content/uploads/2016/12/Boeing-MEDA-Users-Guide.pdf.

CAA. (2002). *An introduction to aircraft maintenance engineering human factors for JAR 66*. Safety Regulation Group, Civil Aviation Authority. Retrieved on September 9, 2017 from http://www.skybrary.aero/bookshelf/books/2036.pdf.

CAA. (2003). *Aviation maintenance human factors: Guidance material on the UK CAA interpretation of part – 145 human factors and error management requirements*, CAP 716. Retrieved on September 9, 2017 from http://www.air.flyingway.com/books/hf-boock.pdf.

Commission of Inquiry. (1992a). *Commission of inquiry into the Air Ontario Crash at Dryden, Ontario (Canada)*. Final Report. Retrieved on September 9, 2017 from http://lessonslearned.faa.gov/Fokker/000347.pdf.

Commission of Inquiry. (1992b). *Commission of inquiry into the Air Ontario Crash at*

Dryden, *Ontario* (*Canada*). Final Report Appendix 7. Retrieved on September 10, 2017 from http://lessonslearned. faa. gov/Fokker/000001. pdf.

Crayton, L. , Hackworth, C. , Roberts, C. , & King, S. (2017). Line operations safety assessments (LOSA) in maintenance and ramp environments. *Report DOT/FAA7AM-17/7*. Washington, DC: Federal Aviation Administration, Office of Aviation Medicine.

FAA. (1997). *Advisory circular no. 120-66A*, *aviation safety action programs* (*ASAP*). Washington, DC. Retrieved on October 18, 2017 from https://www. faa. gov/documentLibrary/media/Advisory_Circular/AC120-66. pdf.

FAA. (2002). *Aviation safety action programs*. Advisory Circular AC 120-66B. Federal Aviation Administration. Retrieved on February 21, 2006 from http://www. faa. gov/safety/programs_i-nitiatives/aircraft_aviation/asap/policy/.

FAA. (2008). *Aviation maintenance technician handbook — General*, H-8083-30. Federal Aviation Administration. Retrieved on September 19, 2017 from https://www. faa. gov/regulations _ policies/handbooks _ manuals/aircraft/media/AMT _ Handbook _ Addendum_Human_Factors. pdf.

FAA. (2013). *Safety management system*, Executive Order 8000. 369B. Washington, DC: Federal Aviation Administration. Retrieved on September 19, 2017 from https://www. faa. gov/documentLibrary/media/Order/FAA_Order_8000. 369B. pdf.

FAA. (2015). *Safety management systems for domestic*, *flag*, *and supplemental operations certificate holders*, *final rule 14 CFR parts 5 and 119*. Washington, DC: Federal Aviation Administration. Retrieved on September 19, 2017 from https://www. gpo. gov/fdsys/pkg/FR-2015-01-08/pdf/2015-00143. pdf.

FAA. (2016). *Supplemental notice of proposed rulemaking*. *14 CFR Part 139*. Washington, DC: Federal Aviation Administration. Retrieved on September 19, 2017 from https://www. federal-register. gov/documents/2016/07/14/2016-16596/safety-management-system-for-certificated-airports.

FAA. (2017a). *ASAP participants*. Retrieved on September 29, 2017 from https://www. faa. gov/about/initiatives/asap/media/asap_participants. pdf.

FAA. (2017b). *Training and tools*. Retrieved on September 29, 2017 from https://www. faa. gov/about/initiatives/maintenance_hf/training_tools/.

FAA. (2017c). *Training*, *LOSA software*, *and forms*. Retrieved on September 29, 2017 from https://www. faa. gov/about/initiatives/maintenance_hf/losa/training/.

Fotos, C. P. (1991). *Continental applies CRM concepts to technical*, *maintenance corps*, *and Training stresses teamwork*, *self-assessment techniques* (pp. 32-35). Aviation Week & Space Technology, August 26th.

Gregorich, S. E. , Helmreich, R. L. , & Wilhelm, J. A. (1990). The structure of cockpit management attitudes. *Journal of Applied Psychology*, *75*, 682-690.

Heinrich, H. W. (1941). *Industrial accident prevention* (2nd ed.). New York, NY: McGraw-Hill Book Company, Inc.

Helmreich, R. L. , Foushee, H. C. , Benson, R. , & Russini, R. (1986). Cockpit management attitudes: Exploring the attitude-performance linkage. *Aviation*, *Space and*

Environmental Medicine，57，1198－1200.

Helmreich，R. L.，& Merritt，A. C. (1998). *Culture at work in aviation and medicine.* Aldershot，UK：Ashgate Publishing.

Hofstede，G. (1984). Culture's consequences：International differences in work-related values (*Abridged Edition*). Beverly hills，CA：Sage.

Holton，E. (2005). Holton's evaluation model：New evidence and construct elaborations. *Advances in Developing Human Resources*，7(1)，37－54. Available from https://doi. org/10. 1177/1523422304272080.

ICAO. (1998). *Human factors training manual*，Doc 9683 AN/950：International Civil Aviation Organization. Retrieved on September 19，2017 from https://www. globalairtraining. com/resources/DOC－9683. pdf.

ICAO. (2002). *Line operations safety audit*，Doc 9803 AN/761：International Civil Aviation Organization. Retrieved on September 19，2017 from https://www. tc. gc. ca/media/ documents/ca-standards/losa. pdf.

ICAO. (2003). *Human factors guidelines for aircraft maintenance manual*，Doc 9824 AN/ 450：International Civil Aviation Organization. Retrieved on September 19，2017 from https://www. faa. gov/about/initiatives/maintenance_hf/library/documents/media/support_ documenta-tion/icao_hf_guidelines_2003. pdf.

ICAO. (2008). *Operation of aircraft*，Annex 6 to the Convention on International Civil Aviation. Part II. International General Aviation Aeroplanes. International Civil Aviation Organization. Retrieved on September 19，2017 from https://www. iaopa. eu/static/ CKFinderJava/userfiles/files/news/2014/beijing2014/ANNEX6partII.%207th%20Edition. pdf.

ICAO. (2013). *Safety management*，Annex 19 to the Convention on International Civil Aviation. International Civil Aviation Organization. Retrieved on September 19，2017 from http://cockpitdata. com/Software/ICAO%20Annex%2019.

King，D. F. (1992). *BAC one-eleven，G-BJRT: The main document*. Air Accidents Investigation Branch Retrieved on September 9，2017 from https://www. fss. aero/ accident-reports/dvdfiles/GB/1990－06－10－UK. pdf.

Klinect，J.，Murray，P.，& Helmreich，R. (2003). Line operations safety audit (LOSA)：Definition and operating characteristics. *Paper presented at the 12th International Symposium on Aviation Psychology*，Dayton，Ohio.

Klinect，J.，Wilhelm，J.，& Helmreich，R. (1999). Threat and error management — Data from line operations safety audits. *Paper presented at the 10th International Symposium on Aviation Psychology*，Columbus，Ohio.

Lercel，D.，Steckel，R.，Mondello，S.，Carr，E.，& Patankar，M. (2011). *Aviation safety management systems: Return on investment study*. Saint Louis，MO：Center for Aviation Safety Research，Saint Louis University. Retrieved on September 27，2017 from http://citeseerx. ist. psu. edu/viewdoc/download?doi=10. 1. 1. 461. 9123&rep=rep1& type=pdf.

Lynch，K. P. (1996). *Management systems: A positive，practical method of cockpit resource management*. Proceedings of the 41st Corporate Aviation Safety Seminar (pp. 244 - 254). Orlando, FL: The Flight Safety Foundation.

Ma, J., Pedigo, M., Blackwell, L., Gildea, K., Holcomb, K., Hackworth, C., & Hiles, J. (2011). The line operations safety audit program: Transitioning from flight operations to maintenance and ramp operations. *Report DOT/FAA/AM - 11/15*. Washington, DC: Federal Aviation Administration, Office of Aviation Medicine.

Ma, J., & Rankin, W. (2012). Implementation guideline for maintenance line operations safety assessment (M - LOSA) and ramp LOSA (R - LOSA) programs. *Report DOT/FAA/AM - 12/9*. Washington, D. C: Federal Aviation Administration, Office of Aviation Medicine.

Marx, D. (2001). *Patient safety and the "just culture": A primer for health care executives*. Retrieved from http://www. mers-tm. net/support/Marx _ Primer. pdf on October 11, 2004.

Marx, D. A. (1998) *Learning from our mistakes: A review of maintenance error investigation and analysis systems (with recommendations to the FAA)*. Available electronically at http://hfskyway. faa. gov, and on the FAA distributed CD - ROM, *Human factors in Aviation Maintenance and Inspection*, 1999.

NTSB. (1989). *Aloha Airlines, Flight 243, Boeing 737 - 200, N73711, near Maui, Hawaii, April 28, 1988*. National Transportation Safety Board Report Number AAR89 - 03. Retrieved on September 9, 2017 from https://www. ntsb. gov/investigations/AccidentReports/Reports/AAR8903. pdf.

Patankar, M., & Baines, K. (2003). Establishing effective error-reporting programs: A cross-cultural comparison of lessons learned. In: *Proceedings of the 17th Annual FAA/CAA/Transport Canada Safety Management in Aviation Maintenance Symposium: Integrating Human Factors Principles*, Toronto, Canada. September 16 - 18.

Patankar, M., & Driscoll, D. (2005). Factors affecting the success or failure of Aviation Safety Action Programs in aviation maintenance organizations. In W. Krebs (Ed.), *Aviation Maintenance Human Factors Program Review FY04*, pp. 9 - 14. Retrieved on September 1, 2005 from http://www. hf. faa. gov/docs/508/docs/AvMaint04. pdf.

Patankar, M., & Taylor, J. (1999). *Corporate aviation on the leading edge: Systemic implementation of macro-human factors in aviation maintenance* (SAE Technical Paper No. 1999 - 011596). SAE General, Corporate & Regional Aviation Meeting & Exposition, Wichita, KS.

Patankar, M., & Taylor, J. (2001). Effects of MRM programs on the evolution of a safer culture in aviation maintenance. In R. Jensen (Ed.), *Proceedings of The Eleventh International Symposium on Aviation Psychology*. The Ohio State University.

Patankar, M., Taylor, J., & Goglia, J. (2002). *Individual professionalism and mutual trust are key to minimizing the probability of maintenance errors. Proceedings of the 1st Aviation Safety & Security Symposium*. George Washington University.

Patankar, M. S. (1999). *Professional and organizational barriers in implementing MRM programs: Differences between airlines in the U. S. and India*. SAE Technical Paper No. 1999 - 01 - 2979. SAE Airframe/Engine Maintenance and Repair Conference,

Vancouver, BC.

Patankar, M. S. (2017). An integrated model of organizational culture and climate: A case study in obstetrics practice in Ontario. *Doctor of Philosophy degree in Management*. Sheffield, UK: Institute for Work Psychology, University of Sheffield.

Patankar, M. S., & Taylor, J. C. (2004a). *Risk management and error reduction in aviation maintenance*. Aldershot, UK: Ashgate Publishing.

Patankar, M. S., & Taylor, J. C. (2004b). *Applied human factors in aviation maintenance*. Aldershot, UK: Ashgate Publishing.

Pettigrew, A. M. (1979). On studying organizational cultures. *Administrative Science Quarterly*, 24, 570 – 581.

Ployhart, R. E., Hale, D., & Campion, M. (2014). Staffing within the social context. In B. Schneider, & K. M. Barbera (Eds.), *The Oxford handbook of organizational climate and culture*. Oxford, England: Oxford University Press.

Rankin, W. (2007). MEDA Investigation process. *Aero Magazine*. Seattle, WA: The Boeing Company. Retrieved on September 29, 2017 from http://www.boeing.com/commercial/aero-magazine/articles/qtr_2_07/AERO_Q207_article3.pdf.

Reason, J. (1997). *Managing the risk of organizational accidents*. Aldershot, UK: Ashgate Publishing Limited.

Robertson, M. M., Taylor, J. C., Stelly, J. W., & Wagner, R. (1995). *A systematic training evaluation model applied to measure the effectiveness of an aviation maintenance team training program. Proceedings of the Eighth International Symposium on Aviation Psychology* (pp. 631 – 636). Columbus, Ohio: The Ohio State University.

Schein, E. (1988). *Organizational culture and leadership*. San Francisco: Jossey-Bass.

Schein, E. (2010). *Organizational culture and leadership* (4th ed.). San Francisco, CA: Jossey-Bass.

Schein, E. (2015). Corporate culture. *International Encyclopedia of the Social & Behavioral Sciences*, 4(2), 923 – 926. Available from https://doi.org/10.1016/9978 – 0 – 08 – 097086 – 8.73014 – 5.

Schmidt, J. K., Lawson, D., & Figlock, R. (2001). *Human factors analysis and classification system — Maintenance extension (FHACS – ME). Review of select NTSB maintenance mishaps, an update*. Retrieved on September 29, 2017 from https://www.faa.gov/about/initiatives/maintenance_hf/library/documents/media/human_factors_maintenance/hfacs_me.pdf.

Senge, P. (1990). *The fifth discipline: The art and practice of the learning organization*. New York, NY: DoubleDay.

Shepherd, W. T., & Parker, J. F. (1989). *Proceedings of the first meeting on human factors issues in aircraft maintenance and inspection*. Accessed on September 17, 2017 from https://www.faa.gov/about/initiatives/maintenance_hf/library/documents/media/human_factors_mainte-nance/human_factors_issues_in_aircraft_maintenance_and_inspection.pdf.

Sitzman, T., & Weinhardt, J. (2015). Training engagement theory: A multilevel perspective on the effectiveness of work-related training. *Journal of Management*, 1 – 25. Available from https://doi.org/10.1177/0149206315574596.

Spitzer, D. R. (2005). Learning effectiveness measurement: A new approach for measuring and managing learning to achieve business results. *Advances in Developing Human Resources*, 7 (1), 55 – 70. Available from https://doi.org/10.1177/1523422304272167.

Stelly, J., Jr., & Taylor, J. (1992). *Crew coordination concepts for maintenance teams*. *Proceedings of the Seventh International Symposium on Human Factors in Aircraft Maintenance and Inspection — Science Technology and Management: A Program Review*. Washington, D. C: Federal Aviation Administration.

Taggart, W. (1990). *Introducing CRM into maintenance training*. *Proceedings of the Third International Symposium on Human Factors in Aircraft Maintenance and Inspection* (pp. 93 – 110). Washington, D. C: Federal Aviation Administration.

Taylor, J., & Patankar, M. (2001). Four generations of Maintenance Resource Management programs in the United States: An analysis of the past, present, and future. *The Journal of Air Transportation World Wide*, 6(2), 3 – 32.

Taylor, J., & Patankar, M. (1999). Cultural factors contributing to the success of macro human factors in aviation maintenance. In R. Jensen (Ed.), *Proceedings of the Tenth International Symposium on Aviation Psychology*. Columbus, Ohio: The Ohio State University.

Taylor, J., & Robertson, M. (1995). *The effects of Crew Resource Management (CRM) training in airline maintenance: Results following three years experience*. Washington, DC: National Aeronautics and Space Administration (NASA). Available electronically at http://hfskyway.faa.gov, and on the FAA distributed CD – ROM, *Human factors in Aviation Maintenance and Inspection*.

Taylor, J. C. (1994). Using Focus Groups to Reduce Errors in Aviation Maintenance (Original title: Maintenance Resource Management [MRM] in Commercial Aviation: Reducing Errors in Aircraft Maintenance Documentation, Technical Report — 10/31/94) Los Angeles: Institute of Safety & Systems Management, University of Southern California. Retrieved on September 29, 2017 from http://hfskyway.faa.gov.

Taylor, J. C. (1998). Evaluating the effectiveness of Maintenance Resource Management (MRM). In *Proceedings of the 12th International Symposium on Human Factors in Aircraft Maintenance and Inspection*, Gatwick, UK, pp. 85 – 99.

Taylor, J. C. (1995). Effects of communication & participation in aviation maintenance. In R. Jensen (Ed.), *Proceedings of the Eighth International Symposium on Aviation Psychology* (pp. 472 – 477). Columbus, Ohio: The Ohio State University.

Taylor, J. C. (1999). *Some effects of national culture in aviation maintenance* (SAE Technical Paper No. 1999 – 01 – 2980). SAE Airframe/Engine Maintenance and Repair Conference, Vancouver, B. C.

Taylor, J. C. (2000a). Reliability and validity of the maintenance resource management, technical operations questionnaire (MRM/TOQ). *International Journal of Industrial*

Ergonomics, 26(2), 217 – 230.

Taylor, J. C. (2000b). *A new model for measuring return on investment (ROI) for safety programs in aviation: An example from airline maintenance resource management (MRM).* (SAE Technical Paper No. 2000 – 01 – 2090). SAE Advances in Aviation Safety Conference & Exposition, Daytona Beach, FL.

Taylor, J. C. (2004). *Prototype Training Materials for Acceptance Criteria of Maintenance ASAP Events Occurring within Social Context.* Report submitted to QSS/NASA Ames Research Center, Moffett Field, CA. Retrieved on September 16, 2017 from https://ntrs.nasa.gov/archive/nasa/casi.ntrs.nasa.gov/20050168086.pdf.

Taylor, J. C., & Christensen, T. D. (1998). *Airline maintenance resource management: Improving communication.* Warrendale, PA: SAE Press.

Taylor, J. C., Robertson, M. M., & Choi, S. (1997). *Empirical results of maintenance resource management training for aviation maintenance technicians. Proceedings of the Ninth International Symposium on Aviation Psychology* (pp. 1020 – 1025). Columbus, Ohio: The Ohio State University.

Taylor, J. C., Robertson, M. M., Peck, R., & Stelly, J. W. (1993). Validating the impact of maintenance CRM training. In R. Jensen (Ed.), *Proceedings of the Seventh International Symposium on Aviation Psychology* (pp. 538 – 542). Columbus, Ohio: The Ohio State University.

Transport Canada. (1999). *Flight 2005: A civil aviation safety framework for Canada (TP13521).* Ottawa, ON: Transport Canada.

Transport Canada. (2006). *Flight 2010: A strategic plan for civil aviation (TP14469).* Ottawa, ON: Transport Canada.

Transport Canada. (2015). *Guidance on safety management systems development.* Retrieved on September 9, 2017 from https://www.tc.gc.ca/eng/civilaviation/opssvs/managementservices-referencecentre-acs-100-107-001-5-457.htm.

Vilnai-Yavetz, I., & Rafaeli, A. (2012). Managing artifacts to avoid artifact myopia. In A. Rafaeli, & M. Pratt (Eds.), *Artifacts and organizations: Beyond mere symbolism* (pp. 9 – 21). New York, NY: Psychology Press.

Wright, W., & Tanji, E. (April 30, 1988). And then, whoosh! She was gone. *The Washington Post.* Retrieved on September 9, 2017 from https://www.washingtonpost.com/archive/poli-tics/1988/04/30/and-then-whoosh-she-was-gone/a4da02d6-c8c3-47f7-a4e4-da2097a73b2a/?utm_term=.4c43b3f6f9e1.

14　飞行机组和客舱机组的团队合作：提高航空安全

坎达丝·K. 科兰德(Candace K. Kolander)
曾供职于美国华盛顿特区的美国空乘协会(CWA)

14.1　客舱内的机组资源管理

　　机组资源管理(CRM)的第一个课程就是"驾驶舱"资源管理。早期,大约在20世纪60年代之前,航空事故一直呈上升趋势,从70年代开始我们才看到事故率开始趋于平稳。事故率下降的部分原因是,采用了更好的设备,而且开展了更好的飞行技术方面的培训。但是,这两个方面还不够,根据咨询通告(AC)120-51E可知,60%~80%事故和事件的原因都是决策不力、缺乏沟通、领导能力和任务管理能力不足等机组相关行为造成的(FAA,2014)。因此,在20世纪80年代中期,我们看到一些航空公司开始采用"驾驶舱"资源管理培训。

　　最后,客舱和驾驶舱机组人员之间缺乏沟通被认为是造成事故和事件发生的原因,所以把"驾驶舱"资源管理扩大到了客舱和其他运行区域。于是,发展成为现在的机组资源管理。

　　1989年3月,安大略航空公司的福克F-28飞机在加拿大安大略省德莱顿起飞时坠毁,造成24人死亡。事故调查发现,客舱机组人员没有告诉飞行员机翼上有积雪。客舱机组人员一直不愿意主动报告,因为她过去曾向飞行员报告过安全问题,但飞行员并不想听到这类报告(Commission of Inquiry,1992)。她还认为飞行员们非常清楚当时的情况,她不应该怀疑飞行员已经了解所有信息。

　　1989年1月,英国米德兰航空公司的波音737飞机因为1号发动机(左侧)的风扇叶片断裂而发生事故,客舱机组人员在沟通安全信息方面也有类似明显的沟通失误。然而,飞行员误以为2号发动机(右侧)损坏。客舱机组人员和乘客看到左侧发动机着火,但并未告知飞行员。没有人纠正飞行员的错误,于是唯

——台正常工作的发动机随后被关闭，造成机上 126 名人员中有 47 人死亡（AAIB，1990）。

机组资源管理主要关注团队有效协调和沟通。虽然个人表现仍然很重要，但客舱机组人员可以提供重要的信息资源，从而扩大飞行员的视听范围。这两个机组的团队合作越多，就越有可能提高机组人员的效率，减少差错管理。上文回顾的两起事故清楚地表明，"团队"思想出了问题。

14.2 两种文化和地理环境

机组资源管理培训主要通过培养客舱和驾驶舱机组人员在正常和紧急运行期间的团队合作精神来促进安全。国际民用航空组织（ICAO）指出，有四种类型的文化可以影响机组资源管理的机组内部沟通，分别是机组成员的民族文化、职业文化、组织文化和组织安全文化（ICAO，2003）。

一方面，尤其是在人员相互交流时，同质文化往往会产生积极的影响。另一方面，特别是在解决问题的情况下，不同文化相互作用可能会产生沟通错误等负面后果（Chute and Weiner，2009）。除了文化差异之外，商用飞机的工作环境也分为两个区域，即驾驶舱和客舱。

我的许多前辈都是空姐，她们必须持有注册资格证，单身，无子女，年龄不超过 25 岁，体重不超过 115 磅。她们主要是在无增压、无供暖或无空调的飞机上安抚第一次长途、艰辛旅行乘客的情绪，有时全程飞行时间长达 18～24 小时。她们在飞机上工作主要是出于一些实际原因，但也有一些营销原因。在 20 世纪 30 年代，空姐的重要特征是服从管理和善于社交。相比之下，飞行员是从 20 世纪 20 年代的特技飞行员和高空杂技师培养而来的，这些"江湖艺人"开着飞机表演了人们能够想到的几乎所有的特技或技艺。他们还承担着确保 20 世纪 20 年代海岸间航空邮政航班成功飞行的职责。在随后几年，商业航空飞行员来自军事飞行员。

这两种文化的飞行员之间有着明显的差异，一拨人致力于公共服务并且受过市场营销方面的培训，另一拨人致力于机械操作，非常精通技术问题。他们都受到传统管理和航空公司管理的影响，至今仍然存在一定的差异。

客舱和驾驶舱之间除了有文化障碍之外，还有存在多年的物理障碍，即驾驶舱门。客舱机组人员还可以根据他们工作所在客舱的级别（头等舱、商务舱或经济舱）进行进一步分类。从某种意义上说，客舱内可能有两个或以上团队；由于飞行员在驾驶舱门背后，因此与机上客舱机组人员分割的可能性很高。

出于安全原因,制订了工作时间和休息规定等战略工具来对抗疲劳。然而,如果飞行员与客舱机组人员的管理名册或安排方式不同,团队文化可能会再次遭到破坏。许多监管机构已经制订有关工作时间和休息要求的法规和指导,对这两个工作组同等对待,只做一些细微区分。认识到人体对抗疲劳的睡眠生理需求对两个工作组来说是相同的,但如果监管要求在飞行和工作时间方面对两个小组进行区别对待,可能会引起一个障碍,也就是监管机构把他们作为两个不同小组造成的障碍,这些区别没有合理的科学依据。飞行员和客舱机组人员至少受到同等程度疲劳核心因素的影响,如自己所在时区的相对时间、工作时间、起床后的时间以及之前积累的睡眠不足。

当两个工作组之间的管理名册或安排差别很大,可能会产生另外一层隔阂或凝聚力障碍。例如,客舱和驾驶舱机组人员可能一起执行了多次飞行任务,然后在飞行结束后各自去往不同的地方。在美国,一些飞行员和客舱机组人员甚至不住在同一家酒店,这是造成两个团队隔阂的另一个因素。虽然这并不是本文所关注的具体领域,但它们与有效机组资源管理障碍之间的关系值得思考。

有效的机组资源管理培训有助于解决一些文化、地区和监管方面的差异。

14.3 "9·11"事件后新增的安全措施

机组资源管理教会机组成员利用一切可用的资源(如硬件、软件和其他人员)来实现安全飞行。但如果其中一个硬件会对驾驶舱通信造成不利影响,应该怎么办? 为了减少事故率,如果不评估这一风险,就是失职。

在 2001 年 9 月 11 日之后,美国和其他国家采取了应对措施,避免飞机可能被用作武器的航空威胁。需要修订和加强航空安全,以应对最新威胁。在机场安全方面,需要完善对乘客和行李的检查。需要更新和加强进入机场安全区域和飞机的人员识别和验证。在未来的机场建设中,需要采取更有效的安全措施,可以举几个例子进行说明。

在飞机上,重新设计培训内容以应对新的威胁,并且要包含机组人员应对恐怖袭击方式的新理念。在物理基础设施方面,还强制要求配备新的加固驾驶舱门。在驾驶舱机组和客舱机组之间,一直都有舱门隔开,但加固驾驶舱门比原来的舱门要坚固得多。加固驾驶舱门的设计可以阻止或至少可以延迟强行闯入,抵挡子弹击穿以及小型客舱爆炸。由于驾驶舱门锁更加坚固,所以客舱机组人员无法再用钥匙进入驾驶舱,为了防止恐怖袭击,原来的这些钥匙已被销毁,但遗憾的是客舱机组人员也被挡在了门外。此外,这扇被牢牢锁住的舱门不仅是一道物理障碍，也是一道阻碍公开交流的心理障碍。

锁住的舱门也迫使客舱机组人员独自处理更多问题，做出更多决定。驾驶舱机组人员不能再走出驾驶舱去协助客舱。在有两名飞行员机组的情况下，必要时，一名飞行员通常可以进入客舱帮助处理问题，但这是"9·11"事件之前的情况。

为加强安全，还要求做出运行改变，限制其他人员在飞行期间进入驾驶舱。基本原则是需要始终给驾驶舱和飞行员提供保护，禁止未经授权人员进入驾驶舱。这就意味着要限制机组人员出入驾驶舱的次数，而且进出过程要尽可能快速。此外，在打开舱门之前，客舱机组人员需要确保与驾驶舱门连接的客舱区域畅通无阻。

在出于安全原因做出这种运行变化之前，客舱机组人员可以多次进入驾驶舱报告客舱内的情况或者让驾驶舱机组了解客舱发生的异常状况，尽管这种状况尚未造成任何问题。或者，他们可以在客舱服务工作不忙时直接进入驾驶舱与驾驶舱机组人员交谈。这种非正式的联系一直是机组资源管理的一个重要组成部分，只可惜，新的运行变化阻碍了这类活动，造成了另一个心理障碍。

在"9·11"事件后，现在只能通过内部对讲机与飞行员进行沟通，客舱机组人员不再能直接进入驾驶舱当面向飞行员报告可疑乘客。

目前，客舱机组人员与飞行员之间的直接交流减少了，仅限于满足递送食品饮料等特定需求。在飞行员需要进出驾驶舱休息时，也需要尽量减少与客舱机组人员接触，而且，通常只有最靠近驾驶舱门的客舱机组人员才有机会与飞行员直接交流。在长途飞行中，客舱机组人员可能只会在送餐或取餐时两次见到飞行员，在短途飞行中，由于需要保持驾驶舱无干扰，而且客舱机组人员不一定需要送餐，因此交流机会可能更少。

由于内部对讲机线路有静电噪声，听不清对话内容，所以有时会给交流造成问题，在这种情况下，当面交谈有助于减少传达错误。

事实上，这些旨在减少某种危险的安全因素会影响客舱机组与飞行员之间的关系，从而影响整个机组团队的整体表现。驾驶舱机组人员/客舱机组人员的团队思维正在倒退，进一步削弱了机组资源管理的优势，如果我们不积极地看待这个问题，过去在确保驾驶舱和客舱机组人员之间"团队"思维方面所取得的进步将面临失去的危险。

14.4　培训发展趋势

要想了解如何着手改进机组资源管理，尤其是如何加强紧急情况下的沟通与协调，我们需要研究目前的一些培训方法。

在国际上，航空管理机构将人为因素视为一个多学科领域，涉及的学科包括但不限于工程学、心理学、生理学、医学、社会学和人体测量学（ICAO，2003）。机组资源管理的概念是人为因素这个更大概念的组成部分，面向航线飞行训练（LOFT）用于促进机组协调和机组资源管理的练习和反馈。

尽管这些组织对机组资源管理采取的高层指导和方法可能有所不同，但它们的培训课程结构大致相同，都由三个培训部分组成：

（1）初步指导/认识。

（2）定期练习和反馈。

（3）持续巩固。

在培训时，可以先开展课堂教学，然后再进行某种类型的场景训练，从整体上评估机组人员的行为技能。然而，传统的课堂培训方法正在逐渐向计算机辅助培训（CBT）过渡，从而获取一些不断变化的技术供教员使用，并且减少费用高昂的课堂培训占比。其他形式的线上培训或计算机辅助培训包括远程教育（DE）、远程学习（DL）甚至自主培训。无论读者怎么称呼它，在评估这种培训实现方式时，都要记住必须要评估这种实现方式的局限性。也就是说，培训结果是传授知识、认知还是行为表现技能。

这三个方面都是培训的重要组成部分。知识是指一个人明辨事实、了解规则及其应用方式的能力。技能是指一个人运用知识以及综合知识执行某一行动的能力。技能可以进一步分解为认知技能和心理运动能力。最后，再来说说行为表现。行为表现是指一个人综合各种知识、技能和无形资产的能力，例如推理和判断能力（有时称为"软技能"），行为表现目标通常可以通过多个相关任务的表现进行验证，有时会把这些目标综合到一些事件集中，比如疏散演习训练（ACT ARC，2016a，2016b）。

在提到机组资源管理具体培训的实现时，整体概念在多大程度上可以通过计算机辅助培训的形式实现和进行评估是有一些限制的。这种培训形式非常有利于机组资源管理相关知识的传递以及事实、组成部分或建议程序的复习。虽然越来越多的培训可以通过计算机辅助培训实现，但事实上，仍然需要开展机组资源管理相关的课堂教学。机组资源管理培训非常复杂，计算机辅助培训并不适合作为一种独立的培训方法，但可以作为一种辅助培训方法结合到其他课堂教学或行为表现演习中，在这种情况下，就可以把飞行员和客舱机组人员之间的机组资源管理培训联合起来。

14.5 机组资源管理联合培训

多年来，多个组织已经成立工作组来审查、评估和修改机组资源管理文件和培训。欧洲航空安全局（EASA）发布了《2014—17年机组资源管理培训修订建议通告（NPA）》，就他们的修改建议征求意见。修订建议通告中的建议旨在包含新的培训项目，为运营商提供更可靠的工具，进一步缓解机组资源管理相关的风险和危害。

2014年，美国联邦航空管理局（FAA）成立了"航空公司培训航空规则制定委员会"（ACT ARC），为美国航空界提供了一个讨论、确定并向美国联邦航空管理局提供航空公司培训相关建议的论坛。机组资源管理改进工作组（CRM WG）是最初的四个工作组其中之一。机组资源管理改进工作组负责对美国联邦航空管理局的机组资源管理指南提出更新意见，以提高机组的机组资源管理技能，包括威胁与差错管理（TEM）以及风险与资源管理（RRM）的相关技能。最后，机组资源管理改进工作组还负责提供加强多种工作人员之间机组资源管理培训的相关建议，以提高整个工作团队的有效性和安全性。

成立机组资源管理改进工作组在一定程度上受到了美国客舱机组组织的推动，他们担心飞行员和机组人员之间会出现沟通失误。同样值得关注的是有传闻说文化障碍、驾驶舱门锁和程序升级以及在中途停留期间没有"共同"时间，对飞机驾驶舱和客舱之间的凝聚力产生了负面影响。

机组资源管理改进工作组建议，美国联邦航空管理局的指南应考虑国际民用航空组织和欧洲航空安全局的指南，促进飞行员、空乘人员和技术机组人员之间的联合（共同）机组资源管理培训演习。在机组资源管理改进工作组会议期间，有人提出，许多国际航空公司实际上正在开展联合培训。

美国航空公司提到了开展飞行员和客舱机组联合培训的一些不可行原因，其中包括两种类型机组人员的调度困难和涉及的经济成本。此外，一些与会者提到了联合培训的负面影响。讨论内容似乎与美国联邦航空管理局一份题为《驾驶舱和客舱机组人员配合》（DOT/FAA/FS-88/1，1988）的报告非常相似，五家航空公司报告称，他们进行了飞行员和客舱机组人员联合培训，其中两家航空公司报告称，他们的培训计划产生了负面影响。报告称，这两家航空公司的联合培训"阻碍了自由、开放的思想交流，在某些情况下，还让参与者感到害怕，限制了他们的表现"。

虽然我们应该了解培训的负面影响，但我们也应该认识到有时消极的培训经历可能是由缺乏有效的教学技能造成的。美国机组资源管理改进工作组与机组资源管理培训师进行了长时间的讨论,并向美国联邦航空管理局提交了关于培训师实现和/指导机组资源管理培训具体要求的建议,尤其是设计或开展联合培训方面的建议。工作组提到有效联合培训的成功依赖于专业指导员的技能"(1)能够帮助学员了解其他人员的角色和职责;(2)能够进一步指导比传递技术知识更加复杂并且有具体情景的讨论"(ACT ARC,2016a,2016b)。欧洲航空安全局(EASA in NPA,2014)得出了类似结论,建议指出需要针对培训师的资格、培训、评估和时间制定更加明确的标准。

　　类似地,美国关于机组资源管理的咨询通告120-51E(FAA,2014)也提到了机组资源管理培训管理人员和有效性衡量人员的重要作用和必备技能。该咨询通告还提到,教员、主管、检查飞行员和课程设计人员需要接受机组资源管理实践和评估相关的额外培训,以及自我技能检定和标准化的特殊培训。教员、主管和检查飞行员要想熟练、自信地开展机组资源管理教学、观察和衡量,需要接受多个机组资源管理培训过程的专门培训。

　　在承认需要进行联合培训的同时,监管机构和航空公司也应该认识到,机组资源管理培训师需要具备专业技能,尤其是在考虑开展联合培训时。

　　有效的机组资源管理技能需要全体机组成员的主动参与,无法单独通过被动课堂教学实现,因此,主动参与和实践是必须的。事实上,在1988年美国联邦航空管理局的报告中,两家选择停止联合培训的航空公司报告的负面经历完美地说明了主动参与机组资源管理培训非常重要的原因。最佳培训方法强调,在压力较小时会做出适当的行为,更有可能有效地处理紧急情况。其他三家航空公司报告了联合训练的正面经历,他们的评论证实了这一点。美国联邦航空管理局的报告称,他们的培训"加强了对其他机组人员职责的了解,确保了两类机组人员的指令一致,并增进了工作关系"(Cardosi and Huntley,1988)。

　　1993年,美国联邦航空管理局在首次发布关于机组资源管理的咨询通告120-51时,重点关注的是飞行员。1998年,对咨询通告作了更新,新增了飞行员和客舱机组人员联合培训的概念。更改的目的是把不断发展的机组资源管理概念与目标结合起来,提高整个工作团队的有效性和安全性。美国联邦航空管理局指令8900.1中针对其他检查人员、航空安全检查人员(ASI)的其他指导文件也讨论了机组资源管理联合培训,鼓励开展联合培训和其他活动,以提高机组成员在紧急情况下的沟通和协调能力(FAA Order 8900.1,2007)。

　　欧洲航空安全局还提出了更加严格的机组资源管理培训要求。具体来说,要在经常性培训中为飞行机组人员、客舱机组人员和其他技术机组人员提供机组资源管理综合培训。欧洲航空安全局认识到一年一次的经常性培训可能不起作用，因此允许分 3 年进行综合培训。但是经常性综合培训的要求可以在很大程度上提高不同群体之间沟通的准确性和正确性，从而提高安全性。

虽然美国联邦航空管理局并未要求每年开展一次联合培训，但欧洲航空安全局在 2014 年成立机组资源管理改进工作组时意识到，需要更新联合培训指南。虽然指导材料仍然"鼓励"开展联合培训，但修订后重新发布的材料应包含关于实现飞行员、客舱机组人员和其他技术机组人员等多个工作组联合培训思路或跨职能培训的建议。

由于计算机辅助培训的时间占比越来越大，因此现在比以往任何时候都需要更多的联合培训设计和实施的具体信息。一些航空公司还指出，机组资源管理概念经常与其他培训主题合并（ACT ARC 2016a，2016b），这可能会导致机组资源管理不再作为一个单独的主题，尤其是在经常性培训中。例如，机组资源管理的时间管理能力和沟通能力可以纳入应急响应培训当中。

在机组资源管理改进工作组讨论期间，航空公司指出他们的培训计划已经提供不同级别的跨职能机组资源管理培训，并且提出航空公司将会视需要酌情支持跨职能机组资源管理培训概念。他们指出，培训应基于航空公司的安全管理体系（SMS）规定的当前学习目标或安全需求。例如，虽然某航空公司可能需要每年开展一次跨职能机组资源管理培训，但另外一家航空公司的安全管理体系可能没有这一培训需求。机组资源管理改进工作组认识到，航空公司在开展定期跨职能机组资源管理培训方面应具有一定的灵活性。然而，有人担心，过多的灵活性也可能导致意想不到的情况，航空公司在长期员工任职期间只提供一次联合培训或跨职能机组资源管理培训。

虽然培训的时长未必能够保证培训质量，但针对机组资源管理等主题培训规定最低培训时长有助于避免把当前主题与其他培训主题混在一起。同样，规定最低培训间隔时间也非常重要。出于这一原因，机组资源管理改进工作组研究了其他主管部门或机构如何处理联合或跨职能机组资源管理培训。航空公司可能需要考虑其培训要求是否需要其他主管部门或机构的审查和批准。例如，关于经常性机组资源管理培训的标准，欧洲航空安全局建议在每年的周期性培训期间对飞行机组和客舱机组开展机组资源管理联合培训，并且规定 3 年期间的联合培训时长不低于 6 小时。

此外，在美国，与特定美国政府机构开展业务往来的航空公司必须遵守这些机构的规定,这就要求机组协调培训,利用标准化程序和机组资源管理原则促进全体驾驶舱机组人员培训和全体机组人员交流。航空公司必须尽可能为全体驾驶舱机组人员和客舱机组人员提供适当的应急程序培训(如疏散程序),以确保他们在紧急情况下能够像一个相互协调的团队一样工作。

机组资源管理联合培训是提高机组人员协调能力的一项重要而有效的工具,因此,应在所有航空公司实施,作为确保整个航空系统达到最高安全水平的一种手段。尽管至少每年一次的周期性培训非常好,但实际上,如果做法得当,两年一次甚至三年一次的培训也会起到作用。

14.6　联合培训的注意事项

不应低估联合培训的好处,它是建立机组资源管理一般理念和技能核心知识的一种方法,具体技能包括沟通能力、领导能力和团队合作、问题解决和决策能力、情景意识能力以及任务/工作负荷管理能力。然而,在个人所在工作组之外开展联合培训或跨职能培训之前,重要的是学员要了解其工作组的机组资源管理核心目标行为和技能。航空公司应在该工作组的新员工培训或初级培训期间讲授这些行为和技能。

工作组对机组资源管理具有基本的了解有助于通过创建一致的基础假设,即对机组资源管理的目标/结果有一个共同的认识,确保联合培训有效。各个工作小组通过自己的工作经历学习机组资源管理。他们以往在自己工作小组的工作经历也使得他们更好地适应和理解与其他工作小组一起开展联合培训的复杂性。这种工作小组的工作经历及其对机组资源管理能力的核心理解也应该考虑到联合培训或跨职能培训的复杂性会增加。

14.7　联合培训的实现

联合或跨职能机组资源管理培训没有万能的方法,因为培训要根据具体航空公司的运行需求或安全管理体系需求来定制。然而,无论培训/学习目标是什么,联合机组资源管理培训最好都能够在丰富的环境下使用高度可操作的方式实现。也就是说,联合培训最好能够与案例、场景或实时模拟训练相结合。

联合机组资源管理培训应强调整个机组团队的职能,从而给机组成员提供一起锻炼正常情况下工作岗位技能的机会。这样还可以让学员从个人角度了解自己在正常或紧急情况下应该做出的行为。这些类似情景或基于场景的培训,可能会提高机组人员处理实际紧急情况的能力。

　　因此,整体概念以及机组资源管理具体培训在多大程度上可以通过计算机辅助培训的形式实现和评估是有一些限制的。当将两个或以上不同的工作小组放在一起培训时更是如此。

14.8　其他机组资源管理联合团队建设概念

　　还有其他一些方法或工具可以强化联合培训理念或对其他工作小组的理解,从而进一步增强航空安全。虽然类似的方法或工具有很多,但这里只举两个例子,即观察飞行和飞行前简令。

14.8.1　观察飞行

　　在"9·11"事件之前,一些航空公司的新入职机组成员培训要求规定,允许新入职的客舱机组人员在驾驶舱内观察实际飞行过程。可能包括一次起飞和降落,也可能包括多次起飞和降落,培训的目的是让新入职的客舱机组人员熟悉飞行员的工作环境,并帮助他们更好地了解和认识飞行员的职责。遗憾的是在"9·11"事件之后,由于限制客舱机组人员进入驾驶舱,培养机组资源管理情景意识的这一有效工具被迫停止。

　　在美国,《飞机签派员资格要求》(2017)规定飞机签派员每年都要在驾驶舱或模拟器内完成体验飞行。虽然不要求客舱机组人员进行体验飞行,但如果监管环境允许客舱机组人员在飞行期间进入驾驶舱,那么体验飞行则是值得航空业使用的联合培训工具。本文作者在新入职时获得了这种宝贵的体验飞行经历,并从中获益。再后面入职的客舱机组成员就没有机会在驾驶舱内体验观察飞行了。

　　意识到不能在实际飞行中进行飞行观察,还有另外一种可能的选择。在联合培训中,可以在飞行员模拟器培训中开展观察飞行,但需要注意的是不能在飞行员熟练检查期间进行观察飞行。虽然不可能所有的客舱机组人员都参加模拟器培训,但至少要向航空公司的事务长或领班提供该培训。客舱领班可以通过这种观察更好地互动,更清晰、更简明地讨论客舱飞行问题。具体来说,客舱机组领班与飞行员领班讨论和商议必要的行动,以缓解客舱内的情况。

　　这是支持飞行员与客舱机组人员必要联合培训概念的又一个例子。飞行员与客舱机组人员有着不同的文化,对各种情况的反应往往也不相同,因此,团队之间的良好沟通至关重要(ACT ARC,2016a,2016b)。

14.8.2　飞行前简令

　　机组资源管理培训的原因之一是减少机组相关差错的次数和严重程度。它不仅仅是"相处"问题。驾驶舱和客舱机组成员需要准确了解对方需要什么信息,从而帮助提高航班的安全运行。两个团队的文化和职业差异,在航空公司层次结构中的相对位置,以及两个团队进行培训的方式,都可能会导致各个团队在应对事件时采用完全不同的方式。

飞行前简令是最重要的有效沟通和机组协调方法之一。现在,安全措施的加强限制了驾驶舱和客舱机组人员之间的沟通途经,这一方法就显得更加重要。飞行员向客舱机组人员做出的飞行前简令为机组人员之间的互动定下了基调。简令还可以让各团队机组成员向对方团队机组成员索取执行具体工作的必要信息,飞行员或客舱机组人员均可索取相关信息。

如果不进行简令,客舱机组人员可能会认为驾驶舱机组人员不愿意公开交流,不愿意接受任何请求,或者不会考虑客舱机组人员提出的任何意见。这可能会导致与 1989 年安大略航空公司在安大略省德莱顿坠机事件类似的情况,这起事故的原因就是客舱机组人员没有向飞行员报告机翼积雪。

而且,飞行前简令还有一个最基本的原因,也就是向对方机组成员做自我介绍。这个简单的行为对于打开沟通渠道非常有帮助。客舱与驾驶舱机组成员之间的互动要完全按照驾驶舱机组成员之间的互动那样事先准备。

美国联邦航空管理局的机组资源管理咨询通告 120 - 51E(FAA,2014)多次提到在评估培训计划有效性时需要包括的主题。其中一处提道:"机长的简令为公开/互动交流营造了环境。"然而,尽管机组间公开交流非常重要,但美国联邦航空管理局法规并未要求必须进行飞行前简令。加强机组互动的一个简单而又有效的工具是要求所有航班的驾驶舱和客舱机组都要进行飞行前简令。

14.9　结论

机组资源管理理念与培训将会继续发展,以确保机组成员和其他重要的航空工作人员掌握飞行持续安全运行的工具。在这一发展过程中,航空界还必须继续评估团队有效认识差错并缓解这些问题所面临的任何阻碍。这就意味着要继续关注文化差异等方面的问题,这些问题可能会影响多个工作小组在解决问题过程中的互动。驾驶舱门管控升级以及不同的轮班安排等物理障碍也可能带来实际和情感上的孤立感。相反,机组成员现在只分享技术信息或需要了解的信息。沟通,尤其是与机组资源管理理念有关的沟通,并不仅仅是分享事实。

最后,我们来讨论机组资源管理培训。联合机组资源管理培训并不是什么新概念,但作为加强机组资源管理的一种方法,这一概念仍需要继续发展和完善。不同工作小组，尤其是飞行员与客舱机组人员之间缺乏沟通，会对正常运行和紧急情况下的机组协调工作造成负面影响。培训互动还可以持续认识和理解对方机组成员的角色。

为了继续加强团队凝聚力，让驾驶舱和客舱机组人员共同承担责任，分享必要的安全信息，我们需要重新评估现有的机组资源管理工具。航空主管部门和航空公司应要求飞行员和客舱机组人员定期参加联合培训课程，促进驾驶舱和客舱机组人员之间的公开交流与协调，从而最大限度降低意外事故期间的程序性差错。

在这些沟通问题导致意外事故之前，我们作为航空安全界的一员，迫切需要在这些问题导致意外事故之前解决它们。解决这些问题将有助于促进和确保团队在应对紧急情况时有效地配合，从而挽救生命。

参考文献

Air Accidents Investigations Branch (AAIB). (1990). *Report on the accident to Boeing 737 - 400 G - OBME near Kegworth, Leicestershire on 8 January, 1989*. (Aircraft Accident Report 4/90). London: HMSO.

Air Carrier Training Aviation Rulemaking Committee (ACT ARC). (2016a). *Recommendation 16 - 2, Facilitator Training to Deliver Cross-Functional CRM Training*. Washington, DC. Available from https://www.faa.gov/about/office_org/headquarters_offices/avs/offices/afx/afs/afs200/afs280/act_arc/act_arc_reco/.

Air Carrier Training Aviation Rulemaking Committee (ACT ARC). (2016b). *Recommendation 16 - 6, Delivery of Cross-Functional Crew Resource Management (CRM) Training*. Washington, DC. Available from https://www.faa.gov/about/office_org/headquarters_offices/avs/offices/afx/afs/afs200/afs280/act_arc/act_arc_reco/.

Aircraft Dispatcher Qualifications, 14 C.F.R. § 121.463. (2017).

Cardosi, Kim., & Huntley Jr, Stephen. (1988). DOT/FAA Report, Cockpit and Cabin Crew Coordination (DOT/FAA/FS - 88/1), Cambridge, Massachusetts. February 1988.

Chute, R., & Weiner, E. L. (2009). Cockpit-cabin communication: I. A tale of two cultures. *The International Journal of Aviation Psychology*, 5 (3), 257 - 276. Available from https://doi.org/10.1207/s15327108ijap0503_2.

Commission of Inquiry Into the Air Ontario Crash at Dryden, Ontario, 1989 - 1992. Four Volumes, Volume III specific to page 1075. Canada.

European Aviation Safety Agency (EASA) published Notice of Proposed Amendment (NPA) 2014 - 17, Crew Resource Management (CRM).

Federal Aviation Administration. (2014). *Crew resource management training* (Advisory Circular 120 - 51E), Washington, DC.

Federal Aviation Administration (FAA). (2007). Order 8900. 1, Flight Standards Information Management System (FSIMS), Aviation Safety Inspectors (ASI) Guide. FAA Order 8900. 1, Volume 3, Chapter 19, Section 4, paragraph 3 1167. B, Policy, and FAA Order 8900. 1, Volume 3, Chapter 23, Section 4, paragraph 3 1792. B, Policy.

International Civil Aviation Organization (ICAO). (2003). Human Factors Digest No. 15 AN/173 Cir 300, Reference 1. 21, 2003.

15　机组资源管理培训的应用拓展

布雷顿·J. H. 海沃德(Breton J. H. Hayward)[1]、

安德鲁·R. 洛(Andrew R. Lowe)[1] 和

马修·J. W. 托马斯(Matthew J. W. Thomas)[2]

[1] 澳大利亚,维多利亚州,阿伯特公园,代达罗斯,亚太

[2] 澳大利亚,南澳大利亚州,阿德莱德,韦斯特伍德-托马斯联合公司

在航空业,机组资源管理(CRM)培训已成为发展一线工作人员运用人为因素技能的公认模式。与完全或主要以知识为主的人为因素课程不同,机组资源管理培训主要利用以经验为基础的成人学习方法向航线运行人员提供必需的理解能力和非技术技能,从而安全、有效地管理自己和一切可用资源。机组资源管理培训模式最初是为驾驶舱机组人员开发的,后来经过调整成功应用于驾驶舱之外的整个航空领域以及一系列其他重视安全的领域,以提高个人和团队在正常情况和紧急情况下的表现。这些领域包括海事和铁路运输行业、医疗行业以及海上石油和天然气行业。本章将会探讨机组资源管理理念和培训方法在其他这些领域的拓展应用。

15.1　走出驾驶舱

自 20 世纪 70 年代末以驾驶舱资源管理的形式创立以来,机组资源管理已经扩大到驾驶舱之外,并且受到商业航空领域众多群体的欢迎。正如其他章节大量讨论的一样,机组资源管理的重点很快扩大到驾驶舱之外,包括运行安全的重要组成要素——客舱机组人员(Chute and Wiener, 1994, 1995, 1996; Vandermark, 1991)。今天,驾驶舱和客舱机组人员的联合机组资源管理培训相对比较普遍,并且制订了客舱机组人员实用人为因素能力培训与评估的具体计划(Simpson, Owens, and Edkins, 2004)。

与飞行机组人员类似,现在许多监管制度要求航空维修技术人员和工程师

进行定期的人为因素原则和人员行为问题培训,培训方式与驾驶舱机组资源管理计划一致。航空维修领域的实用人为因素培训被称为维修资源管理(Stelly and Taylor,1992;Taylor,2000a,2000b)。维修资源管理(MRM①)是对几起航空事故的直接回应,在这些航空事故中,人为因素问题直接影响了飞机维修行为,进而导致了灾难性后果。大多数维修资源管理培训计划与传统机组资源管理计划的结构相同,涵盖从沟通、工作负荷管理到人为差错及其管理的一系列主题(Patankar and Taylor,2004;Reason and Hobbs,2003)。

多年来,维修资源管理计划已经取得显著的发展。研究证明,维修资源管理计划可以减少地面损害事件,提高工作人员的安全,并产生正投资回报(Patankar and Taylor,2004,2008;Taylor,2000a,2000b)。

航空交通管制领域是另一个接受人为因素培训的航空领域,培训方式与航班运行领域类似(Andersen and Bove,2000;EUROCONTROL,1996;Härtel and Härtel,1995)。这类培训的最新说法叫作空管班组资源管理(另一种"CRM")或班组资源管理(TRM),其重点是威胁与差错管理[TEM 是围绕实用人为因素原则构建培训内容的一种有效方法(Kontogiannis and Malakis,2009)]。

欧洲航管组织(EUROCONTROL,1996)资助欧洲和其他地区发展和实施班组资源管理培训,并在 2002 年成立了班组资源管理用户小组(现为班组资源管理工作小组),定期举行会议,以支持和推动班组资源管理在欧洲的应用与发展。该工作小组主要由在职空中交通管制员组成,他们还担任班组资源管理指导员(EUROCONTROL,2004)。

欧洲航管组织还在设于卢森堡的航行服务研究所提供班组资源管理意识和班组资源管理指导员培训课程。多个国家的航行服务提供商(ANSP)都承认班组资源管理培训的潜在益处。欧洲航管组织在 2017 年开展了一项班组资源管理实施调查,结果表明,大约 70 %的航行服务提供商调查对象实施了班组资源管理培训,而 44 %尚未实施的调查对象计划将于"近期"实施班组资源管理培训(EUROCONTROL,2018)。大多数调查的调查对象都表示他们的组织认为班组资源管理培训有效,一些航行服务提供商则认为班组资源管理非常有效(EUROCONTROL,2018)。在一些欧洲国家,民用和军用空中交通管理

---

① 在本章中,"MRM"这一缩写也可能指代海事资源管理,它是机组资源管理在海事行业中的变体。

（ATM）组织都引进了班组资源管理培训。从更大的范围来看，欧洲航管组织还向以色列、泰国、巴西和日本等非成员国提供了班组资源管理培训材料和支持。

15.2 海事行业

机组资源管理原则在航空业之外的第一次扩展应用是在 20 世纪 90 年代初，当时国际海运行业的一些部门开始注意到机组资源管理培训在航空业的发展和显著影响。

15.2.1 在海事行业开展机组资源管理培训的原因

海事和航空领域开展资源管理培训的原因非常类似，都起因于船舶驾驶台或飞机驾驶舱内可用资源使用不当导致的严重事故（Barnett，Gatfield，and Pekcan，2004；Helmreich and Foushee，1993；Lauber，1979，1987，1993；NTSB，1979）。海事事故调查证据表明个人在有效管理资源和紧急情况方面的能力严重不足，突出了海事机组资源管理的迫切需要（MAIB，1994，1996，1999）。特别是 1992 年伊丽莎白女王二号船只（QE2）在马萨诸塞州玛莎葡萄园岛搁浅，促使美国国家运输安全委员会建议领航员、船长和驾驶台人员接受驾驶台资源管理培训（NTSB，1993）。具体来说，报告指出，事故的可能原因是该船舶的领航员和船长未交流关键信息，并且未能维持情景意识。

英国和美国的一些研究进一步证实了对海事机组资源管理的需要，这些研究发现，在所调查的大部分船舶事故中，人为差错都是一个事故因素。英国航运保险业的一项研究发现，90 ％的碰撞事故和 50 ％的货物损失都是由于人为差错造成的（UK P&I Club，1997）。美国海岸警卫队（USCG）估计，70 ％的航运事故都是由人为差错造成的（USCG，1995，被 Barnett，et al.，2004 引用）。这些数字与人们普遍接受的观点基本一致，即绝大多数行业安全事故都是由于人的作为或不作为引起的（Hollnagel，2004；Reason and Hobbs，2003；Reason，1990，1997，2008）。

各种研究和调查的结果显示，海事领域的培训存在显著差距，因此有机会提高该行业对差错防范、检测和管理的认识，从而通过人的行为改善促进安全。与其他运输行业一样，海事官员的培训历来都注重培养个人的技术技能，并不重视对安全运行至关重要的团队管理、沟通和协调问题。

15.2.2 海事机组资源管理的发展

20 世纪 70 年代初，英国南安普顿的瓦萨希（Warshash）海事中心为大型石油公司的船长和高级船员开发了驾驶台操作和团队合作模拟器培训课程（Haberley et al.，2001）。课程内容包括航线设计培训，以及船长和领航员之间关系重要性的培训。该课程后来发展成了"驾驶台班组管理（BTM）"课程。虽然理念和方法有所不同，但驾驶台班组管理课程涵盖了航空和其他行业 机组资源管理课程中的许多主题（Barnett et al.，2004）。

今天，驾驶台资源管理（BRM）培训的概念更加广为人知，这一概念最早出现在 20 世纪 90 年代初。1992 年，七家主要海事机构[①]与斯堪的纳维亚航空公司（SAS）飞行学院合作，制订了一项全球驾驶台资源管理培训倡议（Wahren，2007）。这项倡议的前提是已经发展起来并融入航空领域的机组资源管理知识和技能能够有利于海事领域。

事实证明，这一假设是正确的。1993 年 6 月，首次驾驶台资源管理培训课程启动，在随后的几年里，驾驶台资源管理培训在航空领域机组资源管理计划原则的基础上，主要由大型海运互助保险公司瑞典俱乐部以及一些地区持证机构负责开展培训，在全球航运业收获了良好声誉。

与此同时，丹麦马士基公司在 1994 年对海事人员进行了机组资源管理培训。拜菲尔德（Byrdorf，1998）介绍了航空机组资源管理原则在商业航运环境中的成功应用，带来的直接好处是降低了事故率和航运公司的保险费。

15.2.3　驾驶台资源管理培训的目标

驾驶台资源管理最早是由斯堪的纳维亚航空公司飞行学院及其海事行业合作伙伴开发的，德博给出的定义是"利用和协调驾驶台班组可用的一切技能、知识、经验和资源，完成或实现既定的航行安全性和有效性目标。"这个定义明显借鉴了航空机组资源管理的定义。

驾驶台资源管理的目标是通过鼓励安全、负责的行为尽量降低事故风险，确保在日常航运运行中贯彻良好的资源管理原则。驾驶台资源管理旨在培养积极的态度，从而有利于良好的个人沟通、出色的领导能力并遵守运行程序。尽管驾驶台资源管理培训主要侧重于驾驶台高级船员，但一些培训课程也涉及机舱人员和岸上海事管理员。

[①]　与斯堪的纳维亚航空公司飞行学院合作开展首次驾驶台资源管理培训活动的合作机构包括荷兰海上领航员公司（Dutch Maritime Pilots' Corporation）、芬兰海事局（Finnish Maritime Administration）、瑞典国家海事局（National Maritime Administration Sweden）、挪威船舶所有人协会（Norwegian Shipowners' Association）、诗丽雅游轮（Silja Line）、瑞典船舶所有人协会（Swedish Shipowners' Association）和瑞典俱乐部（Swedish Club）。

15.2.4 海事资源管理培训

在世界各地陆续开展驾驶台资源管理培训大约十年后,决定对驾驶台资源管理培训计划作出修订和补充。2003 年,在全球开展驾驶台资源管理培训的组织(瑞典俱乐部以及驾驶台资源管理培训持证机构)决定将原来的课程名称驾驶台资源管理改为海事资源管理(MRM),从而更准确地体现最新修订培训计划的内容和目标。目前,瑞典俱乐部(TSC)负责监督欧洲、亚洲、美洲和澳洲大约 40 个培训提供商所开展的海事资源管理培训。现在,海事资源管理培训的目标学员包括船舶高级船员、工程师、海上领航员和岸上人员。瑞典俱乐部海事资源管理培训的既定目标是在航运公司建立真正的安全文化,最终目标是减少造成海上事故的人为差错。

2006 年,一家总部位于迪拜的大型全球航运运营商委托开发了一项完全定制的内部海事资源管理培训计划。该计划的具体目标是吸纳当代航空机组资源管理概念和原则(如威胁与差错管理),并将培训扩大到驾驶台之外,包括全体船员。开展的培训课程涉及驾驶台、机舱和其他甲板人员,包括所有初级、高级和普通船员以及一些岸上人员,并成功地进一步整合了这些有时迥然不同的群体(Dédale Asia Pacific and Vela International Marine,2006)。

15.2.5 海事资源管理培训的实现

尽管培训方法不同,但为期 4 天的典型瑞典俱乐部(TSC)海事资源管理培训计划包含多种多媒体教学方法以及计算机辅助培训(CBT)模块支持的一系列课堂教学和研讨会。最初的驾驶台资源管理概念要求每位学员完成一系列计算机辅助培训模块,从驾驶台资源管理的角度探讨海事事故,每个模块反映了培训的不同方面。在课程结束时,模拟严苛情景的压力进行角色扮演练习,让学员练习新学到的驾驶台资源管理相关技能。当前的瑞典俱乐部(TSC)海事资源管理课程也采用计算机辅助培训,一些海事资源管理提供商利用"计算机辅助培训群体"来提供培训。

贝拉(Vela)海事资源管理课程(Dédale Asia Pacific and Vela International Marine,2006)采用较为传统的机组资源管理培训方法,在为期 3 天的内部课程中,通过同侪协助课堂演示、案例研究和技能开发练习来传达海事资源管理培训概念和技术。

今天,世界各地都可以使用船舶驾驶台模拟器,许多船员都参加了多个驾驶台班组管理和/或驾驶台资源管理/海事资源管理模拟器培训课程。虽然单独的驾驶台模拟器最初用于驾驶台资源管理培训课程,但网络化驾驶台和拖轮模拟器设施的发展为更复杂的培训形式提供了机会。事实上,侧重于驾驶台班组与多个拖轮之间相互交流的联合培训为机组资源管理培训提供了创新机会,从而采用更具互动性和合作性的"系统"方法(Havinga et al.,2017;Wang et al.,2014)。

15.2.6 非技术技能的能力标准

国际海事组织(IMO)的《海员培训、认证和值班守则》(IMO,1995)对负责紧急情况下旅客安全的高级船员规定了强制性非技术技能要求。这一最低能力标准包括组织应急程序、优化资源使用、在紧急情况下的乘客和其他人员管理,以及保持有效沟通。然而,这一标准的评估准则基于对行为结果的概括说明,而并非基于可证明的具体行为,因此具有很大程度的主观性(Barnett et al.,2004)。

虽然国际海事组织认识到了资源管理方面的非技术技能要求,但需要进一步改进能力标准和评估准则,才能达到与航空标准相当的水平(Barnett et al.,2004)。然而,近年来,在开发和验证用于评估海洋环境中非技术性能的行为指标系统方面已经作出相当大的努力(Conceição et al.,2017;O'Connor and Long,2011)。

15.3 医疗行业的机组资源管理

20 世纪 90 年代初,麻醉师率先将机组资源管理理念和原则应用于医疗行业。机组资源管理原则现在在麻醉领域得到了广泛探索和实践,近年来已经开始渗透到医疗行业的其他领域(Helmreich,1995,2000;Pizzi,Goldfarb,and Nash,2001),如下文所述。事实上,机组资源管理在麻醉领域的早期应用,以及专门设计用于团队培训的手术室模拟器的开发,已经在当今大范围的医疗学科中引发关于实用人为因素的大量研究工作。现在,医疗行业的机组资源管理在多个方面为非技术技能培训设立了高标准,并且建立了最佳实践的大量证据基础,值得其他许多行业借鉴。

15.3.1 在医疗行业开展机组资源管理培训的原因

医疗服务处于一个不断变化的复杂环境中。它本身就是一项高风险活动,一些可能危及生命的紧急情况可能会让它变得更加复杂。因此,有效的团队合作与危机管理在医疗行业的多个领域都非常重要,包括急诊室、重症监护室和手术室。与航空行业一样,这些专业需要担任不同角色和责任的每一位医疗专业人员具备有效的团队协作能力,共同预防、识别和管理不良事件。

近 20 年来,人们越来越有兴趣分析和了解医疗工作人员在处理紧急情况时所犯的错误。20 世纪 80 年代末的一些研究(DeAnda and Gaba,1990;Gaba and DeAnda,1989)分析了不同经验水平的麻醉师对手术室模拟危机情况的反应。研究结果表明,麻醉师缺乏针对危急情况的非技术技能方面的系统培训,而且在决策和危机管理等重要方面的培训不足(Gaba et al.,2001)。

研究还表明医疗行业也存在与航空领域观察到的类似"错误观念"或机组资源管理相关的消极观念和行为。塞克斯顿等人(Sexton,Thomas,and Helmreich,2000)报告了一项研究,对针对航空领域开发的量表(即驾驶舱管理态度量表)作出修改,然后用于衡量手术室人员对团队合作、压力和错误的态度(Helmreich,1984)。

研究结果表明初级手术室工作人员对团队合作的评价低于高级工作人员,外科医生则表现出了"权威态度"。只有大约一半的调查对象认为,初级团队成员应该质疑高级团队成员的决定。大约 70 % 的外科医生认为,即使非常疲劳,他们在危急情况下也能有效地工作。梅利特(Merritt,1996)和海姆里奇等人(Helmreich and Merritt,1998)的研究报告指出在对多个不同国家和组织文化的航空公司飞行员进行的类似调查中,可以发现非常类似的"绝对正确"观念。

观察到医务人员的培训不足以及更清楚地认识到有效团队合作和沟通的必要性,人们对在医疗行业开展机组资源管理培训的潜在效益逐渐达成共识。

15.3.2 麻醉危机资源管理

机组资源管理最早以麻醉危机资源管理(ACRM)培训(Howard et al.,1992;Kurrek and Fish,1996)的形式引入医疗领域。麻醉危机资源管理的发展是为了回应一个事实,即麻醉领域 65 %～70 % 的安全威胁在一定程度上都是由于人为差错造成的,而且麻醉师几乎没有处理危急情况的经验(Howard et al.,1992)。

麻醉危机资源管理课程的目的是向学员提供一系列处理危急情况的应对措施,培养他们有效开展团队合作以及利用一切可用资源应对危机的能力(Howard et al.,1992)。

目前广泛使用的麻醉危机资源管理课程是由加巴(Gaba)与斯坦福大学的同行共同开发的。该计划包含三次全天模拟课程,这些课程的培训目的和目标逐渐提高(Gaba et al.,2001)。每次麻醉危机资源管理课程最开始都是概念材料介绍或回顾,然后是小组练习,由学员讨论和分析给出的麻醉"事故"或危急情况案例。课程的主要内容是模拟器训练,学员练习处理多个不同的危急场景。每个场景中有三个角色,学员通常扮演其中一个角色:主麻醉师、第一响应人(不了解情况,被叫来帮助主麻醉师)和观察员。

　　在每个模拟场景完成之后,都要立即组织全面的讲评会议,评判和分析危机处理工作。讲评要遵循针对航空领域的航线模拟练习开发的全面讲评指南(McDonnell,Jobe,and Dismukes,1997),从学员收集到的数据表明,讲评会议是麻醉危机资源管理课程最重要的组成部分(Gaba et al.,2001)。

15.3.3　麻醉危机资源管理的有效性

　　许多主要教学机构都会开展麻醉危机资源管理培训,现在,一些机构要求麻醉师每年都必须参加培训。多个中心已采用不同的方法来评估麻醉危机资源管理培训的有效性,具体的方法包括问卷(Holzman et al.,1995;Howard et al.,1992)和结构化访谈(Small,1998)。这些评估研究表明学员认为麻醉危机资源管理经验非常有用,大多数学员认为培训有助于他们安全开展麻醉工作(Gaba et al.,2001)。例如,"学员一致认为,麻醉危机资源管理课程是一项高强度、高级别形式的培训,与麻醉实践中一个非常重要但未充分教授的环节有关"(Howard et al.,1992)。

　　为了确定是否可以衡量麻醉危机资源管理培训对学员行为表现的影响,Gaba et al.(1998)开展了一项研究来衡量麻醉师在处理模拟危机情况时的技术和行为表现。为评估危机管理中的行为表现,对之前针对商业航空机组人员评估开发的12个机组资源管理行为指标做了修改(Helmreich et al.,1991)。这些行为指标包括沟通、领导能力和跟从能力、工作负荷分配以及"机组资源管理整体表现"等。

　　该研究显示许多因素会让基于模拟器的麻醉危机资源管理培训有效性评估工作变得复杂,其中包括评估者间的高度可变性、需要大量的调查对象、模拟器对模拟学习的测试偏差。研究结果表明,尽管麻醉危机资源管理行为的衡量具有挑战性,但仍然可行,不过任何此类评估都非常复杂而且成本高昂(Gaba et al.,2001)。

　　尽管如此,近年来,基于机组资源管理原则的麻醉师模拟培训取得了快速发展,而且将来有望在其他多个医疗领域发展成为常规培训(Gaba et al.,2001)。

15.3.4 机组资源管理在医疗行业中的其他应用

麻醉危机资源管理方法已应用于多个需要有效团队合作的其他医疗领域，包括急诊和创伤医学、重症监护和心脏骤停救治小组。下文将进一步概述其中一些方法。

15.3.5 急救小组协作课程

医疗团队急救小组协作课程(ETCC)是由麻醉危机资源管理和机组资源管理发展而来的，适用于急诊科护理和产科(Risser et al.，1999)。急救小组协作课程涵盖了团队结构和氛围、解决问题、加强沟通、工作负荷管理和团队建设这五大方面。类似于航空机组资源管理中的差错管理培训，急救小组协作课程方法的基础是通过避免错误、发现错误以及减轻已发生的错误后果来提高团队的表现(Morey et al.，2002；Shapiro et al.，2004)。

15.3.6 新生儿复苏培训课程

最近，新生儿科专家和儿科医生在麻醉危机资源管理的基础上开发了为期1天的新生儿复苏培训课程，即"NeoSim"(Halamek et al.，2000)。新生儿复苏培训课程通过模拟教学方式进行授课，旨在教授团队合作的一些行为技能和一些技术内容。模拟产房可以让学员置身于不断变化的真实危急情况中，需要应用有效的技术和行为技能参与团队协作。该培训为产房人员提供了练习必要技能的机会，从而做好更充分的准备，有效地应对危急情况。

15.3.7 班组资源管理

班组资源管理和手术室危机培训是针对手术室环境开发的两种不同类型的机组资源管理。这些课程旨在提高手术室人员的团队合作和差错管理技能，侧重于权力、领导能力、沟通、决策、情景意识和工作负荷管理等主题。

15.3.8 医疗行业的其他进展

瑞士日内瓦大学医院将机组资源管理巧妙应用到了医疗领域(Haller et al.，2008)。该项目的目标是评估机组资源管理在提高多学科产科环境中团队合作和沟通技能方面的干预效果。

该项目依据柯克帕特里克(Kirkpatrick)培训评估框架的四个层面，即反应、学习、行为和结果，使用培训前后的代表性研究来评估学员的满意度、学习和行为变化(Kirkpatrick，1976，1994)。该项目在一家大型大学附属医院的产房进行，参与学员包括239名助产士、护士、医生和技术人员。

在机组资源管理培训项目完成后,结果表明大多数学员都对这次经历评价很高,学员学到了大量的知识,而且医院的团队氛围和安全氛围发生了积极变化。作者因此得到结论,在多学科产科环境中开展机组资源管理培训深受学员欢迎,有助于显著提高专业间的团队合作能力(Haller et al.,2008)。

目前,医疗行业的多个领域,从泌尿科到儿科、从产科到护理人员都在接受非技术技能培训(Thomas,2017)。

15.3.9 行为指标在医疗行业中的应用

弗莱彻等人(Fletcher,Flin,and McGeorge,2000)的文献综述表明,非技术技能检查单和行为指标系统在医疗行业有着广泛的应用,其中一些应用于培训,最突出的是应用于麻醉危机资源管理。其中一些指标系统,包括手术室检查单(Helmreich et al.,1995),实际上是为了指导培训期间的行为表现而编制的检查单。

弗莱彻等人(Fletcher,Flin,and McGeorge,2003)回顾了麻醉领域使用的一些行为指标系统和检查单,在现有指标系统的基础上继续发展了麻醉行为指标的分类,并广泛征求了领域专家的意见(Fletcher et al.,2004)。最终的行为指标发表在了《麻醉师非技术技能(ANTS)手册》中(University of Aberdeen and Scottish Clinical Simulation Centre,2004)。这些行为指标包含了对麻醉领域有效行为表现非常重要的四大方面,即团队合作、任务管理、决策和情景意识。

麻醉师非技术技能的初步发展催生了从外科到护理等其他医学领域类似行为指标系统的发展。其中,外科医生非技术技能(NOTSS)系统得到了广泛验证(Gostlow et al.,2017;Yule et al.,2008)。在这类研究中一个比较有趣的发现表明外科医生的自我效能感与他们的行为之间未必有任何关系,这表明一些新入职的外科医生和实习生对自己的非技术技能缺乏了解(Pena et al.,2015)。

手术医生对自身非技术技能的感知与他们的实际行为之间并无直接关系,这对非技术技能培训,以及针对加深个人对自身行为了解的策略制订具有重要意义。

15.4 铁路运输行业

虽然机组资源管理原则从20世纪90年代开始在铁路运输行业零星出现,但国际铁路运输行业正式采用实用人为因素培训的进程相对较慢。仅仅在过去

5 年中,才做出了一些共同努力,使机组资源管理原则适用于铁路运营。

15.4.1　在铁路运输行业开展机组资源管理培训的原因

铁路安全工作者面临着与其他高风险行业相同的挑战,即要在不断变化的高要求工作环境中通过有效地管理威胁和差错来确保安全。正如其他行业已经认识到需要专门培训来补充全面的技术知识和技能一样,近年来,世界各地的铁路运输行业已经开始意识到机组资源管理技能中的沟通、协调、情景意识、决策和威胁与差错管理对于预防意外事故至关重要。

事故调查和研究的结果,为机组资源管理培训可能会给铁路运输行业带来潜在利益的观点提供了强有力的支持。例如,美国联邦铁路管理局(FRA,2002)调查发现,人为因素问题约占美国所有铁路事故的三分之一,占美国所有铁路站场事故的一半。更具体地说,在与公路铁路平交道口无关的所有火车事故中,人为差错造成的事故占比高达 37 ％(FRA,1999)。此外,无效机组资源管理相关的行为被认为是造成多起重大铁路事故的一个原因(NTSB,1999a,1999b;Office of Transport Safety Investigation,2004;Transportation Safety Board,1998),证实了机组资源管理行为与行业安全之间的重要联系。

美国国家运输安全委员会对 1998 年美国印第安纳州火车相撞事故的调查报告(NTSB,1999b)认为,如果铁路安全工作人员接受"列车班组资源管理"(TCRM)培训,铁路安全将得到加强,并建议面向全体列车班组人员开展此类培训。该建议规定,列车班组资源管理培训的重点至少应包含班组人员的熟练程度、情景意识、有效的沟通和团队合作以及适当挑战和质疑权威的策略。

2003 年 1 月,澳大利亚新南威尔士州瀑布市发生了一起重大铁路事故,专门调查委员会在调查报告中建议"火车司机和列车长培训应鼓励团队合作,避免权力倾斜"(McInerney,2005a)。随后对瀑布市火车事故中的涉事铁路操作员进行了更加规范的安全管理体系审查,建议"在当代机组资源管理原则的基础上,制订针对铁路安全工作者以及管理/监督级工作人员的人为因素培训"(McInerney,2005b)。

在瀑布市火车事故发生之前,澳大利亚铁路运输行业就已经明确需要开展机组资源管理培训。2002 年 8 月,在新南威尔士州巴尔戈附近一列客运列车与一列脱轨的道碴列车相撞,事故调查结果表明,列车班组在事故后的沟通和应急管理工作存在不足,并将其原因归结为"资源管理能力不足"(Transport NSW,2002)。最终调查报告建议"全体铁路安全工作人员都要参加机组资源管理培训,以提高他们对所有资源的运用能力"。

15.4.2 机组资源管理在铁路运输行业中的发展

尽管自美国国家运输安全委员会 1999 年建议引入列车机组资源管理培训以来,已经过去了近 20 年时间,但研究和观察结果表明,全球铁路运输行业对机组资源管理原则的应用和实施一直参差不齐(Dédale Asia Pacific, 2006; Morgan, 2005; Morgan et al., 2003)。在 20 世纪最初的十年中,欧洲部分地区开展了一些与机组资源管理有关的活动,例如英国开展了沟通技能和团队合作能力培训(Mills, 2003; RSSB, 2004)。然而,直到 2007 年,机组资源管理才正式应用于北美铁路运输行业的一些重要组成机构,仍然只有少数机构有兴趣应用机组资源管理培训原则。

例如,美国国家运输安全委员会报告称,在 20 世纪 90 年代中期,他们了解到前南太平洋铁路公司(现联合太平洋铁路公司)实施了一项机组资源管理计划,该计划明显依据美国航空公司向飞行机组人员提供的培训(NTSB, 1999b)。有人认为,这项计划是在 20 世纪 80 年代末制订的(FRA, 2004b)。虽然美国国家运输安全委员会报告称,联合太平洋铁路公司自 1998 年起要求所有新员工都要接受这项培训,但很难获得有关实际培训活动的更多细节。

加拿大太平洋铁路公司(CPR)自 1999 年起对新聘用的列车长和列车员进行为期两天的机组资源管理培训(Ackerman, 2005)。2000 年,联邦铁路管理局铁路安全咨询委员会报告称,美国铁路协会与加拿大太平洋铁路公司开展了一个联合项目,根据加拿大太平洋铁路公司的现有材料编制通用机组资源管理计划,并且可以针对具体的铁路公司制定专门的计划(FRA, 2000)。然而,并未找到该计划的成果。

2003 年,美国德州农工大学的德州交通运输研究所(TTI)开展了一项研究,收集北美铁路运输行业的机组资源管理活动力度相关信息(Morgan et al., 2003)。在与铁路代表进行了广泛磋商之后,摩根(Morgan)及其同事得到了以下研究结果:

(1) 2003 年,在评估的 10 个铁路公司中有 7 个制订了正式的机组资源管理计划。

(2) 这些主动制订机组资源管理计划的铁路公司通常只针对工程师和/或列车长开展了机组资源管理培训,有一家铁路公司还针对调度员开展了机组资源管理培训。

（3）一些铁路公司的机组资源管理培训被纳入新员工入职培训当中,但很少有公司重视制订更广泛的培训计划来开展经常性培训或针对现任员工的培训。

（4）虽然一些铁路公司并未制订正式的机组资源管理计划,但它们制订了具体计划,教授与机组资源管理关键要素相关的主题,如情景意识、沟通和/或团队合作。

（5）大多数培训计划都以课堂教学为基础,通过 PPT 和讲座的形式提供材料,使用视频、小组练习和角色扮演的方式来巩固学习。

（6）机组资源管理培训课程的时长从半天到两天不等,有时会在 4～6 周内分 4～5 次课程进行培训。

（7）进修培训通常不需要额外的课堂教学,而是以计算机辅助教学为主,或者通过主管的“协同工作”来完成,这样可以让主管有机会针对具体的机组资源管理行为做出反馈。

（8）机组资源管理计划的内容往往包含情景意识、团队合作、沟通和技术能力等广泛主题,以及与人为差错、安全文化、避免分心、计划、疲劳管理、自信、简令、矛盾解决和任务优先顺序有关的信息。

德州交通运输研究所与联邦铁路管理局的铁路发展办公室、安全办公室以及伯灵顿北方圣太菲铁路公司(BNSF)共同合作,将这项研究作为为美国铁路运输行业开发机组资源管理试点培训计划的依据(FRA,2004a)。

15.4.3 机组资源管理在铁路运输行业中的当前应用

1）加拿大太平洋铁路

如前文所述,加拿大太平洋铁路公司自 1999 年起对新聘用的列车长和列车员进行为期两天的机组资源管理培训。该课程由卡尔加里当地的一所社区大学开发。课程安排在初级员工 13 周培训计划的最后一周,重点是人为差错、团队合作和沟通。课程强调团队合作、沟通和简令在应对人为差错方面的重要作用(Ackerman,2005)。

铁路代表工作组（包括来自美国铁路协会以及诺福克南方铁路公司的代表）根据加拿大太平洋铁路公司的机组资源管理材料开发了一个短视频,然后其他铁路公司定制了带有自己公司标志的视频。后来,一些铁路公司在安全相关培训中使用了 30～45 分钟的培训录像。

2）联邦铁路管理局

联邦铁路管理局的铁路运输行业专责小组制订了一项针对列车和机务人员

的通用机组资源管理计划。该计划涵盖的主要主题包括决策、自信、班组协作、领导能力、团队合作、情景意识以及积极实践和反馈(FRA,2004a)。2000 年 6 月,该机组资源管理计划应用于铁路运输行业。课程大纲包含 10 个教学计划,并配有配套的录像带,提供角色扮演机会、教材示例讨论、课堂风格指导和小组参与机会。该计划包含三个阶段,分别是认识、实践和反馈以及巩固(FRA,2004a)。

3) 德州交通运输研究所

德州交通运输研究所在对北美铁路运输行业的机组资源管理活动现状做出评估后(见上文),开发了一个机组资源管理试点培训课程,在伯灵顿北方圣太菲铁路公司的一些站点进行测试(Morgan,2005)。入门级试点课程有三个"方向":

(1) 交通运输(机车工程师、列车员、调度员等)。

(2) 工程设计(线路养护、信号、接触网①工作人员等)。

(3) 养护(机车和轨道车辆维修技术人员、机械车间工作人员、站场列车检查员等)。

三个"方向"都使用相同的机组资源管理材料,但不同"方向"的课程使用的场景示例(摘自美国国家运输安全委员会或联邦铁路管理局的伤亡事故报告)不同,从而让示例与每堂课的学员相关。除了演示材料之外,还针对每个"方向"为学员编制了具体场景指南,并且为教员编制了脚本化指南。

随后,德州交通运输研究所参与了铁路机组资源管理培训实践,进一步研究和开发了相关材料(Morgan et al.,2006;Olsen,2005)。他们还帮助开发了一个商业案例,展示了机组资源管理培训在促进北美铁路运输行业安全方面具有潜在的经济价值(FRA,2007;Roop et al.,2007)。

15.4.4 机组资源管理在澳大利亚铁路运输行业中的发展

1) 澳大利亚国家铁路资源管理计划

2005 年,经澳大利亚和新西兰铁路安全监管委员会(RSRP)批准,新南威尔士州独立运输安全与可靠性监管机构(ITSRR)和维多利亚州公共交通安全机构(PTSV)发起了一项国家项目,为澳大利亚铁路运输行业制定通用人为因素培训指南和材料。新南威尔士州独立运输安全与可靠性监管机构和维多利亚州公共交通安全机构指定了一家顾问公司,与铁路运输行业一起开展了一个项目,旨

---

① 接触网是悬挂在铁轨上方的电线系统,用于为电动列车供电。

在提高对实用人为因素培训效益的认识和了解,并且为铁路运输行业提供有助于培训实施的实际指导和资源。

最终报告和材料是国家铁路资源管理计划的核心成果(Dédale Asia Pacific, 2006;Lowe,Hayward,and Dalton,2007),于 2007 年 12 月完成并公布(Klampfer et al.,2007)。此后,项目发起机构一直在积极鼓励铁路运输行业引进某种形式的风险与资源管理,并借鉴所提供的指南和培训材料。虽然发展缓慢,但一些铁路运输运营商已经有选择地使用这些材料来完善和补充先前使用的安全和人为因素培训计划。

澳大利亚和新西兰铁路安全监管委员会进一步参与了该项目,资助澳大利亚某大型铁路运营商开展的风险与资源管理试点计划(Klampfer et al., 2009)。2009 年,运营商开展了三次风险与资源管理试点课程,以测试概念和一些定制培训材料。培训策略的一个有趣特点是每次课程都有不同班组的铁路安全工作人员参加(包括火车司机、列车长、列车管理员、信号员、调车员和车站工作人员)。培训深受学员的欢迎,在多次拖延之后,运营商最近批准了实施专门风险与资源管理/运营意识培训计划的资源(Branford,2017)。

全国风险与资源管理计划在澳大利亚铁路运输行业、新西兰、欧洲和英国引起了人们对风险与资源管理以及人为因素的极大关注。大规模大范围的项目必然会为促进人为因素计划的实施以及将人为因素计划和原则整合到铁路运输行业提供许多见解和机会(Alcock et al.,2013;Klampfer et al.,2009)。

2)昆士兰铁路公司铁路安全秘密观察计划

昆士兰铁路公司(QR)旅客服务中心自 2003 年起面向列车司机开展了入门级人为因素培训,使用了 PPT 演示、案例研究和指导讨论的方式在半天的课程中涵盖了典型的人为因素主题。最新的课程形式包括基于场景的模拟器练习和反馈,课程内容侧重于威胁与差错管理,利用修改航空业的航线运行安全审计(LOSA)得到的铁路运输行业方法开展课程(FAA,2005)。麦克唐纳等人(McDonald,Garrigan,and Kanse,2006)提供了昆士兰铁路公司铁路安全秘密观察(CORS)计划的详细内容。昆士兰铁路公司报告称,风险与资源管理计划有效性评估得到了有利结果,结果表明风险与资源管理培训有助于提高列车安全驾驶行为(QR,2011)。

3)机组资源管理在英国的进展

继澳大利亚开展国家风险与资源管理计划之后,英国铁路安全与标准委员会(RSSB)调查了英国铁路运输行业实施风险与资源管理培训的潜在效果。在调查结束后,编制了一份简报,该文件得出的结论是"在英国铁路运输行业开展铁路资源管理培训能够提高工作人员的技能,减少重大意外事故次数并带来经济效益"(RSSB,2009)。此后,英国铁路安全与标准委员会采用非技术技能(NTS)这一名称来表示实用人为因素培训,并且针对安全关键人员开发、试点和评估了非技术性技能培训课程。英国铁路安全与标准委员会还编制了一套指导资料和文件,以支持铁路运营商开发和实施非技术性技能培训(RSSB,2012,2016)。

15.5 海洋产业

15.5.1 在海洋产业开展机组资源管理培训的原因

海上石油和天然气行业有强大的团队合作文化,通常多个不同的工作队、班次和班组相互配合共同管理日常工作。海洋产业的意外事故研究发现,与其他高风险行业一样,人为因素通常是导致事故的一个原因(例如 Flin et al.,1996;Mearns et al.,1997)。

对人为因素所导致事件的更深入研究表明,其中很大一部分事故的原因是某些特定方面的机组资源管理能力不足(Mearns et al.,1997)。在对七家海洋公司两年多的人为因素事件进行分类时,发现 46% 的事件都可以归入团队合作、领导能力、情景意识、决策能力、沟通能力或个人局限性等机组资源管理主题类别之一。

由于人为差错以及机组资源管理方面的不足经常会导致海上安全事件,预计机组资源管理培训会带来行业安全性的长期改善。

15.5.2 机组资源管理在海洋产业中的应用

1) 面向海上控制室操作人员的机组资源管理

1992 年,机组资源管理首次引入海洋产业,率先应用于海上控制室操作人员(Flin and O'Connor,2001;Flin,1997)。培训计划包含航空领域的机组资源管理要素,计划内容侧重于海上控制室操作人员的应急响应培训与能力评估。

课程包括针对控制室操作改编的四个标准机组资源管理主题,即决策、沟通、精神压力和自信。利用心理学研究和控制室操作培训师的专业知识,对商业航空公司使用的模块进行了修改,以适应该领域的具体需要。

提供的课程包括讲课、练习以及与主题领域相关的个人经历讨论。开发了四个主要模块,分别是决策、沟通、精神压力和自信。

2）面向海上装配经理和应急响应团队的机组资源管理

还为在控制室模拟器上接受应急响应培训的海上装配经理（OIM）及其团队开发了机组资源管理课程（Flin，1997；O'Connor and Flin，2003）。课程的设计围绕对应急指挥中心的有效团队行为至关重要的要素，包括了解团队角色、沟通、团体决策、自信、团队态度、压力管理和共享心智模型。课程目的是提高应急控制中心的团队表现。

3）应急资源管理——挪威"小精灵"石油公司（Elf Petroleum）

Elf Petroleum 还以应急资源管理培训的形式，对挪威海上工作队进行了机组资源管理培训（Flin et al.，2000；Grinde，1994）。课程的总体目标是让作业人员全面了解紧急情况下的可用资源。培训计划包括决策、任务分配、态势评估和沟通等要素。最初的 3 天课程以讲课的形式提供，并使用陆上模拟器提供实际场景支持。

4）面向海上生产装配工作队的机组资源管理

首个面向海上生产装配工作队的机组资源管理计划原型于 1999 年投入使用（Flin et al.，2000；O'Connor and Flin，2003）。该课程为期两天，旨在提高生产和维修工作队的安全和生产能力，并减少这两个工作队的停工时间。课程内容包含疲劳和轮班工作、压力、团队协调、沟通、决策、情景意识、理解人为差错和机组资源管理的起源等模块。对八门已完成课程的评估表明，这类机组资源管理培训有利于海上石油和天然气行业的发展。

5）行为指标的应用

上述面向海上生产装配工作队的机组资源管理原型旨在提高学员对一系列非技术技能的认识。非技术技能框架以研究为基础，是专门针对航空业开发的框架（Flin et al.，2003）。在课程开发的早期阶段，围绕非技术技能框架编写了每个模块的具体目标（Flin et al.，2000）。

15.6 未来拓展方向

如前文所述，机组资源管理培训理念和原则已成功地应用于其他一些安全至关重要的工作领域。本章未具体论述这些领域，具体包括核电生产行业（Belton，2001；Gaddy and Wachtel，1992）、美国太空计划（Rogers，2002，2010）、矿业（Thomas，2017）和其他行业。

那么，资源管理培训在航空领域之外的未来发展又会如何呢？本章论述了机组资源管理如何从航空驾驶室成功拓展到航空系统的其他领域、商船驾驶台和机舱、医院急诊科和手术室、海上石油平台以及铁路交通系统。

事实上,近几十年的发展已经证明,非技术技能培训几乎完全有利于表现和安全依赖于人、技术与复杂工作环境相互交互的任何领域(Thomas,2017)。

航空领域的机组资源管理自20世纪70年代创立以来,在几十年的时间里已经取得长足发展,多家航空公司起到了带头作用,随后监管机构多次将机组资源管理培训原则纳入了监管要求和指导方针(CAA,2003,2016;CASA,2011;EASA,2015a,2015b,2017;FAA,2004)。

然而,近十年来,大多数创新都发生在航空业之外。目前,在医疗、海事和矿业等行业都能看到最佳做法的例子。通常,这些创新更加关注机组资源管理中包含的实际技能,不再注重较为传统的课堂教学模式(Pena et al.,2015)。此外,最新创新还注重加强教学设计和教育方法,如场景设计和讲评、预演及评估技巧,以确保培训计划在个人、团队和组织层面都能产生证实的效果(Thomas,2017)。

最重要的是许多行业正在加强安全管理体系(SMS)与非技术技能培训计划之间的联系,以明确非技术性技能方面的不足,并将培训重点集中在组织的特定需求上。国际航空运输协会(IATA)培训和资格认证倡议(ITQI)的重点计划是基于实证训练(EBT),该计划利用一系列的数据来源来编制培训计划,在非技术技能方面更贴近实际的行业和组织需求(IATA,2013)。

总的来说,近几十年来的科学和经验证据都表明,非技术技能在众多行业环境中对工作人员的表现起着关键作用。事实上,总而言之,如果今天的某个组织没有制订正式的非技术技能发展计划,它会被认为没有在工作人员能力的关键组成要素上进行投资。

参考文献

Ackerman, F. (2005). CRM training at Canadian Pacific Railway. *Personal Communication*, December 2005.

Alcock, J., Grey, E., Klampfer, B., Raggett, L., & Rowland, A. (2013). *Rail Resource Management (RRM): Post-implementation review and future directions*. Presentation at the 3rd International Rail Human Factors Conference, London, UK, March 2013.

Andersen, V., & Bove, T. (2000). A feasibility study of the use of incidents and accidents reports to evaluate effects of team resource management in air traffic control. *Safety Science*, 35(1), 87-94.

Barnett, M. , Gatfield, D. , & Pekcan, C. (2004). A research agenda in Maritime Crew Resource Management. In *Paper presented at the National Maritime Museum Conference on 'Safer Ships, Safer Lives'*, London, March 2004.

Belton, S. (2001). CRM training in the nuclear industry. *Paper presented at the Third CRM Users Group Workshop*, University of Aberdeen, October 2001. Cited in R. Flin, P. O'Connor, & K. Mearns, (2002). Crew resource management: Improving safety in high reliability industries. *Team Performance Management*, 8, 68–78.

Branford, K. (2017). Update on RRM/Operational Awareness Training at V/Line. *Personal communication*, December 2017.

Byrdorf, P. (1998). Human factors and crew resource management: An example of successfully applying the experience from CRM programmes in the aviation world to the maritime world. In *Paper presented at the 23rd Conference of the European Association for Aviation Psychology*, Vienna, September 1998.

Chute, R. D. , & Wiener, E. L. (1994). Cockpit and cabin crews: Do conflicting mandates put them on a collision course? *Flight Safety Foundation Cabin Crew Safety*, 29(2), Reprinted in Airline Pilot, March, 1995.

Chute, R. D. , & Wiener, E. L. (1995). Cockpit/cabin communication: I. A tale of two cultures. *International Journal of Aviation Psychology*, 5(3), 257–276.

Chute, R. D. , & Wiener, E. L. (1996). Cockpit/cabin communication: II. Shall we tell the pilots? *International Journal of Aviation Psychology*, 6(3), 211–231.

Civil Aviation Authority. (2003). *CAP 737: Crew Resource Management (CRM) Training. Guidance for Flight Crew, CRM Instructors and CRM Instructor-Examiners*. London: CAA Safety Regulation Group.

Civil Aviation Authority. (2016). *CAP 737: Flight Crew Human Factors Handbook. December 2016*. Crawley, West Sussex, UK: Author.

Civil Aviation Safety Authority. (2011). *Non-technical skills training and assessment for regular public transport (RPT) operations: Civil Aviation Advisory Publication (CAAP) SMS-3(1), April 2011*. Canberra: Author.

Conceição, V. P. , Basso, J. C. , Lopes, C. F. , & Dahlman, J. (2017). Development of a behavioural marker system for rating cadet's non-technical skills. *Trans Nav: International Journal on Marine Navigation and Safety of Sea Transportation*, 11.

DeAnda, A. , & Gaba, D. (1990). Unplanned incidents during comprehensive anesthesia simulation. *Anesthesia & Analgesia*, 71(1), 77–82.

Dédale Asia Pacific. (2006). *Interim Report, National Rail Resource Management Project: Review of Best Practice, Implementation Issues and Task Analysis*. Melbourne/Sydney: PTSV/ITSRR.

Dédale Asia Pacific & Vela International Marine. (2006). *Maritime resource management (MRM) training course*. Melbourne: Authors.

EUROCONTROL. (1996). *Guidelines for developing and implementing team resource management* (Edition 1. 0). Brussels: Author, HUM. ET1. ST10. 1000-GUI-01.

EUROCONTROL. (2004). *Team resource management: A promising future?* Brussels:

Author.

EUROCONTROL. (2018). *TRM implementation: Survey report 2017*. Brussels: Author.

European Aviation Safety Agency. (2015a). *Executive Director Decision 2015/022/R amending the acceptable means of compliance and guidance material to commission regulation (EU) No 965/2012*. Retrieved from: https://www.easa.europa.eu/newsroom-and-events/news/crew-resource-management-crm-training.

European Aviation Safety Agency. (2015b). *Executive Director Decision 2015/023/R amending the acceptable means of compliance and guidance material to commission regulation (EU) No 965/2012*. Retrieved from: https://www.easa.europa.eu/newsroom-and-events/news/crew-resource-management-crm-training.

European Aviation Safety Agency. (2017). *Crew resource management in practice*. Cologne: Author.

Federal Aviation Administration. (2004). *Crew resource management training. AC120 - 51E*. Washington, DC: US Department of Transportation.

Federal Aviation Administration. (2005). *Line operations safety audit (LOSA). Draft advisory circular*. Washington, DC: US Department of Transportation.

Federal Railroad Administration. (1999). *Railroad Safety Statistics Annual Report*. Washington, DC: United States Department of Transportation, Office of Public Affairs.

Federal Railroad Administration (2000). *Minutes of the Railroad Safety Advisory Committee Meeting, 28 January 2000*. United States Department of Transportation, Office of Public Affairs, Washington, DC: Author.

Federal Railroad Administration (2002). *Five-Year Strategic Plan for Railroad Research, Development, and Demonstrations*. United States Department of Transportation, Office of Public Affairs, Washington, DC: Author.

Federal Railroad Administration (2004a). *Safety Assurance and Compliance Program (SACP). Year 2003 accomplishments*. U. S. Department of Transportation Federal Railroad Administration. Office of Safety, June 2004. Washington, DC: Author.

Federal Railroad Administration (2004b). Switching Operations Fatality Analysis. Findings and recommendations of the SOFA working group. August 2004 Update. United States Department of Transportation, Office of Public Affairs, Washington, DC: Author.

Federal Railroad Administration. (2007). *Rail Crew Resource Management (CRM): The Business Case for CRM Training in the Railroad Industry*. (DOT/FRA/ORD - 07/21). United States Department of Transportation, Office of Public Affairs, Washington, DC: Author.

Fletcher, G., Flin, R., & McGeorge, P. (2000). *WP1 Report: Review of Human Factors Research in Anaesthesia. Version 1*. Interim Report on SCPMDE Research Grant RDNES/991/C.

Fletcher, G., Flin, R., & McGeorge, P. (2003). *WP2 Report: Review of Behavioural Marker Systems in Anaesthesia. Version 1. 1*. Work package 2 Report on SCPMDE Research Grant RDNES/991/C.

Fletcher, G., Flin, R., McGeorge, P., Glavin, R., Maran, N., & Patey, R. (2004).

Rating nontechnical skills: Developing a behavioural marker system for use in anaesthesia. *Cognition, Technology and Work*, 6, 165 - 171.

Flin, R. (1997). Crew resource management for teams in the offshore oil industry. *Team Performance Management*, 3(2), 121 - 129.

Flin, R., Martin, L., Goeters, K. -M., Horman, H. -J., Amalberti, A., Valot, C., & Nijhuis, H. (2003). Development of the NOTECHS (non-technical skills) system for assessing pilots' CRM skills. *Human Factors and Aerospace Safety*, 3(2), 97 - 119.

Flin, R., Mearns, K., Fleming, M. & Gordon, R. (1996). Risk Perception and Safety in the Offshore Oil and Gas Industry. Report (OTH 94454). Suffolk: HSE Books.

Flin, R., & O'Connor, P. (2001). Crew Resource Management in the offshore oil industry. In E. Salas, C. Bowers, & E. Edens (Eds.), *Improving teamwork in organizations*. New Jersey: LEA.

Flin, R., O'Connor, P., Mearns, K., Gordon, R. & Whitaker, S. (2000). *Factoring the Human into Safety: Translating Research into Practice. Vol. 3 - Crew Resource Management Training for Offshore Operations*. OTO 2000 063. Sudbury: HSE Books.

Gaba, D., Howard, S., Flanagan, B., Smith, B., Fish, K., & Botney, R. (1998). Assessment of clinical performance during simulated crises using both technical and behavioral ratings. *Anesthesiology*, 89(3), 8 - 18.

Gaba, D. M., & DeAnda, A. (1989). The response of anesthesia trainees to simulated critical incidents. *Anesthesia & Analgesia*, 68(4), 444 - 451.

Gaba, D. M., Howard, S. K., Fish, K. J., Smith, B. E., & Sowb, Y. A. (2001). Simulation-based training in anesthesia crisis resource management (ACRM): A decade of experience. *Simulation & Gaming*, 32(2), 175 - 193.

Gaddy, C., & Wachtel, J. (1992). Team skills training in nuclear power plant operations. In R. Swezey, & E. Salas (Eds.), *Teams: Their training and performance*. New Jersey: Ablex.

Gostlow, H., Marlow, N., Thomas, M. J. W., Hewett, P., Kermeier, A., Babidge, W., ... Maddern, G. (2017). A study of the non-technical skills of surgical trainees and experienced surgeons. *British Journal of Surgery*, 104(6), 777 - 785.

Grinde, T. A. (1994) Emergency Resource Management training. In Proceedings of the Second International Conference on Health, Safety, & the Environment in Oil and Gas Exploration and Production (Vol 2, 413 - 417). Jakarta, Indonesia. Richardson, Texas: Society of Petroleum Engineers.

Haberley, J. S., Barnett, M. L., Gatfield, D., Musselwhite, C., & McNeil, G. (2001). *Simulator Training for Handling Escalated Emergencies. MCA Project RP 467*. Southampton: Warshash Maritime Centre.

Halamek, L. P., Kaegi, D. M., Gaba, D. M., Sowb, Y. A., Smith, B. C., Smith, B. E., & Howard, S. K. (2000). Time for a new paradigm in pediatric medical education: Teaching neonatal resuscitation in a simulated delivery room environment. *Pediatrics*, 106, E45.

Haller, G., Garnerin, P., Morales, M. -A., Pfister, R., Berner, M., Irion, O. & Kern,

K. (2008). Effect of crew resource management training in a multidisciplinary obstetrical setting. *International Journal for Quality in Health Care, Advance Access, published May 6, 2008.*

Härtel, C. E. J., & Härtel, G. F. (1995). Controller Resource Management — What can we learn from aircrews? (*Vol. DOT/FAA/AM-95/21*). Washington: US Department of Transportation.

Havinga, J., Boer, R. J. D., Rae, A., & Dekker, S. W. (2017). How Did Crew Resource Management Take-Off Outside of the Cockpit? A Systematic Review of How Crew Resource Management Training Is Conceptualised and Evaluated for Non-Pilots. *Safety, 3* (4), 26.

Helmreich, R., Wilhelm, J., Kello, J., Taggart, W., & Butler, R. (1991). *Reinforcing and evaluating crew resource management: Evaluator/LOS instructor reference manual* (*NASA/UT Technical Manual 90 -2, Revision 1*). Austin: NASA/University of Texas Aerospace Crew Performance Project.

Helmreich, R. L. (1984). Cockpit management attitudes. *Human Factors, 26*, 583 - 589.

Helmreich, R. L. (1995). Interpersonal Human Factors in the Operating Theater. *Paper presented at the Danish Anaesthesia Simulator Conference, Copenhagen.*

Helmreich, R. L. (2000). On error management: Lessons from aviation. *British Medical Journal, 320*, 781 - 785.

Helmreich, R. L., Butler, R. E., Taggart, W. R., & Wilhelm, J. A. (1995). *Behavioural markers in accidents and incidents: Reference list.* (*NASA/UT/FAA Technical Report 95 -1*). Austin, TX: The University of Texas.

Helmreich, R. L., & Foushee, H. C. (1993). Why crew resource management? Empirical and theoretical bases of human factors training in aviation. In E. L. Wiener, B. G. Kanki, & R. L. Helmreich (Eds.), *Cockpit resource management* (pp. 3 - 45). San Diego, CA: Academic Press.

Helmreich, R. L., & Merritt, A. C. (1998). *Culture at work in aviation and medicine: National, organisational and professional influences.* Aldershot, UK: Ashgate.

Hollnagel, E. (2004). *Barriers and accident prevention.* Aldershot, UK: Ashgate.

Holzman, R. S., Cooper, J. B., Gaba, D. M., Philip, J. H., Small, S. D., & Feinstein, D. (1995). Anesthesia crisis resource management: Real-life simulation training in operating room crises. *Journal of Clinical Anesthesia, 7*(8), 675 - 687.

Howard, S. K., Gaba, D. M., Fish, K. J., Yang, G., & Sarnquist, F. H. (1992). Anesthesia crisis resource management training: Teaching anesthesiologists to handle critical incidents. *Aviation Space & Environ Med, 63*, 763 - 770.

International Civil Aviation Organization. (2013). *Manual of Evidence-based Training: Doc 9995 AN/497.* Montreal, Canada: ICAO.

International Maritime Organization. (1995). *Seafarer's Training, Certification and Watchkeeping Code (STCW Code).* London: IMO.

Kirkpatrick, D. L. (1994). *Evaluating training programs: The four levels.* San Francisco, CA: Berrett-Koehler.

Kirkpatrick, D. L. (1976). Evaluation of training. In R. L. Craig (Ed.), *Training and development handbook: A guide to human resources development*. New York: McGraw-Hill.

Klampfer, B., Grey, E., Lowe, A., Hayward, B., & Branford, K. (2009). Reaping the benefits: How railways can build on lessons learned from crew resource management. *Proceedings of the Third International Conference on Rail Human Factors*, Lille, France, March 2009.

Klampfer, B., Walsh, C., Quinn, M., Hayward, B., & Pelecanos, S. (2007). *The national rail resource management (RRM) project. Launch presentation*, Sydney, December 2007.

Kontogiannis, T., & Malakis, S. (2009). A proactive approach to human error detection and identification in aviation and air traffic control. *Safety Science*, 47(5), 693 – 706.

Kurrek, M. M., & Fish, K. J. (1996). Anesthesia crisis resource management training: An intimidating concept, a rewarding experience. *Canadian Journal ofAnesthesia*, *43*, 430 – 434.

Lauber, J. K. (1993). Foreword. In E. L. Wiener, B. G. Kanki, & R. L. Helmreich (Eds.), *Cockpit resource management* (pp. xv – xviii). San Diego, CA: Academic Press.

Lauber, J. K. (1979). Resource management on the flight deck: Background and statement of the problem. In G. E. Cooper, M. D. White, & J. K. Lauber (Eds.), *Resource management on the flight deck: Proceedings of a NASA/Industry Workshop*, *San Francisco*, *June 1979*. (*NASA Conference Publication 2120*). Moffet Field, CA: NASA Ames Research Center.

Lauber, J. K. (1987). Cockpit resource management: Background and overview. In H. W. Orlady, & H. C. Foushee (Eds.), *Cockpit resource management training: Proceedings of the NASA/MAC Workshop*. (*NASA Conference Publication CP –2455*) (pp. 5 – 14). Moffet Field, CA: NASA Ames Research Center.

Lowe, A. R., Hayward, B. J., & Dalton, A. L. (2007). *Guidelines for rail resource management. Report prepared by Dedale Asia Pacific for Public Transport Safety Victoria and Independent Transport Safety and Reliability Regulator*, *NSW*. Melbourne/Sydney: PTSV/ITSRR.

Marine Accident Investigation Branch. (1994). *Report of the Chief Inspector of Marine Accidents into the engine failure and subsequent grounding of the Motor Tanker Braer*. Southampton: MAIB.

Marine Accident Investigation Branch. (1996). *Report of the Investigation into the Power Failure on Canberra*. Southampton: MAIB.

Marine Accident Investigation Branch. (1999). *Marine Accident Report 5/99. Report of the Inspector's Inquiry into the loss of MV Green Lily*. Southampton: MAIB.

McDonald, A., Garrigan, B., & Kanse, L. (2006). Confidential Observations of Rail Safety: An adaptation of Line Operations Safety Audit (LOSA). *Paper presented at the Multimodal Symposium on Safety Management and Human Factors*, Swinburne

University, Australia, February 2006.

McDonnell, L. , Jobe, K. , & Dismukes, R. (1997). *Facilitating LOS debriefings: A training manual (NASA Technical Memorandum 112192)*. Moffett Field, CA: NASA Ames Research Center.

McInerney, P. A. (2005a). *Special Commission of Inquiry into the Waterfall Rail Accident. Final Report, Vol. 1*. Sydney: NSW Government.

McInerney, P. A. (2005b). *Special Commission of Inquiry into the Waterfall Rail Accident. Final Report, Vol. 2*. Sydney: NSW Government.

Mearns, K. , Flin, R. , Fleming, M. , & Gordon, R. (1997). Human and Organisational Factors in Offshore Safety. (*OTH543*). Suffolk, UK: HSE Books.

Merritt, A. C. (1996). *National culture and work attitudes in commercial aviation: A cross-cultural investigation*. The University of Texas at Austin, Unpublished doctoral dissertation.

Mills, A. (2003). The growth of human factors as a discipline in the UK rail industry. *Paper presented at the Fifth Australian Aviation Psychology Symposium, Sydney, Australia, 1 - 5 December 2003*.

Morey, J. C. , Simon, R. , Jay, G. D. , Wears, R. L. , Salisbury, M. , Dukes, K. A. , & Berns, S. D. (2002). Error reduction and performance improvement in the emergency department through formal team work training: Evaluation results of the MedTeams project. *Health Services Research, 37*, 1553 - 1581.

Morgan, C. , Olson, L. E. , Kyte, T. B. , Roop, S. , & Carlisle, T. D. (2006). Railroad Crew Resource Management (CRM): Survey of Teams in the Railroad Operating Environment and Identification of Available CRM Training Methods. *Report produced by Texas Transportation Institute for the U. S. Department of Transportation, Federal Railroad Administration*.

Morgan, C. A. (2005). Texas Transportation Institute CRM pilot project. *Personal Communication*. December 2005.

Morgan, C. A. , Kyte, T. B. , Olson, L. E. , & Roop, S. S. (2003). *Assessment of Existing Teams and Crew Resource Management (CRM) Training within the Rail Industry*. Texas Transportation Institute. November 15, 2003. Presented at Transportation Research Board 2004 Annual Meeting.

National Transportation Safety Board. (1979). *Aircraft Accident Report. United Airlines, Inc. , DC - 8 - 61, N8082U, Portland, Oregon, December 28, 1978. (Report No NTSB AAR - 79 - 7)*. Washington, DC: Author.

National Transportation Safety Board. (1993). *The grounding of the UK Passenger vessel RMS Queen Elizabeth 2 near Cuttyhunk Island, Vineyard Sound Massachusetts, August 7th 1992. NTSB Report Number: MAR - 93 - 01*. Washington, DC: Author.

National Transportation Safety Board (1999a). *Railroad Accident Report. Collision between Union Pacific Freight Trains MKSNP - 01 and ZSEME - 29 near Delia, Kansas. July 2, 1997. (Report No NTSB/RAR - 99/04)*. Washington, DC: Author.

National Transportation Safety Board (1999b). *Railroad Accident Report. Collision of*

Norfolk Southern Corporation Train 255L5 with Consolidated Rail Corporation Train TV 220 in Butler, Indiana, on March 25, 1998. (Report No. NTSB/RAR-99/02). Washington, DC: Author.

O'Connor, P., & Flin, R. (2003). Crew resource management training for offshore oil production teams. *Safety Science, 41,* 111–129.

O'Connor, P., & Long, W. M. (2011). The development of a prototype behavioral marker system for US Navy officers of the deck. *Safety Science, 49*(10), 1381–1387.

Office of Transport Safety Investigation (2004). *Rail Safety Investigation Report. Unanderra. Signal passed at danger resulting in derailment of Pacific National Service B9162, 20 June 2003.* Reference number 00041. Sydney: Author.

Olsen, L. E. (2005). CRM training in rail. *Personal communication,* December 2005.

Patankar, M. J., & Taylor, J. C. (2004). *Risk management and error reduction in aviation maintenance.* Aldershot, UK: Ashgate.

Patankar, M. J., & Taylor, J. C. (2008). MRM training, evaluation, and safety management. *International Journal of Aviation Psychology, 18*(1), 61–71.

Pena, G., Altree, M., Field, J., Thomas, M., Hewett, P., Babidge, W., & Maddern, G. (2015). Surgeons' and trainees' perceived self-efficacy in operating theatre non-technical skills. *British Journal of Surgery, 102*(6), 708–715.

Pizzi, L., Goldfarb, N., & Nash, D. (2001). Crew Resource Management and its Applications in Medicine. In Making Health Care Safer: A Critical Analysis of Patient Safety Practices. Evidence Report/Technology Assessment, No. 43. Chapter 44CA: University of California at San Francisco, Stanford University Evidence-based Practice Center.

Queensland Rail. (2011). *Rail Resource Management Evaluation Report.* Brisbane: Author.

Rail Safety and Standards Board. (2004). *Teamworking in the railway industry. The Journey Guide, V1.1.* London: Author.

Rail Safety and Standards Board. (2009). *Rail resource management training: A guide for the UK rail industry.* RSSB Briefing Document, May 2009. London: Author.

Rail Safety and Standards Board. (2012). *Non-technical skills required in train driver role: Developing an integrated approach to NTS training and investment.* London: Author.

Rail Safety and Standards Board. (2016). *A Summary Guide to Integrating Non-Technical Skills into Rail Safety Critical Roles.* London: Author.

Reason, J. (1990). *Human error.* Cambridge: Cambridge University Press.

Reason, J. (1997). *Managing the risk of organisational accidents.* Aldershot, UK: Ashgate. Reason, J. (2008). *The human contribution: Unsafe acts, accidents and heroic recoveries.* Aldershot, UK: Ashgate.

Reason, J., & Hobbs, A. (2003). *Managing maintenance error. A practical guide.* Aldershot, UK: Ashgate.

Risser, D. T., Rice, M. M., Salisbury, M. L., Simon, R., Jay, G. D., & Berns, S. D. (1999). The potential for improved teamwork to reduce medical errors in the emergency department. The MedTeams Research Consortium. *Annals of Emergency Medicine,*

34, 373 – 383.

Rogers, D. G. (2002). *NASA's Space Flight Resource Management Program: A Successful Human Performance Error Management Program.* Paper presented at Space Ops Conference, 2002.

Rogers, D. G. (2010). Crew resource management: Spaceflight resource management. In B. G. Kanki, R. L. Helmreich, & J. Anca (Eds.), *Crew resource management* (2nd ed.). San Diego: Academic Press.

Roop, S. S., Morgan, C. A., Kyte, T. B., Arthur, Jr., W., Villado, A. J., & Beneigh, T. (2007). Rail crew resource management (CRM): The business case for CRM training in the railroad industry. *Report produced by Texas Transportation Institute for the U. S. Department of Transportation, Federal Railroad Administration.*

Sexton, J. B., Thomas, E. J., & Helmreich, R. L. (2000). Error, stress, and teamwork in medicine and aviation: Cross sectional surveys. *British Medical Journal*, *320*, 745 – 749.

Shapiro, M. J., Morey, J. C., Small, S. D., Langford, V., Kaylor, C. J., Jagminas, L., ... Jay, G. D. (2004). Simulation based teamwork training for emergency department staff: Does it improve clinical team performance when added to an existing didactic teamwork curriculum? *Quality & safety in health care*, 13(6), 417 – 421.

Simpson, P., Owens, C., & Edkins, G. (2004). Cabin crew expected safety behaviours. *Human Factors and Aerospace Safety*, 4(3), 153 – 167.

Small, S. (1998). What participants learn from Anesthesia crisis resource management training. *Anesthesiology*, 89(3A), A71.

Stelly, J., & Taylor, J. (1992). Crew coordination concepts for maintenance teams. Continental Airlines, Inc., paper and presentation, August 1992.

Taylor, J. C. (2000a). *Evaluating the effects of maintenance resource management in (MRM) in air safety. Report of Research Conducted under NASA-Ames Cooperative Agreement No. NCC2 - 1025 (SCU Project # NAR003).* Washington, DC: FAA.

Taylor, J. C. (2000b). The evolution and effectiveness of Maintenance Resource Management (MRM). *International Journal of Industrial Ergonomics*, *26*, 201 – 215.

Thomas, M. J. W. (2017). *Training and assessing Non-Technical Skills: A practical guide.* Boca Raton, FL: CRC Press.

Transport NSW. (2002). *Bargo-Yerrinbool Derailment and Collision, 1 August 2002. Final report.* Sydney: Author.

Transportation Safety Board. (1998). *Railway Investigation Report. Rear-end Train Collision, 11 August, 1998. (Report number R98V0148).* Quebec, Canada: Author.

UK P&I Club. (1997). *Analysis of major claims — ten-year trends in maritime risk.* London: Thomas Miller P&I Ltd.

United States Coastguard. (1995). *Prevention Through People, Quality Action Team Report.* Washington, DC: USCG.

University of Aberdeen and Scottish Clinical Simulation Centre. (2004). Anaesthetists' Non-Technical Skills Handbook, V1. 0. Aberdeen: Authors.

Vandermark，M. J. (1991). Should flight attendants be included in CRM training? A discussion of a major air carrier's approach to total crew training. *International Journal of Aviation Psychology*，1(1)，87 – 94.

Wahren，E. (2007). Development of BRM training at SAS Flight Academy. *Personal communication*，June 2007.

Wang，A. M.，Yuan，R.，Li，H.，Xie，W.，Bakker，J. S.，& Pinkster，J. (2014). *Virtual simulation program and its application for challenging floatover installation of Liwan 3 – 1 Mega topsides in South China Sea*. The Twenty-fourth International Ocean and Polar Engineering Conference. International Society of Offshore and Polar Engineers.

Yule，S.，Flin，R.，Maran，N.，Rowley，D.，Youngson，G.，& Paterson-Brown，S. (2008). Surgeons' non-technical skills in the operating room：Reliability testing of the NOTSS behavior rating system. *World Journal of Surgery*，32(4)，548 – 556.

延伸阅读

Flin，R.，O'Connor，P.，& Mearns，K. (2002). Crew resource management：Improving safety in high reliability industries. *Team Performance Management*，8，68 – 78.

第三部分
从不同角度探究机组资源管理

16 从监管机构的角度[①]

凯西·H. 阿博特(Kathy H. Abbott)

美国,华盛顿特区,联邦航空管理局

本章主要从美国(US)监管体系的角度介绍机组资源管理(CRM),其由美国联邦航空管理局(FAA)管理。本章开头简要介绍了美国航空法规这一风险管理形式的基本理念,接着介绍了美国监管体系中一些重要航空法规的历史发展和理念依据。

首先,本章重点介绍机组资源管理的一些具体内容,即机组人员协调与沟通、威胁与差错管理以及机组人员监控。其次,本章讨论机组资源管理的这些方面如何融入设备设计、飞行机组培训和飞行机组程序的监管框架。再次,本章还讨论对将来实施机组资源管理非常重要的一些示例。最后,本章介绍应用于飞行机组以外其他领域的资源管理监管材料。

16.1 航空法规-基本概要[②]

我们可以把法规当作一种风险管理形式,考虑社会把某些活动放置在风险概念连续轴上的具体位置。图16.1给出了这类连续轴的一个示例,一端是个人风险,另一端是公众风险。它描述了一些不同的活动,以及社会认为它们所处的位置。在图中所示的连续轴上,左端代表个人风险,社会可能会把水肺潜水、爬山和滑雪等活动放置在这一端。这一端的活动对应较高的个人选择权和较高的自由度,具有较低的公众关注度和责任感。

连续轴的右端是具有高公众关注度和责任感的活动,例如商业航班和国防。

---

① 本章所表达的意见仅代表作者本人的观点,不代表美国联邦航空管理局的官方立场。

② 本节中的材料基于RTCA认证工作组法规初级读本中的观点(RTCA,1999)。特别是RTCA认证工作组4中的几位成员,包括约翰·阿克兰(John Ackland)、托尼·布罗德里克(Tony Broderick)和汤姆·伊姆里奇(Tom Imrich),他们为编写监管初级读本材料做出了重要贡献。

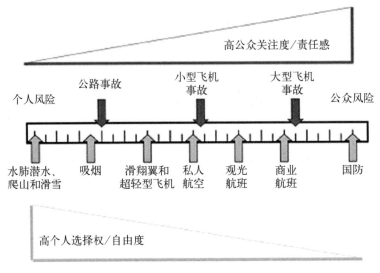

图 16.1 "个人"与"公众"风险假设连续轴

美国(和许多其他社会)把大型飞机事故放在了连续轴的右端,因为他们认为这些活动具有高的公众关注度和责任感。高速公路事故和小型飞机事故的位置靠左,因为这是这个社会的选择。

其他社会可能会选择将这些活动和安全相关事件放在连续轴上的不同位置。例如,其他社会可能会把私人航空放在与商业航空相同的"风险"位置(因此具有同等程度的公众关注度)。

社会还会确定政府在风险管理和缓解方面的角色。思考图 16.2 中所示的连续轴,了解政府可能扮演的角色。最左端主要为个人和商业性质的活动或事物。在这一端,社会选择限制政府的角色,政府的角色可能仅限于授权活动。最

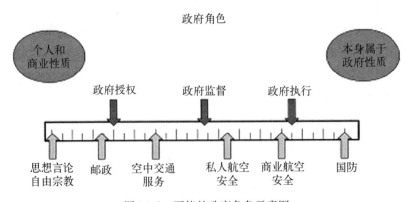

图 16.2 可能的政府角色示意图

右端是本身属于政府性质的活动或事物,如国防,在这一端政府实际的角色是开展或管理活动。

任何具体活动在连续轴上的位置受到社会希望政府所扮演角色的影响。例如,在美国,私人航空的公众关注度较低,因此,政府承担的公众责任感较低。商业航空的公众关注度较高,安全期望值最高。因此,法律规定,政府对商业航空的监管力度和标准要比私人航空更加严格。

美国航空法规依据1926年的《航空商务法案》设立,将航空责任和监管权力分配给了商务部下属的航空部门。该部门设立了以下目标:

(1) 制定航空器适航标准及相关注册制度。

(2) 管理航空人员和设施的审查和许可证审批程序。

(3) 制定统一的空中航行规则。

(4) 建立新机场。

(5) 鼓励发展民用航空事业。

从根本上说,政府的基本职责是保证:

(1) 飞机不会坠落到人群中(保证飞机的适航性)。

(2) 公共交通的"最高安全级别"。

(3) 至少为其他乘坐"许可飞机"的乘客提供基本的安全保障。

(4) 飞机可以履行安全相关的飞机间隔职责(例如某些空域的高度编码应答机要求)。

履行这些职责的方法包括:

(1) 对空中交通工具和地面辅助设施(如有必要),进行认证。

(2) 制定运行规则,即"交通法规"。

(3) 提供或授权某些能力(例如航空系统用户或公众同意的某些服务、设施或能力)。

在一定程度上,这些职能是通过某种类型的"认证"实现的。这里的认证是指对航空器、人员(例如飞行员)、运行、程序、设施和设备的批准和授权。

美国联邦航空管理局监管活动的法律源自美国宪法,一般认为始于1926年颁布的《航空商业法案》。该法案由商务部部长委托,用于促进商业航空、发布和执行空中交通规则、认证飞行员和飞机以及运行和维护助航设备(NAVAID)。比恩巴赫和朗里奇(Birnbach and Longridge,1993)提供了美国联邦航空管理局的历史观点,还提供了非常详细的法律结构演变历史。

美国联邦航空管理局执行的现行法规包含在《美国法典》中,具体来说,包含在《美国联邦法规汇编(CFR)》第 14 篇"航空航天"第 1 章"交通运输部美国联邦航空管理局"。本讨论特别关注三个分部,分别是 C 分部"飞机"、F 分部"空中交通规则和一般运行规则"和 G 分部"航空承运人和经营有偿与出租业务的营运人的合格审定与运行"。C 分部包含各类飞机的适航标准(包括第 25 部"运输类飞机")。F 分部包含一般运行和飞行规则(第 91 部),G 分部包含第 121 部"运行要求:本土、海外和补充运行",和第 135 部"运行要求:通勤和按需运行并管理飞机上人员的规则"。

C 分部的第 25 部和的其他几个部中包含飞机适航标准。这些要求被认为是"特定时间点"法规,因为只要发现符合其中一项法规(如签发飞机型号设计的型号合格证),除非飞机的型号设计发生改变(例如,增加原始型号设计不包含的设备或系统),否则不会重新审查。因此,第 25 部中法规的任何变动都不会导致现有认证飞机型号设计的改变。

相反,运行规则(第 91 部、第 121 部、第 135 部等)是持续适用规则,因此,当法规变动时,根据该运行规则认证的运营商必须遵守当时有效的规则。机组培训要求符合运行法规,因此,随着我们对培训最佳实践认识的提高,可以不断地对运行法规作出修改。

上述讨论介绍了法规(即要求)背后的基本理念。但监管材料可以有下述一个或多个动机:

(1)最低标准。法规可能会对某一必备特征提出最低标准,例如飞机系统的性能。

(2)保护措施。如《美国联邦法规汇编(CFR)》第 14 篇第 193 部。该部描述了美国联邦航空管理局会在什么时间以什么方式保护自愿提交给美国联邦航空管理局的安全信息不被披露。

(3)通过提供运行信任奖励设备。例如,具备自动降落性能的飞机(以及相应飞行员资格)比不具备该性能的飞机适合飞行的能见度更低。

除了法规之外,美国联邦航空管理局还公布了其他几种类型的文件。其中一种类型的文件是咨询通告(AC),它提供了美国联邦航空管理局对外界的指导。咨询通告可能包含关于遵守特定法规手段的指南,或者可能提供航空界感兴趣的其他信息(例如某咨询通告列出了所有已发布的咨询通告)。

咨询通告使用与所提供信息相对的法规对应的编号系统进行编号。例如,咨询通告 25.1329《飞行导引系统的批准》(FAA,2006b)提供了一种符合 14 CFR 25.1329(FAA,2006a)的方法。例如,咨询通告 120-76D《电子飞行包使用授权》(FAA，2017b)，该咨询通告包含批准技术或系统类型的批准指南，而非特定法规。

下文讨论了与机组资源管理相关的法规和咨询通告，包括设备设计的适航性要求、飞行机组培训以及运行批准要求和指导。

16.2 驾驶舱机组资源管理的法规要求和指导

监管材料中论述了以下机组资源管理的重要方面(以及其他方面)，将在以下章节中进行讨论：

（1）机组协调和沟通。

（2）风险、威胁与差错管理。

（3）飞行机组监控。

本章将针对每个方面介绍监管材料中关于设备设计、飞行机组培训和飞行机组程序的论述。

16.2.1 关于设备设计的适航要求——示例

下文将讨论两个法规，以说明如何将机组资源管理的注意事项纳入设备设计的适航要求：

（1）《美国联邦法规汇编(CFR)》第 14 篇第 25 部 25.1329 节飞行导引系统。

该法规描述了对飞行导引系统(FGS)的适航要求，包括自动驾驶仪、自动推力系统、飞行导引系统和相关机组界面(FAA，2006a)。运行经验表明飞行机组在操作飞行导引系统及其子系统时会出现差错和混淆(FAA，1996)，包括有些可能在设备设计阶段消除的缺陷。因此，为了应对这些问题以及飞行导引系统技术和性能上的变化，适航要求进行了更新。

下面举个例子来说明如何更新设备设计要求来支持机组协调。

（j）款要求在自动驾驶仪断开时，要确保每一位飞行员都能收到警告消息：

（j）自动驾驶系统断开后，必须及时向每一位飞行员提供与驾驶舱其他警告截然不同的警告信息(视觉的和听觉的)。

——美国联邦航空管理局(FAA，2006a)

该法规的咨询通告明确表示它的意图是自动驾驶仪断开的相关警告方式必须要支持飞行机组的协调：

警告音要够长,以确保飞行员和其他飞行机组人员能够听到和识别,但又不能太长,以免影响机组成员之间的沟通或使人分心。

——美国联邦航空管理局(FAA,2006b)

(i)款明确阐述了通过预防差错以及设备设计反馈当前运行模式来支持差错管理的必要性:

(i)飞行导引系统的功能、操纵器件、指示和警告必须被设计成使飞行机组对于飞行导引系统的工作和特性产生的错误和混淆最小。

——美国联邦航空管理局(FAA,2006a)

(i)款还规定"必须提供措施指示当前的工作模式,包括任何预位模式、转换和复原。选择器电门的位置不能作为一种可接受的指示方式。操纵器件和指示必须合理和统一地进行分类组合和排列。在任何预期的照明条件下,指示都必须能够被每位驾驶员看见"(FAA,2006a)。这部分法规支持设备设计要方便机组人员监控飞行导引系统状态的要求。

(2)欧洲航空安全局(EASA)认证规范25.1302"飞行机组使用的安装的系统"(EASA,2007a)和美国联邦航空管理局《美国联邦法规汇编》第14篇25.1302"飞行机组使用的安装的系统和设备"(FAA,2013)。①

另一项适航法规是由美国联邦航空管理局、联合航空管理局、欧洲航空安全局、北美和南美航空界以及欧洲航空界共同制定的,以满足设备设计要支持飞行员差错管理的需求。该法规要求设备设计具有能够避免错误的特性。具体来说,设备必须向飞行员提供完成与设备预期功能相关的任务所需的信息和操纵器件,且操纵器件和信息必须采用可用的形式。

此外,该法规的编制依据是认识到即使是合格的飞行员使用设计合理的系统,也会犯错误。因此,设备设计必须支持差错管理的检测与恢复。(d)款第一句明确指出:

(d)在可行的范围内,所安装的设备必须确保飞行机组能够管理飞行机组与设备在使用中合理预期的交互造成的差错,假设飞行机组的行为可信。

——欧洲航空安全局(EASA,2007a)②

---

① 美国联邦航空管理局和欧洲航空安全局制定的25.1302是一致的。虽然条例的措辞可能不完全相同,但意思是相同的。

② 与所有法规一样,监管材料应与其他有关法规一并阅读和考虑。

在机组监控方面,CS 25.1302 规定,设备设计应提供执行设备预期功能相关任务所需的信息并能够监控设备,而且设备应提供与操作相关行为有关的信息。美国联邦航空管理局打算统一 CS 25.1302 中的要求,使美国和欧洲关于设备设计这一方面的要求一致。

上述适航法规是前文讨论过的"特定时间点"法规。因此,任何新型飞机都必须符合这些要求,除非现有飞机型号有了重大更改,否则不需要满足这些要求。

由于很多飞机在该法规实施前已经获得航空器合格审定,这类飞机未必符合设备设计要支持机组协调、差错管理和机组监控的要求。因此,对这类飞机而言,遵守飞行机组培训和程序中要求的减缓措施尤其重要。

16.2.2 飞行机组培训和资格认证要求

美国法规要求对飞行员和签派员进行机组资源管理原则和主题培训。机组资源管理这些要求纳入了《美国联邦法规汇编》第 14 篇第 121 部 121.404 节"合规日期:机组和签派员资源管理培训",具体内容如下:

> 在 1998 年 3 月 19 日之后,任何合格证持有人均不得指定任何人担任飞行机组成员,在 1999 年 3 月 19 日之后,任何合格证持有人均不得指定任何人担任空乘人员或飞机签派员,除非此人已经完成该合格证持有人或另一合格证持有人开展的获批机组资源管理(CRM)或签派员资源管理(DRM)初级培训(如适用)。
>
> ——美国联邦航空管理局(FAA,1996)

第 121 部规定本身并没有明确规定培训的内容,但咨询通告 120 - 51E (FAA,2003b)为美国运营商机组资源管理培训计划的内容提供了指导。咨询通告具体描述了机组协调与沟通、差错管理和飞行机组监控等主题。该咨询通告还论述了飞行前后简令的重要意义,评估培训后飞行员行为的方法以及其他主题。除美国提供了相关指导材料之外,英国民航局(CAA,2006)也提供了关于机组资源管理培训内容的指导材料。

该要求的适用范围超出了根据第 121 部规定开展运营的航空公司。自 2013 年 3 月 22 日起,任何根据第 135 部开展运营的合格证持有人均不得指定任何人员担任飞行机组成员或空乘人员,除非此人完成了该合格证持有人开展的获批机组资源管理初级培训(FAA,2011)。与第 121 部不同,第 135 部中的要求未明确规定培训至少必须涉及的主题。

（1）机长的权力。

（2）沟通过程、决策和协调，包括与空中交通管制人员、执行飞行定位和其他操作功能的人员以及乘客的沟通。

（3）组建和维护飞行团队。

（4）工作负荷和时间管理。

（5）情景意识。

（6）疲劳对行为的影响、避免策略和应对措施。

（7）压力的影响以及压力减缓策略。

（8）根据运营商的航班运行和航空环境定制的航空决策和判断培训。

与所有运行法规一样，飞行机组的机组资源管理培训要求也是一项持续适用的要求。因此，随着对有效实施机组资源管理培训的认识越来越多，可以对指导材料做出改进并予以应用。

16.2.3 飞行机组程序

美国联邦航空管理局认识到，飞行机组所使用的程序应能够体现机组资源管理所希望的协调和沟通能力。程序设计应体现协调能力。德加尼和威纳（Degani and Wiener，1994）表示，有些方面的程序设计可以促进机组的协调能力：

（1）减少变化。该程序要触发一系列预先设定的预期动作。

（2）反馈。程序要明确规定向其他机组成员提供预期反馈（例如喊话）。反馈的具体内容可以是：① 系统的当前和/或预期状态；② 当前正在执行的动作；③ 系统结果；④ 任务完成指示。可以通过以下几种方式提供反馈：① 口头方式（喊话、回呼等）；② 非口头方式（手势、手动操作，如拉下挡位手柄）；③ 通过界面（当系统配置发生重大变化时，例如当动力从辅助动力装置切换到发动机驱动发电机时，所有显示器瞬时黑屏，从而向另一名飞行员提供清晰反馈）；④ 通过操作环境（当缝翼/襟翼在进近过程中展开时，会有明显的气动反馈，俯仰变化）。

（3）信息传递。程序可以将一名人员的信息传达或传递给其他人员（例如起飞后检查单已完成）。

在机组协调中，需要考虑的另一个重要方面是操纵飞行员（PF）、非操纵飞行员（PNF）/监控飞行员（PM）以及随机工程师（如有）之间的职责划分。具体包括明确由谁来执行哪项任务，哪个飞行员提出某一具体程序，哪个飞行员读取信息，哪个飞行员做出回应。

美国联邦航空管理局发布了一项咨询通告,说明程序设计如何解决这些问题,为标准操作程序(SOP)提供了实施指南(FAA,2017a)。该咨询通告指出,机组人员之间的有效协调与沟通取决于机组人员要对每项任务有一个共享心智模型,而且该心智模型要建立在标准操作程序的基础上。

该咨询通告特别强调,飞行员必须要认识到以往事故中存在的监控不足问题。例如,美国国家运输安全委员会指出,84％的机组人员相关事故与机组人员监控不足或面临的监控挑战有关(NTSB,1994;Sumwalt,2004)。

该咨询通告还论述了监控飞行员(PM)的角色和任务,强调了监控任务的重要性。这一强调必须构成标准操作程序基本原则的一部分。

例如,一些航空公司实施的高度感知计划说明,通过修改支持机组人员协调的程序可以提高机组人员的表现(Sumwalt,1995)。在这个例子中,这些航空公司正在经历高度偏差,或高度"不稳定",即飞行员没有在许可高度保持平稳,或在与许可高度不同的高度飞行。这些航空公司实施的正式高度感知计划是基于这样一种认识,即当对空中交通许可有疑问时,机组人员必须互相核对,互相质疑。在驾驶舱内改变高度的程序主要包括设置高度警告员并发出喊话。

该计划是一个很好的例子,说明飞行员的职责非常重要。美国航空业的计划取得了成功,与计划前的数据相比,高度不稳定情况约减少了75％(Sumwalt,1995),说明通过适当的机组协调和明确的职责划分,可以显著提高机组人员的表现,其中机组人员监控是这些职责中的一项关键任务。[1]

16.3　对未来的考虑

航空业在持续发展变化。未来,民用航空空域运行方面的提升,需要包含上文讨论的机组资源管理基本概念,即协调与沟通(所有参与者之间)、差错管理、以及监控相关的新技术和新运营理念的成功实施。下文将重点讨论两个方面,即为确保安全、有效和高效运行所必须实施的两个方面,分别是电子飞行包(EFB)以及将驾驶舱操作整合到新的空域运行中。

笔记本计算机已经在驾驶舱内使用很多年,随着计算机技术发展,体积更小、性能更优、成本更低。它们在驾驶舱内的使用范围不断扩大,用途繁多,从安装的系统到便携式手持系统都用到了这些设备。咨询通告120-76D(FAA,2017b)和欧洲航空安全局适航符合性验证方法(AMC)20-25"电子飞行包的适

---

① 关于程序特点的具体论述以及从运行经验中汲取的经验教训,请参见 Sumwalt(1995)。

航性和操作注意事项"(EASA, 2014)都涉及这类设备。目前,这些设备被用于越来越多的用途,包括性能计算、场面运行移动地图显示及其他各种任务。

一些资料已经明确与电子飞行包及其使用相关的人为因素问题(包括机组资源管理等)(Allen, 2003; Chandra et al., 2003)。因此,在美国联邦航空管理局和欧洲航空安全局的批准指南中,将机组资源管理评估作为培训和系统评估的一部分(FAA, 2017b; EASA, 2014)。这可能特别重要,因为电子飞行包的使用可以改变飞行机组的互动和沟通方式,特别是如果电子飞行包位于难以跨驾驶舱查看的位置。如果飞行员看不到彼此的电子飞行包,那么必须进行明确的协调和沟通,以减少看不到彼此行动的情况。此外,必须认真确定机组程序,以包含差错管理程序(具体包括数据输入和计算信息的交叉验证)。

电子飞行包在驾驶舱中的使用仍在不断发展,因此,继续关注机组资源管理在电子飞行包使用当中以及电子飞行包与书面资料结合使用当中的作用非常重要。参考诺慕拉等人的研究(Nomura et al., 2006):

> 飞行员工作的复杂性、高风险性和快节奏性需要认真进行信息获取和注意力管理规划。事实上,统一认识对于安全飞行至关重要,因为这意味着,无论显示的是什么信息,不仅必须要提供给两名飞行员,还必须提供给一起互动的飞行员。在进行高工作负荷飞行前简令过程中,例如起飞,飞行员希望自己所处的环境可以看到与即将发生事件有关的大量参数。目前,他们通过读取多个不同的文件和显示器来获取信息。进一步了解如何获取信息有利于下一代显示器的设计。

根据这一文章,书面资料是使用新技术中必不可少的一个特征,在机组协调、信息确认、笔记记录和信息提供方面发挥着重要的角色。

这只是其中第一个例子,说明在将新技术引进到驾驶舱时,必须考虑机组协调与沟通以及对飞行员任务和互动的支持。培训和飞行机组的程序设计通常会考虑机组资源管理的这些方面内容,但设备设计也必须支持这些任务。

第二个例子将机组资源管理概念扩大到了飞行机组与空中交通管制人员之间的互动当中,这是飞机一体化空域运行中的一个重要过程。多年来,飞行员与空中交通服务中心人员之间的沟通与协调一直都很成功。然而,新的空域运行预计会发生重大的运行变化,并带来相应的收益。

目前正在发生的一个变化是美国和全球航空业正在向基于性能的导航系统

转变。基于性能的导航包括使用不依赖地面导航设备位置的区域导航(RNAV)设备。区域导航除了具备点对点功能,还实施了新的程序,具备所需导航性能(RNP)(Barhydt and Adams,2006)。

区域导航和所需导航性能程序为运营商和空中交通管理部门带来了巨大收益,包括更易于进入地形受限的机场,更环保的飞行路线,以及空域效率的显著提升。在航站区和航线环境下,均实施了基于性能的运行,这些程序的实施已在多个机场产生了切实效益。

航站区实施新区域导航程序的一个优势是减少了空/地通信(Barhydt and Adams,2006)。但通信量的减少可能会引起空中和地面沟通与协调质量问题,还可能会引起差错管理问题,不能及时预防、发现和纠正差错。因此,需要把机组资源管理概念应用到驾驶舱内、空中交通管制人员之间以及飞行员与空中交通服务中心之间的沟通中。在制订新监管材料和政策以支持新运行方法时,应明确包含机组资源管理概念。

16.4 结论

本章主要从美国航空业的角度出发,给出了监管机构对机组资源管理的看法。它并不全面,因为在与驾驶舱适航性、飞行机组培训和飞行机组程序和其他应用领域的相关监管资料中,都可以看到对机组资源管理的考虑。未来运行的例子也不全面,相反,这些例子只是为了说明未来的需求。

美国联邦航空管理局和世界各地的其他监管机构认识到机组资源管理非常有利于航空安全。虽然本章的大部分内容都在围绕飞行员进行讨论,但如前文所述,监管系统正在认识到资源管理对航空系统中其他人员的重要性,包括签派员(签派员资源管理培训的要求可以证明)和维修人员(维修人员培训指南可以证明)等。

监管资料中越来越多地考虑到资源管理,反映出人们越来越认识到这一领域的重要性,还需要进行进一步推广应用。机组资源管理概念在空中交通管制人员、飞行员与空管中心之间的沟通与协调,以及飞行员、维修人员、签派员、客舱机组人员和其他人员中间的应用仍然非常重要,而且具有进一步改进提升的空间。

参考文献

Allen,D. (2003). Electronic flight bag. *Boeing Aero*,*23*,16-27,July.

Barhydt, R. , & Adams, C. (2006). Human factors considerations for performance-based navigation. *National Aeronautics and Space Administration Technical Memorandum*, 2006 - 214531.

Birnbach, R. A. , & Longridge, T. M. (1993). The regulatory perspective. In E. L. Wiener, B. G. Kanki, & R. L. Helmreich (Eds.), *Cockpit resource management*. (pp. 263 - 281). New York: Academic Press.

Chandra, D. C. , Yeh, M. , Riley, V. , & Mangold, S. J. (2003). Human factors considerations in the design and evaluation of Electronic Flight Bags (EFBs), Version 2. DOT - VNTSC - FAA - 03 - 07. USDOT Volpe Center: Cambridge, MA.

Civil Aviation Authority United Kingdom. (2006). Crew Resource Management (CRM) Training: Guidance for Flight Crew, CRM Instructors (CRMIS) and CRM Instructor-Examiners (CRMIES). (CAP 737). UK Civil Aviation Authority, Gatwick Airport South: West Sussex, United Kingdom.

Degani, A. , & Wiener, E. (1994). *On the design of flight-deck procedures*. *NASA Contractor Report*. Moffet Field, CA: National Aeronautics and Space Administration, June 1994. European Aviation Safety Agency. (2007a). Certification Specifications for Large Aeroplanes CS - 25 Amendment - 3, Book 1, Airworthiness Code, Subpart F Equipment, General, CS - 25. 1302 Installed systems and equipment for use by the flight crew, September 19, 2007.

European Aviation Safety Agency. (2014). Amendment-, ED Decision 2014/001/R 09/02/2014 Annex II, Acceptable Means of Compliance, AMC 20 - 25, Airworthiness and operational consideration for Electronic Flight Bags (EFBs) January 29, 2014.

Federal Aviation Administration. (1996). *Human factors team report on: The interfaces between flightcrews and modern flight deck systems*. Washington, DC: Federal Aviation Administration, June 18, 1996.

Federal Aviation Administration. (2003b). *Crew resource management training (FAA Advisory Circular 120 - 51E)*. Washington, DC: Department of Transportation, January 22, 2004. Federal Aviation Administration. (2006a). *Title 14 United States Code of Federal Regulations Part 25 , Section 25. 1329 (Flight Guidance Systems)*. Washington, DC: Department of Transportation, July 2006.

Federal Aviation Administration (2006b). Advisory Circular 25. 1329 - 1B, Approval of Flight Guidance Systems, July 17, 2006.

Federal Aviation Administration. (2011). *Title 14 United States Code of Federal Regulations Part 135 , Section 135. 330 (Crew resource management training)*. Washington, DC: Department of Transportation, January 21, 2011.

Federal Aviation Administration. (2013). *Title 14 United States Code of Federal Regulations Part 25 , Section 25. 1302 (Installed systems and equipment for use by the flightcrew)*. Washington, DC: Department of Transportation, May 3, 2013.

Federal Aviation Administration. (2017a). *Standard Operating Procedures and Pilot Monitoring Duties for Flight Deck Crewmembers (FAA Advisory Circular AC 120 - 71B)*. Washington, DC: Department of Transportation, January 10, 2017.

Federal Aviation Administration. (2017b). *Authorization for Use of Electronic Flight Bags (FAA Advisory Circular 120 - 76D)*. Washington, DC: Department of Transportation, October 27, 2017.

National Transportation Safety Board. (1994). Safety Study: A Review of Flightcrew-Involved, Major Accidents of U. S. Air Carriers, 1978 through 1990. Report no. NTSB/SS - 94/01. Washington, DC, United States: NTSB, 1994.

Nomura, S., Hutchins, E., & Holder, B. (2006). The uses of paper in commercial airline flight operations. In Proceedings of Computer Supported Cooperative Work 2006, (CSCW 2006), pp. 249 - 258.

RTCA (1999). Final Report of Task Force 4, Certification. Washington, DC.

Sumwalt, R. L. (1995). Altitude Awareness Programs Can Reduce Altitude Deviations. In Flight Safety Foundation Flight Safety Digest, December 1995.

Sumwalt, R. L. (2004). Enhancing Flight Crew Monitoring Skills Can Increase Corporate Aviation Safety. 49th Corporate Aviation Safety Seminar. Flight Safety Foundation: Tucson, AZ. April 27 - 29 (2004).

17　从监管机构的角度 Ⅱ [①]

道格拉斯・R. 法罗(Douglas R. Farrow)

美国,华盛顿特区,联邦航空管理局(已退休)

本章从美国联邦航空管理局(FAA)总部航空公司培训和自愿安全计划部门的角度出发给出了监管机构的看法。作为负责航空公司培训政策的办公室,在过去的 25 年中,该办公室一直是美国联邦航空管理局支持的航空运输类飞机机组资源管理(CRM)研究和开发项目的主要资助方。因此,随着机组资源管理行为培训和评估最佳方法科学知识体系的发展,政策已经成型。该研究产生了三个主要的美国联邦航空管理局指导性文件,分别是机组资源管理咨询通告 120 - 51(FAA,1989)、航线运行模拟(LOS)咨询通告 120 - 35(FAA,1978)和高级资格认证计划咨询通告 120 - 54(FAA,1991)。航线运行模拟咨询通告于 2015 年进行了更新,在本章编写时另外两份通告也正在更新。本章将涵盖这二十多年研究计划的主要主题和挑战,并将阐述本教材自 2010 年第 2 版以来的主要修改内容。

17.1　从历史的角度

美国联邦航空管理局对机组资源管理不断认知和领导发展的历史可以追溯到上述三份咨询通告的演变过程,以及它们所经历的多次修订。跟随这些指导材料的历史轨迹,可以看到机组资源管理从抽象概念到具体示例,从态度问题到行为问题,从无危险评估到合格/不合格评估,从可观察行为到习得能力,以及从管理人员到管理差错再到管理风险的稳步发展过程。

美国联邦航空管理局关于面向航线飞行训练的最初指南,无论是咨询通告 120 - 35 还是咨询通告 120 - 35A(FAA,1978,1981),都比最早的与机组资源

---

① 本章所表达的意见仅代表作者本人的观点,不代表美国联邦航空管理局的官方立场。

管理相关的指南还早了几年。虽然最早的指南中缺少细节内容,但它表明了美国联邦航空管理局希望认可和支持这种方法,并鼓励合格证持有人在他们的培训计划中探索这一概念。一方面,面向航线飞行训练最初的主要目标与其说是发展机组资源管理技能,不如说是在运行环境中预演运行程序,因为人们当时已经理解这些技能(Butler,1993)。另一方面,面向航线飞行训练的目标之一是让飞行机组在无危险环境中暴露在错误链中,观察他们如何管理错误,这与当代对机组资源管理的理解完全一致。

随后,面向航线飞行训练扩展为航线运行模拟,成了美国所有大型航空公司培训和评估机组资源管理技能的主要工具。咨询通告120-35B(FAA,1990)的发布将面向航线飞行训练的概念扩展为航线运行模拟,包含面向航线飞行训练、特殊目的操作训练(SPOT)和最终的航线运行评估(LOE)。特殊目的操作训练和航线运行评估的讨论相对概念化,每个概念单独列为一页内容。但美国联邦航空管理局的目标同样是认可和支持新出现的培训概念,并鼓励运营商把这些概念转化成切实可行的程序。根据美国航空运输协会(ATA)[现美国航空运输协会(A4A)]高级资格认证计划(AQP)工作组(ATA,1995)的建议,当前版本的咨询通告120-35D(FAA,2015)纳入了大量的细节,被称为场景开发的事件集方法。该方法随后被美国联邦航空管理局用作所有航线运行模拟培训和评估开发的建议程序。因此,美国联邦航空管理局再次采用引入通用概念的方式,鼓励运营商探索这些概念,应用这些概念,然后把应用指南整合到自己的指导文件中。

多个版本的机组资源管理咨询通告都采用类似的模式。美国联邦航空管理局很快采纳了研究界的大部分概念,但在行业经验总结成具体方法或过程之前,提供的程序或规定较为保守。最初的机组资源管理培训起初是选择性的但建议开展,后来《美国联邦法规汇编》第14篇第121部"机组"(121.404)规定必须开展,再后来规定必须开展经常性培训(《美国联邦法规汇编》第14篇第121部121.427),但在经过美国联邦航空管理局近十年的指导之后才强制执行这些要求,这些指导完全是咨询性质。

17.2　从评定到评估

在本卷第1版中,比恩巴赫和朗里奇(Birnbach and Longridge,1993)介绍了高级资格认证计划,并且描述了对机组资源管理培训的潜在影响。这是一项自愿培训计划,今天美国90%的航空公司飞行员和70%的空乘人员都选择参加该计划。他们提出,通过在任务水平而不是较为笼统水平上衡量机组资源管理,用有效度和可信度水平来衡量机组资源管理技能是个可行的做法,这将使机组资源管理技能的合格/不合格评分具有与检查飞行员目前对技术技能评分时做出合格/不合格决定时所表达的置信水平相同。他们提出了一个 5 年的试行期,在此期间,在无危险基础上评价机组资源管理技能。

该方法涉及对《高级资格认证计划联邦航空特别条例》[14 CRF 121,SFAR-58,(7)(b)](FAA,1990)具体表述的解析,该条例不仅规定了机组资源管理的教学,而且规定了对"驾驶舱资源管理技能"的"评估"(危险)而不是"评价"(无危险)。在高级资格认证计划之外,仅建议进行机组资源管理,但在高级资格认证计划内,现在必须进行机组资源管理。虽然美国联邦航空管理局希望在未来的某个时间对高级资格认证计划内的机组资源管理进行危险评估,但在1991 年,当时的科学界和政界都不能支持这一行动。但美国联邦航空管理局的确在最初的高级资格认证计划咨询通告 AC 120-54 中表述了预期行动方向:"收集和分析匿名数据(未指明姓名),以验证机组资源管理因素以及机组人员的整体表现。在验证机组资源管理的行为因素之前,应在不考虑合格/不合格的情况下收集数据"(AC 120-54"高级资格认证计划"1991)。它指出"不包含合格/不合格机组资源管理标准的计划的最终书面批准应包含一份声明,说明最终(即第 V 阶段)批准取决于最后是否符合该条件"(AC 120-54)。但在第一批高级资格认证计划机队,即美国联合航空公司波音 737 客机首次进行第 V 阶段申请时,美国联邦航空管理局降低了其长远目标,未进行合格/不合格评估就批准了该计划。五年目标太过远大。

美国联邦航空管理局希望能推动机组资源管理技能知识的发展,让航空业愿意在自愿计划的背景下申请合格/不合格机组资源管理评级,从而推动美国联邦航空管理局高级资格认证计划办公室资助的大范围人为因素研究和发展计划。该计划资助了十几个项目,本章将论述其中一个例子。同时,美国联邦航空管理局认为,在开发和测试新方法之前,机组资源管理将被视为培训失败的一个影响因素,但并非主要原因。支持这一观点的原因是,假设一位飞行员的机组资源管理技能差到会造成失误,那么他在评估过程中必然会出现技术失误。飞行员会因为该技术问题无法通过评估,机组资源管理会被列为影响因素。通过这种方式,仍然可以收集和分析机组资源管理的不良行为数据,从而更好地了解机组资源管理技能及其与技术技能的相互作用,但不会有无法通过检查的危险。

17.3 机组资源管理的衡量和评级

研究界与美国联邦航空管理局、美国航空运输协会高级资格认证计划工作组及其成员航空公司共同努力，通过开发一些人为因素工具来支持高级资格认证计划群体。乔治梅森大学的研究人员支持事件集方法的研发，美国联邦航空管理局后来建议将该方法用于所有航线运行模拟开发（ATA，1995；Seamster，Edens，and Holt，1995）。研究人员与新墨西哥大学、美国国家航空航天局、中佛罗里达大学和其他一些研究机构合作，并与大型航空公司和地区航空公司共同努力，开发了评分者信度流程（Holt，Boehm-Davis，and Hansberger，2001）、参考评分者信度流程（Goldsmith and Johnson，2002）、飞行员评估黄金标准制订流程（Baker and Dismukes，2003）和评级量表及其衡量基准流程（Holt，Hansberger，and Boehm-Davis，2002；Williams，Holt，and Boehm-Davis，1997）。

2001 年，在 SFAR 58 和 AC 120-54 发布 10 年后，美国联邦航空管理局认为，它已经开发出机组资源管理评估工具，可以开始要求对机组资源管理技能进行合格/不合格评级。在一家地区航空公司结束了 3 年的研究之后，乔治·梅森大学研究小组编制了一份研究报告，以供美国联邦航空管理局内部使用（GMU，2001）。报告内容包含适用于技术评级和机组资源管理评级的一些信度和效度衡量措施。报告得出以下结论：

> 该表格的基本观点是机组资源管理行为衡量措施的信度值与技术行为衡量措施的信度值一样好。例如，地区航空公司五个事件集的总体机组资源管理行为一致性指数为 0.86，这五个事件集的总体技术行为一致性指数为 0.85，两者同样好。同样，11 个事件集机组资源管理的内部一致性估计值（0.75）稍高于这些事件集的总体技术评级的一致性指数（0.66）。这些数据表明，我们至少可以用与我们衡量技术行为相同的一致性程度来衡量机组资源管理行为。

这些数据为美国联邦航空管理局提供了信心，可以在开发、培训、执行和评估基于事件的场景时使用工具集衡量机组资源管理技能合格/不合格，例如评级工作表、评级量表、事件集方法、评估人员校准工具以及机组资源管理技能的最佳教学和测试实践，这些工具是培训活动的单独或整体组成部分。

虽然整个研究计划是由参与航空公司的实际飞行员、教员和评估人员完成的,但无论是工会还是航空公司管理层都认为,该技术尚未成熟到可以仅依据机组资源管理来评估一名飞行员不合格的程度。美国联邦航空管理局决定继续推迟机组资源管理评估任务,让运营商有足够的时间熟悉他们帮助开发的工具集。这个过程花了几年的时间后最终得以完成。美国联邦航空管理局高级资格认证计划办公室接到了一家大型高级资格认证计划运营商的电话,说他们刚刚因为一名机长的机组资源管理技能不达标把他评估为不合格。这名机长成功通过了机动飞行验证,但由于领导能力和团队合作能力不足而未能通过航线运行评估。这家航空公司开了一个先例,高级资格认证计划的其他航空公司肯定也会随之效仿。随着时间的推移,高级资格认证计划群体中的所有航空公司都从机组资源管理评价转变成为合格/不合格评估。高级资格认证计划规则的最初目标终于得以实现。

17.4　监管机构的角色

本章阐述了美国联邦航空管理局在机组资源管理发展历史中的角色,大致可分为三类:执行最低监管要求、鼓励超越最低监管要求的做法以及资助相关研究项目,这在一定程度上使美国联邦航空管理局在严格规定与强烈鼓励之间划清界限。

17.4.1　监管灵活性

传统上,美国联邦航空管理局用来维持安全标准的主要工具是制定、监督和执行强制性要求以及将这些标准发布为规则、法规和政策。该指南由位于华盛顿特区的美国联邦航空管理局总部的专门政策办公室制定。美国联邦航空管理局经常与行业代表协调这些规则,通常会组成航空规则制定委员会(ARC),委员会成员主要是行业代表,他们就拟议规则的内容向美国联邦航空管理局提出建议。当然,美国联邦航空管理局拥有最终决定权。美国联邦航空管理局还会考虑国际民用航空组织条例,并力求与国际指南保持一致。作为国际民用航空组织的一员,如果美国联邦航空管理局的规定不符合国际民用航空组织的要求,美国联邦航空管理局必须向国际民用航空组织提出异议。一旦规则发布,那么美国联邦航空管理局现场人员无权批准豁免或偏离,只有美国联邦航空管理局总部才有此权限。

高级资格认证计划不同于传统培训计划的一个特点是,它要受到由现场人员和总部人员组成的美国联邦航空管理局扩展审查小组(ERT)的监督。该小组有权批准机组成员和签派员资格鉴定、培训和认证的其他方法,无需涉及美国联邦航空管理局豁免流程或办公室。因此,从管理角度来看,独特的培训和检查方案的批准过程非常灵活,鼓励参与高级资格认证计划的航空公司采用创新和创造性方法应对新出现的培训挑战。新的人为因素和机组资源管理知识以这种方式迅速地从大学移植到了航空公司。

17.4.2　规则

《美国联邦法规汇编》第 14 篇第 121 部和第 135 部规定了飞行员、随机工程师、空乘人员和签派员的培训和评估规则。美国国家运输安全委员会在 1978 年联合航空公司 173 号航班失事后提出了机组资源管理培训要求(NTSB,1978)。那是一架 DC‐8 客机在俄勒冈州波特兰上空盘旋时燃油耗尽,而机长正忙着处理起落架故障,副驾驶和随机工程师都在不停地提示机长飞机燃油不足,但他们都没有充分果断地改变机长的行为。尽管联合航空公司在 1981 年首次引入了机组资源管理培训,但美国联邦航空管理局在长达十多年的时间里并未强制要求开展这类培训。1990 年,美国联邦航空管理局将高级资格认证计划确立为一项自愿培训方案,但要求所有自愿参加该计划的航空公司都要开展机组资源管理培训(FAA,1990)。1995 年,要求第 121 部的所有运营商都要开展机组资源管理培训;2011 年,要求第 135 部的所有运营商都要开展机组资源管理培训。

17.4.3　政策

为了提供一个稳定、长期的安全基础,制订的规则具有高度概括性,但遵守这些规则的具体方法在政策中有详细规定。例如,在发布某项规则时,通常会发布两份配套文件,一份行业指南咨询通告,以及美国联邦航空管理局指令 890001 的一个条目,该条目用于指导美国联邦航空管理局的检查人员如何监督该规则和咨询通告的内容。一些计划既要依赖规则,又要依赖政策,如高级资格认证计划和飞行品质监控(FOQA)计划,然而一些计划仅依赖政策,如航空安全行动计划(ASAP)和航线运行安全审计计划(LOSA)。虽然并非每项政策都有一项随附规则,但所有规则都跟随政策。

2013 年前,高级资格认证计划、航线运行模拟咨询通告(AC 120‐54 和 AC 120‐35)的维护部门与机组资源管理咨询通告(AC 120‐51)的维护部门不一致,使得美国联邦航空管理局内部的协调工作困难复杂。之后,这三个主要的机组资源管理政策文件都统一由一个主要责任办公室(OPR),即航空公司培训和资源安全计划部负责维护。到现在,航空业和美国联邦航空管理局现场工作人员中都安排了一位联系人,负责所有机组资源管理相关问题。

17.4.4 最佳实践奖励

虽然法规、规则、条例和政策是确保安全的基石,但从监管的角度来看,这些规定都有其自身的自然局限性。并非所有问题都是通过制定规定来解决的,美国联邦航空管理局发布的规则越多,航空公司的合规任务和美国联邦航空管理局的监督任务就会变得越复杂、越困难、越昂贵。颁布越来越多的规则和限制会带来意外后果,即会导致走捷径、出错,并增加违规行为(Reason,1995)。

美国联邦航空管理局不能为每一种可能的意外事件制定规则,最具挑战性的安全问题也不一定要通过规定的程序来解决。里森(Reason,1997)用了整整一章来阐述监管机构在进行指导时所面临的各种困境和双重束缚。指导说明不详细会增加错误,而说明过于详细则会增加违规行为。指导过多与不足之间的平衡取决于一些复杂的因素,即使是在今天,人们依然不太了解这些因素之间的因果关系。

为了提高航空安全,美国联邦航空管理局推出了一系列创造性的自愿计划。这些项目增加了航空安全,但不会带来额外强制性规则的过重负担,要求运营商必须遵守或美国联邦航空管理局必须执行。这些计划为运营商提供了监管激励,鼓励其收集超出规则要求的安全数据,并根据这些安全数据改进运营,由于这些都是自愿计划,因此认为计划要求太烦琐的运营商可不必参与。这些项目已经发展成为航空业和美国联邦航空管理局机组资源管理数据的主要来源。它们也已经成为航空业各种安全动力[包括运营商的安全管理体系(SMS)]的重要推动源。

自愿安全计划

美国联邦航空管理局以两种方式向航空公司提供自愿安全计划,一种方式是在规定强制执行某计划之前提供早期采用该计划的机会,另一种方式是在可预见的未来保持计划的自愿性。其中一个最新的例子是美国联邦航空管理局引入的安全管理体系(SMS)规则,它符合这两种情况的自愿计划。该规则引入第121部中,实施期限为 5 年。美国联邦航空管理局提出与第 121 部中的运营商合作,在该规则生效之前,自愿开发安全管理体系,此外还将为其他证书持有人提供支持(如第 135 部中的运营商),法规未要求他们开发自己的安全管理体系,但他们出于自身的原因选择开发。

下述的六个打算长期保持自愿性的安全计划也要接受航空公司培训与自愿

安全计划部门的管理。这些计划过于复杂和昂贵，不能强制要求所有证书持有人都要实施，因此鼓励但不强求他们实施。这些计划分为两大类，分别是报告计划和审计计划。报告计划可以让在履行职责过程中发现安全问题的人员报告这些问题，并且对报告人自身的危险最低。审计计划是由专门培训并指定履行审计职责的人员有目的的检查安全系统和行为。

(1) 报告计划：航空安全报告系统(ASRS)计划；航空安全行动计划(ASAP)；飞行品质监控(FOQA)计划；自愿披露报告计划(VDRP)。

(2) 审计计划：内部评估计划(IEP)；航线运行安全审计计划(LOSA)。

由于其中一些计划的费用高昂而且非常复杂，所以只有大型运营商参与了全部计划。它们的共同点是都是自愿性计划，为收集和分析安全数据提供了方法，并且为解决发现的安全问题提供了流程依据，除此之外，每项计划都有自己独有的特点。航空安全报告系统计划由美国联邦航空管理局资助，并由美国国家航空航天局管理，为航空界的所有参与者提供了一个免费的安全报告系统和安全资料库。该计划于1976年建立，最初是自愿安全计划，现在在某种程度上成了许多后续计划的模板，建立航空安全报告系统计划的三个主要目的之一是"巩固航空人为因素安全研究的基础"(NASA ASRS, 2017)。

自愿披露报告计划由美国联邦航空管理局建立和管理，适用于愿意在美国联邦航空管理局发现安全违规行为之前自愿向美国联邦航空管理局报告安全违规行为的任意证书持有组织。内部评估计划是美国联邦航空管理局向运营商群体提供的指导，目的是帮助他们开发内部审计系统。飞行品质监控计划适用于愿意安装规定设备的任意飞机运营商。航空安全行动计划制订之初仅适用于第121部中的航空公司和第142部中的维修站，但后来经过扩展，包含联邦航空条例第91部、第91K部、第135部和第141部。

机组资源管理在这些计划中起到了什么作用？机组资源管理事件、问题和行为问题可通过航空安全报告系统计划报告给美国国家航空航天局/美国联邦航空管理局，可通过航空安全行动计划报告给运营商/美国联邦航空管理局，可通过航线运行安全审计计划和内部评估计划报告给运营商(有时报告给美国联邦航空管理局)，可在更小范围内通过飞行品质监控计划报告给运营商/美国联邦航空管理局，也可通过自愿披露报告计划报告给美国联邦航空管理局。后面的计划包含的机组资源管理结果数据不如前面的丰富，但通过对报告事件的后续调查，发现了一些问题。这些自愿计划补充了传统数据来源，如事故报告、事件报告和机长报告。大多数计划包含特别设计的分类方法，旨在组织和处理人为因素以及机组资源管理数据。

在高级资格认证计划的早期,没有数据最丰富的这些自愿计划(航空安全行动计划、飞行品质监控计划和航线运行安全审计计划)。开展机组资源管理培训的运营商通常只在课堂上讲授该主题,按照机组资源管理咨询通告 120 - 51 中的行为指标集群,轮流选择每年的经常性培训课题。如果某年的课题是沟通与决策,第二年的课题是团队组建和维护,第三年的课题就是工作负荷管理和情景意识。今天,高级资格认证计划中的航空公司在每个培训周期内都会创建新的航线运行场景,培训内容依据他们对自愿安全计划中的事故、事件、安全建议、安全事件和问题相关安全数据分析得到的安全状况。因此,航空公司有一套方法,可以不断地识别风险,确定哪些风险可以通过培训干预措施得到最好的减缓,并在必要时以最小的监管约束快速修改培训内容。

自 1990 年创立以来,高级资格认证计划以可用的培训和运营数据为基础,经历了三代的发展。在 20 世纪 90 年代的十年中,该计划被作为一项替代培训计划,主要利用自己的培训数据和个别运营商提供的运营数据。到了 2000 年,在美国联邦航空管理局的坚持下,航空业接受了自愿安全计划。当时,航空业正在尝试将这些计划的运营数据融入高级资格认证计划的课程当中,并请求美国联邦航空管理局协助他们推进这项工作。在随后的十年中,通常奇数年举办行业年度定期高级资格认证计划会议,偶数年由美国联邦航空管理局主办"共同安全愿景"会议,这些工作的重点是针对自愿安全计划,确定高级资格认证计划的最佳授课方法。这十年为高级资格认证计划群体的下一步发展做好了准备,也就是安全管理体系的出现。大约从 2010 年开始,高级资格认证计划正在转变为运营商安全管理体系的培训内容。目前,高级资格认证计划中的所有航空公司都是第 121 部中的运营商,因此,必须在 2018 年 3 月 9 日之前执行美国联邦航空管理局批准的安全管理体系。

17.5 资助研究项目

在过去几十年里,美国联邦航空管理局对机组资源管理做出的最重要贡献之一是资助大学、研究中心和私人研究机构的研究团队进一步了解和运用机组资源管理。虽然大部分研究都是为了支持特定计划(特别是高级资格认证计划)的需求,但也有一些研究致力于支持未来的研究工作,探索机组资源管理的基本要素。研究人员需要解决的问题一部分由美国联邦航空管理局确定,还有一部分问题由行业群体或者具体航空公司确定。在以下情况下,如果个别航空公司有特定问题,美国联邦航空管理局同意提供研究支持:① 这些问题也适用于其他证书持有人;② 航空公司同意为研究项目提供充足的人员支持;③ 解决方案工具集将会发布于公共领域,面向所有潜在用户提供。

17.5.1 人为因素研究

到了 20 世纪 80 年代中期,美国联邦航空管理局、美国国家航空航天局和美国国家运输安全委员会都得出结论,认为机组人员导致事故的主要原因不是技术技能不足,而是驾驶舱管理技能不足。飞行员的飞机驾驶技能要比他的整个航班管理技能强得多,在某些情况下,早期的男性飞行员试图通过个人英雄主义而不是团队合作与配合来拯救陷入困境的航班。事故分析结果表明缺乏人为因素技能和知识,因此,美国联邦航空管理局资助了一系列的人为因素研究,旨在认知驾驶舱资源管理,并确定在飞行员中间开展驾驶舱资源管理教学和评价的最佳方法。虽然当时的大多数研究都是在新泽西州大西洋城的美国联邦航空管理局技术中心或俄克拉何马州俄克拉何马城的迈克·蒙罗尼航空中心开展的,但这项研究由美国联邦航空管理局总部资助,并由当地政策指定分部主管。

17.5.2 机组资源管理

近二十年来,美国联邦航空管理局驾驶舱人为因素首席科学家办公室一直在向美国联邦航空管理局提供人为因素研究建议,这项工作的核心是研究机组资源管理及其配套培训计划。可以说,美国联邦航空管理局没有针对机组资源管理的咨询通告,但有针对机组资源管理培训的咨询通告,因为一直以来都认为机组资源管理主要是培训议题。虽然在高级资格认证计划诞生之前开展了大量的机组资源管理研究,但高级资格认证计划办公室是华盛顿第一个充分利用自身能力来主办这类研究的政策组织。该办公室的负责人是整个航空运输部门中唯一一个拥有人为因素博士学位的人,而且之前从事过人为因素研究。人为因素研究经费的突然增加与专业领导能力以及专门旨在提高机组资源管理培训和评价能力的培训计划相互关联。尽管在 1990 年引入高级资格认证计划时,航空界已经普遍接受机组资源管理的基本概念,但当时尚无一致认可的工具或最佳实践,能够用于有效培训、有效可靠评价高级资格认证计划条例提倡的培训计划的类型(将技术与机组资源管理培训和评估充分结合)。

这项研究的基本指导原则是飞行员、教员、评估人员和课程开发人员都有各自的需求,必须相应得以解决。飞行员面临的挑战是确定最佳类型的培训和检验活动,从而尽可能提高机组人员的表现。教员面临的挑战是详细说明超出传统"杆/舵"适用能力之外的一系列新的能力。评估人员面临的挑战是制订评级量表,以便使评估人员可以全面准确掌握技术和人为因素两方面技能的范围,以及能够在评估人员和事件中保证标准化的校准事件。开发人员面临的挑战是开发场景生成方法,在教学和测试中将机组资源管理技能与技术技能结合起来。

在过去的二十年中,机组资源管理研究探讨了用于软技能教学和评估的低逼真度培训装置(Burki-Cohen, Go, and Longridge, 2001;Burki-Cohen and Go, 2005;Burki-Cohen, Sparko, and Go, 2007),用于快速开发培训和测试场景的工具和方法,用于在模拟器中提供真实无线电通信的方法(Burki-Cohen and Kendra, 2000),用于教员和评估人员相互校准以及根据参考"黄金标准"校准的工具(Baker and Dismukes, 2002, 2003),用于提高培训数据质量的工具(Johnson and Goldsmith, 1999a, 1999b, 1999c),高级资格认证计划数据库模型(Mangold and Neumeister, 1995, 1997),一项将飞行员级别与飞行品质监控数据、领导能力培养和跟从能力培训相互联系的研究(Dunlap and Mangold, 1998a, 1998b),驾驶舱内的干扰和分心、任务认知分析方法、航行通告现代化(Hoeft, Kochan, and Jentsch, 2002),混合机队飞行、飞行员选择方法、压力对飞行员行为的影响、概念映射(Harper et al., 2002),团队心智模型、惊吓和意外(Rivera et al., 2014),监控飞行员等,一项培训调查(收到 1 万份调查问卷),一项技能衰退研究(分析了 8 家航空公司 25 个机队的约 200 万名飞行员的行为等级),驾驶舱内的干扰和分心,以及一个衡量驾驶舱内机组资源管理培训效果的项目(后来发展成了航线运行安全审计计划)。以下重点介绍其中几个项目:

1) 评估人员校准

建立高级资格认证计划的政府——行业联合小组没有预见到需要对检查飞行员或美国联邦航空管理局检查人员开展校准,认为他们的飞行员评估效度和信度完全没有问题。在开展了几次高级资格认证计划课程并且向美国联邦航空管理局提交了月度飞行员行为匿名数据之后,分配到高级资格认证计划办公室的统计员才开始担心,几乎所有参与航空公司的数据差异都非常大,不同时间和评估人员得到的专家评定往往相对一致,这一数据不符合预期模式。美国联邦航空管理局派出了一名研究人员,花了一个月的时间在一家中型运营商观察评估,采访飞行员和检查飞行员,寻找异常情况。他回来后报告说,他在预测学员等级方面已经相当熟练,只需要关注一个变量,即进行校准的检查飞行员姓名。当检查飞行员从传统训练中的飞行动作合格/不合格评级转变为高级资格认证计划中的机组资源管理和技术技能标量量化评级时,他们要做出比之前更加精确的判断,这种判断的主观性正在扭曲数据。

美国联邦航空管理局派出了研究小组与两家运营商合作,一家是大型航空公司,一家是地区航空公司。这个研究小组最终开发出了增强评级量表、新的评分表以及向评估人员提供标准建议的驾驶舱视频,加强了关于数据质量、校准数据收集和分析重要性的培训,并且改进了校准数据的报告格式。最基本的方法是向每一位检查飞行员发放一份评分表,让他们观看机组人员的表现视频,然后进行行为评分,并完成评分表,然后通过后续讨论——即为什么每个检查飞行员要给出这个评级来进行校准(GMU,1996;Holt and Johnson,1997;Shultz,Seamster,and Edens,1997)。

多年的数据收集和分析揭示了三种"人",他们几乎解释了检查飞行员和检查人员评分中的所有误差差异。这三种人分别是"斧人"(系统性严厉错误)、"圣诞老人"(系统性宽容错误)和"平均人"(系统性中庸性错误)。美国联邦航空管理局最初关注的是系统性差异、一致性、连贯性和敏感性,但结果证明只关注前两个问题就足够了。美国联邦航空管理局目前的高级资格认证计划数据分析软件 AQP VUE 关注的就是这两个衡量标准。

2)领导能力和跟从能力

到 20 世纪 90 年代中期,航空业数据显示,有些机组人员的机组资源管理要素领导能力很弱,可能会危及飞行安全,所以问题变成了如何最有效地训练这一技能。在一些学术领域,领导能力被视为一种线性的单向(即自上而下)行为,主要目的是完成任务。另一种观点认为,领导能力是一种领导者和跟从者都参与的活动,是实现目标的一种互动,从这个观点来看,跟从技能与领导技能对于飞行机组实现安全、高效的表现同样重要。按照这一观点,挑战是既要训练领导技能又要训练跟从技能,以提高飞行机组的表现。为了设计有效的培训计划,后台工作需要开发一个驾驶舱领导能力模型,以确定安全运行所需的关键技能,然后是制订培养这些技能的培训计划。

本研究的作者分析了多名机组人员的驾驶舱行为,以确定与商业飞行运行有关的领导/跟从技能的行为组成要素。根据这一分析建立的模型表明,有效及高效的机组人员互动是充分利用预想、榜样、接受、影响、适应能力和主动性技能产生的结果,这六种技能是领导能力和跟从能力表现的共同技能。初步分析还表明为了保持安全飞行,要求个人在领导者和跟从者角色之间不断切换,领导者或跟从者技能的不足通常由其他机组人员弥补(Mangold and Neumeister,

2001)。

　　随后,美国一家大型航空公司的航线审计数据显示,在分析全体机组人员行为时模型中描述的组成要素很有用。数据表明,通常,在较为严重的非正常情况下,机组人员的领导/跟从技能表现不那么有效,这与最初启动这项研究的问题相一致。在面对压力的情况下,机长不太可能清晰地表达飞行愿景、达到公司标准、获得其他机组成员的承诺或表现出充分的适应能力。在非常严峻的情况下,副驾驶和机长都不太可能针对操作失误采取相应行动。然而,在复杂的正常情况下,同一机组人员则会表现出"出色的领导/跟从技能"。当机长表现出良好行为和高标准时,副驾驶会模仿他们的行为,当机长愿意接受副驾驶的意见时,副驾驶也同样愿意接受机长的意见。

　　在飞行期间保持警惕性似乎取决于每一位机组成员在各个飞行阶段的领导能力。在出发前、起飞、爬升和巡航阶段,警惕性与机长的预想能力、建模能力和接受能力有关。然而,在下降和进近阶段,警惕性更多地与副驾驶的行为和标准有关。

　　工作负荷和任务分配取决于机长的行为、标准和接受能力。为各个飞行阶段的自动化系统建立指南与机长清晰地表达愿景、树立模范行为和标准榜样、接受能力以及利用人际交往技能获得他人承诺的能力有关。

　　根据技能分析模型和这一系列数据,确定了领导/跟从技能课程的要求。课程内容包括了开发除角色扮演之外的课堂练习,创建培养关键领导/跟从技能的事件集,以及强调公司理念和政策事项等。开发了一套培训教材,包括学员手册、教员手册和培训录像(Dunlap and Mangold, 1998a, 1998b)。

　　3) 高级机组资源管理(ACRM)

　　美国联邦航空管理局观察发现,虽然高水平的机组资源管理行为类别,如沟通等,经常被认为过于宽泛和主观,难以衡量,但这些宽泛概念的更为具体的应用,如进行飞行前简令等,很少在检查飞行员队伍中引起相同程度的关注。根据这一观察结果,后面一系列的研究考察了如何将机组资源管理技能程序化,并将这些新程序合并到现有的机组文件中,如检查单和快速参考手册。目标是通过合并到运行指南中,减少需要培训的机组资源管理技能数量,而不能进行程序化的技能仍需要进行培训(Seamster et al., 1998)。预计这将使检查飞行员群体对机组资源管理技能评定范围的满意度有所提升。

　　这项研究是在一家地区航空公司开展的。在本研究中,程序化机组资源管理是指对下列一个或多个文件的具体调用、检查和/或指导,如正常检查单、快速参考手册、非正常/紧急程序、标准飞行手册和任何其他任务辅助工具等。目标是将关键的机组资源管理原则转化为具体的机组资源管理规程,重点是将四个具体的机组资源管理技能程序化,即团队管理、机组人员沟通、决策和情景意识。

这项研究在同一家航空公司不同机队的两组飞行员之间开展。实验组接受新的程序化文件培训,并培训使用这些文件,然后用于航线运行。对照组在培训中使用标准文件,然后用于航线运行。对高级机组资源管理改进和培训的最终评估采用了几种数据来源,包括模拟器和检查飞行员的航线评估、飞行员和检查飞行员的主观评估以及无危险机组人员观察结果。所有来源的数据都表明将特定的机组资源管理程序进行培训并整合到机队标准操作程序中,可以有效地改变机组人员的特定行为。综合数据显示无论是在模拟器上还是在航线运行的各个飞行阶段,接受高级机组资源管理培训的机队的表现都无一例外地明显优于接受传统机组资源管理培训的机队,这也证明从培训环境迁移到运行环境的高级机组资源管理能力产生了积极影响。本项目编制了一份高级机组资源管理综合手册,以帮助发展程序化机组资源管理以及组织、开展并评定评估人员校准培训(Seamster et al.,1998)。

4)有效的讲评方法

广泛认为,面向航线飞行训练或航线运行评估环节之后的讲评是一项宝贵的学习工具。讲评是了解整个机组资源管理过程的一个窗口。由于面向航线飞行训练模拟,尤其是航线运行评估模拟非常繁重、密集而且经常会感受到压力,因此非常有必要在模拟结束后进行全面讨论,能够让机组人员整理和解释他们所面临的情况,他们是如何反应的,以及他们未来可以做些什么来提高自己的表现。这种讨论可以让机组人员巩固他们所学的课程,形成长期记忆,增加将这些课程应用到航线运行中的机会。这些讨论可以让检查飞行员了解机组人员在分析自己行为方面的能力以及他们对自己的机组资源管理有效性水平的了解。

美国联邦航空管理局认为如果机组人员要在日常工作中有效地实施机组资源管理,他们应该练习分析自己的机组资源管理行为,而讲评是理想的教学/学习机会。随后,美国联邦航空管理局与美国国家航空航天局合作为检查飞行员提供了一份指导文件(McDonnell,Jobe,and Dismukes,1997)。研究目标是调查当时所使用的方法,各种方法的有效性,它们与美国联邦航空管理局指南的一致性,已经有哪些材料,以及教员在遵守美国联邦航空管理局指南时遇到什么阻碍。研究人员回顾了该领域的活动,明确了最佳实践,把它们整合成了一个综合过程,并编制了一份向检查飞行员教授最佳实践的手册。

17.6 机组资源管理框架

20多年来,美国联邦航空管理局一直在资助德州大学奥斯汀分校已故罗伯特·L.海姆里奇博士的机组资源管理研究。他被称为"机组资源管理之父",对该领域的众多贡献之一是将机组资源管理在美国的发展历史划分为连续六代(Helmreich,Merritt,and Wilhelm,1999)。在更新机组资源管理指南时,美国联邦航空管理局考虑的一个选择是将他的六代重新想定成六个"框架"。"代"这个词可能意味着每一代都是从上一代发展来的并且可能会取代上一代,就像制造商不再为老一代软件提供支持一样。虽然威胁与差错管理(TEM)第6代实际上的确直接来自差错管理(第5代),但其他几代并非如此。对一些读者来说,"框架"的概念提出了关于该主题的一系列观点,每个框架都为机组资源管理从业人员工具箱添加了新工具,即使是最古老的工具在某些环境下也适用。尽管框架(1)"个人管理风格"的许多工具在低权力距离的文化(如美国)中很少使用,但仍然适用于高权力距离的文化(Gladwell,2008;Helmreich and Merritt,2001)。

"代"这一概念的另一个局限性在于它结束于第6代,这可以追溯到2000年,海姆里奇在1980年至2000年的20年时间里确定了六代机组资源管理。风险与资源管理(RRM)会成为第7代吗?抗压能力训练(RT)会成为第8代吗?以此类推。如此精细的分类当然有利于教授机组资源管理发展黄金时代(1980—2000年)的历史,但转变为机组资源管理框架并作为一个成熟的研究领域持续发展,可以延伸出更广泛的定义。因此,第6代机组资源管理"威胁与差错管理"成了框架6"风险管理",这可以将威胁与差错管理、风险与资源管理、抗压能力训练等后续其他都纳入这个更大的领域内。

17.6.1 机组资源管理的六个框架

框架1:机组资源管理工具箱建立。个人管理风格(1980年)。驾驶舱资源管理,心理测试,团队合作训练,面向航线飞行训练(LOFT)。

框架2:提高机组人员的表现(1986年)。行为指标,主观评分,注重打破差错链。

框架3:组织包容性与文化(1993年)。机组资源管理,航空业以外的机组资源管理,企业资源管理。

框架4:整合与程序化(1994年)。机组资源管理培训与技术培训整合,高级机组资源管理(ACRM),航线运行评估,基于事件的培训和检查,评估人员校准。

框架 5:差错管理(1996 年)。从差错避免到差错管理,反向讲评,差错既是结果也是原因。

框架 6:风险管理(2000 年)。将机组资源管理作为一种风险管理策略,威胁与差错管理(TEM),风险与资源管理(RRM),抗压能力训练(RT)。

全球航空安全界的重心正在从事故预防转向风险管理。国际民用航空组织采用了安全管理体系(SMS)。美国联邦航空管理局要求第 121 部中的所有航空公司都要实施安全管理体系,并且修改了专门监督运营商安全管理体系的内部监督系统,即安全保证系统(SAS)(FAA,2006b)。

当前安全管理体系方法的一个局限性是,它主要是一种自上而下的模式,自下而上的反馈结构明显较少。美国海军通过时间关键型风险管理模式把自上而下的运营风险管理与自下而上的机组资源管理活动结合起来,解决了这一问题(Department of the Navy,2010)。美国海军根据可用于处理风险的时间确定了运营风险管理的三个级别:深度级别有充足的时间可以彻底研究和分析需管理风险的可用数据,审慎级别有充足的时间可以认真规划某次任务或飞行,时间关键级别只有足够的时间来处理手头的紧急问题。典型的飞行前简令是审慎级别的风险管理,而处理飞行中遇到的非正常和紧急事件则是时间关键级别的风险管理。

国际民用航空组织和美国联邦航空管理局推荐的安全管理体系方法主要是深度级别或审慎级别的风险管理,而在飞行中运用实时机组资源管理技能则是时间关键级别的风险管理。具体到美国海军,他们采用了部分风险与资源管理模式作为时间关键风险管理的基石。他们在"工具箱"中用助记符 ABCD 表示这一"工具"(Department of the Navy,2010;NSC,2017),A 代表评估情况,B 代表平衡资源和选择,C 代表沟通,D 代表执行和讲评。由于威胁与差错管理模型比较简单,一般都是整体使用。但由于风险与资源管理模型较为复杂,航空公司和其他组织通常只使用其中的某一部分或者整个模型的某一模块。一些美国航空公司在他们的高级资格认证计划课程中使用了红-黄-绿可视教具和/或相关的评级量表。西南航空公司是首个在其整个培训和安全网络中充分整合风险和资源模型的公司。

17.6.2 航空公司培训航空规则制定委员会

在针对第 121 部和第 135 部中运营商的传统培训规则更新发布后,美国联邦航空管理局认为一个由行业代表组成的常设委员会有助于自己的工作,该委员会不仅可以回应美国联邦航空管理局无法并入最新培训规则中的航空规则制定委员会(ACT‑ARC)的有用培训建议细目清单,而且可以发挥半永久行业智囊团的作用,发表对行业培训的看法并提供发展建议。

　　航空规则制定委员会主要由航行业人员组成,其目标是向美国联邦航空管理局提出需新制定或修改的规则和其他指南的建议。该委员会有两名领导,一名来自航空业,另一名来自美国联邦航空管理局,共同领导一个高级指导会员会。各工作小组在高级指导委员会的指导下处理各方面的重点工作。这些工作小组通常由行业代表以及一名或多名被指定为委员会重点领域学科专家的美国联邦航空管理局人员组成。学科专家的职责是为委员会提供专业服务,并不是委员会的领导。航空公司培训航空规则制定委员会成立了一个工作小组,专门负责跨职能机组资源管理培训。这类培训主要针对需要两个或以上工作小组交互的任务。该工作小组的重点培训对象是飞行员、空乘人员和签派员。

　　从 20 世纪 90 年代初(机组资源管理框架♯3)开始,航空业就认识到对飞行员和空乘人员都适用的课程,对这两个工作小组组成的混合班级都有好处,这种培训模式很受欢迎。但随着时间的推移,航空公司的规模越来越大,运营方式更加复杂,他们的课程讲授方法越来越不依赖于课堂培训,所以培训难度越来越大。该工作小组的目标是探讨不仅可以在课堂环境中,而且可以使用其他创造性方法提供跨职能培训的所有方法。

　　尤其是新培训技术的出现大大扩大了跨职能培训的方法选择范围,远远不止多个工作小组在同一间教室参加相同课程这种简单组合方式。随着时间的推移,该工作小组的目标也在逐步发展,但最终目标是探讨和组织可以提供给飞行员、随机工程师、空乘人员和签派员的一切可能的机组资源管理跨职能学习机会。虽然该工作小组的任务范围仅限于这些工作类别,但所得到的分类方法实际上适用于任何工作小组。不管美国联邦航空管理局或参与运营商最终如何处理这一分类方案,它都是机组资源管理培训发展中的重要一步。

　　该工作小组提出的跨职能培训方法分类首先将培训方法分成两大类,即辅助培训和非辅助培训。辅助培训方法可进一步细分为四大类,即共同学习、单独学习、混合学习和远程学习。共同学习是指让多个员工小组参与一个辅助培训活动或环境(飞行模拟培训装置),共同培训会假设学员的物理距离很近。单独学习是指仅针对一个单独的员工小组开展开展跨职能机组资源管理主题相关的培训。混合学习是指一个员工小组成员与另一个员工小组的教员在同一个课堂

上学习,包括接受共同指导。远程学习是指一名跨职能教员在现场教学(远程),
学员在不同的地点进行培训,并与教员进行实时互动。

另一个大类培训是非辅助培训,即在线学习。这类培训不再继续细分,而是
根据互动程度分成不同的级别。1 级为最低级别,没有互动,课程是连续的,该
方法用于基础培训。2 级会有少量的互动,与 1 级一样,也仅用于传授知识,这
一级别的互动可能包含与可点击的动态图像交互,导航可能包含菜单、词汇表以
及外部资源链接,可能会有简单的拖放、匹配或识别练习,以及音频和视频资料。
目前提供的大多数课程资料都属 1 级或 2 级。3 级,适度互动,包括场景案例和
决策点分支,这一级别的复杂性和自定义程度较高,包含多个分支、多个结果,而
且有针对不同学员的反馈。4 级,模拟和游戏式学习,是现有技术提供的最高程
度的互动,这一级别包含前三个级别的所有要素,复杂性和互动性程度更高,还
包含虚拟化身、3D 模拟和实时学习等要素。

17.6.3　前沿研究(1999—2014 年)

在准备更新机组资源管理咨询通告 120‑51E 的过程中,美国联邦航空管理
局通过中佛罗里达大学资助了一个研究项目,研究机组资源管理在航空领域以
外的发展状况(Jimenez et al.,2015)。该研究涵盖 1999—2014 年的 15 年时间
跨度,不仅包含航空领域,还包含医疗、美国军事、海事、核电以及海上石油和天
然气生产等领域。美国联邦航空管理局希望在其他领域启动和推广机组资源管
理,并可以从其他领域开发的新工具和技术中受益。遗憾的是在大多数情况下,
其他领域的机组资源管理持续落后于美国航空领域,研究人员只发现了两个相
对新颖的应用,似乎真的很有希望迁移到航空培训中。一个是军事领域采用的
SPOTLITE 方法(MacMillan et al.,2013),另一个是医疗领域采用的 Team
STEPPS 计划(Department of Defense,2017)。

17.7　未来趋势

美国联邦航空管理局在机组资源管理咨询通告中提到了未来发展趋势。最
新版本的咨询通告文件由主要来自行业内人员(而不是美国联邦航空管理局检
查人员)组成的团队编制,并且由一名来自美国联邦航空管理局的人为因素学科
专家主导,这是近 20 年来的第一次。具体到行业方面,大型航空公司现在有足
够的培训和安全数据,可以根据自己的独特需求定制机组资源管理培训计划。
如今,行业培训方法呈现出差异化,已经取代二十年前的类同方式。运营商首次

开始研究复杂的认知任务分析方法,尽管这一趋势刚刚出现。仅适用于机组资源管理的单独工作任务清单变得越来越常见。航空公司也希望国际民用航空组织的基于实证训练机组资源管理能力能够为他们的计划提供信息,并经常调整他们的机组资源管理数据收集工具的结构以包含这些能力。虽然美国大多数运营商的核心机组资源管理能力都是相同的,但越来越多的航空公司正在根据每个运营商不断变化的飞行员人员结构来增加其独有特点。

参考文献

ATA Working Group. (1995). *LOFT/LOE design*. Washington, DC: Airline Transport Association.

Baker, D. P., & Dismukes, R. K. (2002). A framework for understanding crew performance assessment issues. *International Journal of Aviation Psychology*, 12(3), 205-222.

Baker, D. P., & Dismukes, R. K. (2003). *A gold standards approach to training instructors to evaluate crew performance*. *NASA/TM - 2003 - 212809*. Moffett Field, CA: NASA.

Birnbach, R. A., & Longridge, T. M. (1993). The regulatory perspective. In E. L. Weiner, B. G. Kanki, & R. L. Helmreich (Eds.), *Cockpit resource management* (pp. 263-282). New York: Academic Press, Inc.

Burki-Cohen, J., & Go, T. H. (2005). The effect of simulator motion cues on initial training of airline pilots. In AIAA Modeling and Simulation Technologies Conference. American Institute of Aeronautics and Astronautics, AIAA - 2005 - 6109.

Burki-Cohen, J., Go, T. H., & Longridge, T. M. (2001). Flight simulator fidelity considerations for total airline training and evaluation. In AIAA Modeling and Simulation Technologies Conference. American Institute of Aeronautics and Astronautics, AIAA - 2001 - 4425.

Burki-Cohen, J., & Kendra, A. (2000). Realistic radio communications simulation. In Presentation to the Airline Transport Association Advanced Qualification Program Instructor/Evaluator and Line Operational Simulation Focus Group. San Diego, CA.

Burki-Cohen, J., Sparko, A. L., & Go, T. H. (2007). Training value of a fixed-base flight simulator with a dynamic seat. In AIAA Modeling and Simulation Technologies Conference. American Institute of Aeronautics and Astronautics, AIAA - 2007 - 6564.

Butler, R. E. (1993). LOFT: Full mission simulation as crew resource management training. In E. L. Weiner, B. G. Kanki, & R. L. Helmreich (Eds.), *Cockpit resource management* (pp. 231-259). New York: Academic Press, Inc.

Department of Defense. (2017). TeamSTEPPS 2.0. Retrieved November 2017 from, https://www. health. mil/military-health-topics/access-cost-quality-and-safety-of-healthcare/

patient-safety/patient-safety-products-and-services/TeamSTEPPS.

Department of the Navy. (2010). *Operational Risk Management* (*ORM*) *Fundamentals*, *Enclosure* (*2*) *Time Critical Risk Management* (*TCRM*). *OPNAVINST 3500.39C.* Washington, DC: Author.

Dunlap, J. H., & Mangold, S. J. (1998a). *Leadership/Followership recurrent training. Instructor Manual.* Washington, DC: Federal Aviation Administration.

Dunlap, J. H., & Mangold, S. J. (1998b). *Leadership/Followership recurrent training. Student Manual.* Washington, DC: Federal Aviation Administration.

Federal Aviation Administration. (1990). *Special Federal Aviation Regulation No. 58, Advanced Qualification Program* (*SFAR 58*). Washington, DC: Author.

Federal Aviation Administration. (1978). *Line Oriented flight training Advisory Circular* (*AC*) *12035.* Washington, DC: Author.

Federal Aviation Administration. (1981). *Line oriented flight training Advisory Circular* (*AC*) *12035A.* Washington, DC: Author.

Federal Aviation Administration. (1989). *Cockpit resource management* (*Advisory Circular AC120 - 51*). Washington, DC: Author.

Federal Aviation Administration. (1990). *Line operational simulations* (*Advisory Circular AC120 - 35B*). Washington, DC: Author.

Federal Aviation Administration. (1991). *Advanced qualification program* (*Advisory Circular AC120 - 54*). Washington, DC: Author.

Federal Aviation Administration. (2006b). *Introduction to safety management systems for air operators* (*Advisory Circular AC120 - 92*). Washington, DC: Author.

Federal Aviation Administration. (2015). *Line operational simulations* (*Advisory Circular AC120 - 35D*). Washington, DC: Author.

George Mason University. (1996). *Developing and evaluating CRM procedures for a regional carrier: Phase I Report.* Washington, DC: Federal Aviation Administration.

George Mason University. (2001). *Scientific evaluation of aircrew performance.* Washington, DC: Federal Aviation Administration.

Gladwell, M. (2008). *Outliers: The story of success.* New York, New York: Little, Brown and Company.

Goldsmith, T. E., & Johnson, P. J. (2002). Assessing and improving evaluation of aircrew perfor-mance. *International Journal of Aviation Psychology*, 12(3), 223 - 240.

Harper, M. E., Evans, A. W. III, Dew, R., Jentsch, F., & Bowers, C. (2002). Computerized con- cept mapping validation: Is computerized concept mapping comparable to manual concept mapping? In Poster session presented at the meeting of the American Psychological Association, Chicago, IL.

Helmreich, R. L., & Merritt, A. C. (2001). *Culture at work in aviation and medicine: National, organizational and professional influences.* Aldershot, UK: Ashgate.

Helmreich, R. L., Merritt, A. C., & Wilhelm, J. A. (1999). The evolution of crew resource management training in commercial aviation training. *International Journal of Aviation Psychology*, 9,19 - 32.

Hoeft, R., Kochan, J., & Jentsch, F. (2002). *Human factors aspects of notices to airmen (NOTAMs)*. Washington, DC: Federal Aviation Administration.

Holt, R. W., Boehm-Davis, D. A., & Hansberger, J. T. (2001). *Evaluation of proceduralized CRM at a regional and major carrier. Technical Report TR－GMU－01－P01*. Fairfax, VA: George Mason University.

Holt, R. W., Hansberger, J. T., & Boehm-Davis, D. A. (2002). Improving rater calibration in aviation: A case study. *International Journal of Aviation Psychology*, 12 (3), 305－330.

Holt, R. W., & Johnson, P. J. (1997). Application of psychometrics to the calibration of air carrier evaluators. In Paper presented at the 41st meeting of the Human Factors and Ergonomics Society, Albuquerque, NM.

Jimenez, C., Rivera, J., Talone, A., Kasper, K., & Jentsch, F. (2015). A State-of-the-Art Technical Review to Support the Revision of AC 120 － 51E, Crew Resource Management Training. Federal Aviation Administration, Washington, DC.

Johnson, P. J., & Goldsmith, T. E. (1999a). *The importance of quality data in evaluating aircrew performance*. Washington, DC: Federal Aviation Administration.

Johnson, P. J., & Goldsmith, T. E. (1999b). *A guide to the evaluation aspects of entering AQP*. Washington, DC: Federal Aviation Administration.

Johnson, P. J., & Goldsmith, T. E. (1999c). *Questions your performance database should address*. Washington, DC: Federal Aviation Administration.

MacMillan, J., Entin, E. B., Morley, R., & Bennett, W., Jr. (2013). Measuring team performance in complex and dynamic military environments: The SPOTLITE method. *Military Psychology*, 25(3), 266－279.

Mangold, S. J., & Neumeister, D. M. (1995). CRM in the model AQP: A preview. In R. S. Jensen (Ed.), *Proceedings of the eighth international symposium of aviation psychology*. Columbus, OH: The Ohio State University.

Mangold, S. J., & Neumeister, D. M. (1997). *Model AQP database training guide*. Columbus, OH: Battle Memorial Institute.

Mangold, S. J., & Neumeister, D. M. (2001). Reconceptualizing leadership and followership for event based training. In R. S. Jensen (Ed.), *Proceedings of the eleventh international sympo-sium of aviation psychology*. Columbus, OH: The Ohio State University.

McDonnell, L. K., Jobe, K. K., & Dismukes, R. K. (1997). *Facilitating LOS debriefings: A training manual. NASA Technical Memorandum 112192*. Moffitt Field, CA: NASA Ames Research Center.

National Aeronautics and Space Administration. (2017). Aviation Safety Reporting Program. Purpose. Retrieved September 2017 from, https://asrs. arc. nasa. gov/overview/summary. html.

National Transportation Safety Board. (1978). Aircraft accident report: United Airlines, Inc. McDonnell-Douglas, DC－8－1, N8082U, Portland, Oregon, December 28, 1978. NTSB－AAR－79－7.

Naval Safety Center. (2017). ORM... We don't have time for ORM, we have work to do. Heads Up. Safety Topics for Supervisors. Retrieved September 2017 from, www. safetycenter. navy. gov.

Reason, J. (1995). A systems approach to organizational errors. *Ergonomics*, 38, 1708 – 1721.

Reason, J. (1997). *Managing the risks of organizational accidents*. Aldershot, UK: Ashgate.

Rivera, J., Jentsch, F., Talone, A., & Bosser, C. T. (2014). *Defining startle, surprise, and distraction: A state-of-the-art technical review to support the development of FAA technical and advisory guidance*. Technical Report. Orlando, FL: University of Central Florida.

Seamster, T. L., Boehm-Davis, D. A., Holt, R. W., & Schultz, K. (1998). *Developing advanced crew resource management (ACRM) training: A training manual*. Washington, DC: Federal Aviation Administration.

Seamster, T. L., Edens, E. S., & Holt, R. W. (1995). *Scenario event sets and the reliability of CRM assessment*. Proceedings on the eighth annual international symposium on aviation psychology. Columbus, OH: Ohio State University.

Shultz, K., Seamster, T. L., & Edens, E. S. (1997). *Inter-rater reliability tool development and validation*. Proceedings on the ninth annual international symposium on aviation psychology. Columbus, OH: Ohio State University.

Williams, D. M., Holt, R. W., & Boehm-Davis, D. A. (1997). *Training for inter-rater reliability: Baselines and benchmarks*. Proceedings on the ninth annual in ternational symposium on aviation psychology. Columbus, OH: Ohio State University.

延伸阅读

Federal Aviation Administration. (2004). *Crew resource management (Advisory Circular AC120 – 51E)*. Washington, DC: Author.

Federal Aviation Administration. (2006a). *Advanced qualification program (Advisory Circular AC120 – 54A)*. Washington, DC: Author.

Holt, R. W. (2001). *Scientific information systems*. Burlington, VT: Ashgate Publishing Company.

18　从事故调查机构的角度

罗伯特·L. 萨姆沃特（Robert L. Sumwalt[①]）、
凯瑟琳·A. 莱莫斯（Katherine A. Lemos）和
瑞安·麦肯德里克（Ryan McKendrick），Ph. D

> 事故和事件调查的唯一目的是预防事故和事件，而不是为了分派过错或责任。

> ——国际民用航空组织附录 13 的 3.1 段（ICAO，2016）

18.1　引言及背景资料

与事故调查一样，机组资源管理（CRM）的最终目的也是预防事故。根据 1989 年首次发布的美国联邦航空管理局（FAA）咨询通告（AC）120‑51《机组人员资源管理培训》，机组资源管理通过改进机组人员的行为（包括团队管理）、利用一切可用资源以及解决人机交互和工作负荷的挑战，为事故预防做出了贡献（FAA，2004）。[②] 为了改善本指南的预期结果，仅仅指出机组人员没有利用好机组资源管理是不够的。相反，事故调查机构必须明确指出具体机组资源管理方面的不足。只有正确识别这些不足，才能真正提高安全。本章将重点论述在航空事故中持续发挥作用的机组资源管理，提供运行示例，说明如不正确应用机组资源管理原则，可能会使这些原则变成引发事故的条件。

18.1.1　背景资料

在航空领域中发展和运用机组资源管理方面，事故调查发挥了重要作用。

[①]　作者在本章所表达的观点仅代表作者本人的观点，不代表其所在单位的观点。

[②]　FAA AC 120‑5IE（2004）是最新版本，就培训课程提出了两个主要方面的建议：一是沟通过程与决策行为，包括简令、询问/倡导/主张、机组自我批判、矛盾解决以及沟通与决策；二是团队建设和维护，包括领导能力/跟从能力/任务关注、人际关系/群体风气、工作负荷管理和情景意识以及个人因素/压力缓解。

自 1978 年美国联合航空公司在俄勒冈州波特兰市发生燃油耗尽事故后（NTSB，1979），机组资源管理概念呈现了发展势头。美国国家运输安全委员会（NTSB）、美国联邦航空管理局（FAA）和美国国家航空航天局（NASA）都根据调查结果采取了相应行动。① 然而，直到 1997 年，美国联邦航空管理局条例才真正要求②纳入计划的航空公司（联邦航空条例③第 121 部中的运营商）开展机组资源管理培训，随后在 2003 年要求部分所有权运营商（联邦航空条例第 91 部 K 分部）、2005 年要求联邦航空条例第 121 部高级资格认证计划（AQP）中的运营商、2013 年要求联邦航空条例第 135 部中的运营商开展机组资源管理培训。④

自 1979 年以来，航空业在将机组资源管理概念作为培训的核心组成要素上取得了重大进展，通过地面课程和模拟器课程（包括基于场景的培训）将这一概念整合纳入培训。2015 年，美国联邦航空管理局发布了关于航线运行模拟（LOS）和面向航线飞行训练（LOFT）指南的咨询通告 120 - 35D 更新（FAA，2015）。该文件就如何最好地创建和实施培训场景提供了指南，这些场景将通过整合机组资源管理技能和技术技能来提高机组人员的总体表现。

航空业多年来的共同努力，坚持结合机组资源管理来改进机组人员的互动和功能，已经在安全方面起到显著的积极作用。美国联合航空公司 232 号航班在艾奥瓦州苏城发生事故，导致其中一台发动机和液压动力失效，机组人员在应对事故的过程中展现出了有效的团队合作，美国国家运输安全委员对机组人员的表现给予赞赏，这只是其中一个例子（NTSB，1990）。"美国国家运输安全委员会认为，飞行员（包括检查飞行员）在紧急情况下的互动，体现了驾驶舱资源管理的价值"（NTSB，1990）。美国国家运输安全委员会还指出："美国联合航空公司 232 号航班机组人员在这种情况下的表现值得高度赞扬，大大超出了合理预期"（NTSB，1990）。

---

① 为回应美国国家运输安全委员会的安全建议 A - 79 - 047，美国联邦航空管理局在 1979 年 11 月向所有航空公司的运营检查人员发布了一项运营公告，敦促运营商向驾驶舱飞行机组灌输机组资源管理的概念。

② 早年，机组资源管理是美国联邦航空管理局对飞行员和签派员认证提出的一项知识要求〔见《美国联邦法规汇编》（CFR）第 14 篇第 61.155 节和 61.65 节，和第 121 部第 C141.1 节〕。

③ FAR 是联邦航空条例的缩写。正式来说，联邦航空条例在《美国联邦法规汇编》中写成 CFR 第 14 篇加相关章节编号。例如，联邦航空条例第 121 部还可以写成 CFR 第 14 篇 121 部。这两种习惯用法在本章中均有使用。

④ 第 121 部"飞行机组成员"自 1998 年 3 月起生效（CFR 第 14 篇第 121.404 节）；第 121 部"空乘人员或签派员"自 1999 年 3 月起生效（CFR 第 14 篇第 121.404 节）；第 91 部 K 分部自 2003 年起生效（CFR 第 14 篇第 91.1073 节）；第 121 部（高级资格认证计划）自 2005 年 11 月起生效（CFR 第 14 篇第 121.907 节）。注：1990 年首次颁布了一项针对高级资格认证计划的特别联邦航空条例（58 号 SFAR），该计划是第 121 部运营商的一项自愿计划。

2009 年 1 月 15 日,全美航空公司 1549 号航班在新泽西州哈德孙河成功迫降,这件著名事迹证明了现代机组资源管理的积极作用。① 在这起事故中,这架飞机从纽约拉瓜迪亚机场起飞后不久,就遭遇两台发动机双双失效,尽管是降落在哈德孙河上,但未造成任何人员死亡。在事故后的访谈中,机长称赞了全美航空公司提供的机组资源管理培训,他们在培训中掌握了快速组建团队、坦诚交流、分享共同目标以及团队合作所需的技能和工具。美国国家运输安全委员会的最终报告证实了这种积极的团队合作:"航班机组成员的专业精神及其在一系列事故期间出色的机组资源管理技能有助于他们保持对飞机的控制能力,在当时情况下尽可能地配置飞机,并采用能提高撞击幸存率的飞行方式。"(NTSB,2010a)美国国家运输安全委员会的可能事故原因声明中,强调了机组人员的表现:"提高事故幸存率的因素是……航班机组成员的决策及其在一系列事故期间的机组资源管理技能。"(NTSB,2010a)

18.1.2　事故调查机构的角度

记录事故并汲取事故中的"经验"和"教训"非常重要(Reason,2008)。美国国家航空航天局航空安全报告系统(ASRS)数据库中包含许多例子,可以说明这种情况下机组资源管理的减缓作用,如不采取这类干预措施很容易导致严重事件或事故。然而,事故调查机构的观点大多是事后诸葛亮,往往在造成负面后果的重大事件发生后才发现事件中的因果因素,才知道在人命关天时刻总有改进空间。我们的目标是从这些悲剧中吸取教训,并在将来预防事故的发生。

自本书第 2 版出版以来,机组资源管理培训已成为第 135 部(包机)运营中的一项要求。2002 年 10 月,发生了一起重大事故,造成一名美国参议员及其家人丧生,凸显了机组资源管理培训的必要性。美国国家运输安全委员会调查发现,飞行机组在进近过程中的最后阶段没有利用好机组资源管理(NTSB,2003),他们将空速降到一个非常危险的低速,导致飞机低高度失速。遗憾的是该航空公司并未向飞行机组提供机组资源管理培训,而且当时也未对包机运营商做出机组资源管理培训要求。在这次事故后,美国国家运输安全委员会建议美国联邦航空管理局要求第 135 部中的包机运营商开展机组资源管理培训,美

---

① 参考美国国家运输安全委员会 2009 年 6 月 9 日与萨伦伯格机长召开的 1549 号航班公开听证会。美国国家运输安全委员会主席事实报告中对机长的采访:运行/人为表现。2009 年 5 月 15 日。记事表 # SA-532,附录 #2-A,p. 30。

国联邦航空管理局最终在 2011 年明确了这项要求。①

在 2009 年的拟议规则制定通知中，美国联邦航空管理局证实，美国联邦航空管理局、美国国家运输安全委员会和行业利益相关者一致认为："决策不力、沟通不力、领导能力不足、任务或资源管理不力等相关问题是造成航空业事故和事件的主要原因"（NARA，2009）。然而，美国联邦航空管理局的分析表明从制定这项规则的工作过程中发现，第 135 部包机运营中的机组资源管理甚至产生了比以往记录地更大的影响。② 在 1998 年至 2008 年的 268 起第 135 部相关事故中，24 起与机组资源管理不力直接相关，导致 83 人死亡，12 人重伤。

尽管整个航空业都要求开展机组资源管理培训，但事故表明在某些情况下，我们仍在努力思索如何执行这一培训，从而帮助飞行机组运用和保持有效机组资源管理的态度和行为。定义、灌输和衡量这些概念既复杂又具有挑战性。在本章中，我们将回顾机组资源管理的一些重要方面，这些方面将继续在航空事故中起到重要作用，而且我们认为在今后的培训和调查中需要特别或重新重视这些方面。

尽管本章的讨论范围仅限于航空业，并侧重于飞行机组，但这些原则同样适用于其他行业，尤其是在高风险环境中运行的其他交通运输方式和高可靠性组织。例如，美国国家运输安全委员会（除了调查航空事故之外，还调查海上人员伤亡）调查认定，2015 年，一艘 790 英尺长的货轮沉没，造成 33 人死亡，其中一个原因是驾驶台资源管理（BRM）使用不力（NTSB，2017）。驾驶台资源管理是以机组资源管理为模型开发出来的，以确保在船舶驾驶台工作的船员能够利用一切可用资源安全驾驶轮船。与机组资源管理一样，驾驶台资源管理的一项目标也是确保领导者能够掌握可能影响安全的准确、未过滤信息。"作为驾驶台资源管理的一个要素，如果高级船员认为船舶处于危险当中，他们有责任站出来表达"（NTSB，2017）。

---

① 2003 年，美国国家运输安全委员会发布了安全建议 A‑03‑52(2003)，要求美国联邦航空管理局对第 135 部运营商进行机组资源管理，该建议在 2008 年被列入最需要改进的运输安全清单。美国联邦航空管理局做出了回应，并同意了美国国家运输安全委员会和航空规则制定委员会的建议，即"第 135 部运行中的所有飞行员都要熟练掌握可用资源，同时管理多个运行因素"。在制定包机运营商的机组资源管理规定时，美国联邦航空管理局表示："机组资源管理培训要把团队管理概念融入飞行运行中。该培训侧重于飞行员、空乘人员、操作人员、维修人员、空管人员、飞行服务站等人员之间的沟通和互动。机组资源管理还侧重于单一飞行员沟通、决策和情景意识"（NARA，2011）。

② 1979 年至 2009 年，美国国家运输安全委员会特别指出，根据 FAR 第 121 部运营发生的 20 起事故和第 135 部运营所发生的 6 起事故的可能原因和影响因素分析表明，缺乏有效的机组资源管理。

18.2　领导能力、沟通及遵守标准操作程序

本节专门论述历来被视为机组资源管理核心的几个要素，包括领导能力、沟通和遵守标准操作程序(SOP)。在本节中，我们将会在机组人员行为背景下强调个体责任的重要性。

机组资源管理在"促进驾驶舱内一切资源的利用"方面的侧重点历来都是确保下属机组成员敢于指出他们认为的不安全或不明智的问题，同样，还侧重于积极鼓励领导者寻求这类意见。早期的一些事故突出了这种迫切需求，比如前面提到的俄勒冈州波特兰事故(NTSB，1979)。事实上，美国国家运输安全委员会在1979年对机组资源管理提出的初步建议(A-79-047)中呼吁"特别重视机长参与管理以及其他驾驶舱机组成员自信训练的益处"。

机组人员的表现得益于协同作用的增加以及预防差错机会的增加，不断加强询问、倡导和主张仍然非常重要。[①] 但作为一个整体团队，并不是放弃机组成员个人的角色、职责和责任。无论是机长、副驾驶、操纵飞行员(PF)还是监控飞行员(PM)，有效的机组资源管理都不仅包含询问、倡导和主张，还包括领导能力、沟通以及遵守标准操作程序等重叠部分。

18.2.1　领导能力

机长(PIC)的核心能力是领导能力，它代表着一系列的行为和态度。领导能力不仅仅是负责飞行结果，还要有权做出艰难的最终决定，并在情况需要时，做出命令性决定。[②] 在美国航空公司1549号航班案例中，机长证实了命令权力的重要性及其在有效机组资源管理中的作用(NTSB，2010a)。在事件序列中，在两台发动机双双失效而且机组人员无法重新启动发动机时，机长做出了一个关于着陆位置的命令性决定。

之所以要强调机长较强领导能力的价值，是因为有人把机组资源管理误以为或者误解为是"由委员会领导"，事实并非如此。如果实施得当，机组资源管理的确可以确保每一名机组人员的目标一致，信息可以自由共享，这样机长就可以做出明智的决定。然而，早期有人担心机组资源管理可能会削弱机长的权力，或者机长在某些情况下会舍弃他们自己的权力。美国联邦航空管理局在致美国国

---

① 　请参见 NTSB (2001)，一名新入职的副驾驶未能在一名高级管理机长面前恰当地表达自己的观点。

② 　根据 14 CFR 91.3，"飞机机长直接负责飞机的运行，并且具有最终权威"，而且"在需要立即采取行动的紧急飞行情况下，机长可以根据紧急情况的需要偏离本部的任何规定"。

家运输安全委员会的关于安全建议 A‐86‐019 的回函中对此表示了担忧。①

　　在这一计划中,美国联邦航空管理局所做的努力最值得关注的是以切实可行的方式强调了机长的角色和根本责任。飞机的机长负有非常重大的责任,必须对飞行行为保留不受质疑的权力。当然,机长必须将其他机组成员纳入驾驶舱程序和决策过程。然而,团队合作的概念必须始终强调机长的角色和权力,反过来说,必须教育机长要鼓励和接受其他飞行机组成员的反馈……如果某驾驶舱资源管理计划考虑不周,很可能会导致机长指挥不当,或者副驾驶过于自信或强势,这只会造成问题,而不是解决问题。

——美国联邦航空管理局(FAA,1986)

　　虽然可能只是个别情况,但事故调查显示有机长不愿意维护自己的权力的情况发生。2005 年 12 月,美国西南航空公司 1248 号航班在伊利诺伊州芝加哥发生的事故就是这方面的一个例子。在冬季的一个傍晚,一架波音 737‐700 飞机在芝加哥米德韦机场冲出了跑道(NTSB,2007c)。在飞行途中,机长表示,他不愿意在机载性能计算机显示的跑道最小停机裕度极小的情况下降落,并且查看了各种改飞方案。机长还表示在对这次首次使用自动刹车着陆感觉到不安,②后来他说他决定使用手动刹车。副驾驶间接施加继续着陆的压力,多次反复表示飞行运行手册允许在这一计算结果下着陆并且允许使用自动刹车。机长没有坚信最合适或最安全的第一印象,而是被副驾驶说服了,他说:“好吧,继续说吧,我想我们能够做到。让我们看看究竟是什么情况。我们就这么办。如果你觉得能行,我也觉得能行”(NTSB,2007c)。

　　咨询通告 120‐51E 指出,在机长的飞行前简令中:“已经明确并传达安全底线。”在该案例中,机长未向副驾驶明确可接受的最低安全标准。他说了自己感觉到不安,但仍然被副驾驶说服去执行不安全的操作,似乎决策过程需要达成共识一样。他有权采取看似更明智、更安全的行动,但他并未付诸行动。美国国家运输安全委员会的事故报告提到了机组人员未能改飞另一个机场的原因。

---

　　① 1985 年,“洛克希德·伊莱克特拉”号在内华达州里诺失事,此后,美国国家运输安全委员会向美国联邦航空管理局发布了安全建议 A‐86‐019。在给美国联邦航空管理局的建议函中,美国国家运输安全委员会评论说:“委员会认为,这起事故再次表明,需要对机组人员开展协调或驾驶舱资源管理培训,以往的事故已经确认了这一需求”(NTSB,1986)。安全建议 A‐86‐019 建议美国联邦航空管理局“向所有运营商提供驾驶舱资源管理主题和培训方面的指导,以便运营商可以向其飞行机组成员提供此类培训,直至美国联邦航空管理局完成对该主题的正式研究”(NTSB,1986)。
　　② 自动刹车的使用是一个新的公司程序,这个机组以前从未使用过自动刹车程序。

决策领域的研究表明群体决策比个人决策的风险更大。在达成共识时,最终决定会倾向于多个群体成员中最危险的态度(Moscovici and Zavalloni,1969),不管态度最危险的人是领导者还是另一个群体成员(Hoyt and Stoner,1968)。这项研究强调,机长需要认识到这一倾向,并发挥他/她的领导作用来抵消这一倾向,机长是最有权力的人,要为每次飞行设定最低安全标准,并利用他人的信息来增加安全系数,而不是降低安全系数。特别是在调查需要额外机组人员的长途国际飞行时,要考虑群体中的这一风险决策倾向。一名机长和三名机长级别副驾驶决策的社会动力学是非常独特的,对于没有展示出强大领导能力的机长来说更有挑战性。同样,这样的目的并不是为了在驾驶舱内达成集体共识,那样反而倾向于做出风险更大的选择,而是为了让机长在了解一切可用信息的情况下做出最安全的决策。

以达美联运(Delta Connection)名义运营的穿梭美国航空公司 6448 号航班事故是另一个放弃领导责任的例子(NTSB,2008)。这起事故也是由于在冬季冲出跑道导致,发生在 2007 年 2 月俄亥俄州克利夫兰霍普金斯国际机场,万幸只造成了轻伤。当时机场正在下大雪,能见度只有四分之一到二分之一英里。当时担任监控飞行员的机长明显对这种情况下的进近感到不安,天气条件报告为最低气象条件,下滑道无法使用,他担心他们的下降速度。"情况好像不对,"他说。在通过最后进近固定点之后,机组人员收到了最新天气报告,天气条件达不到进近要求。① 他们在继续进近的过程中,机长说:"飞过来了,"然后接着说:"我要继续往前飞……告诉他们错过了固定点,"表示他想要执行中断进近(复飞)。尽管机长提出了担忧,他还是让当时担任操纵飞行员的副驾驶继续执行进近。

直到机组人员收到"最低能见度 200"的电子喊话时,他们才获得了所需的能见度。这时,机长确认看到了跑道灯,但随后他马上说看不到跑道,并要求"复飞"。副驾驶回答说他看到了跑道端头,决定继续降落。机长怀疑副驾驶看不到跑道,但却允许飞机继续降落。两名飞行员后来都承认,他们在下降到决断高度以下后就看不到跑道。② 由于他们无法确定飞机相对于跑道的位置,着陆用照明灯的持续时间过长,飞机在大约跑道中段着陆,这导致跑道距离不足,飞机冲

---

① 机组人员相互确认,一旦通过了最后进近固定点,只要报告的天气条件在该点之前达到进近要求,他们就有资格着陆。这与美国联邦航空管理局和穿梭美国航空公司的指南一致。

② 根据美国联邦航空管理局的要求(14 CFR 91.175)和公司程序,如果在决断高度(DA)或最低下降高度(MDA)处或之下看不到足够的视觉参照物,则需要执行中断进近。

出了跑道端头。

在这个案例中,副驾驶负责响应机长的命令,立即启动中断进近或"复飞"程序。可惜,机长在要求中断进近时不够坚定,[①]他没有尝试再次确认这一决定,也没有在副驾驶未做出响应时控制飞机。机长有责任利用自己的权力和领导角色确保飞行安全,要为了安全做出命令性决策,而不是对机组成员中最危险的态度或行为做出让步(见图 18.1)。

图 18.1 俄亥俄州克利夫兰霍普金斯国际机场上的穿梭美国航空公司的飞机
(资料来源:美国国家运输安全委员会)

在确立领导角色时,机长有责任确定如何执行飞行的基调。咨询通告 120-5IE 指出,驾驶舱内的气氛应该是"友好的、轻松的、支持性的"(FAA,2004)。但它也指出机组人员必须确保驾驶舱纪律得到维护,机组人员的警惕性不降低,关键事项不遗漏,这是要达到的一个重要平衡。

2006 年 8 月,由于机组人员过于放松的行为以及对关键事项缺乏警惕性,导致肯塔基州列克星敦 49 人丧生(NTSB,2007a)。早上 6 点 06 分,康姆航空公司 5191 号航班的机长将庞巴迪支线飞机停放在肯塔基州列克星敦机场的跑道上,把控制权交给了副驾驶。当副驾驶向前推动油门杆准备起飞时,两名飞行

[①] 根据驾驶舱通话记录器,机长说:"我看不到跑道,老兄,我们要复飞。"这不符合咨询通告 120-51E,它规定机组人员必须以清晰、明确的语言主张他们认为最好的行动方案,即使这一主张与他人冲突。这一喊话也不符合误失进场的标准用语。

员都没有注意到他们正在错误的跑道上起飞滑跑,这条跑道的长度不足以安全起飞。

在他们开始起飞滑跑时,副驾驶发现事情不对劲,讲到跑道灯没有打开,"不开灯也太奇怪了吧",机长回答他说,"是啊,"飞机继续起飞滑跑,很快就到达跑道端头。机长用急切的声音说,飞机已达到飞行速度,但他的喊话比起飞速度提早了几节,"V1 速度拉杆,哇哦,"飞机冲过跑道端头的空地,撞向对面的一座山坡,随即引发了一场毁灭性的大火,机上 50 名乘客和机组人员中,仅一人幸存。调查结果表明从他们意识到没有灯光时开始,机组人员仍然有八秒的时间可以安全地中断起飞,继续停留在跑道上。

美国国家运输安全委员会认为,机长营造的驾驶舱气氛很随意,降低了机组人员在执行飞行前任务时的警惕性。机长在执行检查单时,曾多次对副驾驶说:"随便你,""随便你什么时候完成。"在发动机启动之前,驾驶舱内就已经开始这种随意的氛围,在整个飞行前和滑行阶段都是如此,整个飞行前检查期间一直在不断地进行闲聊。机长在驾驶舱内营造了一种过于随意和放松的氛围,为放宽标准以及在机场所处位置的警惕性放松埋下了伏笔。

几年前,时任美国国家运输安全委员会委员约翰·K. 劳伯(机组资源管理开发领域的真正先驱)就曾提出过这样的观点:"驾驶舱内轻松随和的气氛与松懈涣散的气氛之间有一条细小的分界线,松懈涣散气氛中的分心可能导致严重失误。两者之间的区别在于专业精神"(Lauber,1989)。机长的领导职责是在营造氛围时保持适当的平衡,以达到最高水平的安全标准为目标。

18.2.2 沟通

有效的沟通在以安全为关键的运营中至关重要,如驾驶飞机、操纵舰桥或开展手术。由于沟通是个人分享意图、期望和指示信息的手段,因此当沟通出现问题时,会产生致命的后果。

历史上最惨烈的一起飞机事故是两架大型喷气式客机在加那利群岛特纳利夫岛跑道上相撞,事故原因是多方面的沟通不力(Comisión de Investigación de Accidentes e Incidentes de Aviación Civil,1978)。荷兰航空公司波音 747 飞机的机长以为自己已经获准起飞,但实际上,空中交通管制员只发布了荷兰航空公司航班在获得起飞许可后应该做什么的指令,因为另一架飞机正在这条跑道上滑行,所以并未发布起飞许可。机长以为自己的飞机已获准起飞,于是向前推油门,开始起飞滑跑。两架大型喷气式客机在大雾弥漫的跑道上相撞,造成 583 人死亡。但是,不只是空中交通管制员与荷兰航空公司的驾驶舱飞行员之间沟通不力,而且在荷兰航空公司的波音747客机驾驶舱内也有沟通问题,副驾驶和随机工程师两人都怀疑他们是否获准起飞(并未获准),但他们未能有效地向机长传达他们的担忧。美国国家运输安全委员会把这种在试图说出担忧时不使用清晰、明确用语的倾向称为"缓和性语气"。

> 缓和性语气是指一个人出于礼貌或者对权威的尊重而用恭敬的语气说话。初级机师在跟机长说话时,更有可能使用提示性的话语或者采用提问的形式,而不是直接说出可采取的行动。他们会听从权威人士的决定,而不是自己提出行动。
>
> ——美国国家运输安全委员会(NTSB,2017)

在一起又一起的事故中,我们都发现了使用缓和性语气的倾向,最初开发机组资源管理的主要动力之一就是为了打破这种倾向。1978年,美国联合航空公司的DC-8客机在俄勒冈州波特兰市坠毁,与特纳利夫岛事故一样,副驾驶和随机工程师都使用了缓和性语气,仅仅向机长暗示了飞机燃油严重不足(NTSB,1979)。飞机在燃油耗尽后,坠入一片树林,导致10人丧生。

在事故调查中,对机组成员之间的沟通进行分析起着重要作用,但要记住,并非所有沟通都是语言沟通。在全美航空公司1549号航班的案例中,飞机成功降落在哈德孙河上,他们的大部分沟通都是非语言沟通,机组人员只在后期关于最佳飞行轨迹的事件序列中进行了少量的讨论。驾驶舱音频记录仪(CVR)捕捉到了机长与副驾驶之间在河面着陆前22秒的唯一一次不重要的口头交流,"你有什么好主意吗?"为了得到这一成功结果,还进行其他许多非语言暗示,例如倾听和观看各自与空管人员的相互交流以及完成检查单等。

已经进行大量关于飞行机组沟通和团队运作的研究(Foushee and Manos,1981;Kanki and Palmer,1993),分析了商业航空运输事故中驾驶舱音频记录仪的信息(Goguen,Linde,and Murphy,1986),一些研究特别重视灾难性事故和高工作负荷条件下的沟通(Kanki,1996;Predmore,1991)。"由于飞行机组通常借助语言沟通来执行任务,所以说话方式是表明机组成员如何协调工作、如何相互联系以及如何与系统其他成员相互联系的指标"(Kanki,1996)。

福希和马诺斯(Foushee and Manos,1981)开展的研究表明机组人员行为上的提高与他们得到共享心智模型所使用的沟通方式有关,包括观察飞行状态,确认从其他机组成员收到的信息,请求信息和验证并进行排序,以及口头约定等。最有效率的机长会清晰地表达自己的计划和策略(Foushee and Manos, 1981)。"这种表达有助于创建一个针对具体情况的共享心智模型,它允许副驾驶提出建议,协调行动,并提供有助于解决问题和作出决定的信息"(Orasanu, 1990)。拉萨努(Orasanu)认为共享心智模型可以确保所有参与者都在解决同一个问题,并创建一个所有人都能有效做出贡献的环境。

针对全美航空公司 427 号航班事故进行了一项特别分析,强调了机组人员之间独特而又关键的沟通要素。1994 年的这起事故原因是波音 737 飞机的方向舵故障,导致飞机在宾夕法尼亚州阿利奎帕附近不受控地头朝下撞向地面。应美国国家运输安全委员会的请求,卡拉(Kanki, 1996)研究了三个方面的对话行为:① 任务相关对话,可以说明机组人员在正常飞行条件下的协调情况,以及在紧急情况下的解决问题的情况;② 程序化对话,可以说明对法规、政策和协议的遵守情况;③ 非任务相关对话,可以说明驾驶舱的基本氛围和机组成员之间的人际关系。她得出的结论是:"飞行员和空乘人员之间有随意而友好的互动,这意味着,至少从专业层面上来看,没有特别的社交障碍或问题会妨碍他们在紧急情况下的共同合作"(Kanki, 1996)。这只是谜题的一个组成部分,可以帮助调查人员确定机组人员在遇到麻烦事件之前的团队合作情况。

正如卡拉所做的那样,这三方面分析法可能是事故调查,以及参与机组资源管理行为培训和评估人员的一项有用工具。

18.2.3　遵守标准操作程序

机组资源管理另一个不可或缺的组成部分是遵守标准操作程序。咨询通告 120-5IE 指出:"机组资源管理培训在以清晰、全面的标准操作程序为重点的培训计划中最有效"(FAA, 2004)。而且,"机长简令应重申既定的标准操作程序"并"提出对标准操作程序偏差的处理期望"(FAA, 2004)。因此,各机组成员均应以例行和专业方式来执行公司制订的程序和指南,对这个指南的任何例外情况均应予以讨论,或者至少要予以承认并说明。

忽视公司指南的倾向可能会对运营安全造成严重影响。1993 年,波音公司在一项研究中分析了 138 起航空事故,这些事故在 10 年间夺走了 5 600 多条生命。占比最高的事故原因(48 %)是操纵飞行员未遵守标准操作程序(Weener, 1993)。在另一项研究中,研究人员使用全球死亡事故数据库开展事故调查,发现 39.5 %的事故原因都是机组人员故意不遵守标准操作程序(Khatwa and Helmreich, 1999)。此外,航线运行安全审计(LOSA)协作数据表明了遵守标准操作程序的重要性(NTSB，2007a)。具体来说，对2万多个航班的航线运行安全审计数据(接受过培训的观察员坐在机组座椅上进行审计)分析表明与没有故意偏离标准操作程序的机组人员相比，故意偏离程序的机组人员犯其他类型错误的可能性要高出三倍，差错管理不善的情况更多，而且更容易遇到不希望的飞行状况。①

在飞机事故中，不遵守标准操作程序的情况屡见不鲜。在前面提到康姆航空公司事故中，调查显示，机长未按照公司程序执行滑行简令、要求执行检查单、并且遵守禁止在关键飞行阶段进行无关活动(如谈话)的"静默驾驶舱"规则。②美国国家运输安全委员会得出的结论是："飞行机组不遵守标准操作程序，包括机长省略滑行简令以及两名飞行员之间进行无关谈话，很可能在驾驶舱内营造了一种允许机组人员犯错的氛围"(NTSB，2007a)。

在事故调查中，仍然不断发现不遵守标准操作程序的情况。2014年5月，一架湾流G4飞机在尝试起飞过程中冲出跑道后发生撞击事故，事故原因是机组人员未遵守检查单和标准操作程序。飞行机组试图在未解开飞行控制阵风锁的情况下起飞，而阵风锁是任何飞机飞行前检查单中的一个重要检查项目，在发现阵风锁锁住后，机组人员没有中断起飞，而是一边在跑道加速一边继续排除故障。中断起飞延误和执行不当导致飞机高速冲出跑道，飞机从90节左右的速度减速到几乎瞬间完全静止，飞机顷刻被大火吞噬(见图18.2)，机上7人全部遇难(NTSB，2015)。

湾流G4飞机飞行手册启动发动机检查单第4项以及飞行员培训中使用的检查单都有解开阵风锁的要求。驾驶舱音频记录仪表明不仅没有提到这份检查单，也没有提到其余四份检查单。虽然有可能默默完成了检查单，但这不符合培训要求，培训要求在执行检查单时需要进行"询问-应答"。美国国家运输安全委员会指出在发动机启动前、启动中、启动后以及整个滑行过程中，都没有提到检查单，也没有表明已经完成检查单。美国国家运输安全委员会得出的结论是："机组成员未遵守行业最佳实践执行正常检查单，使得他们失去了发现阵风锁手柄处于'锁住'位置的机会，并且延误了发现这一错误的时机"(NTSB，2015)。

美国国家运输安全调查人员根据飞行数据记录仪提供的信息了解到，机组人员没有完成飞行控制检查来检查控制舵面是否可以自由活动。美国国家运输

---

① 请参见康姆航空公司肯塔基州列克星敦机场事故报告(NTSB，2007a)。
② 联邦航空条例第121.542节禁止飞行机组在飞行关键阶段从事非必要的活动，包括交谈。飞行关键阶段包括滑行和10 000英尺msl以下的操作。

图 18.2　湾流 G4 飞机在贝德福德机场事故现场

（资料来源：美国国家运输安全委员会）

安全委员会发现了一个更令人不安的情况，在该机组人员以往 175 次飞行中，除了两次飞行外，其余所有飞行都没有进行完整的飞行控制检查。① "考虑到在这架飞机以往的 175 次起飞中，飞行机组 98 ％都没有进行完整的飞行控制检查，表明飞行机组在起飞前省略飞行控制检查是故意、习惯性不遵守标准操作程序"（NTSB，2015）。

　　在前面提到的穿梭美国航空公司 6448 号航班事故中，机组人员在下降过程中未遵守静默驾驶舱程序，选择忽略下滑道无法使用的报告，并继续接近较低的 ELS 最低决断高度。如果他们按照要求飞到更高一些的航道最低下降高度，那么在那个高度的能见度降低将要求他们执行复飞程序。②

　　这些例子中的机组人员多次偏离标准操作程序，进一步支持了偏离标准操作程序会降低安全系数并增加事故机会的假设。

　　最后一个例子是行政航空（Execuflight）公司运营的一个包机航班事故，事

---

　　①　除了储存最后 25 小时飞行数据的 FDR 之外，事故飞机还配备了一个快速访问记录仪（QAR），可以存储 303 个飞行小时和 176 次起飞事件的数据。QAR 常用于飞行数据监控计划中，如飞行品质监控（FOQA）计划。

　　②　根据 NTSB 报告，如果飞行机组使用了 429' agl 航向道 MDA，他们会被要求执行复飞程序，因为驾驶舱语音记录仪或事故后的采访均无证据表明机组成员在那个高度能看到跑道环境，继续着陆决定是在电子喊话"最低能见度 200"后根据 227' agl MDA 适合仪表着陆系统进近做出的。

故原因是缺乏领导能力以及不遵守标准操作程序。这起事故发生在 2015 年,当时一架豪客 700A 飞机撞到俄亥俄州阿克伦的一个街区(NTSB,2016),机上 9 名乘客和机组人员全部遇难。调查发现多次偏离标准操作程序的情况,包括在不稳定进近情况下继续执行仪表进近,整个进近飞行速度远低于参考进近速度,在达到最低下降高度后,通过增加俯仰姿态来阻止下降时,飞机失速并且失控。调查人员指出,机长本应要求执行复飞,但他并未这样做。"在调查中发现多次偏离良好操作程序的情况,表明该航空公司存在一种自满和无视规则的文化,说明需要强大的领导能力"(NTSB,2016)。

如前文所述,调查绝不能仅仅停留在发现机组资源管理和程序遵守不力的层面上。这一发现本身并没有达到努力从事故中吸取教训以防止类似事件再次发生的目的。调查人员必须做出更多的努力,尝试理解为什么出现这些不足。在阿克伦空难中,美国国家运输安全委员会发现,行政航空公司机组人员的机组资源管理不力,部分原因是因为包机运营商的机组资源管理培训不到位:"行政航空公司在机组资源管理培训计划方面有很多不足,包括粗略地开展机组资源管理主题复习,不当地进行机组资源管理考核评估,未持续强化机组资源管理原则,导致飞行机组未能接受适当的机组资源管理培训"(NTSB,2016)。他们还指出:"行政航空公司的管理层有很多机会可以发现和纠正飞行机组经常不遵守飞行前计划相关标准操作程序的问题,但他们并未这么做"(NTSB,2016)。这起事故凸显了个人和组织在培养和加强遵守程序的坚定一致的态度和行为方面的作用。

一个政府/行业工作小组将机组人员不遵守标准操作程序的行为归结为以下四个原因:① 程序与操作情况不一致;② 工作负荷妨碍程序的完成;③ 程序过于规范或详细;④ 不遵守标准操作程序未造成不良后果(PARC/CAST,2013)。

在美国西南航空公司 1248 号航班事故中,调查人员发现了支持上述这些原因的证据。在飞行手册的不同章节中发现了相互矛盾的程序,这个指南与操作情况不符,在使用最大自动刹车的情况下,根据计算数据,建议机组人员在距跑道端头仅剩 50 英尺的情况下降落,这与驾驶舱领导者需要做出负责任和安全决定的指导意见相悖。

18.3　情景意识

情境意识(SA)或许已经是一个被过度使用的名词,对不同的人可能有不同的含义。在本章的论述中,它的意思指对周围环境有一个准确、清楚的认识,并且能够基于这种认识合理预测未来可能发生的情况。为了增加提高情景意识水平的可能性,一个人必须要掌握信息,加工信息,然后再据此决定怎么去做。本节论述了飞行机组的情景意识影响因素,包括监控飞机飞行航迹,工作负荷管理以及驾驶舱自动化管理。但是,需要明确的是上文中论述的因素(领导能力、沟通和遵守标准操作程序)也是维持情景意识的必要组成要素,各因素之间相互关联。例如,领导能力不力可能导致驾驶舱氛围过于宽松,从而导致不遵守标准操作程序的情况,这可能导致把执行检查单的任务推迟到高工作负荷期间,致使飞行员的任务饱和,在工作量增加的情况下,飞行员匆忙完成检查单,放松了对飞行仪表的监视,没有注意到自动油门处于暂停模式,并未像预期那样增大推力,空速迅速下降,飞机在低空失速。这些不仅仅是抽象的概念,上述场景融合了几个真实的事故场景。

18.3.1　监控飞机飞行航迹

情景意识的一个重要组成要素是了解飞机当前的飞行航迹状态和能量状态,并且能够据此预测未来的状态。要做到这一点,飞行员必须通过监视飞行仪表并理解仪表的含义来监控飞机的飞行航迹。咨询通告 120-5 IE 认为监控工作是一项非常重要的飞行任务:

> 为确保达到最高安全等级,各飞行机组成员必须仔细监控飞机的飞行航迹和各个系统,积极交叉检查其他机组成员的行动。有效的监控和交叉检查是可以预防事故发生的最后一道防线,因为发现一个错误或不安全情况就有可能会打破导致事故的事件链。
>
> ——美国联邦航空管理局(FAA,2004)

事故调查早就发现,飞行机组对飞机飞行航迹的监控不力是一个问题。1972 年 12 月发生了一起重大事故,东方航空公司洛克希德 1011 号航班飞机坠入佛罗里达大沼泽地。根据美国国家运输安全委员会(NTSB,1973)的消息,一名机组人员在试图更换出现故障的起落架指示灯时,不小心撞到了操纵杆,迫使自动驾驶系统退出定高模式,飞机高度逐渐下降。由于他们在长达 4 分多钟的时间里一直在专注地更换故障件,机组人员完全没有注意到飞机降落在了一片黑暗、毫无特色的地面。飞机冲入大沼泽地,夺走了 99 条生命(NTSB,1973)。美国国家运输安全委员会认定这起事故的可能原因是:"飞行机组在最后 4 分钟的飞行时间内未监控飞行仪表,而且未立即发现意外下降,未能阻止飞机撞击到地面。前起落架位置指示系统故障使机组人员的注意力从仪表上转移开,没有注意到飞机下降"(NTSB,1973)。

飞行航迹监控不力一直是事故原因之一。在一项航空公司与机组人员相关的事故研究中,美国国家运输安全委员会(NTSB,1994b)认为,在审查的 37 起事故中,有 31 起(84 %)事故原因都是监控和询问不足。自该研究以来,至少有 10 起备受瞩目的事故都是由于飞行航迹监控不力造成的(Sumwalt,2014)。

2013 年,韩亚航空公司的波音 777 飞机在加利福尼亚州旧金山国际机场(TSB,2014a)发生的事故就是一起这类事故。调查发现这起事故的一个原因是空速监控不力。在韩亚航空公司失事六周后,联合包裹服务公司运营的一架空客 A300‑600 在亚拉巴马州伯明翰坠毁。调查人员发现:"飞行机组在进近过程中没有充分监控飞机高度,随后在看不到跑道环境的情况下,让飞机下降到最低高度以下"(NTSB,2014b)。飞机撞到地面,夺走了两名机组成员的生命。

2003 年,美国联邦航空管理局发布了咨询通告 120‑71A《驾驶舱机组人员标准操作程序》,承认将"非操纵飞行员"职位改为"监控飞行员"是明智之举。

人们越来越认识到用飞行员在做的事情比用他们没在做的事情来下定义更有意义。因此,"操纵飞行员"一词仍然适用,在该咨询通告中未做修改,但"非操纵飞行员"一词没有抓住重点。对机组人员表现、事故数据和飞行员自身经历的研究表明,非操纵飞行员作为一名监控飞行员起着非常重要的作用,因此,现在普遍认为"监控飞行员"一词可以更好地定义这类飞行员(FAA,2003)。

改进了基于场景的训练指南,并予以更新。2005 年,一架塞斯纳奖状 560 飞机在科罗拉多州普韦布洛发生事故(NTSB,2007b)。在这起事故中,机组人员未监视结冰条件下的进近速度,让飞机减速至正常进近速度以下。① 在这起事故后,美国国家运输安全委员会向美国联邦航空管理局发布了安全建议 A‑07‑13,要求修改所有的飞行员培训计划,重点包含监控技能和工作负荷管理教学模块,并提供练习和展示这些方面能力的机会。2009 年,科尔根航空公司的一家飞机在纽约州布法罗坠毁。调查人员认为,事故原因是机组人员未监控空速(NTSB,2010b)。② 此后,美国联邦航空管理局在 2013 年发布了一项最终培训规则,要求航空公司增加与提高监控技能有关的培训(NARA,2013),各航空

---

① 考虑到结冰条件,机组人员应保持更高的进近速度。
② 美国国家运输安全委员会认为:"两名飞行员都未发现低速情况是因为他们的监控职责和工作负荷管理存在严重不当"(NTSB,2010b)。美国国家运输安全委员会表示:"涉事飞行机组的监控差错表明,需要继续对飞行员进行主动监控技能培训"(NTSB,2010b),并且重申了安全建议 A‑07‑13。

公司必须在 2019 年 3 月之前在培训计划中增加这方面培训内容（NARA，2013）。

18.3.2 工作负荷管理

机组资源管理培训应重视工作负荷管理、警惕性并避免分心（FAA，2004）。大量事故调查发现差的工作负荷管理会为事故的发生埋下隐患，这主要是因为机组人员的注意力从完成安全关键任务，包括监控飞机飞行航迹上转移开了（NISB，1973，1979，1986，1994a，1994b，2003，2006，2007b，2010b，2011）。雷比和威肯斯（Raby and Wickens，1994）研究了飞行员如何战略性地规划工作负荷并分配任务以适应不断增加的工作负荷。他们发现工作负荷最大的机组人员最有可能将关键任务推迟到飞行后期，同样，表现较好的机组人员正是那些执行任务较早的人员。

在科尔根航空公司空难调查中，美国国家运输安全委员会指出机组人员没有在最佳时间执行下降检查单，因此，在进近过程的后期增加了机组人员的工作负荷，因为他们试图在完成其他任务的同时抓紧时间完成这个检查单。他们在不合时宜的时候进行无关紧要的谈话，这进一步加重了他们的工作负荷。"作为其总体工作负荷管理职责的一部分，机长应清楚他要求副驾驶执行的任务，以及这些任务对副驾驶可靠执行预期监控和交叉检查工作能力的影响"（NTSB，2010b）。"因为他们的谈话，飞行机组成员浪费了时间和注意力，而这些资源都很有限，应该用于执行操作任务、监控、维持情景意识、管理可能的威胁以及预防可能的差错"（NTSB，2010b）。

高工作负荷会导致长时间专注于一项特定任务，推迟执行其他关键任务（Raby and Wickens，1994），在执行多个任务时，高工作负荷会导致任务疏漏。这可能会导致放弃某个任务，而专注于产生高工作负荷的任务。在对科尔根航空公司事故进行调查后，美国国家航空航天局科学家基·迪穆克斯向美国国家运输安全委员会证实：

> 如果我们正在执行某项任务时突然被某个事情打断，而打断我们的事情通常非常突出、非常突然，那么我们的注意力就会转移到打断我们的这件事情上，但在我们处理完这件事之后，经常会直接开始队列中的下一项任务，忘记被打断时正在执行的任务还没有完成。
>
> ——美国国家运输安全委员会（NTSB，2009）

萨姆沃特（Sumwalt，2014）发现，即使是编辑飞行管理系统（FMS）、无线电呼叫和执行检查单这类飞行相关的必要职责也会干扰航迹监控。"虽然必须要完成这些职责,但一些'事件研究报告'表明飞行员会因为专注于这些活动而减少了对飞行仪表的监视。执行这些活动不能以牺牲监视为代价"(Sumwalt,2014)。虽然这类例子不胜枚举,但下面两起事故可以生动地说明这一点。

第一个例子是 1993 年 12 月,一架喷流 31 飞机在明尼苏达州希滨机场坠毁。这架航班由 Express Ⅱ 航空公司/西北联营航空公司运营(NTSB,1994a)。在夜间航向信标返航迹仪表进近到 13 号跑道的过程中,机长忙于指导副驾驶选择公共交通咨询频率(CTAF),并 7 次点击飞机麦克风点亮了跑道灯。由于被这一讨论分心,机组人员致使飞机在距跑道入口 2.8 英里的地方坠落,机上 18 名乘客全部遇难。机长正在忙着指导副驾驶如何执行这项任务,机长知道这项任务怎么做。此外,在本身已经处于高工作负荷的情况下,另外增加一项感知任务,即使是不同的任务形式,可能也导致工作负荷进一步增加,导致有些任务被完全疏漏掉(McKendrick et al.,2016)。在这种情况下,机组人员疏漏了监视仪表的工作。

第二个例子是 2004 年一架西科斯基 S-76A 直升机失事。这架飞机依照第 135 部的运营规定进行运营。在墨西哥湾的一次水上飞行中,机组人员设定了一个适当的下降速度,计划降落在一个石油平台上进行加油。考虑到有利的风力条件,他们选择直接飞往目的地平台。机组人员改变了航向,开始讨论与航线变化有关的具体信息,在此期间直升机以巡航空速缓慢降入水中,机上 10 人全部遇难。就像之前许多事故报告得出的结论一样,这次调查的结论是:"美国国家运输安全委员会认为,飞行机组没有充分监视直升机的高度,错过了大量表明直升机正在无意中向水面下降的信息"(NTSB,2006)。

萨姆沃特(Sumwait,2014)研究发现,在他所研究的监控不力相关事故中,有四分之一的事故是由于飞行员在处理飞机非正常或故障时,飞机出现严重的飞行航迹偏离导致的坠机。如 1972 年,东方航空公司在佛罗里达大沼泽地坠机事故中,这一证据特别明显。回想一下那次坠机事故,当时,两名飞行员正在试图更换故障的起落架指示灯(NTSB,1973)。同样,美国国家运输安全委员会在完成对 ATR-42 飞机在得克萨斯州拉伯克坠机事故的调查后,发表了以下观点:

> 以往的事故表明在发生紧急或非正常情况时,可能会分散飞行员对飞行任务的注意力。而且文献资料表明:"非正常情况的最大危险之

一是分散对驾驶舱内其他职责的注意力。在进近飞行阶段,副驾驶可能会因为襟翼异常、机长对断路器的非标准操作以及由于襟翼不对称而产生的飞机驾驶盘力输入任务而分散对仪表监控的注意力。而且,机长在检查副驾驶身后的断路器时,需要离开仪表盘,在这个位置无法进行仪表监视。"

　　　　　　　　　　　　　　　——美国国家运输安全委员会(NTSB,2011)

18.3.3　对驾驶舱自动化进行管理

　　迪穆克斯在向美国国家运输安全委员会提交的科尔根航空事故证词中,把自动化称为一把"双刃剑"(NTSB,2009):"它给我们带来了许多便利,可以减轻工作负荷,可以更精准地驾驶飞机,但它让我们远离系统,使得监控任务更加具有挑战性"(NTSB,2009)。

　　差的自动化监控可能与过度信任自动化有关(Parasuraman,2000)。"当操作人员忙于多个任务时,这种过度信任或'自满'的结果最为明显,而当操作人员只需要执行监控自动化系统这一项任务时,这种结果就不那么明显"(Parasuraman,Sheridan,and Wickens,2000)。

　　在前面提到的韩亚航空公司波音777客机的坠毁事件中,调查人员得出的结论是过度依赖自动化导致对空速监控不力(NTSB,2014a)(见图18.3)。

图18.3　在旧金山国际机场韩亚航空公司飞机坠毁现场

(资料来源:美国国家运输安全委员会)

　　人为因素研究已经证实当系统操作人员对高度可靠的自动化系统产生高度信任时,在手动任务与自动任务争夺操作人员的注意力时,他们往往会对监视这些自动化系统沾沾自喜……注意力资源是有限的,因此在工作负荷增加期间,将注意力从自动任务转移到手动控制任务可视为一个自适应过程,因为自动化系统的功能之一就是减轻操作人员的工作负荷。然而,这类系统的使用对人为表现具有可预见的不利后果。具体来说,它减少了监视任务,降低了操作人员发现与自动控制程序相关的非正常或意外系统行为迹象的可能性。在这种情况下,操纵飞行员、监控飞行员和观察员认为,"自动油门"系统正在通过推力控制空速,他们高度信任自动化系统,因此在工作负荷增加期间并未密切监控这些参数。因此,飞行机组对空速和推力指示参数监控不力似乎可以归因于过度依赖自动化系统。

——美国国家运输安全委员会(NTSB,2014a)

18.4　尚需努力

　　2014年,由全球16家机构和企业组成的航空行业利益相关方商业航空安全小组(CAST),在对有效提高飞机状态意识(ASA)的因素进行了深入研究后,发布了一份研究结果和建议报告。作为飞行失控事件的一个子集,18起飞机状态意识事件(事故和事件)仅限于飞行机组对飞机状态失去意识的事件。飞机状态是指飞机姿态(俯仰或倾斜角或速度)或能量状态(空速、高度、垂直速度、推力和飞机布局型式的组合状态)。

　　对18起事故的研究表明机组资源管理可以在因机组人员分心引起的16起事故中发挥作用。发布的建议将对机组资源管理培训的总体以及具体内容产生影响。

　　其中一项建议要求加强机组资源管理培训,航空公司和其他培训提供机构以及监管机构根据此项建议修改课程内容和授课方式,提高机组资源管理原则的接受度、利用率和有效性。这些原则应清晰、明确地规定操纵飞行员和监控飞行员在正常和非常规操作中的角色定义(CAST,2014)。

　　另一项建议强调,航空公司需要制订和实施改进的标准操作程序,并采取措施提高机组人员对标准操作程序的遵守程度(CAST,2014)。商业航空安全小组还呼吁对飞行机组的表现进行进一步研究。根据商业航空安全小组的建议,政府、行业和学术界应共同开展研究,改进关于能量损失和/或姿态状态感知方面的飞行机组行为数据收集和分析的工具及方法,并用于设计过程。最后,由于注意力管理、工作负荷管理和任务中断似乎是非常普遍的事故原因,因此商业航空安全小组呼吁研究如何改进注意力管理培训(CAST,2014)。

18.5   结论

开展机组资源管理的必要性不断增长,部分原因是因为事故调查。毫无疑问,机组资源管理的引入极大地提高了航空安全,然而,正如本章所列举的案例证明的一样,机组资源管理原则破裂可能导致不好的结果。事故调查机构的观点是找出这些问题,并提出改善安全状况的建议。从某种意义上说,安全状况反而因为事故而得到改善,这似乎很矛盾,但这正是事故调查的目的,即吸取这些惨痛的教训,避免将来发生事故。我们在很多场合都能听到这样一句谚语:"必须从别人的错误中吸取教训,毕竟人生苦短,你不可能一一经历。"这句话说得很好,我们希望读者可以汲取本章提到的经验教训,避免自己今后犯同样的错误。

参考文献

CAST. (2014). Airplane state awareness joint safety implementation team final report. *Commercial Aviation Safety Team (CAST)*. Washington, DC.

Comisión de Investigation de Accidentes e Incidentes de Aviation Civil [CIAIAC]. (1978). *Joint Report: K. L. M. — P. A. A. Collision Aeronaves, Boeing 747 PH - BUF DE, K. L. M. Y Boeing 747, N737 PA de PANAM, en Los Rodeos (Tenerife). El 27 de Marzo de 1. 977.*

FAA. (1986). *Correspondence from Honorable Jim Burnett to the Chairman of the NTSB concerning recommendations A - 86 - 14 through - 19, March 26, 1986.* Washington, DC: Federal Aviation Administration.

FAA. (2003). Standard operating procedures for flight deck crewmembers, *Advisory Circular 120 - 71A*. Washington. DC: Federal Aviation Administration.

FAA. (2004). Crew resource management training, *Advisory Circular 120 - 51E*. Washington, DC: Federal Aviation Administration.

FAA. (2015). Flightcrew member line operational simulations: Line-oriented flight training, special purpose operational training, line operational evaluation, *Advisory Circular 120 - 35D*. Washington. DC: Federal Aviation Administration.

Foushee, C. H., & Manos, K. L. (1981). Information transfer within the cockpit: Problems in intracockpit communications. In C. E. Billings. & E. S. Cheaney (Eds.), *Information transfer problems in the aviation system*. Moffett Field. CA: NASA,

NASA Technical Paper 1875.

Goguen, J. , Linde. C. , & Murphy. M. (1986). Crew communication as a factor in aciation accidents. (*NASA Technical Report 88254*). Moffett Field, CA: NASA.

Hoyt. G, & Stoner. J. (1968). Leadership and group decisions involving risk. *Journal of Experimental Social Psychology*. Vol. 4(3), 275 – 284.

ICAO. (2016). *Annex 13: Aircraft Accident and Incident Investigation*, Eleventh Edition, July 2016, Montreal. Quebec. Canada: International Civil Aviation Organization.

Kanki, B. G. (1996). *Untitled report prepared at the request of the NTSB*. December 2, 1996.

Kanki, B. G. , & Palmer. M. T. (1993). Communication and crew resource management. In E. L. Wiener. B. G. Kanki, & R. L. Helmreich (Eds.), *Cockpit resource management* (pp. 99 – 136). San Diego, CA: Academic Press.

Khatwa, R. , & Helmreich, R. (1999). Killers in aviation: FSF task force presents facts about approach-and-landing and controlled-flight-into-terrain accidents. *Flight Safety Digest*. November 1998 – February, 1999. 17(11 – 12). pp. 1 – 77. Retrieved from http://flightsafety. org/fsd/fsd_nov-feb99. pdf.

Lauber, J. (1989). *Managing human error in flight operations. Proceedings from second conference of human error avoidance techniques, of SAE advances in aviation safety conference*. Warrendale, PA: Herndon, VA, Society of Automotive Engineers, September 18 – 19, 1989.

McKendrick, R. , Parasuraman, R. , Murtza, R. , Formwalt, A. , Baccus, W. , Paczynski, M. , & Ayaz, H. (2016). Into the wild: neuroergonomic differentiation of hand-held and augmented reality wearable displays during outdoor navigation with functional near infrared spectroscopy. *Frontiers in Human Neuroscience*, 10.

Moscovici, S. , & Zavalloni, M. (1969). The group as a polarizer of attitudes. *Journal of Personality and Social Psychology*, 12(2), 125 – 135.

NARA. (2009, May 1). Department of Transportation, Federal Aviation Administration, Crew Resource Management Training for Crewmembers in Part 135 Operations; proposed rule. *Federal Register*, 74, 83.

NARA. (2011, January 21). Department of Transportation, Federal Aviation Administration, Crew Resource Management Training for Crewmembers in Part 135 Operations; final rule. *Federal Register*, 76, 14.

NARA. (2013, November 12). Department of Transportation, Federal Aviation Administration. 14 CFR Part 121 Qualification, service, and use of crewmembers and aircraft dispatchers; final rule. *Federal Register*, 78, 218.

NTSB. (1973). Eastern Air Lines, Inc. , L – 1011, N310EA, Miami, FL. , December 29. 1972. *NTSB Report No. NTSB/AAR – 73/14*. Washington, DC: National Transportation Safety Board.

NTSB. (1979). United Airlines, Inc. , McDonnell- Douglas, DC – 8 – 61, N8082U, Portland, Oregon, December 28, 1978, *NTSB Report Number: AAR – 79 – 07*. Washington, DC: National Transportation Safety Board.

NTSB. (1986). Galaxy Airlines, Inc. , Lockheed Electra L − 188, N5532, Reno, Nevada, lanuary 21, 1985. *Report Number: AAR − 86 − 01.* Washington, DC: National Transportation Safety Board.

NTSB. (1990). United Airlines Flight 232 McDonnell Douglas DC − 10 − 10 Sioux Gateway Airport, Sioux City, Iowa, July 19, 1989. *NTSB Report Number: AAR − 90 − 06.* Washington, DC: National Transportation Safety Board.

NTSB. (1994a). Controlled Collision with Terrain Express II Airlines, Inc. /Northwest Airlink Flight 5719 Jetstream BA − 3100, N334PX Hibbing, Minnesota, December 1, 1993, *NTSB Report Number: AAR − 94 − 05.* Washington, DC: National Transportation Safety Board.

NTSB. (1994b). Safety Study: A Review of Flightcrew-Involved, Major Accidents of U. S. Air Carriers, 1978 through 1990, *NTSB Report Number: NTSB/SS − 94/01.* Washington, DC: National Transportation Safety Board.

NTSB. (2001). Runway Overrun During Landing, American Airlines Flight 1420, McDonnell Douglas MD − 82, N215AA, Little Rock, Arkansas, June 1, 1999, *NTSB Report Number: NTSB/AAR − 01/02.* Washington, DC: National Transportation Safety Board.

NTSB. (2003). Loss of Control and Impact With Terrain Aviation Charter, Inc. , Raytheon (Beechcraft) King Air A100, N41BE, Eveleth, Minnesota, October 25, 2002, *NTSB Report Number: AAR − 03 − 03.* Washington, DC: National Transportation Safety Board.

NTSB. (2006). Controlled Flight into Terrain, Era Aviation, Sikorsky S − 76A + +, N579EH, Gulf of Mexico About 70 Nautical Miles South-Southeast of Scholes International Airport, Galveston, Texas, March 23, 2004, *NTSB Report Number: AAR − 06 − 02.* Washington, DC: National Transportation Safety Board.

NTSB. (2007a). Attempted Takeoff From Wrong Runway Comair Flight 5191 Bombardier CL − 600 − 2B19, N431CA Lexington, Kentucky, August 27. 2006, *NTSB Report Number: AAR − 07 − 05.* Washington, DC: National Transportation Safety Board.

NTSB. (2007b). Crash During Approach to Landing. Circuit City Stores. Inc. , Cessna Citation 560, N500AT, Pueblo, Colorado, February 16. 2005, *NTSB Report Number: AAR − 07 − 02.* Washington, DC: National Transportation Safety Board.

NTSB. (2007c). Runway Overrun and Collision Southwest Airlines Flight 1248 Boeing 737 − 74H, N471WN Midway Airport Chicago, Illinois. December 8. 2005, *NTSB Report Number AAR − 07 − 06.* Washington, DC: National Transportation Safety Board.

NTSB. (2008). Runway Overrun During Landing Shuttle America. Inc. Doing Business as Delta Connection Flight 6448 Embraer ERJ − 170, N862RW Cleveland. Ohio. February 18, 2007, *NTSB Report Number AAR − 08 − 01.* Washington. DC: National Transportation Safety Board.

NTSB. (2009). *Public hearing in the matter of: Colgan Air, Inc. Flight 3407, Bombardier DHC − 400, N200WQ, Clarence Center, New York, February 12, 2009. Thursday, May 14, 2009.*

NTSB. (2010a). Loss of Thrust in Both Engines After Encountering a Flock of Birds and Subsequent Ditching on the Hudson River. US Airways Flight 1549. Airbus A320 - 214, N106US, Weehawken, New Jersey, January 15. 2009. *NTSB Report Number: AAR - 10 - 03*. Washington. DC: National Transportation Safety Board.

NTSB. (2010b). Loss of Control on Approach Colgan Air. Inc. Operating as Continental Connection Flight 3407 Bombardier DHC - 8 - 400, N200WQ, Clarence Center, New York, February 12. 2009, *NTSB Report Number: AAR - 10 - 01*. Washington. DC: National Transportation Safety Board.

NTSB. (2011). Aircraft accident report: Crash during approach to landing, Empire Airlines flight 8284, Avions de Transport Régional Aerospatiale Alenia ATR 42 - 320, N902FX, Lubbock, Texas, January 27, 2009. (*NTSB Report No. NTSB/AAR - 11/02*). Washington, DC: Author.

NTSB. (2014a). Descent below visual glidepath and impact with seawall, Asiana Airlines flight 214, Boeing 777 - 200ER, HL7742, San Francisco International Airport, California, July 6, 2013. *NTSB Report No. NTSB/AAR - 14/01*. Washington, DC: National Transportation Safety Board.

NTSB. (2014b). Crash During a Nighttime Nonprecision Instrument Approach to Landing, UPS Flight 1354, Airbus A300 - 600, N155UP, Birmingham, Alabama. August 14, 2013. *NTSB Report Number: AAR - 14 - 02*. Washington, DC: National Transportation Safety Board.

NTSB. (2015). Runway Overrun During Rejected Takeoff Gulfstream Aerospace Corporation G-IV, N121JM, Bedford, Massachusetts, May 31, 2014. *NTSB Report Number: AAR - 15 - 03*. Washington, DC: National Transportation Safety Board.

NTSB. (2016). Crash During Nonprecision Instrument Approach to Landing, Execuflight Flight 1526, British Aerospace HS 125 - 700A, N237WR. Akron, Ohio, November 10, 2015. *NTSB Accident Report Number AAR - 16 - 03*. Washington, DC: National Transportation Safety Board.

NTSB. (2017). Sinking of US Cargo Vessel SS El Faro, Atlantic Ocean, Northeast of Acklins and Crooked Island, Bahamas, October 1, 2015. *NTSB Accident Report Number MAR - 17 - 01*. Washington, DC: National Transportation Safety Board.

Orasanu, J. M. (1990). Shared Mental Models and Crew Decision Making (*Cognitive Science Laboratory Report* #46). Princeton, NJ: Princeton University.

Parasuraman, R. (2000). Designing automation for human use: empirical studies and quantitative models. *Ergonomics*, 43(7), 931 - 951.

Parasuraman, R., Sheridan, T., & Wickens, C. (2000). A model for types and levels of human interaction with automation. *IEEE Transactions on Systems, Man, and Cybernetics — Part A: Systems and Humans*, 30(3), 286 - 297.

PARC/CAST. (2013). Operational use of flight path management systems. In *Final Report of the Performance-based operations Aviation Rulemaking Committee (PARC)/ Commercial Aviation Safety Team (CAST) Flight Deck Automation Working Group*. Washington, DC.

Predmore, S. C. (1991). *Microcoding of communications in accident investigations: Crew coordination in United 811 and United 232. Proceedings of the sixth international symposium on aviation psychology.* Columbus, OH: Ohio State University.

Raby, M. , & Wickens, C. (1994). Strategic workload management and decision biases in aviation. *International Journal of Aviation Psychology*, 4(3), 211 - 240.

Reason, J. (2008). *The human contribution: Unsafe acts, accidents and heroic recoveries.* Farnham, Surrey, United Kingdom: Ashgate.

Sumwalt, R. (2014). *Examining How Breakdowns in Pilot Monitoring of the Aircraft Flight Path can Lead to Flight Path Deviations.* Unpublished thesis submitted in partial fulfillment of the requirements of the Degree of Master of Aeronautical Science, Embry-Riddle Aeronautical University.

Weener, E. (1993). Accident prevention strategies. In *Proceedings of 46th Flight Safety Foundation International Air Safety Seminar*, November 9 - 11, 1993, Kuala Lampu, Malaysia.

19　从军事的角度

保罗·奥康纳(Paul O'Connor[1])、罗伯特·G. 哈恩
(Robert G. Hahn[2])、罗伯特·纳尔迈耶(Robert
Nullmeyer[3])和格雷格·蒙蒂霍(Gregg Montijo[4])

[1]爱尔兰,戈尔韦,爱尔兰国立大学

[2]美国,佛罗里达州,彭萨科拉,美国海军航空安全学院

[3]美国,亚利桑那州,梅萨市,亚利桑那州立大学航空计划

[4]美国,田纳西州,孟菲斯,机组资源管理培训国际公司

20 世纪 80 年代后期,美国军事领域首次引入机组资源管理(CRM)培训
(Prince and Salas,1993)。美国军方开展机组资源管理培训的动力直接来自商
业航空领域。早期的机组资源管理课程采用民航领域的模式,并未受到所有军
事飞行员的欢迎。然而,在 20 世纪 90 年代早期,美国陆军、海军和空军开始资
助机组资源管理的相关研究,在提供有效军事机组资源管理培训的模型研究开
发方面取得了很大的进步(Prince and Salas,1993)。研究人员和军事飞行员制
订了一项机组资源管理计划,包含军事飞行操作所需的有关基本概念、学术知识
和技能集,在美国军事领域,这种模式几十年来基本上没有改变,该研究为全球
各地多个军种的机组资源管理培训奠定了基础。随着 20 世纪 80 年代末到 90
年代军用飞机技术和复杂性的发展,各军种都采取了不同的机组资源管理培训
方法。

本章的目的是更新保罗·奥康纳等人(O'Connor, Hahn, and Nullmeyer,
2010)的军事机组资源管理培训综述,着重论述在过去十年中空军机组资源管理
培训的变化情况。早期一章明确了军事培训中遇到的独特挑战,列举了世界各
地军事领域如何利用机组资源管理培训的例子,并回顾了支持军队机组资源管
理培训有效性的证据。

19.1 民用与军用航空机组资源管理培训

表 19.1 总结了七项对因机组资源管理不力所导致的军用和民用航空事故研究的结果，这七项研究全部采用同一种分类系统，即人为因素分析与分类系统（HFACS）（Wiegmann and Shappell，2003）。要注意的是各项研究中所使用的人为因素分析与分类系统结构全部从机组人员协调和沟通的角度来定义"机组资源管理"（Gibb and Olson，2008）。人为因素分析与分类系统分类法的其他部分阐述了其他常见的机组资源管理相关要素，如决策错误和心理意识。美国所有军种目前使用的国防部人为因素分析与分类系统结构（DoD HFACS）将这一主题领域更名为"团队合作"，而非"机组资源管理"（NSC，2014）。

表 19.1　军用和民用航空组织因机组资源管理不力所导致航空事故的比例

研　究	分 析 范 围	指出机组资源管理（团队合作）不力事件/事故数/起	占比/%
Hooper and O'Hare (2013)	澳大利亚军事领域 2001—2008 年的 193 起固定翼飞机事件	46	23.8
	澳大利亚军事领域 2001—2008 年的 93 起固定翼飞机事件	10	10.8
Li and Harris (2006)	中国军事领域的 523 起事故/事件	146	27.9
Gibb and Olson (2008)	美国空军 1992—2005 年的 124 起 A 级事故	56	45.2
Wiegmann and Shappell (1999)	美国海军 1990—1996 年的 226 起 A 级飞行事故	90	39.8
军用航空事故合计	**1 159**	**348**	**30.0**
Shappell et al. (2007)	美国航空公司 1990—2002 年的 181 起事故	34	18.8
	1990—2002 年的 839 起支线航空事故	75	8.9
Gaur (2005)	印度 48 起民用飞机事故	6	12.5
Shappell and Wiegmann (2001)	美国通用航空领域 1990—1998 年的 164 起事故	23	14
民用航空事故总数	**1 232**	**138**	**11.2**

从表 19.1 中可以看出，与民用航空事故或事件报告相比，团队合作不力在军事航空领域更常见，由此可以得出结论，机组资源管理培训在培训商业航空领域比在军事航空领域更有效，但这一结论过度简单化。团队合作相关事故比例不同的一个原因可能是航空运输业与军事行动之间的显著差异（Prince and Salas，1993）。最容易识别的一个差异是两个飞行员群体在年龄、成熟度和经验上的差异——与民用航空飞行员相比，军事飞行员通常更年轻，经验也更少。在双人驾驶舱普及之前，许多商业飞行员必须先成为二副驾驶或随机工程师，然后才能坐到副驾驶的位置上。军事飞行员通过正规教育进入飞行院校，然后执行飞行任务一直到退役或退休。

考虑到现代军事航空操作的复杂性，与民用航空相比，军事航空的容错率要小得多。军事飞行操作极其复杂，因为机组人员通常要在恶劣天气条件下的挑战性地形中执行驾驶飞机的所有相关要求，同时还要使用飞机武器和各种传感器系统。由于操作环境、任务时间限制、多部门协调和工作负荷等因素，军事飞行员比民用航空飞行员更难发现和减缓差错。也有可能由于从有效的机组资源管理培训计划中所积累的团队合作技能和概念，也许今天的军事事故调查人员热衷于用"领导能力不足"或"沟通不力"来解释事故原因。德克（Dekker，2005）提到，通常会迫使事故调查人员找出最终导致和造成事故的根本问题。

除了普林斯和萨拉斯（Prince and Salas，1993）提到的差异之外，军事领域还存在商业航空组织中不存在的程序性挑战。首先，军事领域最关心的是任务完成情况，与民用航空领域相比，军事航空领域的机组资源管理培训可以说具有不同的哲学方法。在大多数军事环境中，机组资源管理培训可以认为是一项操作培训计划，过去，安全并不总是军事飞行操作的首要目标。举例来说，美国海军的机组资源管理培训目标是"通过尽量减少机组人员可预防的差错、最大化机组人员的协调能力和优化风险管理来提高任务效率"（CNO，2001）。虽然安全对军事飞行操作非常重要，但它并不是飞行任务的目的或主要目标。

其次，军事人员经常更换工作岗位。军事领域的机组资源管理培训师不会长时间停留在同一个岗位或任务上。有时，这可能会导致军事组织（中队）的机组资源管理和安全培训计划不能持续并且缺乏"组织记忆"。同样，以美国海军为例，海军飞行员通常只在某个中队服役 2～3 年，然后他们会转到另一个中队或执行其他非飞行任务（例如担任行政工作或接受高等教育）。美国空军也采用这种人员分配惯例。此外，即使是在空军中队，飞行员执行的非飞行任务也会经常变化。在美国海军中，中队的机组资源管理教员可能仅履职短短一年时间，然后就把这项工作移交给他人,这样做的原因是为军官提供一个广泛的中队行动和领导基础。

军队并不是一个同质性组织。在整个军用航空领域中,飞机的类型(如战斗机、重型飞机、旋翼飞机甚至倾转旋翼飞机)、执行的任务(如运输、轰炸、监视、特种作战)、操作环境(如机场、前沿部署、航母基地)、机组人员数量(一名到二十多名)和自动化技术水平(从非常低到全玻璃驾驶舱)都有很大的差异。在军事航空组织中,飞机的数量和类型是不同的,同样驾驶这些飞机的人员数量和"类型"也是不同的。在商业航空领域,大多数飞行员是在通过重要的飞行里程碑之后才被聘用到航空公司的。但在军事航空领域,大多数"新聘用的飞行员"都是没有飞行经验的大学毕业生,对于这些新手来说,他们的经验和能力都从工作中取得。这并不是说他们缺乏军事航空领域的经验。相反,大量的资深飞行员和机组人员在他们的职业生涯中积累了丰富的经验,这就在军事飞行员和机组人员中产生了军衔和经验梯度。军衔在军事组织中非常重要,在一支中队里面,通常会有大量经验较少的低级军衔军官以及一些经验水平较高的中级和高级军衔军官。考虑到任务、飞机类型和军事航空人员的多样性,需要平衡制订统一的总体计划的目标,该计划也可根据具体操作人员和特定飞机的需求量身定制。正如早期美国海军机组资源管理培训所发现的一样,万全之策的方法可能会变成一无是处的方法。

军队是一个多学科组织,在接受机组资源管理原则方面有许多不同的文化。迪尔和肯尼迪(Deal and Kennedy, 2000)指出,大多数组织都拥有组织文化,军事组织也是如此。虽然每个军种都有自己的传统和"组织"文化,但在每个军种内部,各个部队都有自己的"亚文化",这在很大程度上源于他们所处的环境。各军事航空中队根据飞机和任务类型,在不同地点的不同环境下开展行动。总之,他们的作业环境不同,在这种情况下对成功的要求也不相同,这反过来造就了军事航空领域具体中队或航空群体的特定文化或氛围。"我们在这里的行事方式"是指组织文化对组织内局部行为的影响(Bower, 1966)。

有时,这就使行为上的改变趋于迟缓。这可能在一定程度上解释了机组资源管理在军事飞行作业中未被广泛采用的原因,以及即使在今天机组资源管理已经得到广泛整合和接受的情况下,整个军事航空领域仍然存在不同程度地定性实施机组资源管理计划的原因。

19.2 当前军事领域采用的机组资源管理培训方法

在过去二十年所有针对军事机组资源管理的研究当中,无疑没有关于本计划的大量文献资料或研究报告,而且这些文献几乎完全是从美国军事的角度来写的。为了收集全球各军种机组资源管理计划的现状信息,我们联系了一些中级军官,他们中间有许多人都在安全或机组资源管理计划部门工作过,咨询他们部队是如何应用机组资源管理培训的。在本节,作者除了讨论公开发表的材料,还简要总结了他们从信函和访谈中收集到的信息。

19.2.1　美国海军和海军陆战队

20 世纪 90 年代早期,美国海军和海军陆战队(合称为海军部队)提出了机组资源管理计划(O'Connor,Hahn,and Salas,2009)。该计划是在海军空战中心训练系统部门(NAWCTSD)开展的重大研究计划的基础上开发的。计划确定了机组资源管理的七项关键技能(决策、适应能力/灵活性、情景意识、任务分析、沟通、自信和领导能力),以及如何训练这些技能的基础理论方法(Oser et al.,2001;Oser et al.,2000;Prince and Salas,1993)。

海军的机组资源管理计划受海军作战部长(CNO)指令 OPNAVINSTR 1542.7C 的管辖。该指令确立了机组资源管理的基本行政组织,并且列出了美国海军和海军陆战队机组资源管理的基本框架。

机组资源管理计划的结构由计划模型管理人员集中管理,但各航空平台都具有管理自由,可以自己根据具体飞机和任务定制机组资源管理计划。从某种意义上说,美国海军和海军陆战队有 48 个单独的机组资源管理计划(海军和海军陆战队驾驶的每种类型和型号的飞机各有一个),每个计划都有一个课程模型管理人员,以确保遵守基本的海军机组资源管理学术原则、技能和程序标准。课程模型管理人员参加为期 5 天的培训,为他们管理特定飞机类型的计划以及培训各个中队的机组资源管理教员做好准备。

虽然海军空战中心训练系统部门上次全面更新培训课程是在 1999 年(Oser et al.,2001),但一些课程计划管理人员已经尽最大的努力来改善他们所在群体的机组资源管理。举例来说,一些负责培训新飞行员的司令部广泛借鉴了航空公司多地点机组资源管理培训模式,MV‐22 鱼鹰旋翼机(一种能像直升机一样起降并且能像固定翼飞机一样飞行的倾转旋翼飞机)计划已经为他们的机组资源管理计划开发健全的课件和模型。这些群体的机组资源管理课程大大超出了海军作战部长指令中的最低基本要求。然而,这些范例计划通常是例外。大多数课程计划管理人员的机组资源管理计划都反映了海军作战部长指令所要求的基本学术知识。有时候,在一个大型组织中的"培训师培训"系统中发布最新学术主题是一项挑战。

尽管许多高风险民用行业都接受了机组资源管理（Flin，O'Connor，and Mearns，2002），但美国海军的非航空部门却并未接受。2006 年，驾驶台资源管理（BRM）被引入水面作战军官学校（舰船军官培训司令部）课程中，但仍在逐渐确立的过程中。非航空人员使用机组资源管理培训的其他单独的例子是海军医学和海军潜水部门（O'Connor and Muller，2006）。

19.2.2　美国空军

军事空运司令部（现空中机动司令部）于 1985 年实施了机组资源管理指令，是第一个正式接受机组资源管理培训的军事组织，并于 1986 年与美国国家航空航天局艾姆斯研究中心联合主办了非常重要的驾驶舱资源管理培训会议（Orlady and Foushee，1987）。

1990 年，美国空军监察与安全中心开发了单座战斗机的机组资源管理培训课程蓝本。1994 年，美国空军正式要求对所有空军飞行机组成员开展机组资源管理培训和评估。空军指令（AFI）11‐290 是现行的空军机组资源管理计划文件（Department of the Air Force，2017）。该指令于 1998 年正式通过，自 2012 年进行重大修订和更新后基本保持不变。它要求主要司令部开发和管理量身定制的特定任务机组资源管理培训计划，并要求对所有空军机组人员进行机组资源管理培训。它的既定目标为如下几方面：

（1）操作效率最大化。

（2）保护人力和物力资源。

（3）确保非战争人员安全。

（4）为机组人员提供技能、流程、工具和技术，以有效识别威胁和减少航空任务中的错误，从而减少事故的发生。

自最初操作说明发布以来，机组资源管理的如下六项核心技能和知识领域从未变化：

（1）沟通。

（2）机组/飞行协调。

（3）任务分析（任务计划、简令和讲评）。

（4）风险管理/决策。

（5）情景意识。

（6）任务管理。

虽然空军指令 11 - 290 中规定了大量的要求,但这些要求由主要司令部负责执行,这些组织在如何满足这些要求方面有相当大的灵活性。因此,不同司令部的机组资源管理培训性质有很大的不同,而且即使是同一个司令部的不同机型之间也会有很大的不同。例如,在初始资格认证培训期间,根据飞机类型,空中机动司令部的正式机组资源管理教学从 2.75 小时到 16 小时不等(Fisher,2007)。作战指挥部的大部分机组资源管理教学是由承包商的教员提供,作为承包商提供的综合机组培训系统的一部分或作为单独的机组资源管理教学提供。机组资源管理培训计划通常以教员辅助的地面培训作为基础,然而一些司令部允许开展计算机辅助机组资源管理培训来满足要求。课堂教学还可以包括使用练习册,各种类型训练设备中的实际操作体验,或综合作战和训练场景的支持。

机组资源管理培训开发人员和空军计划管理人员经常使用事故人为因素趋势数据和经验来帮助将机组资源管理培训重点放在最需要的领域。例如,在具有挑战性的模拟器场景中,观察几架飞机机组人员的优势和不足,然后进行分析,以确定与任务表现相关的机组资源管理行为(Nullmeyer et al.,2003;Povenmire et al.,1989;Spiker et al.,1999;Thompson et al.,1999)。这些研究证实了全部六个空军机组资源管理技能领域在多成员飞机操作中的重要性(分别是波音 52、C - 5、HH - 53 和 C - 130)。

随着正式机组资源管理培训课程在整个空军领域中的实施,与单座战斗机和攻击机飞行员相比,机组驾驶飞机的飞行员似乎更容易接受这些课程(Karp,Condit,and Nullmeyer,1999)。纳尔迈耶等人(Nullmeyer et al.,2005)发现,C - 130 A 级事故报告往往会提到机组资源管理的全部六个技能领域,F - 16 和 A - 10 事故报告中提到的人为因素主要倾向于情景意识和任务管理相关问题(见图 19.1)。空军单座飞机事故报告很少有协调、沟通和任务计划相关的问题。

全球范围内的无人机系统(UAS)使用正在迅速增加,而美国各军种处于这种技术转型的最前沿。随着大型无人机系统在民用航空领域越来越常见,空军的大型无人机系统[如"捕食者"(Predators)、"收割者"(Reapers)和"全球鹰"(Global Hawks)]使用经验上可能会有所受益。根据对各军种早期无人机系统事故率的全面审查,随着遥控飞机被引入军事行动,事故发生率很高(Tvaryanas,Thompson,and Constable,2006)。例如,他们报告说,在"捕食者"行动的前十年(1996 年至 2005 年),A 级事故发生率为每 10 万飞行小时 32起。其他空军飞机的事故率约为每 10 万飞行小时 2 起。需要注意的是大多数

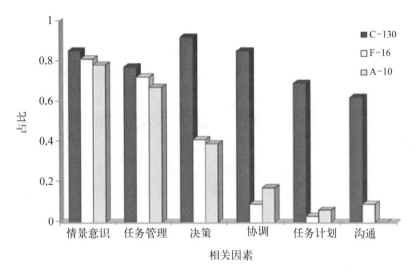

图 19.1 美国空军重大事故中的机组资源管理相关因素比例

有人驾驶飞机都是成熟系统,而大多数无人机平台处于其生命周期的相对较早时期,随着系统的成熟,事故发生率往往会降低。纳尔迈耶等人(Nullmeyer et al., 2007)发现,随着在设备设计、操作和培训中引入经验教训,无人驾驶系统的事故率逐渐降低。空军安全中心(2018)事故统计报告显示,在 2015—2017年,"捕食者"A 级事故的发生率降至每 10 万飞行小时 4.33 起。纳尔迈耶等人(Nullmeyer et al., 2007)分析了 1997—2006 年"捕食者"A 级事故报告中提到的具体人为因素,在这一时期有三十份"捕食者"A 级事故报告,其中 63 ％的事故主要原因是操作人员差错,还有 13 ％的事故主要原因是维修问题。表 19.2汇总了这些"捕食者"A 级事故报告中最常见的 10 种人为因素。

虽然经常会提到"捕食者"飞行机组差错,但也出现了其他安全威胁因素。提到的大多数人为因素错误可以分为七个更高等级的类别:① 技术条令和书面程序等文件;② 与操作员界面和自动化系统相关的设备相关问题;③ 注意力管理;④ 机组人员协调/团队合作;⑤ 技能和知识相关错误;⑥ 决策;⑦ 任务管理。在随后几年,其中的许多人为因素仍然经常会被提到(美国空军安全人为因素小组,2009)。占机组人员差错列表很大一部分的仍然是一些传统的机组资源管理主题领域。最经常提到的是注意力管理问题(注意力局限和疏忽),其次是团队合作(机组人员协调),任务管理(任务顺序不当)和决策(选择的行动方案)。虽然"捕食者"操作需要一个飞行机组,但"捕食者"事故中提到的机组资源管理问题的类型和比例似乎与图 19.1 所示空军战斗机和攻击机事故报告中的问题模式相似。

凯瑟等人(Kaiser et al.，2010)与 MQ-1"捕食者"机组合作，深入分析了机组资源管理培训需求，然后在初始资格认证培训中为飞行员和传感系统操作员开发并评估了四种机组资源管理培训干预措施：① 以"捕食者"特定错误模式为重点的学术培训；② 网络互动式事故案例历史记录；③ 游戏式多任务技能训练器；④ 基于笔记本计算机的团队培训师。学员对新型培训的反应始终是积极的，并且有持续学习的证据。学员最喜欢基于笔记本计算机的团队培训师，其次是以"捕食者"特定机组资源管理问题为重点的课堂培训。

表 19.2　1996—2006 年"捕食者"事故(30 起 A 级事故)研究中
排名前十的具体人为因素类型①

人 为 因 素	机组人员差错领域	因果因素	影响因素
书面程序		5	6
注意力局限	注意力管理	4	5
功能系统设计		4	4
检查单错误	技能/知识	3	3
机组协调	团队合作	2	4
行动方案选择	决策	4	1
无任务培训		1	4
疏忽	注意力管理	2	3
任务排序不当	任务管理	1	4
自动化系统		2	2

第四代机组资源管理(Helmreich，Merritt，and Wilhelm，1999)在 1995 年编写空军指令 11-290 时，代表了机组资源管理教学的最先进水平。2000 年，各种海姆里奇第五代(差错管理)和第六代(威胁与差错管理)机组资源管理培训开始进入商业航空行业，但直到 2012 年空军指令 11-290 重新编写后，美国空军才正式采用了这些方面的知识。

直到 2000 年，美国空军机组资源管理计划管理人员或课件开发人员还无法使用商用航空业几十年来用于威胁与差错管理培训内容中的数据，但随着美国

① 引自 Nullmeyer et al.(2007)。

空军更新了他们的飞机,更多的数字信息得以可用。到 2017 年,美国空军有一项正式的军事飞行品质监控(MFOQA)计划,按照航空公司的计划仿制而来。美国空军安全中心每个月都会生成和发布波音 1、C-5M、C-17、C-32、C-37、C-40、C-130J、F-16、KC-135、MQ-9、RC-135 和 T-6 的军事飞行品质监控数据。

正如已经有安全报告系统的商业航空公司的情况一样,美国空军最近实施了一项航空安全行动计划(ASAP),机组人员可以报告任何需要调查的事件,不会对报告人员产生任何影响。

虽然空军指令 11-290 仍未要求进行航线运行安全审计(LOSA),但空中机动司令部(驾驶运输机与商业航空运营任务最为相似)有一项审核飞行行动任务的航线机组人员的正式计划。持续不断的作战行动加上不断缩小的部队结构,阻止了美国空军其他司令部实施航线运行安全审计计划。尽管美国空军的飞行任务性质不同,但自 2001 年以来,为了让他们的机组资源管理计划更接近商业航空领域的做法,他们已经做出巨大的努力。

19.2.3　美国陆军

美国陆军在 20 世纪 90 年代初推出了自己的机组资源管理计划,称为机组协调培训(ACT)。陆军是美国第一个实现全军种标准化机组资源管理计划的军种。自机组协调培训开始以来,美国陆军投入了大量资源来更新其计划,并于 2006 年实施了机组协调强化培训(ACT-E)。

在美国陆军中,在成为飞行员的初级飞行训练期间,所有飞行员都接受了初步的机组协调强化培训。培训内容广泛,涵盖了机组协调强化培训计划的核心知识和概念。飞行员被分配到航空任务部队后,将接受一年一度的机组协调强化培训,由部队指定的机组协调强化培训教员以混合呈现的方式开展培训。

在每次飞行检查(如年度仪表检查、年度飞机能力检查)中评估飞行员的机组资源管理技能。美国空军机组协调强化培训计划管理人员向部队的机组协调强化培训教员提供培训,在两天半的培训中,机组协调强化培训教员学习如何使用培训媒介,将媒介提供给机组人员用于开展经常性的地面培训,并通过所有的检查确保实施。

美国陆军机组协调强化培训计划的核心管理人员是计划管理人员。计划管理人员要在整个陆军航空部队维持大范围的标准化。计划管理人员的大部分职责都外包给了商业供应商,但身着军装的陆军人员在计划管理中担任重要职务,通常对程序性决策和学术决策拥有最终决定权,但要听从计划管理人员的安排。陆军的机组协调强化培训分为六个"子计划",分别对应陆军航空部队中六种主要类型的飞机(重型攻击机、侦察机、运输机、通用机、固定翼飞机和无人驾驶飞机)。

所有任务部队都派出一名飞行员接受机组协调教员强化培训。回到部队后,教员可向计划管理人员索取课程材料(学习目标、课程计划和电子媒介)。计划管理人员会向参加机组协调强化培训的教员提供经常性培训材料(不像美国空军或海军,陆军教员没有义务开发这些材料)。培训材料包括电子媒介、视频案例研究报告和幻灯片演示文稿,以指导飞行员对机组协调强化培训进行与飞机类型和任务相关的讨论,这可以确保飞行员每次参加年度机组协调强化培训时都有新的案例开展研究。

19.2.4　美国海岸警卫队

从 2003 年的计划开始,所有飞行员和机组人员都必须参加海岸警卫队的初始和年度机组资源管理培训(Commandant US Coastguard,2005)。海岸警卫队的机组资源管理培训与美国海军非常相似,同样包含七项技能。然而,与空军一样,海岸警卫队也一直在从商业机组资源管理行业中寻找"最佳实践",最近开始将其纳入航空机组资源管理培训中。

海岸警卫队还向舰艇人员提供机组资源管理培训,称为团队协调培训(TCT)。该培训在 1991 年首次提出,并在 1994 年根据事故分析结果做出了修订(Hanson,1996)。团队协调培训的最新更新旨在提高团队效率,最大限度地减少小舰艇以及指挥/控制操作和活动中的人为差错(Commandant US Coastguard,1998)。团队协调培训课程也包含了七项技能,与美国海军机组资源管理计划中教授的内容相同。该培训由海岸警卫队人员提供,针对海岸警卫队中履行特定职责的人员量身定制,不同培训对象的培训时间和培训方式有所不同(Commandant US Coastguard,1998)。汉森(Hanson,1996)报告说,第一代团队协调培训减少了轻微航行错误数量。

19.2.5　美国之外的军队

全球大多数军种都有机组资源管理计划。如上文所述,作者联系了一些中级军官,他们中间有许多人都曾在安全或机组资源管理计划部门工作过,询问他们部队是如何应用机组资源管理培训的,收到了英国皇家空军、澳大利亚皇家空军、澳大利亚皇家海军、意大利海军、荷兰海军、西班牙海军、南非空军(SAAF)

和芬兰空军等方面的调研咨询回复函。作者联系的大多数军官都曾参加过美国军事机组资源管理和安全计划培训课程。

在上述所有部队中都可以看到美国军事机组资源管理计划、课程和研究的影响。然而，在某些情况下，如英国开展了大量的独立研究，随后发展出了一个独特的机组资源管理计划。英国正在研究修改机组资源管理培训，目的是将重点从减少差错和提高飞行安全转移到提高个人和团队行为的人为因素培训。荷兰军事机组资源管理计划的基础知识课程由荷兰国防学院（NLDA）授课，敬业的员工引入了美国海军和海军陆战队的大部分机组资源管理原则，但已经制订一个实施方案，高度融入荷兰国防学院的学生课程当中。

有人指出调研的所有部队都有一个以重要知识主题和技能为中心的基础机组资源管理课程。毫不奇怪，这些主题和技能，与美国各军种教授的内容非常相似。

大多数国家都有管理机组资源管理计划的国防部命令或指令。荷兰军事机组资源管理计划广泛接受荷兰民航管理局颁布的民航机组资源管理计划的管理。就澳大利亚军队而言，澳大利亚政府国防部制订了一项管理军事机组资源管理计划的指令（DI‑G OPS 40‑4），各军种均采用这一指令作为管理自己部队机组资源管理的命令，因此，整个军队的机组资源管理计划具有连续性。

经常性培训方面的机组资源管理计划有很大的差异。意大利和南非等军队的机组资源管理计划，并没有关于经常性培训要求的规定。有些军队的经常性培训只包含一项地面培训课程；在开展经常性培训的军队中，培训周期从每年一次到每4年一次不等。在大多数军队中，由军队人员开展机组资源管理培训。南非空军正在努力实施一项由军人授课的机组资源管理计划。

上述所有军队的机组资源管理计划均在20世纪90年代实施。继美国军队采用机组资源管理计划之后，美国以外的许多军队也在竞相效仿。与民用部门的情况一样，军事部门也开始认识到机组资源管理培训在航空领域以外的意义。南非空军倡议向地面机组人员和空中交通管制员提供机组资源管理培训。荷兰国防学院已经将机组资源管理培训合并到海军学员的课程中，这一行动意义重大，因为并非所有的海军学员都会去当飞行员，荷兰国防学院希望他们培养的这些年轻军官将这些技能带到他们的作战区，无论他们今后要去往潜艇、机务办公室还是水面舰艇。荷兰海军还倡议对舰艇军官开展驾驶台资源管理培训。因此，随着全球军队广泛开展机组资源管理培训，还有什么证据可以表明他们的时间、金钱和人员投入能够取得良好回报？

19.3 军队机组资源管理培训的有效性

美国联邦航空管理局(2004)指出对于机组资源管理培训来说:"评价每个机组资源管理培训计划,以确定培训是否实现了目标是至关重要的。各个组织都应制订自己的系统化评价过程。评价应跟踪培训计划的效果,从而确定经常性培训的重要主题,并在所有其他方面继续做出改进"(FAA,2004)。这一方法也适用于军事机组资源管理培训。

表 19.3 列出了作者在文献中发现的报告军事组织中机组资源管理培训有效性评估的 27 项研究,以及已开展的评估类型(关于这些研究的更详细总结,请参见 O'Connor et al., 2008;O'Connor, Flin, and Fletcher, 2002;Salas et al., 2001;Salas et al., 2006)。评估方法按柯克帕特里克(Kirkpatrick,1976)的培训评估层次进行分类。反应评估相当于满意度衡量。例如,学员是否喜欢培训? 学习处于第二层级,是指"学员理解和吸收的原则、事实和技能"(Kirkpatrick,1976)。学习包含态度变化和知识增长两个部分。行为变化评估是指评价培训中学习到的知识是否真正转化为工作或类似模拟环境中的行为。组织层级是柯克帕特里克(Kirkpatrick,1976)层级中的最高层级。任何培训计划的最终目标都是提供组织层级的切实证据,如安全性和生产力的提高。

表 19.3　军队机组资源管理计划的有效性评估

| 作　者 | 参会人员 | 反应 | 学习 | | 行为 | 组织 |
			态度	知识		
美国海军						
Alkov (1991)	90 名机组人员		√			√
Baker et al. (1991)	41 名直升机飞行员	√				
Brannick et al. (1995)	51 名机组人员				√	
Salas et al. (1999)	35 名飞行员和 34 名现役直升机机组人员	√	×	√	√	
	27 名直升机飞行员	√	×	√	√	
Stout,Salas,and Fowlkes (1997)	42 名飞行员学生	√	√		√	

续　表

作　者	参会人员	反应	学　习		行为	组织
			态度	知识		
Stout, Salas, and Kraiger (1996)	12 名直升机飞行员	√	×	×	√	
Wiegmann and Shappell (1999)	290 起海军航空事故（1990—1996）					×
美国空军						
Chidester et al. (1991)	531 名美国空军军事空运司令部飞行员		√			
Grubb, Morey, and Simon (2001)	美国空军机组人员	√	√		√	√
Grubb, Morey, and Simon (1999)	2659 名空军机组人员		√			
Karp, Condit, and Nullmeyer (1999)	36 名 F-16 飞行员	×				
Morey, Grubb, and Simon (1997)	188 名战斗机飞行员、198 名运输机飞行员和 77 名轰炸机飞行员		√			
Nullmeyer et al. (2003)	20 名 C-130 机组人员				√	
Povenmire et al. (1999)	波音 52 飞行员，人数不详				√	
Spiker et al. (1999)	16 名 C-5 机组人员				√	
Thompson et al. (1999)	16 名直升机机组人员		√		√	
美国陆军						
Geis (1987)	对 838 名美国陆军飞行员进行了预先测试，对 163 名飞行员进行了岗位培训，对培训课程 3 个月后对 142 名飞行员进行了反应调查	√	√			

作　者	参 会 人 员	反应	学　习		行为	组织
			态度	知识		
Grubb，Morey，and Simon（2001）	机组人员		√		√	√
Katz（2003）	18 名直升机机组人员	√			√	
Leedom and Simon（1995）	32 名直升机飞行员			√	√	
	30 名直升机机组人员			×	√	
美国海岸警卫队						
Hanson（1996）	舰艇航行事故					√
美国其他部队，具体部队未详细说明						
Baker et al.（1993）	112 名美国军事飞行员	√				
Dwyer et al.（1997）	19 名来自近距空中支援的军队学员				√	
英国皇家空军						
Elliott-Mabey（1999）	3212 名机组人员	√		√		
法国空军						
Grau and Valot（1997）	172 名机组人员	√			√	

注：√表示积极影响，×表示消极影响或不重要影响。

从表 19.3 可以看出，整体来看，在柯克帕特里克（Kirkpatrick，1976）的各个培训评估层级上，军事领域的机组资源管理培训似乎都有积极的影响。然而，需要对评估数据做出一些说明。

（1）评估不具有现时性。这些研究早在 20 多年前就在开展了，近 5 年没有开展任何研究。因此，除了实例证据之外，没有任何证据可以指导人们思考军事领域机组资源管理培训的现状。

（2）评估主要以美国为中心。除其中四个研究之外，其余评估都是在美国军队开展的。

（3）评估通常针对少数飞行员特定群体。大多数研究报告评估都只针对参加相同培训课程的特定航空群体的学员（Salas et al.，1999；Stout，Salas，and Kraiger，1996）。因此，评估结果可能不能反映整个军事组织的情况，只能在部分程度上反映教员的教学能力，而不是实际培训内容。

因此，尽管评估结果令人欢欣鼓舞，但军事组织需要大规模评估其机组资源管理培训计划的当前有效性。如果没有这些信息，就不能评估计划的有效性，也不能确定组织是否获得了满意的投资回报。此外，一项计划在十年前非常成功，并不意味着它会继续成功下去。有大量关于如何评估机组资源管理培训的信息（Flin，O'Connor，and Crichton，2008）。建议全球军事领域在可行情况下使用这一信息在尽可能多的柯克帕特里克评估层级上开展有效性评估。

19.4 军事领域机组资源管理培训的未来前景

作者非常确信，在未来很长一段时间里，军事飞行员将继续接受机组资源管理培训。然而，培训必须要进行适当的改变，以解决新型先进飞机（例如联合打击战斗机、欧洲台风战斗机、F-22猛禽战斗机和V-22鱼鹰战斗机）相关的自动化系统问题。在高度自动化的飞机上，机组资源管理给飞行员带来了特殊挑战。与商业航空领域中的机组资源管理培训一样，需要解决自动化程度更高的飞机可能导致的机组协调动态变化。此外，机组资源管理的一个大的建议应用领域是非军事航空领域。

自机组资源管理首次在军事航空领域应用以来，已经有近20年的时间，但它在全球非军事航空领域的应用少得到令人惊讶。在高风险民用行业中，最先采用的是航空企业（如航空维修、空中交通管制）并不令人意外，但机组资源管理培训也开始应用于航空业以外的其他高可靠性行业，如核能发电、麻醉、航运业和海上油气生产等（Flin，O'Connor，and Mearns，2002）。有人建议，考虑到航空领域提供机组资源管理培训的经验，以及它在其他高风险军事职业中的应用范围，军方完全可以将机组资源管理引入其他领域。

特别是在无人机系统操作人员培训领域，应在所有军种中更加广泛地实施机组资源管理培训。首先，无人机已成为军事行动中一项不可缺少的资产，军方对无人机战场能力的需求似乎越来越多，使得美国所有军种都在努力培训足够的操作员，以跟上快速增长的需求。在向遥控飞行器转变的这项重大行动中，出现了许多新的人为因素问题，包括许多与资源管理有关的问题。麦卡利和威肯斯（McCarley and Wickens，2005）确定了一些较为突出的新的人为因素挑战，包括失去感觉线索,如环境视觉信息、动觉/前庭输入和声音。其次,无人机的飞行控制自动化程度有很大的区别,其中一个新挑战是开发和优化对自动驾驶系统失效的应对程序,这包括了无人机操作员和空中交通管制员的共同期望。最后一个问题是无人机机组人员的选择、组成和培训。对无人机操作员需求的急剧增加,迫使各军种思考指定有经验的飞行员来控制无人机这一传统方法之外的其他方法。美国各军种要么正在使用非飞行员作为无人机飞控员学员,要么正在积极考虑这一方案。

在过去,无人机的事故发生率远高于有人驾驶的军用航空领域。举例来说,在 5 年内,美国海军"先锋"无人机的事故发生率为每 10 万飞行小时 334 起,而美国海军航空领域的平均事故发生率为每 10 万飞行小时 1.9 起(NSC,2008)。威廉姆斯(Williams,2004)分析了美国陆军、海军和空军的无人机事故。无人机的人为因素事故率为 21 % 至 68 % 不等。对于人为因素原因所导致的事故,主要问题是警告/警报、显示设计、程序错误或技能错误。塔亚那斯等人(Tvaryanas,Thompson,and Constable,2006)分析了 221 起美国陆军、海军和空军 10 年间无人机事故代表数据。总的来说,60 % 的事故与人有关,根据平台的不同,比例范围从 32 % 到 69 % 不等。此外,不同系统的具体人为因素问题差异很大。空军方面的因素主要包括操作员工作站和注意力局限,陆军方面的因素包括过度自信、机组协调、沟通以及与程序指导、出版物和培训计划有关的组织因素,海军问题主要是组织和监督问题,操作员工作站设计以及注意力局限、疏忽、分心、注意力不集中和自满等机组因素。

这些论述揭示了至少三种将会影响机组资源管理培训的无人机操作的重要方面。第一,事故报告中经常提到人为因素,这表明有足够的机会可以提高安全性。第二,不同平台和组织之间的问题似乎有很大的差异,这表明,海姆里奇及其同事提出的威胁与差错管理方法对机组资源管理培训很有价值(Helmreich et al.,2001)。第三,传统的陆军、海军或空军机组资源管理培训中人为因素的代表性内容,同样作为主要问题领域而出现,但重要的是培训是根据无人机操作员的需求量身定制的。

正如其他机组资源管理应用中发现的一样,直接用把"飞行员"替换成"无人机操作员"并且提供标准机组资源管理培训是不可能成功的。如果要让机组资源管理适用于其他领域,必定制培训材料。为了让培训有效,必须通过培训需求分析确定所需的技能,将心理学概念转化成接受培训学员的语言,并使用相关的实例和案例研究来说明这些概念。除非使用与特定领域相关的例子,否则培训可能无效。早期民用航空机组资源管理课程学员的主要批评之一是心理学理论过多，与航空领域没有充分的相关性。"我并不是建议盲目引进现有计划，相反，应该把航空经验作为开发数据驱动行动的模板，以反映每个组织的独特情况。"（Helmreich，2000）

19.5 结论

自普林斯和萨拉斯（Prince and Salas，1993）的研究以来，机组资源管理培训在全球军事领域的应用越来越广泛。然而，与军事装备一样，培训计划不能停滞不前，否则就会有过时和无效的危险。有人提议，全球军事领域应重新审视他们的机组资源管理培训计划，并重新评估培训在哪些方面继续有效，在哪些方面需要修改。这一行动需要耗费大量的时间和金钱。然而，与现代军用飞机的价格（一架 F-18"大黄蜂"E/F 战斗机的价格为 5 000 万美元以上）以及飞行员培训成本（基本飞行培训费用为 150 万美元）（About：U. S. Military，2007）相比，有效的机组资源管理培训计划是提高安全性和任务执行的一种高性价比方法。

参考文献

About：U. S. Military. (2007). Air Force aircrew training costs. Retrieved 23 December，2008 from http://usmilitary. about. com/library/milinfo/blafaircrewcost. htm？terms＝student 1 load 1 consolidation.

Air Force Safety Center (2018). *Q-1 flight mishap history*. Retrieved 6 February，2018 from http://www. safety. af. mil/Portals/71/documents/Aviation/Aircraft％20Statistics/Q-1. pdf.

Alkov，R. A. (1991). U. S. Navy aircrew coordination training- a progress report. In R. Jensen (Ed.)，*Proceedings of the 6th international symposium on aviation psychology* (pp. 368-371). Columbus：Ohio State University.

Baker，D. ，Bauman，M. ，& Zalesny，M. D. (1991). Development of aircrew coordination exercises to facilitate training transfer. In R. Jensen (Ed.)，*Proceedings of the 6th international symposium on aviation psychology* (pp. 314-319). Columbus：Ohio State University.

Bower，M. (1966). *The will to manage*. New York：McGraw-Hill.

Brannick，M. T. ，Prince，A. ，Prince，C. ，& Salas，E. (1995). The measurement of team process. *Human Factors*，*37*，641-645.

Chidester，T. R. ，Helmreich，R. ，Gregorich，S. E. ，& Geis，C. E. (1991). Pilot personality and crew coordination：Implications for training and selection. *International Journal of Aviation Psychology*，*1*(1)，25-44.

Chief of Naval Operations. (2001). *Crew resource management program*, *OPNAVINST 1542. 7C*. Washington, DC: Author.

Commandant U. S. Coastguard. (1998). *Team coordination training*, *Commandant Instruction 1541. 1*. Washington, DC: Author.

Commandant U. S. Coastguard. (2005). *Auxiliary aviation training manual*, *Commandant Instruction M16798. 5B*. Washington, DC: Author.

Deal, T. E., & Kennedy, A. A. (2000). *Corporate cultures*. New York: Basic Books.

Dekker, S. W. (2005). *Ten questions about human error: A new view of human factors and system safety*. New York: Lawrence Erlbaum Associates.

Department of the Air Force. (2017). *Air Force guidance memorandum to AFI 11 – 290*, *Cockpit/crew resource management program*. Retrieved 6 February, 2018 from http://static. e-pub-lishing. af. mil/production/1/af_a3/publication/afi11 – 290/afi11 – 290. pdf.

Federal Aviation Administration. (2004). *Advisory Circular No 120 – 51E: Crew resource management training*. Washington, DC: Author.

Fisher, S. D. (2007). Exploring crew resource Management training and assessing C – 130 aircrew attitudes in Air Mobility Command. Unpublished manuscript, Embry-Riddle Aeronautical University, Long Beach Resident Center.

Flin, R., O'Connor, P., & Crichton, M. (2008). *Safety at the sharp end: Training non-technical skills*. Aldershot, England: Ashgate Publishing Ltd.

Flin, R., O'Connor, P., & Mearns, K. (2002). Crew resource management: Improving safety in high reliability industries. *Team Performance Management*, 8(3/4), 68 – 78.

Gaur, D. (2005). Human Factors Analysis and Classification System applied to civil aviation accidents in India. *Aviation*, *Space*, & *Environmental Medicine*, 76, 501 – 505.

Gibb, R. W., & Olson, W. (2008). Classification of Air Force aviation accidents: Mishap trends and prevention. *International Journal of Aviation Psychology*, 18 (4), 305 – 325.

Grubb, G., Morey, J. C., & Simon, R. (1999). Applications of the theory of reasoned action model of attitude assessment. In R. Jensen (Ed.), *Proceedings of the 10th International Symposium of Aviation Psychology* (pp. 298 – 301). Columbus: Ohio State University.

Grubb, G., Morey, J. C., & Simon, R. (2001). Sustaining and advancing performance improvements achieved by crew resource management training. In R. Jensen (Ed.), *Proceedings of the 11th international symposium of aviation psychology* (pp. 1 – 4). Columbus: Ohio State University.

Hanson, W. E. (1996). Beyond bridge resource management: The risk management culture of the U. S. Coast Guard. In A. Chislett (Ed.), *Marine safety and ship maneuverability* (pp. 191 – 199). Rotterdam: Balkema.

Helmreich, R., Wilhelm, J., Klinect, J. R., & Merritt, A. C. (2001). Culture, error and crew resource management. In E. Salas, C. A. Bowers, & E. Edens (Eds.), *Improving teamwork in organizations: Applications of resource management training* (pp. 305 – 334). Mahwah, NJ: Lawrence Erlbaum Associates.

Helmreich, R. L. (2000). On error management: Lessons from aviation. *British Medical Journal*, *320*, 781 – 785.

Helmreich, R. L., Merritt, A. C., & Wilhelm, J. A. (1999). The evolution of crew resource management training in commercial aviation. *International Journal of Aviation Psychology*, *9*, 19 – 32.

Hooper, B. J., & O'Hare, D. P. A. (2013). Exploring human error in military aviation flight safety events using post-incident classification systems. *Aviation*, *Space*, & *Environmental Medicine*, *84*, 803 – 813.

Kaiser, D., Montijo, G., Spiker, A., Butler, C., Eberhart, J., Vanderford, M., & Walls, W. (2010). Real time cockpit resource management (CRM) training, Contract No. FA8650 – 08 – C – 6848, SBIR Phase II Final Report, Air Force Research Laboratory/RHAS.

Karp, R. M., Condit, D., & Nullmeyer, R. (1999). *Cockpit/crew resource management for single-seat fighter pilots. Proceedings of the interservice/industry training, simulation and education conference* [*CD – ROM*]. Arlignton VA: National Training Systems Association.

Kirkpatrick, D. L. (1976). Evaluation of training. In R. L. Craig, & L. R. Bittel (Eds.), *Training and development handbook* (pp. 18. 1 – 18. 27). New York: McGraw Hill.

Li, W.-C., & Harris, D. (2006). Pilot error and its relationship with higher organizational levels: HFACS analysis of 523 accidents. *Aviation*, *Space*, *and Environmental Medicine*, *77*, 1056 – 1061.

McCarley, J. S., & Wickens, C. D. (2005). *Human factors implications of UAVs in the National Airspace*. Technical Report AHFD – 05 – 05/FAA – 05 – 01. Atlantic City, NJ: Federal Aviation Administration.

Morey, J. C., Grubb, G., & Simon, R. (1997). Towards a new measurement approach for cockpit resource management. In R. Jensen (Ed.), *Proceedings of the 8th international symposium of aviation psychology* (pp. 676 – 981). Columbus: Ohio State University.

Naval Safety Center. (2008). Aviation Tables. Retrieved 2 April, 2009 from http://www. safety-center. navy. mil/statistics/aviation/tables. html.

Naval Safety Center. (2014). Department of Defense human factors analysis and classification system: A mishap investigation and data analysis tool. Retrieved 6 December, 2017 from http://www. pub-lic. navy. mil/NAVSAFECEN/Documents/aviation/aeromedical/DOD_HF_Anlys_Clas_Sys. pdf.

Nullmeyer, R., Spiker, V. A., Wilson, G., & Deen, G. (2003). Key crew resource management behaviors underlying C – 130 aircrew performance. In *Proceedings of the Interservice/Industry Training Systems and Education Conference*, Orlando, FL.

Nullmeyer, R., Stella, D., Harden, S., & Montijo, G. (2005). *Human factors in Air Force flight mishaps: Implications for change. Proceedings of the interservice/industry training, simulation and education conference* [*CD – ROM*]. Arlington, VA: National Training Systems Association.

Nullmeyer, R. T., Herz, R., Montijo, G. A., & Leonik, R. (2007). Birds of prey:

Training solutions to human factors issues. In *Proceedings of the Interservice/Industry Training Systems and Education Conference*, Orlando, FL.

O'Connor, P., Campbell, J., Newon, J., Melton, J., Salas, E., & Wilson, K. (2008). Crew resource management training effectiveness: A meta-analysis and some critical needs. *International Journal of Aviation Psychology*, 18(4), 353–368.

O'Connor, P., Flin, R., & Fletcher, G. (2002). Methods used to evaluate the effectiveness of CRM training: A literature review. *Journal of Human Factors and Aerospace Safety*, 2, 217–234.

O'Connor, P., Hahn, R., & Nullmeyer, R. (2010). The military perspective. In B. Kanki, R. Helmreich, & J. Anca (Eds.), *Crew resource management*. San Diego, CA: Elsevier.

O'Connor, P., Hahn, R., & Salas, E. (2009). The U. S. Navy's crew resource management program: The past, present, and recommendations for the future. In P. O'Connor, & J. Cohn (Eds.), Human performance enhancements in high-risk environments: Insights developments, and future directions from military research. Shreveport, LA: Paragon Press.

O'Connor, P. & Muller, M. (June 2006). *A novel human factors training curriculum for U. S Navy diving*. Paper presented at the Undersea and Hyperbaric Medical Society Meeting, Orlando, Florida.

Orlady, H. W., & Foushee, H. C. (1987). *Cockpit resource management training*. Technical Report Number NASA CP–2455 Moffett Field, CA: NASA Ames Research Center.

Oser, R. L., Salas, E., Merket, D. C., & Bowers, C. A. (2001). Applying resource management training in naval aviation: A methodology and lessons learned. In E. Salas, C. A. Bowers, & E. Edens (Eds.), *Improving teamwork in organizations: Applications of resource management training* (pp. 283–301). Mahwah, NJ: Lawrence Erlbaum Associates.

Oser, R. L., Salas, E., Merket, D. C., Walwanis, M. M., & Bergondy, M. L. (2000). Can applied research help naval aviation? Lessons learned implementing crew resource management training in the Navy. *Transportation Human Factors*, 2(4), 331–345.

Povenmire, H. K., Rockway, M. R., Bunecke, J. L., & Patton, M. R. (1989). Cockpit resource management skills enhance combat mission performance in a B–52 simulator. In R. Jensen (Ed.), *Proceedings of the 9th international symposium on aviation psychology* (pp. 489–494). Columbus: Ohio State University.

Prince, C., & Salas, E. (1993). Training and research for teamwork in the military aircrew. In E. Wiener, B. Kanki, & R. Helmreich (Eds.), *Cockpit resource management* (pp. 337–366). San Diego: Academic Press.

Salas, E., Burke, C. S., Bowers, C. A., & Wilson, K. A. (2001). Team training in the skies: Does crew resource management (CRM) training work? *Human Factors*, 41, 161–172.

Salas, E., Fowlkes, J. E., Stout, R. J., Milanovich, D. M., & Prince, C. (1999). Does

CRM training improve teamwork skills in the cockpit? Two evaluation studies. *Human Factors*, *41*(2), 326 343.

Salas, E., Wilson, K. A., Burke, C. S., & Wightman, D. C. (2006). Does CRM training work? An update, extension and some critical needs. *Human Factors*, *14*, 392 – 412.

Shappell, S., Detwiler, C., Holcomb, K., Hackworth, C., Boquet, A., & Wiegmann, D. A. (2007). Human error and commercial aviation accidents: An analysis using the human factors analysis and classification system. *Human Factors*, *49*, 227 – 242.

Shappell, S., & Wiegmann, D. (2001). *Unraveling the mystery of general aviation controlled flight into terrain accidents using HFACS*. *Proceedings of the eleventh symposium for aviation psychology*. Ohio State University.

Spiker, V. A., Tourville, S. J., Bragger, J., Dowdy, D., & Nullmeyer, R. T. (1999). *Measuring C – 5 crew coordination proficiency in an operational wing*. Proceedings of the 20th interser-vice/industry training systems and education conference [*CD – ROM*]. Arlignton VA: National Training Systems Association.

Stout, R. J., Salas, E., & Fowlkes, J. E. (1997). Enhancing teamwork in complex environments through team training. *Group Dynamics: Theory, research, and practice*, *1*, 169 – 182.

Stout, R. J., Salas, E., & Kraiger, K. (1996). The role of trainee knowledge structures in aviation psychology. *The International Journal of Aviation Psychology*, *7*, 235 – 250.

Thompson, J. S., Tourville, S. J., Spiker, V. A., & Nullmeyer, R. T. (1999). *Crew resource management training and mission performance during MH – 53J combat mission training*. Proceedings of the interservice/industry training, simulation and education conference [*CD-ROM*]. Arlignton VA: National Training Systems Association.

Tvaryanas, A. P., Thompson, W. T., & Constable, S. H. (2006). Human factors in remotely piloted aircraft operations: HFACS analysis of 221 mishaps over 10 years. *Aviation, Space, and Environmental Medicine*, *77*, 724 – 732.

US Air Force Safety Human Factors Team (2009). *USAF Aviation safety: FY 2008 in review*. Aero Space Medical Association Annual conference.

U.S. Navy. (2006). F/A 18-Hornet strike fighter. Retrieved 23 December, 2008 from http://www. navy. mil/navydata/fact_display. asp?cid=1100&tid=1200&ct=1.

Wiegmann, D. A., & Shappell, S. A. (1999). Human error and crew resource management failures in naval aviation mishap: A review of U. S. Naval Safety Center data, 1990 – 96. *Aviation, Space, Environmental Medicine*, *70*(12), 1147 – 1151.

Wiegmann, D. A., & Shappell, S. A. (2003). *A human error approach to aviation accident analysis*. Aldershot, UK: Ashgate.

Williams, K. W. (2004). *A summary of unmanned aircraft accident/incident data: Human factors implications*. Oklahoma City, OH: Federal Aviation Administration.

延伸阅读

Baker, D., Prince, C., Shrestha, L., Oser, R., & Salas, E. (1993). Aviation computer games for crew resource management training. *International Journal of Aviation Psychology*, 3(2), 143 - 156.

Dwyer, D. J., Fowlkes, J. E., Oser, R. L., Salas, E., & Lane, N. E. (1997). Team performance measurement in distributed environments: The TARGETs methodology. In M. T. Brannick, E. Salas, & C. Prince (Eds.), *Team performance assessment and measurement. theory, methods and applications*. Mahwah, NJ: Lawrence Erlbaum Associates.

Elliott-Mabey, N. (1999). *The assessment of RAF attitudes to CRM issues: A three year comparison* (PTC/496192/7/CSSB): RAF Command Scientific Branch.

Geis, C. E. (1987). Changing attitudes through training: A formal evaluation of training effectiveness. In R. Jensen (Ed.), *Proceedings of the 3rd international symposium on aviation psychology* (pp. 392 - 398). Columbus: Ohio State University.

Grau, J. Y., & Valot, C. (1997). Evolvement of crew attitudes in military airlift operations after CRM course. In R. Jensen (Ed.), *Proceedings of the 9th international symposium on aviation psychology* (pp. 556 - 561). Columbus: Ohio State University.

Katz, L. (2003). Army CRM training: Demonstration of a prototype computer-based program. In R. Jensen (Ed.), *Proceedings of the 12th international symposium of aviation psychology* (pp. 648 - 650). Columbus: Ohio State University.

Leedom, D. K., & Simon, R. (1995). Improving team coordination: A case for behavior-based training. *Military Psychology*, 7(2), 109 - 122.

Nullmeyer, R. T., & Spiker, V. A. (2003). The importance of crew resource management in MC - 130P mission performance: Implications for training evaluation. *Military Psychology*, 15(1), 77 - 96.

Secretary of the Air Force (2012). *Cockpit/Crew Resource Management Training Program*, Air Force Instruction 11 - 290. Washington, DC: Author. Retrieved 6 December 2017 from http://static. e-publishing. af. mil/production/1/af _ a3/publication/afi11 - 290/afi11 - 290. pdf.

20　文化问题与机组资源管理培训

何塞·安卡(José Anca)

澳大利亚,维多利亚州,霍桑斯威本科技大学科学、工程和技术学院

机组资源管理(CRM)是航空领域最有效的人为因素培训干预手段。自20世纪70年代末作为一项"人为差错"应对措施开始,它对机组人员行为和文化方面的影响已经渗透到人员执照、安全保证和非技术技能发展的各个方面。

机组资源管理起源于美国。它的成功体现在对行为改变干预措施的敏捷和系统化应用,以及随后在飞行模拟器中对机组资源管理行为的验证上。然而,对机组资源管理提出的一个主要批评是它无法进行"文化校准"(Cookson,2017)。尽管地方民航管理局法规的推广可以证明机组资源管理培训在全球范围内得到了广泛接受,但培训仍然主要基于西方组织环境和英美文化。

有间接证据表明即使是航空领域机组资源管理的基础主题,如沟通、决策,甚至是对自动驾驶的态度,也可以被认为是不受文化影响的。然而,需要研究文化差异产生的细微差别。相关文献(Zhu and Ma,2015b) 研究了中国文化的特点,比较了东西方文化的差异,从和谐、人际关系、面子、权力四个方面分析了中国飞行员在驾驶舱内进行交流的特点。在廖孟媛(Liao,2015)的中西方飞行员差异研究中可以进一步观察到文化差异:

> 一个主要研究发现是文化差异强烈影响飞行员对公司实施公正文化、报告文化和学习文化的信任度和满意度。西方飞行员对安全文化模式各方面的满意度比中国飞行员高。建立可信任的领导能力,包含高权力距离,使他们能够在中国飞行员所期望的报告文化中与同事保持和谐。由于担心可能引起同事的负面反应,中国飞行员在分享信息和知识方面比西方飞行员更犹豫不决。

——廖孟媛(Liao,2015)

在一项比较有争议的文化差异和飞行安全影响研究中,伊诺莫托和盖斯勒(Enomoto and Geisler,2017)认为,权力距离文化的增强与飞机事故倾向呈正相关关系。他们利用回归分析评估了 68 个国家/地区的飞行数量、GDP、恶劣天气条件和文化对飞机失事的影响。该研究发现人均 GDP 和国家的个人主义文化维度分数与飞机事故呈负相关关系,而权力距离分数和飞行次数与飞机事故直接相关。哈里斯等人(Harris and Li,2008)得出了类似结论,研究指出在东南亚航空公司中,机组资源管理培训不足被认为是许多飞机事故的根本原因。哈里斯发现现代驾驶舱及其标准操作程序的设计有一种固有的西方(低权力距离)偏见,因此在东南亚群体的研究中机组资源管理问题更加突出。总之,哈里斯等人的类似发现强调了对机长和副驾驶进行直接(或坦诚)驾驶舱沟通方面的持续培训的价值,这有助于克服文化障碍、减少事故。

谢尔曼等人(Sherman,Helmreich,and Merritt,1997)对 12 个国家的 5 800 多名飞行员进行了调查。结果显示不同国家文化之间对自动驾驶系统的偏好和热情存在显著差异。因此,经验证据表明了文化差别与机组资源管理之间的关系,机组资源管理培训内容开发人员和航空公司可以通过研究这种关系来充实他们的计划。

早在 2000 年,罗伯特·L. 海姆里奇教授就在文化对机组资源管理影响方面做出了重要研究发现。他的研究显示了职业文化、组织文化和国家文化对机组资源管理行为指标(如领导能力/跟从能力、沟通/团队合作),以及对运营时机组人员管理威胁与差错的方式的离散影响。海姆里奇在研究中发现的一些机组资源管理文化问题也出现在了太空探索和医疗等其他领域。

在国家文化差异方面,来自五大洲 26 个国家/地区的调查数据显示,它们在领导者和跟从者之间的适当关系、群体与个人取向以及遵守规则和程序的价值观方面存在显著差异。这些研究发现复证了早期关于国家文化维度的研究。收集到的数据也突出显示了跨国飞行机组的重大操作问题。虽然不能说哪个文化更好或更差,但这些文化差异对在国际空间环境工作的机组人员的工作方式产生了影响。飞行员和医生的积极职业文化表现为对工作的高度享受和职业自豪感。然而,也有一个研究发现,认为压力和疲劳对行为没有影响是一个负面成分。这种对个人坚不可摧的误解会影响工作,例如团队合作不力以及增加出错可能性。研究还包含工作环境中的团队差错。根据在正常飞行操作期间收集的观察数据,开发出了威胁与差错及其管理模型(Helmreich,2000)。海姆里奇教授和他在德州大学奥斯汀分校航空航天机组研究中心的团队收集的数据,构成了正常运行监控的基础,也叫作航线运行安全审计(LOSA)。

此外,布朗等人(Tsao and Browne,2015)借鉴了一个有效采用机组资源管理领域的经验,同时应用了一些低容错率的非医疗领域(如航空、军事和能源行业)的机组资源管理概念,指出需要从职业文化的层面做出调整,从而理解机组资源管理的概念。在护士群体中也有类似的发现(Sculli et al.,2013),在美国退伍军人健康管理局国家患者安全中心实施以护理为重点的机组资源管理时,得到了显著的文化和临床结果。卡尼等人(Carney et al.,2011)开展了相关研究,使用了一种调查工具安全态度量表(SAQ)来衡量 101 家不同医院的医生和护士在参加机组资源管理培训,即医疗团队培训(MTT)课程前后的行为,分析了学员对安全态度量表中六个团队合作氛围项目的反应。医疗团队培训前的调查结果显示医生比护士对团队合作氛围项目有更好的认知。医生对所有六个团队合作氛围项目的认知都有提高,护士对除"护士意见很受欢迎"之外其余所有团队合作氛围项目的认知都有提高。在参加了医疗团队培训后,医生仍然比护士对所有六个团队合作氛围项目有更好的认知。尽管医生和护士的认知都有提高,但在完成医疗团队培训后,医生和护士的基本职业文化差异依然存在。

20.1 机组资源管理中的文化问题

许多机组资源管理培训计划都包含包括多个主题,包括从文化角度调整过的机组资源管理培训视频、结构化学习经验(SLE),以及增加特定文化氛围的小组问题讨论。例如,作者在四家非美国航空公司机组资源管理培训设计领域的个人经历,证明了在课程内容中融入当地文化的积极影响。通过适应当地文化或其他默许的培训工具,如飞行数据记录器读数和驾驶舱语音记录,强化了机组资源管理课程并加强了课程与学员的相关性。

在另一个例子中,将当地文化融入面向航线飞行训练(LOFT)场景设计中,被证明对模拟器学习更加相关。德·卡瓦略等人(De Carvalho et al.,2016)的研究利用探索性情境教学法进行面向航线飞行训练的设计、开发、标准化和实施。情境教学法结合了包括社会建设和文化适应支持的一系列方法和技术,使航空公司运营、战术和战略不同层面的参与者能够参与进来。研究结果表明面向航线飞行训练的情境设计以社会建设为框架,提高了面向航线飞行训练的相关性,可以应用于任何具有特定文化和组织的航空公司。

文化问题是一个群体、组织、社会或国家的风俗习惯和价值观。这些文化问题可以支配和预测个人和群体在面对问题时的反应方式,具体反应方式包括人们如何看待风险和应对威胁。航空公司的机组资源管理培训课程除了为航线运行模拟(LOS)设计问题场景,还提供了"电影院最佳位置",即看待文化问题的最佳角度。作者与许多非美国航空公司的机组资源管理从业人员和开发人员进行了大量讨论。这些讨论确定了影响各航空公司机组资源管理课程成功的几个重要文化问题。同样,这些讨论也揭示了他们对机组资源管理未来的展望。

20.1.1　让一线飞行员担任机组资源管理教员

利用群体动力和群体过程方法的学习促进课程,通常由一名经过培训的教员授课。机组资源管理飞行员教员通过讨论非典型航空概念(如压力管理和团队合作)的方式授课,极大地提高了机组资源管理的相关性。在 20 世纪 70 年代早期,通过培训顾问或飞行机组退休人员的方式实施机组资源管理计划。这些课程的缺点是,在一定程度上缺少了当地课程内容和可信度,而且相关性也受到了影响,因为课程授课人与航空公司的当地运行经验相去甚远。

> 让飞行员担任教员是一项很受欢迎的行动,而指定飞行员进行授课则更加具有突破性意义。它增加了对计划有效性的实质性影响。
>
> ——邱,个人信件,2009 年 4 月 8 日

让当地一线飞行员担任教员这一文化问题也产生了一个不希望出现的结果。在高权力距离文化下运营的航空公司中,管理层和一线飞行员之间的关系充满了不信任,一线飞行员的选择和他们随后的授课被认为是一个阴险的管理阴谋,因此不会受到信任,使用一线飞行员担任机组资源管理教员被比喻成管理层的"特洛伊木马"。

虽然让一线飞行员担任教员是一个值得使用的想法,但它可能会引发怀疑,需要更深入的推敲,这有时可能会成为计划成功的巨大阻碍。幸好,计划的运行环境及其对人为差错管理的重视几乎摆脱了一线飞行员担任教员的约束。经验表明机组资源管理计划能够提高飞行员个人的期望,因为建议和反馈,包括对航空公司领导能力、工作条件或管理制度的看法,如编制名册的做法,经常被认为是对飞行安全的威胁。可惜的是在这场小争论当中,一线飞行员教员被夹在了中间:

> 让人担忧的并不是一线飞行员在机组资源管理课程中收到同样反馈的次数。令人失望的是,管理层也做出了同样的反应,他们仍在围绕反馈研究这个问题。
>
> ——杜莱,个人信件,2009 年 4 月 8 日

20.1.2 强化副驾驶的角色

荷兰心理学家吉尔特·霍夫斯泰德教授关于认识国家文化要素的研究经常被用于航空研究中，用来比较驾驶舱文化和权力梯度。中国、拉丁美洲和一些亚洲国家等高权力距离文化非常重视尊重地位、长辈和领导。毫不奇怪，承认副驾驶在飞行安全中的角色是实施机组资源管理的文化成功。

> 航线运行中的最大受益人是副驾驶。他有权以机组资源管理的名义变得更加自信。我的确认为，机组资源管理帮助扭转了驾驶舱职权梯度，对副驾驶有利。在机组资源管理实施前，我认为驾驶舱职权梯率（TAG）非常大。
>
> ——坎普利，个人信件，2009 年 4 月 8 日

赋权副驾驶虽然是一个受欢迎的附带结果，但不是目的。在高权力距离文化中，和有权威的机长在一起，副驾驶往往更倾向于保持缄默。因此，合理的方法是在机组资源管理培训期间纳入干预措施，让副驾驶畅所欲言。而事实上，更有效的方法是教育机长营造一种允许公开沟通的驾驶舱氛围，包括制订一个可以帮助机长做出决策的上报流程。

在医疗领域，似乎可以观察到类似的权力梯度和沟通管理经验。苏尔等人（Sur et al.，2016）对年轻的外科住院医生进行了访谈，询问他们使用半结构化指南质疑主管临床决策的方法。年轻的外科住院医生表达了将最终决策权让给主管与优先考虑患者的义务之间的矛盾。制度（如科室文化、住院医生的自主权）、主管的亲和力、学员的知识和临床表现（如伤害的风险、证据质量）都会影响引起关注的意愿。大多数人以提问的方式表达关注内容，而一些人则会直接报告关注内容。有几个因素会影响外科住院医生对主管方案的关注管理。有人建议，针对试图引起关注的策略来量身定制课程培训，似乎有利于患者安全。同样，一些航空公司采用一种特有的方式向机长提出关注内容，这种方式叫作"支持过程"，即通过一系列不断升级的问题引起机长的注意。

或许争议最大的机组资源管理问题是驾驶舱内的团队合作发展以及人为差错必然性的概念。在与机长亚历顿德罗·卡梅洛（Alejandro Camelo）的讨论中，他强调了这一机组资源管理问题：

> 机组资源管理教会我们认识到团队合作的必要性，意识到我们自

己以及团队其他成员的局限性。这些认识提高了工作环境中的决策与和谐。不同职责的机组人员表现得更加专业。

——卡梅洛(A. Camelo),个人信件,2009 年 3 月 13 日

值得注意的是其他安全关键领域也开始应对团队合作和工作场所差错相关的问题。贝拉克等人(Barach and Ieee,2016)提出了对可预防的患者伤害和医疗领域缺乏高可靠性团队的担忧。与赫夫纳等人(Hefner et al.,2017)一样,他们发现,机组资源管理培训对团队合作和患者安全文化沟通维度的影响可能大于对管理者和管理维度的影响。同样,Zhu and Ma(2015a)也强调了良好的驾驶舱沟通和团队合作对于防止人为差错的价值。世界卫生组织(WHO)借鉴了航空领域的经验,汇集了类似的主题来开展医疗团队培训(医疗领域的机组资源管理变体)。为了巩固从航空领域的机组资源管理中获得的经验,采用了阶段性方法来构建良好的沟通流程。医疗团队培训中包括世卫组织方案中组织沟通和简令的三个阶段——手术前验证、切开术前简令和外科手术结束或接近结束时的讲评。该培训计划在工作满意度和遵守检查单任务方面取得了显著进步,并识别出改进培训课程的机会(Carpenter et al.,2017)。

20.1.3　机组资源管理文化的适应性

在许多情况下,新概念并不一定是"新的",因为它以前的语言表述可能使用了不太有效或不太容易记住的词语。例如,决策、沟通、团队合作、协作和简令这些著名的概念都是通过死记硬背和飞行操作功能的习惯来执行的。然而,当这些概念被合并成现在的非技术技能或 NOTECH 集群时,这些词语的含义得到了加强和提高。这一点在与阿根廷机长亚历顿德罗·科万罗(Alejandro Covello)的对话中很好地体现出来:

还有一个因素是文化变化,它引入了新的专业词汇,这些词汇被合并纳入手册之中。机组资源管理建立了一个新的基本概念,各个领域的工作人员使之正式使用。从经验中习得情感,使态度发生改变。

——科万罗(A. Covello),个人信件,2009 年 3 月 13 日

因为看似完全不同的词语被联系起来,形成一个完整的系统概念,如非技术技能(NOTECH),因此引入了态度和行为衡量等过程。与机长亚历顿德罗·卡梅洛(Alejandro Camelo)也进行过类似对话:

主要目标是实现基于持续改进理念的质量培训,在这种理念下,通

过分析公司教学水平产生的真实知识,评估和检查每个阶段的教学。

——亚历顿德罗·卡梅洛(A. Camelo),个人信件,2009 年 3 月 13 日

20.1.4　机组资源管理与检查和培训的整合

关于将机组资源管理整合到培训和检查职能部门的讨论值得关注。他们认为由于缺乏对检查飞行员和飞行教员培训的支持,机组资源管理概念未被充分整合到培训和职能部门检查之中。这可能更多是非美国航空公司的一种经验。其中一段对话中提道:

> 许多教员对机组资源管理原则缺乏了解。他们大多只把机组资源
> 管理与团队合作和沟通联系在一起。
>
> ——坎普利,个人信件,2009 年 4 月 8 日

与另一名飞行员的对话表明他们的航空公司很难让教员飞行员参加机组资源管理培训,关于"老派"教员不乐意接受机组资源管理培训的紧张气氛和文化内涵依然流行。在机组资源管理计划被视为一线飞行员集会,而不是将机组资源管理及其差错管理目标提供并引入给检查飞行员和教员飞行员的情况下,这个问题仍然存在。

> 我们遇到的一个问题是我们在开始组织研讨会时,一开始就没有
> 定义人为因素和机组资源管理的范围。因此,机组资源管理与飞行操
> 作检查和培训之间的差距就越来越大。
>
> ——科万罗(A. Covello),个人信件,2009 年 3 月 13 日

机组资源管理与航空公司的培训或能力体系有许多联系,如果有不一致,肯定会让人感到困惑。例如,机组资源管理研究不断承认这一点,提供更多的自信培训解决不了副驾驶缺乏自信的问题。相反,解决方法是要确保驾驶舱鼓励公开交流的氛围。这种氛围在很大程度上是由机长营造的。

有家航空公司提出了一个两难的问题,即在鼓励副驾驶自信的环境下,可能需要对现行计划进行审查。这家航空公司在他们的指挥训练中嵌入了一个隐秘的能力报告系统,该报告系统要求教员"检查"并提交关于副驾驶的秘密报告,以评估他们的总体指挥能力和准备情况,通常不会对外公布这些"检查"。众所周知,这是一种危险的制度,会对副驾驶晋升为机长产生很大的影响。因此,当副驾驶与教员一起飞行时,因为可能受到"检查",所以他们会保持警惕,密切关注自己的言行,因为这个制度对副驾驶的职业生涯有较大的影响,如果表现出非预

期行为(比如较为直接)就会产生有害影响,所以沉默会让人更自信。

与在模拟器中不断强化的机组资源管理培训相比,仍然仅在课堂上开展机组资源管理培训的方式正在不断落后。有一个对话中讲到,从一开始就纳入NOTECH的模拟训练很有用,它提供了场景设计和讲评的背景。然而,只关注行为指标很快就会失去优势,因为行为指标是重复性的,学习很快就会脱离了场景本身。教员意见或课程设计也可能造成问题,但在任何情况下,引入威胁与差错管理(TEM)作为场景设计和讲评的框架就可以快速解决这些问题。整合机组资源管理应对措施来解决模拟器场景中的问题很快就变得更加具有意义。

同样,创伤管理实验提到了医疗领域的相关经验,表明领导能力、角色能力、冲突、沟通、环境和患者状况都会影响创伤团队的文化(Cole and Crichton,2006;Hughes et al.,2014)。对这些类别的解释表明,创伤团队培训应包含人为因素考量,如领导能力、团队管理、跨专业团队合作、冲突解决和沟通策略。该实验进一步表明应正式确立针对初级团队领导角色发展的支持系统,并设立创伤主管机组资源管理培训。

20.1.5　关于推广机组资源管理培训的文化误区

在推广机组资源管理培训的积极收益上,通常存在一种共识,即种不了解情况的观点认为,机组资源管理无非就是团队合作,进行适当的沟通,这就偏离了机组资源管理的核心目标,即理解并使用机组资源管理的应对措施来避免、发现和减缓人为差错。航空公司组织了一场综合讨论会,让飞行员、客舱机组人员、场站管理人员和工程师担任主持人,一位机长的谈话证实了这种不甚了了的观点。讨论会的核心主题是让各部门参会人员同心协力,"融合"个人努力以实现运营目标。虽然实施培训的努力令人钦佩,但严格来说,它并不是机组资源管理培训,因为它并不具备机组资源管理所要求的特征——其重点是差错管理,它需要在模拟中应用,它要在检查和培训职能等部门中持续强化。该课程绝对是一项团队建设练习,课程的风险是把真正的机组资源管理培训目标降级为团队合作训练。正如另一家航空公司所言:

> 机组资源管理培训可以推广到所有部门的工作人员。如果没有把机组资源管理推广到其他部门,培训就是不全面的。这就是为什么我们这个领域的许多人提倡"全面"或企业培训的原因。但我们在尝试推广的过程中出现了错误,我们误以为全面培训就是把培训扩展到公司的所有部门,不管是不是有用,机组资源管理是灵丹妙药。而且,在这

些讨论会上虽然介绍机组资源管理,但未给出明确的概念,所以将从操作相关的培训转向了宣泄和宣传的环境,不同部门用来交流对其他部门的担忧。

——科万罗(A. Covello),个人信件,2009 年 3 月 13 日

事实上,机组资源管理在恰当地定义人为差错和选择合适的对策来满足差错约束条件方面的成功,证明了将培训结合到其他工作部门是一个很有吸引力的想法。坎伯等人(Kemper et al.,2016)支持这一观点,并且更进一步发现机组资源管理作为一种非独立的培训方式,与其他类型的操作培训结合起来最为有效。

20.1.6 引入威胁与差错管理的文化体验

美国以外地区对威胁与差错管理的最初看法是,认为它是机组资源管理的替代方法。有人认为它是最新一代的机组资源管理,这种观点很快平息,在许多机组资源管理课程中,确立了威胁与差错管理的适当背景框架,并且在民航法规中做出了明确规定。因此,航线运行安全审计(LOSA)越来越受欢迎,同时被认为是监控常规操作的数据收集和分析工具。

随着世界范围内对威胁与差错管理认识的加深,它刷新了机组资源管理并重新定义了机组资源管理的原始意图和差错管理背景。我们观察到了对引入威胁与差错管理的许多实际反应:

威胁与差错管理让机组资源管理概念很容易理解,尤其是在早期引入时,因为威胁与差错管理比较具体。它让我们可以更好地管理我们有时在中国会遇到的"语言挑战"。

——门多萨,个人信件,2009 年 4 月 8 日

我们还有机会把操作培训(包括威胁与差错管理)重塑为一项综合指导,把面向航线飞行训练作为机组资源管理理论的证据。

——卡梅洛(A. Camelo),个人信件,2009 年 3 月 13 日

可以说,在威胁与差错管理出现之前,我们只关注了问题的一个方面,也就是人的行为。在威胁与差错管理出现之后,我们可以看到人为表现所处的环境。必须要强调一点,威胁与差错管理不是替代机组资源管理培训,而是给我们提供了一种更丰富、更全面的方法。

——科万罗(A. Covello),个人信件,2009 年 3 月 13 日

同样,在糖尿病护理管理领域,威胁与差错管理框架的应用也产生了明显收益,减少了医疗工作者在为糖尿病患者提供护理时的工作疏漏(Taylor et al.,2007)。而且,对于威胁与差错管理等框架来说,挑战在于确定威胁与差错管理以及应用机组资源管理应对措施之间的联系,及其对安全文化评估工具(Karanikas et al.,2016)和更广泛安全文化改进目标(Ricci and Brumsted,2012)的影响。

20.2　结论

自美国第一次进行机组资源管理实验以来,已经经历 40 多年的时间。机组资源管理推广到了美国以外的地区,传播着关于人为差错、运营团队合作、决策、压力管理和沟通等基本概念。在推广过程中基本概念保持不变,并随着文化适应和融合而得以不断加强。

本章讨论了与文化有关的观点,例如:

(1)让一线飞行员担任机组资源管理教员。

(2)强化副驾驶的角色。

(3)机组资源管理文化的适应性与新专业词汇的引入。

(4)机组资源管理与检查和培训的整合。

(5)关于推广机组资源管理培训的文化误区。

(6)引入威胁与差错管理的文化体验。

本章介绍了其他非航空领域的相关经验,着眼于确立类似的过程(和历程),这是其他领域所寻求的。通过与航空机组资源管理从业人员的交流,了解他们所在组织中存在的问题和机会,从而展示机组资源管理的成功与不足。结果发现,从本章提到的不同文化问题来看,证明可以通过文化适应来完善机组资源管理培训的设计和实施。

20.3　机组资源管理在美国以外地区的未来前景

关于在美国以外地区机组资源管理的未来前景,有一个重要发现,即以当地民航管理局的意见为主,以及这些机构对机组资源管理的持续维护的重要性。许多交流中,在赞扬监管机构重要性的同时,还呼吁在监管机构内部加强机组资源管理培训和资格认证。

需要注意的是机组资源管理融入我们(CAAP)并不会引起大家的

关注,主要原因可能是我们的组织结构甚至都不了解机组资源管理究竟是什么,领导层是政治任命的。

——门多萨,个人信件,2009 年 4 月 8 日

监管机构内部投入机组资源管理培训当中的制度性资源匮乏,将会是航空公司计划推进的一个长期障碍。在经济低迷时期,财政资源的投入将受到更大的影响,因为社会基本需求的供给更加迫切。在这方面,有一条值得探索的途径,即逐步加强航空公司的自我监管(在当地航空安全利益团体的协助下),改进机组资源管理计划。

如果不持续提供航线运行安全审计和机组资源管理培训反馈数据,该计划就不能作为一项管理生命和财产危险的有力工具。因此,机组资源管理就会停滞不前,无法更新经验,认识如何避免错误的更多知识。机组资源管理可能会变质,不再适合作为一项有效工具,而是会成为参加年度培训课程的一项官僚义务。

——卡梅洛(A. Camelo),个人信件,2009 年 3 月 13 日

监管机构在维护机组资源管理方面的重要作用不容忽视,特别是它有责任确保当地航空公司的机组资源管理符合行业惯例以及国际民用航空组织的建议。这项任务十分艰巨。本章不包含通用航空领域的经验,但它们也有实施和维护机组资源管理的相关责任。我们可以说,机组资源管理开发人员的通用经验未必不适用于非西方世界,在这些地区,人们的期望将塑造机组资源管理的表现:

在采取积极主动的方法时,总会是一个艰难的过程,因为当你没有结果可以证明目的时,很难向管理层提出要采取的措施。然而,尽管有这些困难,但我们得到了令人欣慰的回报,培养了这一领域急需的人才。

——门多萨,个人信件,2009 年 4 月 8 日

参考文献

Al-Wardi, Y. (2017). Arabian, Asian, western: A cross-cultural comparison of aircraft accidents from human factor perspectives. *International Journal of Occupational Safety and Ergonomics*, 23(3), 366 - 373. Available from https://doi. org/10. 1080/

10803548. 2016. 1190233. Barach, P. , & IEEE. (2016). *Designing high-reliability healthcare teams.*

Carney, B. T. , West, P. , Neily, J. B. , Mills, P. D. , & Bagian, J. P. (2011). Improving perceptions of teamwork climate with the veterans health administration medical team training program. *American Journal of Medical Quality*, 26(6), 480 – 484. Available from https://doi. org/10. 1177/1062860611401653.

Carpenter, J. E. , Bagian, J. P. , Snider, R. G. , & Jeray, K. J. (2017). Medical team training improves team performance. *Journal of Bone and Joint Surgery-American Volume*, 99(18), 1604 – 1610. Available from https://doi. org/10. 2106/jbjs. 16. 01290.

de Carvalho, R. J. M. , Saldanha, M. C. W. , Vidal, M. C. R. , & Carvalho, P. V. R. (2016). Situated design of line-oriented flight training (LOFT): A case study in a Brazilian airline. *Cognition Technology & Work*, 18(2), 403 – 422. Available from https://doi. org/10. 1007/s10111 – 016 – 0367 – 1.

Cole, E. , & Crichton, N. (2006). The culture of a trauma team in relation to human factors. *Journal of Clinical Nursing*, 15(10), 1257 – 1266. Available from https://doi. org/10. 1111/j. 1365 – 2702. 2006. 01566. x.

Cookson, S. (2017). Culture in the cockpit: Implications for CRM training. In S. Schatz & M. Hoffman (Eds.), *Advances in cross-cultural decision making* (Vol. 480, pp. 119 – 131).

Enomoto, C. E. , & Geisler, K. R. (2017). Culture and plane crashes: A cross-country test of the gladwell hypothesis. *Economics & Sociology*, 10(3), 281 – 293. Available from https://doi. org/10. 14254/2071 – 789x. 2017/10 – 3/20.

Harris, D. , & Li, W. C. (2008). Cockpit design and cross-cultural issues underlying failures in crew resource management. *Aviation, Space, and Environmental Medicine*, 79(5), 537 – 538. Available from https://doi. org/10. 3357/asem. 2271. 2008.

Hefner, J. L. , Hilligoss, B. , Knupp, A. , Bournique, J. , Sullivan, J. , Adkins, E. , & Moffatt-Bruce, S. D. (2017). Cultural transformation after implementation of crew resource management: Is it really possible. *American Journal of Medical Quality*, 32 (4), 384 – 390. Available from https://doi. org/10. 1177/1062860616655424.

Helmreich, R. L. (2000). Culture and error in space: Implications from analog environments. *Aviation, Space, and Environmental Medicine*, 71(9), A133 – A139.

Hughes, K. M. , Benenson, R. S. , Krichten, A. E. , Clancy, K. D. , Ryan, J. P. , & Hammond, C. (2014). A crew resource management program tailored to trauma resuscitation improves team behavior and communication. *Journal of the American College of Surgeons*, 219(3), 545 – 551. Available from https://doi. org/10. 1016/j. jamcollsurg. 2014. 03. 049.

Karanikas, N. , Soltani, P. , de Boer, R. J. , & Roelen, A. L. C. (2016). Safety Culture Development: The Gap Between Industry Guidelines and Literature, and the Differences Amongst Industry Sectors. In P. Arezes (Ed.), *Advances in safety management and human factors* (Vol. 491, pp. 53 – 63).

Kemper, P. F. , de Bruijne, M. , van Dyck, C. , So, R. L. , Tangkau, P. , & Wagner, C.

(2016). Crew resource management training in the intensive care unit. A multisite controlled beforeafter study. *BMJ Quality & Safety*, *25*(8), 577 – 587. Available from https://doi. org/10. 1136/bmjqs – 2015 – 003994.

Liao, M. Y. (2015). Safety culture in commercial aviation: Differences in perspective between Chinese and Western pilots. *Safety Science*, *79*, 193 – 205. Available from https://doi. org/10. 1016/j. ssci. 2015. 05. 011.

Ricci, M. A. , & Brumsted, J. R. (2012). Crew resource management: Using aviation techniques to improve operating room safety. *Aviation, Space, and Environmental Medicine*, 83 (4), 441 – 444. Available from https://doi. org/10. 3357/asem. 3149. 2012.

Sculli, G. L. , Fore, A. M. , West, P. , Neily, J. , Mills, P. D. , & Paull, D. E. (2013). Nursing crew resource management a follow-up report from the veterans health administration. *Journal of Nursing Administration*, 43(3), 122 – 126. Available from https://doi. org/10. 1097/NNA. 0b013e318283dafa.

Sherman, P. J. , Helmreich, R. L. , & Merritt, A. C. (1997). National culture and flight deck automation: Results of a multination survey. *International Journal of Aviation Psychology*, 7 (4), 311 – 329. Available from https://doi. org/10. 1207/s15327108 ijap0704_4.

Sur, M. D. , Schindler, N. , Singh, P. , Angelos, P. , & Langerman, A. (2016). Young surgeons on speaking up: When and how surgical trainees voice concerns about supervisors' clinical decisions. *American Journal of Surgery*, 211 (2), 437 – 444. Available from https://doi. org/10. 1016/j. amjsurg. 2015. 10. 006.

Taylor, C. R. , Hepworth, J. T. , Buerhaus, P. I. , Dittus, R. , & Speroff, T. (2007). Effect of crew resource management on diabetes care and patient outcomes in an inner-city primary care clinic. *Quality & Safety in Health Care*, 16(4), 244 – 247. Available from https://doi. org/10. 1136/qshc. 2006. 019042.

Tsao, K. , & Browne, M. (2015). Culture of safety: A foundation for patient care. *Seminars in Pediatric Surgery*, 24(6), 283 – 287. Available from https://doi. org/10. 1053Zj. sempedsurg. 2015. 08. 005.

Zhu, S. X. , & Ma, W. L. (2015a). Cockpit/cabin crew communication: Problems and countermeasures. In S. Yingying, C. Guiran, & L. Zhen (Eds.), *Proceedings of the international conference on education, management, commerce and society* (Vol. 17, pp. 508 – 512).

Zhu, S. X. , & Ma, W. L. (2015b). Culture's influence on cockpit communication. In S. Yingying, C. Guiran, & L. Zhen (Eds.), *Proceedings of the international conference on management, computer and education informatization* (Vol. 25, pp. 414 – 417).

21 当今环境下航空公司飞行员、培训和机组资源管理

琳达・M. 欧莱迪(Linda M. Orlady)

美国,华盛顿州,梅普尔瓦利,欧莱迪咨询公司

对于几乎所有的航空公司飞行员来说,机组资源管理(CRM)并不神秘。它是航空领域所有人员的一个共同话题。有意成为商业飞行员的飞行专业学生在职业生涯的早期就会接触到机组资源管理理论和技术。机组资源管理在应用于单一飞行员操作时,曾一度被称为航空决策(ADM)。现在,许多飞行培训学院将机组资源管理纳入他们的初始培训,培训主题包括检查单的使用、问题解决、团队建设、工作负荷管理和碰撞避免(Turney,2002)。多家航空公司都会评估意向飞行员的机组资源管理技能以及他们的技术飞行能力。

在本书的第3版中,本章的目的是论述机组资源管理的变化,并提醒读者注意未变化的方面。本章的目的不是综合评述航空公司的培训计划或培训法规,而是重点论述一些主要变化及其可能的指导,并讨论制造商在机组资源管理中的角色等新增内容。有些问题从提出一直到现在,挑战依然存在,有的已经存在几十年,可以说,虽然我们已经学到很多知识,但仍有许多知识还需要继续学习。

21.1 当今的环境与飞行员市场

在飞行员市场上,想要成为一名航空公司飞行员已经今非昔比。现在有大量关于飞行员短缺的媒体报道。2009年,美国飞行员的退休年龄更改为65岁,但美国联邦航空管理局将航空运输飞行员的任职要求提高到总飞行时间1 500小时。这项规定源自科尔根航空公司3407号航班2009年2月在纽约布法罗坠机事故后的立法努力,我们将在本章后面详细论述该事故。

美国一家地方性航空公司,美国大湖航空公司,已于2018年3月停止运营。公司CEO兼创始人道格・沃斯(Doug Voss)表示:"说到底,这是飞行员供给问

题,还有政府对这一问题的管理方式"(Paul,2018)。一些航空公司,尤其是地方性航空公司,正在提供签约奖金或"留任奖金"。例如,奋进航空公司向 2015年至 2018 年聘用的飞行员提供前四年每年 2 万美元留任奖金的"机会"。虽然现在这些留任奖金已经包含在他们的当前工资中,但仍然会发放 1 万美元的培训完成奖金(Endeavor Air,2018)。遗憾的是"挖"飞行员的话题已经成为一项常见的指控,即一家航空公司涉嫌雇佣另一家航空公司的飞行员。此外,飞行员短缺还会影响到飞行教员,毫无疑问,他们是航空公司理想的意向员工。持续的人员流动和招聘过程产生了不容忽视的影响。

人们认为,航空公司的飞行员在开始工作时就已经具备丰富的知识和经验。而且,人们认为飞行员在担任机长职位之前已经具有很长时间的助驾或副驾驶飞行经验。对于许多新手飞行员来说,他们完全想象不出一名飞行员在从副驾驶升到机长职位之前,要经过长达 10～15 年的飞行。这与他们的目标是不一致的,一些飞行员对这种情况感到难以置信。

培训费用仍然是一个重要因素,许多飞行员都面临超过 12.5 万美元的飞行培训债务。有些航空公司在努力帮助飞行员解决培训费用的负担。2017 年,捷蓝航空公司启动了一项门户计划,为飞行员学员入职捷美国蓝航空副驾驶指出了一条明确的道路,该计划附属于多所官方认可大学,指定了一家优先贷款人来协助学员解决财务方面的问题(JetBlue Airlines,2018)。虽然欧洲几十年来一直都有比较传统的从头开始的计划,但在美国这还是一个非常新的话题。美国航空公司飞行学员学院(American Airlines Cadet Academy)最近宣布,将在该航空公司的合作飞行学校对意向飞行员进行为期 18 个月的培训,"以解决财务障碍,鼓励更多学员成为职业飞行员。"完成培训后,这些飞行学员就可以面试美国航空公司三家地方性航空公司的职位(Silk,2018)。

21.2　美国科尔根航空公司 3407 号航班事故及调查结果的影响

2009 年 2 月,纽约州布法罗的美国科尔根航空公司的 3407 号航班事故是一件具有里程碑意义的事件。原因有很多,首先这是一场可怕的灾难,事故造成50 人丧生。通常事故及其原因调查为实施新技术和/或通过约束性法规提供了机会(Cox,2017)。"大陆航空公司 3407 号航班家族"(该航班是科尔根航空公司与大陆航空公司的联营航班)努力组织、开展和游说进行变革和立法,其中并非没有争议。在这种情况下,国会授权促成了 2010 年的《航空安全和联邦管理扩展法案》(Congressional Record,2010;FAA,2013b)。在新法规中有下列要求：

（1）要求持有航空运输飞行员（ATP）证书的航空公司飞行员总飞行时间至少为 1 500 小时。

（2）要求飞行员在担任美国航空公司机长之前，具有不小于 1 000 小时的航空公司副驾驶飞行操作时间。

（3）要求美国联邦航空管理局确保飞行员接受失速恢复训练、复杂状态恢复训练，并确保航空公司提供补充训练。

（4）规定对意向飞行员进行全面的入职前检查，包括评估飞行员的技能、资质、飞行技能以及在航空公司运营环境中工作的适合性。

（5）指示美国联邦航空管理局更新和实施新的飞行员飞行和执勤时间规定以及疲劳风险管理方案，以更充分地跟踪疲劳领域的科学研究。要求航空公司建立经美国联邦航空管理局批准的疲劳风险管理系统。2013 年《美国联邦法规汇编》第 117 部的制定正式确立了这些要求（《飞行和执勤限制及休息要求》，2013）。

（6）要求航空公司制订飞行员指导计划，设立飞行员职业发展委员会，改进培训以适应不同飞行经验级别和类型的新聘用飞行员，并向机长提供领导能力和指挥能力培训。

小组委员会主席杰里·F. 科斯特洛（伊利诺伊州）在听证会上总结说：

> 我们的法案是一项全面努力，旨在巩固我们整个行业对航空安全的认知，以提高未来的安全表现。我们越是关注这些问题，就越能发现，关于飞行员培训和安全计划的信息并不容易获得，有许多行业最佳实践的相关信息没有得到共享。该法案不仅提高了培训标准，还试图确定航空公司在安全方面的正确做法，并使其他航空公司可以获取这些信息资源。

> ——科斯特洛（Costello，2009）

21.3 法规、咨询通告、国际民用航空组织指南

航空业一直都很繁忙。除了上面强调的制定规则之外，美国联邦航空管理局还要求第 121 部中的运营商（列入计划的航空公司）在 2015 年制定安全管理体系（SMS）并于 2018 年实施（FAA，2016a）。美国联邦航空管理局要求建立自愿报告系统，因为它是合格证持有者与监管机构之间的有效交流工具（FAA，

2002)。美国联邦航空管理局要求进行安全促进,它是安全管理体系的一个支柱,可以为良好的安全文化提供一个框架。在多个不同的文件中都提到机组资源管理,有些文件还阐述了这一术语,如美国联邦航空管理局在关于航线运行安全审计的咨询通告中对威胁与差错管理(TEM)以及机组资源管理进行了区分(FAA,2006)。

随着航空安全行业的不断发展和新技术的应用,现在有许多关于实施和评估的咨询通告、法规和指导材料。此外,美国联邦航空管理局引入了一个新的"合规理念"来描述他们处理"由于系统和程序缺陷、简单错误、缺乏理解或技能降低等因素引起的非故意偏离或不合规"的方法(FAA,2016b)。现在有大量的信息以及多家不同的公司和供应商可以帮助机组资源管理的设计和实施。假设你是一家具有合规、质量保证和培训责任的航空公司,以下是你所在公司的资源(或挑战)清单。你可能还会考虑监管机构提供监管带来的挑战。

(1)美国联邦航空管理局咨询通告120-51E,机组资源管理培训(FAA,2004a)。

(2)美国联邦航空管理局咨询通告120-90,航线运行安全审计(FAA,2006)。

(3)美国联邦航空管理局咨询通告120-66B,航空安全行动计划(自愿报告计划)(FAA,2002)。

(4)美国联邦航空管理局咨询通告120-92B,航空服务提供商安全管理体系(FAA,2015)。

(5)美国联邦航空管理局咨询通告120-82,飞行品质监控(FOQA)(FAA,2004b)。

(6)美国联邦航空管理局咨询通告120-71B,驾驶舱机组成员的标准操作程序(SOP)和监控飞行员(PM)的职责(FAA,2017)。

(7)美国联邦航空管理局咨询通告120-103A,航空安全疲劳风险管理系统(FAA,2013a)。

(8)加拿大交通部咨询通告700-042,机组资源管理培训标准(加拿大交通部,2018)。

(9)欧洲航空安全局ORO部分和欧洲航空安全局FCL部分中与飞行机组成员人为因素培训和测试有关的要求指南(CAA,2016)。

(10)国际民用航空组织人为因素培训手册(9683号文件)(ICAO,1998)。

(11)2017年欧洲航空安全局机组资源管理讨论会上的2个演示文稿,欧洲航空安全局关于机组资源管理培训的决定(EASA，2017)。

(12)民航安全局 CAAP SMS‐3(1)，定期公共运输运营中的非技术技能培训和评估(CASA，2011)。

(13)商业航空安全小组，驾驶舱自动驾驶系统工作组。飞行航迹管理系统的使用，航空规则制定委员会关于基于性能的操作的最终报告(CAST，2013)。

(14)世界飞行安全基金会，改进飞行轨迹监控的实用指南(FSF，2014)。

(15)Skybrary，网址：www.skybrary.aero，一个非常好的航空安全文章资源(Skybrary，2018)。

21.4　大数据处理和自愿报告系统

航空公司会收到大量的安全和行为数据。许多最新型号的飞机也会产生大量的信息。例如，波音 787 飞机每次飞行都会产生超过 500 GB 的数据。将这些数据转换成有意义、可操作的信息是一项挑战，许多供应商提供了"帮助"解释数据的产品。我们面临的一个挑战仍然是要认识到某一类别中的事件数高并不一定意味着这类事件的风险就高。例如，如果没有收集和了解其他变量，如跑道上是否存在风切变，就可能会误解起飞时抬前轮慢发生率的含义。

部分运营商对有些供应商提供的模板表示担忧，这些模板可能比较适合某些制造商的某些机型，但不太适合其他制造商或其他机型。正如一位安全经理告诉我："你不知道自己不知道什么。"重要的是要确认所使用的模型和模板对操作和使用的设备是有效和可靠的。获得用户的信息至关重要，尤其是在制订计划和定期审查计划时。

自愿报告计划的价值不容低估。行业监管机构和运营商都认识到了这一事实。由于这一原因，美国定期举办的信息共享会议的与会者人数已经增长到 500～700 人。如今，许多航空公司都开发了针对不同员工群体的自愿报告计划，包括空乘、签派、维护和停机坪员工，空中交通管制人员使用自己的空中交通安全行动计划自愿提交报告。

有些人可能会记得，最早的自愿报告计划之一是美国联合航空公司在 1974 年发起的，当时叫作"飞行安全意识计划"。其中一份提交的报告记录了华盛顿州杜勒斯机场的一次模糊进近，机组人员在"许可进近"后，对图表中进近程序的理解与空中交通管制的解释不同，在降落过程中差点撞到地面。根据这项新的、相当激进的安全计划的条款，在美国联合航空公司的飞行员中分享了所提交的这一事件报告。不幸的是 6 周之后，美国环球航空公司 514 号航班以同样的方式进近,在获得进近许可后,他们也认为降落轨迹正确。遗憾的是他们下降到了最低安全高度以下,撞到弗吉尼亚州的一座山顶,导致 85 名乘客和 7 名机组成员全部遇难。在 1975 年的事故报告中,美国国家运输安全委员会表示,他们"鼓励启用这类安全意识计划,如美联航的计划……回顾过去,委员会认为最遗憾的是这种性质的事件在发生时并未进行广泛报道……否则,航空公司就可以向其机组人员广泛地、及时地传播安全信息"(Harty,1990;NTSB,1975;Orlady,2012)。该报告最终促成美国国家航空航天局创建航空安全报告系统(ASRS)。

然而,对于有些运营商和世界上的有些国家来说,制订和维护一项自愿安全计划相当具有挑战性,并且似乎与他们国家文化和/或法律体系的价值观相冲突。例如,一家航空公司强制要求飞行员参与"自愿"计划,后来,他们对飞行员提交的报告进行去识别化表示担忧。如果要对自愿报告系统造成不可挽回的伤害,最简单的方法之一就是惩罚报告人。

对于刚刚启用自愿计划的航空公司来说,将存在大量的工作负荷、成本和要遵守的协议(FAA,2002)。处理报告、设立维护人、培训事件审查委员会等所有任务都需要时间、资源和最高管理层的承诺。但这类信息的独特价值在于它提供了其他任何资料都无法获得的视角,即使是从波音 787 飞机接收到的 500 GB 数据中。

在这类信息中,经常会提供与其他机组成员、飞机软件、空中交通管制人员的互动信息。这些报告可以突出机组资源管理的优势和不足,特别是在领导能力、跟从能力、监控、自动驾驶系统混淆和疲劳等方面。这些报告还可以识别系统中的新风险。将从这些自愿报告中获得的信息反馈到培训场景设计和公司安全出版物中,可以增强这些信息对这些计划的价值,它向报告人传达了一个明确的信息,即他/她花时间提交报告是有价值的。通常,当自愿报告与飞行品质监控信息相结合时,可以对事件或情况有更全面的认识。需要注意的是由于制造商通常不会收到自愿报告,他们很难只通过查看飞行品质监控数据来了解机组人员的行为。缺少这个视角,可能导致对信息、事故和事件理解错误。

21.5 出乎意料的文化因素

文化问题的根源并非全部在于国家文化。几年前,我以一家航空公司机组资源管理经理的身份在一次年度教员培训会议上向一群聪明、热情的检查飞行员展示了下面这张清单。那是一名一线飞行员给我的,他随手把它往我桌子上一丢,开玩笑地说:"我想你可能会对这个感兴趣。"这张清单是他在一家中途停留酒店里写的，满满一整张信纸写得整整齐齐。我问那位飞行员，我能不能再多了解一些情况。他简短地回复我说："我跟着这个机长痛苦地飞行了一个月。这是今天早上我们最后一次飞行时他给我的清单。"以下是清单内容：

改善驾驶舱关系的事项。

（1）别想着当机长。

（2）如果我采取了一些我认为必要的纠正措施，请不要哭泣，也不要抱怨。我的职责就是进行安全操作。

（3）在重量清单上记录下出发时的情报通播（ATIS），然后把它放在雷达装置上方的中央支座上，我们两个都可以随时使用它。

（4）在请求许可之前，要问我是否准备好接听许可发放电话。

（5）不要操作雷达装置。

（6）不要操作仪表灯开关。

（7）如果没有征求我的同意，不要要求更改航线。

（8）不要比机长先离开驾驶室，换句话说……这一基本的礼貌（Orlady，Orlady，and Barnes，2002）。

这张清单很有意思，但是我在这里分享它的主要原因是想说明检查飞行员小组在看到它时的反应。我把这张清单投射在大屏幕上，从头到尾读了一遍，在问到他们的想法时，一名检查飞行员恳切地问："这张清单很好，能不能给我们发一份呢？"坐在会议室另一边的另一名检查飞行员觉得难以置信，不知道第一位飞行员怎么会这么认真地提问，他确信这就是一个玩笑，但它真的不是玩笑。而且，第一位飞行员不敢相信，第二位飞行员居然认为这张清单不好，他觉得这张清单应该用到所有经他们检查的运行经验（OE）航班上。坦率地说，这是一次愉快的学习。

说明了什么？当时，这家航空公司的飞行员群体中有一些明确的亚文化，代表着不同的态度、程序和做法，这是由于公司合并、设备类型不同和航线不同造成的。最具建设意义的是把这张清单作为出发点，开展关于标准操作程序、不成文惯例和行为规范的重要讨论。

如今，许多航空公司的员工都代表着多种国家文化。例如，阿联酋航空公司表示他们的飞行员群体来自 80 多个国家，他们的空乘群体来自 100 多个国家。合理设计的机组资源管理和人为因素计划将会解决这些挑战。航空公司承认一些文化差异，也能够加强和巩固自己公司的文化价值观和企业理念。第 20 章"文化问题与机组资源管理培训"对这一方面做出了详细论述。

21.6 培训——主要交流工具

许多人认为,所有飞机上最重要的安全装置都是训练有素、高度积极的专业飞行员(Prater,2009；Sullenberger,2009)。培训过程是制造商、航空公司运营商、运营环境和飞行员之间的主要交流工具。飞机的运营环境越来越复杂,飞机技术更加先进,成本更加高昂,电子飞行包和电子检查单是许多飞机的标配,飞行员培训与制造商、航空公司、飞行员以及与环境之间的交流变得更加重要。

飞行员培训费用高昂,是航空公司一个重要的成本中心,但它的重要性不容轻视。培训为航空公司提供了一个绝佳的机会,德加尼(Degani)和威纳(Wiener)用"4P"来代表航空公司的企业理念、政策、程序和实践("corporate philosophy, policies, procedures, and practices training")(Degani and Wiener,1994),在培训(地面、模拟器和飞行实操培训)中,教员和飞行员应该认识到航空公司的理念、手册中的政策、程序,以及最后,也许最重要的,航线运行实践之间的联系。

"4P"是组织文化的组成部分,也就是哈克曼所说的组织外壳(Hackman,1986),一个航空公司具有持续、清晰、生产力、责任和"公正"特质的组织文化会发展出一个强大的安全文化。更简单地说,培训是指如何在特定的航空公司"驾驶飞机"。为了充分利用收集到的大量安全数据,培训部门必须灵活地强调和强化明确的问题、风险和缓解策略。

通过培训体现公司"4P"特质的一个挑战是培训通常不是由航空公司自己在公司内部开展的。有时,会使用另一家公司的模拟器,其配置可能与飞行员在自己公司飞机上看到的仪表和开关位置不同,甚至检查单也有可能不同。有时,会使用外聘教员,他们可能不熟悉公司的具体程序。这并不是说高质量培训机构的数量不多,而是建议这种培训必须要先进行协调,并指出差异的地方。

21.7 训练设施的选择

今天使用的高逼真度模拟器训练设施非常先进,它们可以给我们提供非常逼真的场景,但并非所有的训练都需要全动态模拟器。模拟器的改进要注意不能使它的反应与实际飞机的反应不一致,美国国家运输安全委员会在美国航空公司587号航班的听证会上提出了这一点。因为调查发现为了进一步放大飞机的一些操纵特性而修改了部分模拟器参数,美国航空公司这一做法的意图显然是好的,但是,如果这些设施不能代表在航线运行时使用的驾驶舱设备,那么训练就会发生负迁移(NTSB,2004)。

　　随着玻璃驾驶舱的出现,人们认识到部分任务训练器可以有效地实现自动化驾驶训练,以及训练任务优先排序和检查单协议等机组资源管理行为。通常只用作非工作驾驶舱样机的程序训练器能够发挥一定作用,这类训练设施中有的相对更好一些。例如,单一路径训练设施可能会给飞行员留下一个错误的印象,认为只有一种方法可以完成任务,一些早期的飞行管理计算机训练设备在这方面的性能有限,这令人失望,因为飞行员很明显可以通过多种路径来完成任务。

　　许多航空公司都采用计算机辅助培训(CBT)来开展安全问题、危险货物运输、冬季作业等主题的训练。有些航空公司还为他们的飞机地面学校开发了复杂的计算机辅助培训系统,可以开展远程培训。在一些大型航空公司,飞行员可以通过计算机辅助培训来完成整个飞机地面学校的训练。无论是在课堂复习课程,还是使用部分任务训练器或模拟器复习和强化计算机辅助培训和期望的机组资源管理行为,有效的训练将是把计算机辅助培训与教员界面结合起来开展的。

　　计算机辅助培训的质量可能会有很大的区别。如果飞行员发现演示文稿有错误,花时间用软件程序提出了反馈,指出了错误或矛盾,但在第二年却发现了同样的错误,飞行员会感到非常失望。一些航空公司确保根据具体的运行、检查单及其程序定制训练,它支持前文提到的公司"4P",这是一个非常重要的训练要点,只可惜,训练设计人员经常会漏掉这一点。训练必须要体现出飞机在航线上的飞行方式以及航空公司的企业文化。重要的是要注意通过合格教员来强化培训的价值,否则飞行员很快就会对培训置之不理,他们会认为培训与他们的工作并不相干,因为培训与他们认为的或实际的航线运行不一致。

21.8　关于飞机自动化能力的训练

　　多年来,我们已经学到很多关于飞机自动化能力训练方面的知识。回想一下在我们努力理解飞机自动化的相关作用时所提出的一些问题,这非常重要。1989年,美国航空运输协会人为因素工作组在其《通过人为因素提高航空安全的国家计划》中做了以下总结:

　　　　在20世纪70年代和80年代初,认为尽可能提高飞机自动化能力的概念是合适的,预期的收益是减少飞行员的工作负荷并提高安全性……虽然实现了许多收益,但也出现了一些严重问题并发生了一些事件/事故,这对隐含的假设提出了质疑,即可用的飞机自动化能力最大化是否总是合适的? 我们是否了解如何设计与系统中人的能力和局限性完全兼容的自动化系统?

——美国航空运输协会(ATA,1989)

美国航空运输协会国家计划也指出:"最根本的问题是缺乏科学的自动化驾驶理念,如果有这个理念,就可以描述向机器和/或飞行员适当分配任务的环境"(Graeber and Billings,1989)。

最初,多家航空公司都根据美国国家航空航天局的建议和行业文献,发展出自己的自动化理念。有些航空公司为最早转型驾驶先进技术飞机的飞行员开发了自动化入门培训课程。有意思的是这些课程在今天的意义,特别是考虑到许多飞行专业的学生在训练早期就接触到了先进技术驾驶舱。或许,现在需要开设一门课程来让飞行员熟悉标准技术驾驶舱,因为有些飞行员对必须手动设置空速游标等概念比较陌生。制造商也将自动化应用纳入他们的驾驶舱设计理念中,将在本章后续讨论。

21.9 因自动化导致的意外

大多数飞行员都遇到过因自动化导致意外的情况,许多研究人员都对由于自动化导致意外的情况进行过研究。爱尔兰航空公司的一名资深机长向作者分享了一个故事,讲述了他从欧洲抵达纽约肯尼迪机场的经历。由于着陆交通未能及时清理跑道,机组人员被迫取消进近并执行复飞。当他们开始复飞爬升时,油门杆没有向前充分推到位,而对于这架飞机来说,需要推到起飞/复飞卡位。在他们爬升时,飞行员收起了起落架,但这个操作与自动化设计逻辑相冲突。

由于油门杆没有"卡入"卡位,所以飞机的告警系统认为,飞机仍在试图着陆,但因为起落架现在没有"放下并锁定",所以显然未处于着陆构型。因此,在这个关键的飞行时刻收到了肯尼迪机场塔台的特殊复飞指令,告警系统开始反复响亮的提示"过低,起落架,过低,起落架"。机长对这一事件的描述非常具有代表性,他说:"虽然我很确信我们没有马上坠机的危险,但我真的不知道会发生什么"(N. Johnston,个人信件,2009 年 9 月 9 日)。几乎没有飞行员在某一时刻没有对自动化感到意外。

2013 年 7 月发生在旧金山韩亚航空公司的 214 号航班事故,清晰地凸显出对飞行管理系统的一些误解和曲解(NTSB，2014)。这主题会影响到机组资源管理和有效的机组行为。例如，应该进行什么喊话？是否所有飞行模式通知(FMA)都应该用语言表述？如果未得到适当的回复，监控飞行员应采取什么行动？人们主要的担心是飞行员们会感到意外或惊吓，或者更重要的，还是他们在个人和机组层面上的重组并恢复的能力？这是机组资源管理方面的一个问题，重要的是两名机组成员都要理解恢复行动，而且确切地说，必须让飞机继续飞行。

目前，失控(LOC)仍然是航空业所讨论的一个话题。制造商的任务是在开发程序[主要是俯仰姿态和推力(功率)设置]时要保持"蓝天在上"，这样在机组人员发现问题时仍可以保持短时间的飞行和控制。值得注意的是了解意外或混乱的原因并非机组人员的首要任务。无论是机械故障、空中交通管制冲突、天气现象，还是机组成员失能，机组人员的首要任务都是驾驶飞机并重组，机组资源管理意味着在可用时间内充分利用资源。

有些制造商遵循"静默驾驶舱"理念，意思是如果情况正常，就不需要喊话。这一理念面临的一个挑战是它不能保证两名机组成员"意见一致"或有相同的想法。这一理念也有一个例外情况，波音公司在收到多家运营商的意见后，创建了着陆后"反推正常"喊话。在过去，如果情况运行正确或"正常"，就不会进行喊话，然而，多起事件的调查结果以及多家运营商的意见促使了这一改变。不出所料，有些坚信"静默驾驶舱"理念的运营商一开始不太接受这一改变。但对于负责检查单的制造商或群体来说非常重要，方便他们收集意见并做出适当的改变，与监管机构合作获得批准。

通常，无论是由操作员引起的还是由系统设计引起的意外或无意识的自动化事件，直到事件发生后，机组人员才完全弄清它的逻辑。即使是最佳设计的系统，也会出现在飞行测试期间没有见过的出乎制造商意料的意外。2010年11月4日，理查德-德·克列斯比尼机长的空客A380飞机的2号发动机在从新加坡起飞4分钟后爆炸，他和澳洲航空公司QF32号航班的机组人员面临了巨大的挑战。机组人员的表现值得赞扬，机上440名乘客和29名机组人员全部生还。"飞机电子中央监视器(ECAM)"是指空客公司飞机电子集中监视系统，可显示系统信息和故障，并详细说明一些故障的适当处理措施。文献(de Crespigny，2012)中的几个段落特别值得注意：

　　我很不高兴。我们都被数量巨大、层次复杂的ECAM警告，以及

ECAM 试图检查和修复飞机的"逻辑"方式弄得不知所措。（de Crespigny，2012）。

几个月后，我在讲述 QF32 号航班事故时，播放了驾驶舱音频警告的录音带，向观众解释当 ECAM 不停地发出刺耳的警告声时会是什么样，我没见过任何观众能够忍受这个噪声超过 30 秒，后来人们皱起眉头，要求关掉声音。我们忍受了更长时间的噪声，感觉就像在进行军事压力实验一样。（de Crespigny，2012）。

在事故发生一段时间后，克列斯比尼机长询问一位空客资深试飞员，他和他的机组人员还能采取什么不同的行动。他在书中引用了这位试飞员的回复：

理查德，我不能给你提供任何建议。我们从未对 A380 做过你们所经历的故障测试，你们完全是靠自己的努力，突破了认证提供的 10 - 9 安全包线。我们把 A380 设计得非常坚固，有很好的恢复能力，你们证明了这一点。我们空客公司的每个人都为我们飞机表现出如此出色的飞行性能感到骄傲。（de Crespigny，2012）。

克列斯比尼机长认同这一回复，并继续驾驶 A380 飞机。

培训和程序必须能够使机组人员做好充分准备，知道他们的首要工作，适当使用检查单，但不要放弃基本的飞行技术或自己处理问题的认知能力。随着电子检查单的出现和使用，从机组资源管理的角度来看，确保两名飞行员具有相同的心理和认知能力非常重要。

21.10　自动化并不能降低培训需求

与航空运输领域自动化程度提高有关的一大谬见是自动化会减少培训需求。事实并非如此。

在以往培训需求的基础上，自动化产生了新的培训需求。

增高的自动化水平是一项很受欢迎的工具，飞行员可以借助它进行更安全、更高效的飞行。然而，必须在培训课程中增加与充分利用增强的自动化有关的技能和知识。职业飞行员以前需要的所有技能和知识现在仍然需要。

如果不知道系统完成任务的设计方式，就不可能有效地监视系统（Billings，1996）。遗憾的是目前的训练并不总能确保飞行员掌握相关的信息。最近的一些事故和事件表明，我们在监控人为表现和局限性方面没有足够的把握。世界飞行安全基金会最近发表了《改进飞行航迹监控的实用指南》，由现设飞行员监控工作组行业成员合作编写。有趣的是该报告强化了前面提到的"4P"概念,并指出需要发展一个企业监控理念,该理念须由高层领导支持,写入操作人员手册中,并作为一项组织标准在企业内部宣贯(FSF,2014)。

21.11　降低自动化水平——会带来什么改变?

当飞行员转换到玻璃驾驶舱飞机的先进技术环境中时会面临一些挑战。有时自动化会导致意外,有时它会以与飞行员不同的方式完成某项任务,如在指定高度水平飞行(例如,它启用水平飞行的时间可能比飞行员进行水平飞行操作的时间晚)。MD-80飞机上部分早期的程序设计就是一个很好的例子。告警声设计使用女声,通俗点说就是"怨妇贝蒂(Bitching Betty)"了,可以说,"贝蒂"似乎能进行某些特定的飞行动作(如水平飞行),并在进近过程中进行能量管理,但其方式与许多飞行员认为的飞行方式不同;而且"贝蒂"的声音可能太过响亮,这会分散注意力。为了解决这些问题,机组人员敦促航空公司发展和训练自己的自动化理念。他们还花费了大量的时间来讨论"降低自动化水平",以适合飞行员控制和了解情况。这一政策对很多飞机都很有效。例如,如果降低MD-80飞机的自动化水平,基本上就把它变成了一个手动操作的传统技术DC-9驾驶舱。

然而,最新一代的电传飞行控制飞机具有不同的结构,本章不对这类飞机进行详细论述。飞机上各系统是综合的,而不是各自独立的(有时称为"联合")。降低波音777或空客A380飞机的自动化水平可能会产生一些意想不到的巨大影响(至少对飞行员而言),即降低或取消了一些飞行包线保护。坦率地说,根本没有"手动操作波音777"或"标准技术A380"这类飞机。一些培训计划并未尽可能全面地讨论这一方面,制造商可能会提供一些额外的指导。

主要的一点是从历史上看,我们已经训练飞行员在对自动化系统感到意外或不确定时,需要降低自动化水平。可惜,一些飞行员没有接受过这样的训练,有些人似乎错误地认为飞行员是用来支持自动系统的!作者了解到几起低空速告警事件,飞行员认为自动系统会纠正这种情况,因此只是等待。对韩亚航空公司旧金山事故的调查结果指出飞行员在飞行模式控制和自动油门操作方面出现了理解混淆和错误。举个例子,许多飞行员认为自动油门的"控制"是"你(飞行员)控制",飞行员并不相信自动油门可以"化险为夷"。正如美国国家运输安全委员会代理主席克里斯托弗·哈特所说:"在这起事故中,机组人员过度依赖自动化系统,却没有完全理解它们之间如何相互作用。系统自动化让航空更加安全,但即使是在高度自动化的飞机上,也必须由人来做决定"(NTSB,2014a)。

21.12　设计理念的影响

空客公司、波音公司、巴西航空工业公司和庞巴迪公司设计和制造了世界一流的飞机。许多聪明的工程师和智能设计程序致力于为飞行员提供既安全又能真正享受飞行乐趣的飞机。例如,波音 747 或波音 777 飞机具有抗强侧风的性能,很好操纵,很好地利用了运动物理学! 虽然超凡的操纵能力可能是由于出色的飞行员训练和技能产生的,但大多数飞行员会称赞制造商卓越的工程设计。当然,也要称赞认证这些飞机的监管机构。

然而,飞行员有时会对制造商开发的程序和检查单表示不满。某些特定航空公司的机长会创建并执行自己的检查单,这反映了当时的文化,许多运营商根据自己的运营情况修改了制造商的检查单和程序。今天,越来越多的运营商在使用制造商的检查单、程序和手册,这或许反映了维护自己的手册和检查单的成本和责任。运营商的意见促使制造商修改他们的检查单。例如,修改了起飞襟翼设置的时间,不再是在滑行时设置,而是改成了滑行前在登机口完成设置。

空客公司和波音公司有不同的设计理念,这给他们的驾驶舱设计和飞行包线保护带来了一些启示。凯西-阿尔伯特博士在《航空电子设备手册》(*Avionics Handbook*)的"人为因素工程和驾驶舱设计"一章中对这些问题做了很好的总结(Abbott,2017)。

波音公司对其高级驾驶舱理念介绍以下:

(1) 飞行员是飞机操作的最高权威人员。

(2) 两名机组成员都对飞行安全负有最终责任。

(3) 按照优先顺序排序飞行机组的任务,是安全、乘客舒适和效率。

(4) 根据飞行员以往的训练和操作经验设计机组操作。

(5) 系统设计要有容错能力。

(6) 备份方案设计的层次结构是简单、冗余和自动化。

(7) 将自动化作为辅助工具,而不是取代飞行员。

(8) 针对常规和非常规操作,解决基本性的人的力量、局限性和个体差异等问题。

(9) 仅在以下情况下使用新技术和功能:

a. 可以带来清晰和明显的操作或效率优势。

b. 对人机界面无不良影响。

空客公司自动化理念介绍如下：

（1）自动化不能降低飞机的整体可靠性，它应该提高飞机和系统的安全性、效率和经济性。

（2）自动化不能使飞机脱离安全飞行包线，它应该使飞机保持在正常飞行包线之内。

（3）如果出于特殊情况需要，自动化应允许操作人员最大限度地使用安全飞行包线。

（4）在正常飞行包线内，除出于安全考虑的绝对必要情况外，自动化不能违背操作人员的输入。

审查该清单的价值在于从制造商的角度检查飞行机组的感知角色。特别是如今的驾驶舱内配有电子检查单和电子飞行包，机组人员经常会通过这些设备来完成沟通。一名训练有素的合格机组人员的操作是否反映了正常、非正常和紧急操作中的这些设计原则？飞行机组是否会同意？事件和事故数据说明了什么？

21.13 制造商在认识飞行员操作环境方面所面临的挑战

探讨制造商对飞行操作的指导和期望是一件非常值得去做的事情，特别是由于机组资源管理并没有典型的工程意义上的量化方法。因此，理解机组资源管理的非技术和行为因素对制造商来说是一个挑战。或许下面几个例子可以给我们一些启示。

在担任一家大型制造商的首席技术飞行员期间，我的职责之一是参加每两周一次的技术审查委员会会议，审查不同的事件、操作人员报告和事故建议。在一次会议上，工程师一上来就说："这是一个愚蠢的飞行员提出来的，这样一来，我们就得修改程序。"他接着讲下一个事件："这也是一个愚蠢的飞行员提出来的，现在我们就得修改检查单了。"在这次会议上，有许多"愚蠢的飞行员"事件需要审查，作为这个群体中为数不多的飞行员，也是唯一的一名航空公司飞行员，我承认我大吃一惊。当时，我刚刚进入这个委员会，我直接问了他们一个非常简单的问题——他们是认为这些飞行员天生就很愚蠢，还是认为是他们编写的检查单和程序让这些飞行员变愚蠢的呢？没人回答我的问题，好像他们听不懂我说的话一样。但这个问题确实引发了一些具有建设性的讨论。

再举一个例子，一位工程师告诉我，我的团队不用担心修改某个型号飞机的机尾撞地检查单了。下面是我们的对话摘录：

我："为什么？"（难道我们不再需要修改检查单了吗？）

工程师："我们不再给那型飞机制造尾橇了。"

我："为什么?"

工程师："因为根本就不会出现机尾撞地,也就不再需要尾橇。"

我："为什么?"

工程师："我们正在修改软件,这样同一个控制动作(拉起)就不会让他们在着陆时机尾撞地。"

我："我们要告诉飞行员这个软件修改吗?"

工程师："为什么要告诉他们?"

请不要忽视这一点,所有的制造商都设计和制造了一些一流的飞机,给飞行操作带来了真正的快乐。然而,研究飞行员、操作人员以及设计工程师对飞机的认识非常重要。你可以想象现在各种各样的汽车设备,距离传感器、倒车摄像头、自动灯光、取下钥匙后自动停车等。然而,如果你租了一辆没有这些功能的车,可能就会出现一些不希望的意外,可能在下车时没关车灯导致电池电量耗尽。机组资源管理是指利用所有的资源,进行有效的沟通,获得良好的情景意识和共享心智模型。一些"协助"飞行机组的系统设计改变和"改进",会在无意中破坏这种思维模式。如果机组人员不确定某个特定的行动或结果,也会影响机组资源管理行为。

还有一个例子,随着发动机仪表和机组人员告警系统(EICAS)以及飞机电子集中监视器(ECAM)的出现,许多功能都被监控并推荐,并向飞行员提供直接行动。想象一下,你在登机口,打开停机刹车,启动正常发动机程序。假如遇到启动问题,例如因为热启动原因,飞行员知道该采取什么步骤,他们将会中止启动,并且停止给发动机供油(当然要确认他们的燃油操纵杆操作正确)。然而,目前大多数飞机制造商的最新现行程序指导飞行员不采取任何行动,有时教员会说"不要管它!"直到出现相应的机组人员告警系统(EICAS)或飞机电子集中监视器(ECAM)消息,飞行员要对机组人员告警系统(EICAS)或飞机电子集中监视器(ECAM)作出响应。这些系统以及电子检查单有很多好处。毋庸置疑,它们可以帮助捕捉机组人员潜在的差错。然而,当机组人员等待被"告知"应该怎么做时,会导致他们缺乏认知意识和参与度。

关于自动化系统、机组人员互动、惊吓反应和机组资源管理行为,我们还需要继续学习。我记得曾读过一份事故报告,描述了机长在飞机失控时大喊"打开自动驾驶仪,打开自动驾驶仪"。在这个行业的各个时候,我们可能期待机长喊出"我控制住飞机了"。我们还需要学习如何使用人件界面和自动化系统来达到意想不到的结果,特别是在机组概念环境中。机组资源管理行为会受到这些设计的影响。

重要的是进行坦率、积极和有力的讨论,并让合格的、一线飞行员参与进来。主要的一点是设计人员和使用人员双方都应该相互理解设计背景以及操作环境。

21.14　驾驶舱工作负荷

驾驶舱工作负荷是一个重要而又难以理解的概念(Wiener and Curry,1980;Wiener,1985)。人们经常会忘记培训评估操纵飞行员工作负荷的意义。简单地说,这项工作对于未接受充分培训的人来说非常困难,但对于接受了充分培训的人来说轻而易举(Orlady,1991)。

飞行员需要了解工作负荷及其对自己行为的影响,他们需要认识到自己和同事机组成员的任务饱和度和过量情况。大多数机组资源管理计划的一个关键原则就是工作负荷管理。随着先进技术飞机的引入,我们已经学到关于工作负荷和机组协调的大量知识。无论过去还是现在,飞行员都很容易全神贯注,例如沉浸在飞行管理计算机(FMC)编程或尝试遵守电子检查单的指示等,因此制订明确编程责任的标准操作程序非常重要。不称职或糊里糊涂的监控飞行员往往会让情况变得更糟,因此会大大增加操纵飞行员的工作负荷。如果操纵飞行员决定手动飞行,监控飞行员的工作负荷也往往会急剧增加,特别是在没有向监控飞行员提供适当简令的情况下。在这种情况下,机组资源管理在调整工作负荷过量和设置任务优先顺序方面起着重要作用。

21.15　维持手动飞行技能——是否所有人都有相同的技能基础?

几乎所有人都认为手动驾驶技能如果不使用就会退化。即使是经验丰富的飞行员,在从较为先进的波音 777 飞机改飞波音 757 等早期自动化水平飞机时,也会感到有些沮丧,还会发现他们的基本仪表扫视技能已经退化。他们往往依赖一个主飞行显示器,在正常飞行过程中基本上可以在一个显示器上显示所有的飞行信息,在这种情况下,技能退化是由仪表扫视生疏造成的,通常可以通过适当的指导快速恢复。重点是有一个转换的过程,手动驾驶技能不使用或以不同的方式使用则会退化。

也有人对当今飞行员的手动驾驶技能基础表示担忧。查尔斯·比林斯(Charles Billings)博士在他的优秀著作《航空自动化:寻找以人为本的方法》(*Aviation Automation: The Search for a Human-Centered Approach*)中提出了几个有预见性的问题,这本书虽然出版于 1996 年,但在今天看来仍非常适用。

(1)如果飞行员必须改飞另一架没有这些先进功能的飞机,那么这些从来不需要掌握老一代飞行员认为理所当然的精细手动驾驶技能的飞行员是否能够展现可接受水平的手动驾驶技能?

　　(2)同样,如果飞行管理软件出现故障,他们是否学会了无辅助导航所需的认知技能?

　　(3)最后,也许是最重要的,考虑到当今飞机的高可靠性,他们是否能够获得在面临不确定性或严重机械或环境问题时做出明智决定的判断技能和经验?(Billings,1996)

　　飞行员被鼓励使用自动化,而且大多数飞行员都喜欢使用自动化,只是使用的程度不同。自动化的使用是为了减少工作负荷,尤其是在繁忙的航站空域,飞行员能更有效地监控和扫视其他飞机。许多航空公司都有推荐使用自动系统程序,甚至要求在较低能见度进近和着陆等情况下使用自动系统。例如,一些航空公司不允许飞行员断开自动油门。有些航空公司也在培训和讨论如何降低自动化水平的同时,保留了软件设计中的一些保护性条款。

　　驾驶长途国际航线的飞行员面临一个特殊难题,由于航段较长,在他们的飞行计划中,起飞和降落次数不多。较长的航段会安排增加飞行机组人员,即替补飞行员,他们在飞机上接受训练和评级。然而,通常没有足够的航段可以让所有飞行员达到美国联邦航空管理局的最新标准,即在90天内至少有三次起飞和降落。一家航空公司的长途飞行员曾经开玩笑说,他们机队的机组资源管理非常出色,因为面临达到最新标准的挑战,所以不仅需要而且要赞赏机组人员投入。一些航空公司每隔90天就会让长途飞行的机组人员回来参加一次经常性模拟器课程。更有甚者,有些航空公司跟踪飞机的实际降落现时性,而不是在模拟器模拟降落的降落现时性。少数航空公司甚至安排了额外的无危险模拟器课程,让飞行员手动驾驶。从机组资源管理的角度来看,这些课程也有帮助作用,因为当操纵飞行员关闭一些自动化装置转为手动驾驶飞机时,监控飞行员的监控工作负荷也会随之变化。

21.16　飞行员希望并且需要掌握更多的系统知识

　　在许多航空公司,飞行员希望并且需要掌握更多的系统知识。我们希望了解系统的工作方式,更重要的是了解系统设计背后的逻辑。他们不希望自己只会阅读和执行检查单上的程序,在非正常或紧急情况下似乎在依赖检查单或程序"拯救"他们。设计周全的检查单和程序可以起到很大的帮助,但不了解系统的设计背景,完全依赖系统可能导致理解错误和意想不到的后果。

　　飞行员还抱怨说提供给他们的"批准"培训材料有所减少。当然,经济考虑是其中一个因素,但教员或管理人员的回复通常是:"如果我们把材料放入手册中,那么你们就要对这些材料进行检查飞行。"正如第 2 版本章对应章节所述,飞行员既不接受也不满意这一观点。遗憾的是在实际航线运行中发生的紧急和非常规操作并不仅限于"手册中的情况"。系统材料的数量和深度仍然是一个问题,需要与飞行员、培训机构和监管机构进行均衡讨论。

　　这里提供一个简短的历史记录,美国国家航空航天局资助的一名研究人员来到我们航空公司,进行一些实际航线飞行的驾驶舱观察,她坐在机组座椅上完成了四五次观察之后,来到我的办公室,告诉我她非常担心飞行员似乎不了解这架飞机上所有不同的垂直导航模式。她的观察非常准确。有时引入新技术并未经过充分考虑。我记得当时的垂直导航有五种模式可选择,垂直导航(VNAV)模式以前没有正式培训过,但如果检查飞行员接受过这类培训,那么接受航线运行检查的飞行员可能需要面对这个问题。这家航空公司先是要求飞行员只使用两种模式,然后要求使用三种模式,再后来要求使用全部五种模式,最后又要求使用三种模式。现在看来,这似乎很幽默,但可以理解的是这些观察结果让研究人员非常担忧。

　　飞行员会受到他们所收到的信息以及所接受的培训的影响。他们经常得不到关于自动化系统的充分信息,因此不能充分了解系统的设计和使用环境,这种缺乏了解会影响到他们的机组协调和团队合作能力。有些航空公司正在解决这个问题,为改飞另一个制造商飞机的飞行员提供不同的材料和培训。制造商也可以提供这方面的培训材料。

21.17　故意不遵守程序

　　遗憾的是即使加强了培训,提高了最低标准,并且提供了更多材料,仍然存在一个问题:"为什么有经验并且受过充分训练的机组人员有时会违背他们的经验和训练而发生事故呢?"

　　这个问题并不新鲜。自从标准操作程序(SOP)最早制订和使用以来,这个问题可能就已经存在。世界飞行安全基金会伊卡洛斯委员会在 1992 年第一次会议上正式探讨了这个问题。他们讨论了促成因素、潜在因素以及错误行为背后的基本原因,提出了 18 项研究发现和 10 项建议(Pinet and Enders,1994)。欧莱迪等人在他们的《多机组飞行操作中的人为因素》(*Human Factors for Multi-Crew Flight Operations*)一书中讨论了不遵守程序或"故意偏离"的问题。他们列出了飞行员故意不遵守既定标准操作程序的一些常见原因：

(1) 飞行员可能认为既定程序有错。

(2) 飞行员可能认为"普通"飞行员才需要遵守既定程序，但他/她不是普通飞行员。是的，经常有优越感！

(3) 飞行员可能认为他/她的程序和既定程序一样好，甚至更好。

(4) 飞行员可能认为这个程序不重要或者没有必要，或者只是不值得麻烦，只有这一次，但又经常或者总是这样做。

(5) 最后，在某些情况下，飞行员并不是真的反对既定程序，而是有意识或下意识地想要违抗"程序"，即一般意义上的管理层或权力（Orlady and Orlady，1999）。

对于航空公司来说，首先要做的就是尽量减少不遵守既定程序的情况，从中吸取教训，并将吸取的教训融入培训中。还要与飞行员交流观察结果、发现以及制订纠正措施，以帮助他们了解自己或其他机组人员的行为。作者不能忍受的是看到一份公司报告用"机组人员未遵守标准操作程序"这样的总结陈述来描述某起事件。而且，坦率地说，这种反感增加了制造商的工作，制造商似乎认为"不遵守制造商的程序"就是事件调查的终点。为什么？上述清单中的故意行为，是否存在作为或不作为的错误？正如西德尼·德克尔（Sidney Dekker）等所指出的："不遵守标准操作程序"几乎总是没有捕捉住"事件的重点"（Dekker，2006）。重要的是不要错失这类学习机会。

联邦快递（FedEx）航空公司尝试收集信息，并从程序差异中学习。他们正在通过航线观察的质量保证收集过程来收集数据。特别值得注意的是观察员正在记录妨碍机组人员开展工作的因素，特别会注意程序中的例外以及特别好的操作技巧的不足，观察结果是非评价性的，收集到的信息进行了去识别化处理。该计划仍在不断发展，了解他们如何处理收集到的数据是一件有意思的事情。

标准操作程序是否合理、是否适合使用情况以及是否参考使用人员的意见而开发，在现在的运行中非常重要。标准操作程序的遵守情况也是组织健康状况的一项衡量标准。员工会采取支持"如果不遵守程序，为什么还要费力制订程序"的态度，这肯定会引发对"4P"概念中一些基本原则和影响力的重新审视。

21.18 航空公司当前的机组资源管理计划和人为因素计划

最近，在一次行业会议上，我有幸聆听 10～12 家航空公司讲述他们在机组资源管理和人为因素领域的工作，在他们出色而又全面的发言中，有一些共同的原则。这让我想起了以前的一个清单,对于在机组资源管理领域工作过的人来说,应该都非常清楚这个清单,叫作"如何扼杀机组资源管理计划",是美国国家航空航天局/德州大学的一位航空心理学研究人员比尔-塔格特(Bill Taggart)在澳大利亚的一个会议上提出来的(Taggart,1993)。有意思的是在今天看来,他的这种清单依然很适合。

如何扼杀机组资源管理计划:

(1) 不把机组资源管理结合到面向航线飞行训练、飞行员训练和其他操作训练中。

(2) 没有认识自己航空公司文化的独特需求。

(3) 让机组资源管理狂热分子掌控培训。

(4) 绕过研究和数据收集步骤。

(5) 忽视对飞行员的检查和标准要求。

(6) 使用过多的图表、框图和缩写。

(7) 把机组资源管理计划当作一次就能完成的事情。

(8) 使用通俗心理学和含糊不清的心理学用语。

(9) 将机组资源管理变成心理辅导课程。

(10) 将机组资源管理(CRM)中的"C"重新定义为"超凡魅力"(Charismatic)。

在 2018 年 4 月的这次会议上,航空公司的发言有以下共同点:

(1) 他们的计划都是根据自己航空公司的文化和员工而量身定制的。

(2) 他们对自己的计划都很有激情。

(3) 他们都取得了最高管理层的支持。

(4) 他们都让一线飞行员参与计划的设计、执行和审查,并经常担任教员。

(5) 他们计划中使用的模型和缩写词都很简单,但不是过于简单!

(6) 他们的计划对自己航空公司的飞行员和其他员工而言都很有意义。

(7) 他们都使用通过"直接观察"、航线运行安全审计或"质量保证"机组座椅收集到的数据。

(8) 他们都强调和强化了自愿事件报告的重要意义。他们都向一线员工传达了反馈和吸取的教训。

(9) 他们都很好地分析了不遵守规章的问题,试图了解自己是否可以把事情做得更好,以及为什么没有做好。

(10) 他们都知道应该继续发展机组资源管理计划。

一些航空公司能够向空乘人员和飞行员提供联合机组资源管理培训。我参加并观察了许多联合培训情景,基于真实事件的情景非常出色,课程由多位优秀教员辅导,深受学员好评。课程安排可能很有挑战性,因为航空公司的空乘人员数量远多于飞行员,而且空乘人员可能会在没有飞行员参加的地方进行培训。如果有条件,强烈推荐这种培训,这通常可以向培训机构提供非常有用的反馈。

无论是针对新员工的培训、经常性培训、机长升职培训,还是针对教员的培训,一个棘手的问题仍然是开展机组资源管理培训的时间安排。培训时间安排似乎有很大的差别,或者更确切地说,是针对各航空公司的情况具体确定的。新员工的机组资源管理培训安排在入职培训的不同时段,有些航空公司在入职培训中安排了机组资源管理课程,有些会在飞行员具有一些飞行经验后,再安排他们回来接受培训。

大多数(但并非全部)航空公司都有专门的机长机组资源管理课程或机长指挥课程。这些机长课程有两个有意思的地方。首先,有些航空公司设计了为期4天的大量课程,向新机长简要介绍航空公司自身的信息,新机长有机会与一些高管互动,更深入了解指挥责任和领导技能,不出所料,新机长对这一经验的态度非常积极,该课程代表了公司的重大投入和承诺。但有很多飞行员在这些课程创设之前就已经升职,因此没有参加过这类培训。有没有办法让这些"老"飞行员从课程材料中获益? 其次,有些航空公司升职的机长人数很多,因此很难安排这类课程。一家航空公司告诉我说,要3年时间才能安排完这类课程,这种时间延迟对于帮助新机长发挥最佳水平的信息传递来说显得过长。针对教员的经常性机组资源管理培训的时间安排和资源方面也面临着巨大的挑战,教员群体(模拟器教员和航线检查飞行员)是一个重要群体,他们的意见和反馈与提供给他们的材料一样重要。

另一个正在认真开发的领域是大量的职业辅导制度。正如本章前面提到的,这是科尔根航空公司事故后提出的建议之一。美国联邦航空管理局时任局长兰迪·巴比特(Randy Babbitt)表示:"有经验的飞行员要确保去辅导没有经验的飞行员,这要成为我们职业基因'共同守则'的一部分"(Babbitt, 2009)。在许多情况下,职业辅导计划是在劳工协会的支持和协助下制订的。报告表明计划给接受辅导的飞行员和提供辅导的飞行员带来了"双赢"的结果。这些计划是航空公司很有价值的投资。

21.19　结论

本章尝试简要提出与机组资源管理培训有关的一些重要和敏感问题。虽然机组资源管理提供了一些很好的工具，但它并不能解决所有的问题，也不能降低对技术能力的要求。我想起了我去世的祖父贺拉斯·欧莱迪（Horace Orlady）上校经常讲的一个故事，1916 年，他在美国通信部队（美国陆军的前身）担任飞行员。他们部队的备件（机翼、起落架等）订购数量特别大，坦白说这与他们凄惨的事故率有关。于是，一位军队效率专家被派去解决这个问题。他第一次参观机场时，看到很多损毁的飞机，于是向中士询问原因，中士直接回答说："着陆事故，长官。"这位效率专家很快就解决了这个问题。第二天，飞行运行区就竖立了一个大牌子，上面写着："这个机场不再会发生着陆事故。"（Orlady and Orlady，1999）

可惜，我们没有牌子可以立，也没有人认为这个方法可以有效解决复杂变化的问题。必须根据受训飞行员的具体背景和经验来调整培训。培训还必须准确体现航空公司的运营、文化和安全报告系统等因素。航空公司、监管机构和制造商在培训中收集的运行和安全信息比该行业在其他任何时间收集到的信息都要多。正如前面几章所述，现在，我们对机组资源管理、培训、机组人员行为、系统安全、监控和高度可靠组织的表现都有了更多的认识，这个行业目前的安全记录非常好。但是，我们必须继续努力理解航空系统的不同部门之间如何相互合作，操作人员、机器和环境之间的联系，以及组织对运行的影响。我们还必须继续努力保护和分享自愿报告的数据，以便其他人可以了解并避免意外后果。机组资源管理为学习和认知多种行为提供一个框架，它是一个很好的工具，但它也只是航空系统的一个组成部分。我们还有许多需要学习的地方。

参考文献

Abbott，K.（2017）. Human factors engineering and flight deck design. In C. Spitzer，U. Ferrell，& T. Ferrell（Eds.），*Digital avionics handbook*（3rd ed.）. Boca Raton，Florida：CRC Press，pp. 15 - 1，15 - 16.

ATA.（1989）. *Air transport association. national plan to enhance aviation safety through human factors improvements*. New York：Air Transportation of America.

Babbitt，J.（2009）. *"We can't regulate professionalism"，invited speech at the ALPA's 55th Air Safety Forum*. Washington，D. C：Air Line Pilots Association.

Billings，C.（1996）. *Aviation automation: The search for a human-centered approach*. New Jersey：Erlbaum Associates，Inc.

CAA.（2016）. Guidance on the requirements that pertain to Flightcrew for the training and testing of Human Factors under EASA Part-ORO and EASA Part-FCL. Standards

Document 29, Version 7. United Kingdom. Civil Aviation Authority (CAA).

CASA. (2011). Non-Technical Skills Training and Assessment for Regular Public Transport Operations. Civil Aviation Advisory Publication, CAAP SMS - 3 (1), Canberra, Australia, Civil Aviation Safety Authority (CASA), Australian Government.

CAST, Flight Deck Automation Working Group (2013). Operational Use of Flight Path Management Systems; Final Report of the Performance-based operations Aviation Rulemaking Committee/Commercial Aviation Safety Team Flight Deck Automation Working Group. Washington, D. C. Federal Aviation Administration.

Congressional Record. (2010). Public Law 111 - 216 - Aug. 1, 2010. Airline Safety and Federal Aviation Administration Extension Act of 2010. Retrieved from ⟨https://www. congress. gov/111/plaws/publ216/PLAW - 111publ216. pdf⟩.

Costello, J. (2009). *Hearing Before the Subcommittee on Aviation of the Committee on Transportation and Infrastructure*, *House of Representatives*, *September 23*, *2009*, *111 - 62*. Washington, DC: U. S. Government Printing Office.

Cox, R. (2017). *Making a Difference in Aviation Safety: Colgan Flight 3407 Nine Years Later*, *ISASI 2017 Annual Seminar*. *International Society of Air Safety Investigators (ISASI)*. Sterling, VA: International Society of Air Safety Investigators.

de Crespigny, R. (2012). QF 32, Sydney, Australia, Macmillan.

Degani, A., & Wiener, E. (1994). *On the Design of Flight-Deck Procedures (NASA Contractor Report 177642)*. California. NASA: Ames Research Center.

Dekker, S. (2006). *The field guide to understanding human error*. Surrey, United Kingdom: Ashgate Publishing Limited.

EASA. (2017). Crew Resource Management in Practice. Cologne, France. EASA. Retrieved from ⟨https://www. easa. europa. eu/document-library/general-publications/crm-training-implementation⟩.

Endeavor Air. (2018). Offering Unprecedented Pilot Pay. Retrieved from Endeavor Air website: ⟨http://www. endeavorair. com/content/endeavorair/en_us/careers/pilots/Pilot_Compensation. html⟩.

FAA. (2002). *Aviation Safety Action Program (ASAP)*, (*Advisory Circular 120 - 66B*). Washington, DC: Federal Aviation Administration.

FAA. (2004a). *Crew Resource Management Training*, (*Advisory Circular 120 - 51E*). Washington, DC: Federal Aviation Administration.

FAA. (2004b). *Flight Operational Quality Assurance*, (*Advisory Circular 120 - 82*). Washington, DC: Federal Aviation Administration.

FAA. (2006). *Line Operations Safety Audits (Advisory Circular 120 - 90)*. Washington, DC: Federal Aviation Administration.

FAA. (2013a). *Fatigue Risk Management Systems for Aviation Safety*, (*Advisory Circular 120 - 103A*). Washington, DC: Federal Aviation Administration.

FAA. (2013b). *Press Release — FAA Boosts Aviation Safety with New Pilot Qualification Standards*. Washington, DC: Federal Aviation Administration.

FAA. (2015). *Safety Management Systems for Aviation Service Providers*, (*Advisory*

Circular 120 - 92B). Washington, DC: Federal Aviation Administration.

FAA. (2016a). *Safety Management System, SMS for 121 Operators*. Washington, DC: Federal Aviation Administration. Retrieved from: https://www.faa.gov/about/initiatives/sms/speci-fics_by_aviation_industry_type/121/.

FAA. (2016b). *Compliance Philosophy*. Washington D. C: Federal Aviation Administration. Retrieved from https://www.faa.gov/about/initiatives/cp/.

FAA. (2017). *Standard Operating Procedures and Pilot Monitoring Duties for Flight Deck Crewmembers, (Advisory Circular 120 - 71B)*. Washington D. C: Federal Aviation Administration.

Flight and Duty Limitations and Rest Requirements, 14 CFR Part 117. (2013). Retrieved from ⟨https://www.gpo.gov/fdsys/pkg/CFR-2013-title14-vol3/pdf/CFR-2013-title14-vol3-part117.pdf⟩.

FSF, Active Pilot Monitoring Working Group. (2014). A Practical Guide for Improving Flight Path Monitoring, Final Report of the Active Pilot Monitoring Group. Alexandria, Virginia, Flight Safety Foundation.

Graeber, C., & Billings, C. (1989). *Human-Centered Automation: Development of a Philosophy*. Mountainview, California: NASA Ames Research Center.

Hackman, J. R. (1986). Group Level Issues in the Design and Training of Cockpit Crews. Cockpit Resource Management Training, Proceedings of the NASA/MAC Workshop (NASA Conference Publication 2455). Ames Research Center, California.

Harty, R. (1990). *Callback, NASA's Aviation Safety Reporting System*. Washington, DC: Smithsonian Institution Press.

ICAO. (1998). Human Factors Training Manual, Doc 9683, Montreal, CA. ICAO.

JetBlue Airlines. (2018). The Universal Gateway Program. Retrieved from JetBlue website: ⟨http://pilots.jetblue.com/university/⟩.

NTSB. (1975). Aircraft Accident Report, Trans World Airlines, Inc, Boeing 727 - 231, N54328, Berryville, Virginia. Report Number: NTSB-AAR-75-16. Washington, D. C. National Transportation Safety Board.

NTSB. (2004). Aircraft Accident Report, American Airlines Flight 587, Airbus Industrie A300-605R, N14053, Belle Harbor, New York Report Number: NTSB-AAR-04-04. Washington, D. C. National Transportation Safety Board.

NTSB. (2014b). Descent below Visual Glidepath and Impact with Seawall, Asiana Airlines Flight 214, Boeing 777 - 200ER, HL7742, San Francisco, California, July 6, 2013. NTSB/AAR/14/01, PB2014 - 105984. Washington, D. C. National Transportation Safety Board.

NTSB News Release. (2014a). NTSB Find Mismanagement of Approach and Inadequate Monitoring of Airspeed Led to Crash of Asiana Flight 214, Multiple contributing factors also identified. Washington, D. C. National Transportation Safety Board. Retrieved from ⟨https://www.ntsb.gov/news/press-releases/Pages/PR20140624.aspx⟩.

Orlady, H. (1991). Advanced cockpit technology in the real world. In Proceedings of the Royal Aeronautical Society Conference "Human Factors on Advanced Flight Decks."

England.

Orlady, H. , & Orlady, L. (1999). *Human Factors in Multi-Crew Flight Operations.* Aldershot, England: Ashgate Publications.

Orlady, H. , Orlady, L. , & Barnes, R. (2002). Human Factors, What do I really need to know? WATS Aircrew Training Conference, Dallas, TX.

Orlady, L. (2012). *Human Factors and Aviation Safety — Do we have new questions.* Seattle, WA: Royal Aeronautical Society Presentation.

Paul, J. (2018). Great Lakes Airlines suspends flights at DIA, across its route network. *The Denver Post*, March 27, 2018.

Pinet, J. , & Enders, J. (1994). *Human factors in aviation: A consolidated approach. Flight Safety Digest December 1994.* Virginia: Flight Safety Foundation.

Prater, J. (2009). Statement submitted before the Subcommittee on Aviation, the Committee on Transportation and Infrastructure, the US House of Representatives, June 17, 2009, Washington, DC.

Silk, R. (2018). American Airlines launching pilot training program. Travel Weekly. April 24, 2018, Secaucus, NJ. Northstar Travel Group. Retrieved from ⟨http://www. travelweekly. com/Travel-News/Airline-News/American-Airlines-launching-pilot-training-program⟩.

Skybrary. (2018). Retrieved from ⟨https://www. skybrary. aero/index. php/Crew_Resource_Management⟩.

Sullenberger, C. B. III. (2009). Testimony submitted before the Subcommittee on Aviation, the Committee on Transportation and Infrastructure, the US House of Representatives, February 24, 2009, Washington, DC.

Taggart, W. R. (1993). How to kill off a good CRM program. *The CRM Advocate*, *93. 1*, 11 - 12.

Transport Canada. (2018) Advisory Circular 700 - 042, Crew Resource Management Training Standards. Montreal, Canada. Civil Aviation Standards, Transport Canada.

Turney, M. A. (2002). Guidelines for Incorporating CRM in the First Stages of Flight Training. *Journal of Aviation/Aerospace Education & Research*, 11(3). Retrieved from https://com-mons. erau. edu/jaaer/vol11/iss3/6.

Wiener, E. (1985). Human Factor of Cockpit Automation: A Field Study of Flight Crew Transition (NASA Contractor Report177333). (1985) Ames Research Center: California.

Wiener, E. , & Curry, R. (1980). Flight-deck automation: Promises and problems. *Journal Ergonomics*, 23(10).

22　机组资源管理的未来

托马斯·R. 奇德斯特（Thomas R. Chidester[1]）、

芭芭拉·G. 坎奇（Barbara G. Kanki[2]）和何塞·安卡（José Anca[3]）

[1] 美国,俄克拉何马州,俄克拉何马城,联邦航空管理局民用航空医学研究所

[2] 美国,加州,莫菲特菲尔德,美国国家航空航天局艾姆斯研究中心,已退休

[3] 澳大利亚,维多利亚州,霍索恩,斯威本科技大学科学、工程和技术学院

本书各章节回顾了机组资源管理的历史和最新概念,提供了最佳做法指南,并且明确了需要加强研究的、知识尚不完整的领域。作为编辑,我们可以设想这一领域将如何在大量的经验基础上不断发展。从一开始,我们保证本书收集了大量的文献资料。在这个领域先驱们(约翰·K. 劳伯、罗伯特·L. 海姆里奇、厄尔·维纳、克莱·弗西等)论述驾驶舱机组人员面临的挑战之后不久,我们三人就进入了这一领域。本书撰稿人的著作以及各章节引用的著作内容广泛、观点审慎、以解决方案为中心,能够促进理论的发展,在我们职业生涯中能够看到这一发展是非常了不起的。这些集体努力,结合了其他的行业和监管机构的变化,保证了接近"近乎为零"的事故率。我们如何才能取得更多的成就? 我们将会面临什么挑战? 在本章中,我们将讲述思想、评论或推测这三个相辅相成的方面。

首先,我们认为目前的指导是合理的,并且与研究结果相一致。从业人员应继续遵守法规和相关咨询通告以及国家和国际的指导性文件,包括美国的机组资源管理咨询通告(FAA,2004)和航线运行模拟咨询通告(FAA,2015)。国际民用航空组织(ICAO,2013)、英国民航局(UK CAA,2017)和欧洲航空安全局(EASA,2017)也制定了统一规定。这给没有资源、文化或决心实施机组资源管理的国家提出了一个问题。我们这一领域如何更好地交流、调整或应用我们所学到的知识? (Helmreich and Merritt,2001)伊诺莫托和盖斯勒(Enomoto and Geisler,2017) 探讨了国家的社会经济因素、文化与飞机事故倾向之间的关系。

研究发现,人均国内生产总值(GDP)较低、个人主义指数较低以及具有高权力距离文化的国家,发生飞机事故的概率更大。有些国家采用机组资源管理对策的主要目的是使两名飞行员之间进行主动、密切的配合,实际上可能会导致事故,也可能会产生安全的结果。"格拉德威尔假说"恰当地抓住了飞机事故对驾驶舱团队合作与配合的关键条件:

"很长一段时间以来,都有一个明显的现象,如果两名飞行员合作驾驶飞机,会比一名飞行员驾驶飞机,另一名飞行员等驾驶飞行员不驾驶时再接管飞机更安全。"我们认识到各国机组资源管理对策收益的影响因素非常复杂,特别是在企业行动、监管框架和国家文化显示出抵制颠覆性安全变革的情况下,影响适当沟通和团队合作的因素就更加复杂。然而,航空机组资源管理在医疗领域催生出了另一个应用领域(并非通过合规监管),在这个领域中,通过良好团队合作与沟通获得的收益,仍然经验主义地被持续记录下来并受到赞扬(Haerkens et al.,2015;Hefner et al.,2017;Ricci and Brumsted,2012;Sax et al.,2009)。这可以证明,在缺乏文化、决心和资源的国家,即使不需要监管,倡导机组资源管理最佳实践的理由也是充足的。

其次,我们认为安全管理体系会推动机组资源管理的发展。早期几代机组资源管理的许多指导都借鉴了小群组心理学的应用理论(Foushee,1984)。目前几代机组资源管理是在威胁与差错管理框架的基础上,利用来之不易的操作经验发展而来的(Helmreich,Klinect,and Wilhelm,1999)。同样,我们可以通过在安全管理体系(FOQA、ASAP、LOSA、AQP等)下的安全保证流程获得的数据流来理解机组人员所遇到的挑战,以及他们解决这些挑战的难易程度。我们必须结合实证经验,发展具有理论导向的政策、程序和培训方法。但除了关于安全管理体系的理论讨论之外,越来越多的证据表明安全管理体系流程与安全结果之间呈线性关系。在对八家欧洲航空公司开展的一项研究发现,使用的安全管理体系流程和活动越多,安全表现的效果越好,很显然,机组资源管理培训对策是安全管理体系教学的核心内容(Kaspers et al.,2017)。航空公司和监管机构从业人员对安全管理体系的反馈和机组资源管理培训设计将是机组资源管理持续发展的最前沿。

最后,这一领域将会继续受到技术创新的挑战。美国联邦航空管理局的两个工作小组的研究结果表明了飞机航空电子系统的引入和发展是如何为飞行员的熟练度增加了新的维度,其中一些情况是出乎设计预料的,只能通过差错情况观察来理解。他们所描述的现象可能会被理解为具有挑战性,或许会动摇飞行员的专业知识库，而这些知识库是飞行员的决策依据（见第5章飞行机组的决策过程）。随着经验的积累，这些技术及其影响被纳入政策、程序和培训中，或许尚未达到所需的程度，但是，我们行业才刚刚开始技术意义上的创新。美国联邦航空管理局和美国各航空公司正在推出下一代航空运输系统计划的应用，欧洲各国正在实施欧洲单一天空空中交通管理研究计划（SESAR），两个计划之间正在努力协调推进。这两个计划都可能会给飞行员知识和培训要求带来逐渐增大的破坏性影响，可以被理解为是对飞行员、空管人员和航空公司运营控制人员/签派员之间，在导航、沟通和完成空中交通监视流程等方面的重新设计。具体的创新包括从参考地面设施的飞机导航转变为由飞机惯导和局域增强系统辅助的卫星导航，从通过语音进行战术通信转变为通过数据链进行战略通信和航迹协商，从主要通过雷达和应答机观察飞机位置转变为直接从每架飞机接收精确位置和航迹播报。由于前几代系统已经投入使用，如飞机飞行管理系统和新的空中交通管理系统（例如美国的航路自动化、现代化），所以这些创新是随着系统性能的提高逐步引入的。这种方法可以将人为表现变化逐渐地融合进来，但变化总是可能带来我们意想不到的差错。安全管理体系功能为我们目前引入的系统提供了指导，但可能会引起驾驶和空中交通管制方面的自动化意外（Sarter，Woods，and Billings，1997）。由于航空公司在引入带飞行管理系统的飞机后，要求机组资源管理计划和模拟器能够纠正或提高航线的表现（Chidester，1999）。因此，可以预计，在下一代航空运输系统创新出现后，也会是这样的情况。为了避免被视为"勒德式"的谨慎，我们也要认识到正在追求的下一代技术能够消除旧系统已经意识到的风险，这为我们重新考虑飞行员和空管员的角色，以及为他们提供的自动化支持系统给予了机会。我们可以利用这些活生生的人所具有的独特的创造能力，并防范他们生理和认知能力的局限性。机组资源管理必须不断发展，以适应机组政策、程序和培训方面的自然变化，我们最好是能预见这些变化。

参考文献

CAA. (2017). Practical Crew Resource Management (CRM) Standards: The Handy Guide. *CAP 1607*. London: Civil Aviation Authority.

Chidester, T. R. (1999). Introducing FMS aircraft into airline operations. In S. Dekker, & E. Hollnagel (Eds.), *Coping with computers in the cockpit*. Aldershot, U. K: Ashgate.

EASA. (2017). *Crew Resource Management in Practice*. Version 1, December 2017.

Accessed 9. 2. 18.

Enomoto, C. E. , & Geisler, K. R. (2017). Culture and plane crashes: A cross-country test of the gladwell hypothesis. *Economics & Sociology*, 10(3), 281 – 293. Available from https://doi. org/10. 14254/2071 – 789x. 2017/10 – 3/20.

Federal Aviation Administration (FAA). (2004). *Crew resource management training* (Advisory Circular 120 – 51E). Washington, DC. Retrieved from ⟨http://www. faa. gov/documentLibrary/media/Advisory_Circular/AC120 – 51e. pdf⟩.

Federal Aviation Administration (FAA). (2015). *Flightcrew member line operational simulations: Line-oriented flight training, special purpose operational training, line operational evaluation* (Advisory Circular 120 – 35D). Washington, DC. Retrieved from ⟨http://www. faa. gov/documentLibrary/media/Advisory_Circular/AC_120 – 35D. pdf⟩.

Foushee, H. C. (1984). Dyads and triads at 35,000 feet — Factors affecting group process and aircrew performance. *American Psychologist*, 39(8), 886 – 893.

Haerkens, M. , Kox, M. , Lemson, J. , Houterman, S. , Hoeven, J. G. D. , & Pickkers, P. (2015). Crew Resource Management in the Intensive Care Unit: a prospective 3-year cohort study. *Acta Anaesthesiologica Scandinavica*, 59(10), 1319 – 1329. Available from https://doi. org/10. 1111/aas. 12573.

Hefner, J. L. , Hilligoss, B. , Knupp, A. , Bournique, J. , Sullivan, J. , Adkins, E. , & Moffatt-Bruce, S. D. (2017). Cultural transformation after implementation of crew resource management: Is it really possible. *American Journal of Medical Quality*, 32 (4), 384 – 390. Available from https://doi. org/10. 1177/1062860616655424.

Helmreich, R. L. , Klinect, J. R. , & Wilhelm, J. A. (1999). *Models of threat, error, and CRM in flight operations*. *Proceedings of the tenth international symposium on aviation psychology*. Columbus, OH: The Ohio State University.

Helmreich, R. L. , & Merritt, A. C. (2001). *Culture at work in aviation and medicine* (2nd ed.). London: Routledge.

ICAO. (2013). *Manual of evidence-based training. DOC 9995*. Montreal, Canada: International Civil Aviation Organization.

Kaspers, S. , Karanikas, N. , Piric, S. , van Aalst, R. , de Boer, R. J. , & Roelen, A. (2017). *Measuring safety in aviation: Empirical results about the relation between safety outcomes and safety management system processes, operational activities and demographic data*. Wilmington: Iaria Xps Press.

Ricci, M. A. , & Brumsted, J. R. (2012). Crew resource management: Using aviation techniques to improve operating room safety. *Aviation, Space, and Environmental Medicine*, 83(4), 441 – 444. Available from https://doi. org/10. 3357/asem. 3149. 2012.

Sarter, N. B. , Woods, D. D. , & Billings, C. E. (1997). Automation surprises. In G. Salvendy (Ed.), *Handbook of human factors/ergonomics* (2nd ed.). New York: Wiley.

Sax, H. C. , Browne, P. , Mayewski, R. J. , Panzer, R. J. , Hittner, K. C. , Burke, R. L. , & Coletta, S. (2009). Can aviation-based team training elicit sustainable behavioral change?. *Archives of Surgery*, 144(12), 1133 – 1137. Available from https://doi. org/ 10. 1001/archsurg. 2009. 207.

延伸阅读

CAA. (2014). Flight-crew human factors handbook. *CAP737 (December 2016 version)*. London: Civil Aviation Authority.

EASA (2015) *ED Decision 2015/027/R Implementation of evidence-based training (EBT) within the European regulatory framework*. Accessed 16. 2. 18 〈https://www. easa. europa. eu/docu-ment-library/agency-decisions/ed-decision – 2015027r〉.

Gladwell, M. (2008). *Outliers: The story of success* (pp. 184 – 185). New York, Boston, London: Little, Brown & Co.

索　引